Logistik mit SAP S/4HANA®

SAP PRESS ist eine gemeinschaftliche Initiative von SAP SE und der Rheinwerk Verlag GmbH. Unser Ziel ist es, Ihnen als Anwendern qualifiziertes SAP-Wissen zur Verfügung zu stellen. SAP PRESS vereint das Know-how der SAP und die verlegerische Kompetenz von Rheinwerk. Die Bücher bieten Ihnen Expertenwissen zu technischen wie auch zu betriebswirtschaftlichen SAP-Themen.

Damit Sie nach weiteren Büchern Ihres Interessengebiets nicht lange suchen müssen, haben wir eine kleine Auswahl zusammengestellt:

Isabella Löw
Finanzwesen in SAP S/4HANA. Das Praxishandbuch
550 Seiten, 1. Auflage 2019, gebunden
ISBN 978-3-8362-6675-8
https://www.sap-press.de/4790/

Frank Densborn, Frank Finkbohner, Jochen Freudenberg, Kim Mathäß, Frank Wagner
Migration nach SAP S/4HANA
623 Seiten, 2. aktualisierte und erweiterte Auflage 2018, gebunden
ISBN 978-3-8362-6316-0
https://www.sap-press.de/4645/

Thomas Schneider, Werner Wolf
Erweiterungen für SAP S/4HANA. Das Praxishandbuch
510 Seiten, 2018, gebunden
ISBN 978-3-8362-6204-4
https://www.sap-press.de/4613/

Alena Bauer, Fatjon Hoxha, Jochen Scheibler
Vertrieb mit SAP S/4HANA. Das Praxishandbuch
752 Seiten, 2018, gebunden
ISBN 978-3-8362-5968-2
https://www.sap-press.de/4519/

Mario Destradi, Stephan Kiesel,
Christian Lorey, Stefano Schütte

Logistik mit SAP S/4HANA®

Liebe Leserin, lieber Leser,

vor inzwischen schon einigen Jahren – 2015, um genau zu sein – hat SAP die ERP-Software SAP S/4HANA als Antwort auf den digitalen Wandel eingeführt, der nicht nur bei SAP selbst, sondern auch bei den meisten ihrer Kunden stattfindet. Ausgangspunkt und fortwährender Anspruch der Digitalisierung im Unternehmen ist es, einfach ausgedrückt, schnell und effizient zu arbeiten, im besten Fall schneller und effizienter als die Konkurrenz. SAP S/4HANA sorgt alles in allem dafür, dass Geschäftsprozesse gebündelt und besser vernetzt, Analysen erleichtert und Wettbewerbsvorteile gesichert werden können.

Mit diesem Buch präsentiert Ihnen unser Autorenteam von SAP und QSC SAP S/4HANA und seine Möglichkeiten und bereitet Sie auf die Veränderungen vor, die die Einführung von SAP S/4HANA für Ihr Unternehmen mit sich bringt. Dabei betrachten unsere Experten nicht nur die Logistik im engeren Sinne, sondern stellen Ihnen diverse Teilbereiche ebenso wie operative Prozesse vor. Dazu gehören Bestandsführung und -bewertung, Einkauf und Verkauf, Produktion und Transport. Nach der Lektüre dieses Buches, das nun schon in der 2. Auflage erscheint, sind Sie gut gerüstet, um SAP S/4HANA sinnvoll und gewinnbringend einzusetzen. Und nun wünsche ich Ihnen viel Freude beim Lesen!

Wir freuen uns stets über Lob, aber auch über konstruktive kritische Anmerkungen, die uns helfen, unsere Bücher zu verbessern. Scheuen Sie sich nicht, mich zu kontaktieren. Ihre Fragen und Anmerkungen sind jederzeit willkommen.

Ihre Maike Lübbers
Lektorat SAP PRESS

maike.luebbers@rheinwerk-verlag.de
www.rheinwerk-verlag.de
Rheinwerk Verlag • Rheinwerkallee 4 • 53227 Bonn

Auf einen Blick

1	Der digitale Kern und die Ergänzungen	29
2	Benutzeroberflächen	73
3	Einkauf	111
4	Produktionsplanung	161
5	Vertrieb	205
6	SAP S/4HANA Retail for Merchandise Management	269
7	Lagerverwaltung mit Embedded EWM	305
8	Transportmanagement mit Embedded TM	343
9	Reporting mit Embedded Analytics	385
10	Integration mit SAP S/4HANA Finance	435
11	SAP Leonardo	473
12	Migration von SAP ERP nach SAP S/4HANA	519
13	Change Management	559

Wir hoffen, dass Sie Freude an diesem Buch haben und sich Ihre Erwartungen erfüllen. Ihre Anregungen und Kommentare sind uns jederzeit willkommen. Bitte bewerten Sie doch das Buch auf unserer Website unter **www.rheinwerk-verlag.de/feedback**.

An diesem Buch haben viele mitgewirkt, insbesondere:

Lektorat Maike Lübbers, Eva Tripp
Korrektorat Monika Klarl, Köln
Herstellung Melanie Zinsler
Typografie und Layout Vera Brauner
Einbandgestaltung Silke Braun
Coverbild Shutterstock: 212101087 © sevenke
Satz Typographie & Computer, Krefeld
Druck Beltz Grafische Betriebe, Bad Langensalza

Dieses Buch wurde gesetzt aus der TheAntiquaB (9,35/13,7 pt) in FrameMaker. Gedruckt wurde es auf chlorfrei gebleichtem Offsetpapier (90 g/m²). Hergestellt in Deutschland.

Das vorliegende Werk ist in all seinen Teilen urheberrechtlich geschützt. Alle Rechte vorbehalten, insbesondere das Recht der Übersetzung, des Vortrags, der Reproduktion, der Vervielfältigung auf fotomechanischen oder anderen Wegen und der Speicherung in elektronischen Medien.

Ungeachtet der Sorgfalt, die auf die Erstellung von Text, Abbildungen und Programmen verwendet wurde, können weder Verlag noch Autor, Herausgeber oder Übersetzer für mögliche Fehler und deren Folgen eine juristische Verantwortung oder irgendeine Haftung übernehmen.

Die in diesem Werk wiedergegebenen Gebrauchsnamen, Handelsnamen, Warenbezeichnungen usw. können auch ohne besondere Kennzeichnung Marken sein und als solche den gesetzlichen Bestimmungen unterliegen.

Sämtliche in diesem Werk abgedruckten Bildschirmabzüge unterliegen dem Urheberrecht © der SAP SE, Dietmar-Hopp-Allee 16, 69190 Walldorf.

ABAP, ASAP, Concur, Concur ExpenseIt, Concur TripIt, Duet, SAP, SAP Adaptive Server Enterprise, SAP Advantage Database Server, SAP Afaria, SAP ArchiveLink, SAP Ariba, SAP Business ByDesign, SAP Business Explorer, (SAP BEx), SAP BusinessObjects, SAP BusinessObjects Explorer, SAP BusinessObjects Web Intelligence, SAP Business One, SAP Business Workflow, SAP Crystal Reports, SAP EarlyWatch, SAP Exchange Media (SAP XM), SAP Fieldglass, SAP Fiori, SAP Global Trade Services (SAP GTS), SAP GoingLive, SAP HANA, SAP Vora, SAP Hybris, SAP Jam, SAP Lumira, SAP MaxAttention, SAP MaxDB, SAP NetWeaver, SAP PartnerEdge, SAPPHIRE NOW, SAP PowerBuilder, SAP PowerDesigner, SAP R/2, SAP R/3, SAP Replication Server, SAP Roambi, SAP S/4HANA, SAP SQL Anywhere, SAP Strategic Enterprise Management (SAP SEM), SAP SuccessFactors, The Best-Run Businesses Run SAP, TwoGo sind Marken oder eingetragene Marken der SAP SE, Walldorf.

Bibliografische Information der Deutschen Nationalbibliothek:
Die Deutsche Nationalbibliothek verzeichnet diese Publikation in der Deutschen Nationalbibliografie; detaillierte bibliografische Daten sind im Internet über *http://dnb.d-nb.de* abrufbar.

ISBN 978-3-8362-6671-0

2., aktualisierte und erweiterte Auflage 2019
© Rheinwerk Verlag, Bonn 2019

Informationen zu unserem Verlag und Kontaktmöglichkeiten finden Sie auf unserer Verlagswebsite **www.rheinwerk-verlag.de**. Dort können Sie sich auch umfassend über unser aktuelles Programm informieren und unsere Bücher und E-Books bestellen.

Inhalt

Vorwort 17
Einleitung 19

1 Der digitale Kern und die Ergänzungen — 29

1.1	SAP S/4HANA – Datenbank und Applikationen	30
	1.1.1 Simplifizierungen – Anwendungen und Datenmodell	30
	1.1.2 Datenbank, In-Memory-Technologie und Echtzeitdatenauswertung	34
	1.1.3 Applikationen im digitalen Kern	40
	1.1.4 Applikationen im digitalen Kern als Compatibility Packs	43
1.2	Ergänzende Cloud-Anwendungen	45
	1.2.1 SAP SuccessFactors	46
	1.2.2 SAP Concur	50
	1.2.3 SAP Ariba	52
	1.2.4 SAP C/4HANA und SAP Hybris	55
	1.2.5 SAP Fieldglass	58
	1.2.6 SAP Leonardo	62
1.3	Einsatzszenarien von SAP S/4HANA	64
	1.3.1 On-Premise-Version	65
	1.3.2 Cloud-Optionen	66
	1.3.3 Cloud-Service-Modelle	69
	1.3.4 Hybride Landschaften und Multicloud	70
	1.3.5 Abweichungen zwischen den On-Premise- und den Cloud-Lösungen	71
1.4	Zusammenfassung	72

2 Benutzeroberflächen — 73

2.1	Alte Benutzeroberflächen	74
	2.1.1 SAP GUI	74
	2.1.2 SAP GUI für HTML	77
	2.1.3 SAP Business Client	78

2.2	**Neue Benutzeroberflächen**		81
	2.2.1 SAPUI5		83
	2.2.2 SAP Fiori		88
	2.2.3 SAP Screen Personas 3.0		94
	2.2.4 Kundenanwendungen und Beispiele		97
2.3	**Benutzeroberflächen im Vergleich**		100
	2.3.1 Kosten-Nutzen-Analyse der Oberflächentechnologien		100
	2.3.2 Empfehlungen für unterschiedliche Zielgruppen		104
	2.3.3 Hilfestellung für die Entscheidungsfindung		106
2.4	**Zusammenfassung**		108

3 Einkauf 111

3.1	**Beschaffung**		112
	3.1.1 Materialstammdaten		112
	3.1.2 Bestellanforderungen, Anfragen und Angebote		116
	3.1.3 Einkaufsanalysen		120
	3.1.4 SAP S/4HANA Extended Procurement		126
	3.1.5 SAP Predictive Analytics		127
3.2	**Kontraktmanagement**		127
	3.2.1 Einkaufskontrakt anlegen		129
	3.2.2 Einkaufskontrakte drucken		133
	3.2.3 Einkaufskontrakt verwalten		135
3.3	**Beschaffung über Self-Services**		139
	3.3.1 Bestellanforderung über Employee Self-Services anlegen		141
	3.3.2 Bestellanforderung anlegen		145
	3.3.3 Eine Bestellanforderung zur Bestellung verarbeiten		146
	3.3.4 Bestellung genehmigen		149
	3.3.5 Katalogbasierte Beschaffung		151
	3.3.6 Einkaufsprozess für Verbrauchsmaterialien		154
3.4	**Zusammenfassung**		158

4 Produktionsplanung 161

4.1	**Überblick**		162
4.2	**Stammdaten**		163

	4.2.1	Materialien	163
	4.2.2	Stücklisten	163
	4.2.3	Arbeitspläne	164
	4.2.4	Fertigungsversionen	165
	4.2.5	Arbeitsplätze	166
4.3	**Mittel- bis langfristige Produktionsplanung/Simulation**		**167**
	4.3.1	Absatz- und Produktionsgrobplanung	168
	4.3.2	Programmplanung	169
	4.3.3	Übergabe von Daten an die Produktionsplanung mittels Planungsstrategien	169
	4.3.4	Langfristplanung	170
4.4	**Bedarfsplanung**		**172**
	4.4.1	Überblick über die Bedarfsplanung	172
	4.4.2	Bedarfsübergabe	175
	4.4.3	Nettobedarfsrechnung	176
	4.4.4	Beschaffungsmengenermittlung	176
	4.4.5	Bezugsquellenermittlung	176
	4.4.6	Terminierung	177
	4.4.7	Ableitung abhängiger Bedarfe	178
	4.4.8	Weiterverarbeitung der Planungsergebnisse	178
	4.4.9	Auftragsumsetzung	180
4.5	**Kapazitätsplanung**		**182**
	4.5.1	Vorgehensweisen in der Kapazitätsplanung	183
	4.5.2	Kapazitätsauswertung	186
	4.5.3	Kapazitätsabgleich	189
4.6	**Auftragsausführung**		**192**
	4.6.1	Auftragsumsetzung/Eröffnung	193
	4.6.2	Verfügbarkeitsprüfung	195
	4.6.3	Auftragsfreigabe	196
	4.6.4	Auftragsdruck	198
	4.6.5	Materialentnahme	198
	4.6.6	Rückmeldung	200
	4.6.7	Lagerzugang	203
	4.6.8	Abrechnung	203
	4.6.9	Abschluss	203
4.7	**Zusammenfassung**		**204**

5 Vertrieb — 205

5.1 Verfügbarkeitsprüfung — 205
    5.1.1 Available-to-Promise — 206
    5.1.2 Global Available-to-Promise — 206
    5.1.3 Advanced Available-to-Promise — 206

5.2 Kundenauftragsabwicklung — 209
    5.2.1 360-Grad-Sicht auf einen Kunden — 210
    5.2.2 Kundenanfragen verwalten — 210
    5.2.3 Verkaufsangebote verwalten — 211
    5.2.4 Verkaufskontrakte verwalten — 214
    5.2.5 Kundenaufträge verwalten — 215
    5.2.6 Gut- und Lastschriftsanforderungen verwalten — 217
    5.2.7 Fakturen verwalten — 218
    5.2.8 Performance der Auftragsabwicklung überwachen — 221
    5.2.9 Kundenaufträge erfüllen — 225
    5.2.10 Umsatzanalysen erstellen — 230
    5.2.11 Meine Verkäufe – Übersicht über vertriebsrelevante Daten — 233
    5.2.12 Analyse von Kundenauftragsbestätigungen — 234

5.3 Verkauf ab Lager — 236
    5.3.1 Überblick über den Prozess »Verkauf ab Lager« — 236
    5.3.2 Praxisbeispiel – Verkauf ab Lager — 237
    5.3.3 Anfrage anlegen (optional vor Angebot) — 238
    5.3.4 Angebot anlegen — 239
    5.3.5 Kundenauftrag anlegen — 241
    5.3.6 Lieferung anlegen — 241
    5.3.7 Kommissionierung ausführen — 242
    5.3.8 Warenausgang buchen — 243
    5.3.9 Fakturabeleg anlegen — 244

5.4 Streckengeschäft — 247
    5.4.1 Überblick über den Prozess »Streckenabwicklung« — 247
    5.4.2 Praxisbeispiel – Streckenabwicklung — 249
    5.4.3 Kundenauftrag anlegen — 250
    5.4.4 Abwicklung im Einkauf (Materialwirtschaft) — 252
    5.4.5 Fakturabeleg anlegen — 253

5.5 Retouren und Reklamationen — 254
    5.5.1 Kundenretouren verwalten — 254
    5.5.2 Überblick über den Prozess »Kundenretouren« — 255

	5.5.3	Praxisbeispiel – Kundenretouren	256
	5.5.4	Retourenauftrag anlegen	256
	5.5.5	Retourenlieferung anlegen	259
	5.5.6	»Warenausgang« zur Retourenlieferung buchen	260
	5.5.7	Fakturabeleg anlegen	260
5.6	**Abwicklung von Gutschriften**		262
	5.6.1	Überblick über den Prozess »Gutschriftsabwicklung«	262
	5.6.2	Praxisbeispiel – Gutschriftsabwicklung	263
	5.6.3	Gutschriftsanforderung anlegen	263
	5.6.4	Fakturasperre entfernen und Fakturabeleg anlegen	266
5.7	**Zusammenfassung**		267

6 SAP S/4HANA Retail for Merchandise Management 269

6.1	**Der Weg zu SAP Retail**		269
	6.1.1	SAP Retail in SAP ECC aktivieren	270
	6.1.2	SAP Retail in SAP S/4HANA aktivieren	272
6.2	**Integration von SAP Retail in SAP S/4HANA**		273
	6.2.1	Organisationsstrukturen der Bestandsführung	274
	6.2.2	Organisationsstrukturen im Verkauf	274
6.3	**Stammdaten**		275
	6.3.1	Geschäftspartner	275
	6.3.2	Kundenstammdaten	277
	6.3.3	Lieferantenstammdaten	279
	6.3.4	Der Betrieb	279
	6.3.5	Der Artikelstammsatz	282
	6.3.6	Löschen personenbezogener Daten in SAP S/4HANA Retail for Merchandise Management	291
6.4	**Die Aufteilung**		292
	6.4.1	Was ist ein Aufteiler?	292
	6.4.2	Aufbau des Aufteilers	293
	6.4.3	Aufteiler anlegen	297
	6.4.4	Verfahren der Aufteilung	299
6.5	**Bestandszuteilung (ARun) in SAP Retail**		302
6.6	**Zusammenfassung**		303

7 Lagerverwaltung mit Embedded EWM — 305

- **7.1 Architektur** — 306
  - 7.1.1 Zentrale und dezentrale Nutzung von SAP EWM — 306
  - 7.1.2 Basic und Advanced EWM — 307
  - 7.1.3 Funktionen von WM in SAP S/4HANA — 308
  - 7.1.4 Migrationsszenarien — 309
- **7.2 Lagerrelevante Stammdaten in SAP S/4HANA** — 310
  - 7.2.1 Materialstammdaten anlegen — 311
  - 7.2.2 Lagerplätze/Packspezifikationen/Ressourcen anlegen — 315
- **7.3 Wareneingang mit Anlieferung** — 315
  - 7.3.1 Überblick über den Wareneingangsprozess mit SAP ERP und SAP EWM als dezentralem System — 316
  - 7.3.2 Überblick über den Wareneingangsprozess mit Embedded EWM — 317
  - 7.3.3 Bestellung anlegen — 318
  - 7.3.4 Anlieferung anlegen — 319
  - 7.3.5 LKW entladen — 322
  - 7.3.6 Wareneingang buchen — 323
  - 7.3.7 Ware einlagern — 324
- **7.4 Lagerinterne Prozesse** — 326
  - 7.4.1 Lagerungssteuerung — 327
  - 7.4.2 Lagerprozessarten — 328
  - 7.4.3 Lagerauftragserstellung — 329
- **7.5 Warenausgang** — 329
- **7.6 Retouren** — 335
  - 7.6.1 Lieferantenretoure — 335
  - 7.6.2 Kundenretoure — 335
- **7.7 Inventur** — 336
  - 7.7.1 Voraussetzungen im Customizing — 337
  - 7.7.2 Inventur durchführen — 337
- **7.8 Reporting** — 338
  - 7.8.1 Werkzeuge für das operative Reporting — 338
  - 7.8.2 Werkzeuge für die Planung — 341
- **7.9 Zusammenfassung** — 342

8 Transportmanagement mit Embedded TM   343

8.1	Geschäftsmodelle und Verwendungsformen	344
8.2	Architektur, Funktionsumfang und Verwendung	347
	8.2.1 Transportmanagement-Versionen	347
	8.2.2 Funktionaler Überblick	349
	8.2.3 Prinzipien der Verwendung von SAP TM	352
8.3	Stammdatenverwaltung	354
8.4	Vertragsmanagement	359
8.5	Auftragsmanagement	362
	8.5.1 Dienstleisterbasiertes Auftragsmanagement	362
	8.5.2 Verladerbasiertes Auftragsmanagement	366
8.6	Fracht- und Transporteinheiten	368
8.7	Frachtbuchungen und Frachtaufträge	369
8.8	Planung und Optimierung	375
8.9	Unterbeauftragung	379
8.10	Abrechnung von Frachteinkauf und -verkauf	380
8.11	Zusammenfassung	383

9 Reporting mit Embedded Analytics   385

9.1	Überblick über das operationale Reporting mit SAP	386
	9.1.1 Reporting – Vergangenheit, Gegenwart und Zukunft	386
	9.1.2 SAP Business Suite Analytics	389
	9.1.3 Embedded Analytics	390
9.2	Architekturen und Komponenten	393
	9.2.1 Architektur von SAP S/4HANA	393
	9.2.2 Embedded-Analytics-Architektur	395
	9.2.3 Benutzergruppenspezifische Entwicklungswerkzeuge	399
9.3	Datenmodellierung und CDS Views	401
	9.3.1 CDS-Konzept und Modellierungsumgebung	401
	9.3.2 CDS Views und Komponenten	405
	9.3.3 CDS Views erzeugen und veröffentlichen	410
	9.3.4 Reporting und Analyse mit CDS Views	416

9.4	Integration mit SAP BW und SAP BusinessObjects	427
	9.4.1 Integrations-Framework	427
	9.4.2 Integrationsszenarien	428
9.5	Zusammenfassung	433

10 Integration mit SAP S/4HANA Finance — 435

10.1	Logistikdaten und Geschäftsprozesse im Rechnungswesen	436
	10.1.1 Finanzbuchhaltung	436
	10.1.2 Controlling	438
10.2	Neuerungen in SAP S/4HANA Finance im Überblick	439
10.3	Belegfluss und Analysemöglichkeiten	443
	10.3.1 Kreditorenrechnungen prüfen und analysieren	445
	10.3.2 Kreditorenrechnungen mit Anzahlung prüfen und analysieren	449
	10.3.3 Debitorenrechnungen prüfen und analysieren	451
	10.3.4 Übergreifende Analysen in SAP S/4HANA Finance	452
10.4	Geschäftspartnerdaten pflegen	454
10.5	Die neue Anlagenbuchhaltung	458
10.6	Management Accounting	461
10.7	Reporting zwischen Finanzwesen und Logistik	466
	10.7.1 Das klassische Berichtswesen mit SAP S/4HANA Finance	466
	10.7.2 Empfehlungen zur Auswahl von Reporting-Werkzeugen	468
	10.7.3 Reporting mit Embedded Analytics	468
	10.7.4 Reporting mit SAP BusinessObjects	470
	10.7.5 SAP Digital Boardroom	471
10.8	Zusammenfassung	472

11 SAP Leonardo — 473

11.1	Das Intelligente Unternehmen	473
11.2	Architektur für Innovationen	475
11.3	Design Thinking als Methode zur Innovationsentwicklung	479
11.4	Blockchain	485

11.5	Künstliche Intelligenz und Machine Learning		490
	11.5.1 Dialogorientierte Anwendungen		493
	11.5.2 Intelligente Anwendungen		495
	11.5.3 Machine Learning und Data Science Foundation		496
11.6	Internet of Things		499
11.7	Big Data und Analytics		506
11.8	Einsatzszenarien und Ausblick für die neuen Technologien		512

12 Migration von SAP ERP nach SAP S/4HANA 519

12.1	Zielsetzungen eines SAP-S/4HANA-Projekts		520
12.2	Migrationspfade – auf dem Weg zu SAP S/4HANA		522
	12.2.1 Durchführung einer SAP-S/4HANA-Vorstudie		524
	12.2.2 Neuinstallation von SAP S/4HANA (Greenfield-Ansatz)		526
	12.2.3 System Conversion eines bestehenden SAP-ERP-Systems (Brownfield-Ansatz)		529
	12.2.4 Landscape Transformation mehrerer SAP-ERP-Systeme		535
	12.2.5 Gegenüberstellung der vorgestellten Ansätze		536
12.3	Datenqualität und Voraussetzungen für die Datenmigration		537
	12.3.1 Vorbereitung der Datenübernahme und der Anlagenbuchhaltung		538
	12.3.2 Stammdaten		539
	12.3.3 Bewegungsdaten		542
	12.3.4 Kundeneigenes Coding		543
	12.3.5 Datenübernahme		545
	12.3.6 Migrations-Customizing am Beispiel von SAP S/4HANA Finance		549
12.4	SAP-Werkzeuge und Guidelines für die Migration		550
	12.4.1 Readiness Check for SAP S/4HANA		551
	12.4.2 Maintenance Planner		552
	12.4.3 Software Update Manager		553
	12.4.4 Database Migration Option		553
	12.4.5 SAP Transformation Navigator		554
	12.4.6 Simplification List		554
	12.4.7 Simplification Item Check		555
	12.4.8 Custom Code Check		555
12.5	Zusammenfassung		557

13 Change Management — 559

13.1 Akzeptanz im Unternehmen — 559
13.2 Change Management in SAP-S/4HANA-Projekten — 563
- 13.2.1 Planung des Change-Prozesses — 564
- 13.2.2 Definition und Konzept des Change-Prozesses — 566
- 13.2.3 Realisierung des Wandels — 568
- 13.2.4 Verankerung der neuen Prozesse — 572

13.3 Zusammenfassung — 573

Anhang — 575

A Abkürzungen — 577
B Migrationsobjekte — 581
C Quellenverzeichnis — 587
D Die Autorinnen und Autoren — 593

Index — 599

Vorwort

Die Zusammenarbeit mit Lieferanten optimieren, Warennetzwerke übergreifend steuern und Beschaffungsprozesse beschleunigen, um Kunden schnell und pünktlich zu beliefern. Damit Logistik-, Transport- und Speditionsunternehmen heute wettbewerbsfähig bleiben, brauchen sie durchgehend digitalisierte Prozesse, um auf Basis von Echtzeitdaten jederzeit agil entscheiden zu können.

Unternehmen, die heute bereits erfolgreich in der Logistik 4.0 unterwegs sind, schöpfen nicht nur die technologischen Möglichkeiten aus, um die eigenen Warenbewegungen zu orchestrieren. Sie digitalisieren und automatisieren Abläufe über alle Akteure im Liefernetzwerk hinweg – vom Handelspartner über den Frachtführer bis hin zum Transportdienstleister und zur Behörde. Fließen Daten in Echtzeit parallel zu jeder realen logistischen Bewegung, lassen sich zum einen Geschäftsprozesse intelligent automatisieren und zum anderen Effekte ausgleichen, die durch Nachfrageschwankungen entstehen. So machen digitalisierte Lieferketten das Gesamtsystem für alle Teilnehmer transparenter und robuster.

Logistik 4.0 – transparenter und robuster

Im Kern der Logistik 4.0 steht dabei SAP S/4HANA. Die Business Suite der nächsten Generation erlaubt es, Beschaffungsprozesse anwenderfreundlich und effizient zu gestalten – egal ob Compliance, Spend-, Lieferanten-, Netzwerk- oder Risk Management. Zudem sind Technologien wie Predictive Analytics, Machine Learning und Sprachsteuerung in die Suite integriert.

Intelligente Beschaffung

SAP S/4HANA sorgt mit einem digitalen Kern und einem Ökosystem aus Cloud-Applikationen für Tempo. Echtzeitdaten und Live-Kennzahlen beschleunigen unternehmerische Entscheidungen. Anwendungen wie SAP Ariba und SAP Fieldglass lassen sich über die Cloud nahtlos integrieren, damit operative und strategische Kooperationen mit Lieferanten verbessert werden können.

Die neue Gesamtstrategie von SAP für die Logistik spiegelt sich im Zusammenspiel der On-Premises- und Cloud-Lösungen wider: Unternehmen kooperieren über Online-Netzwerke mit Geschäftspartnern. Und das, ohne die stabilen Kernprozesse dafür anpassen zu müssen. Die Lagerlogistik und das Transportmanagement auf Basis der SAP Supply Chain Execution Platform sind Bestandteile des digitalen Kerns im eigenen Serverraum, während sich Anwendungen für Track & Trace und das Logistics Business Network auf Basis des SAP Supply Chain Networks über die Cloud anbinden lassen. Auch cloudbasiert ist die Innovationsplattform SAP Leonardo, die

Gesamtstrategie von SAP für die Logistik

den digitalen Kern SAP S/4HANA mit Digitalisierungslösungen wie z. B. IoT (Internet of Things) oder Machine Learning erweitern kann.

Der Wunsch des Kunden nach immer schnelleren, taggleichen Warensendungen und raschen Retouren stellt die Lagerverwaltung vor neue Herausforderungen. Mit SAP S/4HANA und Embedded EWM finden Unternehmen Antworten: Das EWM ersetzt bis zum Ende des Supports für die Altsysteme im Jahr 2025 das WM-Modul. Welche Prozesse lassen sich mit EWM realisieren? Wie migrieren Anwender von WM nach EWM? Und welche Anforderungen sind bei einer EWM-Neueinführung zu beachten? Das vorliegende Buch möchte Ihnen darauf die Antworten geben.

Aus der Praxis für die Praxis

In den jeweiligen Kapiteln stellen wir die entscheidenden Neuerungen vor, die SAP S/4HANA der Logistikwirtschaft bietet. Aus ihrer jahrelangen Erfahrung heraus berichten SAP-Experten von QSC und von SAP für die konkrete Arbeitspraxis. Unser Buch soll Logistikern aus unterschiedlichen Branchen helfen, sich in die Welt von SAP S/4HANA einzuarbeiten und die technologischen Möglichkeiten voll auszuschöpfen. Wir wünschen Ihnen eine kurzweilige und im Wortsinne gewinnbringende Lektüre!

Ihr

Hartmut Hopf, Bereichsleiter SAP Cross Industry Services & Consulting, QSC AG

Stephan Kiesel, Leiter SAP Competence Center SCM, QSC AG

Einleitung

Die Bedeutung der Digitalisierung nimmt stetig zu, und der Ruf nach Innovationen und Agilität wird immer lauter. Selbst etablierte Unternehmen können sich nicht mehr auf ihren vergangenen Erfolgen ausruhen, sondern müssen sich den neuen Anforderungen des digitalen Wandels stellen. Heutzutage nehmen die technologischen Veränderungen nicht nur auf eine Branche oder einen einzelnen Unternehmensbereich Einfluss, sondern wirken sich überall aus. Wenn Unternehmen die Wichtigkeit der Mitgestaltung des digitalen Wandels nicht erkennen, besteht die Gefahr, dass ihre Kunden von agilen Start-ups abgeworben werden und sich dadurch komplette Branchen revolutionieren. Aus diesem Grund ist es auch für Sie unerlässlich, sich dem massiven Veränderungsdruck zu stellen und anzufangen, nach den neuen Regeln zu spielen.

Digitale Transformation

In diesem Buch zeigen wir Ihnen die Veränderungen auf, die die digitale Transformation für die logistischen Prozesse Ihres Unternehmens bewirkt. Unter dem Begriff *Logistik* verstehen wir nicht nur den Transport von Waren, sondern sowohl die gesamte Warenwirtschaft mit Bestandsführung und Bestandsbewertung als auch operative Prozesse wie Einkauf, Verkauf und Produktion. Die drei wichtigsten Erwartungen, mit denen die Logistikabläufe Ihres Betriebs heutzutage konfrontiert werden, sind Geschwindigkeit, Einzigartigkeit und Innovation. Daher müssen logistische Prozesse so aufgesetzt sein, dass Unternehmen anhand individueller Kundenanforderungen schnell produzieren und liefern können. Des Weiteren muss der aktuelle Fertigungsstand jederzeit abrufbar sein, und es muss die Möglichkeit bestehen, sofort auf Nachfrageschwankungen und neue Kundenimpulse reagieren zu können.

Als Reaktion auf den digitalen Wandel hat SAP im Februar 2015 das Produkt SAP S/4HANA neu eingeführt. Es stellt die Business Suite des digitalen Zeitalters dar und ist für die Anwenderunternehmen mit einigen gravierenden Veränderungen verbunden. SAP S/4HANA ist die Abkürzung für SAP Business Suite 4 SAP HANA. Das S steht hierbei für *Suite* und verdeutlicht, dass es sich bei SAP S/4HANA um eine neue Business Suite handelt, die Vorteile wie z. B. die Simplifizierung der Systemarchitektur, der Benutzeroberfläche und des Datenmodells mit sich bringt. Der Namensbestandteil *SAP HANA* drückt aus, dass die Business Suite sowohl auf der Technologie als auch auf der Plattform SAP HANA basiert. Durch die 4 wird hervorgehoben, dass SAP S/4HANA nach SAP R/2 und SAP R/3 die neue große Innovation darstellt.

SAP S/4HANA als Business Suite des digitalen Zeitalters

SAP HANA als Basis von SAP S/4HANA

Die Basis von SAP S/4HANA ist die SAP-HANA-Plattform. SAP HANA ist eine In-Memory-Datenbank, die die Daten im Vergleich zu klassischen Datenbanksystemen um ein Vielfaches schneller verarbeitet. Daher können große Datenmengen nahezu in Echtzeit ausgewertet werden, und es ergeben sich neue Möglichkeiten zur Generierung von Wettbewerbsvorteilen. Durch den Einsatz von SAP S/4HANA ist es Ihnen z. B. möglich, den Lagerbestand Ihres Unternehmens jederzeit zu kontrollieren. Sollte es zu Bestandsschwankungen kommen, können Sie diese sofort entdecken und durch gezielte Maßnahmen beseitigen.

SAP Fiori als Benutzeroberfläche von SAP S/4HANA

Die Benutzeroberfläche von SAP S/4HANA wird nach den Design-Grundsätzen von SAP Fiori entwickelt. SAP Fiori ist Teil der SAP-User-Experience-(UX-)Strategie, die darauf abzielt, die komplexen SAP-Anwendungen in rollenbasierte SAP-Fiori-Apps zu unterteilen. Dadurch soll eine personalisierte und komfortable User Experience ermöglicht werden. Zum Beispiel werden den Disponenten auf ihren Cockpits nur die Informationen angezeigt, die für sie relevant sind. Dadurch behalten sie stets den Überblick und können schneller Ergebnisse erzielen.

SAP S/4HANA als digitaler Kern und seine Ergänzungen

SAP bezeichnet SAP S/4HANA als digitalen Kern der transformierten Wirtschaft. Dieser bildet das Grundgerüst der Business Suite des digitalen Zeitalters und umfasst Lösungen für unternehmenskritische Kerngeschäftsprozesse, wie z. B. Order-to-Cash (O2C) und Procure-to-Pay (P2P). Hierbei ist zu erwähnen, dass die Anwendungsbereiche eines »gewöhnlichen« ERP-Systems auch im SAP-S/4HANA-System integriert sind; allerdings liegen sie in einer vereinfachten Version vor. Das bedeutet, dass die Kerngeschäftsprozesse, z. B. für Beschaffung, Produktion und Logistik, erneuert oder verschlankt wurden und dadurch jetzt einfacher handzuhaben sind. Mithilfe von SAP S/4HANA als digitalem Kern der transformierten Wirtschaft kann die durchgängige Vernetzung von wichtigen Geschäftsprozessen gewährleistet werden. Des Weiteren können Echtzeiteinblicke in die Organisation nahezu ohne Wartezeit ermöglicht und intelligente Vorhersagen zur Optimierung der Wertschöpfung getroffen werden. Um den Mehrwert von SAP S/4HANA für Unternehmen weiter zu steigern, kann der digitale Kern durch Cloud-Anwendungen ergänzt werden. Bereits seit 2012 führt SAP Zukäufe von cloudbasierten Geschäftsanwendungen, wie z. B. SAP Ariba, SAP Hybris und SAP SuccessFactors durch, nachdem erkannt worden ist, dass die Nachfrage nach cloudbasierten Geschäftsanwendungen zunehmend steigt. Dadurch haben Unternehmen die Möglichkeit, ihre Geschäftsprozesse über ihre eigenen Unternehmensgrenzen hinaus zu erweitern. Zum Beispiel können die SAP-Ariba-Cloud-Anwendung im Einkauf und die SAP-Hybris-Cloud-Anwendung für Marketing und Vertrieb eingesetzt werden. Durch die individuelle SAP-S/4HANA-Erweiterung haben Sie die Möglichkeit, Ihr System an Ihre Bedürfnisse anzupassen. Mit SAP Leonardo kann der digitale Kern, den SAP S/4HANA bietet, um eine mächtige Innovationsplattform in der SAP Cloud Platform erweitert werden. Hier können z. B. Blockchain-, IoT (Internet-of-Things)-Szenarien und Machine-Learning-Anwendungen in das intelligente Unternehmen integriert werden.

SAP S/4HANA kann sowohl On-Premise als auch in der Cloud und in einer hybriden Umgebung bereitgestellt werden. Dadurch können Sie das Modell wählen, das am besten für Ihr Unternehmen geeignet ist.

Ziel dieses Buches

Durch den Einsatz von SAP S/4HANA werden die Geschäftsprozesse bzw. Teilprozesse eines Unternehmens verschlankt oder teilweise sogar entbehrlich gemacht. Insofern wirkt sich die Einführung von SAP S/4HANA sowohl auf die Prozessstruktur als auch auf die Organisation eines Unternehmens aus. Das Ziel dieses Buches ist es, Ihnen die Veränderungen aufzuzeigen, die SAP S/4HANA in Version 1809 für die logistischen Prozesse Ihres Unternehmens mit sich bringt. Hierbei wird nicht nur der Logistikbereich im engeren Sinne, sondern sowohl die gesamte Warenwirtschaft mit Bestandsführung und Bestandsbewertung als auch operative Prozesse wie Einkauf, Verkauf und Produktion betrachtet. Wir möchten Ihnen zeigen, welche neuen Funktionen SAP S/4HANA 1809 für die logistischen Prozesse mit sich bringt und wie Sie mit einem Wechsel auf SAP S/4HANA, der Business Suite der Zukunft, Innovationen vorantreiben und Ihrem Unternehmen Wettbewerbsvorteile sichern können.

Zielgruppen dieses Buches

Dieses Buch soll Ihnen den Einstieg in und den Wechsel auf SAP S/4HANA im Hinblick auf Ihre logistischen Prozesse erleichtern. Aufgrund der Schwerpunkte des Buches ist es erforderlich, dass Sie über Grundkenntnisse zu ERP-Systemen und Logistikprozessen verfügen. Sie werden insbesondere dann von der Lektüre profitieren, wenn Sie einer der folgenden Zielgruppen angehören:

- Sie sind CIO, Logistikleiter, IT-Verantwortlicher, IT-Architekt oder IT-Leiter und müssen entscheiden, ob und wann Logistik mit SAP S/4HANA in Ihrem Unternehmen eingeführt werden soll.
- Sie sind Manager oder Abteilungsleiter im Bereich Logistik und möchten wissen, welche Veränderungen sich durch die Umstellung auf SAP S/4HANA für Ihre Abteilung ergeben.

- Sie sind Projektleiter eines Einführungs- oder Migrationsprojekts auf SAP S/4HANA, oder Sie sind als Projektmitarbeiter in solch ein Projekt involviert.
- Sie sind Anwendungsbetreuer für die SAP-Komponenten des Logistikumfelds und werden mit den Neuerungen konfrontiert, die sich durch SAP S/4HANA für Ihr Arbeitsumfeld ergeben.
- Sie sind SAP-Berater und möchten einen Überblick über die neuen Funktionen erhalten, die SAP S/4HANA für die Logistikbranche mit sich bringt.

Je nachdem, welcher dieser Zielgruppen Sie angehören, haben Sie abweichende Fragestellungen und werden die einzelnen Kapitel mit unterschiedlich starkem Interesse lesen.

Aufbau dieses Buches

SAP Best Practices

Dieses Buch umfasst 13 Kapitel, deren Inhalte nachfolgend zusammengefasst dargestellt werden. In den einzelnen Kapiteln verwenden wir teilweise Beispiele, die sich an den SAP Best Practices for SAP S/4HANA orientieren. Die Best Practices enthalten zu Demonstrations- und Übungszwecken eine detaillierte Beschreibung zur Konfiguration der SAP-Kerngeschäftsprozesse im SAP Fiori Launchpad. Sie sollen die Umstellung auf SAP S/4HANA sowohl vereinfachen als auch beschleunigen. Abbildung 1 gewährt Ihnen einen Überblick über die SAP Best Practices mit Logistikrelevanz, die in diesem Buch behandelt werden. Jeder hier gezeigte Teilprozess wird in dem entsprechenden Kapitel (z. B. Kapitel 3, »Einkauf«) beschrieben und dort mit einer detaillierten Abbildung dargestellt. Der Übersicht halber haben wir die Teilprozesse in der Gesamtübersicht in eine chronologische Reihenfolge gebracht, die eine *mögliche Ablaufkette* darstellt. Beachten Sie, dass dies lediglich Ihrem besseren Verständnis dient und dass die Teilprozesse in den Kapiteln nicht diese Ablaufkette widerspiegeln.

SAP S/4HANA als digitaler Kern

Mit SAP S/4HANA wird ein digitaler Kern bereitgestellt, der das funktionale Grundgerüst der Business Suite der nächsten Generation darstellt und der durch zusätzliche Anwendungen erweitert werden kann. Diese Änderungen stehen im Mittelpunkt von **Kapitel 1**, »Der digitale Kern und die Ergänzungen«. In diesem Kapitel stellen wir Ihnen die neue Systemarchitektur von SAP S/4HANA sowie deren Auswirkung auf die Performance vor. Des Weiteren beschreiben wir die Applikationen, die im digitalen Kern enthalten sind, und erläutern, durch welche Cloud-Anwendungen der digitale Kern ergänzt werden kann. Darüber hinaus beschäftigen wir uns mit den

Vereinfachungen gegenüber der SAP Business Suite und stellen die unterschiedlichen Einsatzszenarien von SAP S/4HANA dar.

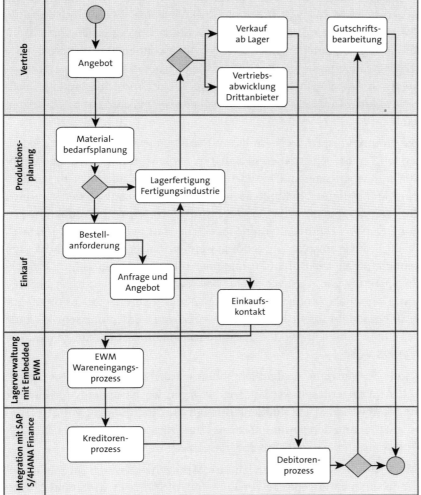

Abbildung 1 Übersicht über die SAP Best Practices

In **Kapitel 2**, »Benutzeroberflächen«, lernen Sie die bisher verwendeten Benutzeroberflächen und die neuen Oberflächen nach der User-Experience-(UX-)Strategie von SAP kennen. Hierbei gehen wir verstärkt auf die Möglichkeiten ein, die die neuen Technologien der UX-Strategie im Hinblick auf eine vielfältige Nutzung bieten. Des Weiteren stellen wir einen Vergleich zwischen den einzelnen Technologien an und geben Ihnen anhand von Anwendungsbeispielen und Erfahrungsberichten eine Ent-

Benutzeroberflächen

scheidungshilfe, damit Sie die für Sie richtige Benutzeroberfläche identifizieren können.

Einkauf in SAP S/4HANA

Kapitel 3, »Einkauf«, stellt Ihnen anhand von Beispielen aus der Praxis die Neuerungen vor, die SAP S/4HANA für die Abläufe des Einkaufs beinhaltet. Hierbei gehen wir auf die Funktionen ein, die das Tagesgeschäft von Einkäufern effizienter und übersichtlicher gestalten können. Des Weiteren erläutern wir Ihnen in diesem Kapitel die Möglichkeiten des Kontraktmanagements in SAP S/4HANA und beschreiben, durch welche Employee-Self-Service-Prozesse (ESS-Prozesse) der operative Einkauf entlastet werden kann.

Produktionsplanung in SAP S/4HANA

Die Produktionsplanung definiert in Industrieunternehmen einen bedeutenden Teil der logistischen Aktivitäten. Sie bestimmt sowohl die zu produzierenden Mengen und die dazugehörigen Termine als auch die Beschaffung der Inputgüter. In **Kapitel 4**, »Produktionsplanung«, stellen wir Ihnen die Veränderungen vor, die sich durch SAP S/4HANA in der Produktionsplanung ergeben. Hierbei erfahren Sie, welche Stammdaten in SAP S/4HANA für die Produktionsplanung benötigt werden, und lernen die Möglichkeiten kennen, die es zur Durchführung einer mittel- bis langfristigen Produktionsplanung gibt. Darüber hinaus beschäftigen wir uns mit der Bedarfs- sowie Kapazitätsplanung in SAP S/4HANA und erläutern die Schritte, die zur Auftragsausführung in SAP S/4HANA vollzogen werden müssen. Am Ende des Kapitels stellen wir die spezifischen Planungsabwicklungen in SAP S/4HANA vor.

Vertrieb in SAP S/4HANA

Kapitel 5, »Vertrieb«, verdeutlicht Ihnen, wie die Vertriebsprozesse mit SAP S/4HANA abgewickelt werden. Hierbei legen wir besonderes Augenmerk auf die Abwicklung von Kundenaufträgen, die Durchführung von Streckengeschäften und den Retourenprozess. Zusätzlich erfahren Sie, welche SAP-Fiori-Apps für die jeweiligen Prozesse genutzt werden können.

Retail in SAP S/4HANA

SAP S/4HANA Retail for Merchandise Management ist die für die Einzelhandelsbranche angepasste Version von SAP S/4HANA. In **Kapitel 6**, »SAP S/4HANA Retail for Merchandise Management«, stellen wir Ihnen die Aktivierung der Branchenlösung SAP Retail sowie die Integration in den SAP-S/4HANA-Kern vor. Schwerpunkt mäßig behandeln wir die SAP-Retail-Stammdaten und die Aufteilerfunktion.

Embedded EWM in SAP S/4HANA

SAP Extended Warehouse Management (SAP EWM) ist als sogenanntes Embedded EWM in den Kern von SAP S/4HANA integriert. In **Kapitel 7**, »Lagerverwaltung mit Embedded EWM«, beschreiben wir die architektonischen Aspekte, die Sie hinsichtlich der Integration zu beachten haben. Außerdem beschäftigen wir uns mit den Voraussetzungen, die in Bezug auf

Stammdaten erfüllt werden müssen, und gehen auf die grundlegende Handhabung der Anwendung ein.

Die Transportmanagementlösung SAP TM ist seit Release SAP S/4 HANA 1809 fast vollständig embedded verfügbar. In **Kapitel 8**, »Transportmanagement mit Embedded TM«, gehen wir zunächst auf typische Szenarien und Rollenmodelle im Transportmanagement ein. Im Anschluss daran erläutern wir die unterschiedlichen transaktionalen Prozesse, mit denen Sie Stammdaten und Verträge definieren, Frachtleistungen verkaufen, einkaufen, planen, ausführen und abrechnen können. Dazu erklären wir Ihnen, wie SAP TM mit den SAP-S/4-HANA-Kernprozessen integriert ist.

Embedded TM in SAP S/4HANA

Kapitel 9, »Reporting mit Embedded Analytics«, erklärt, wie die Funktionen des operationalen Reportings in SAP S/4HANA mittels des Embedded-Analytics-Konzepts realisiert werden. In diesem Kapitel lernen Sie die Entwicklung des operationalen Reports, die aktuellen Neuerungen von SAP S/4HANA im Bereich Embedded Analytics sowie die Architektur und das Konzept von Embedded Analytics kennen. Darüber hinaus zeigen wir Ihnen, auf welche Weise sich das operationale Reporting mittels SAP S/4HANA Embedded Analytics mit SAP Business Warehouse (BW) und SAP BusinessObjects erweitern lässt.

Reporting in SAP S/4HANA

Das Rechnungswesen hat die entscheidende Aufgabe, die durch den betrieblichen Leistungsprozess entstehenden Geld- und Leistungsströme systematisch zu erfassen, zu überwachen und Daten für Managemententscheidungen aufzubereiten. Demzufolge sind die Komponenten *externes Rechnungswesen* und *Management Accounting* (auch bekannt als *internes Rechnungswesen*) zentrale Bestandteile jedes SAP-ERP-Systems, ganz gleich ob es sich um SAP S/4HANA oder SAP ERP ECC 6.0 handelt. In **Kapitel 10**, »Integration mit SAP S/4HANA Finance«, erläutern wir Ihnen die Veränderungen, die SAP S/4HANA Finance sowohl für das externe als auch für das interne Rechnungswesen hervorbringt.

Finanzwesen in SAP S/4HANA

In **Kapitel 11**, »SAP Leonardo«, zeigen wir Ihnen, wie Sie den Weg zum intelligenten Unternehmen beschreiten können. Das intelligente Unternehmen wird zunehmend wichtiger, um die Vorteile innovativer Technologien optimal einsetzen zu können. Mit SAP Leonardo steht eine Innovationsplattform zur Verfügung, die eine Integration in den digitalen Kern ermöglicht und damit den Einsatz von künstlicher Intelligenz, Blockchain, Internet of Things (IoT) und Big Data unterstützt. Der Überblick von SAP Leonardo in Verbindung mit Einsatzszenarien wird Ihnen einen guten Einstieg in die Innovationsplattform von SAP bieten, um ihr intelligentes Unternehmen zu fördern.

SAP Leonardo

Migration nach SAP S/4HANA	In **Kapitel 12**, »Migration von SAP ERP nach SAP S/4HANA«, beschreiben wir den Weg zur Umstellung auf die SAP-S/4HANA-Lösung. Hierbei erläutern wir die Voraussetzungen, die hinsichtlich der Datenmigration erfüllt werden müssen, und gehen auf die Werkzeuge und Guidelines ein, die für den Wechsel von SAP ERP auf SAP S/4HANA verwendet werden können.
Change Management	Die Umstellung auf SAP S/4HANA geht mit einer Veränderung der Arbeitsabläufe, der Prozesse und der Organisation einher. In **Kapitel 13**, »Change Management«, lernen Sie die Aspekte kennen, die Sie hinsichtlich der Einführung von SAP S/4HANA zu beachten haben. Hierbei wird Ihnen z. B. erklärt, auf welche Weise Sie Mitarbeiter in den Veränderungsprozess einbeziehen können.

Um Sie auf wichtige Informationen hinzuweisen und Ihnen so die Arbeit mit diesem Buch zu erleichtern, verwenden wir im Text Kästen mit den folgenden Symbolen:

[+]	Kästen mit diesem Symbol geben Ihnen Empfehlungen zu Einstellungen oder Tipps aus der Praxis.
[»]	Dieses Symbol weist Sie auf zusätzliche Informationen hin.
[zB]	Mit diesem Symbol haben wir Beispiele gekennzeichnet, die den Text illustrieren.

Danksagung

Ein Buchprojekt ähnelt einer langen, mehrmonatigen Reise, die mit einer Idee beginnt, in einer Planung weiter mit Leben gefüllt wird und sich schließlich in einer Reisegruppe findet, die mithilfe diverser Unterstützer und Helfer die einzelnen Reisestationen besucht. Unsere »Reisegruppe« aus 13 Autorinnen und Autoren möchte allen, die dieses Projekt ermöglicht haben, herzlichst danken. Hervorzuheben sind, neben den vielen QSC-internen Unterstützern, insbesondere folgende QSC-Kollegen: Meik Brand, der dieses Projekt initiiert und im Lenkungskreis begleitet hat. Stanja Müller-Wolf, die mit innovativen Ideen das Buchmarketing vorangetrieben hat. Alexander Mahlow und Alexander Schonefeld, die unser Demosystem aufgesetzt, aktualisiert und die Autorenanforderungen stets schnell und nahtlos umgesetzt haben. Vor allem wollen wir auch den Autorinnen und Autoren der Erstauflage danken, die für diese Neuauflage mit die Basis gelegt haben, aber leider nicht wieder mitwirken konnten: Herbert Bruse, Jasmin Burgdorf, Manuel Chandramohan, Alina Demuth, Carmen Hölter, Tanja Jauer-Duske, Martin Kiss, Mareike Koczy, Jonathan Opel, Tanja Sannmann und Maik Schubert.

Daneben gab es eine Heerschar an externen Unterstützern. Aus dem Rheinwerk Verlag (SAP PRESS) sind insbesondere unsere Lektorin und Ansprechpartnerin Maike Lübbers sowie ihre Kolleginnen und Kollegen Eva Tripp, Hauke Drefke, Norbert Englert und Melanie Zinsler zu nennen.

Unserem Fotografen, Franz Schepers, möchten wir für die ausgezeichneten Autorenfotos und die professionelle Betreuung während der Fotoshootings danken.

SAP unterstützte dieses Buchprojekt bzw. die Erstauflage auf breiter Front mit neuesten Produktinformationen zu SAP S/4HANA, technischen Infos und Ratschlägen. Hier möchten wir besonders nachfolgende SAP-Mitarbeiterinnen und -Mitarbeiter nennen: Michael Sokollek, Dani Khalaf, Werner Ellinger, Thomas Kunze, Marc-Oliver Wiedemann, Tonda Rolf Günther Oberbacher, Timo Deiner, Nis Boy Neave, Andreas Wormbs, Jürgen Hauck, Ralf Schraenkler, Philipp Herz, Jürgen Butsmann, Tina Rauschenbach, Guido Adler, Kristina Noe und Christian Vogler.

Wir bedanken uns außerdem speziell bei Dr. Bernd Lauterbach von SAP SE für seinen Gastbeitrag zum Thema Transportmanagement.

Darüber hinaus möchten wir uns jeweils noch persönlich bedanken:

Ali: Ich möchte mich bei meinem Kollegen Martin Kiss bedanken, der mich inhaltlich unterstützt hat. Mein Dank gebührt auch Maike Lübbers und Eva Tripp von SAP PRESS für die gute Zusammenarbeit.

Christian: Vielen Dank an meine Ehefrau Sarah Sophia, die mich in Form von Geduld und Verständnis, insbesondere während der Schreibphase, sehr unterstützt hat. Des Weiteren danke ich allen Autoren des Buches für den tollen inhaltlichen Austausch.

Ferenc: Ich möchte meiner Frau Grit und meinen Kindern Ildikó und Miklós für die Unterstützung danken, die ich in dieser arbeitsreichen Zeit erfahren habe! Ohne sie wäre mein Anteil an diesem Buch nicht möglich gewesen.

Isabella: Danke an alle Autorenkolleginnen und -kollegen für die hervorragende Zusammenarbeit auch in den anstrengenden Phasen. Ein ganz besonderes Dankeschön geht an meinen Mann Mathias für seine grenzenlose Geduld mit mir während meiner kreativen Phasen und für seine Unterstützung – vor allem auch der kulinarischen Art.

Mario: Zunächst möchte ich meiner Frau Tanaz und meinen Zwillingen herzlichst danken, die mir genügend Freiräume an Abenden und Wochenenden für meine Autorenarbeit und die Projektleitung zugestanden haben. Darüber hinaus bedanke ich mich für die hervorragende Zusammenarbeit mit Meik Brand sowie Stanja Müller-Wolf, dem Autorenteam und SAP PRESS.

Matthias: Ich bedanke mich bei meiner Familie für die Geduld und die freie Zeit, die sie mir an den Wochenenden ermöglicht hat. Außerdem möchte ich mich bei Isabella Löw für die enge Zusammenarbeit sowie bei allen Kollegen bedanken, die das Buchprojekt initiiert und unterstützt haben.

Stefano: Ich möchte mich bei meiner Frau Birte für die mentale Unterstützung, die vielen Tipps und Hinweise bedanken. Meiner Tochter Ida und meinem Sohn Lasse möchte ich für die Inspiration danken, die sie mir gegeben haben.

Stephan: Ich bedanke mich bei den Teams im QSC Competence Center Supply Chain Management für eine hervorragende fachliche Beratung und die absolut teamorientierte Zusammenarbeit.

Kapitel 1
Der digitale Kern und die Ergänzungen

In diesem Kapitel stellen wir Ihnen die neue Systemarchitektur von SAP S/4HANA vor. Wir geben Ihnen einen Überblick über die neue Datenbanktechnologie und erläutern die Auswirkungen auf Anwendungen und Performanz des Systems. Sie lernen außerdem mögliche Einsatzszenarien für die Verteilung Ihrer Systemlandschaft kennen.

Dieses Kapitel gibt Ihnen eine Einführung in den Kern von SAP S/4HANA. Wir stellen Ihnen die wesentlichen Änderungen der Datenbanktechnologie und deren Bedeutung für die Performanz des Systems vor. Dabei gehen wir auf das Zusammenspiel mit der SAP-HANA-Datenbank und den Applikationen des digitalen Kerns ein. Wir beleuchten die Simplifizierungen gegenüber den früheren Business Suites von SAP und zeigen Ihnen, durch welche Maßnahmen diese Vereinfachungen ermöglicht werden: Zum einen wurde eine Vereinfachung des Datenmodells vorgenommen, zum anderen wurden durch die Änderung der Datenbanktechnologie viele Tabellen und Views obsolet, und schließlich bietet SAP für ausgewählte Funktionalitäten Cloud-Lösungen an.

SAP S/4HANA stellt somit einen digitalen Kern bereit, der durch Cloud-Anwendungen ergänzt wird. Wir möchten Ihnen in diesem Kapitel den digitalen Kern kurz vorstellen. Anschließend gehen wir auf die ergänzenden Cloud-Anwendungen ein und stellen Ihnen die Möglichkeiten der Anbindung zwischen Kern und Cloud-Anwendungen vor.

Aus dem Ansatz, eine Systemarchitektur aus digitalem Kern und Cloud-Anwendungen zu entwerfen, ergeben sich verschiedene Einsatzszenarien. Es kann zwischen kundenindividuellen (On-Premise-)Implementierungen und der Nutzung von Cloud-Systemen unterschieden werden. Dabei können unterschiedliche, auch hybride Cloud-Landschaften aufgebaut werden. Die verschiedenen Ansätze und Lösungsarchitekturen stellen wir Ihnen in diesem Kapitel kurz vor.

1.1 SAP S/4HANA – Datenbank und Applikationen

Abgrenzung SAP HANA von SAP S/4HANA

Zu Beginn dieses Kapitels erläutern wir einige Begriffe, zwischen denen es im Zusammenhang mit SAP S/4HANA zu unterscheiden gilt. SAP HANA ist eine Technologieplattform, die unter anderem die In-Memory-Datenbank umfasst, auf die in Abschnitt 1.1.2, »Datenbank, In-Memory-Technologie und Echtzeitdatenauswertung«, näher eingegangen wird.

SAP S/4HANA ist die Business Suite der nächsten Generation. Sie basiert auf der genannten In-Memory-Plattform SAP HANA und umfasst eine Reihe von Applikationen innerhalb des digitalen Kerns. Diese werden in Abschnitt 1.1.3, »Applikationen im digitalen Kern«, vorgestellt. Ergänzt wird die Business Suite durch eine Reihe von reinen Cloud-Anwendungen, die mit SAP S/4HANA integriert werden können. Nähere Erläuterungen hierzu finden Sie in Abschnitt 1.2, »Ergänzende Cloud-Anwendungen«.

[»] **Einsatz des digitalen Kerns in der Cloud**

Wenn in diesem Zusammenhang vom digitalen Kern und ergänzenden Cloud-Anwendungen gesprochen wird, bedeutet dies nicht, dass SAP S/4HANA zwangsläufig als eigene Installation betrieben werden muss. Es ist ebenso möglich, den digitalen Kern aus der Cloud zu konsumieren. Welche Einsatzszenarien sich daraus ergeben, wird in Abschnitt 1.3, »Einsatzszenarien von SAP S/4HANA«, näher erläutert.

1.1.1 Simplifizierungen – Anwendungen und Datenmodell

Überarbeitete und weggefallene Anwendungen

Ein wesentliches Merkmal von SAP S/4HANA ist die große Zahl an Vereinfachungen gegenüber SAP ECC 6.0. Bezogen auf die Anwendungen, lassen sich die Simplifizierungen nach den beiden folgenden Kriterien unterscheiden:

- **Überarbeitete Anwendungen**
  Die Überarbeitung dient im Wesentlichen dazu, die Leistungen der SAP-HANA-Plattform bestmöglich ausnutzen zu können. Dazu trägt auch die Konsolidierung redundanter Funktionen und technischer Lösungen, wie z. B. der Nutzung des Geschäftspartneransatzes, bei. Eine Grundlage für die Überarbeitung vieler Anwendungen ist das vereinfachte Datenmodell.

- **Weggefallene Anwendungen**
  Einige Anwendungen haben für SAP keine strategische Bedeutung mehr und sind daher weggefallen. So stehen z. B. SAP E-Recruiting und SAP Learning Solution in SAP S/4HANA auch im sogenannten Kompatibilitätsmodus nicht mehr zur Verfügung. Oftmals ist eine alternative

Anwendung bereits verfügbar und kann zukünftig anstelle der weggefallenen Funktionalität verwendet werden. Bei den genannten Beispielen ist dies z. B. mit SAP SuccessFactors der Fall (siehe die SAP-Hinweise 2383888 und 2383837).

Neben den Anwendungen ist auch das Datenmodell vereinfacht worden. Dabei wurde der häufig als *Principle of One* bezeichnete Ansatz verfolgt. Zusammengefasst besagt dieses Prinzip, dass es zukünftig nur noch einen Lösungsansatz geben soll, um eine Anforderung zu erfüllen. Dies war in der Vergangenheit oftmals anders, auch bedingt durch historisch gewachsene Entwicklungen. Beispiele für diese Entwicklung in SAP ECC 6.0 sind die beiden technologischen Stacks ABAP und Java, mit denen ein Dual-Stack-System möglich war, sowie auf der Anwendungsebene das neue und das klassische Hauptbuch.

Simplifizierung: Principle of One

Neben der Abschaffung redundanter Lösungsansätze umfasst das Prinzip auch die Abschaffung redundanter Datenhaltung. Um Auswertungen mit ausreichender Performanz bereitstellen zu können, wurden in SAP ECC 6.0 vorbereitete Aggregate bereitgehalten. Diese nehmen auf der Datenbankebene den Hauptteil des Speicherbedarfs in Anspruch und sind in der SAP-HANA-Datenbank nicht mehr erforderlich, da Auswertungen auf der Basis von Stamm- und Bewegungsdaten in Echtzeit möglich sind. Das Principle of One könnte in diesem Zusammenhang sogar bis auf die eine verbliebene Tabelle für Bewegungsdaten in der Bestandsführung heruntergebrochen werden.

Abbildung 1.1 veranschaulicht anhand des Beispiels der Bestandsführung, wie umfangreich die Simplifizierung des Datenmodells letztlich ausfällt. Die vormals existierenden 26 Aggregattabellen, 2 Stammdatentabellen und 2 Bewegungsdatentabellen wurden in SAP S/4HANA durch zwei weiterhin existierende Stammdatentabellen (MARC, MARD) und eine einzige Bewegungsdatentabelle (MATDOC) abgelöst.

Simplifizierung: Beispiel Bestandsführung

Die vormals für Auswertungszwecke erforderlichen Aggregattabellen sind obsolet, da die Geschwindigkeit der In-Memory-Technologie so hoch ist, dass die benötigten Auswertungen aus den Stamm- und Bewegungsdaten in Echtzeit erzeugt werden können. Über die Transaktionen SE16 und SE16N finden Sie die Aggregattabellen weiterhin in SAP S/4HANA; dabei handelt es sich allerdings nicht mehr um physisch gespeicherte Daten, sondern vielmehr um Views, die in Echtzeit erzeugt werden.

1 Der digitale Kern und die Ergänzungen

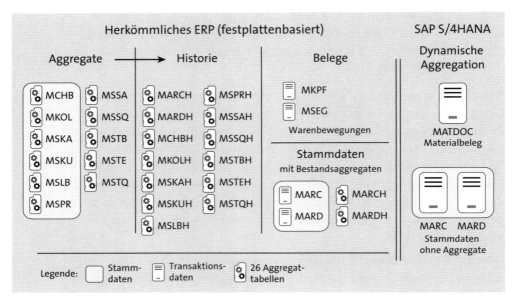

Abbildung 1.1 Vereinfachtes Datenmodell am Beispiel der Bestandsführung (Quelle: SAP)

Simplifizierung: Geschäftspartneransatz

Ein weiteres Beispiel für die Simplifizierung des Datenmodells unter dem Principle of One ist der Geschäftspartneransatz. Mit Kreditor und Debitor waren in SAP ECC 6.0 redundante Modelle im Einsatz, in denen Sie innerhalb von buchhalterischen Geschäftsprozessen unterschiedliche Stammdatenobjekte getrennt voneinander pflegen mussten. In SAP S/4HANA ist die Verwendung des Geschäftspartneransatzes verpflichtend. Dieser ersetzt die getrennte Stammdatenpflege und vereinigt alle Arten von Geschäftspartnern miteinander. Dies betrifft sogar die Mitarbeiterstammdaten eines Unternehmens, die zukünftig auch durch einen Geschäftspartner abgebildet werden.

Aufgrund dieser tiefgreifenden Umwälzungen bezeichnet SAP die Software SAP S/4HANA in der *Simplification List for SAP S/4HANA 1809* (kurz: *Simplification List*) explizit nicht als »Legal Successor« einer existierenden SAP Business Suite, sondern als »ERP Business Suite der nächsten Generation«.

Voraussetzungen für den Umstieg auf SAP S/4HANA

Wenn Ihr Unternehmen von SAP ECC 6.0 auf SAP S/4HANA umsteigen möchte, folgt aus den Vereinfachungen eine Reihe notwendiger Maßnahmen. In jedem Fall ist eine Datenbankmigration nach SAP HANA und eine Installation des neuen, vereinfachten Codes erforderlich. Zusätzlich müssen bestimmte weitere Voraussetzungen erfüllt sein, um einen Umstieg zu ermöglichen. Dazu zählen unter anderem:

- Verwendung eines Unicode-Systems
- Umstellung auf einen Application Server ABAP Only
- Nutzung des Geschäftspartneransatzes
- Verwendung des neuen Hauptbuchs
- Einhaltung der Anforderungen an kundeneigene Entwicklungen

Die Aufzählung ist bei Weitem nicht abgeschlossen und soll nur einen ersten Eindruck der Anforderungen vermitteln.

Darüber hinaus sollten Sie vor einem Umstieg prüfen, ob alle Funktionen, die Sie in Ihrem aktuellen SAP-ERP-System nutzen, auch in SAP S/4HANA eine Entsprechung haben. Denn das ist nicht in jedem Fall gegeben. Unter Umständen bedeutet der Umstieg auf SAP S/4HANA, dass Sie etablierte Geschäftsprozesse zukünftig mit anderen Applikationen unterstützen müssen. Das kann eine der ergänzenden Lösungen innerhalb von SAP S/4HANA (Cloud- oder On-Premise-Lösung) sein oder auch eine Lösung eines Drittanbieters (Nicht-SAP-System). In diesem Zusammenhang kann es ebenfalls erforderlich sein, Geschäftsprozesse anzupassen. Informationen zu den Funktionen, die in SAP S/4HANA enthalten sind, finden Sie in der *Feature Scope Description* von SAP.

Die Simplification List umfasst zahlreiche Informationen zu den Vereinfachungen in SAP S/4HANA im Vergleich zu SAP ECC 6.0 und soll die Kunden bei einer Konversion des Systems unterstützen.

Für den Umstieg auf SAP S/4HANA gibt es verschiedene Lösungsansätze – abhängig von den Voraussetzungen in Ihrem Unternehmen müssen Sie entscheiden, welcher davon für Sie sinnvoll ist. Mögliche Szenarien sind dabei:

Konversion oder »grüne Wiese«?

- Konversion des bestehenden Systems unter der Erfüllung der notwendigen Voraussetzungen mit den entsprechenden Vorarbeiten
- Neueinführung im »Grüne-Wiese-Ansatz« (Greenfield)

Beide Vorgehensweisen bieten eine Reihe von Vor- und Nachteilen, auf die an dieser Stelle nicht detailliert eingegangen werden soll. Bevor Sie sich für eines der Szenarien entscheiden, sollten Sie ein entsprechend detailliertes Assessment und die Erarbeitung einer Migrations-Roadmap vornehmen. In diesem Buch enthält Kapitel 12, »Migration von SAP ERP nach SAP S/4HANA«, detaillierte Informationen zu den Möglichkeiten des Umstiegs auf SAP S/4HANA.

SAP bietet derzeit einen kostenlosen Analyse-Service für die SAP Business Suite an, mit dem ein erster Überblick über die implementierten Geschäfts-

Kostenlose Entscheidungshilfe

1 Der digitale Kern und die Ergänzungen

prozesse gewonnen werden kann, die mit der Einführung von SAP S/4HANA vereinfacht und/oder verbessert werden können. Der *Business Scenario Recommendations Report for SAP S/4HANA* wurde in der jüngsten Vergangenheit, insbesondere für den Bereich Logistik, verbessert.

SAP Readiness Check for SAP S/4HANA

Einen detaillierteren Überblick bietet der *SAP Readiness Check for SAP S/4HANA*. Für diesen sind in Ihrem SAP System Vorarbeiten vorzunehmen. Das Ergebnis ist eine individualisierte Simplification List, die auf Ihr System und die bei Ihnen vorgenommenen Einstellungen zugeschnitten ist. Beachten Sie den nachfolgenden Info-Kasten.

> **Weiterführende Informationen**
>
> Die Simplification List, die Feature Scope Description und der Konversionsleitfaden befinden sich als PDF-Versionen im SAP Help Portal: *https://help.sap.com/viewer/p/SAP_S4HANA_ON-PREMISE*
>
> Wählen Sie hier **Simplification List for SAP S/4HANA**, **Feature Scope Description** bzw. **Conversion Guide**.
>
> Falls Sie eine Microsoft-Excel-Version der Simplification List benötigen, finden Sie diese in SAP-Hinweis 2313884.
>
> Die Registrierung für den derzeit kostenlosen Analyse-Service Business Scenario Recommendations Report for SAP S/4HANA, einschließlich eines Beispielreports, finden Sie hier: *www.s4hana.com*
>
> Wenn Sie einen *SAP Readiness Check for SAP S/4HANA* durchführen möchten, erhalten Sie die entsprechenden Informationen in SAP-Hinweis 2310438 und über die folgende URL: *https://help.sap.com/viewer/p/SAP_READINESS_CHECK*

1.1.2 Datenbank, In-Memory-Technologie und Echtzeitdatenauswertung

Big Data: Teil der digitalen Transformation

Die grundlegenden Änderungen, die SAP S/4HANA in Form des vereinfachten Datenmodells und der In-Memory-Technologie mit sich bringt, sind kein Selbstzweck. Vielmehr tragen sie den Folgen der digitalen Transformation und des Wegs zum Internet of Things (IoT) Rechnung. Dieser Weg ist dadurch gekennzeichnet, dass immer mehr Sensoren verfügbar sind, die Daten bereitstellen. Das reicht von der vernetzten Heizungsanlage in einem Einfamilienhaus bis hin zum Sensor, der in einem Parkhaus anzeigt, ob ein Stellplatz besetzt ist. Ein zukunftsfähiges System muss folglich in der Lage sein, die verfügbaren großen Datenmengen (Big Data) nicht nur zu speichern, sondern auch effizient zu nutzen.

1.1 SAP S/4HANA – Datenbank und Applikationen

> **Weiterführende Informationen**
> Die digitale Transformation stellt viele Unternehmen vor große Herausforderungen und wirft jede Menge Fragen auf. Antworten gibt es hier:
> *https://digitales-wirtschaftswunder.de*

Neben der Herausforderung, ausreichend Speicherplatz für diese großen Datenmengen verfügbar zu haben, ist es vor allem entscheidend, die Daten auch verarbeiten und auswerten zu können.

Hierzu wurden in der Vergangenheit verschiedene Arten von Systemen verwendet:

OLTP-Systeme und OLAP-Systeme

- **OLTP-Systeme (Online Transaction Processing)**
  Echtzeittransaktionsverarbeitung – die Verarbeitung von Operationen erfolgt direkt und ohne Zeitverzug. Es können zahlreiche Operationen zeitgleich verbreitet werden. Dies stellt hohe Anforderungen an die Datenkonsistenz, die im ACID-Prinzip (ACID = Atomicy, Consistency, Isolation, Durability), siehe den Abschnitt »ACID-kompatible Datenbank«, beschrieben sind.

- **OLAP-Systeme (Online Analytical Processing)**
  Im Mittelpunkt steht die Ausführung komplexer Analysevorhaben, die mithilfe vordefinierter und hypothesenbasierter Analyseverfahren ausgeführt werden. Dabei müssen sehr große Datenmengen verarbeitet werden. Aus diesem Grund wurden in der Vergangenheit oftmals in nächtlichen Jobs Datenanalysen und Aggregationen vorgenommen.

Entscheidungsträger benötigen heute geschäftskritische Informationen sehr schnell. Der Informationsbedarf ist dabei vielfältig und dynamisch. Die Vorabdefinition von Auswertungsanfragen sowie nächtliche Datenanalysen und Aggregationen gehören deshalb der Vergangenheit an. Damit ein System zukunftsfähig ist, muss es Big-Data-Analysen auch in Echtzeit durchführen können. Mit SAP S/4HANA wurde ein System entwickelt, das die Vorteile beider Welten (OLTP und OLAP) vereinen kann. Durch den Verzicht auf vorgefertigte Aggregationen kann eine beliebige Auswertungsanforderung beantwortet werden. Gleichzeitig wird durch die spaltenbasierte In-Memory-Architektur erreicht, dass eine Datenanalyse mit hoher Geschwindigkeit in Echtzeit erfolgen kann.

Eine der wesentlichen Neuerungen im Zusammenhang mit SAP S/4HANA ist die verwendete Datenbanktechnologie der SAP-HANA-Plattform. Diese besteht aus einer vollständig im Arbeitsspeicher (In-Memory-Technologie) gehaltenen Datenbank. Für ein besseres Verständnis der Entscheidung für diese Architektur soll ein kurzer Exkurs dienen.

Exkurs: Einflüsse auf die Systemperformance

Innerhalb eines Servers gibt es, ähnlich wie bei einem handelsüblichen PC, verschiedene Flaschenhälse, die die Leistungsfähigkeit des Systems einschränken können. Für die Geschwindigkeit, mit der Daten zwischen Prozessor, Arbeitsspeicher und Festplatte übertragen werden, sind verschiedene Faktoren relevant. Dazu zählen unter anderem die Lese- und Schreibgeschwindigkeit in den Speichermedien, die Speichergröße sowie die Datenübertragungsrate zwischen den Speichern und dem Prozessor.

Reduzierung vorhandener Flaschenhälse

Um eine optimale Leistungsfähigkeit zu erreichen, ist es erforderlich, die Engpässe so weit wie möglich zu reduzieren bzw. zu umgehen. Einer dieser Flaschenhälse ist die Datenübertragung zwischen Festplatte und Prozessor. Die Leistungsfähigkeit eines Systems könnte demzufolge gesteigert werden, wenn die zu verarbeitenden Daten »näher an den Prozessor« gebracht würden und so der Flaschenhals *Festplatte – Prozessor* vermieden werden könnte.

Datenbank im Arbeitsspeicher: Voraussetzungen

Dem Prozessorkern am nächsten gelegen, sind die Cache-Speicher. Diese liegen aber im Megabyte-Bereich und sind für die Speicherung großer Datenmengen nicht ausreichend. Etwas »weiter entfernt« liegt der Arbeitsspeicher. Um die Datenbank eines SAP-ERP-Systems vollständig im Arbeitsspeicher halten zu können, muss eine einfache, aber wesentliche Voraussetzung erfüllt werden: Es muss Arbeitsspeicher in entsprechender Größe möglich sein, und/oder die Datenbank muss in der Größe so weit reduziert werden, dass sie vollständig im Arbeitsspeicher gehalten werden kann.

Diese Voraussetzungen waren noch vor wenigen Jahren nicht erfüllbar. Heute sind Arbeitsspeicher in der benötigten Größenordnung verfügbar. Ein großer Arbeitsspeicher allein reicht allerdings noch nicht aus, um ein wirklich zukunftsfähiges System zur Verfügung zu stellen. Die Anforderungen bestehen vor allem aus der Möglichkeit, sehr große Datenmengen (Big Data) zu verarbeiten und beliebige, nicht vorab definierte Auswertungen mit hoher Geschwindigkeit bereitzustellen, um den Entscheidungsträgern jederzeit die benötigten Informationen liefern zu können.

Um den Anforderungen gerecht zu werden, müssen die Größe der Datenbank reduziert und die Daten in leicht auswertbarer Form gespeichert werden. Ein Weg zur Reduzierung der Datenbankgröße ist die Simplifizierung des Datenmodells (siehe Abschnitt 1.1.1, »Simplifizierungen – Anwendungen und Datenmodell«).

Ein weiterer Weg ist die veränderte Datenbanktechnologie, mit der Daten effizienter und performanter verarbeitet werden können. SAP HANA umfasst zu diesem Zweck eine spaltenorientierte, ACID-kompatible In-Memory-Datenbank.

ACID-kompatible Datenbank

ACID beschreibt Eigenschaften der Datenverarbeitung und steht für:

ACID-Prinzip

- **A – Atomicity (Abgeschlossenheit)**
  Eine Transaktion muss vollständig und richtig oder überhaupt nicht ausgeführt werden. Dieses wird während des Verarbeitungsprozesses geprüft. Ist die Abgeschlossenheit nicht gegeben, erfolgt ein Rollback, das heißt, die ausgeführten Verarbeitungsschritte werden zurückgesetzt.

- **C – Consistency (Konsistenz)**
  Wenn die Datenbank vor der Ausführung einer Operation konsistent war, muss sie auch danach konsistent sein.

- **I – Isolation (Isolation)**
  Gleichzeitig ausgeführte Operationen dürfen sich nicht gegenseitig beeinflussen. Die Isolation einer Transaktion ist wesentlich für die Konsistenzwahrung des Datenbestands.

- **D – Durability (Dauerhaftigkeit)**
  Nach dem Abschluss einer Operation müssen die Daten dauerhaft gespeichert sein. Ihre Speicherung muss auch nach einem Systemfehler sichergestellt sein.

In-Memory-Datenbank

In einem klassischen SAP-ERP-System war die Datenbank auf einer Festplatte gespeichert. Alle in einer Operation bearbeiteten Daten wurden direkt von der Festplatte gelesen und nach Abschluss der Operation wieder dort gespeichert. Durch die Änderung auf die In-Memory-Technologie ergeben sich neue Herausforderungen, um die Dauerhaftigkeit der Daten sicherzustellen.

In-Memory-Datenbank in einem flüchtigen Speichermedium

Der Arbeitsspeicher ist im Unterschied zu einer Festplatte ein flüchtiges Speichermedium. Bei einem Stromausfall droht Datenverlust, da die Daten des Arbeitsspeichers nur so lange gespeichert sind, wie das System in Betrieb ist. Um dieser Herausforderung zu begegnen, werden zu festgelegten Zeitpunkten Datensicherungen durchgeführt. In den Zeiträumen zwischen den Datensicherungen wird die Dauerhaftigkeit der Daten über ein Transaktionslog sichergestellt.

Spaltenorientierte Datenbank

Spaltenorientierung der Datenbank

Die Datenbankgröße wird unter anderem durch die Menge an gespeicherten Daten beeinflusst. Wesentliches Merkmal der SAP-HANA-Datenbanktechnologie ist die Spaltenorientierung, die die klassische Zeilenorientierung ablöst.

Zur Veranschaulichung des Unterschieds zwischen zeilen- und spaltenorientiertem Aufbau soll das Beispiel einer Adressliste dienen. Diese enthält Name, Vorname, Straße, Hausnummer, Postleitzahl und Ort. Bei der klassischen zeilenorientierten Datenbank umfasst eine Tabelle einen Eintrag zu jeder Person, der die benötigten Informationen enthält.

Das Beispiel in Abbildung 1.2 verdeutlicht, dass es in Tabellen zahlreiche redundante Einträge geben kann. Betrachtet man Vornamen, Nachnamen, Straßen und Orte unabhängig voneinander, wird klar, dass es weniger Variablen als Datensätze in der Tabelle gibt. Daher liegt es nahe, nicht jeden Eintrag einzeln zu erfassen, sondern Wertetabellen (Dictionaries) zu definieren, in denen die Einträge einzeln und ohne Redundanzen definiert sind.

Index	Name	Vorname	Straße	Nr.	PLZ	Ort
1	Meier	Stefan	Schlossplatz	1	69190	Walldorf
2	Müller	Claudia	Dorfstr	22	69190	Walldorf
3	Schulze	Martina	Schlossplatz	15	69190	Walldorf
4	Meier	Claudia	Kreisstr	38	69226	Nußloch
...						

Abbildung 1.2 Adressliste als Beispiel für eine Tabelle

Abbildung 1.3 veranschaulicht, wie die Adressinformationen der Personen als Verweise auf das Dictionary gespeichert werden. Die vollständige Adressliste ist, anders als in der klassischen (zeilenorientierten) Form, nicht vorhanden, sondern wird bei Bedarf ad hoc aufbereitet.

Auf diesem Weg ist eine stark komprimierte Datenspeicherung möglich, die im Bereich der Faktoren 15 bis 20 liegen kann. Es wird deutlich, dass bereits die Umstellung auf die Spaltenorientierung, noch ohne Berücksichtigung von Simplifizierungen des Datenmodells und ohne den Wegfall von Aggregattabellen, enorme Auswirkungen auf die Datenbankgröße haben kann. Beachten Sie dazu auch den nachfolgenden Info-Kasten.

1.1 SAP S/4HANA – Datenbank und Applikationen

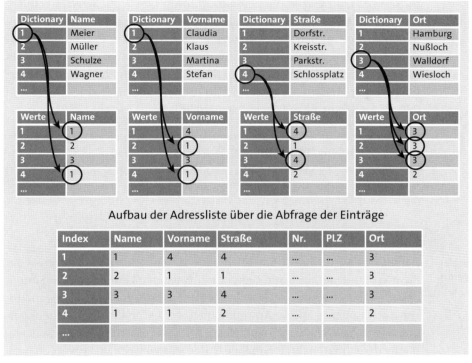

Abbildung 1.3 Spaltenorientierte Datenspeicherung

> **Weiterführende Informationen**
>
> Einen ersten Überblick über die Grundlagen der In-Memory-Technologie gibt der openSAP-Kurs »In-Memory Data Management In a Nutshell«: *https://open.sap.com/courses/hana-warmup*
>
> Einen tieferen, ausführlicheren Einblick gibt der openHPI-Kurs »In-Memory Data Management 2017«: *https://open.hpi.de/courses/imdb2017*
>
> Wenn Sie es ganz genau wissen möchten, erhalten Sie noch mehr Details und umfangreichere Informationen in folgendem Buch: Plattner/Leukert, The In-Memory Revolution. Springer Verlag.

Code Pushdown

Die Architektur der SAP-HANA-Plattform ermöglicht die Verlagerung rechenintensiver Prozesse aus der Anwendungsebene in die Datenbankebene. Dieses Konzept wird als *Code Pushdown* bezeichnet.

Performanzsteigerung mit Code Pushdown

Dazu werden einerseits die neu eingeführten *Core Data Services* genutzt, mit denen *CDS Views* definiert werden können. Diese erlauben eine Datenmodellierung auf der Datenbankebene und können in Programmen verwendet werden. Teile der Programmierung werden dafür außerhalb der ABAP Workbench in der *SAP HANA Studio* genannten Entwicklungsumgebung vorgenommen. Detailliertere Informationen hierzu erhalten Sie in Kapitel 9, »Reporting mit Embedded Analytics«.

> **Weiterführende Informationen**
>
> Einen tieferen Einblick und mehr technische Details erhalten Sie in folgendem Buch: Koglin, SAP S/4HANA. Rheinwerk Verlag.

1.1.3 Applikationen im digitalen Kern

Funktionales Grundgerüst

Der digitale Kern von SAP S/4HANA bildet das funktionale Grundgerüst der Business Suite der nächsten Generation. Nach der Anwendung der Simplifizierungen stehen mit Release SAP S/4HANA 1809 zahlreiche Anwendungen zur Verfügung. Diese Anwendungen werden in einen branchenübergreifenden Bereich zusammengefasst (SAP S/4HANA Enterprise Management), der Funktionalitäten für alle Unternehmen enthält. Ergänzend dazu gibt es spezifische *Line-of-Business-Produkte* (LoB-Produkte), die hier gemeinsam dargestellt werden sowie branchenspezifische Anwendungen.

Hinzu kommen Anwendungen, die in SAP S/4HANA betrieben werden können, aber lediglich als sogenannte *Compatibility Packs* zur Verfügung gestellt werden. Diese werden in Abschnitt 1.1.4, »Applikationen im digitalen Kern als Compatibility Packs«, beschrieben.

Der Funktionsumfang der einzelnen Anwendungen kann in einem einleitenden Kapitel nicht umfassend beschrieben werden. Beachten Sie auch, dass gegebenenfalls in SAP ECC 6.0 enthaltene Funktionen bzw. Teilapplikationen nicht mehr Teil der aufgeführten Anwendungen sind. Einen detaillierten Überblick bieten die Simplification List und die Feature Scope Description.

Anwendungen für das SAP S/4HANA Enterprise Management

An dieser Stelle sollen daher in Form einer Aufzählung die wesentlichen Applikationen aufgelistet werden, ohne einen Anspruch auf Vollständigkeit zu erheben. Aus dem Bereich SAP S/4HANA Enterprise Management bzw. LOB stehen die folgenden Anwendungen zur Verfügung; diese enthalten zahlreiche auf die jeweiligen Geschäftsfelder zugeschnittene Funktionalitäten. Ob Teile davon gegebenenfalls separat zu lizenzieren sind, ist jeweils zu prüfen.

- Data Protection
  - Funktionen zum Sperren und Löschen personenbezogener Daten
- Database and Data Management
  - Master Data Management
- Asset Management
  - Maintenance Operations
  - Resource Scheduling
  - Geographical Enablement Framework for Asset Management
  - Environment, Health & Safety
- Commerce
  - Subscription Billing and Revenue Management
- Finance
  - Financial Planning and Analysis
  - Accounting and Financial Close
  - Treasury Management
  - Commodity Risk Management
  - Financial Operations
  - Contract Accounting
  - Governance, Risk, and Compliance for Finance
  - Real Estate Management
- Human Resources
  - Organizational Management
  - Timesheet
  - SuccessFactors Employee Central Connectivity
- Manufacturing
  - Manufacturing Engineering and Process Planning
  - Manufacturing for Production Engineering and Operations
  - Production Planning
  - Manufacturing Execution for Discrete Industries
  - Manufacturing Execution for Process Industries
  - Outsourced Manufacturing
  - Quality Management
  - Maintenance, Repair, and Overhaul
  - Maintenance Operations

- **R&D/Engineering**
  - Enterprise Portfolio and Project Management
  - Product Development Foundation
  - Product Lifecycle Management
  - Product Compliance
- **Sales**
  - Order and Contract Management
  - Commodity Sales
  - Incentive and Commission Management
- **Service**
  - Service Agreement Management (Warranty Management)
- **Sourcing and Procurement**
  - Supplier Management
  - Sourcing
  - Purchase Contract Management
  - Central Procurement
  - Guided Buying Integration for Central Procurement
  - Operational Procurement
  - Procurement Analysis
  - Invoice Management
- **Supply Chain**
  - Basic/Advanced Inventory, Warehousing, and Transportation
  - Logistics
  - (Advanced) Order Promising
- **Analytics Technology**
  - Process Performance Monitoring
  - Query Designer
  - Analysis Path Framework
  - Predictive Model
  - Analytics

Branchenlösungen Für folgende Branchen stehen Ergänzungen zur Verfügung. Diese stellen Erweiterungen zu den Kernfunktionen der SAP-S/4HANA-Enterprise-Management-Anwendungen dar und sind ggf. separat zu lizenzieren:

- Agriculture
- Automotive
- Banking
- Insurance
- Oil & Gas
- Professional Services
- Public Sector
- Retail and Fashion
- Utilities
- SAP Waste & Recycling

Es kann zwar vermutet werden, dass zukünftig weitere Funktionalitäten aus den Branchenlösungen in SAP S/4HANA verfügbar gemacht werden, der Umfang ist jedoch zum jetzigen Zeitpunkt nicht absehbar. Nach dem derzeitigen Wissensstand werden zukünftig nicht alle bekannten Funktionalitäten und/oder Branchenlösungen auch in SAP S/4HANA unterstützt. Detailliertere Informationen enthält die Simplification List.

> **Weiterführende Informationen**
>
> Die vorstehenden Angaben sind der Feature Scope Description von SAP entnommen, in der Sie auch eine vollständige Übersicht der Anwendungen finden: SAP S/4HANA 1809 – Feature Scope Description, Version 1.0 vom 21.09.2018.
>
> Die Simplification List und die Feature Scope Description befinden sich als PDF-Versionen im SAP Help Portal:
>
> *https://help.sap.com/viewer/p/SAP_S4HANA_ON-PREMISE*
>
> Wählen Sie dort **Simplification List** bzw. **Feature Scope Description**.

1.1.4 Applikationen im digitalen Kern als Compatibility Packs

Zusätzlich zu den SAP-S/4HANA-Anwendungen des digitalen Kerns stellt SAP weitere Anwendungen als sogenannte *Compatibility Packs* bereit. Ein Compatibility Pack ist eine SAP-Business-Suite-Anwendung, die in einer SAP-S/4HANA-Installation betrieben werden kann. Dabei handelt es sich nicht um eigenständige Software. Die Bereitstellung der Compatibility Packs soll den Umstieg auf SAP S/4HANA dadurch vereinfachen, dass ausgewählte Anwendungen der SAP Business Suite für einen begrenzten Zeit-

Zusätzliche Anwendungen als Compatibility Packs

raum weiter genutzt werden können. Dabei werden allerdings nicht alle Anwendungen bzw. Komponenten von SAP ECC 6.0 berücksichtigt. Einen detaillierten Überblick bieten die Simplification List und die Feature Scope Description. Die folgende Auflistung der Compatibility Packs stellt eine Auswahl dar und erhebt keinen Anspruch auf Vollständigkeit:

- **Asset Management**
  Das Instandhaltungsinformationssystem steht als Teil des Logistikinformationssystems zur Verfügung.

- **Rechnungswesen**
  Im Rechnungswesen stehen Funktionen für Abschreibungen, für spezielle Ledger, für die Profit-Center-Rechnung, für die elektronische Rechnungsstellung und Bezahlung, für das Financial Closing Cockpit und das Reisemanagement zur Verfügung.

- **Personalwesen**
  Aus dem Personalwesen stehen Personaladministration, Organisationsmanagement, Entgeltabrechnung, Employee- und Manager-Self-Services, Arbeitgeberleistungen und Vergütungsmanagement, Talentmanagement und Zeitwirtschaft zur Verfügung.

- **Manufacturing**
  Qualitätskennzahlen aus Qualitätsmanagement, Absatz- und Produktionsgrobplanung, aus der flexiblen Planung, aus der Materialbedarfsplanung, aus Manufacturing Execution for Discrete Industries und Manufacturing Execution for Process Industries.

- **R&D/Engineering**
  Hier sind Funktionen aus SAP Portfolio and Project Management und SAP Environment, Health, and Safety Management (SAP EHS) verfügbar, z. B. Produktsicherheit, Etikettenmanagement und Gefahrgutabwicklung.

- **Vertrieb**
  Das Vertriebsinformationssystem, basierend auf dem Logistikinformationssystem, steht hier zur Verfügung, dazu Bonusabsprachen und der Produktkatalog.

- **Instandhaltung**
  Das Instandhaltungsmanagement enthält Funktionen zu Stammdatenmanagement, Service-Management, Ersatzteillogistik und dem Service-Agreement-Management.

- **Sourcing and Procurement**
  Diese Anwendung umfasst eine Lösung zur Rabattabwicklung.

- **Supply Chain**
  Es stehen hier die Funktionen des Versands und Transports sowie das Warehouse Management zur Verfügung.
- **Branchen**
  Mit den Compatibility Packs werden Funktionen der folgenden Branchen zur Verfügung gestellt: Defense and Security, Engineering, Construction & Operations, Higher Education and Research, Mill Products, Oil & Gas, Public Sector, Retail.

> **Weiterführende Informationen**
>
> Die vorstehenden Angaben sind der Feature Scope Description von SAP entnommen, in der Sie auch eine vollständige Übersicht der Anwendungen finden: SAP S/4HANA 1809 – Feature Scope Description, Version 1.0 vom 21.09.2018.
>
> Die Simplification List und die Feature Scope Description befinden sich als PDF-Versionen im SAP Help Portal: *https://help.sap.com/viewer/p/SAP_S4HANA_ON-PREMISE*. Wählen Sie dort **Simplification List** bzw. **Feature Scope Description**. Die vollständige Übersicht der Anwendungen befindet sich an der gleichen Stelle.

1.2 Ergänzende Cloud-Anwendungen

In SAP S/4HANA stehen nicht mehr alle Anwendungen zur Verfügung, die noch in SAP ECC 6.0 enthalten waren. Welche Anwendungen weiterhin zur Verfügung stehen, wurde in Abschnitt 1.1.3, »Applikationen im digitalen Kern«, und Abschnitt 1.1.4, »Applikationen im digitalen Kern als Compatibility Packs«, kurz erläutert und kann der Simplification List entnommen werden.

In der IT-Architektur wird die Cloud als zusätzliche Ebene für die Systemerweiterung genutzt. Unter der Nutzung von Cloud-Plattformen können Sie das SAP-S/4HANA-System um eine zusätzliche Ebene ergänzen. Die Erweiterung des digitalen Kerns durch Anwendungen und Technologien aus der SAP Cloud Platform ermöglicht es, diese zusätzliche Ebene zu nutzen und Funktionen aus dem Kern dorthin auszulagern. Die Entwicklung und der Betrieb eigener Lösungen können dadurch entfallen.

In diesem Abschnitt stellen wir Ihnen ausgewählte Plattformen vor, die in der Cloud als Ersatz bzw. Ergänzung bestehender Anwendungen verfügbar und mit SAP S/4HANA integrierbar sind. Dabei beschreiben wir Einsatzzweck und Funktionsumfang der Anwendungen im Überblick. Anschließend gehen wir auf die Möglichkeiten der Integration mit Ihrem SAP-S/4HANA-System ein. Ein kurzer Überblick zeigt Ihnen, wie Sie die Anwendung mit SAP S/4HANA integrieren können. Dabei gehen wir davon aus, dass SAP S/4HANA als On-Premise-Version eingesetzt wird.

1.2.1 SAP SuccessFactors

HR-Lösungen in der Cloud

Als Alternative zu den in Abschnitt 1.1.4, »Applikationen im digitalen Kern als Compatibility Packs«, erwähnten Compatibility Packs für Personal steht Ihnen die cloudbasierte SAP SuccessFactors HCM Suite (HCM = Human Capital Management) zur Verfügung. Die SAP SuccessFactors HCM Suite umfasst Lösungen für die HR-Kernprozesse, das Talentmanagement und HR-Analysen. Sie können Ihre personalwirtschaftlichen Prozesse von der Stellenausschreibung über die Einstellung bis hin zur Weiterbildungs- und Nachfolgeplanung kundenindividuell gestalten. Für Ihre Mitarbeiter stellen die Lösungen ein zentrales Tool für die Verwaltung der eigenen Daten mittels Employee Self-Service (ESS) und Aufgaben (z. B. Zielvereinbarungen, Fortbildungen) zur Verfügung. Die Zusammenfassung aller Lösungen erfolgt in der SAP SuccessFactors HCM Suite, die als Software-as-a-Service (SaaS) angeboten wird. Bei der Nutzung der SAP SuccessFactors HCM Suite als SaaS werden die Software und die IT-Infrastruktur von SAP SuccessFactors betrieben, und Sie nutzen diese als Dienstleistung.

Wir stellen Ihnen in diesem Abschnitt die einzelnen Lösungen kurz vor. Eine Anbindung an Ihr SAP-S/4HANA-System ist für jede der Lösungen vorgesehen.

Funktionen

Im Folgenden stellen wir Ihnen die SAP SuccessFactors HCM Suite mit den Kernprozessen der einzelnen Lösungen vor:

- **SAP SuccessFactors Talent Management**
  Im Rahmen von SAP SuccessFactors Talent Management werden Lösungen für das Bewerbermanagement angeboten, angefangen von der Stellenanforderung und Stellenausschreibung über den Auswahlprozess bis hin zur Einarbeitung des neuen Mitarbeiters.

- **SAP SuccessFactors Performance & Goals**
  Eine Lösung zur Leistungsbeurteilung und Zielvereinbarung mit dem Mitarbeiter schließt sich der Lösung SAP SuccessFactors Talent Management an und hilft Ihnen, die Entwicklung des Mitarbeiters zu beurteilen.

- **SAP SuccessFactors Compensation**
Die Vergütung der Mitarbeiter, Ihre verschiedenen Vergütungsprogramme und die Einhaltung von Budgets können in dieser Lösung analysiert und revisionssicher durchgeführt werden.

- **SAP SuccessFactors Succession & Development**
Die angebotene Lösung zur Nachfolgeplanung bietet Ihnen die Möglichkeit, potenzielle Lücken in der Personalplanung zu erkennen und eine individuelle Karriere- und Entwicklungsplanung für einen Mitarbeiter, für eine Funktion in Ihrem Unternehmen oder für eine bestimmte Position zu entwickeln.

- **SAP SuccessFactors Learning**
Ihre internen oder externen Weiterbildungsangebote können Ihren Mitarbeitern mithilfe dieser Lösung zur Verfügung gestellt und die individuell vereinbarten Lernpläne vom Mitarbeiter verwaltet werden.

- **SAP SuccessFactors Workforce Analytics/Workforce Planning**
Die Lösungen im Bereich der HR-Analysen ermöglichen es Ihnen, Ihre Personaldaten mit externen Daten zu verknüpfen und Auswertungen zielgerichtet zu erstellen. Im Rahmen der Personalplanung können Sie verschiedene Szenarien der Planung erstellen und bewerten.

- **SAP SuccessFactors Employee Central**
Die HR-Kernprozesse von SAP SuccessFactors Employee Central beinhalten die Lösungen für Ihre Personalverwaltung. Neben der Abbildung der Organisation Ihres Unternehmens können Sie Analysen mit externen Datenquellen anreichern. Die Lösung bietet Ihren Mitarbeitern und Führungskräften im Rahmen des Self-Service die Möglichkeit, Informationen zum geeigneten Zeitpunkt selbst zu erfassen oder abzurufen. Die Personalstammdaten können mit vordefinierten Analysen bewertet und an Drittsysteme für weitere Auswertungen weitergeleitet werden.

- **SAP SuccessFactors Employee Central Payroll**
Die Lösung SAP SuccessFactors Employee Central ist die Voraussetzung für die Nutzung der Lösung für die Personalabrechnung. Mit dem Payroll Control Center (PCC) dieser Lösung kann der Prozess der Entgeltabrechnung mit definierten Kontrollprozessen zentral gesteuert werden. Eventuelle Fehler können direkt an den zuständigen Sachbearbeiter zur zeitnahen Behebung gemeldet werden. Die Lösung der Entgeltabrechnung ist für Deutschland, aber noch nicht für alle Länderversionen einsetzbar und wird ausschließlich als Cloud-Lösung angeboten.

1 Der digitale Kern und die Ergänzungen

Integration

Zwei Wege zur Integration

Für die Integration zwischen Ihrem SAP-S/4HANA-System und der SAP SuccessFactors HCM Suite kommen im Wesentlichen zwei Szenarien infrage:

- Integration Add-on 3.0 for SAP ERP HCM and SAP SuccessFactors HCM Suite
- native SAP-S/4HANA-Integration mit SAP SuccessFactors

Integration von SAP S/4HANA mit SAP SuccessFactors mit Add-ons

Zuerst erläutern wir, wie die Integration zwischen SAP S/4HANA und SAP SuccessFactors mithilfe der Add-on-Lösung Integration Add-on 3.0 for SAP ERP HCM and SuccessFactors HCM Suite realisiert werden kann. Dabei handelt es sich um ein Add-on, das auch in SAP ERP HCM in SAP ECC 6.0 für die Integration mit den Cloud-Lösungen von SAP SuccessFactors Verwendung findet.

Dieses Add-on enthält Softwarepakete, die in Ihrem SAP-S/4HANA-System installiert werden. Im Einführungsleitfaden (Implementation Guide, kurz IMG) stehen Ihnen anschließend zusätzliche Customizing-Knoten für die Implementierung der Integration zur Verfügung. Dazu gehören Transaktionen und Programme zur Definition der Schnittstelleninhalte.

In Abbildung 1.4 sehen Sie einen Ausschnitt der Customizing-Aktivitäten, die über das Add-on zur Verfügung gestellt werden. Diese müssen für die Implementierung der Integration zwischen SAP Success Factors und SAP S/4HANA bearbeitet werden. Als Besonderheit ist anzumerken, dass das Add-on im IMG unter der Bezeichnung **Integrations-Add-On für SAP ERP HCM und SuccessFactors BizX** aufgeführt wird.

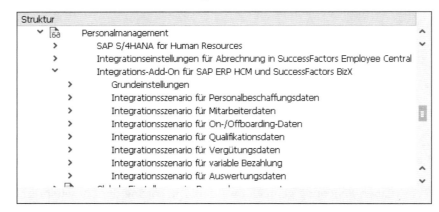

Abbildung 1.4 IMG für die Integration mit SAP SuccessFactors

Der Datenaustausch zwischen SAP S/4HANA und der SAP SuccessFactors HCM Suite kann bei der Nutzung der Add-on-Lösung per Dateiübertragung stattfinden. Eine weitere Möglichkeit zur Datenübertragung ist die Nutzung von Webservices unter der Verwendung von SAP Process Integration (SAP PI) oder SAP Cloud Platform Integration.

Als weitere Integrationsmöglichkeit ist die native SAP-S/4HANA-Integration mit SAP SuccessFactors zu nennen. Dabei handelt es sich um eine Kommunikationsschnittstelle, die bereits mit SAP S/4HANA ausgeliefert wird. Die Schnittstelle nutzt die Webservice-Technologie und benötigt als Middleware SAP Cloud Platform Integration.

Native Integration zwischen SAP S/4HANA und SAP SuccessFactors

Während bei der klassischen Dateiübertragung ein Medienbruch entsteht, da die Datei zuerst gespeichert, dann zum Zielsystem übertragen und schließlich dort verarbeitet wird, werden die Daten bei der Nutzung eines Webservice direkt im Zielsystem gespeichert. Das Fehlerrisiko wird damit deutlich reduziert. Die Nutzung eines bereits bestehenden SAP-PI-Systems ist möglich, während SAP Cloud Platform Integration als Cloud-Lösung angeboten wird.

Welche Integrationsmöglichkeiten für Sie infrage kommen, ist unter anderem davon abhängig, wie groß der Umfang der Nutzung der SAP SuccessFactors HCM Suite ist, ob Sie SAP ERP HCM als Compatibility Pack in SAP S/4HANA verwenden und welche Daten Sie zwischen den Lösungen übertragen möchten.

Bei der Übertragung von Personaldaten müssen besonders der Datenschutz und die Datensicherheit beachtet werden. Die Verschlüsselung der Daten ist in der Add-on-Lösung der SAP SuccessFactors HCM Suite bereits für alle Übertragungswege vorgesehen und kann kundenindividuell implementiert werden.

Datensicherheit durch Verschlüsselung

> **Weiterführende Informationen**
>
> Aktuelle Informationen zur SAP SuccessFactors HCM Suite finden Sie im SAP Help Portal: *https://help.sap.com/viewer/p/SAP_SUCCESSFACTORS_HCM_SUITE*.
>
> Weitere Informationen zur aktuellen Version der Integration mit SAP S/4HANA und der SAP SuccessFactors HCM Suite finden Sie im SAP Help Portal: *https://help.sap.com/viewer/p/SFIHCM*.
>
> Umfassende Informationen zu den SAP-SuccessFactors-Lösungen erhalten Sie unter anderem im folgenden Buch: Krasser/Rehkopf, SAP SuccessFactors. Rheinwerk Verlag.

1.2.2 SAP Concur

Reisemanagement in der Cloud

Mit SAP Concur steht Ihnen ein cloudbasiertes Reisemanagement zur Verfügung. Sie können mit SAP Concur unter anderem den Reiseplanungsprozess sowie die Reisekostenabrechnung durchführen. SAP Concur kann mit Ihrem SAP-S/4HANA-System verbunden werden. In diesem Abschnitt möchten wir Ihnen einen Überblick über die Funktionen von SAP Concur, die Integration mit SAP S/4HANA sowie die Konfiguration der Integration mit SAP Concur geben.

Funktionen

Für die Reiseplanung stellt SAP Concur die Lösung SAP Concur Travel bereit. Für die Reisekostenabrechnung ist die Lösung SAP Concur Expense vorgesehen. SAP Concur bietet für andere Aufgabenbereiche weitere Lösungen an. Dazu gehören unter anderen ein eigenes Reporting, eine Möglichkeit zur Lokalisierung von reisenden Mitarbeitern, eine Lösung für die Kommunikation mit reisenden Mitarbeitern sowie eine Invoicing-Lösung, die jedoch in der deutschen Internetpräsenz des Unternehmens nicht aufgeführt ist.

Wir möchten uns an dieser Stelle exemplarisch auf die Anbindung von SAP Concur Travel und SAP Concur Expense an SAP S/4HANA fokussieren. Diese Lösungen kommen als Alternative zum klassischen SAP ERP Travel Management infrage, das in SAP S/4HANA als Compatibility Pack eingesetzt werden kann.

Integration

Integration von SAP S/4HANA mit SAP Concur mithilfe von Add-ons

Die Integration Ihres SAP-S/4HANA-Systems mit SAP Concur kann per Dateiaustausch (z. B. FTP, File Transfer Protocol) oder unter der Verwendung von Webservices erfolgen. Die Integration wird mittels Add-on realisiert. Folgende Add-ons stehen innerhalb von *SAP S/4HANA Integration with SAP Concur Solutions 1.0* zur Verfügung:

- **CTE_FND 10S**
  Dieses Add-on enthält die generischen Teile für die Integration von SAP Concur mit SAP S/4HANA. Diese Komponente ist zwingend erforderlich.
- **CTE_FIN 10S**
  Dieses Add-on ermöglicht den Datenaustausch zwischen SAP Concur und SAP S/4HANA Finance. Dazu gehören der Export der Stammdaten an SAP Concur, der Import der Abrechnungsergebnisse in SAP S/4HANA sowie der Export der Zahlungsinformationen nach SAP Concur.

- **CTE_INV 10S**
  Dieses Add-on ist für den Austausch der Stammdaten vorgesehen, die für den Invoicing-Prozess notwendig sind.
- **CTE_HCM 10S**
  Dieses Add-on enthält die Funktionalitäten für den Export der Mitarbeiterdaten aus SAP ERP HCM nach SAP Concur.

Bei der Nutzung von SAP Concur ist eine Auszahlung der Reisekostenabrechnungen an Mitarbeiter über die Entgeltrechnung von SAP ERP HCM nicht vorgesehen. Die mittels Add-on bereitgestellten Schnittstellen ermöglichen eine Übermittlung der Abrechnungsergebnisse lediglich nach SAP S/4HANA Finance.

Auszahlung der Reisekosten über SAP S/4HANA Finance

Durch die Add-ons werden Customizing-Tabellen, Transaktionen, Programme und BAdIs (Business Add-Ins) zur Verfügung gestellt. Anders, als Sie es von vielen anderen Add-ons gewohnt sind, werden durch die oben aufgeführten Komponenten keine zusätzlichen Customizing-Knoten im IMG von SAP S/4HANA (Transaktion SPRO) eingefügt. Stattdessen wird ein Cockpit bereitgestellt, über das die erforderlichen Einstellungen vorgenommen werden können. Das Cockpit für die Einrichtung der Integration mit SAP Concur rufen Sie über Transaktion CTE_SETUP auf. Die Integrationsschritte werden im Cockpit mithilfe mehrerer Customizing Wizards durchgeführt.

Im ersten Schritt muss die Systemverbindung eingerichtet werden. Abbildung 1.5 veranschaulicht die Oberfläche der Wizards, die für die Integrationsschritte zur Anwendung kommen.

Konfiguration der Integration mit Wizard

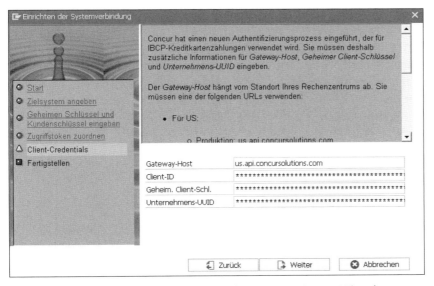

Abbildung 1.5 Einrichten der Systemverbindung im SAP Concur Wizard

Nach dem Einrichten der Systemverbindung werden die Schnittstellen konfiguriert. Auch hier kommen Wizards zum Einsatz, je nach Umfang und Szenario der Integration. So können Sie z. B. Ihre Personalwirtschaft und Ihre Finanzbuchhaltung in unterschiedlichen Systemen betreiben. Entsprechend müssen Sie die Konfiguration des Datenexports im jeweiligen Quellsystem vornehmen.

Weiterführende Informationen

Gemäß der *Product Availability Matrix (PAM)* wurde SAP S/4HANA Integration with SAP Concur Solutions 1.0 den Kunden am 12.12.2016 zur Verfügung gestellt. Das Ende der Mainstream-Wartung für dieses Add-on ist bereits für den 31.12.2019 angekündigt. Die Vorgehensweise bei der Integration kann sich also zu diesem Zeitpunkt ändern. Die PAM enthält gegebenenfalls mögliche Nachfolgeprodukte; Sie finden sie im SAP Support Portal unter dem folgenden Link: *https://support.sap.com/en/release-upgrade-maintenance.html*. Aktuelle Informationen zur Integration von SAP Concur finden Sie im SAP Help Portal: *https://help.sap.com/viewer/p/SAP_INTEGRATION_WITH_CONCUR_SOLUTIONS*.

1.2.3 SAP Ariba

Beschaffung in der Cloud

SAP Ariba stellt mit dem Ariba Network ein cloudbasiertes Geschäftsnetzwerk zur Verfügung, das für Einkäufer und Lieferanten gleichermaßen nützlich ist. SAP Ariba bietet Ihnen neben dem Ariba Network eine Vielzahl von Lösungen an, um Ihre Beschaffungsprozesse sowie Ihre Lieferantenprozesse zu optimieren. Im Umfang enthalten sind Lösungen zur strategischen Planung Ihrer Beschaffung, zum Beschaffungsprozess selbst, zum Management Ihrer Lieferanten, zum Informationsaustausch innerhalb der Lieferkette und zum Rechnungsmanagement. In diesem Abschnitt stellen wir Ihnen die Lösungen kurz vor. Sie können sie mit Ihrem SAP-S/4HANA-System integrieren oder als Software-as-a-Service (SaaS) nutzen.

Funktionen

Echtzeitinformation zu Bestellungen und Lieferungen

Im Folgenden erhalten Sie einen Überblick über die wichtigsten Funktionen von SAP Ariba:

- **SAP Ariba Strategic Sourcing**
  Die Lösungen SAP Ariba Sourcing und SAP Ariba Strategic Sourcing Suite unterstützen Sie bei der Planung Ihrer Beschaffung sowie bei der Auswahl der Lieferanten und helfen Ihnen, die Vertragsverhandlungen zu optimieren.

- **Beschaffungsprozess**
  SAP Ariba unterstützt Sie mit Lösungen zur Beschaffung der angeforderten Waren oder Dienstleistungen. Ihnen werden gemäß Ihren Beschaffungsrichtlinien die Waren und Dienstleistungen in einem Katalog zur Bestellung angeboten, und Workflows werden zur Genehmigung der Bestellanforderung ausgelöst. Es handelt sich hierbei um die Lösungen SAP Ariba Buying and Invoicing, SAP Ariba Buying, SAP Ariba Catalog und SAP Ariba Invoice Management.

- **Lieferantenmanagement**
  Verschiedene Funktionen zum Management Ihrer Lieferanten bieten die Lösungen SAP Ariba Supplier Lifecycle and Performance, SAP Ariba Supplier Risk und SAP Ariba Supplier Information and Performance Management. Sie können hiermit alle für Sie relevanten Informationen Ihrer Lieferanten zentral verwalten und Risikobewertungen durchführen.

- **Logistikkette**
  Einen Datenaustausch mit Ihren Lieferanten in Echtzeit ermöglicht Ihnen die Lösung SAP Ariba Supply Chain Collaboration. Sie können zu jeder Zeit den aktuellen Status Ihrer Bestellung abrufen. Die Lieferinformationen können Ihnen online bereitgestellt werden.

- **Financial Supply Chain**
  Mit diesen Lösungen von SAP Ariba kann Ihr Rechnungs- und Zahlungsmanagement optimiert werden. Die Rechnungen Ihrer Lieferanten können elektronisch verarbeitet und nach Ihrem Freigabeprozess automatisch zur Zahlung freigegeben werden. Außerdem es kann Ihrem Lieferanten ermöglicht werden, den Status der Zahlung bei Ihnen einzusehen. Es handelt sich um die Lösungen SAP Ariba Invoice Management und SAP Ariba Payables.

- **Ariba Network**
  Das Ariba Network dient den zuvor genannten Lösungen als Grundlage. Über diese Plattform findet der Austausch zwischen Ihnen und Ihren Lieferanten statt.

Integration

In diesem Abschnitt erläutern wir, wie Sie SAP Ariba mit SAP S/4HANA integrieren können. Grundsätzlich gibt es zwei Integrationsszenarios:

- Add-on-Integration: SAP Ariba Cloud Integration Gateway 1.0, Add-on for SAP S/4HANA
- native Integration von SAP S/4HANA mit SAP Ariba Network

Das Integrationsszenario mittels Add-on richtet sich in erster Linie an Lieferanten, die eine nahtlose Integration mit Einkäufern über das SAP Ariba Network mittels Self-Services anstreben. Die native, in SAP S/4HANA bereits vorhandene Integration ist für die Implementierung der Schnittstellen der Beschaffungsprozesse vorgesehen.

Die native Integration kann über eine der folgenden drei technischen Lösungen realisiert werden:

- **Direkte Verbindung von SAP S/4HANA mit dem Ariba Network**
  Die direkte Verbindung Ihres SAP S/4HANA-Systems mit dem Ariba Network erfolgt unter der Nutzung der Ariba-Network-Anmeldeinformationen.
- **Indirekte Verbindung mittels SAP Cloud Platform Integration**
  Hierbei wird der Ariba Network Adapter for SAP NetWeaver benötigt.
- **Indirekte Verbindung mittels SAP PI**
  Die indirekte Verbindung mittels SAP PI erfolgt unter der Nutzung der Integration Engine als Middleware.

Im Rahmen der Beschaffungsprozesse steht die SAP-Ariba-Integration für Preisanfragen, Bestellung, Einkauf, Konditionsmanagement, Rechnungseingang und Zahlung zur Verfügung. Dabei haben Sie z. B. die Möglichkeit, einem Lieferanten die Bestellung im Ariba Network online zur Verfügung zu stellen. Im Anschluss an die Lieferung erhalten Sie die Rechnung des Lieferanten in Ihr SAP-S/4HANA-Finance-System zur Zahlung.

In Abbildung 1.6 sehen Sie einen Ausschnitt des IMG mit den Customizing-Knoten, die Sie für die Integration mit dem Ariba Network bearbeiten müssen.

Weiterführende Informationen

Gemäß PAM wurde *SAP Ariba Cloud Integration Gateway 1.0, Add-on for SAP S/4HANA* den Kunden am 05.03.2018 zur Verfügung gestellt. Das Ende der Mainstream-Wartung für dieses Add-on ist bereits für den 01.09.2019 angekündigt.

Aktuelle Informationen über SAP Ariba finden Sie im SAP Help Portal: *https://help.sap.com/viewer/p/SAP_Ariba*. Umfassende Informationen zu den SAP-Ariba-Lösungen und deren Implementierung können Sie unter anderem in den folgenden Büchern erhalten:

- Mock/Wagner, Einkauf mit SAP Ariba. Rheinwerk Verlag.
- Ashlock, SAP Ariba und SAP Fieldglass. Rheinwerk Verlag.

1.2 Ergänzende Cloud-Anwendungen

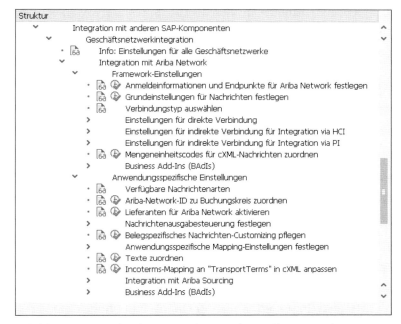

Abbildung 1.6 IMG für die Integration mit dem Ariba Network

1.2.4 SAP C/4HANA und SAP Hybris

Unter dem Begriff SAP Customer Experience (CX) wird die Idee zusammengefasst, das Erlebnis Ihrer Kunden bei der Interaktion mit Ihnen zu verbessern. Unter diesem Leitgedanken haben ein Rebranding und eine Weiterentwicklung der Lösungen von SAP Hybris stattgefunden. Diese stehen Ihnen nun als SAP C/4HANA zur Verfügung. SAP C/4HANA ist die Customer Relationship Management (CRM) Suite der 4. Generation und stellt den Nachfolger von SAP CRM und SAP Hybris dar.

E-Commerce aus der Cloud

SAP C/4HANA ermöglicht es Ihnen, die Interaktion mit den Kunden in den Bereichen Marketing, Vertrieb, Service, Handel und Abrechnung sowie Ihr Kunden- und Produktdatenmanagement mit einer E-Commerce-Technologie und den dazugehörigen E-Commerce-Prozessen zu optimieren. Innerhalb der einzelnen Lösungen werden Ihnen unter anderem technische Möglichkeiten zur Erstellung von Online-Shops und für das Kundenmanagement zur Verfügung gestellt.

Funktionen

Mit SAP C/4HANA stehen Ihnen fünf Cloud-Portfolios zur Verfügung, die entweder einzeln oder nahtlos integriert miteinander einsetzbar sind. Wir möchten Ihnen die Lösungen in diesem Abschnitt kurz vorstellen, um Ihnen einen Überblick zu verschaffen.

- **SAP Commerce Cloud**

  Die SAP Commerce Cloud eröffnet Ihnen die Möglichkeit, über Omnichannel-Funktionen mit Ihren Kunden zu interagieren. Neben den Vertriebsmodellen für den direkten Vertrieb an Verbraucher und Unternehmen (Business-to-Consumer, B2C; Business-to-Business, B2B) kann die Plattform auch für den indirekten Vertrieb (Business-to-Business-to-Consumer, B2B2C) genutzt werden. Dabei spielt das Zugriffsmedium des Kunden keine Rolle. Für den Handel umfasst die SAP Commerce Cloud Lösungen zum Produktdaten- und Katalogmanagement, zur Auftragsabwicklung und zum kontextbezogenen Kundenerlebnis. Neben dem Einzelhandel stellt die SAP Commerce Cloud Branchenlösungen für Finanz- und Reisedienstleistungen, Telekommunikation, Medien und die öffentliche Verwaltung zur Verfügung.

- **SAP Marketing Cloud**

  Nutzung künstlicher Intelligenz

  Mit der SAP Marketing Cloud können Sie Online- und Offline-Datenquellen nutzen, um dynamische Kundenprofile anzulegen, zu aktualisieren und darauf mit den entsprechenden Angeboten zu reagieren. *Machine-Learning-Funktionen* unterstützen Sie dabei, individualisierte Angebote und Kampagnen für scharf abgegrenzte Zielgruppen zu entwickeln. Weitere Funktionen der Lösung ermöglichen es Ihnen, den Erfolg Ihrer Marketingkampagnen zu analysieren und zu steuern.

- **SAP Sales Cloud**

  Die SAP Sales Cloud unterstützt Ihre Vertriebsorganisation durch zahlreiche Automatisierungen. Sie können Ihre Angebotsprozesse durch eine schnellere Preisfindung und Angebotserstellung optimieren. Routenplanung und die einfache Terminierung von Kundenbesuchen unterstützen Ihre Mitarbeiter im Vertriebsprozess. Analysefunktionen ermöglichen es Ihnen, Ihre Vertriebsstrategie zu überprüfen und sie der Kunden- und Marktsituation anzupassen. Die SAP Sales Cloud verfügt über eine Lösung zur Online-Schulung ihrer Mitarbeiter. Dadurch können Sie sicherstellen, dass Ihr Vertrieb jederzeit über aktuelle Informationen verfügt.

- **SAP Service Cloud**

  Einsatz von intelligenten Chatbots

  Mit der SAP Service Cloud wird Ihnen eine Lösung angeboten, mit der Sie Ihre Kundeninteraktionen auf allen Kanälen (Omnichannel) steuern können. Sie haben die Möglichkeit, Ihre Call-Center zu integrieren und mithilfe von *KI-Chatbots* (KI = künstliche Intelligenz) Kundeninteraktionen zu automatisieren. Ihre Mitarbeiter haben alle relevanten Informationen zu Ihrem Kunden online im Zugriff und können diese für die Service-Erbringung nutzen. Mithilfe von Vorgabelisten können die Anfragen schnell kategorisiert und an den zuständigen Bearbeiter weitergeleitet werden. Die erbrachten Service-Leistungen können mithilfe von Analysefunktionalitäten optimiert werden. Ihre Service-Techniker können Sie über diese Lösung steuern, indem Sie Arbeitsaufträge vergeben, Service Level Agreements (SLA) vereinbaren und Leistungen messen. Sie können Ihren Kunden und Mitarbeitern Self-Services zur Informations- und Lösungssuche zur Verfügung stellen.

- **SAP Customer Data Cloud**
  Mit SAP Customer Data Cloud bietet Ihnen SAP C/4HANA eine cloudbasierte Lösung zur Verwaltung der Daten Ihrer Kunden, mit der es möglich ist, Kundendaten zu einheitlichen Profilen zusammenzuführen. Diese können genutzt werden, um eine personalisierte *Customer Experience* zu erreichen. Sie erhalten die Möglichkeit, die Vorgaben der Datenschutz-Grundverordnung der Europäischen Union (EU-DSGVO) umzusetzen und die notwendigen Einwilligungen Ihrer Kunden zu verwalten. Durch Self-Services zur Verwaltung von Daten und Einwilligungen können Sie zusätzliche Transparenz schaffen und das Vertrauen Ihrer Kunden stärken.

  EU-DSGVO: Transparenz und Kontrolle für Kunden

Integration

Die Voraussetzung für die Integration von SAP C/4HANA mit SAP S/4HANA sind in Ihrem SAP-S/4HANA-System bereits vorhanden. Die Integration kann über die Verbindung mittels SAP Cloud Platform Integration oder über die Verbindung mittels SAP PI als Middleware realisiert werden.

In Abbildung 1.7 sehen Sie einen Ausschnitt des IMG mit den Customizing-Knoten, die Sie für die Integration mit SAP C/4HANA bearbeiten müssen.

> **Weiterführende Informationen**
>
> Aktuelle Information zu SAP C/4HANA finden Sie im SAP Help Portal: *https://cx.sap.com/de/products/digital-portfolio*.
>
> Umfassende Informationen, unter anderem zu den Lösungen von SAP Hybris, erhalten Sie in folgendem Buch: Singh et al., SAP Hybris Commerce, Marketing, Sales, Service and Revenue. Rheinwerk Verlag.

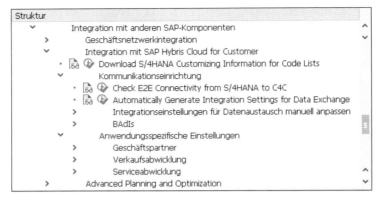

Abbildung 1.7 IMG für die Integration mit SAP Cloud for Customer

1.2.5 SAP Fieldglass

Geschäftsnetzwerk für Personaldienstleistungen

SAP Fieldglass bietet Ihnen mit dem Vendor Management System (SAP Fieldglass VMS) die Möglichkeit, Ihre externen Personaldienstleistungen zu optimieren. Dazu gehört die Beschaffung, Verwaltung, Abrechnung und Bezahlung externer Mitarbeiter. Dabei handelt es sich um ein cloudbasiertes, als Software-as-a-Service (SaaS) konzipiertes Geschäftsnetzwerk.

Das SAP Fieldglass VMS dient als Plattform, um den dort registrierten Personaldienstleistern die Anforderungen an Personaldienstleistungen bekannt zu geben. Für Personaldienstleister stellt das SAP Fieldglass VMS eine zentrale Möglichkeit dar, um Ausschreibungen zu erhalten.

Wir möchten Ihnen in diesem Abschnitt die Lösung kurz vorstellen. Eine Anbindung an Ihr SAP-S/4HANA-System ist für einen Teil der Lösung vorgesehen.

Funktionen

Beschaffung Ihrer Personaldienstleistung aus der Cloud

Das SAP Fieldglass VMS ermöglicht es Ihnen, den Beschaffungs- und Rechnungsprozess für Personaldienstleistungen nach Ihren Vorgaben durchzuführen und zu automatisieren. Es können Personalanforderungen an Ihnen bekannte Dienstleister vergeben werden, oder Sie entscheiden auf der Grundlage von passenden Angeboten, Dienstleister zu kontaktieren. Die eingehenden Angebote können nach Ihren individuellen Kriterien bewertet, und der Vertrag mit dem Dienstleister kann papierlos im SAP Fieldglass VMS abgeschlossen werden.

Die Lösung SAP Fieldglass VMS bietet Ihnen in den einzelnen Komponenten die folgenden Funktionen:

- **SAP Fieldglass External Talent Management**
  Diese Komponente umfasst die zentralen Funktionalitäten für die Verwaltung Ihrer externen Mitarbeiter. Angefangen von der Stellenausschreibung und der Auswahl der Kandidaten über die Betreuung der externen Mitarbeiter bis hin zur Bezahlung der Dienstleistung können Sie über das SAP Fieldglass VMS alle Prozesse zentral in einem System durchführen.

  Ein möglicher Prozess der Personaldienstleistungsbeschaffung könnte wie folgt ablaufen: Nach der Erstellung der Ausschreibung mit der Anforderungs- und Leistungsbeschreibung wird mithilfe von Workflows die Freigabe der Ausschreibung erteilt und im SAP Fieldglass VMS veröffentlicht. Die eingehenden Mitarbeiterprofile können bewertet und miteinander verglichen werden. Die Vereinbarungen über den Arbeitsauftrag schließen sich der Kandidatenauswahl an.

  Alle notwendigen Informationen können dem Mitarbeiter frühzeitig zur Verfügung gestellt werden. Dadurch sind kurze Einarbeitungszeiten bis zur Arbeitsaufnahme möglich. Externe Mitarbeiter können ihre Zeiten und Reisekosten direkt im SAP Fieldglass VMS erfassen. Eine integrierte Freigabefunktion ermöglicht eine frühzeitige Steuerung der Kosten. *(Schnelle Einarbeitung und Auftragsabwicklung)*

  Der Austrittsprozess des externen Mitarbeiters umfasst die notwendigen Abschlussaktivitäten. Die Abschlussrechnung kann bei einer integrierten Anwendung direkt in Ihr SAP-S/4HANA-Finance-System übertragen und anschließend beglichen werden. Es besteht die Möglichkeit, dass Sie und der Dienstleister Erfahrungen über die Tätigkeiten und Mitarbeiter austauschen.

- **SAP Fieldglass Service Procurement**
  Mit dieser Teilkomponente von SAP Fieldglass VMS können Sie alle Arten von Dienstleistungsverträgen managen. Ähnlich dem Prozess der Personaldienstleistungsbeschaffung werden Ausschreibung und Anbieterauswahl einer Dienstleistung (z. B. IT- oder Finanzdienstleistungen) durch Workflows und automatische Regelwerke unterstützt. Die Erstellung von Leistungsbeschreibungen und Besonderheiten in Terminüberwachung und Rechnungsfreigabe werden durch vordefinierte Prozesse gesteuert. *(Beschaffung von Dienstleistungen)*

- **SAP Fieldglass Worker Profile Management**
  Diese Lösung von SAP Fieldglass umfasst eine Möglichkeit zur Verwaltung aller externen Mitarbeiter, die nicht im Rahmen eines Vertrags in Ihrem Personalstamm geführt werden. Das Dienstleistungsunterneh- *(Mitarbeiterprofile verwalten)*

men kann Ihnen Daten eines externen Mitarbeiters direkt im SAP Fieldglass VMS zur Verfügung stellen. Diese Daten könnten Sie für Ihr Risiko- und Compliance-Management nutzen, oder Sie verwenden es, um Informationen zu externen Mitarbeitern und ihrer Wiedereinsetzbarkeit zu erfassen.

Integration

In diesem Abschnitt erläutern wir, wie Sie das SAP Fieldglass VMS mit SAP S/4HANA, der SAP SuccessFactors HCM Suite und SAP Ariba integrieren können.

Integration von Stamm- und Bewegungsdaten

Zuerst stellen wir Ihnen die Integrationsmöglichkeiten von SAP Fieldglass VMS mit SAP S/4HANA vor. Es handelt sich hierbei um Integrationsszenarien, die im Auslieferungsumfang von SAP S/4HANA bereits verfügbar sind.

- **Master Data Integration**
  Mit dieser Schnittstelle ist es möglich, die notwendigen Stammdaten nach SAP Fieldglass zu replizieren. Das Datenreplikations-Framework unterstützt derzeit die Übertragung von Einkaufsorganisationen, Werken, PSP-Elementen, Kostenstellen und Innenaufträgen.

- **Transactional Data Integration**
  Die Integration der Transaktionsdaten ermöglicht es, Bestellanforderungen und Bestellungen aus einem in SAP S/4HANA begonnenen Einkaufsprozess im SAP Fieldglass VMS weiter zu verwenden. Personaldienstleister können Rechnungen auf der Grundlage erfasster Zeitnachweise und Reisekosten direkt nach SAP S/4HANA Finance übertragen. Dazu ist die Nutzung der logistischen Rechnungsprüfung in SAP S/4HANA verpflichtend. Nach der Rechnungsbearbeitung ist es Ihnen möglich, dem Personaldienstleister ein Zahlungsavis im SAP Fieldglass VMS bereitzustellen.

Drei Wege zur Integration

Die Integration zwischen SAP S/4HANA und SAP Fieldglass kann über eine der folgenden drei technischen Lösungen realisiert werden:

- direkte Verbindung von SAP S/4HANA zu SAP Fieldglass unter der Nutzung der Anmeldeinformationen des SAP Fieldglass VMS
- indirekte Verbindung mittels SAP Cloud Platform Integration
- indirekte Verbindung mittels SAP PI

In Abbildung 1.8 sehen Sie einen Ausschnitt des IMG mit den Customizing-Knoten, die Sie für die Integration mit SAP Fieldglass bearbeiten müssen.

1.2 Ergänzende Cloud-Anwendungen

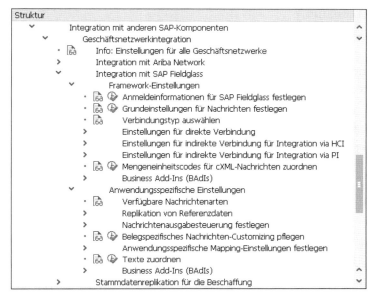

Abbildung 1.8 IMG für die Integration mit SAP Fieldglass

Neben der Integration mit SAP S/4HANA können Sie SAP Fieldglass VMS auch mit SAP SuccessFactors integrieren. Für die Zusammenfassung dieser beiden Lösungen wird der Begriff *Total Workforce Management* verwendet. Die Integration von SAP Fieldglass VMS und SAP SuccessFactors bietet Ihnen die Möglichkeit, den Personalbeschaffungsprozess für externe Mitarbeiter zu optimieren. Eine in SAP SuccessFactors erfasste Stellenanforderung für einen externen Mitarbeiter kann im SAP Fieldglass VMS zu einer automatisch erstellten Anforderung führen. Die komplette Verwaltung dieser Anforderung und des daraus entstehenden Vertrags erfolgt im SAP Fieldglass VMS. Bei Bedarf können die Informationen des Beschäftigten für die Anlage eines Personalstamms für einen externen Mitarbeiter nach SAP SuccessFactors übertragen werden.

Integration von SAP Fieldglass mit SAP SuccessFactors

Als weitere Integrationsmöglichkeit von SAP Fieldglass steht Ihnen die Verknüpfung mit SAP Ariba zur Verfügung. Für die Zusammenfassung dieser beiden Lösungen wird der Begriff *Total Spend Management* verwendet. Die weitere Optimierung der Beschaffungsprozesse ist möglich, indem Teile des Bestell- und Rechnungsprozesses über SAP Ariba erfolgen.

Integration von SAP Fieldglass mit SAP Ariba

> **Weiterführende Informationen**
>
> Umfassende Informationen, unter anderem zu den Lösungen von SAP Fieldglass, erhalten Sie in dem folgenden Buch: Ashlock, SAP Ariba und SAP Fieldglass. Rheinwerk Verlag.

1.2.6 SAP Leonardo

Offene, cloudbasierte Innovationsplattform

Bei SAP Leonardo handelt es sich um eine offene, cloudbasierte Innovationsplattform. Die Services der Plattform ermöglichen es Unternehmen, neue Technologien zeitnah und schnell in ihre Prozesse zu integrieren, ohne eigene Infrastruktur aufbauen zu müssen.

Neben den Technologien umfasst SAP Leonardo ein eigenes Vorgehensmodell. Dieses ist in vier Phasen unterteilt (Explore, Discover, Design & Prototype, Deliver). Die Phasen können im Design-Thinking-Ansatz auch geführt durchlaufen werden.

In diesem Abschnitt stellen wir Ihnen SAP Leonardo in einem kurzen Überblick vor. Detaillierteren Einblick erhalten Sie in Kapitel 11, »SAP Leonardo«.

Funktionen

Das SAP-Leonardo-Portfolio umfasst derzeit sechs Technologiebereiche, die wir Ihnen in den folgenden Abschnitten kurz vorstellen möchten:

- **Machine Learning**

Maschinen anlernen

Mit dem Einsatz von künstlicher Intelligenz ist es möglich, wiederkehrende Tätigkeiten, die auf erworbenem Wissen und Erfahrungen basieren, mit einem hohen Wiederholungsgrad wirkungsvoll zu automatisieren. Mit vorhandenem Wissen und Erfahrungen können eigene Vorhersagen oder Bewertungen vorgenommen werden. Um diese Tätigkeiten durch Maschinen erledigen zu lassen, ist es erforderlich, diese »anzulernen«. Die hierbei zum Einsatz kommende Technologie wird als *Machine Learning* bezeichnet.

- **Big Data**

Big Data: interne und externe Datenquellen

Es existiert eine große Zahl unterschiedlicher Datenquellen, die für Auswertungen genutzt werden kann. Dazu gehören interne sowie externe Datenquellen. Zu den internen Quellen können verschiedene IT-Systeme und Sensordaten aus eigenen Infrastrukturen gezählt werden. Externe Quellen können z. B. Informationen aus Social-Media-Kanälen oder Marktforschungsergebnissen sein. Die Herausforderung an ein Unternehmen ist es, die Quellen miteinander zu kombinieren und die neuen Erkenntnisse zum eigenen Vorteil einzusetzen. Hierbei kann SAP Leonardo unterstützen.

- **Analytics**

Analysefunktionen integrieren

In den Lösungen von SAP, wie z. B. SAP Concur, SAP Ariba, SAP SuccessFactors, aber auch in SAP S/4HANA selbst, sind bereits Analysefunktionen enthalten (Embedded Analytics). Diese stellen Bausteine für analytische Zwecke dar. Lösungsübergreifende Analysen werden jedoch erst mit spezifischen Analytics-Anwendungen ermöglicht. Das Innovationsportfolio von SAP Leonardo bietet mit Analytics die Möglichkeit, Analysefunktionen zu integrieren und datengetriebene Entscheidungen zu treffen.

- **Data Intelligence**

  Data Intelligence stellt eine Erweiterung klassischer Business-Intelligence-Funktionen und Analysefunktionen dar. Dabei können Daten aus verschiedenen eigenen und fremden Quellen genutzt, anonymisiert, verknüpft und aggregiert werden. Die so gewonnenen Daten können mithilfe von Algorithmen ausgewertet werden. Diese Informationen können eingesetzt werden, um Prozesse zu steuern, Services anzubieten oder die Daten in anderer Form zu monetarisieren.

  Daten monetarisieren

- **Internet of Things**

  Das Internet of Things (IoT) erweitert den ursprünglichen Ansatz des Austausches von Informationen. Es stellt die Zusammenarbeit von physischen und virtuellen Dingen (Things) über unterschiedliche Informations- und Kommunikationstechniken dar. Diese Vernetzung umfasst die Kommunikation von Mensch zu Maschine, von Maschine zu Maschine sowie von Maschine zu Mensch. Für die Vernetzung werden Sensoren und Sensordaten benötigt. Der Einsatz von Sensoren erweitert den Umfang verfügbarer Informationen, durch die Zustände gemessen und Prozesse gesteuert werden und die wiederum mit anderen Technologien verwertet werden können.

  Vernetzung von Dingen im Internet of Things

- **Blockchain**

  Über Kryprowährungen hat der Begriff *Blockchain* allgemeine Bekanntheit erlangt. Mit der Blockchain-Technologie ist es möglich, Belegdaten bei der Bearbeitung bzw. vor deren Verbuchung zu verifizieren. Das kann über ein Peer-to-Peer-Netzwerk (P2P-Netzwerk) erfolgen, in dem Prozessbeteiligte durch die Nutzung gemeinsamer Algorithmen die Daten eines Belegs sehen und auf Korrektheit prüfen können. Verifizierte Daten werden dem Beleg als »Block« angehängt. Während der Bearbeitung entsteht dabei eine Kette (Chain). Die Blockchain kann nicht unbemerkt verändert werden; diese Technologie ermöglicht die sichere Nutzung verteilter Journale.

  Verifizierung von Belegen bei deren Bearbeitung

Integration

Die Integration der SAP-Leonardo-Technologien erfolgt über die SAP Cloud Platform. Dort werden die Technologien als Applikationen, Business Services oder als Functional Services bereitgestellt.

Einzelne Anwendungen können aus mehreren Business-Services bestehen, die in der *Cloud-Foundry-Umgebung* instanziiert werden und durch den SAP API Business Hub (API = Application Programming Interface) angeboten werden. Im SAP API Business Hub haben Sie die Möglichkeit, verschiedene Services mit Ihrem System zu integrieren oder auch auszuprobieren. Für Letzteres steht in den Service-Beschreibungen der Button **Try out** zur Verfügung. Aufgrund der Komplexität und der Vielzahl an Konfigurations- und Integrationsmöglichkeiten wird an dieser Stelle nicht tiefer auf die Integration eingegangen, sondern auf das vertiefende Kapitel 11, »SAP Leonardo«, verwiesen. Dort finden Sie mehr Details und Anwendungsfälle.

> **Weiterführende Informationen**
>
> Aktuelle Informationen zu SAP Leonardo finden Sie hier: *https://www.sap.com/germany/products/leonardo.html.*
>
> Den SAP API Business Hub finden Sie hier: *https://api.sap.com/.*
>
> Umfassende Information zu SAP Leonardo erhalten Sie unter anderem im folgenden Buch: Elsner/González/Raben, SAP Leonardo. Rheinwerk Verlag.

1.3 Einsatzszenarien von SAP S/4HANA

Nachdem die Datenbank und die Applikationen des digitalen Kerns erklärt und die ergänzenden Cloud-Anwendungen vorgestellt worden sind, widmen wir uns nun den verschiedenen Einsatzmöglichkeiten von SAP S/4HANA. SAP S/4HANA kann als internes System im eigenen Rechenzentrum oder als Cloud-Lösung betrieben werden. Abbildung 1.9 gibt Ihnen hierzu eine kompakte Übersicht. Welche Betriebsform Sie wählen, sollte sich nach der schon vorhandenen IT-Infrastruktur, der Unternehmensgröße und auch der unternehmenseigenen IT-Strategie richten.

Wir stellen Ihnen die verschiedenen Betriebsformen von SAP S/4HANA vor. Dabei werden die einzelnen Begriffe erläutert und die Einsatzmöglichkeiten beschrieben. Ergänzend dazu stellen wir die Unterschiede heraus und geben einen Überblick über die Vor- und Nachteile der einzelnen Lösungen.

1.3 Einsatzszenarien von SAP S/4HANA

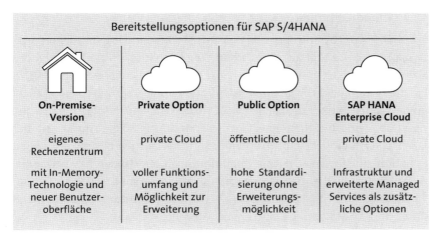

Abbildung 1.9 Bereitstellungsoptionen für SAP S/4HANA

1.3.1 On-Premise-Version

Diese Option ist die klassische Variante, um SAP-Systeme zu betreiben. Die On-Premise-Version wird im kundeneigenen Netzwerk betrieben und setzt eigene Hardware und IT-Infrastruktur voraus. Neben hohen Investitionskosten fallen regelmäßig Wartungs- und Betriebskosten an. Die Software wird über ein Lizenzmodell gekauft.

Kundeneigenes Netzwerk

Oft werden die SAP-Anwendungen aus den Bereichen Finanzen, Beschaffung, Vertrieb, Fertigung etc. den Geschäftsprozessen im Unternehmen durch Customizing und kundenindividuelle Entwicklungen angepasst. Dadurch entstehen häufig langlaufende Einführungs- und Upgrade-Projekte oder Folgeprojekte. Diese Komplexität erschwert nicht nur den reibungslosen Betrieb der Software, sondern verhindert darüber hinaus ein schnelles und flexibles Reagieren auf neue Anforderungen aus dem Kerngeschäft.

Wesentliche Merkmale der On-Premise-Version

- Lizenz-, Wartungs- und Betriebskosten
- Upgrades mit Downtime
- durch Konfiguration und Erweiterungsmöglichkeiten kundenindividuelle Lösungen möglich
- Modifikationen erlaubt
- alle Länderversionen
- Integration von SAP-Cloud-Lösungen wie SAP SuccessFactors Employee Central und SAP Ariba

65

1.3.2 Cloud-Optionen

Modularer Aufbau der SAP S/4HANA Cloud

Die SAP S/4HANA Enterprise Management Cloud stellt den vollen Funktionsumfang des digitalen Kerns dar. Wer erst einmal nur einen Teil des Scopes verwenden möchte, kann auch auf die schlankere SAP S/4HANA Finance Cloud oder die SAP S/4HANA Professional Services Cloud zurückgreifen. Eine Erweiterung auf den vollen Scope ist relativ einfach zu realisieren. Dabei sind lediglich eine Vertragsänderung und die Anpassung der Lizenzen erforderlich; danach erhalten Sie innerhalb der Lösung den vollen Funktionsumfang. Weder eine Migration noch ein Umzug ist notwendig. Außerdem kann der Funktionsumfang durch SAP SuccessFactors, SAP Fieldglass, SAP-Ariba-Lösungen sowie mit SAP Cloud for Customer und durch die SAP Marketing Cloud ergänzt werden.

Abbildung 1.10 zeigt Ihnen den Unterschied zwischen dem vollen Funktionsumfang und den Teilkomponenten der SAP S/4HANA Cloud sowie die einzelnen ergänzenden Cloud-Lösungen.

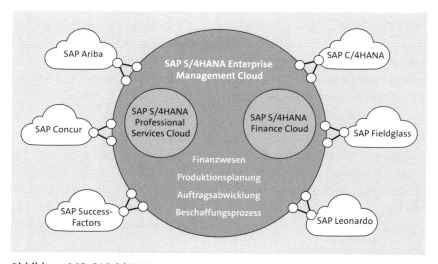

Abbildung 1.10 SAP S/4HANA Enterprise Management Cloud

Unterschiedliche Cloud-Optionen

Die unterschiedlichen Cloud-Bereitstellungsoptionen können ergänzend zur eigenen IT-Architektur oder alternativ zu den eigenen Systemen genutzt werden. Welche Variante Sie einsetzen sollten, hängt stark von verschiedenen Faktoren im Unternehmen ab, denn der Einsatz von Cloud-Lösungen kann den Bedarf an Personalressourcen in der IT-Abteilung und an Hardware beeinflussen, da diese nicht mehr intern bereitgestellt werden müssen. So können sich auch die Investitions- und Betriebskosten ändern.

Private Cloud Option

Die Services einer Private Cloud werden exklusiv für einzelne Unternehmen bereitgestellt. Die Cloud-Umgebung kann im eigenen Netzwerk betrieben oder über einen Service Provider gehostet werden. Sie bietet damit auch die höchste Sicherheit, und der Kunde hat die volle Kontrolle über seine Daten.

Wesentliche Merkmale der Private Cloud Option

- Lizenz für Mietmodell pro User und pro Monat (dazu Kostenelemente wie Applikationsmanagement, Infrastruktur und Softwarenutzung)
- SAP S/4HANA, On-Premise-Version 1610/1709/1809
- keine Einschränkung der Funktionen
- immer als Neuinstallation
- keine Modifikationen erlaubt
- ab 150 Usern (Full User Equivalents)
- alle Länderversionen

Public Cloud Option

Im Gegensatz zur Private Cloud werden die Cloud Services der Public Cloud über ein öffentliches Netzwerk bereitgestellt, sodass jeder darauf zugreifen kann. Sie sind damit zwar günstiger, bieten damit aber weniger Sicherheit.

Öffentliches Netzwerk

Wesentliche Merkmale der Public Cloud Option

- Lizenz für Mietmodell pro User und Monat (dazu Kostenelemente wie Applikationsmanagement, Infrastruktur und Softwarenutzung)
- SAP S/4HANA, Public-Cloud-Version (aktuell 1811)
- für SAP S/4HANA Finance Cloud, ab 25 Usern (Full User Equivalents)
- für SAP S/4HANA Enterprise Management Cloud, ab 50 Usern (Full User Equivalents)
- nur Funktionen, die mit der Edition für den Kunden bereitgestellt werden
- nicht erweiterbar, es sei denn mit Schnittstellen zu anderen Systemen
- nicht alle Länder- und Sprachversionen sind verfügbar
- mandantenfähig
- keine Modifikation erlaubt

SAP HANA Enterprise Cloud

Standardanwendungen und kundenindividuelle Entwicklungen

Die SAP HANA Enterprise Cloud wird ebenfalls in einer privaten Cloud betrieben. Die Bereitstellung der Infrastruktur und erweiterte Services werden aber vom Provider übernommen. Im Grunde sollen hier Kunden ohne eigene On-Premise-Implementierung eine Möglichkeit bekommen, SAP S/4HANA in den Standardanwendungen zu nutzen, um kundenindividuelle Entwicklungen vornehmen zu können. Dabei wird neben der SAP Business Suite (SAP ERP und SAP CRM) auch SAP Business Warehouse (SAP BW) angeboten.

> **Wesentliche Merkmale der SAP HANA Enterprise Cloud**
>
> Die SAP HANA Enterprise Cloud weist die folgenden Merkmale auf:
>
> - Lizenz- und/oder Service-Paket-Kosten
> - Bereitstellung einer In-Memory-Infrastruktur
> - Managed Services
> - SAP S/4HANA, On-Premise-Version
> - voller Funktionsumfang
> - Systemkopie möglich

Die SAP HANA Enterprise Cloud gibt es in zwei Varianten: Eine Variante dient der Produktion, in der Services für den Betrieb von produktiven und nicht produktiven SAP-Landschaften angeboten werden, und eine Variante fungiert als Projektvariante, die den Start in der Cloud erleichtern soll. Sie gilt nur für nicht produktive SAP Landschaften.

Besondere Vorteile

Wie in Abbildung 1.11 dargestellt, können sich je nach Cloud-Service-Modell noch andere Vorteile ergeben:

- passgenaue Infrastruktur
- compliancekonforme Bereitstellung von SAP in sicheren Rechenzentren
- Ausfallsicherheit durch Hochverfügbarkeitskonzepte
- Application Management Services
- Datensicherung
- Wiederherstellung
- Upgrades
- Überwachung
- Leistungserbringung mit Service Level Agreements (SLAs)
- Infrastruktur

- Betriebssystem
- SAP-HANA-Datenbank
- Anwendungsschichten

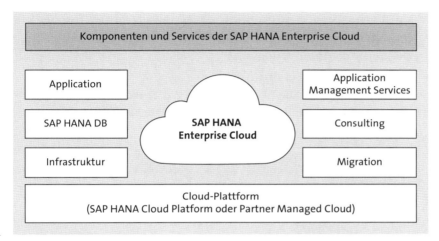

Abbildung 1.11 Komponenten und Services der SAP HANA Enterprise Cloud

Weiterführende Informationen

Aktuelle Release-Informationen sowie verfügbare Länder- und Sprachversionen erhalten Sie auf der folgenden SAP-Landing-Page:
https://www.sap.com/germany/products/s4hana-erp/cloud.html.

1.3.3 Cloud-Service-Modelle

Unternehmen können ihre benötigten IT-Ressourcen bedarfsorientiert bei einem Cloud Provider beziehen und so agilere Geschäfts- und Betriebsmodelle entwickeln. Cloud Provider stellen die IT-Infrastruktur, wie z. B. Speicherplatz, Rechenleistung oder Anwendungssoftware als Dienstleistung über das Internet bereit (siehe Abbildung 1.12). Services können nutzungsorientiert pro Arbeitsplatz und Monat bezahlt werden. Unternehmen zahlen also nur, was sie tatsächlich nutzen und können auf diesem Weg ihre Investitionskosten reduzieren. Wir stellen Ihnen hier die wichtigsten Service-Modelle vor.

Nutzungsorientierte Bezahlung

- **Software-as-a-Service (SaaS)**
  Bei Software-as-a-Service (SaaS) wird Software bzw. die Applikation über das Internet zur Verfügung gestellt. Der Kunde kann über einen Web-

browser darauf zugreifen. Der SaaS-Betreiber übernimmt die Verantwortung für die Verfügbarkeit und darüber hinaus die Wartung und Administration.

- **Platform-as-a-Service (PaaS)**
  Entwickler können diese Plattform nutzen, um eigene SaaS-Lösungen zu entwickeln und zu betreiben. Der Anbieter stellt die Plattform und die Werkzeuge dafür zur Verfügung.

- **Infrastructure-as-a-Service (IaaS)**
  Die Anbieter hosten die IT-Infrastruktur, z. B. Server. Der Betreiber verwaltet diese Server und gewährleistet ihre Verfügbarkeit.

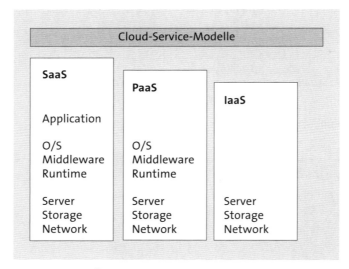

Abbildung 1.12 Überblick über die verschiedenen Cloud-Service-Modelle

1.3.4 Hybride Landschaften und Multicloud

Es ist möglich, dass es zu Mischformen der zuvor beschriebenen Einsatzszenarien kommt. Denkbar ist z. B., dass eine Muttergesellschaft noch eigene Installationen, möglicherweise sogar in eigenen Rechenzentren, betreibt. Die Tochtergesellschaften haben aber ihre Geschäftsprozesse möglicherweise bereits in die Cloud verlagert. Werden Cloud- und On-Premise-Lösungen kombiniert, spricht man von hybriden Betriebsmodellen. Werden mehrere Cloud-Dienste genutzt, spricht man von Multicloud-Lösungen.

Zukünftig werden Single-Cloud-Architekturen im Private-Cloud-Modell eher die Ausnahme im Unternehmen darstellen. Die Unternehmen werden entscheiden, welche Anwendungen als On-Premise-Versionen verbleiben und welche Anwendungen über die private bzw. öffentliche Cloud bezogen werden.

Die Herausforderung für die Unternehmens-IT wird zukünftig sein, Applikationen und Ressourcen von unterschiedlichen Service Providern in eine einheitliche Cloud-Landschaft zu integrieren und die einzelnen Komponenten im laufenden Betrieb zu managen.

Einheitliche Cloud-Landschaft

Damit diese Modelle nicht zu komplex und in der Wartung und Betreuung zu aufwendig werden, bieten entsprechende Service Provider sogenannte Managed-Public-Cloud-Portale an, in denen die Komponenten verwaltet werden (siehe Abbildung 1.13). Im Einzelnen können dies die folgenden Komponenten sein:

Verwaltung über Service Provider

- On-Premise-Landschaften
- Infrastruktur- und Plattform-Services aus der Public Cloud
- Cloud-Anwendungen (SaaS)
- Hochverfügbarkeit
- Rechenzentrumskapazitäten, die langfristig von externen Dienstleistern bezogen werden
- Beratung, Betrieb, IT-Service-Management-Prozesse

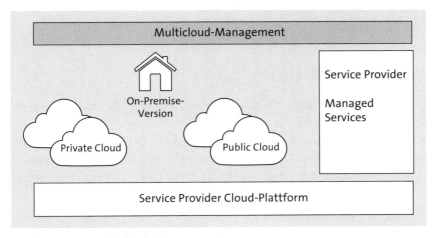

Abbildung 1.13 Multicloud-Management

1.3.5 Abweichungen zwischen den On-Premise- und den Cloud-Lösungen

Abweichungen in der On-Premise-Lösung im Vergleich zur Cloud-Lösung ergeben sich bei SAP S/4HANA aus der Cloud-First-Strategie. Weiterentwicklungen und Innovationen finden zuerst in der Cloud statt und werden

Cloud-Release-Informationen

dort veröffentlicht. In den On-Premise-Lösungen stehen diese aber erst später zur Verfügung. Geändert haben sich auch die Releasezyklen. Während für die Cloud-Lösungen vierteljährlich Releases veröffentlicht werden, bleibt es bei der On-Premise-Version bei jährlichen Releases. Weitere wesentliche Abweichungen sind in Tabelle 1.1 zusammengefasst.

On-Premise-Version	Cloud-Version
Kosten: • Investition • Lizenz • Betriebs-/Wartungskosten	Kosten: • Betriebskosten • Nutzungsgebühr
Konfigurations- und Erweiterungsmöglichkeit	eingeschränkte Konfiguration
zeitaufwendige Implementierung	kurze Implementierungszeit
Kauf	Miete
Releasezyklus einmal jährlich	Releasezyklus einmal im Quartal
alle Sprachen, alle Länder	eingeschränkt

Tabelle 1.1 Unterscheidungsmerkmale zwischen On-Premise-Version und Cloud-Version

1.4 Zusammenfassung

In diesem Kapitel haben Sie einen ersten Überblick über das neue SAP-S/4HANA-System und die SAP-HANA-Datenbanktechnologie gewinnen können. Wir haben Ihnen die Anwendungen des digitalen Kerns und die ergänzenden Cloud-Anwendungen vorgestellt. Mögliche Einsatzszenarien von SAP S/4HANA in Verbindung mit anderen Anwendungen, eingebettet in eine Systemlandschaft, wurden erläutert.

Selbstverständlich kann ein einleitendes Kapitel nur einen ersten groben Überblick geben. Denn jedes der genannten Themenfelder kann nahezu beliebig vertieft werden. Wir haben Ihnen in den einzelnen Kapiteln jeweils Hinweise auf weiterführende Informationen gegeben. Nutzen Sie diese, wenn Sie zusätzliche Informationen wünschen.

Aber nicht nur die technologische Seite wurde mit SAP S/4HANA erneuert. Eine neue Business Suite benötigt auch neue Benutzeroberflächen. Diese stellen wir Ihnen im folgenden Kapitel 2, »Benutzeroberflächen«, vor.

Kapitel 2
Benutzeroberflächen

Die SAP-Benutzeroberflächen bekommen mit SAP S/4HANA ein neues Gesicht. In diesem Kapitel stellen wir die bisher verwendeten Benutzeroberflächen den neuen User Interfaces gegenüber, die SAP gemäß der aktuellen UX-Strategie entwickelt hat. Wir vergleichen diese Technologien und geben Ihnen anhand von Anwendungsbeispielen und Erfahrungen eine Entscheidungshilfe bei der Auswahl der passenden Oberfläche.

SAP verfolgt seit einigen Jahren eine neue Strategie im Hinblick auf die Art und Weise, wie die Anwender mit der Software interagieren. Die Gestaltung der Oberflächen, die Abläufe bei der Bedienung des Systems sowie die Benutzerführung wurden dabei gleichermaßen überarbeitet, um ein harmonisches Zusammenspiel von Technologie, Geschäftsprozess und Benutzer zu erreichen.

In diesem Kapitel gehen wir auf die bisher bekannten etablierten und wahrscheinlich meistgenutzten Benutzeroberflächen ein. Wir stellen Ihnen die neuen Technologien der User-Experience-Strategie (UX-Strategie) von SAP vor und gehen verstärkt auf die daraus entstandenen Möglichkeiten ein. Wir verdeutlichen die Ziele und Gründe des aktuellen Wandels der Benutzerinteraktion, vergleichen die einzelnen Technologien miteinander und erläutern Ihnen unsere Einschätzung ihrer Vor- und Nachteile. Im Anschluss nehmen wir die unterschiedlichen Anwendergruppen in den Fokus und gehen dabei besonders auf den Unterschied zwischen Power-User und Casual-User ein.

Eine Gegenüberstellung der Funktionen und unserer Erfahrungen soll Ihnen die Entscheidung über die richtige Benutzeroberfläche für Ihr Unternehmen erleichtern. Dabei unterscheiden wir zwischen Neuentwicklungen und Anpassungen von bestehenden Transaktionen.

2.1 Alte Benutzeroberflächen

Als »alte« Benutzeroberflächen verstehen wir die seit Längerem verwendeten Oberflächen in SAP ECC 6.0:

- SAP Graphical User Interface (SAP GUI)
- SAP GUI für HTML (Web GUI)
- SAP Business Client

Entwicklung der alten Benutzeroberflächen

All diese Benutzeroberflächen basieren auf dem Design-Prinzip aus dem Jahr 1992. SAP GUI ist die älteste Benutzeroberfläche. Mehr als 400.000 Transaktionen basieren auf SAP GUI, wobei aber nur ein kleiner Teil wirklich genutzt wird. Danach wurden SAP GUI für HTML und dann SAP Business Client integriert. SAP GUI für HTML brachte Ende der 90er-Jahre die klassischen Transaktionen ins Web.

Zur Vereinfachung der Arbeit mit verschiedenen Oberflächen hat SAP die Oberfläche SAP Business Client in den letzten Jahren bereitgestellt. Diese hat die Eigenschaft, SAP GUI mit SAP GUI für HTML zu vereinen. Jedoch verwenden immer noch 80 % der Anwender ausschließlich SAP GUI.

Auf den nächsten Seiten geben wir Ihnen einen kurzen Überblick über die Nutzung von SAP GUI, SAP GUI für HTML und SAP Business Client. Wir beginnen mit SAP GUI.

2.1.1 SAP GUI

Die Benutzeroberfläche SAP GUI ist Ihnen als langjähriger SAP-ECC-6.0-Nutzer bestimmt sehr gut bekannt und täglicher Bestandteil Ihrer Arbeit – ist sie doch die am häufigsten eingesetzte SAP-Benutzeroberfläche. Trotzdem gehen wir in diesem Abschnitt kurz auf die wichtigsten Merkmale und Eigenschaften ein.

Bestandteile von SAP GUI

SAP GUI ist immer gleich aufgebaut und enthält folgende Bestandteile:

❶ Menüleiste

❷ Systemfunktionsleiste

❸ Titelleiste

❹ Anwendungsleiste

❺ Dynpro-Bereich

❻ Statusleiste

In Abbildung 2.1 sehen Sie, wo die Bestandteile in SAP GUI am Beispiel von Transaktion VA03 (Auftragsanzeige) zu finden sind.

2.1 Alte Benutzeroberflächen

Abbildung 2.1 Auftrag ändern in SAP GUI

Die Navigation erfolgt über Transaktionen. Diese können Sie entweder im Benutzermenü im Startbild auswählen oder direkt im Befehlsfeld in der Systemfunktionsleiste eingeben. Beim Aufruf einer Transaktion wird der Titel der Transaktion in der Titelleiste angezeigt. Zusätzlich ändern sich die Menüleiste, die Anwendungsleiste und der Dynpro-Bereich.

Navigation in SAP GUI

In der Menüleiste und der Anwendungsleiste werden nun die für die jeweilige Transaktion verfügbaren Aktionen angezeigt. Im Dynpro-Bereich wird, je nach Transaktion, erst mal ein Selektions-Dynpro vorgeschaltet, um dort z. B. die Auftragsnummer abzufragen. Im zweiten Bild wird dann meist der Inhalt der Daten angezeigt. Je nach Komplexität der Transaktion werden die Daten auf unterschiedlichen Dynpros ausgegeben. Sie können entweder zwischen Registerkarten wechseln, auf denen die Daten thematisch gebündelt sind und weitere Funktionen per Button ausgeführt werden können, oder mit einem Klick auf einen Button auf weitere Daten oder Funktionen zugreifen. Je nach Berechtigung und Transaktion können die Daten angepasst und gespeichert werden. Bei der Eingabe und beim Speichern werden die Daten geprüft. Sollten sie fehlerhaft sein, wird eine Meldung in der Statusleiste angezeigt. In der Statusleiste werden aber auch Warnungen oder Erfolgsmeldungen, wie z. B. »Auftrag … wurde erfolgreich angelegt«, ausgegeben.

In Abbildung 2.2 sehen Sie das Detailbild eines Auftrags in Transaktion VA03 mit der Statusmeldung »Bitte Folgebelege beachten«.

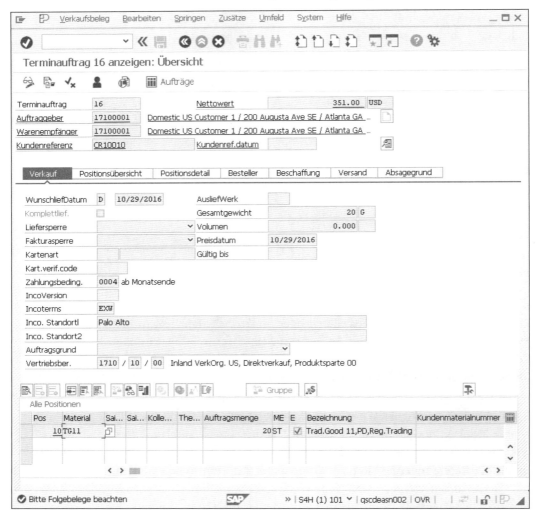

Abbildung 2.2 Auftragsbearbeitung in SAP GUI – Detailbild inklusive Statusmeldung

Anpassung über das Customizing

Bei Standardtransaktionen kann der Dynpro-Bereich nur bedingt an die eigenen Kundenbedürfnisse angepasst werden. Es ist bei bestimmten Transaktionen im Bereich Logistik möglich, über das Customizing Felder aus- und einzublenden oder obligatorische Felder zu definieren. Sollte das nicht ausreichen bzw. nicht möglich sein oder werden kundeneigene Felder angezeigt, muss meist das Dynpro und die dahinterstehende Programmlogik modifiziert bzw. erweitert werden.

Eine Erweiterung ist nur dann möglich, wenn SAP eine kundenspezifische Änderung bereits im Coding vorsieht. Das passiert bei häufig genutzten Transaktionen, die mit kundeneigenen Codings gefüllt werden können. Erweiterungen und Modifikationen müssen bei einem Release-Update immer geprüft und gegebenenfalls angepasst werden.

Modifikation und Erweiterung von Standardtransaktionen

Im Gegensatz zu den Standardtransaktionen können die kundeneigenen Transaktionen nach Kundenwunsch entwickelt werden. Der Komplexität ist dabei kaum eine Grenze gesetzt. Es ist jedoch möglich, dass die Performance oder die Benutzerfreundlichkeit leidet.

Eine Personalisierung der SAP-GUI-Oberfläche ist allerdings nur bedingt möglich. Sie beschränkt sich lediglich auf das Ändern von Textgröße, Textfarbe, Hintergrundfarbe sowie die Wahl des Themes.

Personalisierung von SAP GUI

> **Neues Release von SAP GUI**
>
> SAP GUI für Windows 750 wurde am 10.05.2017 ausgeliefert und wird bis 09.04.2019 von SAP unterstützt. In SAP-Hinweis 147519 (Wartungsstrategie/Supportzeiträume (Fristen) für SAP GUI) finden Sie weiterführende Informationen.

Auf den nächsten Seiten geben wir Ihnen einen Überblick über SAP GUI für HTML.

2.1.2 SAP GUI für HTML

Mit SAP GUI für HTML (früher als WebGUI bezeichnet) können die SAP-Transaktionen im Webbrowser genutzt werden. Hierzu muss lediglich der Service aktiviert und die Transaktionen für SAP GUI für HTML freigeschaltet werden. Eine separate Installation ist nicht notwendig, denn die Umwandlung der SAP-GUI-Transaktionen in HTML-Seiten übernimmt der in SAP integrierte Internet Transaction Server (ITS). SAP GUI muss dafür nicht installiert sein. Grundsätzlich können alle Transaktionen für den Webbrowser aktiviert werden; allerdings kann es bei Gebrauch von Controls zu Einschränkungen kommen.

Folgende Funktionen sind bei SAP GUI für HTML eingeschränkt:

Eingeschränkte Funktionen in SAP GUI für HTML

- Drag & Drop (dies wird durch bestimmte Tastenkombinationen ersetzt)
- SAP-Verknüpfungen (URLs können aber im Browser als Favoriten gespeichert oder als Verknüpfungen auf dem Desktop erstellt werden)
- Frontend-Drucken (Frontend-Drucken funktioniert nur mit SAP-Backend-Releases 4.0 oder höher)

2 Benutzeroberflächen

- Schrifteinstellungen (große Schriftarten werden nicht unterstützt)
- Kontextmenü (browserabhängig)
- Feldhistorie
- Mehrfachmodi (wenn Sie mehrere Modi brauchen, müssen Sie sie mehrfach öffnen)

In Abbildung 2.3 sehen Sie als Beispiel die Detailsicht von Transaktion VA02 (Auftrag bearbeiten).

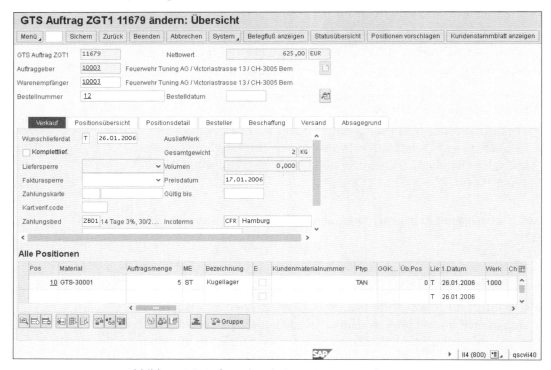

Abbildung 2.3 Auftragsbearbeitung in SAP GUI für HTML

Vergleich von SAP GUI und SAP GUI für HTML Im Vergleich zur Detailsicht in Abschnitt 2.1.1, »SAP GUI«, finden Sie hier kaum einen Unterschied. Lediglich Systemleiste und Funktionsleiste fehlen bzw. weichen ab.

SAP GUI für HTML wird in SAP Business Client für HTML verwendet. Mehr darüber erfahren Sie im nächsten Abschnitt.

2.1.3 SAP Business Client

Versionen von SAP Business Client SAP Business Client vereint die SAP User Experience mit neu entwickelten Web-Dynpro-Anwendungen in einer webbasierten Oberfläche. Seit SAP

Business Client 5.0 können auch SAP-Fiori-Apps (SAP-Standardanwendungen) und ab SAP Business Client 6.0 auch das SAP Fiori Launchpad integriert werden.

SAP Business Client ist in den folgenden beiden Varianten verfügbar:

- **SAP Business Client für HTML**
  SAP Business Client für HTML ist die browserbasierte Variante (nur für ABAP-Systeme verfügbar). Sie nutzt zur Darstellung der Transaktionen SAP GUI für HTML (siehe Abschnitt 2.1.2, »SAP GUI für HTML«) und kann Web-Dynpro-Anwendungen aufrufen. SAP Business Client für HTML benötigt keine Installation, bietet damit aber auch nicht den vollen Funktionsumfang wie die Desktop-Variante (siehe Tabelle 2.1). Es fehlen z. B. Menüs und Such-Features.

- **SAP Business Client für Desktop**
  SAP Business Client für Desktop ist eine NET-Anwendung. Die Darstellung der Transaktionen erfolgt direkt über die SAP-GUI-Benutzeroberfläche. SAP GUI wird mit dieser Version komplett ersetzt. Gleichzeitig können die Web-Dynpro-Anwendungen und das SAP Fiori Launchpad in der Desktop-Variante ausgeführt werden. Somit muss man hier nicht mehr zwischen Browser und SAP GUI wechseln. Die Fenster werden in einzelnen Tabs geöffnet. Das SAP Business Client User Interface (Business Client UI) hat hauptsächlich das Frame und das Canvas als Bestandteile. Das Frame enthält im oberen Bereich das Standardmenü sowie die offenen Tabs. Zusätzlich gehört zum Frame der Home-Bereich für die Navigation in den Anwendungen auf der linken Seite dazu. Dieser wird bei Aufruf der Anwendungen ausgeblendet. Im Canvas, dem Anwendungsinhaltsbereich, werden die Anwendungen selbst angezeigt.

Zum Navigationsbereich zählen folgende Arbeitsbereiche:

- Drag & Drop im Arbeitsbereich
- Liste der verfügbaren Arbeitsbereiche
- personalisierte Icons im Arbeitsbereich
- Schnellnavigation im Arbeitsbereich

Arbeitsbereiche im SAP Business Client für Desktop

Zusätzlich haben Sie bei den meisten Transaktionen die Möglichkeit, ein Side Panel auszugeben. Ein Side Panel ist ein Container, der Kontextinformationen anzeigt. Diese und andere Funktionen sind nur in der Desktop-Version verfügbar. Eine Gegenüberstellung der Features, aufgeschlüsselt nach Version, finden Sie in Tabelle 2.1.

Vergleich der SAP-Business-Client-Versionen

	SAP Business Client für Desktop	SAP Business Client für HTML
Menü • Favoriten • Personalisieren • Hilfe • individuelle Menüeinträge	ja	nein
Suche: • Enterprise-Suche • externe Suche • Desktop-Suche	ja	nein
Quick Launch	ja	nein
Einstiegsnavigationsbereich ausblenden	ja	nein
Window-Manager	ja	nein
Motiv auf der Willkommensseite	ja	nein
Log-off-URL	nein	ja
SAP-GUI-Integration	SAP GUI für Windows	SAP GUI für HTML
Installation	Desktop-Installation	Zero Footprint
Definition der initialen Fenstergröße und -position	ja	nein

Tabelle 2.1 Vergleich von SAP Business Client für Desktop und HTML-Version

Wie Sie der Tabelle gut entnehmen können, bietet Ihnen SAP Business Client für Desktop viel mehr Möglichkeiten als die HTML-Version. Zu der Frage, ob für Sie die Desktop- oder die HTML-Version sinnvoll ist, finden Sie in Abschnitt 2.3, »Benutzeroberflächen im Vergleich«, eine Antwort. Im nächsten Abschnitt bringen wir Ihnen die neuen Benutzeroberflächen und die UX-Strategie von SAP näher.

[»]

Neues Release von SAP Business Client

Seit 10.05.2017 ist SAP Business Client 6.5 verfügbar. Hier ist das neue Theme *Belize* enthalten und ein schnellerer Browser ((Microsoft-)Web-Browser-Steuerelement) integriert.

2.2 Neue Benutzeroberflächen

In diesem Abschnitt stellen wir Ihnen die neuen SAP-Technologien für die Benutzerinteraktion, also die neuen Oberflächentechnologien, näher vor. Sie sollen Ihre Arbeit erleichtern und komfortabler gestalten und zugleich einen Schritt in die Mobilität gewähren. Zunächst zur UX-Strategie, die ein wichtiger Bestandteil der Produkte von SAP geworden ist. In diesem Zusammenhang werden wir auf die UX-Strategie eingehen, die den Wandel und die Neuausrichtung der Software beschreibt.

UX-Strategie von SAP

Die Design-Innovation von SAP beruht auf drei Säulen:

- **Business:** Realisierbarkeit der Geschäftsprozesse
- **Technology:** Durchführbarkeit mithilfe der Technologie
- **People:** Erwartungshaltung der Benutzer bzw. Benutzerakzeptanz

Im Rahmen einer UX-Strategie werden die Bedürfnisse, Erwartungen und Befindlichkeiten der Endanwender bereits in der Planung berücksichtigt und bei der Umsetzung einbezogen. Auf diese Weise soll die bereits erwähnte Benutzerakzeptanz geschaffen und zugleich mögliche Hemmnisse aus dem Weg geräumt werden.

Benutzerakzeptanz schaffen

SAP S/4HANA soll Endanwendern die Möglichkeit geben, komplexe Daten in Echtzeit auszuwerten und zu analysieren. Heutzutage haben Smartphones und Tablets im Arbeitsalltag Einzug gehalten. Nach dem Prinzip »Bring Your Own Device« können Anwender private Geräte nun auch für dienstliche Tätigkeiten nutzen. Die Arbeitsumgebung, in der die Arbeit verrichtet bzw. Dinge erledigt werden, wird unabhängig und mobil. Vor diesem Hintergrund muss ein Umdenken stattfinden, um das einfache Arbeiten zu ermöglichen. Die neuen Oberflächen bieten Ihnen einen aufgeräumten, einfachen und benutzerfreundlichen Arbeitsplatz. Im weiteren Verlauf dieses Kapitels stellen wir die drei Phasen der Umsetzung einer UX-Strategie ebenso vor, wie die Werkzeuge, die SAP in diesem Kontext bereitstellt.

Die folgenden Phasen der UX-Strategie und deren Hilfsmittel zur Realisierung werden unterschieden:

Phasen der UX-Strategie

- **NEW:** SAPUI5
- **RENEW:** SAP Fiori
- **ENABLE:** SAP Screen Personas 3.0

Die drei Phasen beziehen sich auf die von SAP empfohlenen Vorgehensweisen im Kontext der UX-Strategie. Wir werden in den nächsten drei Abschnitten auf die Technologien, Produkte bzw. Werkzeuge genauer eingehen. Wichtig ist an dieser Stelle, Ihnen für Neuentwicklungen (NEW) die Nutzung von SAPUI5 zu empfehlen.

Nutzen Sie den SAP-Standard bei Ihren Prozessen, haben Sie die Möglichkeit, aus dem SAP-Fiori-Portfolio Apps zu wählen. Auf diese Weise können Sie Ihre Prozesse schnell und einfach optimieren und für die Anwender attraktiver gestalten (RENEW).

Für den Fall, dass Ihre Anwendungen noch nicht als SAP-Fiori-App verfügbar sind, haben Sie auch die Gelegenheit, SAP Screen Personas zu wählen. Mit wenig Aufwand können Sie damit Ihre Transaktionen aufräumen und sie optisch überarbeiten (ENABLE). Die Wahl der richtigen Technologie, App oder Herangehensweise wird Ihnen im Rahmen des SAP UX Design Service ermöglicht. Dabei geht es um das Verständnis der Bedürfnisse der Anwender, die Einhaltung der Design-Richtlinien im Zusammenhang mit selbst entwickelten Apps oder auch um das Potenzial zur Einsparung von Schulungskosten. Ein weiterer Bestandteil ist der User Experience Value Calculator, mit dem Sie exemplarisch einen bestehenden Prozess analysieren können, um anschließend etwas über das Einsparpotenzial zu erfahren, das durch eine Überarbeitung möglich wäre.

Abbildung 2.4 gibt Ihnen einen Überblick über die drei Phasen der UX-Design-Strategie.

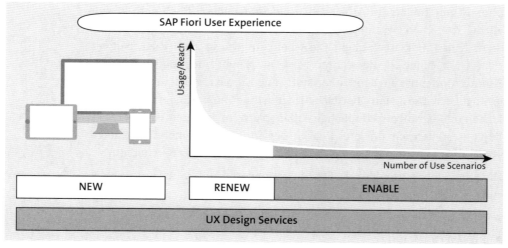

Abbildung 2.4 UX-Design-Strategie

Jede Phase in dieser Strategie hat einen eigenen Anwendungsbereich und bietet unterschiedliche Potenziale beim Einstieg in die UX-Design-Strategie.

2.2.1 SAPUI5

Die erste Phase bei der Umsetzung der UX-Strategie ist NEW. Hier steht die Entwicklung von neuen Anwendungen im Fokus. Die Erstellung von Transaktionen, Reports oder Dashboards sollte nach der Empfehlung der Strategie durch SAPUI5-Anwendungen realisiert werden. Diese Technologie bietet Ihnen die Möglichkeit, Ihre Anwendungen aufgabenbezogen, rollenbasierend und mobil zu gestalten. Somit können Sie Ihre Apps auch von Ihrem Tablet oder Smartphone aus erreichen. Das Aussehen der Anwendungen passt sich der Größe und der Art Ihres Endgeräts (Smartphone, Tablet etc.) an.

NEW-Phase

Außerdem bietet Ihnen SAPUI5 den Vorteil, auf diesem Weg die SAP-S/4HANA-Technik auszunutzen. Die Webapplikationen, die Sie mit SAPUI5 entwickeln, sind plattformunabhängig und im Browser auf allen Endgeräten nutzbar.

Auswahl des Browsers

Die Wahl des richtigen Browsers ist eine Voraussetzung für die Nutzung von SAPUI5. Besonders geeignet sind Mozilla Firefox, Microsoft Internet Explorer und Google Chrome. Achten Sie dabei auf die Aktualität des Browsers, und nutzen Sie stets die aktuellste Version.

[«]

SAPUI5 basiert auf den Programmiersprachen Hypertext Markup Language (HTML5) und den dazugehörigen Cascading Style Sheets (CSS) sowie auf JavaScript und jQuery.

CSS, jQuery, JavaScript, OData

Hinzu kommt die Möglichkeit, Daten per Open Data Protocol (OData) anzubinden und sie mit der Representational-State-Transfer-Funktionalität (REST-Funktionalität) zu nutzen. Im Hintergrund können die Daten aus Ihren Systemen mit selbst erstellten OData-Services aus SAP Gateway oder per CDS Views bereitgestellt werden. Dies sind nur zwei Möglichkeiten zum Anzeigen Ihrer Daten. Auch die Anbindung von Micro-Services aus SAP Cloud Platform kann genutzt werden.

Die SAPUI5-Anwendungen werden im weiteren Verlauf des Kapitels als Apps bezeichnet.

Model-View-Controller-Paradigma in SAPUI5

Die Struktur von SAPUI5-Apps basiert auf dem Prinzip des Model View Controllers (MVC). Mithilfe des MVC wird die Entwicklung einer App in drei Komponenten gegliedert: View (Präsentation), Controller (Steuerung) sowie Model (Datenmodell), wie es in Abbildung 2.5 dargestellt ist. Auf diese

Weise können die einzelnen Komponenten unabhängig voneinander betrachtet werden.

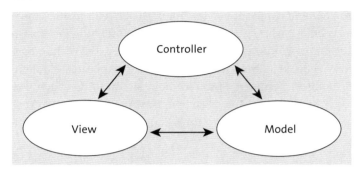

Abbildung 2.5 MVC-Paradigma

View
: Der View ist für die Darstellung der App auf Ihrem Endgerät verantwortlich. Es ist möglich, im Laufe der Anwendungszeit einer App Oberflächen auszutauschen, ohne die anderen beiden Komponenten anpassen zu müssen. In der Praxis müssen Sie gegebenenfalls dennoch die neuen Controls der Oberfläche entsprechend einbinden oder auch weggefallene Controls aus der bestehenden Logik entfernen. Der View beinhaltet ausschließlich die dargestellte Oberfläche.

Controller
: Der View gibt die Aktionen der Benutzer an den zugehörigen Controller weiter. Dieser Controller reagiert auf alle ausgelösten Events und Aktionen des Benutzers. Sie haben die Möglichkeit, eine individuelle Logik zu implementieren.

> **Beispiele für die Nutzung des Controllers**
>
> Unter anderem können Sie zu einem Button Funktionen hinterlegen, z. B. das Speichern und gegebenenfalls das Validieren von Benutzereingaben, um fehlerhafte Informationen direkt zu erkennen. Sie können außerdem zusätzliche Bibliotheken zur Prüfung von Informationen hinterlegen. Eine solche Prüfung kann z. B. die IBAN oder andere Daten zum Gegenstand haben, bei denen die Gültigkeit anhand der Anzahl oder Art der eingegebenen Zeichen erkannt werden kann. Zudem haben Sie in dieser Komponente die Freiheit, durch die Auswertung von Informationen noch innerhalb der App bestimmte Bereiche oder Abschnitte nicht editierbar oder sichtbar zu machen. Indem Sie das Benutzerverhalten so mit dem Controller steuern, können Sie den Benutzern die Arbeit mit der App wesentlich erleichtern.

Der Controller in SAPUI5 wird mit JavaScript erstellt und bietet somit eine Vielzahl an strukturierten und umfangreichen Implementierungsmöglichkeiten. JavaScript ist eine Skriptsprache, mit deren Hilfe Sie dynamische (also interaktive) HTML-Seiten erstellen können. Durch die Objektorientierung von JavaScript können Sie jedes Element einer SAPUI5-App ansprechen und seine Eigenschaften ändern. Die Objekte können allgemeine oder objektspezifische Methoden nutzen, um z. B. die Sichtbarkeit von Controls zu steuern oder die Validierung von Benutzereingaben bei ausgelösten Events zu ermöglichen.

Nutzung von JavaScript

jQuery ist eine Bibliothek zur Erweiterung von JavaScript, und SAPUI5 basiert auf JavaScript. jQuery erweitert JavaScript im Funktionsumfang, um oft benötigte Aufgaben nicht selbst schreiben zu müssen. Es ermöglicht Ihnen die Durchführung komplexer Vorgänge, wie den Zugriff auf Daten oder das Einbinden von zusätzlichen Implementierungen für z. B. die Validierung von Bankkonten. Bei der Entwicklung von SAPUI5-Apps nutzen Sie darüber hinaus implizit Ajax (Asynchronous JavaScript and XML), um eine asynchrone Kommunikation zwischen dem Client und dem nachgelagerten Server zu ermöglichen. So können HTTP-Anfragen durchgeführt werden, während die App angezeigt wird, und es ist möglich, Daten neu zu laden oder abzuspeichern, ohne dass die App für diesen Zeitraum unbenutzbar ist.

Nutzung von jQuery und Ajax

Die dritte Komponente des MVC-Prinzips ist das Model, das einer Vielzahl von Anwendungsfällen innerhalb einer App dient. Das Model enthält sämtliche Daten, die von der App angefordert wurden. Die Benutzereingaben werden in das Model geschrieben und sind während der Nutzung der App zunächst nur auf dem Endgerät vorhanden. Sobald ein Speicherbefehl kommt, werden diese Informationen an das nachgelagerte SAP-S/4HANA-System übertragen. Durch diese Kapselung haben Sie die Möglichkeit, Ihre Daten zunächst auf dem Gerät zu bearbeiten und im Anschluss im SAP-System abzulegen.

Model

Für die Kommunikation wird OData verwendet. Das Protokoll wurde von Microsoft entwickelt und basiert auf HTTP. Durch die Nutzung der REST-Funktionalitäten können Sie eingebaute Zugriffsmöglichkeiten wie PUT, POST, GET, DELETE und PATCH nutzen.

OData und ODBC

Innerhalb von OData können die Daten bzw. Informationen vom Server per CRUD (Create, Read, Update, Delete) abgerufen und entsprechend bearbeitet werden.

CRUD

In Abbildung 2.6 sehen Sie die beteiligten Kommunikationswege. Die App, die auf Ihrem Endgerät läuft, kommuniziert per OData mit SAP Gateway. Das Coding der App – alles was später im Browser ausgeführt wird – wird auf dem Frontend-Server bereitgestellt. Im weiteren Verlauf wird per trusted RFC (RFC = Remote Function Call) auf das angeschlossene Backend zugegriffen.

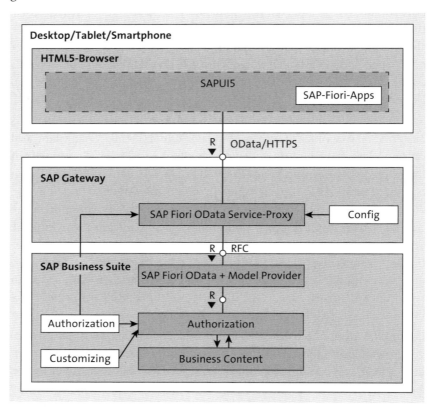

Abbildung 2.6 Kommunikation einer App mit dem Backend

Berechtigungskonzept | Ein bestehendes Berechtigungskonzept muss entsprechend in SAP Gateway, sowie auf dem nachgelagerten Server bzw. den Servern, vorhanden sein. Wird ein bisheriger Prozess mit SAP-Fiori- oder SAPUI5-Apps erweitert, verlieren Ihre bisherigen Berechtigungen nicht ihre Bedeutung, sondern die Rollen müssen um die spezifischen Vorgaben der neuen Komponenten erweitert werden. Die verarbeitende Business-Logik bleibt zunächst die gleiche, gegebenenfalls müssen einige Funktionalitäten hinzugefügt werden, um die mobile Nutzung komfortabler zu gestalten.

SAP Web IDE als Entwicklungsumgebung

SAP Web IDE ist eine im Browser lauffähige Entwicklungsumgebung von SAP, mit der Sie zum einen von Grund auf neue Anwendungen erstellen und zum anderen die Vorlagen von SAP nutzen können, um möglichst schnell den Entwicklungsvorgaben entsprechende Apps zu erstellen. In diesem Zusammenhang ist eine SAP-Cloud-Lizenz notwendig, mit der Sie die Anwendungen direkt in der SAP-Cloud betreiben können. Natürlich haben Sie auch die Möglichkeit, die Applikationen auf Ihrem On-Premise-System zu betreiben.

Hierzu können Sie den sogenannten Cloud Connector konfigurieren. Damit läuft die App in der SAP-Cloud; die Daten, die angezeigt werden, werden direkt ohne Zwischenspeicherung aus Ihrem SAP-System geladen. Der Cloud Connector benötigt nur eine ausgehende Verbindung Richtung Cloud und baut einen VPN-Tunnel (VPN = Virtual Private Network) auf. Die dritte Möglichkeit besteht darin, die App ausschließlich in Ihrer Systemlandschaft zu hosten und nur die Entwicklung der App in der SAP-Cloud durchzuführen. Es sind also mehrere Szenarien für die Entwicklung einer App möglich.

Cloud Connector

SAP Cloud Platform SDK für iOS

Das Software Development Kit (SDK) dient als Framework und stellt Controls und Objekte bereit, die zur Erstellung von Apps genutzt werden können. Das SDK wird stetig weiterentwickelt und dient zugleich der Dokumentation der Funktionsweise. Damit ergeben sich zahlreiche neue Möglichkeiten bei der Nutzung von mobilen Endgeräten. Seit dem ersten Quartal 2017 können Sie das SDK für iOS-Geräte nutzen; hierzu zählen iPad, iPhone und iWatch. Es erfolgt eine betriebssystemnahe Implementierung der App-Logik. Mithilfe des SDK für iOS können Sie die Funktionen Ihres Endgeräts bei der Arbeit mit SAP besser nutzen: Beispielsweise können Sie Benachrichtigungen (Push Notifications) direkt über die native App an das Betriebssystem des Endgeräts senden. Der Benutzer wird dann umgehend mit einer Nachricht auf dem Home-Bildschirm informiert.

SAP Fiori für iOS

Ein weiteres Feature ist die Nutzung einer Touch-ID, mit der Sie sich an Ihrem iPad identifizieren und damit die Eingabe von Passwörtern oder Pins umgehen können. Des Weiteren können Sie die Offline-Funktion einsetzen und Ihr Endgerät in Hallen oder an anderen Orten nutzen, die nur über eine schlechte oder gar keine Mobilfunkanbindung verfügen. Durch eine optimale Synchronisation Ihrer Daten werden unnötige und möglicherweise kostspielige Datentransfers vermieden. In diesem Zusammenhang wird auf Ihrem mobilen Endgerät eine sogenannte On-Device-Datenbank erzeugt. Diese umfasst eine Sync Engine, den gemeinsamen Cache und einen Conflict Agent, der den Abgleich und die Auflösung von Synchronisationsproblemen übernimmt.

Sicherheit	Die Sicherheit wird durch eine Ende-zu-Ende-Verschlüsselung (E2EE) sichergestellt: Die Identität des angemeldeten Benutzers wird an die beteiligten Backend-Systeme weitergegeben. Dazu können Sie einen On-Premise-Identity-Service oder Cloud Identity Services einfach in Ihre Systemlandschaft integrieren.
Entwicklung von SAPUI5-Apps	Die Entwicklung von SAPUI5-Apps kann durch den Einsatz von Templates erfolgen, und die Nutzung von Gerätefunktionen ist bereits im Framework integriert. Die native Erstellung der Apps basiert auf Swift 3 und kann in der Xcode-Entwicklungsumgebung durchgeführt werden. Auch stellt Ihnen das SDK einen Assistenten bereit, mit dem Sie lauffähige Projekte für iPhone und iPad erstellen können. Das Design und die Oberflächenelemente sind für die zuvor genannten Endgeräte optimiert und wurden in Zusammenarbeit mit Design-Experten von Apple erstellt.

Design Thinking

Konzeptionsprozess von Apps — Wir empfehlen Ihnen, sich bei der Entwicklung neuer Apps auf den Design-Thinking-Ansatz zu stützen. Beim Design Thinking stehen die Bedürfnisse und Wünsche der Benutzer im Mittelpunkt, um die UX zu verbessern. Das Design Thinking erfordert eine stetige Abstimmung zwischen dem Entwicklungsteam und den Endanwendern. Die Prozesse und Bedürfnisse werden genau analysiert. Das Team zur Erstellung der Anwendung sollte möglichst heterogen sein und aus fünf bis sechs Personen bestehen, die unterschiedliche Funktionen und Interessen aufweisen. Der Design-Thinking-Prozess besteht aus sechs Phasen:

1. Verstehen
2. Beobachten
3. Sichtweise definieren
4. Ideen finden
5. Prototypen entwickeln
6. Testen

Diese Phasen werden vom Team iterativ durchlaufen, und es entsteht eine optimal auf die Nutzerbedürfnisse angepasste App.

2.2.2 SAP Fiori

RENEW — In der zweiten Phase der UX-Strategie steht die Überarbeitung von bestehenden Anwendungen im Vordergrund. Im Rahmen der RENEW-Phase setzt SAP auf SAP Fiori. SAP Fiori ermöglicht den Benutzern ein rollenbasiertes Arbeiten auf verschiedenen möglichen Endgeräten. SAP-Fiori-Apps sind genau auf die Bedürfnisse der Anwender bei der Durchführung ihrer Aufgaben zugeschnitten und somit einfacher zu bedienen als die klassischen SAP-Transaktionen in SAP GUI.

SAP Fiori basiert auf SAPUI5. SAP bietet vordefinierte SAP-Fiori-Apps für verschiedene Geschäftsprozesse an. Im November 2013 wurden die ersten 25 Apps dieser Art vorgestellt; im Oktober 2015 waren es bereits 606 Apps. Derzeit (Stand 2017) kommen fast täglich neue Anwendungen hinzu, die es Ihnen ermöglichen, standardisierte SAP-Prozesse optimiert bzw. mobil zu nutzen. Voraussetzungen für den Einsatz von SAP-Fiori-Apps sind zum einen die bereits erwähnten SAPUI5-Anforderungen und zum anderen die spezifischen Bedürfnisse der App. Zu den spezifischen App-Voraussetzungen zählen z. B. die zu installierenden Komponenten im Frontend- und im Backend-Server. Sie liefern zum einen das Coding für die Oberfläche der SAP-Fiori-App und zum anderen die dazugehörige Business-Logik für die Funktionsweise der Anwendung.

Typen von SAP-Fiori-Apps

Es gibt drei Arten von SAP-Fiori-Apps, die sich im Hinblick auf ihren Informationsgehalt und Einsatzzweck unterscheiden:

- transaktionale Apps
- Fact-Sheet-Apps
- analytische Apps bzw. Smart-Business-Anwendungen

Auf den folgenden Seiten beschreiben wir diese Typen etwas genauer.

Transaktionale Apps können Sie für Genehmigungsprozesse nutzen oder allgemeine transaktionale Vorgänge damit bearbeiten. Sie vereinfachen bestehende Prozesse und setzen auf bereits bestehenden Abläufen auf. Ein Beispiel ist die App für die Bestellanforderung:

Transaktionale Apps

1. Sie beginnen mit dem Anlegen der Bestellanforderung.
2. Im nächsten Schritt wird die Bestellanforderung genehmigt, abhängig von der im SAP-System hinterlegten Freigabestrategie.
3. Danach können Sie eine entsprechende Bestellung auslösen und weiterverfolgen.

Sie haben die Möglichkeit, über Ihr mobiles Endgerät Bestellungen oder andere Prozesse nachzuverfolgen. Darüber hinaus stehen Ihnen Anwendungen zur Verfügung, mit denen Sie auf Kundeninformationen (Stammdaten) zugreifen können.

> **Voraussetzungen für den Einsatz transaktionaler Apps**
> Um transaktionale Apps einzusetzen, benötigen Sie weder eine SAP-HANA-Datenbank noch eine SAP-S/4HANA-Landschaft, sondern Sie können diese Anwendungen bereits mit einem aktuellen SAP-System (SAP ERP) betreiben.

Fact-Sheet-(Infoblatt-)Apps

Fact-Sheet-Apps nutzen Sie für Ihre kontextabhängigen Stammdaten oder Geschäftsdaten. Diese Apps dienen als Informationsgeber und ermöglichen Ihnen einen Einblick in die Informationen zu Artikeln, Waren etc. Eine Vorwärtsnavigation in tiefere Informationsschichten zur Suche nach detaillierten Informationen, z. B. zu einer Lieferantennummer, ist möglich. Somit können Sie auf Transaktionen oder direkt auf das Backend zugreifen. Bei der Suchfunktion müssen die entsprechenden Suchmodelle in Ihrer SAP Business Suite vorhanden sein.

> **Voraussetzungen für den Einsatz von Fact-Sheet-Apps**
> Um Fact-Sheet-Apps zu nutzen, ist eine SAP-HANA-Datenbank Voraussetzung, denn nur so können Sie in Echtzeit sämtliche Daten sammeln und zur Verfügung zu stellen. Neben SAP HANA benötigen Sie einen ABAP-Stack, um entsprechende Informationen zusammenzustellen.

Analytische Apps

Analytische Apps dienen zur Veranschaulichung von Kennzahlen (Key Performance Indicators, kurz KPI), für Queries, für das Reporting und für das multidimensionale Reporting. Sie können diese KPIs rollenbasiert konfigurieren und auf diese Weise individuell an einen Mitarbeiter oder eine Mitarbeitergruppe anpassen. Die Daten erhalten Sie in Echtzeit. Dies geschieht durch die Kombination von SAP-HANA-spezifischen analytischen Merkmalen in Verbindung mit den Komponenten der SAP Business Suite. Auf diese Weise können Sie in Echtzeit auf Veränderungen in der Lieferkette oder auf dem Markt reagieren. Zudem haben Sie die Möglichkeit, KPIs für sämtliche Bereiche Ihres Unternehmens bzw. Ihres Aufgabenbereichs anzulegen und somit einen optimalen Überblick über die laufenden Prozesse zu behalten.

> **Voraussetzungen für den Einsatz analytischer Apps**
> Vordefinierte SAP-Fiori-Apps können Sie nutzen, wenn Sie die SAP-HANA-Datenbank einsetzen. Des Weiteren ist eine SAP-HANA-XS-Instanz notwendig, mit der ein virtuelles Datenmodell und das entsprechende KPI

Modeling Framework ausgeliefert werden. Dies ermöglicht Ihnen die Erstellung Ihrer eigenen KPIs und gibt Ihnen somit die Gelegenheit, ganz individuelle Reports zu erstellen.

Architektur

Wenn Sie darüber nachdenken, SAP Fiori einzuführen, sollten Sie als Erstes eine Analyse Ihrer Systemstände durchführen. Ist hier alles in Ordnung und sind Ihre Systeme auf einem aktuellen Stand, sollten Sie sich fragen, was bzw. wie Sie SAP Fiori nutzen möchten. Es gibt zwei Architekturansätze: Embedded Deployment und Central Hub Deployment.

Beim Embedded Deployment installieren Sie SAP Gateway als zusätzliche Komponente auf dem bereits vorhandenen SAP-Backend-System (siehe Abbildung 2.7). Diese Installation bietet sich als Testversion an, um zunächst keine zusätzlichen Kosten zu erzeugen. Im Rahmen des Embedded Deployments wird ausschließlich SAP Gateway mit dem SAP-Backend verbunden. Somit steht auch nur dieses System zur Anbindung bereit.

Embedded Deployment

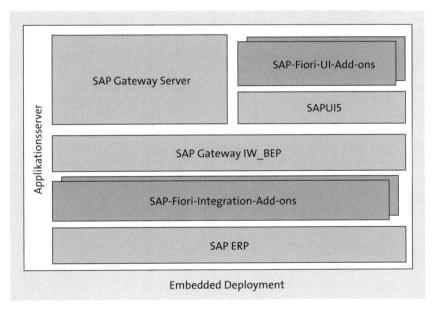

Abbildung 2.7 Architektur von SAP Fiori – Embedded Deployment

Für das Central Hub Deployment benötigen Sie einen zusätzlichen Applikationsserver, auf dem SAP Gateway installiert wird (siehe Abbildung 2.8). Der Einsatz eines zusätzlichen Applikationsservers ermöglicht es Ihnen, ein zentrales SAP-Gateway-System zu betreiben und gleichzeitig mehrere Sys-

Central Hub Deployment

teme anzubinden. Somit können Sie z. B. gleichzeitig Ihr neues SAP-S/4HANA-System sowie SAP ERP HCM, SAP BW und SAP CRM erreichen und SAP Fiori Launchpad als zentralen Einstieg für sämtliche Systeme nutzen.

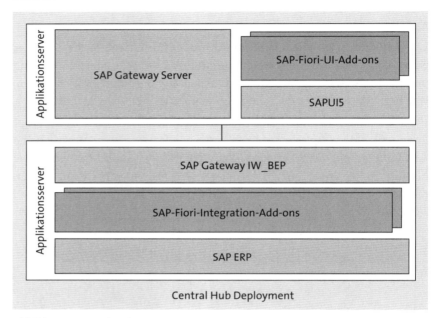

Abbildung 2.8 Architektur von SAP Fiori – Central Hub Deployment

Erweiterung von SAP-Fiori-Apps

SAP-Fiori-Erweiterungen

Wenn Sie in Ihrem Unternehmen SAP-Fiori-Apps einsetzen und Ihnen wichtige Informationen fehlen, z. B. kundeneigene Felder, haben Sie die Möglichkeit, diese Felder an vordefinierten Punkten zu erweitern oder ganze Views innerhalb der App zu ersetzen. Auf diese Weise können Sie auch die Standard-Apps nach Ihren Vorstellungen gestalten. Das Ausblenden von Feldern und anderen Controls ist in einem definierten Rahmen machbar.

SAP Fiori 2.0

SAP Fiori 2.0

Des Weiteren gibt es im Kontext SAP Fiori 2.0 auch »fiorisierte« Transaktionen als Apps. Diese Transaktionen wurden hinsichtlich ihrer Bedienbarkeit überarbeitet. Auf diese Weise können Sie bisher noch nicht überarbeitete Transaktionen, die als App noch nicht verfügbar sind, entsprechend einbinden und nutzen. Diese, zumeist optisch angepassten

Transaktionen haben danach zumindest das Look and Feel von SAP-Fiori-Apps. Zu den weiteren Neuerungen gehört auch das neue Theme *Belize*, der Nachfolger des bisher bekannten Themes *Blue Crystal*. Hinzu kommen helle und dunkle Designs, ein Benachrichtigungsbereich, eine Profilansicht und die Möglichkeit, wichtige Funktionalitäten von überall aus zu erreichen.

Mit SAP Fiori 2.0 können Sie in Ihrem Profil einen sogenannten App-Finder nutzen, mit dem Sie per Suchbegriff eine App-Auswahl filtern und die gewünschte App aufrufen können. Sie können an dieser Stelle auch das SAP Fiori Launchpad personalisieren und Ihre letzten Aktivitäten einsehen.

App-Finder

Nachrichten werden in einem separaten Bereich dargestellt; priorisierte Mitteilungen werden entsprechend angezeigt, und Sie können umgehend mit der Nachricht interagieren und angemessen handeln. Wenn Sie eine der Benachrichtigungen auswählen, haben Sie auch die Möglichkeit, weiterführende Informationen zu erhalten, was Ihnen die tägliche Arbeit erleichtern sollte.

SAP Fiori 2.0 bietet Ihnen außerdem die Gelegenheit, mit Overview Pages zu arbeiten. Damit können Sie Übersichten für einzelne Bereiche erstellen. Ein Beispiel dazu wäre eine Übersicht über sämtliche persönlichen Daten der Mitarbeiter. Es ist auch ein Logistikbereich möglich, in dem Sie sämtliche relevanten Apps zum Thema finden. Auf diese Weise können Sie Apps nicht nur durch die Nutzung von SAP-Fiori-Launchpad-Gruppen trennen, sondern auch eigene Übersichten und Absprünge erstellen. Somit schaffen Sie klare, aufgabenbezogene Arbeitsbereiche.

Overview Pages

Nachdem nun SAP Fiori 2.0 zum aktuellen Standard geworden ist, nun ein Ausblick auf SAP Fiori 3.0. Im nächsten Schritt soll der Anwender seine Arbeit durch eine intelligente softwaregestützte Assistenz noch leichter ausführen können. Auf diese Weise wird die Flexibilität, Einfachheit und Bedienbarkeit weiter gesteigert. Es erfolgt eine Zusammenführung der natürlichen Sprache und der maschinellen Intelligenz. Der digitale Assistent mit dem Namen SAP CoPilot ermöglicht eine Interaktion mit der SAP-Anwendung, als spräche man mit einem realen Menschen. Der digitale Assistent kann sowohl mit der Tastatur als auch nur per Sprache gesteuert werden. Zudem bietet er eine kontextabhängige Zusammenarbeit. Es können jederzeit Screenshots oder Notizen angelegt werden, die anschließend oder währenddessen per Chat oder E-Mail versendet werden können. Auch sind kundenindividuelle Erweiterungen möglich, sollte der gelieferte Funktionsumfang nicht die eigenen Bedürfnisse vollständig abdecken.

Ausblick auf SAP Fiori 3.0

SAP Fiori 3.0 verfügt über eine vollständig individuell anpassbare Startseite, in der alle wichtigen Informationen gebündelt aufbereitet werden können und somit auf einen Blick ersichtlich sind. Anhand einer Assistenzfunktion und einer aktiven Aufbereitung von Ereignissen oder Geschäftsvorfällen, bei denen dem Anwender bereits mögliche Lösungen angeboten werden, soll der Arbeitsalltag vereinfacht werden.

[»] **SAP Fiori Apps Reference Library**

Sämtliche Informationen zu den verfügbaren SAP-Fiori-Apps finden Sie auch in der sogenannten SAP Fiori Apps Reference Library. Hier können Sie die Verfügbarkeit, Systemvoraussetzungen, Konfigurationsanleitungen und Erweiterungsmöglichkeiten finden. Diese App-Übersicht wächst stetig an – schauen Sie einfach nach unter *https://fioriappslibrary.hana.ondemand.com/sap/fix/externalViewer/*.

SAP-Partnerlösungen

Es gibt eine Vielzahl an SAP-Partnern, die mit ihren vorgefertigten Apps Alternativen oder Ergänzungen zu den von SAP angebotenen SAP-Fiori-Apps anbieten. Auf diese Weise können Sie Lücken schließen und eine rundum mobile Lösung nutzen, ohne zwischendurch auf eine SAP-GUI-Transaktion zurückzugreifen.

Neptune Software   Zudem bieten Ihnen Partner wie Neptune Software die Möglichkeit, die bereitgestellten Apps mit Ihrem eigenen Framework offlinefähig zu machen und andere Plattformen zur Abdeckung des gesamten Applikationszyklus zu nutzen. Mit einem eigenen Neptune Launchpad können Sie die Apps separat nutzen oder SAP-Fiori-Apps in das zusätzliche Launchpad integrieren (und andersherum). Wenn Sie über ABAP-Know-how und grundlegendes JavaScript-Wissen verfügen, können Sie eigene Apps erstellen, wenn Ihnen das App-Angebot nicht ausreicht.

2.2.3 SAP Screen Personas 3.0

ENABLE   In diesem Abschnitt betrachten wir den dritten Bereich der UX-Strategie von SAP: ENABLE. Die bisher behandelten Bereiche setzen sich mit der Neuentwicklung von Anwendungen auf der Basis von SAPUI5 bzw. mit SAP Fiori auseinander. Sie werden eingesetzt, um die meistgenutzten Geschäftsprozesse zu unterstützen.

Was ist jedoch mit der Vielzahl an SAP-Transaktionen, die bisher nicht in SAP Fiori enthalten sind? Und was wird aus Ihren kundeneigenen Programmen? Für zukünftige Entwicklungen sollte die Wahl klar auf SAPUI5-Anwendungen fallen.

SAP Screen Personas können Sie einsetzen, um bestehende SAP-GUI-Oberflächen benutzerfreundlicher und optisch ansprechender zu gestalten. Um SAP Screen Personas nutzen zu können, müssen Sie die zusätzliche Komponente SAP Screen Personas 3.0 installieren; dies ist nicht mit zusätzlichen Lizenzkosten verbunden. Anschließend können Sie beginnen, Ihre Transaktionen vollständig zu überarbeiten: Sie können Felder ein- und ausblenden oder Übersichtsseiten erstellen. Zusätzlich haben Sie die Möglichkeit, ohne viel Aufwand ein Theme zu erstellen, mit dem Ihre Transaktionen ausgestattet werden und somit schnell in Ihren Unternehmensfarben strahlen können. Auf diese Weise vereinfachen Sie die Transaktionen für die Mitarbeiter Ihres Unternehmens und passen sie auf Ihre Bedürfnisse an, im Idealfall ohne Entwicklungsaufwand für die Überarbeitung. So kann eine Applikation optisch ansprechender und nutzbarer gemacht werden. Gleichzeitig wird die Originaltransaktion, die Sie (oder SAP) gebaut haben, nicht verändert. Sie können es also vermeiden, Modifikationen vorzunehmen, wenn Sie die bisherige Business-Logik nicht anpassen wollen.

Die vorherige Variante, SAP Screen Personas in Version 2.0, wurde mit Microsoft Silverlight betrieben. Um diese Abhängigkeit aufzulösen, wird in der neuesten Version von SAP Screen Personas auf die Nutzung des Plugins verzichtet. Stattdessen wird die Darstellung im Browser nun von HTML5 übernommen. Durch diesen Schritt können Sie theoretisch Ihre mit SAP Screen Personas 3.0 überarbeiteten Transaktionen auch auf Ihrem mobilen Endgerät nutzen.

SAP Screen Personas 3.0

[«]

> **Einsatz von Flavors**
>
> Die Anwendungen, die Sie mit SAP Screen Personas angepasst haben, ändern (anders als SAPUI5-Apps) ihr Design nicht automatisch in Abhängigkeit des Endgeräts. Stattdessen müssen Sie Transaktionsvarianten, sogenannte Flavors, erstellen. So könnten Sie ein Flavor für den Desktop und je ein weiteres Flavor für Tablet und Smartphone erstellen. Auf diesem Weg haben Sie die Möglichkeit, auch komplexe Transaktionen zugänglich zu machen.

Mit SAP Screen Personas können Sie aber nicht nur das Aussehen verändern, sondern auch zusätzliche Funktionen implementieren. Mithilfe von Java-

Script bauen Sie neue Funktionen in Ihre Programme ein, z. B. den Absprung in eine häufig genutzte Transaktion. So muss der Anwender nicht wieder auf die Startseite gehen, um die weiterführende Anwendung von dort aus im Menübaum oder auch per Transaktionscode zu öffnen. Stattdessen können Sie in die überarbeitete Applikation einen Button einfügen, der die anschließende Transaktion öffnet und gleichzeitig die Auftragsnummer mitgibt. Durch diese Parameterübergabe spart der Anwender Zeit und muss sich zudem nicht mehr die Auftragsnummer nicht mehr merken.

SAP Screen Personas 3.0 für SAP GUI und Web

Die Komponente SAP Screen Personas 3.0 ist sowohl als SAP GUI für Windows als auch als webbasierte Version möglich. Beachten Sie, dass Sie ausschließlich die Variante für den Browser in das SAP Fiori Launchpad integrieren können. Auf diese Weise können Sie sämtliche Vorteile der SAP-UX-Strategie nutzen.

In Abbildung 2.9 finden Sie einen Überblick über die technologische Integration der SAP-UX-Technologien..

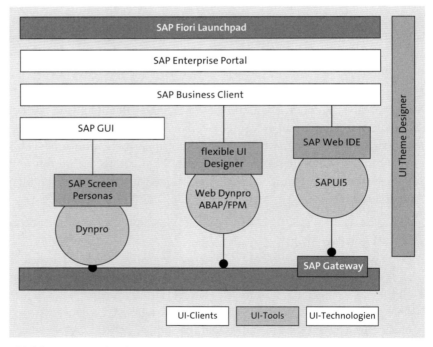

Abbildung 2.9 Technologische Integration der SAP-UX-Technologien

Aus der Abbildung geht hervor, dass sämtliche Technologien bzw. Werkzeuge ein gemeinsames SAP Fiori Launchpad nutzen können. Die gemeinsame Nutzung des SAP Fiori Launchpads hat den Vorteil, dass Sie für sämtliche Phasen der SAP-UX-Strategie einen zentralen Einstieg haben. Darüber hinaus können Sie damit in Abhängigkeit der gewählten Gateway-Architektur systemübergreifend agieren.

> **Re-Design in SAP Screen Personas 3.0**
>
> Mit SAP Screen Personas können Sie weder neue Transaktionen noch neue Programme mit entsprechender Business-Logik erstellen. Es eignet sich ausschließlich zum Anpassen, Überarbeiten und Vereinfachen von bestehenden Anwendungen. Bei einer Neuentwicklung sollten Sie niemals das Konzept verfolgen, eine neue Transaktion im Anschluss mit SAP Screen Personas zu überarbeiten!

2.2.4 Kundenanwendungen und Beispiele

In den vorangehenden Abschnitten haben Sie die neuen Möglichkeiten, die Ihnen durch die UX-Strategie von SAP offenstehen, kennengelernt. Wir haben kurz gezeigt, wie Sie Herausforderungen in puncto Zukunftsorientierung, Mobilität und Benutzerfreundlichkeit angehen können. Dies umfasst zum einen die Optimierung von bestehenden Prozessen auf der Basis von SAP Fiori für eine bessere Benutzerführung und Bedienung durch den Einsatz komfortabler, intuitiver und vor allem mobiler Anwendungen. Zum anderen haben wir gezeigt, wie Sie Transaktionen anpassen können, um dem Anwender die Datenerfassung oder andere Tätigkeiten zu erleichtern, bei denen nur ein Bruchteil der angezeigten Informationen benötigt wird.

Alte Funktion, neue Oberfläche

In diesem Abschnitt zeigen wir Ihnen am Beispiel der Hausbankpflege, wie die Umsetzung der UX-Strategie von SAP aussehen kann. In Abbildung 2.10 sehen Sie die Pflege der Hausbank in SAP ECC 6.0.

Die Vorgehensweise im SAP GUI ist wenig intuitiv und nicht unbedingt benutzerfreundlich, aber funktional. Die eigentliche Pflege der Bankkonten ist nur über die vorherige Auswahl einer Hausbank möglich. In der Dialogstruktur müssen Sie sich zunächst zu einer Bank vorarbeiten, um dann anschließend die Hausbank auszuwählen.

Stammdaten statt Customizing

Die Pflege der Hausbank wird in SAP S/4HANA nicht mehr im Customizing vorgenommen. Stattdessen ist die Hausbank als Stammdatum hinterlegt. In SAP S/4HANA ist für die Auswahl der Hausbank nun eine eigene SAP-Fiori-App verfügbar (siehe Abbildung 2.11).

2 Benutzeroberflächen

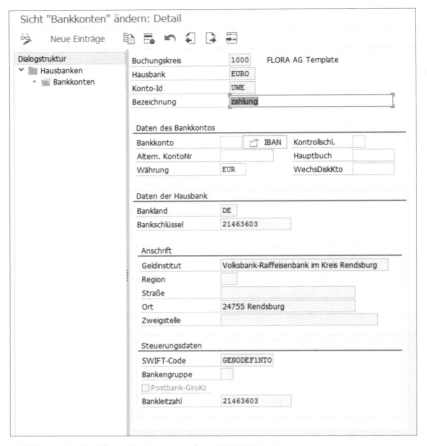

Abbildung 2.10 Pflege der Hausbank in SAP ECC 6.0

Abbildung 2.11 Hausbank mit SAP Fiori auswählen

Um die Hausbank über die SAP-Fiori-Apps in den Stammdaten zu pflegen, können Sie ein Filterkriterium wählen und erhalten anschließend eine Übersicht Ihrer Hausbanken (siehe Abbildung 2.12).

Abbildung 2.12 Hausbank mit SAP Fiori pflegen

Im Anschluss können Sie bei der ausgewählten Bank in die Details schauen oder diese nach Ihren Wünschen bearbeiten.

In diesem Zusammenhang wird mit der Optimierung der Bankenübersicht auch die Pflege der Daten im Customizing entfernt, was die Pflege und Nachvollziehbarkeit von Informationen erleichtert. Zudem haben Sie nun einen zentralen Einstiegspunkt für sämtliche Konten, was wiederum den Schulungsbedarf senkt.

2.3 Benutzeroberflächen im Vergleich

Wir haben Ihnen im ersten Teil dieses Kapitels die alten und neuen Benutzeroberflächen vorgestellt. Sind Sie ganz begeistert von den neuen Oberflächen und wollen am liebsten sofort damit arbeiten? Aber gleichzeitig fragen Sie sich vielleicht, welche Kosten für die Nutzung anfallen und ob Sie nun alle alten Oberflächen auf einmal auf die neuen Oberflächen umstellen müssen. Eins vorweg: Die alten Oberflächen werden erst mal nicht aussterben. SAPscript-Formulare gibt es schließlich auch noch. Wann ist also nun welche Oberfläche sinnvoll, und wann lohnt es sich, alte Oberflächen auf neue umzustellen? All diese Fragen möchten wir Ihnen in diesem Abschnitt beantworten. Wir fangen mit der Kosten-Nutzen-Analyse der Oberflächentechnologien an.

2.3.1 Kosten-Nutzen-Analyse der Oberflächentechnologien

Am Anfang jeder Entscheidung steht eine Gegenüberstellung von Potenzialen, Eigenschaften und Nutzen. Zu diesem Zweck möchten wir die vorgestellten Technologien anhand dreier Kriterien vergleichen.

Kosten

Als Erstes betrachten wir die Kosten im Hinblick auf die Aufwände für Konzeption, Test und Entwicklung der Anwendungen. Bei einigen Technologien sind die Entwicklungsaufwände geringer. Stattdessen fallen Kosten für die Implementierung und die Konfiguration an.

Aufwand für Konzeption, Test und Entwicklung

Im Fall von SAP Business Client könnten wir ausschließlich auf die Kosten der Einstellung der Laufzeitumgebung eingehen. Diese Aufwände fallen jedoch auf irgendeine Weise bei jeder Technologie an, unabhängig davon, ob das SAP Logon Pad oder das SAP Fiori Launchpad im Fokus steht. Des Weiteren müssen die Kosten für die beteiligte Business-Logik ausgeklammert werden, da auch diese Aufwände vorwiegend unabhängig von der gewählten Technologie anfallen. In diesem Fall geht es ausschließlich um Oberflächen, die auf unterschiedlichen Endgeräten funktionieren oder zumindest in verschiedenen Auflösungen betrieben werden können.

Benutzer

Zielgruppe

Ein weiteres Kriterium ist die Zielgruppe, die mit einer Oberflächentechnologie arbeitet. Hier wird in Power-User und Casual-User unterschieden. Beide Zielgruppen haben ein anderes Empfinden, andere Schwerpunkte und Erwartungen. Zudem wird auch der Fokus auf die Aufteilbarkeit der

Aufgaben und der Rollen gelegt. Um diesen Anforderungen gerecht zu werden und Ihnen damit auch einen besseren Eindruck zu vermitteln, werden diese beiden Gruppen zunächst genauer betrachtet.

User Experience

Im Zusammenhang mit der Nutzbarkeit von Anwendungen und einem guten Look and Feel für die Anwender sollten sich die Anwendungen an die aktuellen Trends und Bedürfnisse anpassen. Insbesondere die Herausforderung bei der mobilen Nutzung von Anwendungen wird immer wichtiger für Endanwender. Die meisten Anwender nutzen mobile Geräte bereits im privaten Leben und konnten deswegen Erfahrungen mit den unterschiedlichen Technologien und Neuerungen sammeln. Außerdem haben sie entsprechende Anforderungen an Ihre Software am Arbeitsplatz.

Nutzbarkeit

Vergleich der Technologien

In Tabelle 2.2 finden Sie einen Vergleich zwischen den verschiedenen UI-Technologien anhand der zuvor beschriebenen Kriterien. Unsere Wertungen und Einschätzungen beruhen auf unseren Erfahrungswerten aus internen und kundenindividuellen Projekten.

Technologien im Überblick

	Kosten	Power-User	Casual-User	User Experience
SAP GUI	--	+++	---	---
SAP GUI für HTML	-	-	+	---
SAP Business Client	---	+++	+	--
SAPUI5	++	++	+++	+++
SAP Fiori	+++	++	+++	+++
SAP Screen Personas 3.0	++	++	++	++

Tabelle 2.2 Vergleich der Technologien
(Legende: + = positive und − = negative Auswirkungen der Technologie)

In den folgenden Abschnitten gehen wir etwas weiter ins Detail und beschreiben für jede einzelne UI-Technologie die Vor- und Nachteile gemäß unseren Erfahrungen.

SAP GUI

Vorteile von SAP GUI:

- Viele Daten auf einen Blick, passend für Power-User.
- Performant, trotz der Anzeige vieler Daten.
- Vereinfachung und Übersichtlichkeit kann mit SAP Screen Personas geschaffen werden.
- Gleichzeitige Nutzung von vielen Anwendern möglich.

Nachteile von SAP GUI:

- Casual-User sind mit den komplexen und unübersichtlichen Oberflächen überfordert.
- Hohe Schulungskosten, da die komplexen Oberflächen schwer zu bedienen sind.
- Nicht zur mobilen Nutzung geeignet.
- SAP-GUI-Installation auf dem PC notwendig.

SAP GUI für HTML

Vorteile von SAP GUI für HTML:

- Keine Installation notwendig, somit auch auf dem Tablet nutzbar.
- Geringer Administrationsaufwand, da Frontend auf dem ITS gewartet wird.
- Betriebssystemunabhängig, lediglich Anforderung an den Browser; somit keine SAP-GUI-Installation auf dem PC notwendig.
- Neue Nutzer ohne Mehraufwand hinzufügbar.

Nachteile von SAP GUI für HTML:

- Sehr langsam und Netzbelastung steigt.
- Keine individuellen Layoutanpassungen möglich.
- Wie bei SAP GUI sind komplexe und unübersichtliche Oberflächen daher nur eingeschränkt mobil nutzbar und somit auch für Casual-User ungeeignet.
- Wie bei SAP GUI sehr hohe Schulungskosten.

SAP Business Client

Vorteile von SAP Business Client:

- Vereinigung aller Oberflächen in einer Laufzeitumgebung, somit ideal für Power-User und Casual-User.

- Durch Einbindung der neuen Technologien können Schulungskosten minimiert werden.

Nachteile von SAP Business Client:

- Neue Programme für SAP Business Client setzen die Entwicklungen von Transaktionen in SAP GUI oder SAP GUI für HTML voraus.
- Installation von SAP Business Client für Desktop auf dem Computer notwendig.
- SAP Business Client für Desktop nur für Windows-Computer geeignet.
- Mobile Nutzung nur mit SAP Business Client für HTML möglich.

SAPUI5

Vorteile von SAPUI5:

- Mobile Nutzung auf Desktop, Tablet und Smartphone möglich.
- Nur eine Entwicklung zur Nutzbarkeit auf mehreren Endgeräten notwendig (Responsive Design).
- Einfache und anwenderfreundliche Apps im einheitlichen Design führen zu geringen Schulungskosten.
- Für Casual-User und Power-User geeignet.

Nachteile von SAPUI5:

- Die Nutzung erfolgt meistens über den Browser und kann gegebenenfalls durch eingeschränkte Browserressourcen verlangsamt werden. Dies kann durch die entsprechende Aktualität der Browser vermieden werden.
- Bei steigender Komplexität der Anwendungen sind hohe Entwicklungsaufwände zu erwarten.

SAP Fiori

Vorteile von SAP Fiori:

- Viele SAP-GUI-Transaktionen wurden von SAP bereits umgestellt; dies führt zu geringeren Konfigurationskosten für den ersten Einsatz von Standard-Apps.
- Anpassungen von Standard-Apps mit wenig Aufwand möglich.
- Siehe auch die Vorteile von SAPUI5 (insbesondere: Responsive Design und mobile Nutzung auf Desktop, Tablet und Smartphone).

Nachteile von SAP Fiori:

- Da die SAP-GUI-Transaktionen auf mehrere Apps aufgeteilt wurden, kann sich die Bearbeitungszeit in einigen Bereichen für Power-User verlängern.

SAP Screen Personas 3.0

Vorteile von SAP Screen Personas:

- Schnelle und kostengünstige Vereinfachung von SAP-GUI-Transaktionen durch das Entfernen und Verschieben von Feldern.
- Neugestaltung der Transaktionen führt dazu, dass Casual-User und Power-User schneller und effektiver arbeiten können und die Schulungskosten minimiert werden.

Nachteile von SAP Screen Personas:

- Nur Anpassung der Oberflächen, aber keine Prozessanpassungen möglich.

Fazit

Wir haben in diesem Kapitel sechs Benutzeroberflächen verglichen. Einige sind bereits seit vielen Jahren im Einsatz und wurden in dieser Zeit von einer Vielzahl an Endanwendern mit unterschiedlichen Fähigkeiten und Ansprüchen an die Software genutzt. Alle haben eine Daseinsberechtigung und wurden auf ihre spezifischen Anwendungsfelder ausgerichtet. Im Laufe der Zeit verändern sich jedoch die Ansprüche und Bedürfnisse der Anwender, der Geschäftsprozesse und auch der Märkte. So stehen heute die Schnelligkeit, der Bedienungskomfort und die Mobilität der Informationen im Vordergrund. Im weiteren Verlauf des Kapitels gehen wir noch auf die Benutzergruppen und unsere Technologieempfehlungen ein.

2.3.2 Empfehlungen für unterschiedliche Zielgruppen

Zielgruppen

Nicht jede Benutzeroberfläche ist für jeden Anwender geeignet. Wir unterscheiden zwischen Power-User und Casual-User. Um die Unterschiede zu verdeutlichen, möchten wir uns in diesem Abschnitt mit den folgenden Fragen beschäftigen:

- Was genau zeichnet einen Power-User und einen Casual-User aus?
- Gibt es hier immer eine klare Trennung?
- Kann man zu jeder dieser Gruppen eine eindeutige Benutzeroberfläche zuordnen?

Ein Power-User (Key-User) ist ein Anwender, der zu einem Großteil seines Arbeitstags mit dem SAP-System arbeitet. Er nutzt mehrere Transaktionen oder Anwendungen und ist mit deren Bedienung voll vertraut. Er dient zusätzlich als Ansprechpartner für Casual-User, wenn diese bei der Bearbeitung bestimmter Transaktionen oder Anwendungen Hilfe benötigen.

Power-User

Ein Casual-User ist ein Anwender, der nur eine Handvoll SAP-Transaktionen nutzt, z. B. nur für die Bearbeitung eines Urlaubsantrags. Auch die Einsteiger zählen wir hier zu den Casual-Usern.

Casual-User

Auf die Frage, welche Benutzeroberfläche denn nun die richtige für den Power-User oder den Casual-User ist, gibt es keine eindeutige Antwort. Dies hängt hauptsächlich vom jeweiligen Anwendungsfall ab. Im Folgenden zeigen wir Ihnen drei typische Anwendungsfälle.

Anwendungsfall: Manager

Ein Manager muss täglich die Zahlen prüfen und wichtige Bestellungen/Aufträge/Rechnungen per Workflow genehmigen. Somit arbeitet er zwar täglich mit dem SAP-System, nutzt aber nur gezielte Transaktionen oder Anwendungen. Für seine Tätigkeit ist kein tiefgreifendes Fachwissen notwendig, und deshalb wird er eher als Casual-User eingestuft.

Die Mobilität steht für Manager oft im Vordergrund – damit hat der Manager nicht immer Zugriff auf seinen Arbeitsplatz. In diesem Fall ist SAP GUI für ihn eher umständlich und unkomfortabel in der Bedienung. Ein wichtiger Faktor in der Tätigkeit des Managers ist die Zeit. Daher sind schnelle und einfache Arbeitsabläufe notwendig. Diese Anforderungen erfüllt SAP Fiori am besten, denn über SAP-Fiori-Apps kann der Manager alle seine täglichen Aufgaben per Smartwatch, Smartphone und Tablet ausführen.

Mobiler Zugriff im Vordergrund

Anwendungsfall: Sachbearbeiter

Ein Sachbearbeiter arbeitet fast den vollen Arbeitstag mit dem SAP-System. Er muss Listen auswerten und Belege anlegen bzw. Belege weiterverbuchen. Somit arbeitet er mit mehreren Transaktionen/Anwendungen und ist daher ein typischer Power-User.

Für Power-User ist eine SAP-Fiori-App eher ungeeignet, da der Sachbearbeiter alle möglichen Informationen auf einer Seite sehen bzw. pflegen muss. Somit wird der Sachbearbeiter mit SAP GUI bzw. SAP Business Client am glücklichsten sein. SAP Business Client ist dann sinnvoll, wenn der Sachbearbeiter zwischen verschiedenen Technologien wechseln muss, das heißt, wenn er neben den üblichen SAP-GUI-Transaktionen auch Web-Dynpro-Anwendungen oder SAP-Fiori-Apps bedienen möchte.

Alles auf einen Blick

2 Benutzeroberflächen

Anwendungsfall: Mitarbeiter

Als Mitarbeiter definieren wir eine Person (z. B. einen Lagerdisponenten), die nur selten mit SAP arbeitet oder anderweitige Software für die tägliche Arbeit nutzt (Casual-User). Solche Mitarbeiter haben es mit einer üblichen SAP-GUI-Transaktion eher schwer, da sie mit der Systemumgebung nicht betraut sind. Somit ist für diese Mitarbeiter entweder SAP Fiori oder SAP Screen Personas die Lösung.

Fazit

Alle SAP-Anwender haben zunächst als Casual-User begonnen. Der Weg zum Power-User war bisher langwierig, da die Benutzeroberflächen in SAP GUI sehr komplex sind und es eine Vielzahl von Transaktionen gibt. Die Anzahl der Anwendungen wird sich mit den neuen Benutzeroberflächen erhöhen; aufgrund von Hilfsmitteln wie dem App-Finder wird dies jedoch deutlich komfortabler.

2.3.3 Hilfestellung für die Entscheidungsfindung

Wir haben Ihnen nun alle Benutzeroberflächen vorgestellt und diese miteinander verglichen. Sie kennen jetzt den Unterschied zwischen Power-User und Casual-User. Aber wahrscheinlich sind Sie immer noch unsicher, wann Sie welche Benutzeroberfläche genau einsetzen sollen. Vielleicht nutzen Sie hauptsächlich SAP GUI oder SAP Business Client und fragen sich, ob Sie mit SAP S/4HANA nur noch SAP Fiori einsetzen sollen.

Wie bereits angedeutet, haben alle Benutzeroberflächen ihre Daseinsberechtigung. Die neuen Benutzeroberflächen machen das Arbeitsleben allerdings etwas einfacher und mobiler. Sie können damit schneller auf die Bedürfnisse Ihrer Firma reagieren und Aufgaben schneller erledigen.

Für den Power-User kann die Nutzung der neuen Oberflächen mitunter zeitaufwendiger sein, muss er doch in einigen Fällen mehrere Apps ausführen, anstatt alles mit einer Transaktion zu erledigen. Für einen Casual-User sind die mit SAP Fiori oder SAP Screen Personas vereinfachten Transaktionen in der Regel einfacher zu bedienen.

Einbeziehen der Anwender

Wie Sie sehen, können wir Ihnen keine eindeutige Empfehlung dazu geben, welche Benutzeroberfläche für Sie nun genau die richtige ist. Für die Entscheidung, welche UI-Strategie zu Ihrem Unternehmen passt, sollten Sie die in Abschnitt 2.3.1, »Kosten-Nutzen-Analyse der Oberflächentechnologien«, beschriebenen Kriterien nutzen und auf Ihre Geschäftsprozesse anwenden. Fragen Sie zusätzlich die Anwender, mit welcher Technologie sie am liebsten arbeiten möchten und was für ihren Arbeitsablauf die beste Lösung ist. Die Anwender müssen letztendlich mit der entsprechenden Benutzeroberfläche arbeiten. Sie sollten trotzdem darauf achten, dass sie mit der Zeit gehen und sich auch an die neuen Technologien herantrauen. SAP hat mit SAP S/4HANA bereits viele Transaktionen in SAP Fiori umgewandelt bzw. »fiorisiert«. Diese werden in den nächsten Kapiteln näher vorgestellt. Probieren Sie sie einfach mal aus!

Für Transaktionen, die noch nicht umgestellt sind, bzw. Ihre kundeneigenen Transaktionen können Sie natürlich weiterhin SAP GUI nutzen. Es ist unseres Erachtens nicht sinnvoll, alle kundeneigenen Programme wahllos umzustellen. Stattdessen sollte eine gezielte Umstellung nach einzelner Prüfung erfolgen. Überlegen Sie, ob bei größeren Anpassungen von kundeneigenen Programmen ein Umstieg auf eine neue Benutzeroberfläche sinnvoll ist. Es ist ratsam, in solchen Fällen den Anwender in die Entscheidungsfindung einzubeziehen.

Vorhandene kundeneigene Programme prüfen

Richten Sie besonderes Augenmerk auf die Web-Dynpro-Entwicklungen, denn diese wurden bereits speziell für das Web entwickelt. Sind diese noch zeitgemäß, oder wollten Sie sie schon seit Längerem auf einem Tablet oder Smartphone nutzen, hatten aber bis jetzt nie die passende Technologie dazu? Wenn das der Fall ist, sollten diese Entwicklungen die ersten sein, die Sie umstellen. Danach können Sie die Auswertungsreports und Genehmigungs-Workflows prüfen, die z. B. der Manager täglich verwendet. Überlegen Sie zusätzlich, ob es sinnvoll ist, komplexe Transaktionen mit SAP Screen Personas zu vereinfachen. Wenn Sie z. B. nur wenige Felder zum Anlegen für einen Beleg brauchen, können Sie alle unnötigen Felder mit SAP Screen Personas ausblenden und damit die Transaktionen vereinfachen. Dies kommt nicht nur dem Casual-User zugute, sondern auch der Power-User spart dadurch Zeit. Sie werden die SAP-GUI-Transaktionen auf jeden Fall noch für sehr lange Zeit verwenden.

Gleichzeitig wird die Anzahl an SAP-Fiori-Apps zunehmen. Somit müssten Sie immer zwischen SAP GUI und Browser hin- und herspringen. Um das zu verhindern, bietet Ihnen SAP Business Client die Lösung, alle Technologien in einer Anwendung zu nutzen. Dies würde am meisten dem Power-User dabei helfen, sich erstens schneller mit den neuen Technologien zu befassen und andererseits zusätzlich SAP GUI oder Web Dynpros zu nutzen. Hier empfehlen wir die Desktop-Variante, da die HTML-Variante Performanceeinbußen aufweisen kann und somit für einen Power-User nicht geeignet ist. Beachten Sie allerdings, dass SAP Business Client für Desktop nur für Windows geeignet ist. Wenn Ihre Firma macOS oder Linux im Einsatz hat

Gleichzeitige Nutzung von alten und neuen Oberflächen

oder Sie SAP Screen Personas intensiv nutzen wollen, ist SAP Business Client für Sie nicht geeignet.

Der Casual-User wird in SAP S/4HANA wohl hauptsächlich die SAP-Fiori-Anwendungen nutzen und nur in Ausnahmefällen auf SAP GUI zurückgreifen. Wenn Sie dann SAP Screen Personas im Einsatz haben, muss der Casual-User auf SAP GUI zurückgreifen. Die HTML-Variante ist nicht möglich. Beide HTML-Varianten, für SAP GUI und SAP Business Client, sind nur dann sinnvoll, wenn Sie SAP GUI nutzen wollen, aber keine Desktop-Version auf Ihrem Notebook installiert haben.

Wir hoffen, dass wir Ihnen bei der Entscheidung für die richtige Benutzeroberfläche ein wenig helfen konnten. Letztendlich wird es immer Ihre Entscheidung bleiben, welche Benutzeroberfläche für Sie und Ihre Anwender die richtige ist. SAP verfolgt mit der UX-Strategie das Konzept der Benutzerfreundlichkeit, die mithilfe der neuen Technologien erreicht werden soll.

2.4 Zusammenfassung

In diesem Kapitel haben wir Ihnen zum einen die SAP-UX-Strategie nähergebracht und Ihnen zum anderen aufgezeigt, wie Sie auf einen Wandel der Nutzerwünsche und Bedürfnisse reagieren können. Wir haben Ihnen zunächst die bisher genutzten und mit der Zeit immer komplexeren Oberflächen aufgezeigt. Im Anschluss haben wir Ihnen eine Einführung in die neuen Möglichkeiten zur Interaktion mit den Benutzern gegeben. Hier stehen die Endanwender im Vordergrund und bestimmen die Aufbereitung der Informationen. Übersichtlichkeit und eine einfache Bedienung sind nicht zu unterschätzende Faktoren, wenn es um die Themen Benutzerakzeptanz und Reduzierung von Schulungsaufwänden geht.

Prozesse optimieren Sie können einen Wechsel der Benutzeroberfläche auch nutzen, um alte, eingefahrene Prozesse zu optimieren und zu vereinfachen. Im zweiten Teil des Kapitels haben wir die Oberflächen anhand dreier Kriterien miteinander verglichen. Diesen Vergleich können Sie als Hilfsmittel für Ihre Entscheidungen im Unternehmen nehmen. Um Ihnen ein runderes Bild der Anwendbarkeit der unterschiedlichen Technologien zu vermitteln, haben wir anhand von Beispielen verschiedene Einsatzmöglichkeiten skizziert. Für eine fundierte Entscheidungsfindung haben wir als Ausklang des Kapitels einen Überblick über die aus unserer Sicht wichtigsten Faktoren gegeben.

2.4 Zusammenfassung

Was sollten Sie also aus diesem Kapitel mitnehmen?

- Die bisherigen Oberflächen sind auf die Desktop-Bedienung ausgelegt und haben zum Teil einen riesigen Funktionsumfang.
- Die UX-Strategie gliedert sich in drei Phasen; jede Phase bietet eine entsprechende Technologie und Werkzeuge.
- Die gegenwärtigen und zukünftigen Anwendungen zeichnen sich durch Mobilität, Einfachheit und Geräteunabhängigkeit aus.
- Es gibt für jede Zielgruppe geeignete Technologien und Mittel, um deren Arbeit effektiver zu gestalten.

Im Verlauf des Buches bringen wir Ihnen die neuen Technologien von SAP S/4HANA für den Einsatz in der Logistik näher. In den folgenden Kapiteln stoßen Sie immer wieder auf SAP-Fiori-Apps, die in den jeweiligen Geschäftsprozessen in SAP S/4HANA eingesetzt werden.

Durch die Nutzung neuer Technologien für die Datenspeicherung, die neuen Herstellungsprozesse von Hochleistungsprozessoren und neue Arbeitsgewohnheiten (viele von uns sind ständig online) beschleunigen sich die Kommunikation und die Entscheidungsfindung. Als Hilfestellung benötigen Entscheidungsträger in Zeiten des Informationsüberflusses gezielt die richtigen Informationen. Die neuen Möglichkeiten bei der Oberflächengestaltung können Sie so zu Ihrem Vorteil nutzen. Mit einer Kombination aus SAP S/4HANA und den Technologien der UX-Strategie von SAP ermöglichen Sie eine schnelle, effiziente und effektive Bearbeitung Ihrer Prozesse und machen sie fit für den Markt.

Fit für den Markt

In den nächsten Kapiteln stellen wir die Veränderungen in den einzelnen Prozessen vor.

Kapitel 3
Einkauf

Der Einkauf ist einer der strategisch wichtigsten Vorgänge im Alltagsgeschäft von Unternehmen. Die Möglichkeit, wichtige Daten (z. B. den Status von Bestellungen oder Warenbewegungen) schnell abrufen und übersichtlich darstellen zu können, gehört auch für den Einkauf zu den zentralen Erfolgsfaktoren. Dieses Kapitel verschafft Ihnen einen Überblick über die Funktionen für den Einkauf in SAP S/4HANA.

Im vorangegangenen Kapitel 2, »Benutzeroberflächen«, haben Sie einen Überblick über die Benutzeroberflächen in SAP S/4HANA 1809 erhalten. In diesem Kapitel stellen wir Ihnen anhand von Beispielen aus der Praxis die Neuerungen in S/4HANA in der Beschaffungslogistik vor.

In Abschnitt 3.1, »Beschaffung«, lernen Sie zentrale Funktionen rund um den (allgemeinen) Beschaffungsprozess kennen. Wir erläutern die Verwaltung von Materialstammdaten, gefolgt von Bestellanforderungen, Anfragen und Angeboten. SAP S/4HANA 1809 enthält zahlreiche neue Funktionen, die Einkäufern das Alltagsgeschäft erleichtern. Besonders hervorzuheben sind dabei die SAP-Fiori-Apps für die Durchführung von Einkaufsanalysen.

Neuerungen in der Beschaffungslogistik

In Abschnitt 3.2, »Kontraktmanagement«, behandeln wir anhand eines Best-Practice-Prozesses das Kontraktmanagement in SAP S/4HANA. Schritt für Schritt zeigen wir Ihnen, wie Sie Kontrakte anlegen, drucken und verwalten. Wir vergleichen dabei die Abläufe in SAP S/4HANA mit der Vorgehensweise in SAP ECC (SAP ERP Central Component) unter der Verwendung des SAP GUI.

Eine weitere wesentliche Neuerung stellen die Prozesse des *Employee Self-Service* dar. Hierbei handelt es sich um eine Einkaufswagenfunktionalität, die es einem Anforderer ermöglicht, direkt per Weboberfläche eine Bestellanforderung anzulegen. Diese wird dann, wenn bestimmte Bedingungen erfüllt sind, automatisch in eine Bestellung umgewandelt. Wie der operative Einkauf dadurch entlastet werden kann, lesen Sie in Abschnitt 3.3, »Beschaffung über Self-Services«.

3.1 Beschaffung

Die Beschaffung ist einer der wichtigsten strategischen Vorgänge im Alltagsgeschäft von Unternehmen. Nicht nur für Handelshäuser ist die effiziente, kostengünstige und bedarfsgerechte Beschaffung von Produkten und Dienstleistungen von essenzieller Bedeutung.

[»] **SAP Fieldglass**
Mit SAP S/4HANA können Sie die Produktintegrationen mit SAP Fieldglass nutzen, die den Beschaffungsprozess externer Arbeitskräfte und Dienstleistungen mit Ihren Kerngeschäftsprozessen im SAP S/4HANA Core verbindet. SAP Fieldglass ist ein Vendor Management System (VMS) für die Handhabung von der Identifikation externer Talente bis zum Management, woran sie arbeiten, wo sie arbeiten und wie Arbeit erledigt wird. Das externe Workforce Management und die Dienstleistungsbeschaffung auf der Basis dieser standardisierten Cloud-Lösung werden damit zum wesentlichen Bestandteil der digitalen Transformation Ihrer Beschaffungsprozesse.

In diesem Abschnitt bringen wir Ihnen den Beschaffungsprozess in SAP S/4HANA näher. Wir gehen zunächst auf die Neuerungen und Änderungen mit Bezug auf die Materialstammdaten ein. Danach erläutern wir die »klassische« Bezugsquellenfindung anhand einer direkten Bedarfsauslösung durch einen Mitarbeiter über den Anfrage- und Angebotsprozess. Anschließend vergleichen wir diese klassische Vorgehensweise mit dem entsprechenden Vorgang in SAP S/4HANA. Schließlich stellen wir Ihnen einige der spannenden neuen Möglichkeiten vor, die Ihnen mit den SAP-Fiori-Apps der Kachelgruppe **Einkaufsanalysen** zur Verfügung stehen.

3.1.1 Materialstammdaten

40-stellige Materialnummer
In SAP S/4HANA wird nun eine 40-stellige Materialnummer anstatt der bisher 18-stelligen Materialnummer unterstützt. Die erweiterte Materialnummer ist nicht als Standardeinstellung bei einer Neuinstallation von oder Migration nach SAP S/4HANA aktiviert. Die Aktivierung dieser Funktion ist also optional. Beachten Sie allerdings, dass Sie die Funktion später nicht ohne Weiteres deaktivieren können, da es sonst zu Dateninkonsistenzen oder gar Datenverlusten kommen kann.

> **Auswirkungen der neuen Materialnummer**
> Bei der Nutzung von Standardfunktionen hat die neue Materialnummer grundsätzlich keine Auswirkungen. Nach der Aktivierung der Funktion kann es jedoch zu Auswirkungen bei der Verwendung von Schnittstellen und kundeneigenen Erweiterungen kommen.

In SAP S/4HANA stehen mehrere Apps für die Verwaltung von Materialstammdaten zur Verfügung. Im SAP Fiori Launchpad finden Sie diese Apps in der Kachelgruppe **Stammdaten – Produkt** (siehe Abbildung 3.1).

Abbildung 3.1 Materialstammdaten in SAP Fiori anzeigen und bearbeiten

In unserem Fall möchten wir uns das Material TG10 anzeigen lassen, das wir auch in unseren Folgebeispielen (siehe Abschnitt 3.2, »Kontraktmanagement«) verwenden. Hierzu klicken Sie auf **Material anzeigen**. Sofort bietet sich ein für Einkäufer bekanntes Bild, da die Auswahl der Sichten analog zu SAP GUI aufgebaut ist.

Wir wählen die Sicht **Einkauf**, um uns einen ersten, für einen Einkäufer relevanten Überblick zu verschaffen (siehe Abbildung 3.2).

Abbildung 3.2 Die Einkaufssicht in SAP Fiori

Im Vergleich zu SAP GUI ist die Benutzeroberfläche auch hier größtenteils die gleiche und bietet so ein hohes Maß an Vertrautheit. Die Anordnung der Gruppen und Felder innerhalb der Sicht sind exakt gleich geblieben: Nach wie vor sehen Sie die Kopfdaten mit Feldern wie **Material**, **Bezeichnung** und **Werk** sowie den Bereich **Allgemeine Daten** mit Feldern wie **Basismengeneinheit**, **Werksspez. MatStatus** (werksspezifischer Materialstatus) und dem Kennzeichen **Naturalrabattfähig**. Abbildung 3.3 zeigt die Einkaufssicht in SAP GUI.

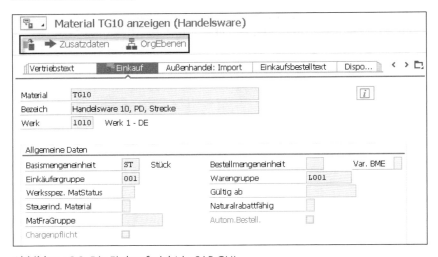

Abbildung 3.3 Die Einkaufssicht in SAP GUI

Den gleichen Wiedererkennungswert bieten auch die anderen Gruppen und Felder innerhalb der Sicht **Einkauf** sowie aller anderen Sichten im Materialstamm.

Unterschiede und Gemeinsamkeiten der Benutzeroberflächen

Lediglich die Navigationsleiste über den Sichten stellt sich im Vergleich zu SAP GUI etwas anders dar. In Abbildung 3.4 und Abbildung 3.5 sehen Sie die Unterschiede und Gemeinsamkeiten der Darstellung in SAP Fiori und SAP GUI. Betrachten Sie Button-Gruppe in der oberen linken Bildhälfte in SAP Fiori ❶ bzw. die Button-Gruppe in der linken Bildhälfte in SAP GUI Ⓐ, können Sie feststellen, dass in beiden Fällen die Buttons **Anderes Material** (in SAP GUI durch das Icon dargestellt), **Zusatzdaten** und **OrgEbenen** vorhanden sind.

Alte und neue Anordnung der Buttons

In der Button-Gruppe in der rechten oberen Bildhälfte der SAP-Fiori-App ❷ werden zusätzlich die Buttons **Dienste zum Objekt** und **Mehr** angezeigt. Diese sind keineswegs neu, sondern lediglich anders angeordnet.

3.1 Beschaffung

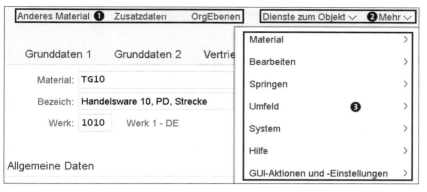

Abbildung 3.4 Die Navigationsleiste in SAP Fiori

In Button-Gruppe in der rechten mittleren Bildhälfte von SAP GUI ❸ erkennen Sie, dass die Dienste zum Objekt bisher nur über den Pfad **System • Dienste zum Objekt** erreichbar waren. Um den Auswahlprozess im Alltagsgeschäft zu beschleunigen, können Sie diese Funktion nun direkt auswählen.

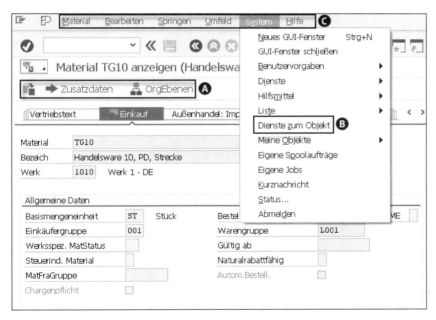

Abbildung 3.5 Die Navigationsleiste in SAP GUI

Ein Klick auf den Button **Mehr** in der Button-Gruppe in der rechten oberen Bildhälfte öffnet wiederum eine Gruppe ❸, die die folgenden Menüoptionen enthält:

- Material
- Bearbeiten
- Springen
- Umfeld
- System
- Hilfe
- GUI-Aktionen und -Einstellungen

Diese Optionen wurden eins zu eins aus Button-Gruppe im oberen Bildbereich von SAP GUI ❸ übernommen – mit einer Ausnahme: Der Button **GUI-Aktionen und -Einstellungen** ist neu; hier können Sie unter anderem den WebGUI-Dateibrowser öffnen.

Zusammenfassend lässt sich festhalten, dass die Benutzeroberflächen der SAP-Fiori-Apps für die Verwaltung des Materialstamms einen hohen Wiedererkennungswert für erfahrene Einkäufer bieten.

> **WebGUI-Dateibrowser**
>
> In SAP S/4HANA werden alle Frontend-Service-Methoden, wie Download, Upload, Ausführen etc., anstatt im nativen Dateisystem im eigenen Dateisystem des Browsers ausgeführt.

3.1.2 Bestellanforderungen, Anfragen und Angebote

Bestellanforderung

Den Kern des operativen Einkaufs bildet der Beschaffungsprozess, der im Regelfall durch eine Bestellanforderung, die sogenannte *Banf*, ausgelöst wird. Bestellanforderungen müssen nicht zwangsläufig von einem Mitarbeiter (direkt) angelegt, sondern können auch von anderen SAP-Komponenten automatisch (indirekt) erzeugt werden.

Arten der Bezugsquellenfindung

Bestellanforderungen können auf zwei Wegen in eine Bestellung bzw. einen Rahmenvertrag umgewandelt werden:

1. Bei der Anlage der Banf ist die Bezugsquelle bekannt, und die Banf wird direkt in eine Bestellung/einen Rahmenvertrag umgewandelt.
2. Bei der Anlage der Banf ist die Bezugsquelle unbekannt. Die Bezugsquellenfindung findet über den Anfrage- und Angebotsprozess statt und wird anschließend in eine Bestellung/einen Rahmenvertrag umgewandelt.

In unserem Beispiel betrachten wir die direkte Bedarfsauslösung durch einen Mitarbeiter (siehe Abbildung 3.6) und die anschließende Bezugsquellenfindung durch den Anfrage- und Angebotsprozess. Bisher lief dieser Prozess wie folgt ab:

Der Anfrage- und Angebotsprozess (traditionell)

1. Zunächst wird der Bedarf durch die manuelle Erstellung einer Banf ausgelöst. Da es noch keine Bezugsquelle gibt, sind der Lieferant und die Konditionen für das benötigte Material noch unbekannt.
2. Im Einkauf werden mit Bezug auf die Banf Anfragen erzeugt und an mehrere Lieferanten verschickt.
3. Da auf die Banf Bezug genommen wurde, werden die Anfragen automatisch mit den Daten aus der Vorlage befüllt.
4. Die Lieferanten sichten die Anfragen und entscheiden, ob sie ein Angebot erstellen wollen.
5. Bei Angebotserhalt werden die Konditionen vom Einkäufer direkt in den Anfragen erfasst.
6. Nach dem Erhalt aller Angebote werden diese durch den Einkäufer geprüft, der sich für ein oder mehrere Angebote entscheidet und Bestellungen und Absagen erstellt.

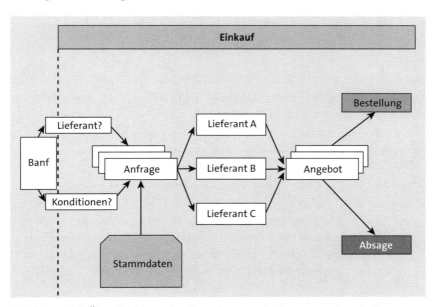

Abbildung 3.6 Übersicht über den traditionellen Anfrage- und Angebotsprozess (Quelle: SAP)

3   Einkauf

Der Anfrage- und Angebotsprozess (neu)

Durch eine Integration von SAP Ariba in SAP S/4HANA ändert sich dieser Prozess, da neue Funktionen zum Einsatz kommen (siehe Abbildung 3.7).

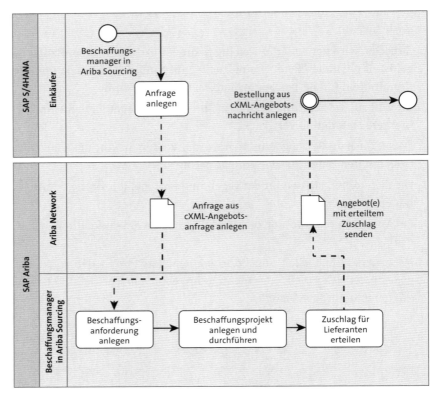

Abbildung 3.7 Übersicht über den Anfrage- und Angebotsprozess mit SAP Ariba (Quelle: SAP)

> **SAP Ariba**
>
> Bei SAP Ariba handelt es sich um eine ergänzende SRM-Lösung (SRM = Supplier Relationship Management) als Cloud-Anwendung, die als eine Netzwerk-Plattform entweder in Ihr SAP-S/4HANA-System integriert oder aber als Software-as-a-Service (SaaS) genutzt werden kann. Ariba Network ist ein großes geschäftliches Netzwerk, das die Suche, die Kommunikation und die Kooperation mit Ihren Geschäftspartnern erleichtert.

Der Einkäufer legt in dem mit SAP Ariba integrierten Beschaffungsprozess zunächst eine Anfrage an, die als *cXML-Angebotsanfrage* (commerce eXtensible Markup Language) an SAP Ariba übermittelt wird. Ariba Network leitet die Angebotsanfrage an den Beschaffungsmanager in Ariba Sourcing weiter.

> **Anfrage vs. Ausschreibung**
> Im SAP Fiori Launchpad wird eine Anfrage nicht mehr als solche bezeichnet, sondern trägt nun die Bezeichnung *Ausschreibung*. Zum Vergleich: Im englischen SAP Fiori Launchpad ist die Bezeichnung für eine Anfrage mit *RFQ* (*Request for Quotation*) gleich geblieben.

Der Beschaffungsmanager in Ariba Sourcing generiert aus dieser Anfrage eine Beschaffungsanforderung, die als Basis für die Anlage und Durchführung des Beschaffungsprojekts dient.

Ariba Sourcing

Innerhalb des Beschaffungsprojekts ist der Vorgang vertraut: Ein oder mehrere Lieferanten können in einer oder mehreren Gebotsrunden ihre Angebote abgeben. Anschließend erteilt der Beschaffungsmanager einem oder mehreren Bietern den Zuschlag für ein oder mehrere Gebote.

Beschaffungsprojekt

Diese Angebote werden ebenfalls über Ariba Network als cXML-Angebotsnachrichten an SAP S/4HANA versandt, von wo aus automatisch Bestellungen erzeugt werden. Diese Angebote bzw. Bestellungen werden direkt in den Ausschreibungen gespeichert und sind dort für den Einkäufer einsehbar. In diesem Zusammenhang sind im SAP Fiori Launchpad zwei Apps aus der Kachelgruppe **Bezugsquellenverwaltung** besonders interessant (siehe Abbildung 3.8).

Abbildung 3.8 SAP-Fiori-Apps »Ausschreibung verwalten« und »Lieferantenangebote verwalten« im neuen Ausschreibungs- und Angebotsprozess

In der SAP-Fiori-App **Ausschreibungen verwalten** können Sie Ausschreibungen anlegen, bearbeiten sowie löschen und sie über Ariba Sourcing gleichzeitig an mehrere potenzielle Lieferanten senden. Sie können sich Detailinformationen zu den Ausschreibungen anzeigen lassen und prüfen, ob sie erfolgreich an Ariba Sourcing übermittelt wurden. Die Angebote (für die derzeit betrachtete Ausschreibung), die vom Beschaffungsmanager den Zuschlag erhalten haben, werden Ihnen hier ebenfalls angezeigt.

Ausschreibungen und Lieferantenangebote verwalten

Die SAP-Fiori-App **Lieferantenangebote verwalten** gibt Ihnen einen Überblick über alle Angebote (für mehrere Ausschreibungen), die vom Beschaffungsmanager den Zuschlag erhalten haben und folglich in Bestellungen umgewandelt wurden.

Der neu gestaltete Ausschreibungs- und Angebotsprozess mag für erfahrene Einkäufer zunächst etwas gewöhnungsbedürftig erscheinen. Er hat jedoch durch die Automatisierung der Bestellanlage das Potenzial, den Beschaffungsprozess nachhaltig zu beschleunigen.

3.1.3 Einkaufsanalysen

Einkaufsanalysen

In SAP S/4HANA finden Sie in der Kachelgruppe **Einkaufsanalysen** im SAP Fiori Launchpad viele nützliche Tools für Einkäufer und Einkaufsleiter, die das Alltagsgeschäft übersichtlicher und effektiver gestalten. Sie können mit nur wenigen Klicks wichtige Informationen beispielsweise über Ihre Ausgaben einholen. Mit Release SAP S/4HANA 1809 wurden neue Apps zu der bereits umfangreichen Gruppe hinzugefügt. Einige davon wollen wir Ihnen nun vorstellen.

> **Informationen über das Release SAP S/4HANA 1809**
>
> Weitere Informationen über neue Apps (nicht nur im Procurement) erhalten Sie in dem öffentlichen Dokument »Neuerungen in SAP S/4HANA 1809«.

Abbildung 3.9 zeigt die Kachelgruppe **Einkaufsanalysen** im SAP Fiori Launchpad und ihre Funktionen.

Abbildung 3.9 Kachelgruppe »Einkaufsanalysen« mit vielen hilfreichen Funktionen

Wertkontrakt

Mithilfe der SAP-Fiori-App **Ausschöpfung Wertkontrakt** können Sie rückwirkend für ein Jahr ab dem aktuellen Tagesdatum den Prozentsatz der

Ausschöpfung von Wertkontrakten bestimmen. Den Sollbetrag und den freigegebenen Betrag nicht verwendeter Kontrakte können Sie hier ebenfalls ermitteln.

Mit der SAP-Fiori-App **Ausschöpfung Mengenkontrakt** können Sie rückwirkend für ein Jahr ab dem aktuellen Tagesdatum den Prozentsatz der Ausschöpfung von Mengenkontrakten bestimmen (siehe Abbildung 3.10).

Mengenkontrakt

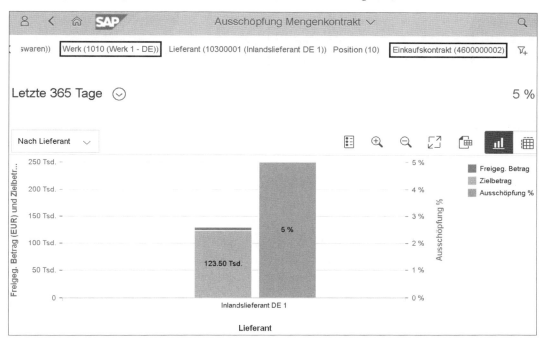

Abbildung 3.10 SAP-Fiori-App »Ausschöpfung Mengenkontrakt« – Verbrauchsmenge anzeigen

In unserem Beispiel handelt es sich um Kontraktabrufe des Materials TG10 für das Werk 1010, das wir bereits in Abschnitt 3.1.1, »Materialstammdaten«, erwähnt haben. Der diesbezügliche Mengenkontrakt trägt die Nummer 4600000002 und wird in Abschnitt 3.2.3, »Einkaufskontrakt verwalten«, noch eingehender behandelt.

Die SAP-Fiori-App **Durchschnittliche Genehmigungszeit für Bestellanforderung** ermöglicht es Ihnen, die durchschnittliche Zeit (gemessen in Tagen) für die Sichtung und Genehmigung von Bestellanforderungen zu messen.

Genehmigungszeit für Banfen

Besonders interessant ist hierbei die Aufteilung in Bestellanforderungen mit niedrigem (in der Kachel nicht angezeigt), mittlerem, hohem und sehr hohem Preisgefüge (siehe Abbildung 3.11). Dies ermöglicht ein einfaches und fundiertes Feedback an die zuständigen Einkaufsleiter, die den Genehmigungsprozess verantworten.

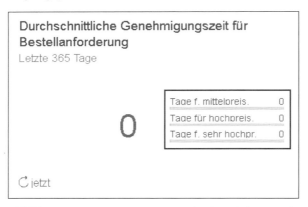

Abbildung 3.11 SAP-Fiori-App »Durchschnittliche Genehmigungszeit für Bestellanforderung« – Optimierungsbedarf bei den Freigaben eruieren

Änderungen an Banf-Positionen

Mit der SAP Fiori-App **Änderungen der Bestellanforderungsposition** können Sie Änderungen an einer bestimmten Bestellanforderungsposition nachvollziehen, also wie oft Menge oder Preis geändert oder wie oft Einkäufergruppe oder Lieferant gewechselt wurden. Derartige Änderungen einer bestimmten Bestellanforderungsposition werden hier für die letzten 365 Tage (ab dem Tagesdatum) protokolliert (siehe Abbildung 3.12).

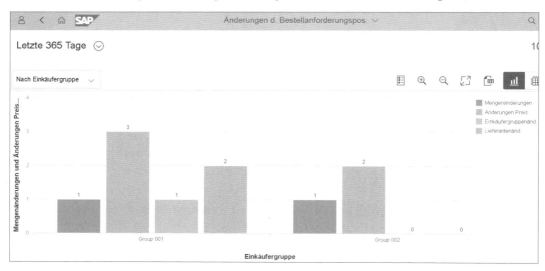

Abbildung 3.12 SAP-Fiori-App »Änderungen der Bestellanforderungsposition« – die App für alle, die es ganz genau wissen wollen

Mit der SAP-Fiori-App **Arten der Bestellanforderungsposition** können Sie die Arten von Bestellanforderungspositionen nachvollziehen. Handelt es sich um eine Freitextposition (z. B. bei einer Dienstleistung oder einem Verbrauchsmaterial) oder um eine Materialposition? Derartige Informationen über die Bestellanforderungspositionen werden hier für die letzten 365 Tage (ab dem Tagesdatum) protokolliert (siehe Abbildung 3.13).

Arten von Banf-Positionen

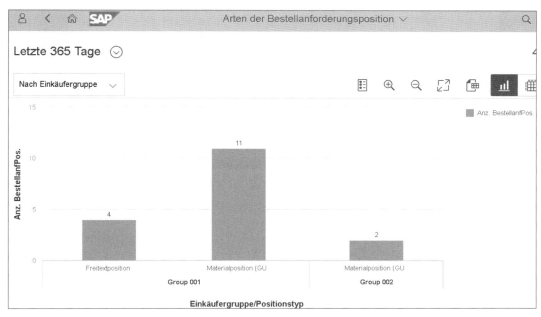

Abbildung 3.13 SAP-Fiori-App »Arten der Bestellanforderungsposition« – Bestellanforderungspositionen anzeigen

Falls Sie sich schon einmal gefragt haben, wie lange es dauert, bis Ihre Bestellanforderungen den zuständigen Lieferanten erreicht, ist die SAP-Fiori-App **Zykluszeit von Bestellanforderung zu Bestellung** hilfreich. Hier finden Sie Informationen über die durchschnittliche Zykluszeit (in Tagen), vom Anlegen eines Einkaufswagens bis zur Sendung der Bestellung an den Lieferanten. Analog zur SAP-Fiori-App **Durchschnittliche Genehmigungszeit für Bestellanforderung** gibt es auch hier eine Aufteilung zwischen Bestellanforderungen mit niedrigem, mittlerem, hohem und sehr hohem Preisgefüge.

Zykluszeit und Zeitaufwand von Banf zu Bestellung

Nicht alle Bestellanforderungen werden händisch angelegt und bearbeitet. Der Anteil an Bestellanforderungen, die automatisch im Einkaufswagen bearbeitet werden, kann mithilfe der SAP-Fiori-App **Bestellanforderung: Kein Bearbeitungsaufwand** ermittelt werden. Unserem Beispiel in Abbil-

Nicht manuell zu bearbeitende Banfen

dung 3.14 können Sie entnehmen, dass derzeit eine von drei Bestellanforderungen oder 33,33 % der Gesamtmenge keinen Bearbeitungsaufwand verursachen.

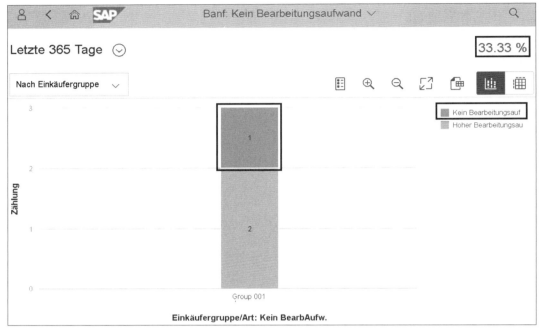

Abbildung 3.14 SAP-Fiori-App »Bestellanforderung: Kein Bearbeitungsaufwand« – ein Drittel der Arbeit wird automatisiert erledigt!

Lieferantenleistung Die Bewertung eines Lieferanten hängt in vielen Firmen stark von seiner Termin- sowie Liefertreue in Bezug auf Mengen und Preise ab. Die SAP-Fiori-App **Bewertung der Lieferantenleistung** berechnet aus der Mengen-, Preis- und Zeitabweichung eines Lieferanten einen gewichteten Durchschnitt, der als übersichtliche Punktzahl ausgegeben wird.

[»] **Gruppenzuweisung der SAP-Fiori-App**

Die SAP-Fiori-App **Bewertung der Lieferantenleistung** befindet sich in der Standardanordnung im SAP Fiori Launchpad nicht in der Kachelgruppe **Einkaufsanalysen**, sondern in der Kachelgruppe **Lieferantenbewertung**. Wir haben diese App in unserem System in die Kachelgruppe **Einkaufsanalysen** verschoben, um sie zusammen mit den anderen Analyse-Apps in diesem Kapitel darzustellen.

Unserem Beispiel in Abbildung 3.15 können Sie entnehmen, dass der Lieferant WaveCrest Labs eine Punktzahl von 79,25 erreicht. Damit bewegt er sich im oberen Drittel, ist aber im Vergleich zu anderen Lieferanten der Liste nicht punktbester.

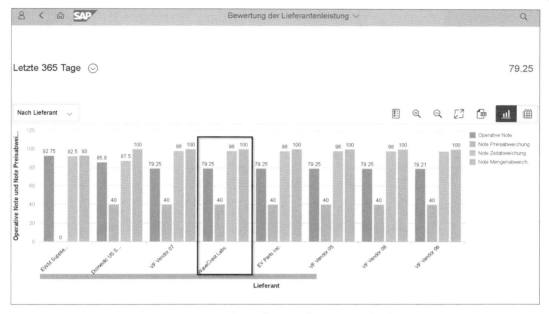

Abbildung 3.15 SAP-Fiori-App »Bewertung der Lieferantenleistung« – den besten Lieferanten ermitteln

Über die SAP-Fiori-Apps, die Sie in diesem Abschnitt kennengelernt haben, hinaus enthält die Gruppe **Einkaufsanalysen** viele weitere Funktionen. Zum Beispiel finden Sie hier Apps mit Informationen über den (Gesamt-)bestellwert, die (Gesamt-)ausgabenabweichung oder über kontraktunabhängige Ausgaben.

Weitere Apps der Kachelgruppe »Einkaufsanalysen«

Zum Abschluss möchten wir Ihnen ein besonderes Highlight unter den SAP-Fiori-Apps vorstellen: In der Kachelgruppe **Übersichtsseite Beschaffung** finden Sie die SAP-Fiori-App **Beschaffungsübersicht**. Diese App enthält einen Großteil der Informationen, die Sie auch über die SAP-Fiori-Apps in der Kachelgruppe **Einkaufsanalysen** aufrufen können. Im Gegensatz dazu werden diese Informationen hier jedoch gebündelt auf einem Satz Registerkarten angezeigt, mit denen Sie direkt in der App interagieren können (siehe Abbildung 3.16).

3 Einkauf

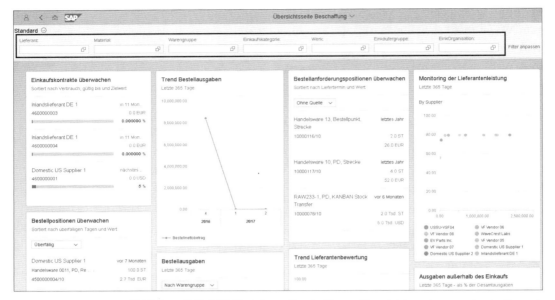

Abbildung 3.16 SAP-Fiori-App »Beschaffungsübersicht« – der neue beste Freund des Einkäufers

Beschaffungsübersicht

Durch die Filteroptionen in der Kopfleiste der App können Sie zusätzlich die angezeigten Informationen auf bestimmte Variablen wie ein oder mehrere Materialien oder eine oder mehrere Warengruppen beschränken. Dies ermöglicht Ihnen eine schnellere Entscheidungsfindung, da Sie sich auf die für Sie wichtigsten Aufgaben konzentrieren können. Weil Sie die verschiedenen Transaktionen und Reports nicht separat öffnen müssen, können Sie so Ihre tägliche Arbeit schnell und effektiv erledigen.

3.1.4 SAP S/4HANA Extended Procurement

Zentrale Beschaffungsplattform

SAP S/4HANA bietet ab Release SAP S/4HANA 1809 den Einsatz eines S/4HANA-Hub-Systems als zentralisierte Beschaffungsplattform an. Hierbei wird ein SAP-S/4HANA-System als Hub-System an beliebig viele SAP-ERP- und S/4HANA-Systeme angeschlossen bzw. vorgeschaltet. SAP S/4HANA Extended Procurement ermöglicht die Integration des Hub-Systems als zentrale Beschaffungsplattform mit den angeschlossenen Backend-Systemen.

Die Organisationsstruktur muss in den Systemen gleich sein, damit die Systeme harmonisiert zusammenpassen. Die Organisationsstruktur kann von dem vorgeschalteten System in das Hub-System kopiert werden.

Aus den verschiedenen, global verfügbaren, importierten Katalogen kann der Benutzer nach Materialien suchen und eine Bestellanforderung im SAP-S/4HANA-Hub-System erstellen.

Die Bestellanforderung wird zentral genehmigt. Der Genehmigungsprozess wird innerhalb des S/4HANA-Hub-Systems auf der Grundlage der in der SAP-Fiori-App **Workflows für Bestellanforderungen verwalten** definierten Konfiguration abgewickelt. Von dort wird die Bestellanforderung in eines der Backend-Systeme kopiert, von dem aus die Bestellung automatisch angelegt werden kann.

3.1.5 SAP Predictive Analytics

Über *Machine-Learning-Fähigkeiten* wird das ERP-System SAP S/4HANA intelligenter: Abläufe werden dynamischer und mithilfe von Predictive Analysis der Beschaffungsprozesse automatisiert. In Release SAP S/4HANA 1809 werden die folgenden Weiterentwicklungen im Bereich Sourcing and Procurement kommen:

- Ausnahme-Handling
- weitere Automatisierung in der Rechnungs-Regulierung
- Reduzieren von Freitextbestellungen durch Machine Learning, das sogar Katalogeinträge automatisch erstellt
- Vorschläge für Warengruppen bei Freitextbestellanforderungen
- Vereinfachte Lieferantenauswahl über Machine Learning

Beschaffungsprozesse automatisieren

3.2 Kontraktmanagement

Das Kontraktmanagement ist für den Einkauf von großer Bedeutung. In Kontrakten werden die mit Lieferanten verhandelten Konditionen festgehalten. Damit die Kontrakte im operativen Geschäft genutzt werden können, ist eine digitale Erfassung und Integration in ein IT-gestütztes System notwendig. SAP S/4HANA bietet den Einkäufern diese Integration von Kontrakten in den Beschaffungsprozess. Die höhere Transparenz eines IT-gestützten Kontraktmanagements erhöht auch aus strategischer Sicht die Effektivität der Kontrakte, da die Konditionen des jeweiligen Vertrags einfach und transparent im System verfügbar sind und sich damit leicht auf Optimierungen prüfen lassen können.

Erfassung von Konditionen

3 Einkauf

Einkaufskontrakte verwalten

In der Kachelgruppe **Einkaufskontraktbearbeitung** finden Sie die SAP-Fiori-App **Einkaufskontrakte verwalten**. Zu ihren Funktionen zählen unter anderem:

- Kontrakt anlegen, anzeigen, bearbeiten und löschen
- bestehende Kontrakte erneuern
- Ausgabeverwaltung für Bestellungen aktivieren bzw. deaktivieren

In diesem Abschnitt zeigen wir Ihnen anhand eines Beispiels, wie Sie Einkaufskontrakte anlegen und verwalten. Überdies stellen wir Ihnen einen Bestellprozess mit der Nutzung des Kontraktmanagements vor. Abbildung 3.17 zeigt Ihnen den Prozess für das Anlegen und Verwalten von Kontrakten.

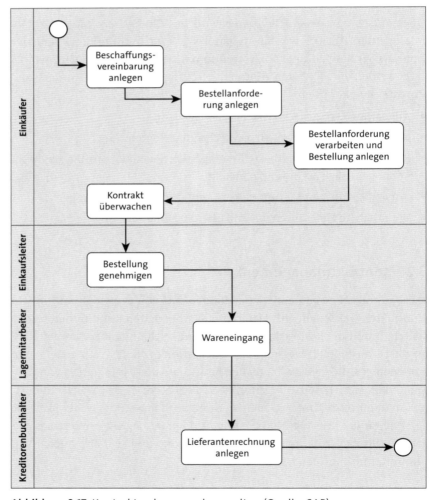

Abbildung 3.17 Kontrakt anlegen und verwalten (Quelle: SAP)

3.2.1 Einkaufskontrakt anlegen

In diesem Abschnitt zeigen wir Ihnen, wie Sie einen Einkaufskontrakt anlegen. Als Beispiel verwenden wir einen Mengenkontrakt. Mengenkontrakte sind Vereinbarungen zwischen einem Unternehmen und seinem Lieferanten, die festlegen, dass eine bestimmte Menge eines Produkts innerhalb eines festgelegten Zeitraums abgenommen wird. Die Kontrakte ersetzen hierbei die Einkaufsinfosätze und können als feste Bezugsquellen für die Materialbedarfsplanung zugeordnet werden. Kontrakte sind sowohl für Einkaufsleiter als auch Einkäufer relevant, da sie freigegebene Bestellungen mit Kontraktbezug überprüfen können. Ein Kontraktabruf erfolgt durch ausgelöste Bestellungen des Einkaufs. Nachfolgend werden die Kontraktanlage und der Druck eines Kontrakts beschrieben.

Anlegen eines Mengenkontrakts

Einen Kontrakt in SAP Fiori anlegen

Um einen Einkaufskontrakt anzulegen, loggen Sie sich mit Ihren Einwahldaten als Einkäufer in die SAP-Fiori-Oberfläche ein. Dort wählen Sie die Kachelgruppe **Einkaufskontraktbearbeitung** aus. Hier finden Sie alle relevanten SAP-Fiori-Apps zur Bearbeitung von Einkaufskontrakten. Wählen Sie die App **Einkaufskontrakt anlegen**, um einen Einkaufskontrakt anzulegen (siehe Abbildung 3.18).

Einkaufskontrakt anlegen

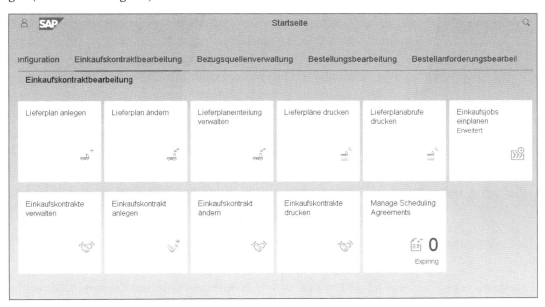

Abbildung 3.18 Kontrakt über SAP Fiori anlegen

Grunddaten des Kontrakts

Im nächsten Schritt nehmen Sie Eingaben in den Feldern **Lieferant**, **Vertragsart**, **Vertragsdatum**, **EinkOrganisation** und **Einkäufergruppe** vor (siehe Abbildung 3.19).

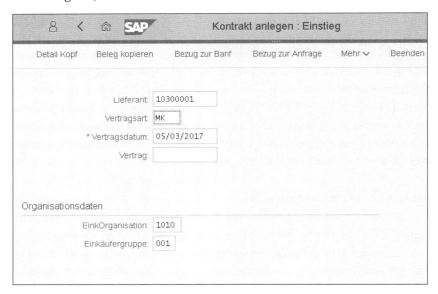

Abbildung 3.19 Einstieg in die Kontraktanlage

Vertragsnummer

Wird das Feld **Vertrag** bei der Kontraktanlage nicht befüllt, erzeugt das SAP-System automatisch eine Vertragsnummer. Falls Sie selbst eine Vertragsnummer vergeben wollen, ist es zwingend erforderlich, dass die vergebene Nummer im entsprechenden externen Nummernkreis liegt. Bei einer manuellen Eingabe der Vertragsnummer wird keine interne Belegnummer vergeben.

Nach der erfolgreichen Eingabe der Daten wählen Sie die Registerkarte **Detail Kopf** aus, um das Laufzeitende des Vertrags einzutragen (siehe Abbildung 3.20).

Abbildung 3.20 Detailansicht der Kopfdaten auswählen

Laufzeitende des Kontrakts

Sie befinden sich nun im Bereich **Kontrakt anlegen: Kopfdaten**. Geben Sie in das Feld **Laufzeitende** im Bereich **Verwaltungsfelder** das Laufzeitende des Kontrakts ein (siehe Abbildung 3.21).

3.2 Kontraktmanagement

Abbildung 3.21 Laufzeitende des Kontrakts im Bereich »Verwaltungsfelder«

Um die Positionsdaten einzugeben, klicken Sie jetzt auf den Button **Übersicht** rechts unten im Bild (siehe Abbildung 3.22).

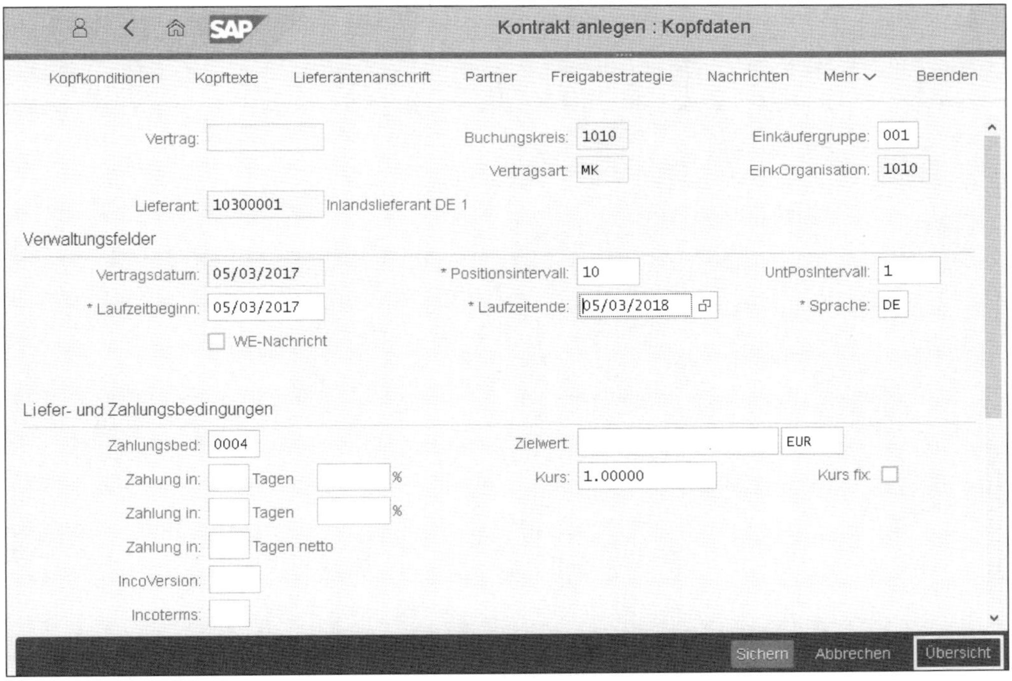

Abbildung 3.22 Positionsdaten auswählen

Jetzt befinden Sie sich in der Funktion **Kontrakt anlegen: Positionsübersicht**. Hier können Sie Eingaben in den Feldern der Spalten **Material**, **Zielmenge**,

Nettopreis und Werk (siehe Abbildung 3.23) vornehmen. Anschließend wählen Sie den Button Sichern (rechts unten neben den Buttons Abbrechen und Übersicht).

Abbildung 3.23 Positionsübersicht pflegen

Danach gelangen Sie wieder in die Einstiegsübersicht, und Sie erhalten unten links im Bild eine Bestätigung über die Anlage des Kontrakts: »Mengenkontrakt unter der Nummer 4600000004 angelegt« (siehe Abbildung 3.24).

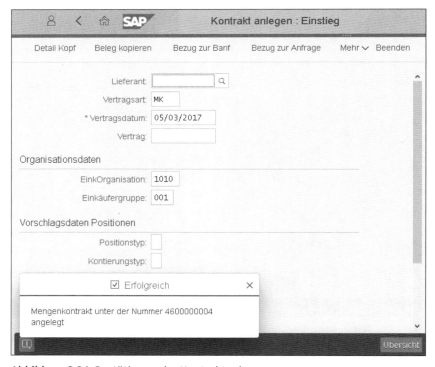

Abbildung 3.24 Bestätigung der Kontraktanlage

3.2.2 Einkaufskontrakte drucken

Um einen Einkaufkontrakt zu drucken, wählen Sie die SAP-Fiori-App **Einkaufskontrakt ändern** (siehe Abbildung 3.25). Diese App befindet sich ebenfalls in der Kachelgruppe **Einkaufskontraktbearbeitung**.

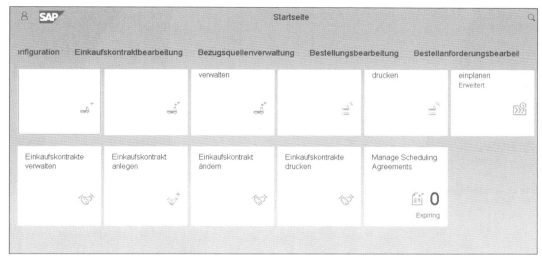

Abbildung 3.25 SAP-Fiori-App »Einkaufskontrakt ändern«

Nun befinden Sie sich im Einstiegsbereich der App **Kontrakt ändern**. Geben Sie in das Feld **Vertrag** den gewünschten Kontrakt ein (siehe Abbildung 3.26).

Abbildung 3.26 App-Bereich »Kontrakt ändern: Einstieg«

Nun gelangen Sie in die Positionsübersicht des Kontrakts (siehe Abbildung 3.27). Hier sehen Sie unter anderem Informationen in den Spalten **Material**, **Kurztext** und **Zielmenge** sowie in den Feldern **VertrDatum** und **Lieferant**.

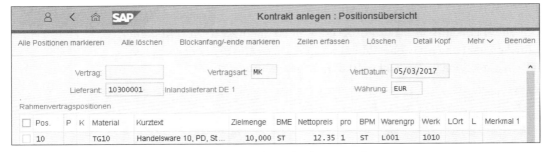

Abbildung 3.27 Positionsübersicht des Kontrakts

Markieren Sie die gewünschte Zeile, und wählen Sie die Registerkarte **Mehr**. Jetzt öffnet sich ein Auswahlfeld. Wählen Sie hieraus die Option **Nachrichten** (siehe Abbildung 3.28).

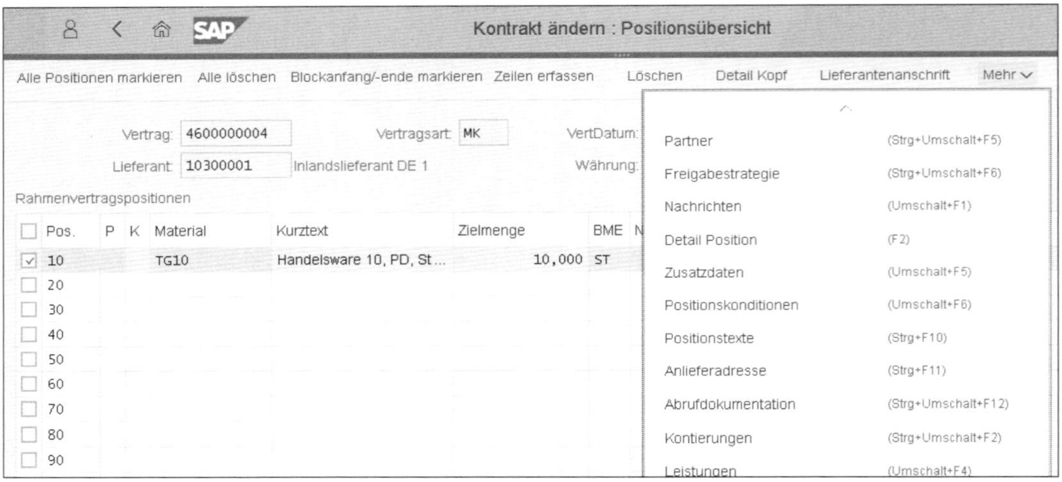

Abbildung 3.28 Nachrichten auswählen

Sobald Sie die Option **Nachrichten** ausgewählt haben, gelangen Sie in den Bereich **Kontrakt ändern: Ausgabe** (siehe Abbildung 3.29). Hier haben Sie nun die Möglichkeit, den Kontrakt auszudrucken.

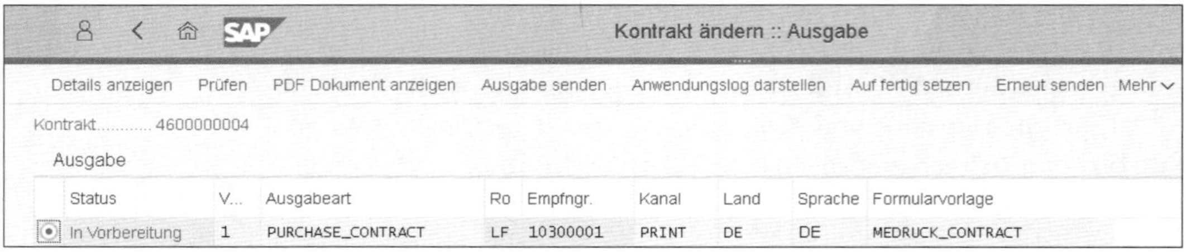

Abbildung 3.29 Kontrakt drucken über den Bereich: »Kontrakt ändern: Ausgabe«

Um den Kontrakt zu drucken, klicken Sie auf die Registerkarte **PDF Dokument anzeigen**. Anschließend wird Ihnen ein PDF-Dokument angezeigt, das Sie bei Bedarf über den Button **Drucken** ausdrucken können.

3.2.3 Einkaufskontrakt verwalten

Haben Sie die Bestellung erfolgreich angelegt, kann es für den Einkäufer unter Umständen notwendig sein, die verbliebene Menge bzw. die verbliebene Summe im Kontrakt zu prüfen. Die Möglichkeit der Überwachung von Mengen- und Wertkontrakten kann über das SAP Fiori Launchpad einfach vorgenommen werden.

Mengen- und Wertkontrakte überwachen

In unserem Beispiel prüfen wir, welche Restmenge des Materials TG10 noch verbleibt. Wählen Sie im SAP Fiori Launchpad die Kachelgruppe **Einkaufskontraktbearbeitung** und danach die SAP-Fiori-App **Einkaufskontrakte verwalten**. Wählen Sie im Anschluss den gewünschten Kontrakt aus der Liste aus; dies ist in unserem Beispiel der Mengenkontrakt 4600000002 (siehe Abbildung 3.30).

Abbildung 3.30 Kontrakt auswählen

Nach der Auswahl sehen Sie das Einstiegsbild des Mengenkontrakts (siehe Abbildung 3.31). Die aus SAP GUI bekannten organisatorischen Daten sind auch hier zu finden, wenngleich in einer anderen Anordnung. Der Übersicht halber haben wir die dortigen Registerkarten in drei Gruppen unterteilt. In der ersten Gruppe ❶ finden Sie die aus SAP GUI bekannten organisatorischen Kopfdaten, wie z. B. **Kontraktart** oder **Einkaufsorganisation**.

Vergleich der Benutzeroberflächen

3 Einkauf

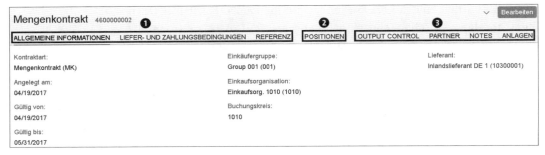

Abbildung 3.31 Das Einstiegsbild des Mengenkontrakts

Im Vergleich zur bekannten Oberfläche aus Transaktion ME33 (siehe Abbildung 3.32) können wir einige Unterschiede feststellen. Die Kopfdaten und Verwaltungsfelder **A** aus SAP GUI werden nun auf der Registerkarte **Allgemeine Informationen** zusammengefasst. Der Bereich **Liefer- und Zahlungsbedingungen** **B** ist in einem gleichnamigen Register untergebracht, ebenso wie der Bereich **Referenzdaten** **C**, deren Registerkarte nun den Titel **Referenz** trägt.

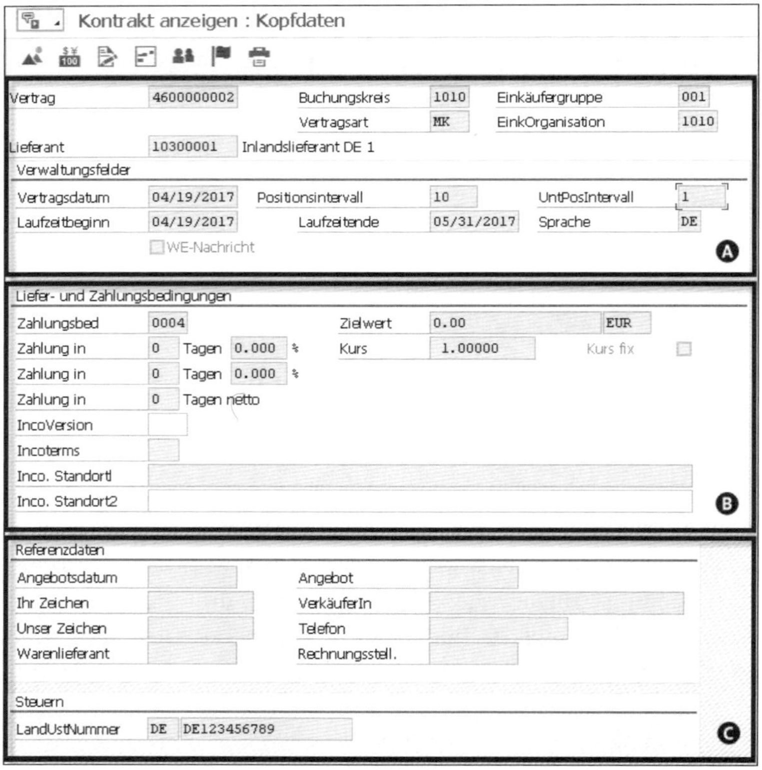

Abbildung 3.32 Die Kopfdaten des Mengenkontrakts in SAP GUI

Die Positionsdaten aus der zweiten Gruppe ❷ aus Abbildung 3.31 sind in Abbildung 3.33 auf der Registerkarte **Positionen** zu finden. Unserem Beispiel folgend, machen Sie sich hier auf die Suche nach den Informationen zur Abrufmenge bzw. der noch verbleibenden Restmenge. Klicken Sie dazu auf die Registerkarte **Positionen**, um zu den entsprechenden Informationen zu springen, die nun direkt auf der Registerkarte angezeigt werden (siehe Abbildung 3.33).

Positionsdaten

ALLGEMEINE INFORMATIONEN	LIEFER- UND ZAHLUNGSBEDINGUNGEN	REFERENZ	POSITIONEN	OUTPUT CONTROL	PARTNER	NOTES	ANLAGEN
Position	Kontierungstyp	Material	Zielmenge	Bestellmengeneinheit	Nettopreis	Preiseinheit	Bestellpreismengeneinheit	Warengruppe
00010 Werk: 1010		TG10	10.000.000	ST	12.35 EUR	1	ST	Handelswaren (L001)

Abbildung 3.33 Positionsdaten in SAP Fiori

Erneut können Sie erkennen, dass die Darstellung in der SAP-Fiori-App im Vergleich zu SAP GUI einen hohen Wiedererkennungswert hat. Alle wichtigen Positionsdaten, z. B. in den Spalten **Material**, **Zielmenge** oder **Nettopreis**, sind auch hier in einer Ihnen vertrauten Weise angeordnet (siehe Abbildung 3.34).

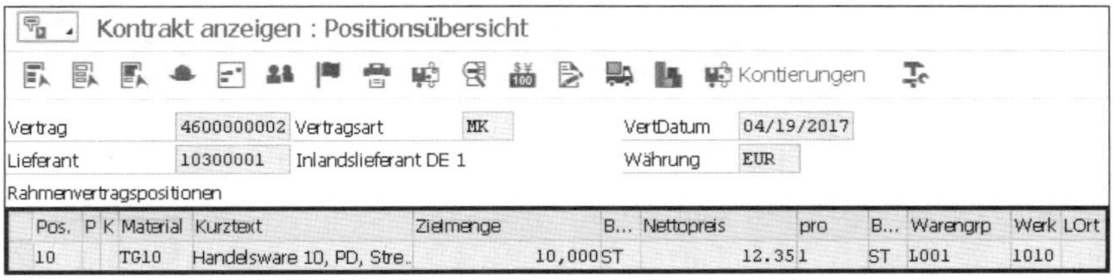

Kontrakt anzeigen : Positionsübersicht									
Vertrag	4600000002	Vertragsart	MK		VertDatum	04/19/2017			
Lieferant	10300001	Inlandslieferant DE 1			Währung	EUR			
Rahmenvertragspositionen									
Pos.	P K	Material	Kurztext	Zielmenge	B...	Nettopreis	pro	B...	Warengrp	Werk	LOrt
10		TG10	Handelsware 10, PD, Stre..	10,000	ST	12.35	1	ST	L001	1010

Abbildung 3.34 Die Positionsdaten in SAP GUI

Bevor wir den Rest der Kontraktübersicht betrachten, möchten wir noch schnell die Informationen über die bisher abgerufene Menge einholen. Dafür springen Sie in die Detailübersicht von Position 0010, indem Sie auf die Positionsleiste klicken (siehe Abbildung 3.33).

> **Anwählbare Bereiche**
>
> Im SAP Fiori Launchpad sind bestimmte Bildbereiche anklickbar. Sie können diese Bereiche sichtbar machen, indem Sie mit der Maus darüberfahren. Der gesamte anklickbare Bereich (in diesem Fall die Positionsleiste) wird dann grau hinterlegt.

[«]

Wählen Sie nun die Registerkarte **Abrufdokumentation**, um sich die entsprechenden Informationen anzeigen zu lassen (siehe Abbildung 3.35). Hier

Abrufdokumentation

können Sie in der Spalte **Bestellmenge** eine bestellte Menge von 500.000 Stück erkennen.

Abbildung 3.35 Abrufdokumentation im SAP Fiori Launchpad

Auch hier lohnt der direkte Vergleich zur Abrufdokumentation von SAP GUI (siehe Abbildung 3.36), da hier fast alle bekannten Felder, z. B. die Nummer des Einkaufsbelegs in der Spalte **Einkaufsbeleg** oder das Bestelldatum in der Spalte **Bestelldatum** abgebildet sind.

Abbildung 3.36 Abrufdokumentation in SAP GUI

Output Control, Partner, Notes

Nachdem wir die bisher abgerufene Menge nun erfolgreich geprüft haben, beschäftigen wir uns mit den Registerkarten der dritten Gruppe. In der dritten Gruppe ❸ in Abbildung 3.31 finden Sie die Ausgabeinformationen auf der Registerkarte **Output Control** (Ausgabedetails), die Partnerinformationen auf der Registerkarte **Partner**, die Notizen auf der Registerkarte **Notes** (Notizen) sowie auf der Registerkarte **Anlagen** zum Beifügen von Dokumenten (siehe Abbildung 3.37).

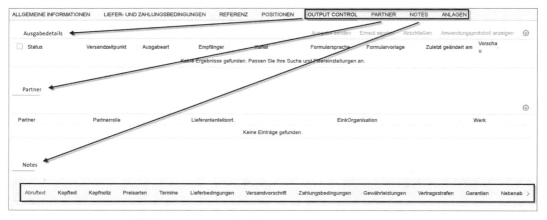

Abbildung 3.37 Ausgabedetails, Partner, Notizen und Anlagen in SAP Fiori

Die Inhalte der verschiedenen Registerkarten bieten einen gewohnt hohen Wiedererkennungswert, und insbesondere auf der Registerkarte **Notes** sind die verschiedenen Kopfnotizen und -texte überschaubar angeordnet. Im direkten Vergleich zu SAP GUI müssen diese zum einen nicht separat angesteuert werden (über **Detail Kopf • Kopftexte**), und zum anderen sorgt die horizontale Ausrichtung in dieser SAP-Fiori-App, im Vergleich zur senkrechten Ausrichtung in SAP GUI (siehe Abbildung 3.38), für ein hohes Maß an Übersichtlichkeit.

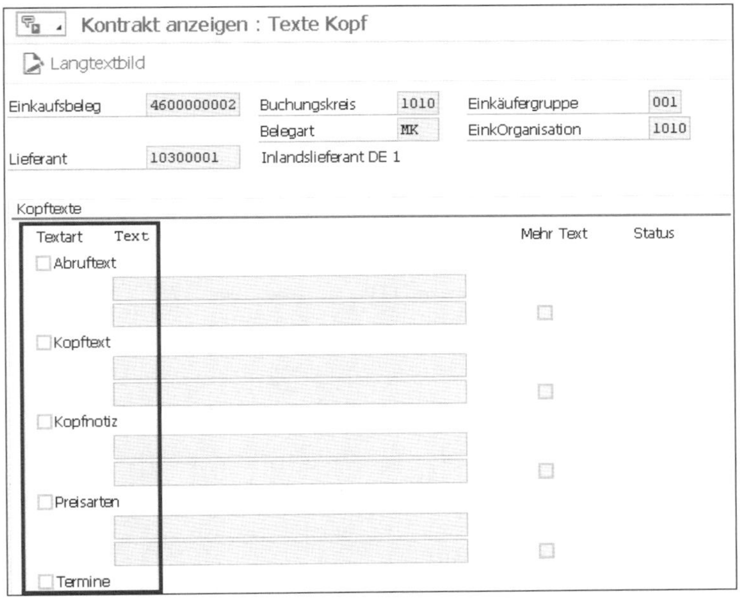

Übersichtlichkeit

Abbildung 3.38 Kopftexte in SAP GUI

In diesem Abschnitt haben Sie einen Überblick über die Möglichkeiten des Kontraktmanagements mit SAP S/4HANA erhalten. Von der Anlage eines Kontrakts per Bestellung bis hin zur Überwachung von Kontraktabrufen haben Sie einen ersten Einblick bekommen. Im nächsten Abschnitt zeigen wir Ihnen, wie der Bestellprozess von der Bestellanforderung über die Bestellung bis hin zum Wareneingang über die Self-Service-Beschaffung ermöglicht und erleichtert wird.

3.3 Beschaffung über Self-Services

Als Novum wird den Usern mit S/4HANA die Beschaffung über Employee Self-Services zur Verfügung gestellt. Die Employee Self-Services ermöglichen es dem Anforderer, browserbasiert einen Einkaufswagen bzw. eine

Browserbasierter Einkaufswagen und Bestellanforderung

3   Einkauf

Bestellanforderung zu erstellen, bereits erstellte Bestellanforderungen zu finden und einen Wareneingang zu buchen. Einer der Vorteile des Self-Service ist, dass die Bestellanforderung automatisch in einen vordefinierten Workflow läuft und dem entsprechenden Genehmiger zugeteilt wird. Dies entlastet den Einkauf bei seinen operativen Aufgaben.

Beispielprozess In diesem Abschnitt zeigen wir Ihnen ein Beispiel für den Prozess von der Bestellanforderungsanlage bis hin zur Bestellung. Abbildung 3.39 zeigt den Prozess, unterteilt nach den jeweiligen Mitwirkenden.

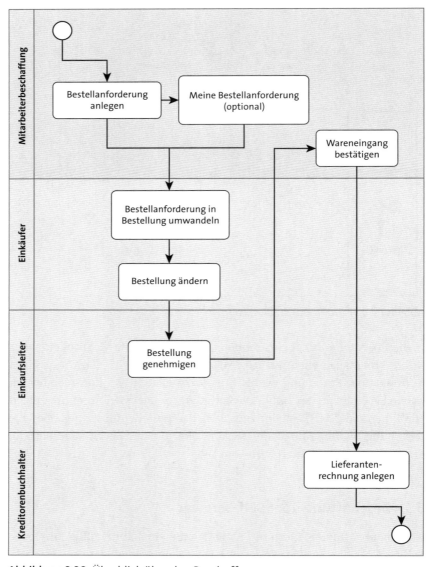

Abbildung 3.39 Überblick über den Beschaffungsprozess

140

Der Mitarbeiter initiiert den Prozess durch die Bestellanforderungsanlage und beendet den Bestellprozess mit einer Wareneingangsbestätigung. Der Einkäufer ist zuständig für die Umwandlung der Bestellanforderung in eine Bestellung und hat die Möglichkeit, eine Bestellung nachträglich zu ändern. Die Aufgabe des Einkaufsleiters ist es, die Bestellung zu genehmigen. Die Kreditorenbuchhaltung ist abschließend für die Erstellung der Lieferantenrechnung zuständig.

3.3.1 Bestellanforderung über Employee Self-Services anlegen

Melden Sie sich mit der Rolle eines Mitarbeiters über das SAP Fiori Launchpad an, um eine Bestellanforderung anzulegen. In der Kachelgruppe **Employee Self-Services** benutzen Sie hierzu die SAP-Fiori-App **Bestellanforderung anlegen** (siehe Abbildung 3.40).

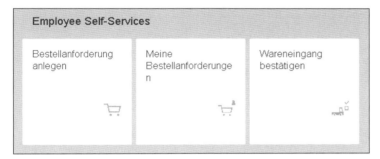

Abbildung 3.40 Employee Self-Services im SAP Fiori Launchpad

Sie befinden sich jetzt im Bereich **Bestellanforderung anlegen**. Hier haben Sie die Möglichkeit, einen Artikel aus einem angebundenen Katalog auszuwählen oder eine eigene Position anzulegen (siehe Abbildung 3.41).

Bestellanforderungsanlage

Abbildung 3.41 Bestellanforderung anlegen

Wählen Sie **Eigene Position anlegen** (siehe Abbildung 3.42). Die Möglichkeit der eigenen Anlage einer Position entspricht der Freitextfunktionalität in SAP SRM. Diese Funktion wird im Optimalfall nur verwendet, wenn die gewünschte Position nicht im Katalog vorhanden ist.

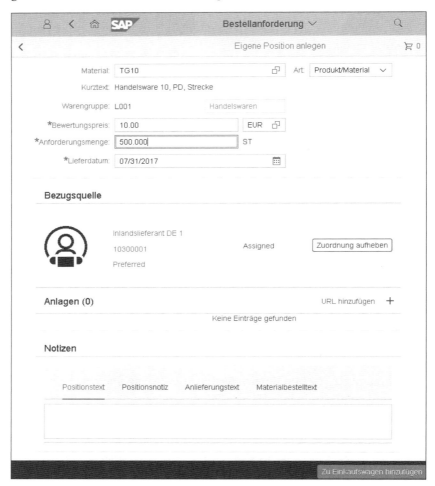

Abbildung 3.42 Bestellanforderungsdetails eingeben

Sie befinden sich im Bereich **Eigene Position anlegen** und können hier allgemeine Daten z. B. in den Feldern **Material**, **Kurztext**, **Warengruppe** und **Lieferdatum** eingeben. Zusätzlich können Sie im Bereich **Bezugsquelle** eine Bezugsquelle auswählen oder im Bereich **Anlagen** solche hinzufügen. Im Bereich **Notizen** können Sie über das Anklicken der Buttons **Positionstext**, **Positionsnotiz**, **Anlieferungstext** und **Materialbestelltext** entsprechende

3.3 Beschaffung über Self-Services

Texte hinterlegen. Klicken Sie auf den Button **Zu Einkaufswagen hinzufügen**, um Ihre Eingabe zu beenden. Das Resultat sehen Sie in Abbildung 3.43.

Abbildung 3.43 Zum Einkaufswagen hinzugefügte Bestellanforderung

Sobald Sie auf den Button **Zu Einkaufswagen hinzufügen** geklickt haben, wird die Bestellanforderung in den Einkaufswagen gelegt. Sie können durch Anklicken des Buttons **Bestellung** die Bestellanforderung direkt in den Genehmigungsprozess überführen oder sich den Einkaufswagen über den Button **Einkaufswagen anzeigen** anzeigen lassen und dort den Genehmigungsprozess über den Button **Bestellung** auslösen. In Abbildung 3.44 sehen Sie die Meldung »Bestellanforderung unter Nummer 10000130 hinzugefügt«.

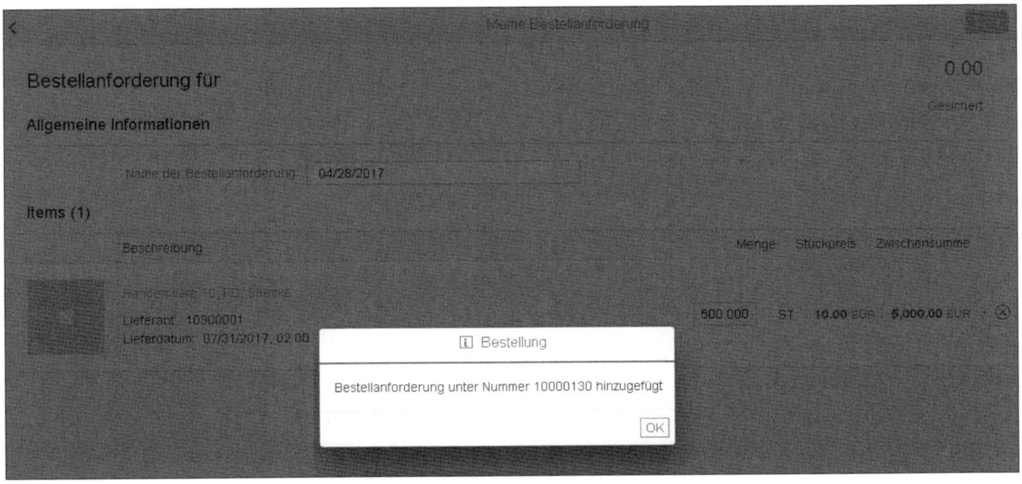

Einkaufswagen

Abbildung 3.44 Meldung über angelegte Bestellanforderung

3   Einkauf

Meine Bestell-anforderungen

Über die SAP-Fiori-App **Meine Bestellanforderungen** können Sie sich Ihre bisherigen Bestellanforderungen anzeigen lassen, löschen und bestätigen (siehe Abbildung 3.45).

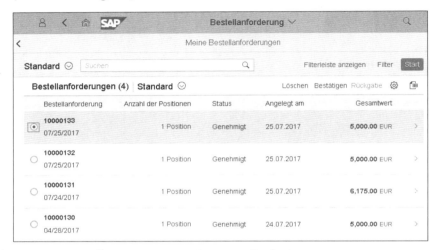

Abbildung 3.45 Übersicht der erstellten Bestellanforderungen

Wareneingang

Haben Sie eine Bestellanforderung markiert und auf den Button **Bestätigen** geklickt, gelangen Sie in den Bereich **Anforderungen bestätigen** (siehe Abbildung 3.46). Hier können Sie den entsprechenden Wareneingang buchen. Dieser Bereich entspricht dem Einstiegsbereich der SAP-Fiori-App **Wareneingang bestätigen**.

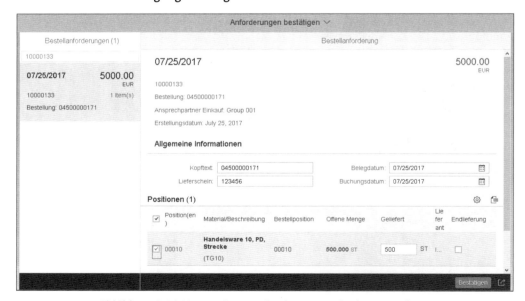

Abbildung 3.46 Wareneingangsbuchung – Anforderungen bestätigen

3.3 Beschaffung über Self-Services

Nachdem Sie die entsprechenden Daten eingetragen haben, buchen Sie den Wareneingang durch einen Klick auf den Button **Bestätigen**. In diesem Abschnitt haben wir für Sie in der Rolle des Mitarbeiters unter anderem die Bestellanforderungsanlage über die Employee Self-Services dargestellt. Im folgenden Abschnitt legen wir Ihnen die Bestellanforderungsanlage mit der Rolle eines Einkäufers dar.

3.3.2 Bestellanforderung anlegen

Melden Sie sich als Einkäufer über das SAP Fiori Launchpad an, um eine Bestellanforderung anzulegen. Benutzen Sie hierzu die SAP-Fiori-App **Bestellanforderung anlegen** (siehe Abbildung 3.47).

Abbildung 3.47 Bestellanforderung über das SAP Fiori Launchpad anlegen

Sie befinden sich jetzt im Bereich **Bestellanforderung anlegen**. Hier geben Sie die entsprechenden Details, z. B. in den Spalten **Material**, **Menge** und **Werk** an (siehe Abbildung 3.48).

Bestellanforderung anlegen

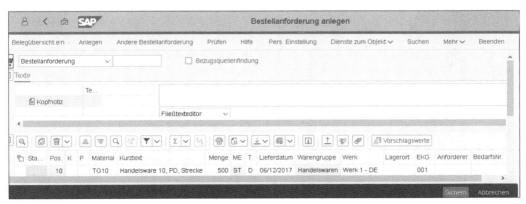

Abbildung 3.48 Positionsübersicht

Nachdem Sie die Bestellanforderung angelegt haben, erhalten Sie eine Nachricht über die erfolgreiche Anlage der Bestellanforderung (siehe Abbildung 3.49). Unten links im Bild erscheint die Meldung: »Bestellanforderung unter der Nummer 0010000129 hinzugefügt«.

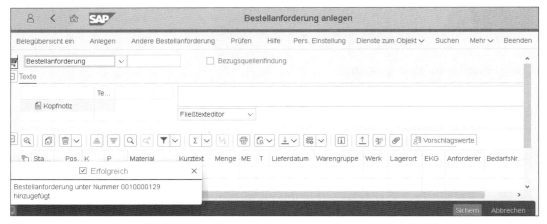

Abbildung 3.49 Meldung über angelegte Bestellanforderung

Nachdem die Bestellanforderung angelegt worden ist, ist eine Verarbeitung durch einen Einkäufer erforderlich. Wie das geht, beschreiben wir in den folgenden Abschnitten.

3.3.3 Eine Bestellanforderung zur Bestellung verarbeiten

Bestellanforderungen verwalten

Um eine Bestellanforderung zu verarbeiten, melden Sie sich mit einer Einkäuferrolle über das SAP Fiori Launchpad an. Wählen Sie anschließend die SAP-Fiori-App **Bestellanforderungen verwalten**. Abbildung 3.50 zeigte die Kacheln für die Verwaltung der Bestellanforderungen.

Abbildung 3.50 SAP-Fiori-App »Bestellanforderungen verwalten«

Im Einstiegsbild können Sie über die Suchleiste nach der gewünschten Bestellanforderung suchen und sie danach über die entsprechende Checkbox markieren (siehe Abbildung 3.51).

Abbildung 3.51 Bestellanforderung verwalten – Einstieg

Durch Anklicken der markierten Bestellanforderung gelangen Sie in die Detailansicht (siehe Abbildung 3.52).

Abbildung 3.52 Infoblatt der Bestellanforderung

Wählen Sie in der Spalte **Zugeordneter Lieferant** den gewünschten Lieferanten aus (siehe Abbildung 3.53).

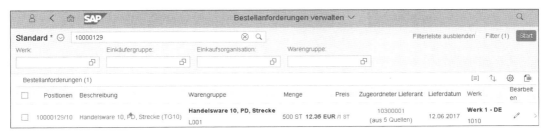

Abbildung 3.53 Lieferanten auswählen

Um die Bestellanforderung zu ändern, klicken Sie auf den Button **Bearbeiten**. Nun können Sie die Menge, den Lieferanten und das Lieferdatum ändern (siehe Abbildung 3.54).

Abbildung 3.54 Bestellanforderung ändern

Bestellung anlegen Haben Sie alle erforderlichen Angaben für die Bestellanforderung eingepflegt, können Sie sie in eine Bestellung umwandeln. Klicken Sie dazu auf den Button **Bestellung anlegen** rechts unten in der Ecke (siehe Abbildung 3.55).

Abbildung 3.55 Bestellung anlegen

Nun erscheint eine Vorschau Ihrer Bestellung (siehe Abbildung 3.56).

Abbildung 3.56 Vorschau der Bestellung

Haben Sie die Bestellung markiert, senden Sie sie über einen Klick auf den Button **Senden** ab, der sich rechts unten in der Ecke von Abbildung 3.57 befindet.

Abbildung 3.57 Bestellung senden

Sobald die Bestellung angelegt ist, erscheint eine Nachricht, die Ihnen die Bestellanlage bestätigt. Gleichzeitig mit dem Anlegen der Bestellung wird vom SAP-System geprüft, ob der Liefertermin eingehalten werden kann (siehe Abbildung 3.58).

Lieferdatum

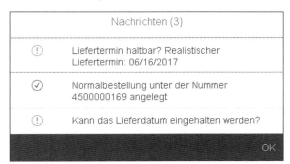

Abbildung 3.58 Meldung über angelegte Bestellung

Wenn Sie die Meldung durch einen Klick auf den Button **OK** bestätigen, haben Sie eine Bestellung angelegt. Die Bestellung muss nun durch den Einkaufsleiter bestätigt werden.

3.3.4 Bestellung genehmigen

Der Genehmigungsprozess läuft ebenfalls über SAP-Fiori-Apps. Zum Erteilen einer Genehmigung ist die Benutzerrolle des Einkaufsleiters notwendig. Um eine Bestellung zu genehmigen, öffnen Sie die SAP-Fiori-App **Mein**

Genehmigung durch den Einkaufsleiter

Eingang, die Sie in Abbildung 3.59 sehen. Auf der Kachel auf der Startseite sehen Sie bereits die Anzahl der zu genehmigenden Bestellungen (hier: 1).

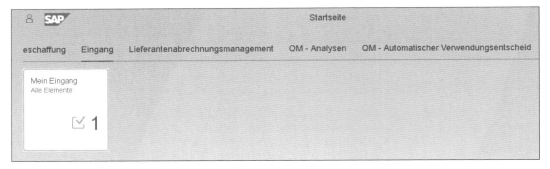

Abbildung 3.59 Anzeige der Anzahl der zu genehmigenden Bestellungen

Bestell-
genehmigung

Jetzt gelangen Sie in das Einstiegsbild und können die Bestellung bearbeiten (siehe Abbildung 3.60). Sie haben die folgenden Möglichkeiten:

- Genehmigen
- Ablehnen
- Reservieren
- Weiterleiten
- Anhalten

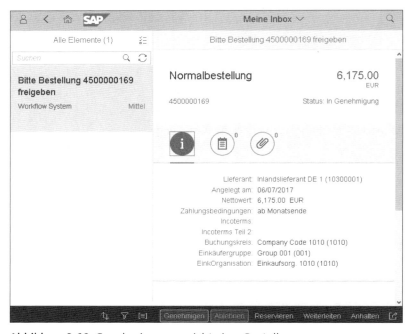

Abbildung 3.60 Genehmigungsansicht einer Bestellung

In unserem Beispiel genehmigen wir die Bestellung. Nach der Genehmigung erscheint ein Fenster, in dem Sie Ihre Entscheidung erneut bestätigen müssen. Optional können Sie eine Genehmigungsnotiz hinzufügen (siehe Abbildung 3.61).

Genehmigungsnotiz

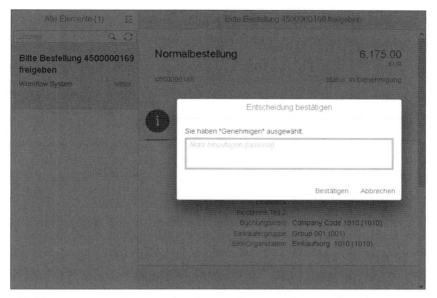

Abbildung 3.61 Entscheidung über die Genehmigung der Bestellung bestätigen

Nach der Bestätigung wird die Bestellung endgültig genehmigt und an den Lieferanten gesendet.

3.3.5 Katalogbasierte Beschaffung

Bei der katalogbasierten Beschaffung wählt der User seine gewünschten Artikel aus einem angebundenen Katalog aus. Da die Artikel aus dem angebundenen Katalog einem bereits verhandelten Rahmenvertrag unterliegen, ist eine zusätzliche Involvierung des Einkaufs nicht mehr erforderlich – es sei denn, es existieren zusätzliche Genehmigungsstufen, die z. B. abhängig von der Produktkategorie oder vom Wert des Einkaufswagens gezogen werden.

Kataloge

Kataloge können folgendermaßen unterschieden werden:

- lokal installierte und selbst gehostete Kataloge (z. B. SAP Procurement Catalog)
- externe angebundene Lieferantenkataloge (Punch-out-Kataloge)
- externe angebundene Marktplätze

3 Einkauf

SAP Procurement Catalog

Lokal gehostete Kataloge wie SAP Procurement Catalog können auch ohne Internetverbindung innerhalb des firmeninternen Netzwerks aufgerufen werden. Ein weiterer Vorteil dieser Variante besteht in der Möglichkeit, die Daten zu kontrollieren. Der Katalogmanager lädt alle Daten selbstständig in den Katalog und kann sich so sicher sein, dass die Kataloge überprüft worden sind.

Dieser Vorteil kann aber auch als Nachteil gesehen werden, da das lokale Hosting mit einem erhöhten Ressourcenaufwand (der durch lokale Installation, Monitoring der Anwendung, Content Manager etc. entsteht) verbunden ist.

Ein weiterer Grund, der gegen das lokale Szenario sprechen könnte, wäre die Art der Güter, die über den Katalog bezogen werden sollen. Güter wie z. B. Edelmetalle, die starken Preisschwankungen unterliegen, sollten ebenso wie Kataloge mit häufigen Sortimentswechseln nicht selbst gehostet werden.

Extern angebundene Kataloge werden von einem Lieferanten direkt gehostet. Der Lieferant ist in diesem Fall für den gesamten Inhalt des Katalogs und dessen Pflege verantwortlich. Die Nachteile eines lokal gehosteten Katalogs, wie schnell wechselnde Sortimente oder Artikel mit starken kurzfristigen Preisschwankungen, sind bei dieser Variante nicht vorhanden. Einkäufer bemängeln hier oft die fehlende Möglichkeit der katalogübergreifenden Suche und die fehlende Kontrolle der Preise.

Open Catalog Interface

Die Kataloge werden über eine Schnittstelle, das sogenannte Open Catalog Interface (OCI), angebunden. Die Anbindung erfolgt über das SAP Fiori Launchpad. Hierzu verwenden Sie die SAP-Fiori-App **Einstellungen für Web-Services** (siehe Abbildung 3.62).

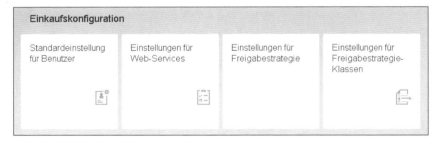

Abbildung 3.62 Einstellungen für Webservices

Sie können dort zunächst die allgemeinen Informationen, wie die Katalogbeschreibung etc., eintragen (siehe Abbildung 3.63).

3.3 Beschaffung über Self-Services

Abbildung 3.63 Allgemeine Informationen für Ihren Katalog

Um die Aufrufstruktur des Katalogs zu bearbeiten, benutzen Sie die Registerkarte **Aufrufstruktur**. Hier werden alle OCI-relevanten Parameter eingetragen (siehe Abbildung 3.64).

Abbildung 3.64 Aufrufstruktur

Bei einem Punch-out-Katalog oder einem Marktplatz erhalten Sie die benötigten Informationen von Ihrem Lieferanten bzw. dem Marktplatz-Provider.

153

3 Einkauf

3.3.6 Einkaufsprozess für Verbrauchsmaterialien

Verbrauchs-
materialien

Dieser Abschnitt beschäftigt sich mit der Erstellung von Verbrauchsmaterialbestellungen als Einkäufer. In unserem Beispiel wird eine Bestellung von Verbrauchsmaterial ohne SAP-Materialnummer verwendet. Zusätzlich zum Aufbau der Bestellung werden auch der Prozess der Genehmigung sowie der Wareneingang dargestellt.

Bestellung anlegen

Um eine Bestellung anzulegen, melden Sie sich mit Ihrer Einkäuferrolle über das SAP-Fiori-Launchpad an. Wählen Sie die SAP-Fiori-App **Bestellung anlegen Erweitert**, die Sie in Abbildung 3.65 sehen.

Abbildung 3.65 SAP-Fiori-App »Bestellung anlegen – erweitert«

Ihnen wird jetzt eine Liste aller vorhandenen Einkaufsbelege angezeigt (siehe Abbildung 3.66). Im Einstiegsbild wird automatisch der Status sämtlicher Bestellungen angezeigt. In dieser Übersicht sehen Sie unter anderem, wie viel bestellt und geliefert wurde und noch zu liefern ist.

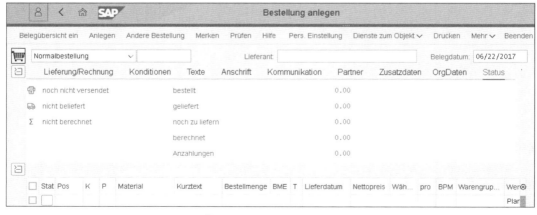

Abbildung 3.66 Übersicht über alle Bestellpositionen

Um eine Bestellung anzulegen, klicken Sie nun auf den Button **Anlegen**. Anschließend geben Sie die folgenden Daten ein (siehe Abbildung 3.67):

- Lieferant
- Buchungskreis
- Einkaufsorganisation
- Einkäufergruppe
- Währung
- Kontierungsdaten
- Steuerkennzeichen

Abbildung 3.67 Positionsdetails

Wenn Sie mit Ihren Eingaben fertig sind, haben Sie die Möglichkeit, durch Anklicken des Buttons **Prüfen** am oberen Bildrand Ihre Eingaben technisch zu prüfen. War diese Prüfung erfolgreich, klicken Sie auf **Senden** in der unteren rechten Ecke, um die Bestellung anzulegen. In der in Abbildung 3.68 gezeigten Meldung »Normalbestellung unter der Nummer 4500000170 angelegt« sehen Sie, dass Sie nun erfolgreich eine Bestellung angelegt haben.

Technische Prüfung

Abbildung 3.68 Erfolgreich angelegte Bestellung

Bestellung ändern

Um eine Bestellung nachträglich zu ändern, wählen Sie als Einkäufer die SAP-Fiori-App **Bestellungen verwalten** (siehe Abbildung 3.69).

Abbildung 3.69 SAP-Fiori-App »Bestellungen verwalten«

Bestellung ändern — Hier können Sie die gewünschten Daten ändern, sie wie bei der Bestellanlage prüfen und erneut absenden. Im nächsten Schritt erfolgt eine Genehmigung der Bestellung. Informationen zum Genehmigungsprozess finden Sie in Abschnitt 3.1.3, »Einkaufsanalysen«.

Wareneingang buchen

Den Wareneingang buchen Sie über das SAP Fiori Launchpad mit der SAP-Fiori-App **Warenbewegung buchen**. Diese App finden Sie in der Kachelgruppe **Lagerabwicklung** (siehe Abbildung 3.70).

Abbildung 3.70 Warenbewegung buchen

Wareneingang — Im Einstiegsbild wählen Sie **Wareneingang**, geben die gewünschte Bestellung an und klicken anschließend auf den Button **Ausführen** (siehe Abbildung 3.71).

Drucken — Wenn Sie das Dokument drucken möchten, können Sie hier zwischen **Einzelschein**, **Einzelschein mit Prüftext** und **Sammelschein** wählen. Das entsprechende Feld befindet sich unterhalb des Felds **Buchungsdatum** (siehe Abbildung 3.72).

3.3 Beschaffung über Self-Services

Abbildung 3.71 Einstiegsbild für die Wareneingangsbuchung

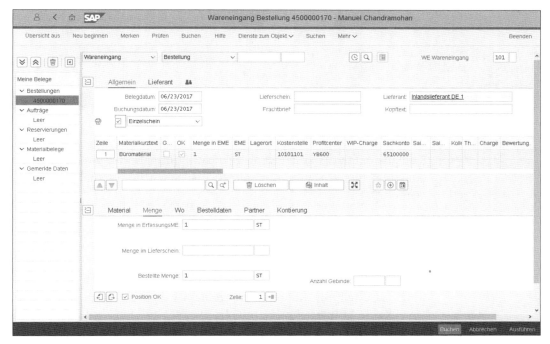

Abbildung 3.72 Übersicht über die Wareneingangsbuchung

Wichtig ist hierbei, dass der Haken neben dem Druckersymbol gesetzt wird. Haben Sie die Position noch einmal überprüft, setzen Sie auch hier Ihren Haken in die Checkbox **Position OK**. Sobald alles geprüft ist, können Sie über den Button **Buchen** rechts unten in der Ecke den Wareneingang buchen. Nun erscheint die Meldung »Materialbeleg 5000000270 gebucht« (siehe Abbildung 3.73).

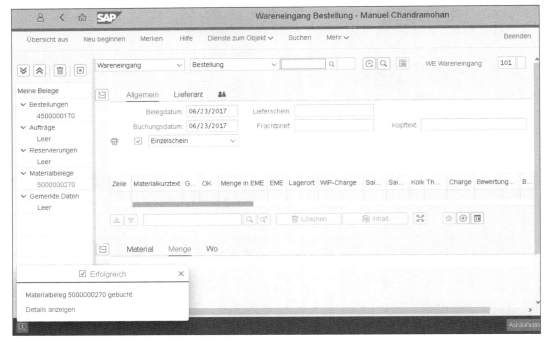

Abbildung 3.73 Nachricht über Materialbelegbuchung

Sie haben einen Wareneingang gebucht. Informationen zur Rechnungserfassung finden Sie in Abschnitt 10.3, »Belegfluss und Analysemöglichkeiten«.

3.4 Zusammenfassung

In diesem Kapitel haben wir Ihnen die Grundfunktionalitäten der Beschaffung dargestellt. Im Kontraktmanagement haben Sie gesehen, wie man einen Kontrakt anlegt, druckt und verwaltet. Im Anschluss haben wir Ihnen in Abschnitt 3.3, »Beschaffung über Self-Services«, gezeigt, wie Ihre Anforderer selbstständig eine Bestellanforderung anlegen und einen Wareneingang buchen können. Die katalogbasierte Beschaffung wurde hier als zusätzliches Werkzeug zur Bestellanforderungsanlage dargestellt. Ergänzende Cloud-Lösungen wie SAP Ariba und SAP Fieldglass wurden kurz zur verbesserten Unterstützung Ihrer Geschäftsprozesse angesprochen. Abschließend haben wir den Einkaufsprozess von Verbrauchsmaterialien beschrieben, um Ihnen den Prozess der Bestellanlage näherzubringen.

Im folgenden Kapitel stellen wir Ihnen die Funktionen von SAP S/4HANA für die Produktionsplanung vor.

Kapitel 4
Produktionsplanung

Die Produktionsplanung ist Dreh- und Angelpunkt der logistischen Abläufe in Industrieunternehmen, da sie sowohl über die zu produzierenden Mengen und dazugehörigen Termine entscheidet als auch Taktgeber für die Beschaffung ist. Damit hat sie eine herausragende Stellung im Hinblick auf die Wettbewerbsfähigkeit von produzierenden Unternehmen.

Die Produktion von Gütern und Dienstleistungen nimmt in der Industrie eine zentrale Stellung ein. Dabei sind verschiedene Schritte durchzuführen, deren zeitliche Abfolge sowie genaue Zusammensetzung Sie mit SAP S/4HANA planen können. Die damit zusammenhängenden Funktionen stellen wir Ihnen in diesem Kapitel vor und verdeutlichen Ihnen den Prozess der Produktionsplanung. Die Abläufe in der Produktionsplanung entsprechen im Wesentlichen der Vorgehensweise, die Sie aus SAP ERP Central Component (SAP ECC) kennen. Auf mögliche Unterschiede gehen wir gesondert ein. Wir stellen Ihnen außerdem die zentralen SAP-Fiori-Apps vor, die Ihnen die Arbeit in der Produktionsplanung erleichtern.

Zu diesem Zweck gehen wir in Abschnitt 4.2, »Stammdaten«, auf die für diesen Planungsprozess erforderlichen Stammdaten ein, bevor wir Ihnen in Abschnitt 4.3, »Mittel- bis langfristige Produktionsplanung/Simulation«, die mittel- bis langfristig orientierten Möglichkeiten aufzeigen, mit deren Hilfe Sie die Produktionsplanung einleiten können.

Im Anschluss gehen wir in Abschnitt 4.4, »Bedarfsplanung«, auf die Möglichkeiten der Bedarfsplanung in SAP S/4HANA ein, mit deren Hilfe Sie die an das Unternehmen gerichteten Bedarfe zielgerichtet decken können. Daran schließt sich eine Erläuterung der Kapazitätsplanung an, die es ermöglicht, den Einfluss von begrenzten Kapazitäten in der Planung zu berücksichtigen (siehe Abschnitt 4.5, »Kapazitätsplanung«). Den Abschluss der Produktionsplanung bildet in der Regel der Schritt der Auftragsausführung, den wir Ihnen in Abschnitt 4.6, »Auftragsausführung«, erläutern.

4 Produktionsplanung

4.1 Überblick

Ebenso wie in den anderen Kapiteln dieses Buches stützen wir uns auf einen Best-Practice-Prozess, um Ihnen die Neuerungen in SAP S/4HANA zu vermitteln. In Abbildung 4.1 stellen wir den Prozess »Lagerfertigung – Fertigungsindustrie« in einem produzierenden Unternehmen dar. Dort werden die folgenden Schritte durchlaufen:

1. Planprimärbedarfe anlegen
2. Materialbedarfsplanung
3. Bedarfs-/Bestandssituation auswerten
4. Fertigungsauftrag anlegen
5. Fertigungsauftrag freigeben

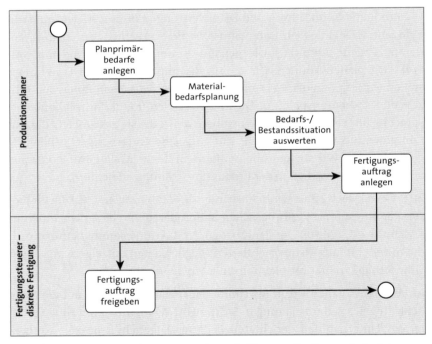

Abbildung 4.1 Best-Practice-Prozess »Lagerfertigung – Fertigungsindustrie«

In den folgenden Abschnitten dieses Kapitels geben wir Ihnen einen Überblick über die Abläufe und Funktionen in SAP S/4HANA, die diesen Prozess unterstützen.

> **Beschaffungsplanung**
>
> Für die Produktion werden in der Regel Inputgüter verwendet, die von externen Lieferanten beschafft werden. Die Planung der Mengen und Termine ergibt sich dabei meist aus der Produktionsplanung. In SAP S/4HANA erfolgt die Beschaffungsplanung für die benötigten Inputgüter im Rahmen der Produktionsplanung. Aus diesem Grund unterscheiden wir in diesem Kapitel nicht zwischen Produktions- und Beschaffungsplanung. Die hier dargestellten Funktionen sind im Allgemeinen auch für die Beschaffungsplanung relevant. Bestimmte Schritte der Produktionsplanung werden im Rahmen der Beschaffungsplanung jedoch nicht benötigt, weil sie bei der Fremdbeschaffung an den Lieferanten weitergegeben worden sind (z. B. die Stücklistenauflösung im Rahmen der Bedarfsplanung oder die Kapazitätsplanung).

4.2 Stammdaten

Dieser Abschnitt gibt Ihnen einen Überblick über die zentralen Stammdaten der Produktionsplanung in SAP S/4HANA.

4.2.1 Materialien

Zentrales Objekt für die Planungen im Bereich Produktion ist in SAP S/4HANA analog zu SAP ECC das Objekt *Material*, das in Kapitel 3, »Einkauf«, beschrieben wird. Daher gehen wir an dieser Stelle nicht mehr auf den allgemeinen Aufbau und die Struktur dieses Stammdatums ein.

4.2.2 Stücklisten

Eine Stückliste stellt eine Auflistung der Bestandteile eines Materials dar. Sie listet auf, welche und wie viele Materialien für die Materialerzeugung benötigt werden. Die Stückliste enthält demnach alle zur Fertigung eines Materials nötigen Materialien und ist in SAP S/4HANA genauso wie in SAP ECC einstufig. Das heißt, in der Stückliste werden nur die Materialien aufgelistet, die direkt in ein Material eingehen. Im SAP-System werden Stücklisten in vielen verschiedenen Zusammenhängen eingesetzt. Beispielhaft zeigt Ihnen Abbildung 4.2 die Stücklistenpflege über die SAP-Fiori-App **Stückliste ändern**.

Bestandteile eines Materials

4 Produktionsplanung

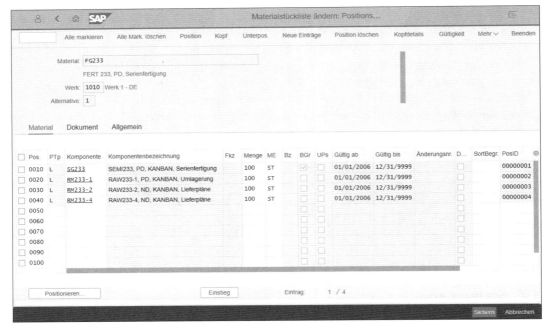

Abbildung 4.2 Stückliste ändern

4.2.3 Arbeitspläne

Arbeitspläne dienen der Planung des Fertigungsprozesses von Materialien. Sie werden dabei planerisch als Vorlage für Dispositionselemente wie Plan- und Fertigungsaufträge verwendet. Ein Arbeitsplan beschreibt aus planerischer Sicht die zur Fertigung nötigen Vorgänge (Arbeitsschritte) sowie deren Reihenfolge. Außerdem wird festgelegt, auf welchen Arbeitsplätzen die Fertigung durchgeführt wird und welche Kapazitätsbedarfe dabei entstehen können.

Aufbau des Arbeitsplans

Der Arbeitsplan (oft auch *Plan* genannt) ist ein Stammdatenobjekt aus der Produktionsplanung. Aber auch in anderen Unternehmensbereichen wird mit Plänen gearbeitet, z. B. in der Instandhaltungsplanung oder im Qualitätsmanagement. Die Struktur der dort verwendeten Pläne entspricht dem hier dargestellten Arbeitsplan im Wesentlichen. Der Arbeitsplan in SAP S/4HANA weist somit die gleiche Grundstruktur auf wie die Elemente Planungsrezepte, Prüfpläne, Instandhaltungspläne und Standardnetze.

Der Arbeitsplan besteht aus einem Plankopf und einer bzw. mehreren Folgen des Arbeitsplans. Im Plankopf sind die Kopfdaten zu finden, die für alle Folgen des Arbeitsplans Gültigkeit besitzen.

Eine *Folge* stellt eine Reihe von Vorgängen dar, die die Arbeitsschritte, die zur Fertigung nötig sind, beschreiben. Innerhalb einer Folge werden somit einfache lineare Fertigungsabläufe abgebildet. Sollen komplexere Fertigungsabläufe verankert werden, benötigen Sie die Verknüpfung von mehreren Folgen durch Vorgänger- und Nachfolgerbeziehungen. Jeder Arbeitsplan besitzt eine Stammfolge; zusätzlich können zu dieser Stammfolge parallele und/oder alternative Folgen verwendet werden.

Folge

Ein *Vorgang* im Arbeitsplan beschreibt eine Tätigkeit, die zur Fertigung eines Materials auszuführen ist. Damit ist der Vorgang das zentrale Objekt des Arbeitsplans, über den SAP S/4HANA planerisch die Termine und die Kapazitätsbedarfe ermittelt, die zur Fertigung nötig sind. Je nach Situation enthalten die Vorgänge die folgenden Daten:

Vorgang

- Steuerschlüssel zur Festlegung bestimmter Planungsgrundsätze (z. B. zur Ermittlung von Terminen und Kapazitätsbedarfen)
- Arbeitsplatz
- Fremdbearbeitungsdaten, wie z. B. Beistellinformationen für die Lohnbearbeitung
- Vorgabewerte
- Benutzerfelder
- Prüfvorgaben

Neben den geschilderten Informationen, die zur Planung der Fertigung benötigt werden, können einem Vorgang auch diverse *Unterobjekte* wie *Komponenten*, *Untervorgänge* oder *Fertigungshilfsmittel* zugeordnet werden. Zur Fertigung eines Materials über einen Arbeitsplan muss dieser Arbeitsplan dem Material zugeordnet werden Es ist auch möglich, mehreren Materialien einen Plan zuzuordnen.

Unterobjekte des Vorgangs

4.2.4 Fertigungsversionen

Eine *Fertigungsversion* ist die Zusammenfassung der unterschiedlichen Stammdatenobjekte, die zur Fertigung eines Materials benötigt wird. Hierzu zählen die folgenden:

- eine Stücklistenalternative für die Stücklistenauflösung
- ein Plantyp, eine Plangruppe und ein Plangruppenzähler für die Zuordnung zu Plänen
- ein zeitlicher und ein mengenmäßiger Gültigkeitsbereich

Massenpflege der Fertigungsversion

Zu einem Material kann es mehrere Fertigungsversionen geben. Sie legen die Fertigungsversion im Materialstamm auf den Registerkarten **Disposition 4**, **Arbeitsvorbereitung** oder **Kalkulation** zu einem Material an. Sie können die Fertigungsversion auch als Massenpflege über Transaktion C223 (Massenpflege Fertigungsversion) anlegen. Die eindeutige Fertigungsversionsnummer können Sie frei wählen.

> **Fertigungsversionspflicht**
>
> In SAP S/4HANA ist die Verwendung einer Fertigungsversion obligatorisch, das heißt, Stückliste und Arbeitsplan werden immer über eine Fertigungsversion gefunden. Die anderen in SAP ECC möglichen Optionen zur Identifikation von Arbeitsplan und Stückliste stehen in SAP S/4HANA nicht mehr zur Verfügung. Sie finden sie auf der Simplification List (siehe hierzu Abschnitt 1.1.1, »Simplifizierungen – Anwendungen und Datenmodell«).

4.2.5 Arbeitsplätze

Arbeitsplatz

Neben Arbeitsplänen und Stücklisten gehören die Arbeitsplätze zu den wesentlichen Stammdaten der Produktionsplanung. Der *Arbeitsplatz* ist dabei der physische Ort, an dem die Fertigungsschritte oder Leistungen ausgeführt werden. In SAP S/4HANA kann der Arbeitsplatz, wie in SAP ECC, als Business-Objekt im System z. B. die folgenden real existierenden Arbeitsplätze abbilden:

- Maschinen
- Maschinengruppen
- Personen
- Personengruppen
- Fertigungsstraßen
- Montagearbeitsplätze

Arbeitsvorgänge

An einem Arbeitsplatz werden die Arbeitsvorgänge ausgeführt, die in einem Arbeitsplan verankert werden. Abbildung 4.3 zeigt beispielhaft die Pflege eines Arbeitsplatzes mit der SAP-Fiori-App **Arbeitsplatz ändern**.

Der Arbeitsplatz enthält vor allem Daten, die für die Planung der Terminierung, für die Kapazitätsplanung sowie für die Kalkulation verwendet werden.

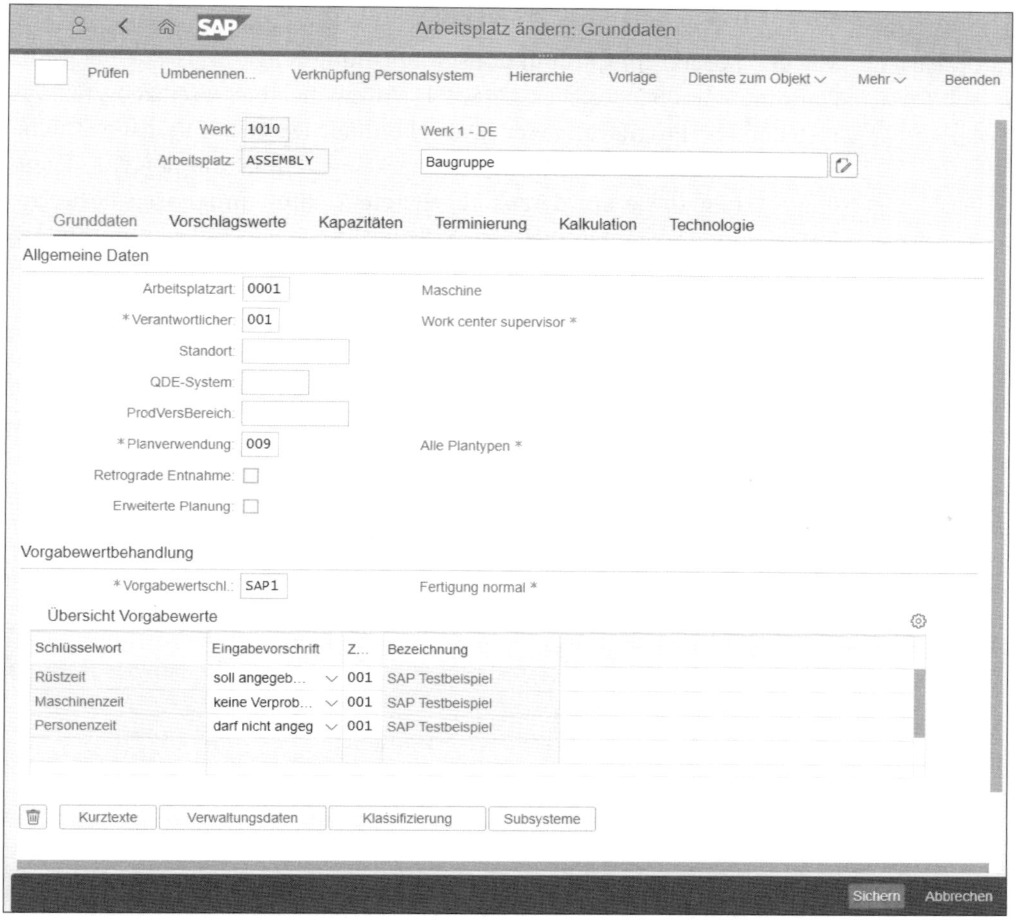

Abbildung 4.3 Arbeitsplatz ändern

4.3 Mittel- bis langfristige Produktionsplanung/Simulation

In SAP S/4HANA bestehen verschiedene Möglichkeiten, um eine mittel- bis langfristige Produktionsplanung durchzuführen. Sie können auch Simulationen durchführen, um verschiedene Szenarien durchzuspielen. Hierbei sind die folgenden Funktionen zu nennen, die in diesem Abschnitt näher erläutert werden:

- Absatz- und Produktionsgrobplanung
- Programmplanung
- Langfristplanung

4.3.1 Absatz- und Produktionsgrobplanung

Sales & Operations Planning

Mit der Absatz- und Produktionsgrobplanung (engl. Sales & Operations Planning, kurz SOP) stellt SAP S/4HANA ein flexibles Werkzeug für das Erstellen von Prognosen bereit. Dabei können Sie sich auf Vergangenheitsdaten, Daten aus der Ergebnis- und Marktsegmentrechnung (CO-PA), laufende Daten sowie auf daraus abgeleitete Zukunftsprognosen beziehen. Dafür können Sie beispielsweise Transaktion MP38 (Massenprognose durchführen) oder die SAP-Fiori-App **Materialprognoseläufe durchführen** nutzen (siehe Abbildung 4.4).

Es besteht aber auch eine manuelle Prognosemöglichkeit sowie die Option eines Uploads von Daten. Darüber hinaus können Sie in der Grobplanung auch die Umsetzbarkeit des Plans mit den vorhandenen Produktionskapazitäten prüfen.

Die erzeugten Pläne können an nachgelagerte Schritte der Produktionsplanung wie Programmplanung oder Bedarfsplanung übergeben werden.

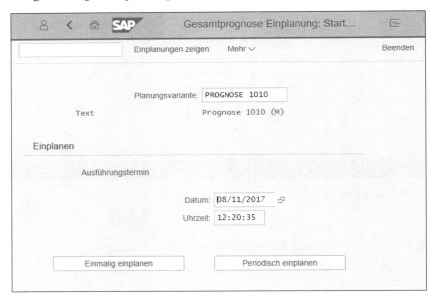

Abbildung 4.4 Materialprognoseläufe durchführen

Die strategische Lösung von SAP für die Abbildung eines SOP-Prozesses ist SAP Integrated Business Planning for SOP. Die SOP-Funktionen in SAP S/4HANA werden als Brückenfunktionen verstanden, die Kunden den Übergang zu SAP S/4HANA ermöglichen sollen, bis weitergehende SOP-Funktionen in SAP S/4HANA bereitgestellt werden.

4.3.2 Programmplanung

Im Rahmen der *Programmplanung* werden Bedarfsmengen und Termine, z. B. für Enderzeugnisse, ermittelt. Auch hier können Prognosen erstellt werden. Dabei werden entsprechende Planungselemente im SAP-System generiert, die als Vorplan- bzw. Planprimärbedarf bezeichnet werden.

Bedarfsmengen und Termine für Enderzeugnisse

Diese Planprimärbedarfe werden mit den aus der Auftragsabwicklung kommenden Kundenaufträgen abgemischt. Dazu müssen Sie im SAP-System einstellen, wie die prognostizierten Bedarfe mit den aus der Kundenauftragsabwicklung kommenden Kundenaufträgen interagieren sollen. So ist es z. B. denkbar, dass die prognostizierten Bedarfe zusätzlich zu den Kundenbedarfen gedeckt werden sollen.

Alternativ kann ein Planprimärbedarf einen Platzhalter darstellen, der es schon vor Erhalt eines konkreten, rechtlich bindenden Kundenbedarfs ermöglicht, benötigte Vorprodukte zu beschaffen oder die benötigte Produktionskapazität einzuplanen. In diesem Zusammenhang wird von der Verrechnung eines Planprimärbedarfs mit einem Kundenauftrag gesprochen. Die Logik für diese Vorgehensweise bestimmen Sie durch die Wahl bestimmter Planungsstrategien in SAP S/4HANA.

4.3.3 Übergabe von Daten an die Produktionsplanung mittels Planungsstrategien

Wie im vorangehenden Abschnitt beschrieben, bestimmt die Planungsstrategie das Zusammenspiel von Planprimärbedarf und Kundenbedarf und ist damit eine zentrale Einstellung bei der Planung eines Materials.

Zusammenspiel der Primärbedarfsarten

Es gibt Strategien für die Vorplanung auf der Endproduktebene und Strategien für die Vorplanung auf der Baugruppenebene. Zu unterscheiden sind außerdem Strategien für die Kundeneinzelfertigung und die anonyme Lagerfertigung sowie Strategien für konfigurierbare Produkte. Abbildung 4.5 zeigt die Sicht **Disposition 3** des Materialstamms in SAP Fiori, auf der Sie die Strategieeinstellungen vornehmen können.

Die Strategien beinhalten dabei die Logik, mit der SAP S/4HANA die folgenden Aspekte abbildet:

- Übergabe des Bedarfs an die Materialbedarfsplanung
- Dispositionsrelevanz eines Bedarfs
- Verwendung des Bedarfs in der Verfügbarkeitsprüfung
- Verrechnung mit Planprimärbedarfen
- Abbau von Planprimärbedarfen

4 Produktionsplanung

- Verhalten in der Montageabwicklung
- Verhalten in der Kapazitätsprüfung
- Kontingentierung

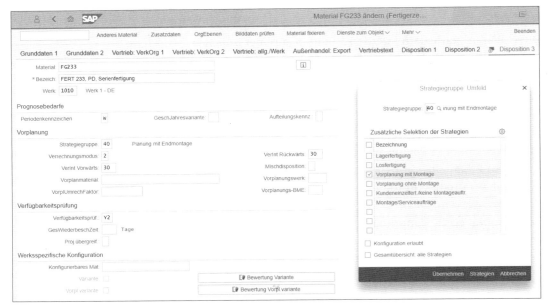

Abbildung 4.5 Planungsstrategie für ein Material festlegen (SAP Fiori)

Neben den genannten planungsrelevanten Funktionen werden in der sogenannten Bedarfsklasse weitere Festlegungen zur Kontierung, zur Konfiguration und zur Kalkulation getroffen.

4.3.4 Langfristplanung

Mit der *Langfristplanung* stellt SAP S/4HANA in SAP Fiori eine Möglichkeit bereit, verschiedene Szenarien in einer Simulation zu bewerten, ohne dabei die eigentliche Planung negativ zu beeinflussen.

Planungsszenario — Mit Transaktion MS31 (Planungsszenario anlegen) in SAP Fiori können Sie einen Ausschnitt Ihres Unternehmens wie z. B. ein Werk in eine virtuelle, nur für Simulationen gedachte Umgebung kopieren (siehe Abbildung 4.6). Diese Umgebung wird als *Planungsszenario* bezeichnet. Sie können einem Planungsszenario verschiedene Versionen von Planprimärbedarfen zuordnen, die sich z. B. auch von den aktiven Bedarfen der Realität unterscheiden. Somit ist es möglich, verschiedene Szenarien zu bewerten und im Hinblick sowohl auf die Bedarfsplanung als auch auf Kapazitätsauslastungen Rückschlüsse zu ziehen.

4.3 Mittel- bis langfristige Produktionsplanung/Simulation

Zu Veranschaulichungszwecken können Sie auch für Materialien, für die keine Verbrauchsvorschau möglich ist (z. B. verbrauchsgesteuerte Materialien, Kanban-Materialien, Schüttgut), Simulationen durchführen und zukünftige Verläufe ableiten. Außerdem ermöglicht es Ihnen die Langfristplanung, zukünftige Bestellvolumina und Einkaufsbudgets besser abzuschätzen.

Die Langfristplanung verwendet operative Stammdaten wie Materialstamm, Stücklisten, Arbeitspläne und Arbeitsplätze. Die Planung wird dann mit simulativen Planaufträgen und Bestellanforderungen durchgeführt. Dabei können Sie fixierte und feste Zugänge sowie Kundenaufträge in die Planung übernehmen.

Stammdaten in der Langfristplanung

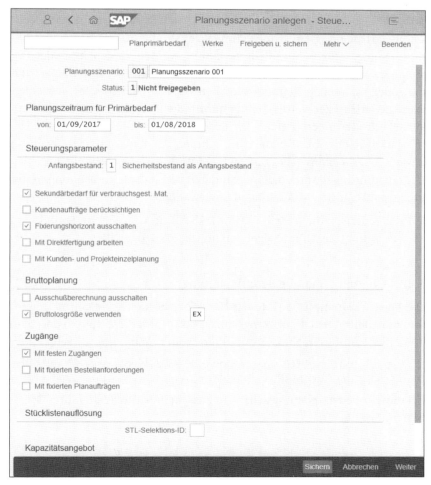

Abbildung 4.6 Simulatives Szenario anlegen

Planungsergebnisse bewerten

Die Bewertung der Planungsergebnisse in der simulativen Umgebung erfolgt mit verschiedenen Transaktionen, die sich jedoch im Wesentlichen nicht von denen der operativen Planung unterscheiden. Sie können die Ergebnisse der Langfristplanung an die operative Planung übertragen.

4.4 Bedarfsplanung

In diesem Abschnitt erhalten Sie einen Überblick über die unterschiedlichen Funktionen der Bedarfsplanung, die SAP S/4HANA auf der Grundlage der vorhandenen Bedarfe durchführt. Die Bedarfsplanung ist das Bindeglied zwischen den eher mittel- bis langfristig orientierten Absatz- und Produktionsgrobplanungen und der operativen Planung.

Die Bedarfsplanung spielt im Rahmen der Produktionsplanung eine herausragende Rolle. Bei der Bedarfsplanung werden vorgeplante oder tatsächliche von Kunden stammende Materialbedarfe in automatisierten und/oder manuellen Planungsschritten durch Bedarfsdecker befriedigt. Diese Bedarfsdecker werden häufig nur für die Planung (Planaufträge bzw. Bestellanforderungen) genutzt. Die Bedarfsdecker kommen für weitere Planungstätigkeiten, insbesondere im Rahmen der Kapazitätsplanung, zum Einsatz. Erst im Rahmen der Auftragsausführung (siehe Abschnitt 4.6, »Auftragsausführung«) werden diese Plandaten verbindlich in Fertigungs- oder Prozessaufträge bzw. Bestellungen umgewandelt.

Für die Bedarfsplanung stellt SAP S/4HANA eine Vielzahl von Funktionen zur Verfügung, die wir im Folgenden im Überblick darstellen.

4.4.1 Überblick über die Bedarfsplanung

Automatisierter Bedarfsplanungslauf

Die Bedarfsplanung in SAP S/4HANA erfolgt in der Regel mithilfe eines automatisierten Bedarfsplanungslaufs. Falls erforderlich, werden anschließend die Planungsergebnisse weiterverarbeitet. Abbildung 4.7 zeigt einen möglichen Ablauf der Materialbedarfsplanung (engl. Material Requirements Planning, kurz MRP).

Arten des Bedarfsplanungslaufs

Bei diesem Bedarfsplanungslauf wird zwischen den folgenden drei Optionen unterschieden:

- Materialbedarfsplanung
- Kundenbedarfsplanung
- Projektbedarfsplanung

4.4 Bedarfsplanung

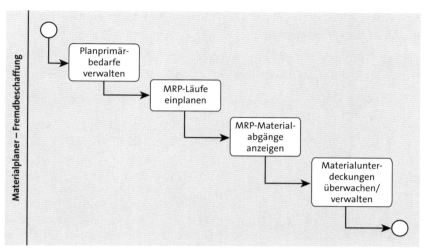

Abbildung 4.7 Überblick über die Materialbedarfsplanung

Die Materialbedarfsplanung wird oft auch als Disposition bezeichnet und stellt den umfangreichsten Ansatz der Bedarfsplanung dar. Kunden- und Projektbedarfsplanung sind Spezialfälle der Materialbedarfsplanung und betrachten jeweils nur einen spezifischen Ausschnitt der Bedarfe. Aus diesem Grund beschränken wir uns hier auf die Erläuterung der Materialbedarfsplanung. Ausführbar ist die Materialbedarfsplanung in SAP S/4HANA SAP-GUI-basiert über Transaktion MD01N (MRP Live), siehe Abbildung 4.8.

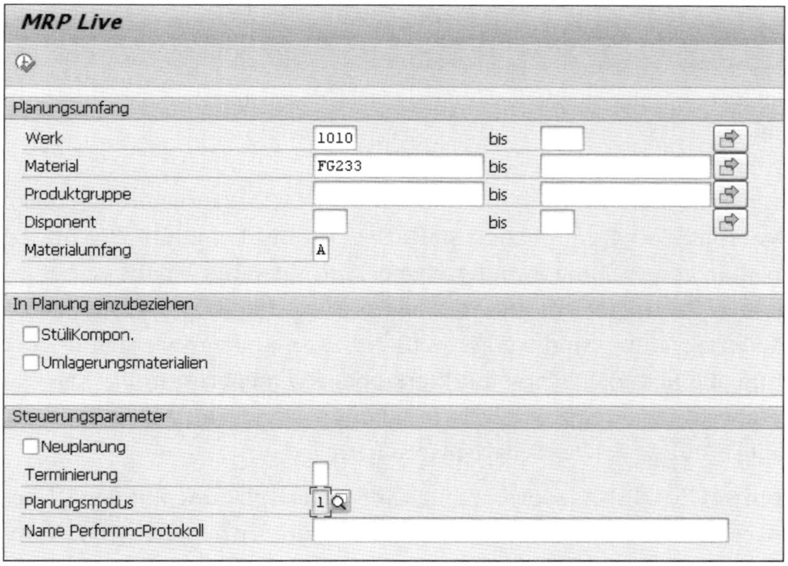

Materialbedarfsplanung/Material Requirements Planning

Abbildung 4.8 Materialbedarfsplanung ausführen (Transaktion MD01N in SAP GUI)

Eine Alternative besteht in der SAP-Fiori-App **MRP-Läufe einplanen**, die Sie in Abbildung 4.9 sehen können.

Bei der Materialbedarfsplanung werden alle Materialbedarfe, die zum Zeitpunkt der Planung als dispositiv relevant anzusehen sind, betrachtet.

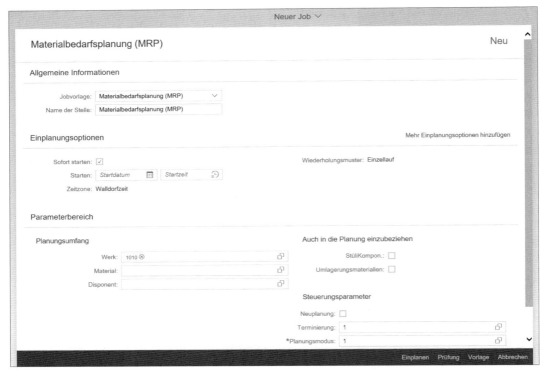

Abbildung 4.9 Materialbedarfsplanung in SAP Fiori ausführen (MRP-Läufe einplanen)

Die Materialbedarfsplanung findet in SAP S/4HANA häufig auf der Ebene der Material-Werk-Kombination statt. Dies ist die standardmäßig für die Disposition vorgesehene Planungsebene: Zum einen werden die planungsrelevanten Parameter auf dieser Ebene gepflegt (die Dispositionssichten des Materialstamms sind werksspezifisch). Zum anderen werden bei der Planung alle Materialbedarfe auf Werksebene gemeinsam in die Kalkulation einbezogen. Ob einzelne Bedarfe auf unterschiedliche Lagerorte zielen, ist dabei für diese Art der Bedarfsplanung irrelevant.

Es ist in SAP S/4HANA jedoch möglich, die Bedarfsplanung mit den Dispositionsbereichen auch auf den Ebenen unterhalb der Material-Werk-Kombination durchzuführen.

> **Verfügbarkeit der Lagerortdisposition**
> Die in früheren Releases von SAP ECC mögliche Lagerortplanung wird in SAP S/4HANA nicht mehr unterstützt.

Ebenen oberhalb der Material-Werk-Kombination sind im Rahmen der Bedarfsplanung in SAP S/4HANA standardmäßig nicht abgebildet. Sie können lediglich mit dem Planungsumfang im Materialbedarfsplanungslauf verschiedene Werke aufführen, die dann sukzessive nacheinander geplant werden. Dabei können gegebenenfalls Umlagerungsbeziehungen eingeplant werden.

SAP S/4HANA durchläuft während der automatischen Bedarfsplanung die in Abbildung 4.10 dargestellten Schritte. Begonnen wird mit den Materialien der niedrigsten Dispositionsstufe, das heißt den Endprodukten. Die Reihenfolge der Planung wird daher durch das Dispositionsstufenverfahren bestimmt.

Ablauf der Materialbedarfsplanung

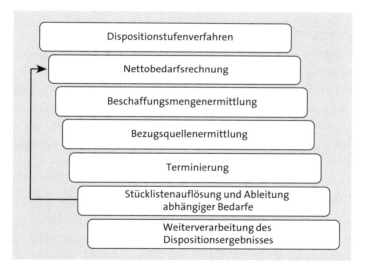

Abbildung 4.10 Übersicht über die Schritte der Materialbedarfsplanung

4.4.2 Bedarfsübergabe

Ausgangspunkt für die weiteren Schritte der Bedarfsplanung ist die *Bedarfsübergabe*. Im Rahmen der Bedarfsübergabe legen Sie durch verschiedene Systemeinstellungen fest, ob ein Bedarf dispositiv relevant ist und ob es z. B. zu einer Verrechnung zwischen einem Vorplanbedarf und einem anderen Primär- oder abgeleiteten Bedarf kommen soll. Die Bedarfsübergabe ist somit maßgeblich für die Festlegung der von SAP S/4HANA zu

4 Produktionsplanung

berücksichtigenden Bruttobedarfe, also der Bedarfe, die insgesamt befriedigt werden müssen.

4.4.3 Nettobedarfsrechnung

Im Rahmen der Nettobedarfsrechnung werden *Nettobedarfe* ermittelt. Dabei werden die übergebenen Bruttobedarfe, die bestehenden Bestände und die fixierten sowie festen Zugänge berücksichtigt.

Fixierung Von einer *Fixierung* spricht man, wenn ein internes planerisches Element, wie ein Planauftrag oder eine Bestellanforderung, vor einer automatisierten Änderung geschützt werden soll. Mit einem festen Element wird hingegen ein bereits umgewandelter verbindlicher Fertigungs- oder Prozessauftrag beschrieben. Das Dispositionsverfahren, das dem Planungsobjekt zugrunde liegt, entscheidet dabei darüber, wie die Dispositionselemente interpretiert werden. Je nach Dispositionsverfahren werden daher auch unterschiedliche Nettobedarfe ermittelt.

4.4.4 Beschaffungsmengenermittlung

Mengenplanung Im Anschluss an die Nettobedarfsrechnung erfolgt im Bedarfsplanungslauf die *Beschaffungsmengenermittlung*. Das heißt, nachdem im vorigen Schritt ermittelt wurde, wie viel Bedarf durch zusätzliche Bedarfsdecker befriedigt werden muss, wird nun die tatsächlich zu realisierende Menge bestimmt. Hierbei werden zum einen über das Losgrößenverfahren gegebenenfalls Nettobedarfsmengen zu einem Los zusammengefasst, und zum anderen werden diese Mengen über die Ausschussmengenermittlung und die Einbeziehung von Losgrößenrestriktionen, wie z. B. Mindestlosgrößen oder Rundungsrestriktionen, noch einmal modifiziert.

Da im Anschluss an die Beschaffungsmengenermittlung die Menge eines Bedarfsdeckers festgelegt ist, spricht man bei den beiden Schritten der Nettobedarfsrechnung und der Beschaffungsmengenermittlung zusammenfassend auch von der Mengenplanung.

4.4.5 Bezugsquellenermittlung

Ist die Beschaffungsmenge eines Bedarfsdeckers festgelegt, ermitteln Sie die Bezugsquelle. Dieser Schritt ist erst möglich, nachdem die Beschaffungsmenge festgelegt ist, da es in SAP S/4HANA verschiedene Möglichkeiten gibt, um mengenabhängige Bezugsquellenentscheidungen zu treffen.

Im Rahmen der *Bezugsquellenermittlung* wird zunächst die Beschaffungsart interpretiert und somit zwischen Eigenfertigung und Fremdbeschaffung unterschieden. Diese Unterscheidung kann durch die Verwendung von Sonderbeschaffungsarten weiter differenziert werden. So kann z. B. für ein fremdbeschafftes Material eine Umlagerung oder eine Lohnbearbeitung vorgesehen werden.

Eigenfertigung vs. Fremdbeschaffung

Je nach Systemeinstellung können Sie bereits in diesem Schritt konkrete Bezugsquellen, z. B. Lieferanten bei der Fremdbeschaffung, zuordnen. Im Anschluss an die Bezugsquellenermittlung steht für die Bedarfsdecker eines Materials fest, woher das SAP-S/4HANA-System die Parameter für eine initiale Terminierung ableiten kann.

4.4.6 Terminierung

In der im vorangehenden Abschnitt dargestellten Bezugsquellenermittlung wurde festgelegt, ob es sich um ein eigengefertigtes oder um ein fremdbeschafftes Material handelt und welche Terminierungsparameter bei der initialen *Terminierung* zugrunde gelegt werden können. Im nächsten Schritt erfolgt die Terminierung des Bedarfsdeckers. Dabei werden z. B. bei einer Eigenfertigung Terminierungsparameter aus dem Materialstamm oder dem Arbeitsplan in Kombination mit dem Arbeitsplatz interpretiert.

Terminierungsparameter

Die Kapazitätsbelastung der zugrundeliegenden Arbeitsplätze wird jedoch in diesem Schritt noch nicht einbezogen; dies bleibt der nachfolgenden Kapazitätsplanung vorbehalten. Außerdem werden noch keine Materialverfügbarkeiten einbezogen. Prinzipiell wird beim automatisierten Lauf von einer Verfügbarkeit der jeweils untergeordneten Komponenten ausgegangen. Eine eventuelle Verspätung einer Baugruppe oder Komponente muss in SAP S/4HANA durch manuelle, der automatisierten Bedarfsplanung nachgeordnete Schritte in die Planung einbezogen werden. SAP S/4HANA unterstützt den Planer lediglich durch die Anzeige einer eventuellen Verzögerung auf der Ebene des verspäteten Materials.

Mit dem Abschluss des Schritts der Terminierung ist der durch die Bedarfsplanung angelegte Bedarfsdecker, wie Planauftrag oder Bestellanforderung, hinsichtlich seiner planungsrelevanten Eigenschaften wie Menge, Termin und Bezugsquelle initial ausgeprägt und steht für eine nachträgliche Kapazitätsplanung zur Erstellung eines machbaren Produktions- und Beschaffungsplans zur Verfügung.

4.4.7 Ableitung abhängiger Bedarfe

Sekundärbedarfe und Auftragsreservierungen

Aus dem Bedarfsdecker werden für die untergeordneten Baugruppen und Komponenten entsprechende Bedarfe abgeleitet. Bedarfe, aus den Bedarfsdeckern der Planung (z. B. den Planaufträgen) abgeleitet werden, werden als Sekundärbedarfe bezeichnet. Bei bereits festen Aufträgen, wie z. B. Fertigungsaufträgen, spricht man von Auftragsreservierungen.

Diese Bedarfe bilden für die Bedarfsplanung der untergeordneten Stücklistenstufen die Ausgangsbasis. Ausgehend von der Endproduktebene, werden die einzelnen Stücklistenstufen in einer sinnvollen Reihenfolge geplant.

> **Leitteileplanung**
>
> Über die Leitteileplanung (engl. Master Production Schedule), die bereits in SAP ECC verfügbar war, können Sie besonders wichtige Materialien als Leitteile deklarieren und separat planen, bevor die restlichen Materialien an dieser Leitteileplanung ausgerichtet werden.

4.4.8 Weiterverarbeitung der Planungsergebnisse

Die Planungsergebnisse stehen für die Weiterverarbeitung, auch Nachbearbeitung genannt, bereit. Die Weiterverarbeitung wird, je nach Konstellation, für jedes Material unterschiedlich durchgeführt.

Kapazitätsengpässe

Diese Weiterverarbeitung kann z. B. bei eigengefertigten Materialien, die auf Kapazitätsengpässen produziert werden, in der Planung der Kapazitäten bestehen. Hierzu steht in SAP S/4HANA die Funktion Capacity Requirements Planning zur Verfügung (siehe Abschnitt 4.5, »Kapazitätsplanung«).

Fremdbeschaffte oder eigengefertigte Materialien, die nicht auf Engpassressourcen zu fertigen sind, werden, wenn Terminverzögerungen oder andere Ausnahmesituationen bekannt werden, in der Regel manuell nachbearbeitet. Dabei muss die Planung mit den Lieferanten oder mit der Produktion abgestimmt werden.

Automatische Weitergabe an die Auftragsumsetzung

Einige Materialien durchlaufen nicht den Weiterverarbeitungsprozess, sondern werden ohne weitere Tätigkeiten direkt aus der automatisierten Planung heraus der nachgelagerten Auftragsumsetzung zugeführt. In diesem Zusammenhang spricht man gelegentlich von »Dunkeldisposition«, da diese Materialien komplett automatisiert disponiert werden, der Bestellprozess also »im Dunkeln« abläuft. Diese Art der Disposition eignet sich insbesondere für fremdbeschaffte Materialien mit geringer Verbrauchsbedeutung und konstantem Verbrauch (sogenannte CX-Materialien).

4.4 Bedarfsplanung

Abbildung 4.11 zeigt mit der SAP-Fiori-App **Ungedeckte Bedarfe ermitteln** ein Beispiel für die Möglichkeiten der Nachbearbeitung von Planungsergebnissen in SAP S/4HANA.

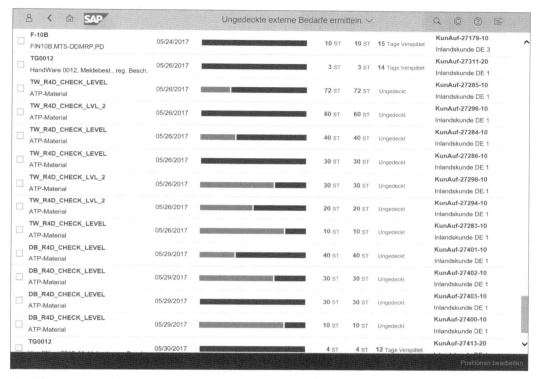

Abbildung 4.11 Nachbearbeitung des Bedarfsplanungsergebnisses mit der SAP-Fiori-App »Ungedeckte Bedarfe ermitteln«

SAP-Fiori-Apps in der SAP-S/4HANA-Bedarfsplanung

In SAP S/4HANA gibt es eine Reihe von SAP-Fiori-Apps zur Unterstützung des Bedarfsplanungsprozesses:

- Disponenten bearbeiten
- Planprimärbedarfe bearbeiten
- Planprimärbedarfe pflegen
- Planprimärbedarfsqualität analysieren
- MRP-Kennzahlen anzeigen
- MRP-Stammdatenprobleme anzeigen
- Materialdeckung ermitteln: Nettoabschnitte
- Materialdeckung bearbeiten
- Materialdeckung ermitteln: Netto- und Einzelabschnitte

179

- Materialdeckung ermitteln: Nettoabschnitte (Mode und Segmentierung)
- Ungedeckte externe/interne Bedarfe ermitteln
- Ungedeckte externe/interne Bedarfe bearbeiten
- Änderungsanfragen bearbeiten
- Transportoptimiert bestellen
- Verzögerte Fertigungs- oder Prozessaufträge ermitteln/bearbeiten
- Planauftrag/Fertigungsauftrag/Prozessauftrag
- Planauftrag anlegen/anzeigen/ändern
- Planaufträge in Fertigungsaufträge umsetzen
- Anwendungsjobs: Materialbedarfsprognoseläufe einplanen (siehe Abbildung 4.4)
- Analysen (Materialausschuss, Ausschussursache, Vorgangsausschuss, Komponentenmehrverbrauch, Produktionsdurchführungsdauer)

4.4.9 Auftragsumsetzung

Im Anschluss an die Weiterverarbeitung erfolgt die *Auftragsumsetzung*. Dabei werden Planaufträge, Bestellanforderungen etc. in feste Zugangselemente wie Fertigungs- oder Prozessaufträge bzw. Bestellungen umgewandelt. Somit sind sie bereit für die der Planung nachgelagerten Schritte, z. B. die Auftragsausführung (siehe Abschnitt 4.6, »Auftragsausführung«).

Ausführung der Materialbedarfsplanung in SAP S/4HANA

Die konkrete Ausführung der automatisierten Materialbedarfsplanung erfolgt in SAP S/4HANA in der Regel für eines oder mehrere sukzessiv hintereinander geplante Werke im Hintergrundlauf mittels Transaktion MDBT (MRP-Planung BATCH; in der Langfristplanung Transaktion MSBT – Langfristpl: Planung Hintergrundjob). Für die automatisierte Planung eines oder mehrerer Werke nutzen Sie Transaktion MD01N (MRP Live) oder die App **MRP-Lauf einplanen** bzw. in der Langfristplanung Transaktion MS01 (Langfristplanung: Gesamtplanung). Die mehrstufige Planung einer einzelnen Stücklistenstruktur können Sie interaktiv mit Transaktion MD02 (MRP-Einzelplanung, mehrstufig; bzw. in der Langfristplanung mit Transaktion MS02 – Langfristplanung: Einzelpl. mehrst.) durchführen, wohingegen Sie eine einstufige Planung mit den Transaktionen MD03 (MRP-Einzelplanung, einstufig) und MD43 (MPS-Einzelplanung interaktiv; in der Langfristplanung Transaktion MS03 – Langfristplanung: Einzelpl. einst.) realisieren können.

4.4 Bedarfsplanung

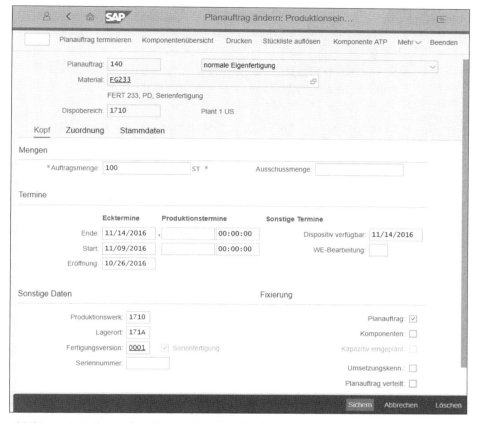

Abbildung 4.12 Planauftrag bearbeiten (SAP Fiori)

Für die manuelle Disposition, die zumindest die Schritte der Weiterverarbeitung und gegebenenfalls sogar die vorab aufgeführten Schritte beinhaltet, steht eine Vielzahl an Transaktionen zur Verfügung, unter anderem folgende:

Manuelle Disposition

- **Aktuelle Bedarfs-/Bestandsliste**
  - Einzeleinstieg über Transaktion MD04 (Aktuelle Bedarfs-/Bestandsliste: Einstieg)
  - Sammeleinstieg mittels Transaktion MD07 (Aktuelle Bedarfs-/Bestandsliste: Einstieg)
  - Langfristplanung: Transaktion MS04 (Langfristplanung: Aktuelle Bedarfs-/Bestandsliste: Einstieg) und Transaktion MS07 (Langfristplanung: Aktuelle Bedarfs-/Bestandsliste: Einstieg)

- **Planauftrag**
  - Anlage eines Planauftrags: Transaktion MD11 (Planauftrag anlegen: Einstieg)
  - Bearbeiten eines Planauftrags: Transaktion MD12 (Planauftrag ändern: Einstieg; Abbildung 4.12 zeigt beispielhaft den Aufruf des Planauftrags aus SAP Fiori heraus)
  - Langfristplanung: Transaktion MS11 (Simulationsauftrag anlegen: Einstieg)
- **Bestellanforderungen anlegen**
  - Bestellanforderung anlegen: Transaktion ME51N (Bestellanforderung anlegen)

Die Dispositionsliste (Transaktion MD05 und Transaktion MD06 – Dispositionsliste: Einstieg) aus SAP ECC steht in SAP S/4HANA mit MRP Live nicht mehr zur Verfügung. Eine solche Momentaufnahme der Planungssituation nach dem MRP-Lauf ist aufgrund der Performance der zugrundeliegenden SAP-HANA-Technologien nicht mehr notwendig. Vielmehr ist es nun möglich, auf aktuelle Daten zurückzugreifen.

> **Demand-Driven Replenishment**
>
> Mit SAP S/4HANA Cloud 1708 bzw. 1709 bietet SAP die Möglichkeit, eine spezielle Planungsabwicklung der Bedarfsplanung nach den Grundsätzen des Demand Driven Institutes (DDI) zu nutzen: das Demand-Driven Replenishment (bedarfsorientierte Wiederbeschaffung).

4.5 Kapazitätsplanung

Die Planung der Kapazitäten ist in aller Regel schrittweise aufgebaut. Jedem Planungsschritt lassen sich dabei unterschiedliche Aufgaben zuordnen. Die *Kapazitätsplanung* hat die Aufgabe, die begrenzte Kapazität zumindest von Teilen des Kapazitätsangebots in den Plan einzubeziehen. Mit der Kapazitätsplanung wird eine zentrale Einflussgröße auf die Güte und Umsetzbarkeit der Planung berücksichtigt.

Voraussetzung für die Kapazitätsplanung

Die Kapazitätsplanung kann erst zu einem verhältnismäßig späten Zeitpunkt im Planungsablauf erfolgen, da eine Vielzahl von Informationen bereits feststehen muss, bevor mit einer sinnvollen Kapazitätsplanung begonnen werden kann. So werden z. B. die folgenden Informationen zu den Objekten benötigt, die beplant werden sollen, um die Kapazitätsplanung durchzuführen:

- Bedarfstermine
- Bedarfsmengen
- Bezugsquellen

Aus diesem Grund erfolgt eine sinnvolle Kapazitätsplanung in der Regel erst, nachdem vorab bereits eine Absatz- oder Vertriebsplanung und/oder ein Kundenauftragseingang stattgefunden hat. Zusätzlich werden die aus diesen Schritten resultierenden Bedarfstermine und -mengen über einen Mechanismus in zu beschaffende oder produzierende Aufträge umgewandelt (siehe Abschnitt 4.4, »Bedarfsplanung«). Erst mit diesen, zunächst einmal für interne Planungsprozesse gedachten Bedarfsdeckern ist es möglich, den Ort der Leistungserstellung, das heißt den physischen Arbeitsplatz, zu benennen. Danach können die vorhandenen Kapazitätsangebote mit den aus den Aufträgen resultierenden Kapazitätsbedarfen abgeglichen werden.

In diesem Abschnitt erläutern wir Ihnen die Vorgehensweise bei der Kapazitätsplanung, bevor wir auf Details der Kapazitätsauswertung sowie des Kapazitätsabgleichs eingehen.

4.5.1 Vorgehensweisen in der Kapazitätsplanung

Eine Planung ohne die Berücksichtigung von Begrenzungen des Kapazitätsangebots weist eine Vielzahl von Schwächen auf. Es ist das Ziel der Kapazitätsplanung, genau diese Schwächen auszuräumen und somit ein Planungsergebnis zu erzeugen, das allen relevanten Rahmenbedingungen der Praxis ausreichend Rechnung trägt.

Das Ergebnis dieser Planung wird als *machbarer Plan* bezeichnet. Hierunter versteht man einen Produktionsplan, der tatsächlich umsetzbar ist, da alle praxisrelevanten Restriktionen berücksichtigt wurden. Dabei zielt die Planung im Detail darauf ab, die folgenden Informationen zu ermitteln:

Berücksichtigung von Restriktionen

- **Bereitstellungsmenge**
  Welche Menge ist auf der Basis der vorab ermittelten Bedarfsmenge bereitzustellen? Während sich die ersten Phasen der Produktionsplanung in SAP S/4HANA um die Fragestellung kümmern, welche Bedarfsmenge einzubeziehen ist, wird im Rahmen der Materialbedarfsplanung die Frage beantwortet, mit welchen Bereitstellungsmengen auf diese Bedarfe zu reagieren ist. Für die Kapazitätsplanung ist dies in der Regel der Input, der nur in Ausnahmefällen durch die Kapazitätsplanung angepasst wird.

- **Bereitstellungstermine**
  Wann können bzw. müssen entsprechende Mengen eines Materials bereitgestellt werden, um die aus den vorangehenden Planungsschritten resultierenden Bedarfstermine einhalten zu können? Dies ist häufig Gegenstand der Kapazitätsplanung, da ein gängiges Mittel zur Berücksichtigung von begrenzten Kapazitäten das Vorziehen oder Verschieben von Mengen in Zeiten verfügbarer Kapazität ist.

- **Bezugsquelle**
  Von welcher Bezugsquelle sollen die Mengen beschafft werden? Von Beschaffung spricht man auch dann, wenn die Wertschöpfung innerhalb des eigenen Unternehmens erfolgt. Die Ermittlung der Bezugsquelle ist wichtig, um Terminierungen durchführen zu können. Das betrifft die Entscheidung über den Lieferanten im Rahmen der Fremdbeschaffung oder die Ermittlung der jeweiligen Ressource, auf der die Wertschöpfung stattfinden soll. Ein Resultat einer Kapazitätsplanung kann darin bestehen, auf eine alternative Bezugsquelle oder Bearbeitungsmöglichkeit auszuweichen, wenn eine rechtzeitige Bereitstellung aufgrund von Kapazitätserwägungen nicht realisierbar ist.

> **Der Begriff »Restriktion« (Constraint)**
> Die beschriebenen Rahmenbedingungen werden in der Praxis als *Restriktionen* oder auch als *Constraints* bezeichnet. Dabei handelt es sich um Einschränkungen jeglicher Art, die die Freiheitsgrade der Planung einschränken, da sie bestimmte Konstellationen unmöglich machen. Hierunter befinden sich vor allem Bereiche wie die Material- sowie die Kapazitätsverfügbarkeit.

Einhaltung des Bedarfsdatums

Eine Kapazitätsplanung ändert in der Regel die Termine der internen Bedarfsdecker, um auf die knappen Kapazitätsangebote zu reagieren und die Bedarfstermine noch einhalten zu können. Dabei wird zunächst versucht, die Aufträge in Zeiten vorzuziehen, in denen ausreichend Kapazität zur Verfügung steht. Somit kann das Bedarfsdatum eingehalten werden. Überall dort, wo dies nicht machbar ist, kann es auch zu einer Verschiebung in die Zukunft kommen, um einen realistischen Termin ermitteln zu können. Damit ist unter Umständen eine Änderung des Bestätigungsdatums verbunden, die an den Kunden weitergegeben werden muss.

Berücksichtigung von Ausweichoptionen

In einigen Fällen wird auch auf Basis der Ergebnisse der Kapazitätsplanung die Bezugsquelle bzw. die zugrundeliegende Bearbeitungsmöglichkeit geändert, um z. B. auf Ausweichoptionen zurückzugreifen, wenn das standardmäßig verwendete Kapazitätsangebot voll ausgelastet ist. Auch eine externe Beschaffung oder ein Wechsel des Werks ist an dieser Stelle denkbar.

Noch seltener führt die Kapazitätsplanung in der Praxis zu einer Mengenanpassung der Aufträge. Das heißt, dass die im Rahmen der Planungen betrachteten Planungsobjekte bezüglich ihrer Auftragsmenge geändert werden, um ein machbares Ergebnis zu erzielen.

Mengenanpassung der Aufträge

Durch diese Maßnahmen sollen die Kapazitätsbedarfe so angepasst werden, dass sie zu einem bestehenden Kapazitätsangebot passen. Umgekehrt können Sie auch das Kapazitätsangebot an die jeweiligen Bedarfe anpassen. Zu diesem Zweck kann z. B. auf zusätzliche Schichten oder auch mittel- bis langfristig auf neue Ressourcen zurückgegriffen werden. Abbildung 4.13 zeigt überblicksartig die wesentlichen Anpassungsmaßnahmen von Kapazitätsbedarfen und -angeboten. Bei den Anpassungsmaßnahmen ist zu beachten, welche Restriktionen auf die Erstellung eines machbaren Plans wirken.

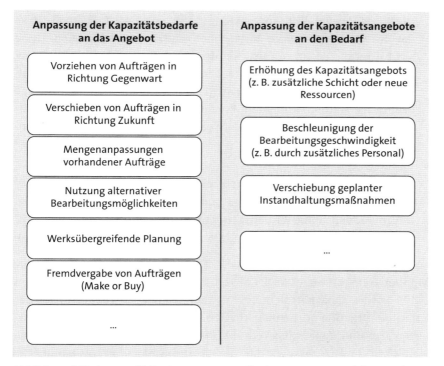

Abbildung 4.13 Ausgewählte Anpassungsmaßnahmen von Kapazitätsangebot und -bedarf

4.5.2 Kapazitätsauswertung

In der *Kapazitätsauswertung* werden die Kapazitätsbedarfe und -angebote ermittelt und grafisch oder in Listen gegenübergestellt. Auf den folgenden Seiten stellen wir Ihnen die wichtigsten Funktionen in SAP S/4HANA genauer vor.

Einfache Kapazitätsauswertungsfunktionen

Die Grundfunktion der Kapazitätsauswertung gliedert sich in drei Untersichten, mit denen Sie sich Soll- und Restkapazitätsbedarfe anzeigen lassen können:

- **Standardübersicht**
  Die Standardübersicht vermittelt einen Überblick über die Belastungssituation an ausgewählten Arbeitsplätzen durch die periodenweise Gegenüberstellung in einer tabellarischen Liste.

- **Kapazitätsdetailliste**
  Die Kapazitätsdetailliste können Sie nutzen, um eine detaillierte Analyse der die Kapazitätsbedarfe auslösenden Aufträge vorzunehmen. Diese Sicht listet die Bedarfsverursacher der in der Standardübersicht dargestellten Kapazitätsbelastungen tabellarisch auf. Über eine Feldauswahlfunktion im Kopf der Liste kann die anzuzeigende Datengrundlage beeinflusst werden. Außerdem können Sie die selektierten Daten mithilfe der Funktion **Springen • Felder vergleichen** spaltenweise miteinander vergleichen.

- **Variable Übersicht**
  Die variable Übersicht ermöglicht es Ihnen, beliebige Daten aus der Kapazitätsplanung auszuwerten und darzustellen. Die dargestellten Informationen sind dabei, ausgenommen der fest vorgegebenen Periodenspalte, jeweils immer abhängig von den zugrundeliegenden Einstellungen.

Mit den Transaktionen CM01, CM02, CM03, CM04 sowie mit Transaktion CM05 (jeweils Kapazitätsplanung: Auswahl) können Sie Auswertungen der Kapazitätssituation vornehmen. In den Einstiegsbildern legen Sie die Arbeitsplätze und Kapazitätsarten fest, die ausgewertet werden sollen. Die Steuerung der Anzeige sowie der Auswertung erfolgt über sogenannte *Gesamtprofile*, die vorab im Customizing der Kapazitätsplanung definiert werden müssen.

Gesamtprofil

Gesamtprofile fassen verschiedene untergeordnete Profile zusammen, die die Datenselektion, die Auswertungsoberfläche und die Funktionen der Kapazitätsbereiche bestimmen.

```
Kapazitätsplanung: Standardübersicht
   Kapadetail/Periode

Arbeitsplatz   LMPC_N_1        Workcenter N_1              Werk    0001
Kapazitätsart  001             Machine LMPC_N_1

  Woche       Bedarf      Angebot  Belast.   freie Kap.  Einh.
  25.2017    5.617,26     120,00    999 %    5.497,27-    H
  26.2017    1.030,96     120,00    859 %      910,96-    H
  27.2017      833,36     120,00    695 %      713,36-    H
  28.2017      263,23     120,00    219 %      143,23-    H
  29.2017      250,24     120,00    209 %      130,24-    H
  30.2017      178,06     120,00    148 %       58,07-    H
  31.2017      137,37     120,00    115 %       17,37-    H
  32.2017      116,18     120,00     97 %        3,82     H
  33.2017       36,02     120,00     30 %       83,98     H

  Gesamt >>> 8.462,68   1.079,99    784 %    7.382,69-    H


Arbeitsplatz   LMPC_N_2        Workcenter LMPC_NIV_02      Werk    0001
Kapazitätsart  001             Workcenter LMPC_NIV_02 Machine

  Woche       Bedarf      Angebot  Belast.   freie Kap.  Einh.
  25.2017    9.689,24     719,99    999 %    8.969,25-    H
  26.2017      581,67     719,99     81 %      138,32     H
  27.2017      575,01     719,99     80 %      144,98     H
  28.2017      619,30     719,99     86 %      100,70     H
  29.2017      694,03     719,99     96 %       25,96     H
  30.2017      514,91     719,99     72 %      205,08     H
  31.2017      232,22     719,99     32 %      487,77     H
  32.2017      209,35     719,99     29 %      510,64     H
  33.2017      117,85     719,99     16 %      602,15     H

  Gesamt >>>13.233,58   6.479,93    204 %    6.753,65-    H


Arbeitsplatz   LMPC_N_3        Workcenter LMPC_NIV_03      Werk    0001
Kapazitätsart  001             Workcenter LMPC_NIV_03 Machine
```

Abbildung 4.14 Kapazitätsauswertung mit der Standardübersicht (Beispiel) in SAP GUI

Die fünf genannten Transaktionen sind dabei grundsätzliche identisch; durch Benutzerparameter können Sie die Daten jedoch unterschiedlich darstellen. Sie können für jeden Benutzer über die Parameter-ID der Benutzervorgaben bestimmte Gesamtprofile den genannten Transaktionen zuordnen, sodass jeder Nutzer unterschiedliche Anzeige-, Auswerte- und Bearbeitungsoptionen mit den genannten Transaktionen verbinden kann.

Unterschiedliche Darstellung durch Benutzerparameter

Es ist auch möglich, bestimmte Einstellungen zur Laufzeit zu ändern und so in die Gestaltung der Übersichten zur Kapazitätsauswertung einzugreifen.

Auswertungslisten Aus diesen *Auswertungslisten* heraus ist ein Absprung in die Arbeitsplätze und Kapazitäten möglich, wobei zwischen dem Anzeige- und dem Bearbeitungsmodus gewählt werden kann. Sie können überdies Aufträge bearbeiten, Rückmeldungen vornehmen und in die aktuelle Bedarfs-/Bestandssituation eines Materials abspringen. Über einen Download ist es möglich, die im Rahmen der Kapazitätsauswertung erzeugten Übersichten nach Microsoft Excel zu exportieren und dort weiterzubearbeiten.

Diese einfachen Kapazitätsauswertungsfunktionen unterliegen bestimmten Einschränkungen. So können weder Ist-Kapazitätsbedarfe noch Kapazitätssplits ausgewertet werden.

Erweiterte Auswertungsfunktionen

Für Ist-Kapazitätsbedarfe sowie die Anzeige von Kapazitätssplits stehen die Funktionen der erweiterten Auswertung zur Verfügung:

- Mit Transaktion CM50 (Arbeitsplatzsicht, Parameter-ID CY:) kann die Kapazität eines Arbeitsplatzes dargestellt werden.
- Mit Transaktion CM51 (Einzelkapazitätssicht, Parameter-ID CY~) können einzelne Kapazitäten angezeigt werden.
- Mit der Auftragssicht (Transaktion CM52, Parameter-ID CY_) können Sie die durch einen oder mehrere Aufträge belasteten Kapazitäten darstellen.
- Weitere versionsbezogene Sichten sind mit den folgenden Transaktionen möglich:
  - Transaktion CM53 für PSP-Elemente/Version (Parameter-ID CY8)
  - Transaktion CM54 für Versionen (Parameter-ID CY9)
  - Transaktion CM55 für Arbeitsplätze/Version (Parameter-ID CY?)
- Wurden Bedarfe an einzelnen Personalressourcen nur aufgrund von Netzplanvorgängen erzeugt, kann Transaktion CMP9 (Arbeitsverteilung auf Personalressourcen) zur Auswertung der Arbeitsplatzverteilung genutzt werden.
- In Transaktion CN50 (Kapazitätsbedarfe anzeigen) und Transaktion CN50N (Projektinformationssystem: Kapazitätsbedarfe Einstieg) stehen Ihnen Funktionen zur Verfügung, die Kapazitätsbedarfe bestimmter Projekte oder Netzpläne anzeigen.

Dabei gliedert sich bei den erweiterten Auswertungen die Anzeige bzw. Analyse in die Standardübersicht und die Kapazitätsdetailliste. Anders als in den einfachen Kapazitätsauswertungen stehen hier jedoch keine Änderungsfunktionen von Arbeitsplätzen und Aufträgen zur Verfügung. Die erweiterten Kapazitätsauswertungen können darüber hinaus nicht aufgefrischt werden, und auch eine temporäre Beeinflussung der zugrundeliegenden Standardeinstellungen während der Laufzeit ist nicht möglich.

Kapazitätsdetailliste

> **Nutzung der Produktions- und Feinplanung (PP/DS) in SAP S/4HANA zur Kapazitätsauswertung**
>
> Seit Release 1610 können Sie in SAP Advanced Planning and Optimization (SAP APO) die bisherige Funktion Produktions- und Feinplanung (PP/DS) als eingebettete Funktion in SAP S/4HANA zusätzlich lizenzieren. Wenn Sie diese Funktion nutzen, steht Ihnen die SAP-Fiori-App **Kapazitätsauslastung ermitteln** zur Verfügung.

4.5.3 Kapazitätsabgleich

Die durch die Terminierung bestimmten Zeiträume für die Ausführung von Aufträgen der Produktionsplanung (Plan-, Fertigungs- und Prozessaufträge) bilden die Grundlage für den Kapazitätsabgleich, der im Anschluss an die Kapazitätsauswertung erfolgt. Durch die Funktionen der Kapazitätsauswertung können Sie feststellen, ob einige der benötigten Ressourcen Überlasten aufzeigen. Dies ist dann der Fall, wenn für ein bestimmtes Zeitintervall die Kapazitätsbelastung das Kapazitätsangebot überschreitet.

Abgleich von Kapazitätsangebot und Kapazitätsbelastung

Im Rahmen des Kapazitätsabgleichs werden dann Maßnahmen eingeleitet, um das Ungleichgewicht zwischen Bedarf und Angebot auszugleichen. Hier sind viele Maßnahmen denkbar, z. B. eine Anpassung des Angebots an die Bedarfe durch eine zusätzliche Schicht.

SAP S/4HANA unterstützt die Abgleichbemühungen vor allem durch die Bereitstellung verschiedener Transaktionen, die es Ihnen erleichtern, die Bedarfe an das Angebot anzupassen, z. B. indem Vorgänge zeitlich verschoben werden. Dabei stellt SAP S/4HANA analog zu SAP ECC mithilfe der folgenden Transaktionen tabellarische und grafische Übersichten, sogenannte *Plantafeln*, zur Verfügung (grafische Plantafel in Abbildung 4.15):

Plantafeln in SAP S/4HANA

- Transaktion CM21 (Plantafel grafisch)
- Transaktion CM22 (Plantafel tabellarisch) für die Arbeitsplatzsicht
- Transaktion CM27 (Plantafel grafisch)
- Transaktion CM28 (Plantafel tabellarisch) für die Einzelkapazitätssicht

4 Produktionsplanung

- Transaktion CM31 (Plantafel grafisch)
- Transaktion CM23 (Plantafel tabellarisch) für die Auftragssicht
- Transaktion CM25 (variable Sicht)

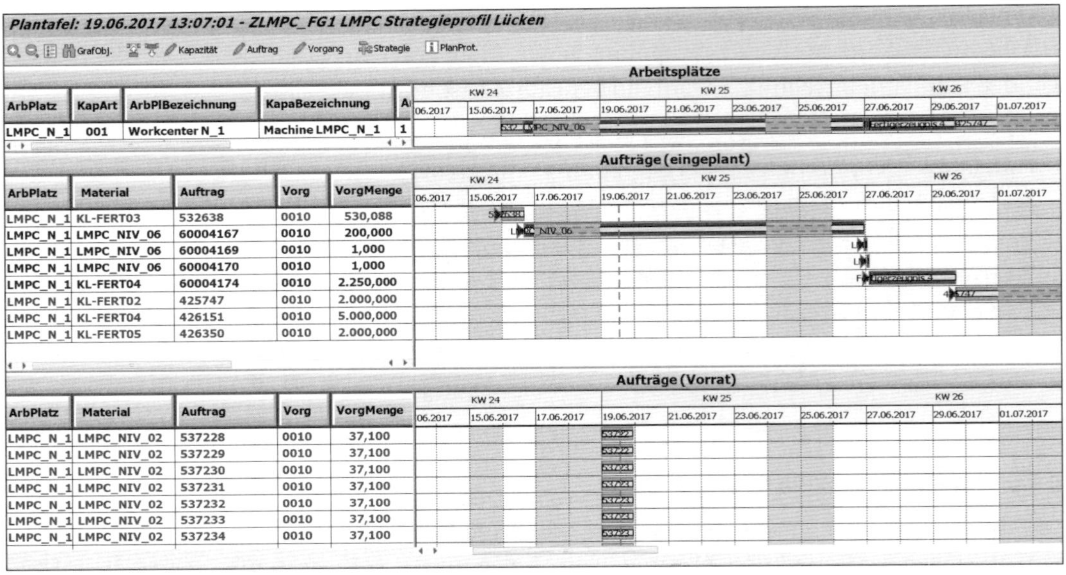

Abbildung 4.15 Beispiel für eine grafische Plantafel (Transaktion CM25)

Tabellarische und grafische Plantafeln	Während die tabellarischen Plantafeln die Kapazitätsdaten als Liste darstellen, basieren die grafischen Plantafeln auf einer Gantt-Chart-Darstellung. Sowohl die grafischen als auch die tabellarischen Plantafeln dienen der festen zeitlichen Einplanung von Bedarfen an Kapazitäten. Zu diesem Zweck müssen beim Einstieg in die Transaktion zunächst Kapazitäten und Vorgänge bestimmt werden, die kapazitiv beplant werden sollen. Im Anschluss werden die Kapazitätsbedarfe mithilfe der Funktionen der Einplanung der Vorgänge zeitlich fixiert. Alle Vorgänge, die durch eine Einplanung den Status **EIGP** (eingeplant) erhalten haben, sind für Änderungen an planungsrelevanten Feldern, wie z. B. den Terminen, der geplanten Arbeit und der Dauer sowie dem Arbeitsplatz gesperrt. Erst wenn Sie den Einplanungsstatus in einer Kapazitätsplantafel zurückgenommen haben, können die planungsrelevanten Informationen des Objekts wieder verändert werden.
Einplanen von Vorgängen	Bei der Einplanung von Vorgängen werden die folgenden Schritte durchlaufen:

1. Als Erstes muss ein Einplanungstermin festgelegt werden. Der Termin kann entweder durch die Terminierung vom SAP-System ermittelt oder frei vorgegeben werden. Bei mehreren einzuplanenden Vorgängen wird

die Einplanungsreihenfolge auf der Grundlage des Strategieprofils festgelegt.

2. Im Anschluss daran werden die Termine und die Einplanung auf dem Arbeitsplatz festgelegt: Abhängig vom Ergebnis zur Verfügbarkeit des Arbeitsplatzes wird die Einplanung geändert oder gestoppt. Es ist nicht möglich, eine Einplanung auf einem Arbeitsplatz vorzunehmen, der gesperrt ist oder für den ein Löschkennzeichen gesetzt wurde.

3. Über das Kennzeichen **Kapazitätsterminierung** legen Sie im Strategieprofil fest, ob bei der Einplanung von einem unbegrenzten oder einem begrenzten Kapazitätsangebot auf der Kapazitätsebene ausgegangen werden soll. Im Strategieprofil müssen Sie dazu außerdem eine Planungsrichtung vorgeben.

4. Pflegen Sie in der Kapazität das Kennzeichen **Relevant für Kapazitätsterminierung**. In diesem Fall sucht das SAP-S/4HANA-System bei der Einplanung, ausgehend vom vorgegebenen Einplanungstermin, in der Planungsrichtung nach freier Kapazität, falls die im Rahmen der Kapazitätspflege vorgegebene Kapazität samt einem gegebenenfalls verwendeten Überlastfaktor überschritten ist.

5. Geben Sie im Zeitprofil einen Zeitraum vor, in dem nach freier Kapazität gesucht werden soll.

6. Im Anschluss wird, je nach Einstellungen des Strategieprofils, eine automatische oder manuelle Vorgangsprüfung durchgeführt. In diesem Rahmen wird geprüft, ob der Vorgang innerhalb der Auftragsecktermine bzw. der berechneten Puffer liegt, ob es zu unzulässigen Überlappungen mit Vorgängern oder Nachfolgern kommt und ob alle Muss-Überlappungen eingehalten worden sind.

7. Kommen diese Prüfungen zu einem positiven Ergebnis, wird der Status **EIGP** (eingeplant) auf der Ebene des Vorgangs gesetzt. Falls diese Voraussetzungen nicht erfüllt sind und das Kennzeichen **Abbruch der Einplanung bei Fehler** im Strategieprofil gesetzt wurde, wird das Setzen des Einplanungsstatus unterbunden.

8. Bei diesen Einplanungsaktivitäten werden bestimmte Ausnahmetatbestände im Planungsprotokoll eingetragen. Das Planungsprotokoll können Sie aus den Plantafeln über einen Klick auf den Button [PlanProt] abrufen.

Die Funktionen der Einplanung können außerdem über die Massenverarbeitung angesteuert werden.

> **Nutzung der Produktions- und Feinplanung (PP/DS) in SAP S/4HANA zum Kapazitätsabgleich**
>
> Seit Release 1610 können Sie in SAP Advanced Planning and Optimization (SAP APO) die bisherige Funktion Produktions- und Feinplanung (PP/DS) als eingebettete Funktion in SAP S/4HANA zusätzlich lizenzieren. Wenn Sie diese Funktion nutzen, steht Ihnen, neben einer Vielzahl von Planungsfunktionen wie dem PP/DS-Optimierer, zahlreichen Heuristiken und SAP-GUI-basierten Plantafeln, auch die SAP-Fiori-App **Fertigungsplantafel** zur Verfügung.

4.6 Auftragsausführung

Die Planung, die wir in den vorangehenden Abschnitten dargestellt haben, wird von Schritt zu Schritt konkretisiert, bis die in der Realität umzusetzenden Mengen samt zugehöriger Termine und Bezugsquellen feststehen.

> **Auftragsausführung, Auftragsumsetzung und Auftragsdurchführung**
>
> An dieser Stelle möchten wir die unterschiedlichen Begrifflichkeiten kurz voneinander abgrenzen, da es hier zu Missverständnissen kommen kann:
>
> - **Auftragsausführung**
>   Die Auftragsausführung beschreibt übergreifend alle Schritte, die sich an die Planung anschließen, um diese in die Realität umzusetzen, und beinhaltet die Auftragsumsetzung sowie die Auftragsdurchführung.
>
> - **Auftragsumsetzung**
>   Die Auftragsumsetzung beschreibt die Umsetzung des für die Planungen erzeugten Elements *Planauftrag* aus der vorangehenden Planung in verbindliche feste Elemente wie einen Fertigungsauftrag.
>
> - **Auftragsdurchführung**
>   Die Auftragsdurchführung beschreibt die der Umsetzung nachgelagerten Schritte während der Planungsausführung.

Planung wird ausgeführt

Die Auftragsausführung, auch *Planungsumsetzung* (Execution) genannt, ist der nächste Schritt nach der Planung. Hier wird die Planung in die Realität umgesetzt. In der Regel folgt die Auftragsausführung im Anschluss an die Bedarfsplanung oder, falls Kapazitätsengpässe einbezogen werden müssen, an die Kapazitätsplanung. Sie gliedert sich in die folgenden Schritte, die wir im Verlauf des Abschnitts näher beschreiben:

1. Auftragsumsetzung (Eröffnung)
2. Verfügbarkeitsprüfung
3. Auftragsfreigabe
4. Auftragsdruck
5. Materialentnahme
6. Rückmeldung
7. Lagerzugang
8. Abrechnung
9. Abschluss

4.6.1 Auftragsumsetzung/Eröffnung

Den Ausgangspunkt der Auftragsausführung bildet die Auftragsumsetzung. Diese basiert in der Regel auf den Ergebnissen der vorangehenden Planung. Dabei werden die temporären planerischen Elemente der Planungsschritte, wie z. B. Planaufträge und Bestellanforderungen, verwendet. Diese temporären Elemente werden dabei in verbindliche feste Elemente umgewandelt:

- Fertigungsaufträge
- Prozessaufträge
- Bestellungen (bei der Fremdbeschaffung)

Es ist auch möglich, ohne den Umweg über temporäre planerische Elemente Fertigungs- bzw. Prozessaufträge oder Bestellungen anzulegen.

Um bei der Eigenfertigung einen Planauftrag in einen Fertigungs- oder Prozessauftrag umzuwandeln, können Sie die Einzelumsetzung oder die Sammelumsetzung nutzen.

Bei der Einzelumsetzung wählen Sie einen einzelnen Auftrag manuell aus und setzen ihn um. Dabei wird zwischen einer vollständigen Umsetzung und einer Teilumsetzung unterschieden:

Einzelumsetzung

- **Vollständige Umsetzung**
  Die vollständige Umsetzung, oft kurz Umsetzung genannt, ist der Regelfall. Hier wird der komplette Planauftrag in einen Fertigungs- oder Prozessauftrag umgewandelt.

- **Teilumsetzung**
  Bei der Teilumsetzung bleibt der bisherige Planauftrag in einer Teilmenge erhalten, und es wird über die Restmenge ein Fertigungs- oder ein Prozessauftrag erstellt.

4 Produktionsplanung

Beide Verfahren können Sie interaktiv aus den SAP-S/4HANA-Transaktionen zur Nachbearbeitung des Dispositionsergebnisses anstoßen:

- Bedarfs-/Bestandsliste (Transaktion MD04 – siehe Abbildung 4.16)
- Dispoliste (Transaktion MD05)

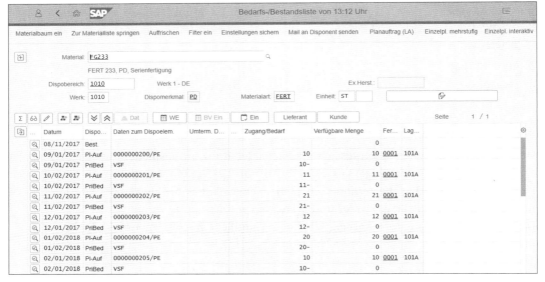

Abbildung 4.16 Auftragsumsetzung aus der aktuellen Bedarfs-/Bestandsliste (SAP Fiori)

Außerdem können Sie die Einzelumsetzung eines Planauftrags manuell über die folgenden Transaktionen ausführen:

- Transaktion CO40 (vollständige Einzelumsetzung in einen Fertigungsauftrag)
- Transaktion CO48 (Teilumsetzung in einen Fertigungsauftrag)
- Transaktion COR7 (vollständige Einzelumsetzung bzw. Teilumsetzung in einen Prozessauftrag)

Sammelumsetzung   Für die Sammelumsetzung können Sie Transaktion CO41 nutzen bzw. den zugehörigen Report im Hintergrund einplanen. Transaktion COR8 steht für die Sammelumsetzung von Planaufträgen zur Verfügung.

Umgesetzte Aufträge erhalten im SAP-S/4HANA-System den Systemstatus **EROF**, unabhängig davon, mit welcher Vorgehensweise die Umsetzung erfolgt ist.

4.6.2 Verfügbarkeitsprüfung

Bei der Verfügbarkeitsprüfung wird geprüft, ob die vom Kunden bestellte Materialmenge vorrätig ist. Man unterscheidet zwischen der Materialverfügbarkeitsprüfung und der Kapazitätsverfügbarkeitsprüfung. Beide können zu unterschiedlichen Zeitpunkten aus verschiedenen Funktionen heraus ausgeführt werden. Es besteht die Möglichkeit einer Kopplung an den Zeitpunkt der Auftragsumsetzung bzw. Auftragsfreigabe über das Fertigungssteuerungsprofil in Transaktion OPKP.

Material- und Kapazitätsverfügbarkeitsprüfungen

Im Rahmen der Verfügbarkeitsprüfungen soll sichergestellt werden, dass die Bearbeitung eines verbindlich eingeplanten Auftrags nicht zum Erliegen kommt, weil z. B. Material fehlt. Zu diesem Zweck wird in der diskreten Fertigung einstufig auf die Komponenten im Fertigungsauftrag hin geprüft. Fällt die Prüfung negativ aus, wird eine Fehlteileliste bzw. Fehlteileübersicht erzeugt. Anhand dieser Liste ist eine gezielte Problembearbeitung möglich, z. B. durch eine Expressbeschaffung eines fehlenden zentralen Teils. Dabei enthält die Fehlteileübersicht – im Vergleich zur Fehlteileliste – zusätzliche Informationen über die fehlenden Komponenten.

Fehlteileübersicht

Die Steuerung der Materialverfügbarkeitsprüfung in SAP S/4HANA nehmen Sie in der dem Auftrag zugrundeliegenden Auftragsart sowie im jeweiligen Materialstamm vor. Wie es in Abbildung 4.17 zu sehen ist, können Sie die Materialverfügbarkeitsprüfung aus dem Änderungsmodus des Fertigungsauftrags (Transaktion COO2) über den entsprechenden Button **Material** in der Kopfzeile oder über den Menüpunkt **Funktionen** erreichen.

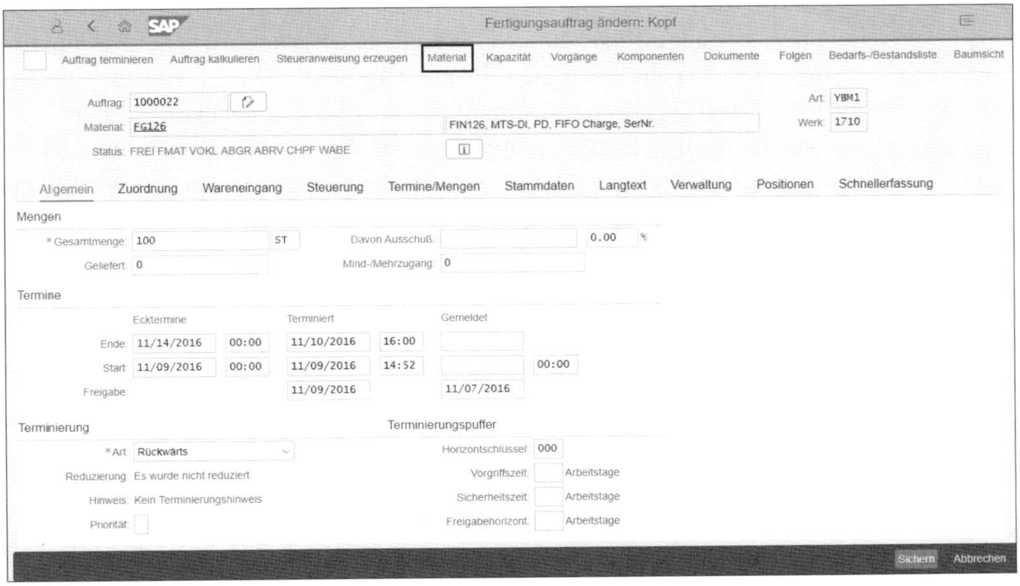

Materialverfügbarkeitsprüfung aufrufen

Abbildung 4.17 Fertigungsauftrag ändern

Auch können Sie eine Sammelverfügbarkeitsprüfung für Fertigungsaufträge mit Transaktion COMAC durchführen. In diesem Fall können Sie die Ergebnisse der Sammelverfügbarkeitsprüfung im Hintergrund in Transaktion CO24 (Fehlteilinfosystem) aufrufen.

Status der Prüfung

Ein noch nicht im Hinblick auf die Materialverfügbarkeit geprüfter Fertigungsauftrag hat auf der Kopfebene den Status **NMVP** (Materialverfügbarkeit nicht geprüft). Wurden alle Komponentenbedarfe im Rahmen einer Materialverfügbarkeitsprüfung bestätigt, erhält der Auftrag den Status **MABS** (Material bestätigt), während der Status bei mindestens einer nicht bestätigten Komponente **FMAT** (fehlendes Material) lautet.

4.6.3 Auftragsfreigabe

Beginn der Auftragsdurchführung

Im nächsten Schritt muss der Auftrag freigegeben werden. Die Auftragsfreigabe markiert im allgemeinen Sprachgebrauch den Beginn der Auftragsdurchführung, da der Auftrag nun für die eigentliche Produktion vorbereitet ist und die Durchführung beginnen kann. Die Freigabe erfolgt nach oder bereits während der Umsetzung. Soll der Auftrag während der Umsetzung freigegeben werden, stellen Sie dies im Fertigungssteuerungsprofil im Customizing der Produktion (Transaktion OPKP) ein.

Fixierung

Die Zeitspanne zwischen der Auftragsumsetzung und der Auftragsfreigabe können Sie für verschiedene Aufgaben nutzen: So kann als planerischer Schritt in einem Szenario mit einer kurzfristigen Kapazitätsplanung für Fertigungsaufträge noch eine Umterminierung dieser eröffneten Fertigungsaufträge erfolgen. Durch die Freigabe ist grundsätzliche eine endgültige Fixierung des Fertigungsauftrags vorgesehen. Diese Fixierung ist dabei in aller Regel prozessseitig umzusetzen. Anders als bei Planaufträgen existiert hierzu im Fertigungsauftrag kein eigenes Fixierungskennzeichen. Abbildung 4.18 zeigt die SAP-Fiori-App für die Bearbeitung von Fertigungsaufträgen.

Ist die Freigabe nicht automatisch an den vorherigen Schritt der Umsetzung geknüpft, können Sie den Auftrag über einen Klick auf den Button **Freigabe** oder über den Menüpunkt **Funktionen** aus dem Änderungsmodus des Fertigungs- bzw. Prozessauftrags heraus freigeben. Dazu werden die folgenden Transaktionen angeboten:

- Transaktion CO02 (Fertigungsauftrag ändern: Einstieg)/Transaktion COR2 (Prozessauftrag ändern: Einstieg)
- Transaktion MD04/Transaktion MD05 zur Nachbearbeitung des Dispositionsergebnisses

4.6 Auftragsausführung

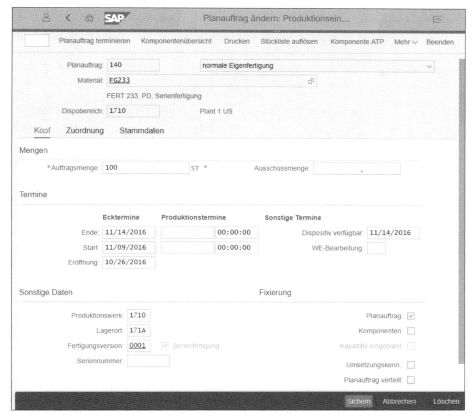

Abbildung 4.18 Fertigungsauftrag bearbeiten

Wenn Sie nur einzelne Vorgänge freigeben möchten, wechseln Sie in die Vorgangsübersicht und führen über den Menüpunkt **Vorgang** eine Freigabe aus. Achten Sie darauf, die Vorgangsreihenfolge einzuhalten. Dies bedeutet, dass die Vorgangsvorgänger für die Freigabe eines Vorgangs ebenfalls freigegeben worden sein müssen. Eine Freigabe kann auch an Ereignispunkte geknüpft werden.

Einzelne Vorgänge freigeben

Eine Sammelfreigabe von Fertigungsaufträgen können Sie mittels Transaktion COO5N durchführen. Für Prozessaufträge nutzen Sie Transaktion COR5.

Die Freigabe auf der Kopfebene führt zu einer Freigabe aller Vorgänge des Fertigungsauftrags. Bei der Freigabe erhält der Auftrag auf der Kopfebene den Systemstatus **FREI** oder **TFRE**, falls nur einzelne Vorgänge freigegeben worden sind.

Es ist ebenfalls möglich, an die Freigabe diverse weitergehende Schritte zu knüpfen, wie z. B. den Auftragsdruck, den Sie im folgenden Abschnitt kennenlernen.

4.6.4 Auftragsdruck

Da durch die Freigabe alle Rahmenparameter für die Eigenfertigung festgelegt sind, kann nun die Weitergabe der Informationen an die Produktion erfolgen.

Drucken der Auftragspapiere

In vielen Unternehmen werden die Auftragspapiere ausgedruckt und an die Mitarbeiter in der Produktion weitergegeben. Dort sind sie die Grundlage für die Produktion. Heutzutage erfolgt die Weitergabe der Informationen an die Produktion jedoch häufig nicht mehr papierbasiert, sondern elektronisch. Der Auftragsdruck führt zu dem Systemstatus **DRUC**.

4.6.5 Materialentnahme

Warenausgangsbuchung

Bei der Materialentnahme werden die benötigten Komponenten aus dem Lager entnommen und für die Produktion bereitgestellt. In SAP S/4HANA wird dieser Schritt über eine Warenausgangsbuchung abgebildet, und es finden mehrere Aktivitäten automatisch im System statt:

- Aktualisierung des Bestands der entnommenen Komponente (auf Werks- und auf Lagerortebene)
- Fortschreibung der Verbrauchsstatistik
- Belastung des Fertigungsauftrags mit Ist-Kosten
- Abbau der Reservierung des Auftrags um die entnommene Menge
- Erzeugung von Material- und Buchhaltungsbeleg für den nachgelagerten Prozess

Für die Materialentnahmen steht eine Vielzahl von Transaktionen zur Verfügung, wie z. B. Transaktion MIGO (Warenbewegung), siehe Abbildung 4.19.

Kommissionierung

Durch die Nutzung der Kommissionierung können die benötigten Komponenten auftragsweise zur Verfügung gestellt werden. Auf diese Weise wird die Warenausgangsbuchung deutlich vereinfacht. Hierzu können Sie mittels Transaktion CO27 (Kommissionierliste) zum einen die Warenausgangsbuchung und zum anderen eine Kommissionierliste erstellen. In dieser Liste werden sämtliche Komponenten für die selektierten Fertigungsaufträge aufgelistet.

Durch Markieren wählen Sie die zu kommissionierenden Teile im System aus. Mit einem Klick auf den Button **Kommissionieren** wird für jeden Komponentenbedarf eine Bestandsfindung durchgeführt, bei der der Sonderbestand, die Bewertungsart und der Lagerort ermittelt werden.

4.6 Auftragsausführung

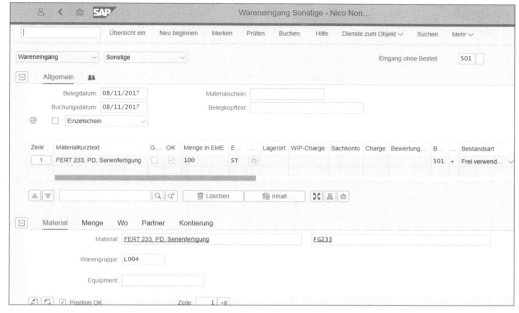

Abbildung 4.19 Materialentnahmen buchen

Diese Informationen können in der Massenbearbeitung im Rahmen der Kommissionierung nicht wie bei der interaktiven Warenausgangsbuchung direkt angegeben werden, sondern sie müssen über Regeln gefunden werden. Diese Regeln können Sie in Transaktion OSPX (Customizing Bestandsfindung) vorgeben. In diesem Zusammenhang sind auch die Einstellungen zur Bestandsfindungsgruppe in der Sicht **Werksdaten/Lagerung 2** sowie die Customizing-Transaktion OPJ2 (Fertigungsauftrag Bestandsfindung) von Relevanz, in der die Definition der Vorgänge für die Bestandsführung vorgenommen wird.

Eine Minimierung des Aufwands zur Materialentnahme ist über die Verwendung der retrograden Entnahme zu erreichen. Dabei erfolgt die Warenausgangsbuchung automatisch bei der Rückmeldung des Vorgangs. Dies minimiert zum einen den Aufwand bezüglich der Systemaktivitäten, führt zum anderen aber, je nach Konstellation, zu einer mehr oder minder großen zeitlichen Verzögerung bei der Buchung und damit auch zu einer zumindest temporären Bestandsungenauigkeit. Ob eine retrograde Entnahme vorgenommen werden soll, können Sie in der Sicht **Disposition 2** des Materialstamms einstellen.

Retrograde Entnahme

Neben der Option, die retrograde Entnahme über den Arbeitsplatz zu steuern, besteht auch die Möglichkeit, hierzu den Arbeitsplan zugrunde zu legen. In diesem Fall müssen Sie in der Komponentenübersicht des Arbeitsplans zum Material das Kennzeichen **Retrograde Entnahme** setzen. Damit übersteuert die Einstellung aus dem Arbeitsplan die Einstellung aus dem Materialstamm bzw. dem Arbeitsplatz. Somit haben Sie auch die Möglichkeit, fallweise über die Behandlung eines Materials in Bezug auf die Materialentnahme zu entscheiden. Retrograd entnommene Komponenten erscheinen nicht in der Kommissionierliste.

4.6.6 Rückmeldung

Informationen über den Produktionsfortschritt

Die Rückmeldung dient der Weitergabe der Informationen über den Produktionsfortschritt an das System. Für die Benutzer des Systems wird erst durch die Rückmeldung transparent, welche Bearbeitungsschritte bereits durchgeführt worden sind. Dabei können verschiedene Daten an SAP S/4HANA gemeldet werden:

- Mengen bzw. Teilmengen
- Leistungen (jeweilige Dauer der Vorgangsabschnitte **Rüsten**, **Bearbeiten**, **Abrüsten**)
- Termine
- Personaldaten
- verwendete Arbeitsplätze

Die Voraussetzung für eine Rückmeldung ist das Vorliegen eines rückmelderelevanten Steuerschlüssels, den Sie in Transaktion OPJ8 definieren können.

Die Rückmeldung ist für weitere Aktionen wichtig: Für die Kapazitätsplanung ist in diesem Zusammenhang insbesondere der Abbau der Kapazitätsbedarfe relevant. Mit diesem Schritt werden jedoch auch Ist-Kosten auf den Auftrag gebucht oder bei retrograder Entnahme Materialbuchungen vorgenommen. Sie können darüber hinaus einstellen, dass mit der Rückmeldung auch der Wareneingang für die Menge des Kopfmaterials des Auftrags gebucht wird. Die hierzu nötigen Einstellungen können entweder im Steuerschlüssel oder über das Fertigungssteuerungsprofil vorgenommen werden.

Arten der Rückmeldung

Je nach betriebswirtschaftlichem Kontext, können verschiedene Formen der Rückmeldung zum Einsatz kommen:

- **Lohnrückmeldeschein (Transaktion CO11N bzw. COR6N)**
  Zu einem Vorgang werden Termine, Gut- bzw. Ausschussmengen, Leistungen und Personaldaten zurückgemeldet.

- **Zeitereignisrückmeldung (Transaktion CO19 bzw. CORZ)**
  Bei Zeitereignisrückmeldungen geben Sie Datum und Uhrzeit von Bearbeitungsbeginn sowie -ende an, woraus das SAP-System automatisch die Bearbeitungsdauer und die daraus resultierenden sonstigen Informationen ableitet. Abbildung 4.20 zeigt beispielhaft die Erfassungsmaske für eine Zeitereignisrückmeldung.

- **Meilensteinrückmeldung**
  Bei einer Meilensteinrückmeldung werden vorab ein oder mehrere Meilensteinvorgänge definiert, bei deren Rückmeldung alle vorgelagerten Vorgänge automatisch ebenfalls zurückgemeldet werden. Ob es sich um einen Meilensteinvorgang handelt, legen Sie in der beschriebenen Einstellung im Steuerschlüssel des Vorgangs fest.

- **Fortschrittsrückmeldung (Transaktion CO1F)**
  Fortschrittsrückmeldungen gleichen in gewisser Weise den Meilensteinrückmeldungen, da auch hier mit der Rückmeldung eines Vorgangs die jeweils vorgelagerten Vorgänge zurückgemeldet werden. Allerdings ist es hier nicht notwendig, vorab die Meilensteinvorgänge zu definieren.

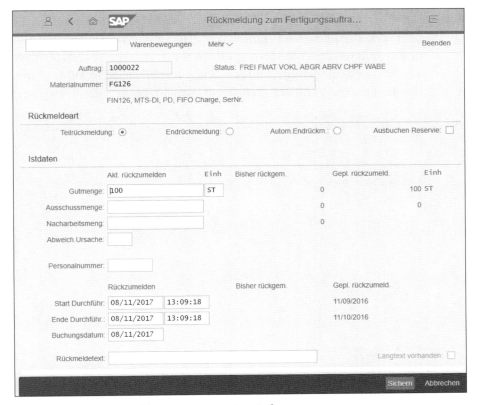

Abbildung 4.20 Rückmeldung zum gesamten Auftrag

Bei Rückmeldungen sind grundsätzlich jeweils die folgenden Rückmeldearten zu unterscheiden:

- **Teilrückmeldung**
  Um einen Zwischenstand bei der Abarbeitung im System zu dokumentieren und die Information nicht erst bei vollständigem Abschluss der Bearbeitung vorliegen zu haben, ist es möglich, auch die erst teilweise abgeschlossene Bearbeitung eines Vorgangs im System rückzumelden.

- **Endrückmeldung**
  Die Bearbeitung wird als final abgeschlossen gemeldet; eine weitere Bearbeitung erfolgt nicht.

Üblicherweise werden Rückmeldungen zu einzelnen Vorgängen durchgeführt. Mit Transaktion CO15 für Fertigungsaufträge, zu sehen in Abbildung 4.20, bzw. CORK für Prozessaufträge stehen jedoch auch Möglichkeiten zur Verfügung, um eine Rückmeldung zum gesamten Auftrag vorzunehmen. Eine Stornierung einer Rückmeldung kann mittels Transaktion CO13 bzw. CORS durchgeführt werden. Mittels Transaktion CO14 bei Fertigungsaufträgen und CORT bei Prozessaufträgen können Sie einen Überblick über die gebuchten Rückmeldungen zu einem Auftrag erhalten.

In der Serienfertigung wird Transaktion MFBF zur Erfassung von Rückmeldungen genutzt; eine Stornierung erfolgt mit Transaktion MF41. Möglich ist es auch, eine entkoppelte Rückmeldung mit Transaktion MF70 vorzunehmen, bei denen kein Bezug zu einem Planauftrag vorgenommen wird.

Abbildung 4.21 Rückmeldung über Transaktion CO12

Eine Sammelerfassung von Rückmeldungen ist mit Transaktion CO12 für die diskrete Industrie, wie es in Abbildung 4.21 zu sehen ist, über Transaktion CORR für die Prozessindustrie und für die Serienfertigung mittels Transaktion MF42N möglich.

Ein teilrückgemeldeter Auftrag bzw. Vorgang erhält den Systemstatus **TRÜCK**, bei einer Endrückmeldung liegt der Systemstatus **RÜCK** vor.

4.6.7 Lagerzugang

Im nächsten Schritt wird das gefertigte Material als Lagerzugang verbucht. Verwenden Sie hierzu Transaktion MB31 mit Bezug zu einem Fertigungsauftrag. Je nachdem, in welchen Bestand die Menge gebucht werden soll, kommen dabei unterschiedliche Bewegungsarten zum Einsatz.

Folge einer Wareneingangsbuchung sind bestimmte betriebswirtschaftliche Vorgänge:

- Bestandsbuchung auf Lager
- Verbrauchsfortschreibung
- Entlastung des Fertigungsauftrags
- Erhöhung des Bestandswerts bzw. Belastung des Empfängers (z. B. ein weiterer Auftrag oder ein Projekt)
- Fortschreibung der Sachkonten der Finanzbuchhaltung
- Erzeugung von Material- und Buchhaltungsbeleg

Wareneingangsbuchung

Im Fertigungsauftrag wird der Wareneingang fortgeschrieben und die gebuchte Menge als geliefert dargestellt. Dabei ist es nicht zwingend erforderlich, dass für eine Wareneingangsbuchung vorab eine Rückmeldung durchgeführt wurde.

4.6.8 Abrechnung

Die während der Fertigung anfallenden Kosten werden auf den Auftrag belastet, wohingegen zum Zeitpunkt des Warenzugangs eine Entlastung des Auftrags erfolgt. Um den Rahmen des Kapitels nicht zu sprengen, verzichten wir auf eine detaillierte Beschreibung dieses Prozessschritts.

4.6.9 Abschluss

Der Auftrag wird sowohl logistisch als auch buchhalterisch abgeschlossen. Logistisch ist ein Auftrag abgeschlossen, sobald der Status **TABG** gesetzt, das heißt der technische Abschluss erfolgt ist. In diesem Fall sind die dispo-

Logistischer und buchhalterischer Abschluss

sitiven Tätigkeiten an diesem Auftrag abgeschlossen. Die eventuell noch offene Menge ist dispositiv nicht mehr relevant. Das gilt auch für Reservierungen und Kapazitätsbedarfe. Den Status **TABG** setzen Sie im Änderungsmodus des Auftrags über den Menüpunkt **Funktionen**.

Neben dem rein logistischen Abschluss von Aufträgen wird auch ein buchhalterisch orientierter Abschluss vorgenommen. Nach dem technischen Abschluss werden keine physischen Warenbewegungen mehr durchgeführt. Der buchhalterische Abschluss bedeutet dann auch das Ende aller buchhalterischen Prozesse.

Ist der Auftrag sowohl logistisch als auch buchhalterisch abgeschlossen, ist auch keine Buchung von Kosten auf einem Auftrag mehr möglich. Der abgeschlossene Auftrag erhält den Status **ABGS**. Ein massenweises Setzen der Status **TABG** und **ABGS** ist mittels Transaktion COHV möglich.

4.7 Zusammenfassung

In diesem Kapitel haben Sie die wichtigsten Abläufe der Produktionsplanung mit SAP S/4HANA kennengelernt. Sie haben gesehen, dass die meisten Änderungen in SAP S/4HANA im Vergleich zu SAP ECC im Bereich der Produktionsplanung prozessseitig auf die Vereinfachungen, die Sie in der Simplification List sehen, und auf SAP-Fiori-Apps beschränkt sind. In den Fällen, in denen sich der Ablauf ändert, z. B. im Rahmen der Fertigungsversionspflicht, wurden Ihnen die Neuerungen aufgezeigt.

Die Änderungen in Bezug auf die Tabellen- sowie die Datenstruktur, die Sie in Kapitel 1, »Der digitale Kern und die Ergänzungen«, kennengelernt haben, ermöglichen es Ihnen darüber hinaus, die Performancevorteile von SAP HANA zu nutzen.

Kapitel 5
Vertrieb

Dieses Kapitel gibt Ihnen einen Einblick in die Möglichkeiten von SAP S/4HANA im Vertrieb. Als Highlight stellen wir Ihnen – neben den Neuerungen für die Standardprozesse – die neuen analytischen Funktionen und Advanced Available-to-Promise vor.

Nachdem Sie in Kapitel 4, »Produktionsplanung«, einen Einblick in die Produktion erhalten haben, bietet Ihnen dieses Kapitel einen Überblick über nützliche und neue Funktionen für den Vertrieb mit SAP S/4HANA. Sie lernen die neue Verfügbarkeitsprüfung nach Advanced Available-to-Promise sowie neue analytische Funktionen kennen, wie z. B. die Analyse und Überwachung der Kundenauftragsperformance oder die Umsatzanalyse.

Anhand von konkreten Praxisbeispielen zeigen wir Ihnen, wie einige zentrale Standardvertriebsprozesse mithilfe neuer SAP-Fiori-Apps abgewickelt werden können. Wir betrachten die Prozesse »Verkauf ab Lager«, »Vertriebsabwicklung mit Drittanbieter ohne Lieferavis«, »Abwicklung von Kundenretouren« und »Gutschriftsbearbeitung«. Dabei konzentrieren wir uns auf die Erzeugung des Belegflusses unter dem Einsatz der entsprechenden SAP-Fiori-Apps. Außerdem orientieren wir uns an den SAP Best Practices. Wenn Sie bereits ein erfahrender SAP-Anwender sind, können Sie sich mit dem Einsatz der SAP-Fiori-Apps vertraut machen. Sollten Sie noch keine große Erfahrung in der Arbeit mit dem SAP-System haben, kann Ihnen der praktische Teil einen Einblick in die Abwicklung von Vertriebsprozessen bieten.

5.1 Verfügbarkeitsprüfung

Es ist ein elementarer Faktor für den Vertriebserfolg, Kundenbedarfe termingerecht und vollständig bedienen zu können. Die *Verfügbarkeitsprüfung* ermittelt dabei den verfügbaren Bestand durch die Gegenüberstellung von Bedarfen und dispositiv verfügbarem Bestand. Sie dient als Grundlage, um eine Aussage zur Lieferfähigkeit treffen zu können. Die Verfügbarkeitsprüfung ist daher eine der wichtigsten Funktionen des Vertriebs. Um die

Verfügbarkeitsprüfung durchzuführen, stehen Ihnen verschiedene Verfahren zur Verfügung. Neben der einfachen, in SAP ECC integrierten Verfügbarkeitsprüfung nach *Available-to-Promise* (ATP), die leicht einzurichten ist, aber nur einen begrenzten Funktionsumfang bietet, und der komplexen Variante nach *Global Available-to-Promise* (Global ATP), die Bestandteil der Lösung SAP Advanced Planning and Optimization (SAP APO) ist, steht Ihnen im SAP S/4HANA Core die Verfügbarkeitsprüfung nach *Advanced Available-to-Promise* (Advanced ATP) zur Verfügung. Bevor wir auf Advanced Available-to-Promise eingehen, werden wir uns kurz das einfache Available-to-Promise-Verfahren (Abschnitt 5.1.1, »Available-to-Promise«) und das Global-Available-to-Promise-Verfahren (Abschnitt 5.1.2, »Global Available-to-Promise«) anschauen.

5.1.1 Available-to-Promise

Für einfache Prozesse

Die auch aus SAP ECC 6.0 bekannte Verfügbarkeitsprüfung nach ATP bildet einfache Geschäftsszenarien ab. Die ATP-Prüfung folgt dabei der Logik »First Come, First Served«: dem Kundenbedarf, der als Erstes angemeldet wird, wird also auch als Erstes eine bestätigte Menge zugewiesen. Das System unterscheidet dabei nicht nach Prioritäten der Bedarfe. Im Fall einer eingeschränkten Verfügbarkeit eines Materials kann dieses schon einmal Probleme verursachen. Es ist nicht möglich, komplexere Anforderungen an die Verfügbarkeitsprüfung in ATP abzubilden. Die Konfiguration gestaltet sich hingegen simpel.

5.1.2 Global Available-to-Promise

SAP APO und Global ATP für komplexe Prozesse

Um komplexe Geschäftsszenarien abzubilden und eine Verfügbarkeitsprüfung nach einer erweiterten Logik und über Systemgrenzen hinweg durchzuführen, bietet SAP die Verfügbarkeitsprüfung nach Global Available-to-Promise (Global ATP) als Bestandteil der Lösung SAP Advanced Planning and Optimization (SAP APO). Um die erweiterten Funktionalitäten von Global ATP nutzen zu können, musste bisher neben der SAP-ERP-Lösung auch SAP APO eingeführt und lizenziert werden. Die Konfiguration von SAP APO und Global ATP ist komplex.

5.1.3 Advanced Available-to-Promise

Mit der Einführung des Verfahrens Advanced Available-to-Promise, das in SAP S/4HANA enthalten ist, werden erweiterte Funktionen, ähnlich den bekannten Funktionen von Global ATP, aus SAP APO im SAP S/4HANA Core bereitgestellt. Dieses bietet den großen Vorteil, dass nicht unbedingt ein zusätzliches APO-System vorhanden sein muss, um erweiterte Funktionen der Verfügbarkeitsprüfung nutzen zu können. Advanced ATP ist dabei als eigenständige, performante und flexible Lösung der Verfügbarkeitsprüfung zu betrachten, die zusätzlich noch einige Funktionen mitbringt, mit denen unter anderem vom Anwender leichter in den Prozess eingegriffen werden kann.

Abbildung 5.1 zeigt die beschriebenen Verfahren der Verfügbarkeitsprüfung und stellt diese vereinfacht dar. Um die erweiterten Funktionen der Verfügbarkeitsprüfung zu nutzen, müssen Sie in SAP ECC 6.0 noch zusätzlich ein APO-System in Ihre Systemlandschaft integrieren. Die Kommunikation erfolgt dabei über eine Schnittstelle. Die Entwicklung SAP S/4HANA integriert erweiterte Funktionen von Global ATP in den Core und versucht dabei, die Anwendungen flexibler und einfacher zu gestalten.

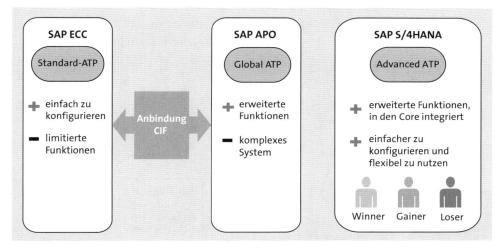

Abbildung 5.1 Verschiedene Verfahren der Verfügbarkeitsprüfung

Mit Advanced ATP haben Sie z. B. die Möglichkeit, Kundenaufträge manuell zu priorisieren. Zu diesem Zweck stehen Ihnen verschiedene Apps zur Verfügung: Mit der SAP-Fiori-App **Zuständigkeit für die Auftragserfüllung konfigurieren** können Sie einen Sachbearbeiter für die SAP-Fiori-App **Freigabe zur Lieferung** autorisieren und seinen Verantwortungsbereich konfigurieren. Als verantwortlicher Sachbearbeiter für die Kundenauftragserfüllung hilft Ihnen die SAP-Fiori-App **Freigabe zur Lieferung** dabei, wichtige Kundenaufträge zu identifizieren und zu priorisieren. Sie bietet Ihnen dabei eine Sicht auf die Verfügbarkeitssituation der Materialien und bewertet die zu erwartenden Auswirkungen, die eine Nichterfüllung der entsprechenden Kundenaufträge zur Folge haben würde.

Kundenauftrag priorisieren

5 Vertrieb

Kontingente

Zudem haben Sie neue Möglichkeiten, um Kontingente zu Materialien und Produkten einzustellen und diese im Rahmen der Verfügbarkeitsprüfung zu berücksichtigen. Kontingente zu knappen Materialien können nach unterschiedlichsten Kriterien eingestellt werden. Ein praktischer Fall wäre z. B. das Anlegen von Kontingenten zu Aktionswaren, die ausschließlich von Ihren Top-Kunden abgerufen werden können. Den Status Ihrer Kontingente können Sie grafisch darstellen. Hierzu stehen Ihnen die SAP-Fiori-Apps **Kontierung konfigurieren**, **Kontierungsplandaten verwalten** und **Produkte zur Kontierung zuordnen** zur Verfügung.

Priorisierung von Kundenbedarfen mit BOP

Die größte Neuerung von Advanced ATP ist jedoch eine automatische Priorisierung der Kundenbedarfe nach dem »Win-Gain-Lose-Prinzip« in der Rückstandsbearbeitung (Back Order Processing, BOP). Können nicht alle Kundenbedarfe zu einem Material gedeckt werden, können durch dieses Prinzip eine Priorisierung von Kunden und eine Umverteilung der bereits zugeteilten Mengen stattfinden. Standardmäßig werden fünf Strategien ausgeliefert, die in den BOP-Lauf eingebunden werden können. Abbildung 5.2 zeigt exemplarisch, wie das Win-Gain-Lose-Prinzip funktioniert.

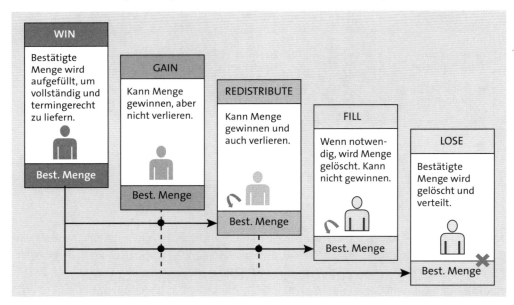

Abbildung 5.2 Win-Gain-Lose-Prinzip (Quelle: SAP)

Mithilfe des Win-Gain-Lose-Prinzips können Sie also Ihre Kunden im Rahmen des BOP-Laufs klassifizieren und somit bereits zugewiesene Mengen automatisiert nach Priorität umverteilen. Damit stellen Sie sicher, dass die Bedarfe Ihrer Top-Kunden (WIN-Strategie) immer komplett und termingerecht bedient werden, auch im Fall einer Last-Minute-Anforderung.

5.2 Kundenauftragsabwicklung

Die Optimierung der Performance in der *Kundenauftragsabwicklung* sowie die Überwachung und Planung der Vertriebsprozesse ist eine wichtige Aufgabe in Unternehmen. Eine schlechte Performance der Kundenauftragsabwicklung verursacht größeren Aufwand und höhere Kosten. Im schlimmsten Fall geht diese Hand in Hand mit einer gesteigerten Unzufriedenheit der Kunden.

In diesem Abschnitt stellen wir Ihnen zum einen SAP-Fiori-Apps für die Verwaltung Ihrer Vertriebsbelege vor. Zum anderen behandeln wir analytische Funktionen zur Überwachung der Performance, der Problemanalyse und der Darstellung von Umsatzdaten. In Abbildung 5.3 sehen Sie einige SAP-Fiori-Apps, auf die wir im Rahmen dieses Kapitels zu sprechen kommen.

Vertrieb – Kundenauftragsabwicklung					
Verkaufsangebote verwalten 17	Umwandlungsraten von Angeboten Gültig und nicht abg… 69.42 %	Verkaufskontrakte verwalten 2	Erfüllungsraten von Verkaufskontrakten Aktuell gültig 42.78 %	Kundenaufträge verwalten 651	Fakturen anlegen 15 Fakturavorrapositi…
Fakturen verwalten	Gutschriftsanforderungen verwalten 5	Lastschriftsanforderungen verwalten 3	Performance der Auftragsabwicklung Übersicht	Performance der Auftragsabwicklung Letzte 28 Tage	Performance der Auftragsabwicklung Zeitreihen
Erfüllung von Kundenaufträgen Probleme klären 74	Umsatz Offenen Umsatz übe… 06.2017 544.59 Tsd. 05.2017 192.55 04.2017 137.33 vor 10 m	Umsatz Deckungsbeitrag Inland VerkOrg. … 24.6 % Inland VerkOrg. DE 23 % vor 10 m	Auslieferungen	Freigabe zur Lieferung	Kontingentierungsplandaten verwalten

Abbildung 5.3 SAP-Fiori-Apps für die Kundenauftragsabwicklung

> **Vertriebsprozesse und Vertriebsbelege in SAP S/4HANA 1809**
>
> Die Grundlagen im Vertrieb haben sich im Vergleich zu Release SAP S/4HANA 1610 nicht geändert. Die Anlage von Vertriebsbelegen sowie die Prozessabläufe sind gleich geblieben. Sie können die klassischen Transaktionen zur Kundenauftragsbearbeitung weiterhin nutzen. Wenn Sie z. B. schon einmal einen Kundenauftrag über Transaktion VA01 angelegt haben, werden Sie auch mit der SAP-Fiori-App **Kundenauftrag anlegen** zurechtkommen.

5.2.1 360-Grad-Sicht auf einen Kunden

Übersicht zum Kunden

Die SAP-Fiori-App **Kunde – 360°-Sicht** bietet Ihnen Informationen rund um die Kundenauftragsabwicklung einzelner Kunden. Die SAP-Fiori-App ist aus jeder Anwendung heraus erreichbar, in der der Button **Auftraggeber** enthalten ist. Über diesen Button wird ein Menü geöffnet, in dem Sie unter anderem die SAP-Fiori-App **Kunde – 360°-Sicht** hinterlegen und aufrufen können. Die 360-Grad-Sicht bietet Ihnen eine kompakte Übersicht zu den einzelnen Kunden. Sie haben schnellen Zugriff auf die Kontaktdaten der Ansprechpartner beim Kunden und sehen direkt, welchen Vertriebsbereichen der jeweilige Kunde zugeordnet ist. Des Weiteren erhalten Sie einen Überblick über die den Kunden betreffenden offenen Angebote, die für ihn angelegten Kundenaufträge, die mit ihm bestehenden Kontrakte, seine Kundenretouren und die aktuell bestehenden Auftragserfüllungsprobleme (siehe Abbildung 5.4).

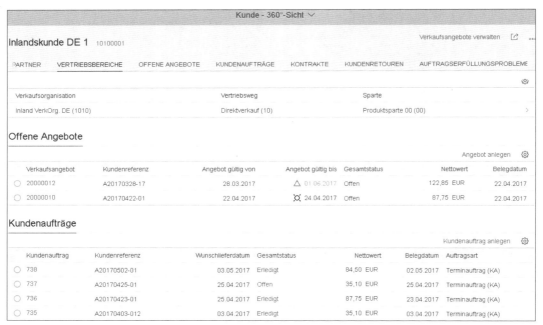

Abbildung 5.4 SAP-Fiori-App »Kunde – 360°-Sicht«

5.2.2 Kundenanfragen verwalten

Status der angelegten Kundenanfragen

Die SAP-Fiori-App **Kundenanfragen verwalten** dient der Verwaltung Ihrer Kundenanfragen. Mithilfe dieser App können Sie nach Kundenanfragen suchen und sie sich in einer Liste anzeigen lassen. Aus dieser Liste heraus können Sie in die zugehörigen Apps navigieren, um dort die Details einer

Kundenanfrage anzulegen, zu bearbeiten oder anzuzeigen. Darüber hinaus können alle Positionen einer Kundenanfrage abgesagt werden.

Anhand der unterschiedlichen Farbcodierungen in der Spalte **Angebot gültig bis** sind Sie jederzeit in der Lage, die Gültigkeitszeiträume Ihrer Angebote zu überwachen. Damit bekommen Sie einen schnellen Überblick darüber, welche Anfragen ihr Gültigkeitsende erreichen oder erreicht haben, ohne bereits in ein Angebot umgewandelt worden zu sein.

Die App gibt Ihnen darüber hinaus die Möglichkeit, den Gültigkeitszeitraum anzupassen bzw. Positionen abzusagen, ohne in die Detaildaten der jeweiligen Anfrage abspringen zu müssen. Dies können Sie über den Button **Gültigkeit verlängern** bzw. über den Button **Alle Positionen absagen** steuern (siehe Abbildung 5.5).

Abbildung 5.5 Kundenanfragen verwalten

5.2.3 Verkaufsangebote verwalten

Die SAP-Fiori-App **Verkaufsangebote verwalten** dient der Verwaltung Ihrer Verkaufsangebote. Sie unterstützt Sie dabei, sich einen Überblick über die im System angelegten Angebote und deren aktuellen Gesamtstatus zu verschaffen. Bei der Überwachung der Gültigkeitszeiträume unterstützt Sie das System durch unterschiedliche Farbcodierungen in der Spalte **Angebot gültig bis**. Auf diese Weise sehen Sie direkt, welche Angebote bald das Ende ihrer Gültigkeit erreichen bzw. schon erreicht haben, ohne in einen Auftrag umgewandelt worden zu sein. Gültigkeitszeiträume und Absagen können mit wenigen Klicks, ohne direkt in die Angebotspflege einzusteigen, über den Button **Gültigkeit verlängern** mit einem neuen Gültigkeitsenddatum bzw. über den Button **Alle Positionen absagen** mit einem Absagegrund versehen werden.

Status der angelegten Angebote

5 Vertrieb

Angebot anlegen

Über den Link **Angebot anlegen** können Sie direkt aus der SAP-Fiori-App **Verkaufsangebote verwalten** in die Erfassung neuer Angebote übergehen. Die Erfassung eines neuen Angebots unterscheidet sich nicht im Vergleich zu früheren SAP-Versionen. Wie Sie ein Angebot anlegen, zeigen wir Ihnen in Abschnitt 5.3, »Verkauf ab Lager«. In Abbildung 5.6 sehen Sie die Startseite der SAP-Fiori-App **Verkaufsangebote verwalten**.

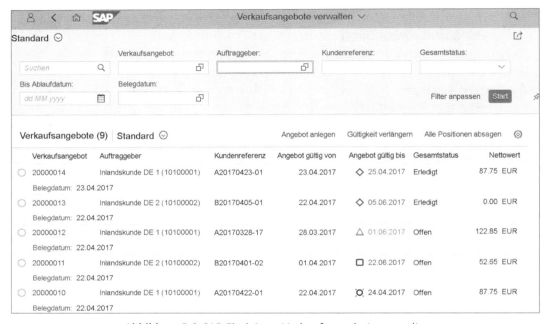

Abbildung 5.6 SAP-Fiori-App »Verkaufsangebote verwalten«

Angebot anzeigen und ändern

Über die Links der Spalte **Verkaufsangebot** können Sie ein zusätzliches Menü zum jeweiligen Verkaufsangebot öffnen. Dort können wiederum weitere für die Bearbeitung oder Verwaltung von Angeboten relevante Apps verlinkt bzw. aufgerufen werden. Von hier aus besteht unter anderem die Möglichkeit, in die Angebotsbearbeitung überzugehen oder sich das Angebot anzeigen zu lassen.

Umwandlungsraten von Angeboten

Die Umwandlungsraten Ihrer aktuell gültigen Angebote, respektive die tatsächliche Überführungsrate der Angebotsanteile in einen Kundenauftrag zum aktuellen Fortschritt des Gültigkeitszeitraums, können Sie über die SAP-Fiori-App **Umwandlungsraten von Angeboten** einsehen und analysieren. Im Einstiegsbild stehen Ihnen verschiedene Betrachtungssichten zur Auswahl:

- Verkaufsorganisation
- Kunde

- zuständiger Mitarbeiter
- Top-10-Angebote nach Nettowert
- Bottom-10-Angebote nach Umwandlungsrate

Innerhalb der jeweiligen App können Sie sich die Daten als Diagramm oder Liste ausgeben lassen.

In Abbildung 5.7 sehen Sie die grafische Aufbereitung der Umwandlungsraten mit Blick auf den Kunden. Der Sicht **Umwandlungsrate von Angeboten** entnehmen Sie, dass im Vergleich zu Inlandskunde DE1, Inlandskunde DE2 nur eine geringe Umwandlungsrate hat. Bei Bedarf können Sie in die weitere fachliche Analyse eintreten, um zu klären, welche Faktoren für die geringe Umwandlung von Angeboten verantwortlich sein könnten und wie man hier im Zuge der Angebotserstellung entgegensteuern könnte.

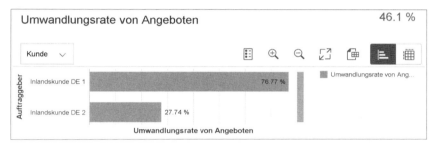

Abbildung 5.7 Umwandlungsraten von Angeboten als Diagramm

Abbildung 5.8 zeigt Ihnen eine Listenansicht aus der SAP-Fiori-App **Top-10-Angebote nach Nettowert**. In dieser Liste werden die Angebote, absteigend nach Angebotsnettowert, aufgeführt.

Top-10-Angebote nach Nettowert (7)			
Verkaufsangebot	Abgelaufene Zeit über Angebotszeitraum %	Umwandlungsrate von Angeboten	Nettowert
20000018	62 %	42,86 %	686,62 Tsd. USD
20000019	2,17 %	80,36 %	490,44 Tsd. USD
20000021	0 %	0 %	461,02 Tsd. USD
20000020	70,97 %	69,91 %	294,27 Tsd. USD
20000022	0 %	40 %	196,18 Tsd. USD
20000015	2,17 %	90 %	19,62 Tsd. USD

Abbildung 5.8 Umwandlungsraten von Angeboten als Liste

Neben dem Nettogesamtwert des Angebots und der darauf bezogenen Umwandlungsrate wird noch der prozentuale Fortschritt in Bezug auf die Erreichung des Endes des Angebotszeitraums abgebildet.

5.2.4 Verkaufskontrakte verwalten

Status der angelegten Verkaufskontrakte

Die SAP-Fiori-App **Verkaufskontrakte verwalten** dient der Verwaltung Ihrer Verkaufskontrakte (siehe Abbildung 5.9). Sie können sich mithilfe dieser App einen Überblick über die im SAP-System angelegten Verkaufskontrakte und deren aktuellen Gesamtstatus verschaffen.

Abbildung 5.9 Verkaufskontrakte verwalten

Aus der SAP-Fiori-App heraus können neue Kontrakte angelegt, angezeigt oder verändert werden. Über den Button **Kontrakt anlegen** werden Sie in den Erfassungsdialog für Verkaufskontrakte weitergeleitet. Über den Button **Alle Positionen absagen** können Sie komplette Kontrakte mit einem Absagegrund versehen. Die Erfassung neuer Kontrakte ist analog zur klassischen Transaktion VA41 (Kontrakt anlegen) gestaltet.

Erfüllungsraten von Verkaufskontrakten

Ihre im SAP-System hinterlegten Verkaufskontrakte können Sie im Detail über die SAP-Fiori-App **Erfüllungsraten von Verkaufsangeboten** analysieren und überwachen. Die App bietet Ihnen eine Übersicht über den aktuellen Erfüllungsgrad inklusive des Fortschritts im Gültigkeitszeitraum Ihrer Kontrakte. Sie können Kontrakte ermitteln, die nicht abgerufen werden, oder solche, deren Zielwert weit vor Ablauf des Kontraktzeitraums erreicht wird. Im letzteren Fall können Sie rechtzeitig reagieren und entsprechende Maßnahmen ergreifen.

In Abbildung 5.10 sehen Sie einen Ausschnitt aus der Aufbereitung der im System hinterlegten Kontrakte mit der Sicht **Top-10-Kontrakte nach Zielwert**, hier dargestellt in einer Liste. Alternativ ist es möglich, die Ausgabe als Diagramm anzeigen zu lassen.

5.2 Kundenauftragsabwicklung

Erfüllungsrate von Verkaufskontrakten			42.78 %
Top-10-Kontrakte nach Zielwert ⌄			
Top-10-Kontrakte nach Zielwert (2)			
Verkaufskontrakt	Abgelaufene Zeit über Kontraktzeitraum %	Erfüllungsrate von Verkaufskontrakten	Zielwert
40000000	60.82 %	26.66 %	265.01 Tsd. USD
40000001	66.47 %	59.88 %	250.00 Tsd. USD

Abbildung 5.10 Erfüllungsraten von Verkaufskontrakten – »Top-10-Kontrakte nach Zielwert«

5.2.5 Kundenaufträge verwalten

Mit der SAP-Fiori-App **Kundenaufträge verwalten** (siehe Abbildung 5.11) verschaffen Sie sich einen Überblick über die im System angelegten Kundenaufträge und deren aktuellen Gesamtstatus. Aus dieser App heraus können Sie mit wenigen Klicks Liefer- und Fakturasperren verwalten oder Kundenaufträge komplett absagen, ohne in die Bearbeitung des Kundenauftrags einzusteigen.

Status der angelegten Kundenaufträge

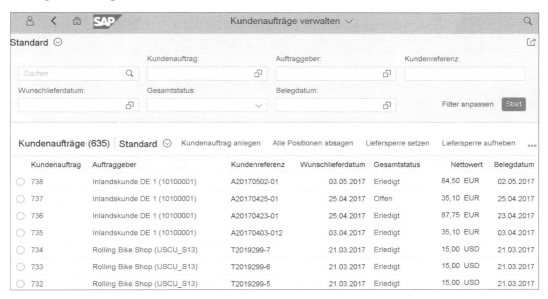

Abbildung 5.11 SAP-Fiori-App »Kundenaufträge verwalten«

215

Sie können ebenfalls nach kostenlosen Kundenaufträgen suchen und sich diese in einer Liste anzeigen lassen. Dies erfolgt mit der SAP-Fiori-App **Kostenlose Kundenaufträge verwalten** (siehe Abbildung 5.12).

Abbildung 5.12 SAP-Fiori-App »Kostenlose Kundenaufträge verwalten«

Kundenauftrag anlegen

Über den Button **Kundenauftrag anlegen** (Abbildung 5.11) werden Sie in die SAP-Fiori-App **Kundenauftrag anlegen** weitergeleitet. Die Erfassung von Kundenaufträgen entspricht der Erfassung über die klassische Transaktion VA01 (Kundenauftrag anlegen). Diesen Vorgang greifen wir in Abschnitt 5.3, »Verkauf ab Lager«, noch einmal auf.

Kundenauftrag anzeigen und ändern

Über die Links in der Spalte **Kundenauftrag** öffnen Sie ein zusätzliches Menü zum jeweiligen Kundenauftrag (siehe Abbildung 5.11). Dort können wiederum weitere relevante SAP-Fiori-Apps verlinkt bzw. aufgerufen werden. Von hier aus können Sie unter anderem in die Bearbeitung der Kundenaufträge einsteigen oder sich diese anzeigen lassen. Die Buttons **Anzeigen** und **Ändern** stehen Ihnen im gewohnten Stil der Transaktionen VA02 und VA03 zur Verfügung. Die Anzeige der Kundenaufträge können Sie sich zusätzlich auf einem Infoblatt ausgeben lassen, das allgemeine Informationen zum Auftrag enthält. Sie finden dort auch Informationen zu den im Auftrag enthaltenden Positionen und einen grafisch aufbereiteten Prozessablauf bzw. Belegfluss.

Prozessablauf

Mit einem Klick auf den Status eines Auftrags in der Spalte **Gesamtstatus** können Sie sich einen Überblick über den Ablauf des Kundenauftragsprozesses verschaffen. Im Prozessablauf werden alle zum Vorgang gehörenden Vertriebsbelege in einer Grafik dargestellt. Sie sehen dabei direkt, in welchem Prozessschritt sich der betreffende Vorgang befindet und welcher Beleg als Nächstes zu erwarten ist. In Abbildung 5.13 sehen Sie als Beispiel die Prozessübersicht zu Terminauftrag 736. Den Prozessablauf können Sie auch in anderen SAP-Fiori-Apps aufrufen.

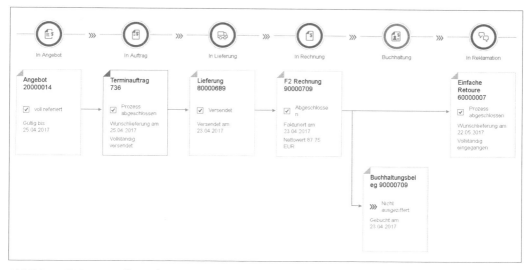

Abbildung 5.13 Darstellung des Prozessablaufs bei der Kundenauftragsbearbeitung

5.2.6 Gut- und Lastschriftsanforderungen verwalten

Mit den SAP-Fiori-Apps **Gutschriftsanforderungen verwalten** und **Lastschriftsanforderungen verwalten** verschaffen Sie sich einen Überblick über die im System angelegten Gut- und Lastschriftsanforderungen und deren aktuellen Gesamtstatus. Sie können aus den Apps heraus neue Belege anlegen (z. B. über einen Klick auf **Gutschriftsanforderung anlegen**) oder bestehende Gut- oder Lastschriftsanforderungen bearbeiten. Aus der Übersicht heraus können Sie des Weiteren die Fakturasperren verwalten oder Belege komplett absagen. In Abbildung 5.14 sehen Sie die SAP-Fiori-App **Gutschriftsanforderungen verwalten**.

Status der angelegten Gut- und Lastschriften

Über die Links der Spalte **Gutschriftsanfo.** (Gutschriftsanforderung) bzw. **Lastschriftsanfo.** (Lastschriftsanforderung) öffnen Sie ein Menü, in dem Apps für die Erfassung, Anzeige und Änderung von Gut- oder Lastschriftsanforderungen verfügbar sind.

Die Bearbeitung von Gut- und Lastschriften über SAP-Fiori-Apps ähnelt den klassischen Transaktionen VA01, VA02 und VA03. Zusätzlich können Sie mit einem Klick auf die Vertriebsbelegnummer das Infoblatt zum Vertriebsbeleg öffnen, in dem Ihnen der Vertriebsbeleg übersichtlich dargestellt wird. Das Infoblatt bietet Ihnen zudem eine Übersicht über weitere zum Prozess dazugehörige Vertriebsbelege.

5 Vertrieb

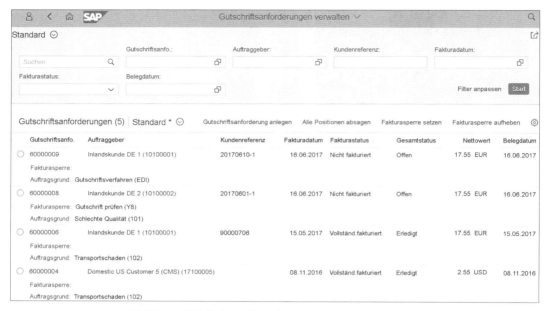

Abbildung 5.14 Gutschriftsanforderungen verwalten

Handelsfinanzierung

Seit Release 1709 ist die Handelsfinanzierung im Vertrieb integriert. Mit dieser Funktion können Sie nun zum Absichern der Zahlung Ihrer Kundenaufträge Handelsfinanzierungsgeschäfte (z. B. Akkreditivgeschäfte) verwenden. Bei der Integration werden folgende Produktarten in der Handelsfinanzierung unterstützt:

- Akkreditiv
- Stand-by Letter of Credit
- Bankbürgschaft

5.2.7 Fakturen verwalten

Für die Fakturierung Ihrer Vertriebsbelege und die Verwaltung der Fakturen stehen Ihnen neben den SAP-Fiori-Apps **Fakturen anlegen – VF01**, **Fakturen ändern – VF02**, **Fakturen anzeigen – VF03** und **Fakturen anlegen – VF04**, die den klassischen Transaktionen VF01, VF02, VF03 und VF04 entsprechen, noch die Apps **Fakturen anlegen** und **Fakturen verwalten** zur Verfügung.

Fakturen anlegen Die SAP-Fiori-App **Fakturen anlegen** bietet Ihnen eine übersichtliche Benutzeroberfläche für die Fakturierung Ihrer Vertriebsbelege. Über die Filter können Sie den Fakturavorrat definieren, um anschließend die Fakturierung der gewünschten Vertriebsbelege durchzuführen. Abbildung 5.15 zeigt Ihnen eine Auflistung mit fakturierbaren Vertriebsbelegen innerhalb der SAP-Fiori-App **Fakturen anlegen**.

Innerhalb der App besteht die Möglichkeit, Einstellungen für das Erzeugen von Fakturen vorzunehmen. In die Fakturaeinstellungen gelangen Sie über das Zahnradsymbol der Fußzeile. So können Sie z. B. durch die Aktivierung der Einstellung **Fakturen nach Anlegen anzeigen** und **Fakturen automatisch versenden** steuern, dass nach Anlage einer Faktura diese direkt in die Buchhaltung übergeben wird und Ihnen die erstellten Fakturen direkt angezeigt werden. Zudem stehen Ihnen noch die Einstellungen **Fakturadatum vor Fakturierung eingeben** und **Getrennte Fakturen für jede Position des Fakturavorrats** zur Auswahl.

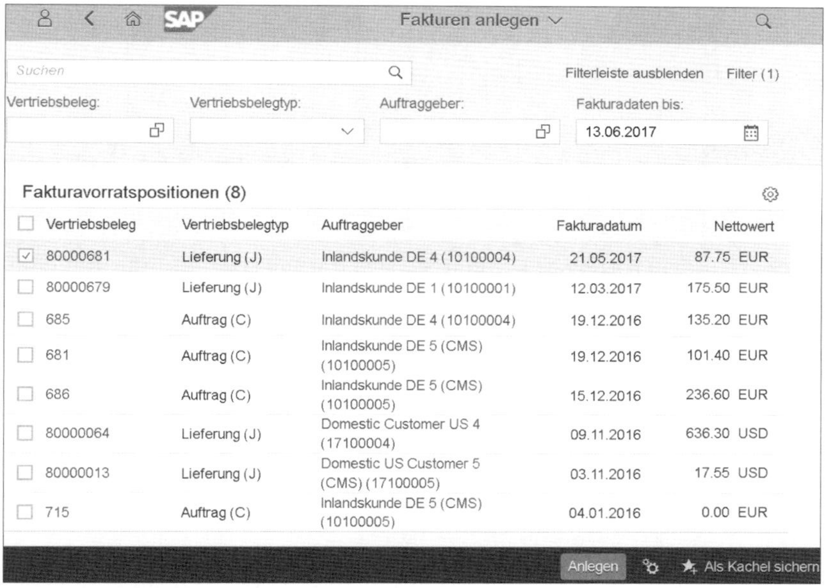

Faktura-einstellungen

Abbildung 5.15 Fakturen anlegen

Mit der SAP-Fiori-App **Fakturen verwalten** verschaffen Sie sich einen Überblick über die im System angelegten Fakturen und deren aktuellen Status (Abbildung 5.16 zeigt die Startseite dieser App). Sie erreichen über die Verlinkungen in den Spalten **Faktura** und **Auftraggeber** zusätzliche Menüs, in denen Sie Verlinkungen zu anderen Apps definieren können. Im Menü der Spalte **Faktura** können Links zu den SAP-Fiori-Apps **Fakturen anlegen**, **Fakturen ändern** und **Fakturen anzeigen** hinterlegt werden. Ausgehend von der Startseite der App, stehen Ihnen Buttons zur Verfügung, um sich Fakturen anzeigen zu lassen (**Anzeigen**), Fakturen zu stornieren (**Fakturen stornieren**) und Fakturen zu versenden (**Fakturen versenden**). Über Checkboxen können

Fakturen verwalten

die oben genannten Funktionen auf mehrere Vertriebsbelege gleichzeitig angewendet werden.

Abbildung 5.16 Fakturen verwalten

Fakturabeleg anzeigen

Über den Button **Anzeigen** können Sie sich die selektierten Fakturen oder auch Gutschriften etc. im Detail anzeigen lassen. Wählen Sie mehr als eine Faktura zur Anzeige aus, werden die Fakturen in einer Liste aufgeführt, in der Sie schnell und einfach von einer Faktura zur anderen wechseln können. Einen Eindruck davon, wie die Detailsicht der Faktura aussieht, soll Ihnen der Ausschnitt in Abbildung 5.17 vermitteln.

Abbildung 5.17 Faktura anzeigen

5.2.8 Performance der Auftragsabwicklung überwachen

Als Prozessmanager oder Prozessverantwortlicher im Bereich der Kundenauftragsabwicklung haben Sie ein großes Interesse daran, die Performance Ihrer verantworteten Prozesse im Blick zu behalten, Problemfälle frühzeitig zu erkennen, Maßnahmen gegen bevorstehende oder akute Problemsituationen einzuleiten oder Auswertungen zu Planungszwecken und Prozessoptimierungen heranzuziehen. Um den Prozesszustand Ihrer Kundenauftragsabwicklung zu analysieren, sind in herkömmlichen SAP-Systemen oft mehrere Reports und Transaktionen notwendig, um die relevanten Daten zu beschaffen. Allerdings sind diese Daten oft nicht aktuell. Ein Grund hierfür kann z. B. ein Report sein, der nur einmal am Tag Daten bereitstellt. Oft werden Abfrageergebnisse dann noch zusätzlich in externe Programme exportiert, um diese weiterführend auszuwerten.

Problemfälle schnell erkennen

Mit den SAP-Fiori-Apps **Performance der Auftragsabwicklung – Übersicht**, **Performance der Auftragsabwicklung – Letzte 28 Tage** und **Performance der Auftragsabwicklung – Zeitreihen** stehen Ihnen in SAP S/4HANA umfangreiche analytische Apps zur Verfügung, mit denen Sie sich schnell, flexibel und komfortabel einen Überblick über die aktuelle und vergangene Prozesssituation verschaffen können. Die Daten werden dabei wahlweise grafisch oder im Listenformat aufbereitet und sind dabei exportfähig. Die Apps bieten Ihnen, unter Einbezug der im System hinterlegten Kennzahlen (Key Performance Indicators, KPIs), einen Rundumblick auf Ihre Auftragsprozesse – und das über diverse Ebenen hinweg, von der Verkaufsorganisation bis hinunter zur Materialebene.

Neue SAP-Fiori-Apps für die Performanceüberwachung

Über die SAP-Fiori-App **Performance der Auftragsabwicklung – Übersicht** erhalten Sie einen schnellen Überblick über die Prozesssituation der Kundenauftragsabwicklung. Die App stellt Informationen aggregiert auf einer Übersichtsseite bereit. Auf dieser befinden sich separate Registerkarten, die jeweils Informationen in Bezug auf die Kundenauftragsabwicklung enthalten. Die Übersichtsseite ist personalisierbar, sodass Sie nur die für Sie wichtigen Daten im Blick haben. Auf den Registerkarten können Informationen zu akuten Problemfällen bzw. Statistiken zu finden sein. Um Detailinformationen zu den jeweiligen Vorgängen aufzurufen, wählen Sie die einzelnen Registerkarten und deren Untersegmente einfach per Mausklick aus. Sie werden dann in die entsprechend verlinkte App weitergeleitet. Wählen Sie z. B. die Registerkarte **Probleme mit Kundenaufträgen**, werden Sie direkt in die SAP-Fiori-App **Erfüllung von Kundenaufträgen** weitergeleitet. Diese App dient der Problemklärung und wird im nächsten Abschnitt behandelt. Einen Ausschnitt aus der SAP-Fiori-App **Performance der Auftragsabwicklung – Übersicht** sehen Sie in Abbildung 5.18.

Performance der Auftragsabwicklung: Übersicht

5 Vertrieb

Sicht: die letzten 28 Tage

Über die Ausprägung der App mit Sicht auf die letzten 28 Tage werden Ihnen die KPIs der letzten 28 Tage zur Verfügung gestellt. Diese sind in Form von Listen oder Balken- und Ringdiagrammen verfügbar. In Abbildung 5.18 sehen Sie eine Auswertung über die KPIs **Summen nach Kunde** (Balkendiagramm).

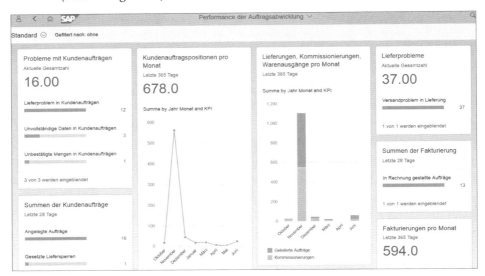

Abbildung 5.18 Übersicht über die Performance der Auftragsabwicklung

Im dargestellten Ausschnitt in Abbildung 5.19 sehen Sie einige KPIs rund um die Kundenauftragsabwicklung mit einer Auswertung auf Kundenebene. Dargestellt werden Ihnen in diesem Fall z. B. die Summen der Auftragspositionsaktualisierungen, gelieferte Auftragspositionen und angelegte Auftragspositionen der letzten 28 Tage. Die genannten Angaben bilden nur einen sehr geringen Teil der verfügbaren KPIs ab und sollen Ihnen lediglich als Beispiel dienen.

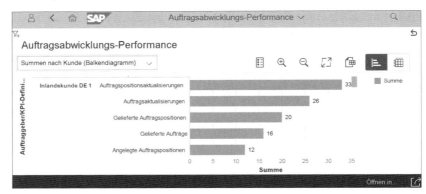

Abbildung 5.19 Performance der Auftragsabwicklung der letzten 28 Tage

5.2 Kundenauftragsabwicklung

Über die Ausprägung **Performance der Auftragsabwicklung – Zeitreihe** können Sie auf die Historie der Performance zurückgreifen, die bis zu maximal 365 Tage zurückliegt. In Abbildung 5.20 sehen Sie ein Beispiel für den Verlauf der KPIs der letzten 365 Tage in Summe auf der Basis der Datenlage unseres Demosystems. Im März haben wir übrigens im Zusammenhang mit diesem Kapitel vermehrt Belege angepasst; dieses spiegelt sich auch in dieser Grafik wider.

Zeitlinie der vergangenen 365 Tage

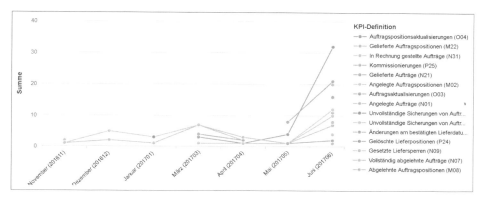

Abbildung 5.20 Performance der Auftragsabwicklung als Zeitreihe (Liniendiagramm)

Um Ihnen mithilfe eines weiteren Beispiels ein Gefühl für die SAP-Fiori-Apps zu vermitteln, sehen Sie in Abbildung 5.21 den Ausschnitt aus einer Auswertung über die Summen der KPIs, und zwar anteilig nach Auftraggebern. Visualisiert wird unter anderem z. B. die Anzahl aller Auftragsaktualisierungen und Kommissionierungen innerhalb eines gewissen Zeitraums, anteilig auf die Kunden verteilt, hier in der Anzeigevariante Balkendiagramm. Die konkreten Zahlen können Sie sich bei Bedarf in einer Liste ausgeben lassen.

Kennzahlen nach Auftraggebern

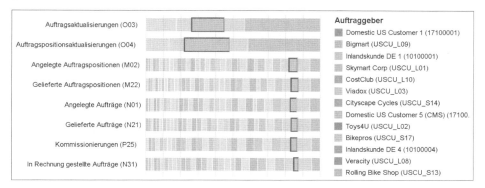

Abbildung 5.21 Performance der Auftragsabwicklung als Zeitreihe (Balkendiagramm)

223

5 Vertrieb

Analyse von Durchlaufzeiten

Sie haben zudem die Möglichkeit, auf verschiedensten Ebenen die Durchlaufzeiten Ihrer Prozesse zu analysieren und zu überwachen. Beispielhaft sehen Sie in Abbildung 5.22 eine Auswertung der Durchlaufzeiten auf der Ebene der Kundenaufträge. In diesem Fall wird die Performance der Kundenaufträge aufsteigend aufgelistet. In dieser speziellen Auswertung werden daher die Kundenaufträge mit der schlechtesten Performance im oberen Bereich aufgeführt.

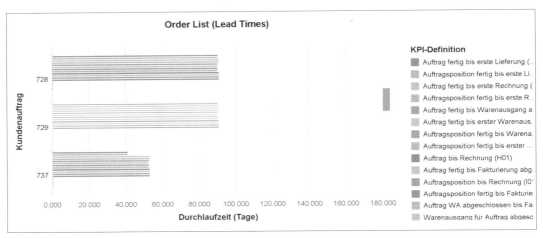

Abbildung 5.22 Performance der Durchlaufzeiten als Zeitreihe

Die Durchlaufzeiten können Sie sich dabei auch auf der Belegebene aggregiert anzeigen lassen und somit noch tiefer gehend analysieren. Innerhalb der Apps haben Sie die Möglichkeit, über **Öffnen in • Aggregierte Prozessaktivitäten anzeigen** in die aggregierte Prozessanzeige zu wechseln. Um Ihnen hier einen Eindruck zu vermitteln, haben wir die aggregierte Sicht auf die Prozessaktivitäten zu Kundenauftrag 729 geöffnet. Das Detail-Level haben wir dabei auf 75 % gesetzt und festgelegt, dass wir die Durchlaufzeiten sehen möchten. Je nach Detail-Level werden die einzelnen Prozessschritte, inklusive der Durchlaufzeiten, aggregiert angezeigt (siehe Abbildung 5.23).

Die aggregierte Prozessanzeige ist ein hilfreiches Werkzeug. Sie können über diese App ermitteln, welcher Prozessschritt im Einzelnen oder auch im Schnitt viel Zeit beansprucht und diesen Wert als Ansatzpunkt nutzen, um mögliche Prozessverbesserungen zu erarbeiten. Zusätzlich zur Durchlaufzeit können Sie dieser App auch die aggregierte Durchlaufmenge entnehmen.

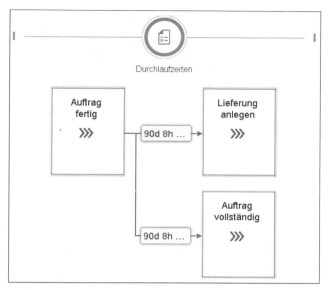

Abbildung 5.23 Aggregierte Prozessaktivitäten zur Bestimmung der Durchlaufzeit

5.2.9 Kundenaufträge erfüllen

Die SAP-Fiori-App **Erfüllung von Kundenaufträgen** bietet Ihnen einen Überblick über potenziell bestehende Probleme und hilft Ihnen dabei, Missstände in Bezug auf die Kundenauftragserfüllung zu ermitteln und zu beheben. Abhängig von der gewählten Filterselektion und der Einstellung der App, werden die potenziellen Problemfälle entsprechend aufbereitet. Sie haben die Wahl zwischen einer grafischen Aufbereitung und der Ausgabe in einer Liste. Ein Vorgang wird unter anderem als Problemfall deklariert, sobald eine erwartete Aktion nicht in einem bestimmten zeitlichen Rahmen erfolgte oder nicht vollständig abgeschlossen wurde. Eine erwartete Aktion kann z. B. die Belieferung eines Auftrags sein. Wenn dieser nicht im erwarteten Zeitraum beliefert wurde, wird der Kundenauftrag als Problemfall klassifiziert. Weitere Problemfälle können z. B. nicht bestätigte Mengen oder unvollständige Auftragsdaten sein. Die Klärung der einzelnen Problemfälle können Sie dann innerhalb der SAP-Fiori-App **Probleme mit Kundenauftrag klären** bearbeiten. Diese App ist über eine Verlinkung direkt aus der SAP-Fiori-App **Erfüllung von Kundenaufträgen** heraus aufrufbar. Der Arbeitsvorrat wird entsprechend der Selektion bzw. den gesetzten Filtern aus dieser übernommen. Wie das aussehen kann, veranschaulichen wir auf den folgenden Seiten anhand eines Beispiels.

Status der Kundenauftragserfüllung

5 Vertrieb

Probleme bei der Kundenauftragserfüllung

Abbildung 5.24 zeigt die Auswertung der aktuell bestehenden Probleme in der Kundenauftragserfüllung (SAP-Fiori-App **Erfüllung von Kundenaufträgen**), in diesem Fall ohne Einschränkungen über die Filterkriterien, in der Anzeigevariante **Diagramm**. In der Selektionsvariante **Problem** werden die bestehenden Probleme in der Kundenauftragserfüllung, nach Störfall gruppiert, aufgelistet.

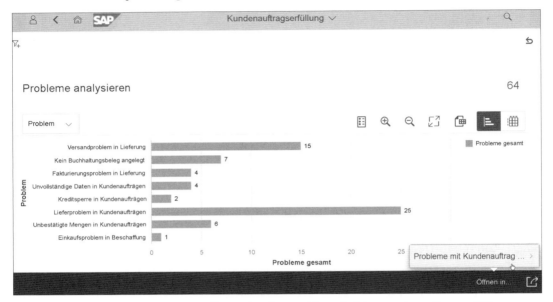

Abbildung 5.24 Übersicht über Probleme bei der Kundenauftragserfüllung

Problem mit Kundenauftrag klären

Sie können aus der Sicht **Kundenauftragserfüllung** heraus die Funktion **Öffnen in** • **Probleme mit Kundenauftrag klären** aufrufen. Die selektierten Problemfälle werden dadurch in einen Arbeitsvorrat übertragen und in die SAP-Fiori-App **Probleme mit Kundenauftrag klären** übernommen, wo sie bearbeitet werden können. Innerhalb der SAP-Fiori-App **Probleme mit Kundenauftrag klären** werden die Fälle grafisch den einzelnen Prozessschritten zugeordnet und nach Problemen gruppiert. In einem diesen Problemgruppen entsprechenden Menü werden Ihnen die entsprechenden Aktivitäten für die Problemklärung zur Verfügung gestellt. So können Sie Kundenaufträge von dort aus direkt absagen, in das Unvollständigkeitsprotokoll des Auftrags, sofern relevant, Einsicht nehmen, eine erneute Verfügbarkeitsprüfung durchführen, ausstehende Lieferungen anlegen, Fakturen erstellen oder fehlende Buchhaltungsbelege erzeugen.

Abbildung 5.25 zeigt einen Ausschnitt aus dem Einstiegsbild der App. Per Mausklick in die jeweilige Zeile können Sie dann in die Einzelfallprüfung einsteigen; dies beschreiben wir beispielhaft für Kundenauftrag 737. Dieser ist laut System schon seit 41 Tagen überfällig.

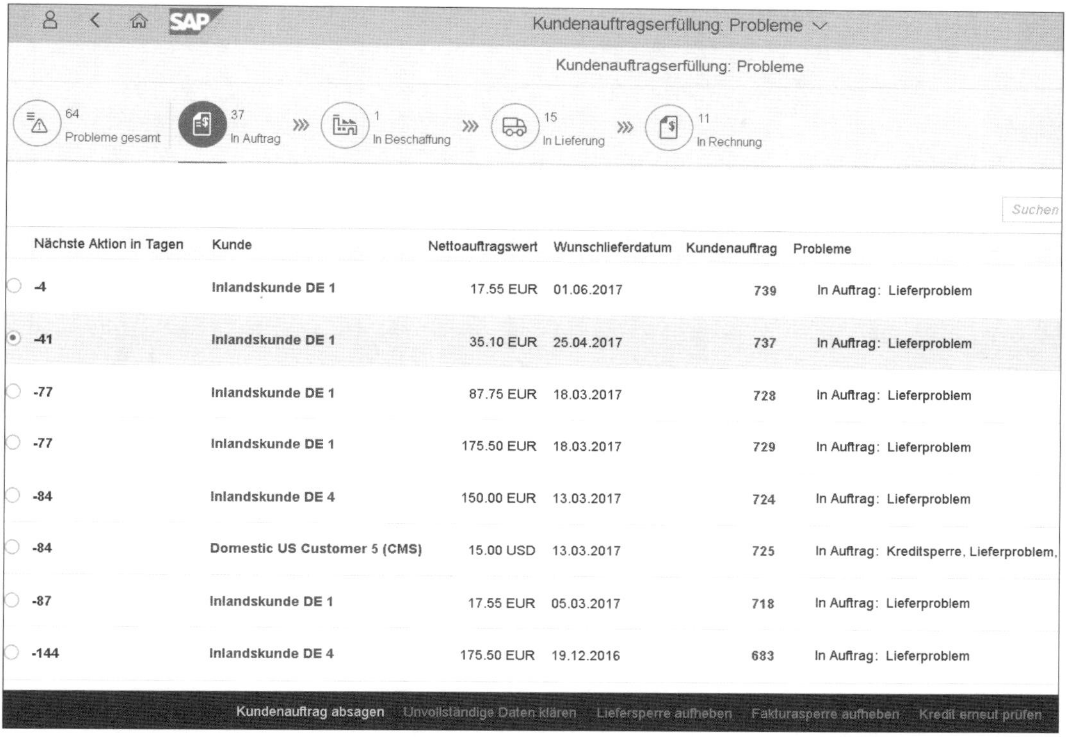

Nächste Aktion in Tagen	Kunde	Nettoauftragswert	Wunschlieferdatum	Kundenauftrag	Probleme
-4	Inlandskunde DE 1	17.55 EUR	01.06.2017	739	In Auftrag: Lieferproblem
-41	Inlandskunde DE 1	35.10 EUR	25.04.2017	737	In Auftrag: Lieferproblem
-77	Inlandskunde DE 1	87.75 EUR	18.03.2017	728	In Auftrag: Lieferproblem
-77	Inlandskunde DE 1	175.50 EUR	18.03.2017	729	In Auftrag: Lieferproblem
-84	Inlandskunde DE 4	150.00 EUR	13.03.2017	724	In Auftrag: Lieferproblem
-84	Domestic US Customer 5 (CMS)	15.00 USD	13.03.2017	725	In Auftrag: Kreditsperre, Lieferproblem
-87	Inlandskunde DE 1	17.55 EUR	05.03.2017	718	In Auftrag: Lieferproblem
-144	Inlandskunde DE 4	175.50 EUR	19.12.2016	683	In Auftrag: Lieferproblem

Kopfzeile: Kundenauftragserfüllung: Probleme — 64 Probleme gesamt, 37 In Auftrag, 1 In Beschaffung, 15 In Lieferung, 11 In Rechnung.

Aktionen: Kundenauftrag absagen | Unvollständige Daten klären | Liefersperre aufheben | Fakturasperre aufheben | Kredit erneut prüfen

Abbildung 5.25 Probleme mit Kundenauftrag klären

Der Kundenauftrag 737 wurde als Problemfall als »In Auftrag: Lieferproblem« kategorisiert. Wir wählen den Eintrag per Mausklick aus und werden in die Detailsicht bzw. Problemklärung weitergeleitet, in der die Klärung des Problems auf der Positionsebene stattfindet.

Auf dieser Ebene werden Ihnen zur Problemklärung zum einen Informationen rund um den Problemfall bereitgestellt und zum anderen Werkzeuge zur Dokumentation des Vorgangs. In Abbildung 5.26 sehen Sie weiterführende Informationen zum Problemfall. Über die eingeblendeten Symbole können Sie sich zusätzliche Informationen zum Vorgang anzeigen lassen; von links nach rechts gesehen, stehen die Symbole für Informationen, Notizen, Anlagen, Ansprechpartner und den Verarbeitungsstatus.

Informationen zum Vorgang

Wählen Sie eines der Symbole aus, werden Ihnen die entsprechenden Informationen oder auch Aktionen zugänglich gemacht. Die Informationen werden zusätzlich in das Gesamtbild der App eingefügt bzw. bei Bedarf wieder ausgeblendet. Aus den zusätzlichen Informationen können wir erkennen, dass zum Auftrag noch keine Lieferung erzeugt wurde. Abbildung 5.26 zeigt einen Ausschnitt aus der Sicht **Informationen** der SAP-Fiori-App.

Abbildung 5.26 Detailinformationen zum Problemfall

Notizen und Anlagen

Eine nützliche Funktion, auf die wir an dieser Stelle noch kurz eingehen möchten, ist die Hinterlegung von Notizen und Anlagen zum Vorgang. Auf diese Weise kann der Sachbearbeiter relevante Informationen direkt beim Vorgang hinterlegen. Für die weitere Bearbeitung stehen diese Informationen zur Verfügung und dokumentieren damit gleichzeitig den Vorgang. Hier könnten z. B. Absprachen mit dem Kunden sowie interne Notizen zum Vorgang hinterlegt werden. Im Fall eines krankheitsbedingten Ausfalls eines Kollegen kann der vertretende Sacharbeiter den aktuellen Klärungsstand direkt am Vorgang selbst einsehen und die Klärung vorantreiben.

Problemklärung durch Folgebeleggenerierung

Innerhalb der SAP-Fiori-App **Kundenauftragserfüllung: Probleme** können wir in unserem Beispiel im Fall von Auftrag 737 nach fachlicher Klärung die ausstehende Lieferung direkt erzeugen. Der Problemfall ist damit für das System geklärt und wird daher nicht mehr bei den aktuellen Problemfällen angezeigt. Prozessseitig kann der Vorgang in die weitere Verarbeitung übergeben werden. Abbildung 5.27 zeigt Ihnen die Ansicht des Vorgangs nach der Klärung des Problemfalls durch die manuelle Belieferung des Auftrags direkt aus der SAP-Fiori-App **Probleme mit Kundenauftrag klären** heraus.

5.2 Kundenauftragsabwicklung

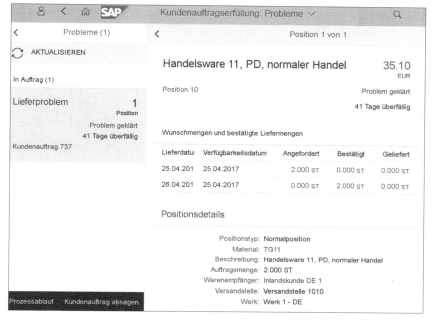

Abbildung 5.27 Klärung eines Problems mit einem Kundenauftrag

Die Liefertreue von Kundenaufträgen hat eine starke, direkte Auswirkung auf die Kundenzufriedenheit. Möchte man eine maximale Kundenbindung erreichen, ist es essenziell zu wissen, wie es um die eigene Liefertreue bestellt ist. Zu diesem Zweck wurde im Rahmen von Release 1709 die Liefertreue-App eingeführt. Die App vergleicht das Wunschlieferdatum des Kunden für Kundenauftragspositionen mit dem tatsächlichen Lieferdatum der entsprechenden Auslieferungen. Ein erster Indikator wird bereits als Übersicht auf der Kachel der Liefertreue-App angezeigt. Hier wird für die Periode der vergangenen drei Wochen der Anteil der gemäß dem Kundenwunsch gelieferten Kundenaufträge angezeigt.

In der App selbst werden Ihnen wunschgemäß gelieferte Kundenauftragspositionen angezeigt. Diese werden durch die Anzahl und den Nettowert sowie das Verhältnis zur gesamten Anzahl an Kunden-auftragspositionen dargestellt. Außerdem wird die durchschnittliche Liefertreue angezeigt, das heißt die gesamte Anzahl an Verspätungen aller Kundenaufträge, geteilt durch die gesamte Anzahl aller Kundenaufträge, und der gesamte und maximale Lieferverzug in Tagen, im Verhältnis zum Wunschlieferdatum (siehe Abbildung 5.28).

5   Vertrieb

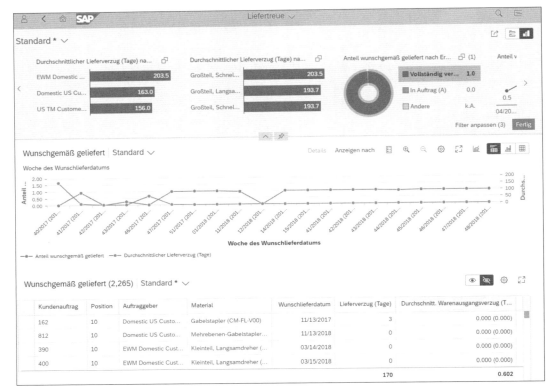

Abbildung 5.28 Liefertreue

5.2.10 Umsatzanalysen erstellen

Für die Analyse Ihrer Umsätze stehen Ihnen neben der SAP-Fiori-App **Umsatz – Flexible Analyse** noch weitere neue Apps zur Verfügung. Vorstellen möchten wir Ihnen die Apps **Umsatz – Offenen Umsatz überprüfen** und **Umsatz – Deckungsbeitrag**.

Offenen Umsatz überprüfen

Mit der SAP-Fiori-App **Umsatz – Offenen Umsatz überprüfen** steht Ihnen ein Hilfsmittel zur Verfügung, mit dem Sie sich einen schnellen und flexiblen Überblick über Ihre Umsätze und den potenziellen Umsatz aus offenen Kundenaufträgen und Lieferungen verschaffen können. Die aufbereiteten Daten entsprechen dabei dem aktuellen Ist-Stand im System. Aktualisieren Sie die App, werden die aktuellen Umsatzdaten angezeigt.

Das Detail-Level der Auswertung können Sie, je nach Bedarf spezifizieren. Je nach Filterkriterium, Ansichtsvariante und Einstellung der App werden Ihnen die entsprechenden Daten in der gewünschten Form auf Basis der aktuellen Datenlage zur Verfügung gestellt. Durch Vorwärtsnavigation

(Mausklick auf die Grafik) können Sie den Detailgrad und die Ansichtsvariante weiter spezifizieren. Auswertungen können, um nur ein paar Beispiele zu nennen, auf der Ebene der Verkaufsorganisationen, des Auftraggebers, der Verkaufsbelege und des Materials durchgeführt werden. In Abbildung 5.29 sehen Sie eine grafische Auswertung (Diagramm) zu den Kunden Inlandskunde DE 1 und Inlandskunde DE 2.

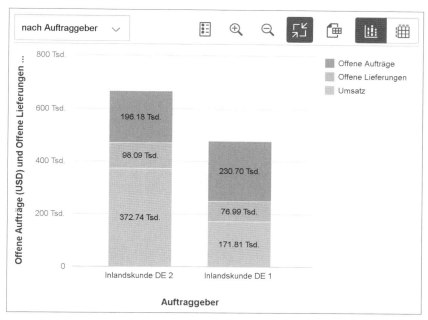

Abbildung 5.29 Umsatzanalyse als Säulendiagramm

Zusätzlich zur grafischen Auswertung des Umsatzes haben Sie die Möglichkeit, die angezeigten Daten auch in Form einer exportfähigen Liste (z. B. in Microsoft Excel) auszugeben. In Abbildung 5.30 sehen Sie die in Abbildung 5.29 dargestellte Auswertung in der Listenanzeige.

Mit der SAP-Fiori-App **Umsatz – Deckungsbeitrag** können Sie sich einen Überblick über die Deckungsbeiträge verschaffen. Die Funktionsweise ist dabei ähnlich wie die der SAP-Fiori-App **Umsatz – Offenen Umsatz überprüfen**. Anstelle der offenen Umsätze in Form von offenen Aufträgen und Lieferungen wird Ihnen hier der Deckungsbeitrag dargestellt. Wieder können Sie zwischen der Darstellung als Grafik und der Darstellung als Liste wählen. Wenn Sie die App aufrufen, wird Ihnen der aktuelle Ist-Stand angezeigt. Sie können den Deckungsbeitrag vom Detailgrad bis auf die Ebene des Materials bestimmen. Abbildung 5.31 zeigt Ihnen die grafische Aufbereitung nach Umsatz und Deckungsbeitrag pro Kunde.

Deckungsbeitrag

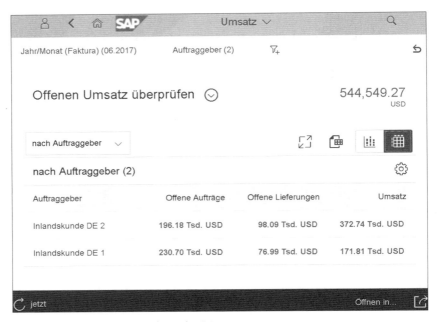

Abbildung 5.30 Umsatzanalyse als Liste

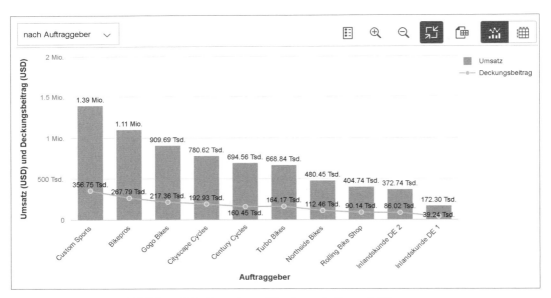

Abbildung 5.31 Umsatz und Deckungsbeitrag als Diagramm

Die Apps bieten Ihnen einen komfortablen und stets aktuellen Einblick in Ihre Umsätze.

5.2.11 Meine Verkäufe – Übersicht über vertriebsrelevante Daten

Mit Release 1709 wurde die SAP-Fiori-App **Meine Verkäufe** eingeführt. Diese App gibt Ihnen die Möglichkeit, innerhalb eines Dashboards wesentliche Verkaufsdaten in übersichtlichen Karten darzustellen. Wesentliche Elemente sind das Anzeigen von Kundenkontaktdaten bzw. von Kundenansprechpartnern, von Problemklassen in Bezug auf die Kundenauftragserfüllung, von Kundenretouren oder gesperrten Gutschriftsanforderungen. Dabei ist es immer möglich, per Mausklick direkt in den jeweiligen Datensatz abzuspringen und dort die Bearbeitung vorzunehmen.

Über sogenannte *Schnellaktionen* ist es möglich, direkt in andere Transaktionen abzuspringen, wie z. B. Kundenauftrag anlegen oder Kundenretoure anlegen. Besonders hervorzuheben ist die grafische Darstellung des wertmäßigen Kundenauftragseingangs. Dabei erfolgt die Darstellung mithilfe eines Liniendiagramms, das die Entwicklung des Auftragseingangs über das letzte sowie das aktuelle Jahr darstellt und somit miteinander vergleicht. Darüber hinaus wird der aktuelle Auftragseingangswert mit dem Wert im Vorjahr verglichen und mögliche Abweichungen als Absolutwerte angegeben.

Schnellaktionen

Diese App bietet damit in Summe eine übersichtliche Darstellung zentraler vertriebsrelevanter Daten, verschafft Ihnen also einen schnellen Überblick und ermöglicht es Ihnen, gegebenenfalls direkt in die Detailbearbeitung abzuspringen (siehe Abbildung 5.32).

Abbildung 5.32 Meine Verkäufe – Übersicht

5.2.12 Analyse von Kundenauftragsbestätigungen

Mit Release 1709 werden die folgenden drei SAP-Fiori-Apps zur Analyse von Kundenauftragsbestätigungen zur Verfügung gestellt:

- Kundenauftragspositionen – Bestätigt
- Kundenauftragspositionen – Rückständige Aufträge
- Kundenaufträge – Bedarfsdeckung

SAP-Fiori-App »Kundenauftragspositionen – Bestätigt«

Mit der SAP-Fiori-App **Kundenauftragspositionen – Bestätigt** können Sie mithilfe von Planzahlen die Zufriedenheit Ihrer Kunden sicherstellen. Sie überprüfen dazu, ob Ihre Kundenaufträge zur Lieferung am Wunschdatum Ihres Kunden ohne Einschränkungen oder Verspätungen bestätigt wurden. Die App zeigt Ihnen an, ob der Prozentsatz der bestätigten Kundenaufträge angestiegen oder zurückgegangen ist. Die Kachel der App **Kundenauftragspositionen** zeigt den Prozentsatz der bestätigten Kundenaufträge für die letzten drei Wochen an. Sie können z. B. nach Werk und Material filtern, und Sie können zu den Objektseiten des Materials und des Kundenauftrags verzweigen (siehe Abbildung 5.33).

Abbildung 5.33 Bestätigte Kundenauftragspositionen

Mit der SAP-Fiori-App **Kundenauftragspositionen – Rückständige Aufträge** können Sie Rückstände oder Engpässe im Hinblick auf die Wunschmenge und das Wunschlieferdatum Ihres Kunden identifizieren. Sie erkennen, in welchem Bereich eine Steigerung des zukünftigen Umsatzes und der Kundenzufriedenheit möglich ist. So können Sie z. B. mit Ihrem Team zusammenarbeiten, um Auftragsbestätigungen von einem C-Kunden zu einem A-Kunden zu verschieben. Bei rückständigen Aufträgen handelt es sich um Aufträge, die aufgrund von mangelnder Produktverfügbarkeit nicht bestätigt werden können, z. B. wenn Auftragspositionen für das Wunschlieferdatum nur teilweise bestätigt oder nicht bestätigt worden sind. Die App zeigt Ihnen an, ob die Anzahl der rückständigen Aufträge angestiegen oder zurückgegangen ist, und ob das Geschäft mit den richtigen Kunden gut läuft. Läuft das Geschäft mit C-Kunden beispielsweise gut, während Ihre A-Kunden vernachlässigt werden? Wenn ja, haben Sie die Möglichkeit, Auftragsbestätigungen von C-Kunden zu A-Kunden zu verschieben. Sie können z. B. nach Werk und Material filtern und zu den Objektseiten des Materials und des Kundenauftrags verzweigen. Mit der zugehörigen App **Erfüllung von Kundenaufträgen** können Sie unbestätigte Mengen sowie Liefer- und Kreditsperren klären.

SAP-Fiori-App »Kundenauftragspositionen – Rückständige Aufträge«

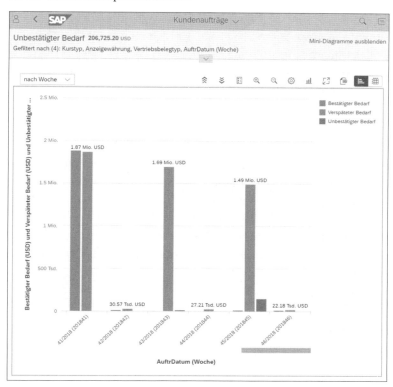

Abbildung 5.34 Kundenaufträge – unbestätigter Bedarf

SAP-Fiori-App »Kundenaufträge – Bedarfsdeckung«

Mit der SAP-Fiori-App **Kundenaufträge – Bedarfsdeckung** können Sie Engpässe identifizieren, die die Erfüllung von Kundenanforderungen verhindern, weil Waren nicht zum oder vor dem gewünschten Datum geliefert werden. Die App bietet Ihnen eine Grundlage zur Zusammenarbeit mit Ihrem Bedarfsplaner, z. B. um Probleme in Bezug auf die Verfügbarkeit bestimmter Produkte zu klären (siehe Abbildung 5.34).

5.3 Verkauf ab Lager

Der Verkauf ab Lager ist einer der Kernprozesse im Vertrieb. In Abschnitt 5.3.1, »Überblick über den Prozess ›Verkauf ab Lager‹«, stellen wir zunächst den Ablauf im SAP-System dar. Anschließend durchlaufen wir diesen Prozess anhand eines Systembeispiels (siehe Abschnitt 5.3.2, »Praxisbeispiel – Verkauf ab Lager«). Dabei lernen Sie die aktuellen SAP-Fiori-Apps kennen. Die logistische Abwicklung führen wir im Lean-WM durch (WM = Warehouse Management).

Lean-WM und SAP EWM

Anders als in SAP Extended Warehouse Management (SAP EWM) ist in Lean-WM die unterste logistische Ebene der Lagerort. Lean-WM ist daher nur für eine einfache Lagerführung geeignet. SAP EWM ist eine Lösung für die komplexe Lagerführung und wird in Kapitel 7, »Lagerverwaltung mit Embedded EWM«, behandelt.

5.3.1 Überblick über den Prozess »Verkauf ab Lager«

Der Ablauf des Prozesses bildet die Abwicklung von Kundenaufträgen aus dem eigenen Lager heraus ab. Grundlage für den Prozess im SAP-System ist dabei immer ein Kundenauftrag. Optional kann vor dem Kundenauftrag ein Angebotsprozess stehen. Im SAP-System erfassen wir einen Kundenauftrag mit oder ohne Bezug zu einem Angebot und erstellen optional nach der Freigabe zur Lieferung eine Auslieferung. Die Auslieferung wird im Lager kommissioniert, bei Versandfälligkeit im Warenausgang gebucht und physisch zum Kunden gesendet. Die Lieferung wird dem Kunden in Rechnung gestellt.

Abbildung 5.35 zeigt Ihnen den Prozessablauf im SAP-System, analog zu dem Beispiel, das wir im Folgenden betrachten.

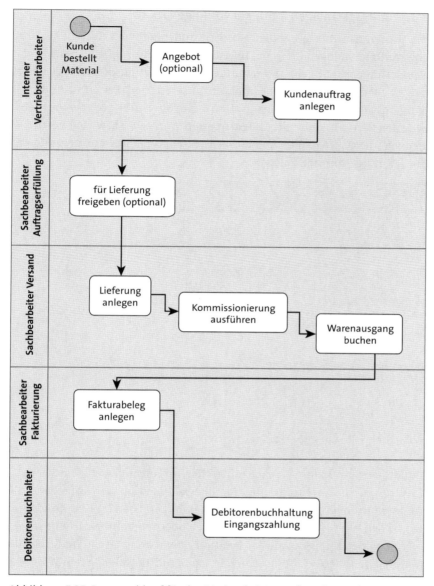

Abbildung 5.35 Prozessablauf für den Verkauf ab Lager (Quelle: SAP)

5.3.2 Praxisbeispiel – Verkauf ab Lager

Wir erhalten eine Kundenanfrage über die Bereitstellung von fünf Stück des Materials TG11 zum Wunschlieferdatum 25.04.2017. Der Kunde wünscht, hierzu ein Angebot zu erhalten. Im Kundenstamm ist er bereits mit der Geschäftspartnernummer 101000001 angelegt.

Ausgangslage für das Praxisbeispiel

5.3.3 Anfrage anlegen (optional vor Angebot)

Anfrage anlegen (optional)

Sie starten den Prozess, indem Sie die Kundenanfrage mit der SAP-Fiori-App **Anfrage anlegen** erfassen. Im Einstiegsbild der App geben Sie in das Feld **Anfrageart** »AF« ein und erfassen die Organisationsdaten im gleichnamigen Bereich **Organisationsdaten**. In unserem Beispiel erfassen Sie als Vorgang im Feld **Verkaufsorganisation** den Wert »1010«, im Feld **Vertriebsweg** den Wert »10« und im Feld **Sparte** den Wert »00« bzw. den Vertriebsbereich »1010/10/00«. In Abbildung 5.36 sehen Sie das Einstiegsbild der SAP-Fiori-App **Anfrage anlegen**.

Abbildung 5.36 Anfrage erfassen

Bestätigen Sie nun Ihre Eingabe mit **Weiter**. Im Folgenden werden Sie in die Erfassungsmaske weitergeleitet. Sie übernehmen auf der Kopfebene die Kundennummer in das Feld **Auftraggeber** und erfassen im Feld Kundenreferenz den Wert »A20170423-1«. Zusätzlich übernehmen Sie das Wunschlieferdatum des Kunden. Auf der Positionsebene erfassen Sie in der Spalte **Material** den Wert »TG11« und in der Spalte **Auftragsmenge** den Wert »5«. Gegebenenfalls können Sie auch noch weitere Daten erfassen, wie Alternativpositionen, einen Gültigkeitszeitraum oder eine Auftragswahrscheinlichkeit. Sie speichern die Anfrage über den Button **Sichern**. In Abbildung 5.37 sehen Sie die erfasste Anfrage. Für die Anzeige der Anfrage können Sie die SAP-Fiori-App **Anfrage anzeigen** verwenden. Über die SAP-Fiori-App **Anfragen auflisten** können Sie sich einen Überblick über die im SAP-System angelegten Anfragen verschaffen.

Abbildung 5.37 Übersicht der erzeugten Anfrage

5.3.4 Angebot anlegen

Auf der Grundlage der Anfrage 10000001 wird im nächsten Schritt ein Angebot erstellt. Angebote können mit oder ohne Bezug zu einem Vorgängerbeleg erfasst werden. Das Anlegen mit Bezug hat den Vorteil, dass die Daten aus dem Vorgängerbeleg kopiert und somit der Eingabeaufwand sowie Fehlerquellen minimiert werden. Wir beziehen uns bei der Erfassung des Angebots auf die Anfrage 10000001.

Angebot erstellen (optional)

Als Ausgangspunkt verwenden Sie die SAP-Fiori-App **Verkaufsangebote verwalten**. Über den Button **Angebot anlegen** gelangen Sie zum Einstiegsmenü der Angebotserfassung. Sie füllen das Pflichtfeld **Angebotsart** aus; in unserem Fall mit »AG«, und wählen den Menüpunkt **Anlegen mit Bezug**. Im nächsten Schritt definieren Sie, dass das Angebot mit Bezug zu einer Anfrage angelegt wird (siehe Abbildung 5.38).

Verkaufsangebote verwalten

Nun übernehmen Sie die Daten des Vorgängerbelegs, der Anfrage, in unser Angebot. Hierzu wählen Sie den Button **Übernehmen**. Sind nur einzelne Positionen der Anfrage relevant für das Angebot, klicken Sie auf den Button **Positionsauswahl**. Sie können daraufhin einzelne Positionen aus der Anfrage übernehmen. Im Angebot definieren wir noch den Gültigkeitszeitraum. Abschließend speichern wir das Angebot über den Button **Sichern**.

Vorgängerbeleg

Die Anfrage wechselt nach der Erstellung des Angebots in den Status **erledigt**, bleibt aber im System bestehen. In unserem Beispiel bekommt der Kunde das Angebot über die Nachrichtensteuerung per E-Mail zugestellt. In Abbildung 5.39 sehen Sie das erzeugte Angebot.

5   Vertrieb

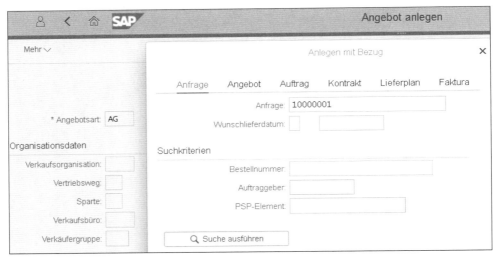

Abbildung 5.38 Angebot mit Bezug zu einer Anfrage anlegen

Sie können den aktuellen Bearbeitungsstatus des Angebots über die SAP-Fiori-App **Verkaufsangebote verwalten** verfolgen. Lehnt der Kunde das Angebot ab, können Sie das Angebot nach Absprache entweder nachbessern und erneut an den Kunden versenden oder absagen. Im Fall einer Absage würden wir einen Absagegrund im Angebot hinterlegen. Dieser kann als Basis für spätere Auswertungen genutzt werden. Der Vorgang wäre damit an dieser Stelle beendet.

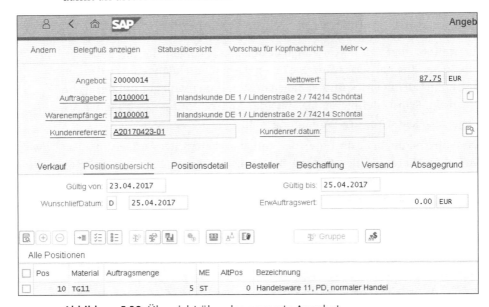

Abbildung 5.39 Übersicht über das erzeugte Angebot

5.3.5 Kundenauftrag anlegen

In unserem Beispiel nimmt der Kunde das Angebot an und beauftragt Sie, wie angeboten, das Material TG11 bereitzustellen. Hierzu wandeln Sie das Angebot in einen Kundenauftrag um. Dies können wir entweder direkt über die SAP-Fiori-App **Kundenauftrag anlegen** oder auch aus der SAP-Fiori-App **Kundenaufträge verwalten** heraus über den Button **Kundenauftrag anlegen** erledigen.

Hierbei gehen wir ähnlich wie bei der Überführung der Anfrage in das Angebot vor. Im Einstiegsbild der Auftragserfassung belegen Sie das Feld **Auftragsart** mit dem Wert »KA« und wählen den Button **Anlegen mit Bezug** aus. Den Kundenauftrag legen Sie mit Bezug zum Angebot 20000014 an. Auch hier werden die Daten aus dem Angebot durch die Bezugstechnik direkt in den Kundenauftrag übernommen. Sie haben dabei die Möglichkeit, entweder das komplette Angebot in einen Auftrag umzuwandeln oder nur einige Positionen daraus. Sie übernehmen die Daten aus dem Angebot, und speichern den Auftrag. In Abbildung 5.40 sehen Sie den erzeugten Terminauftrag zu Ihrem Angebot.

Kundenauftrag mit Bezug zum Angebot anlegen

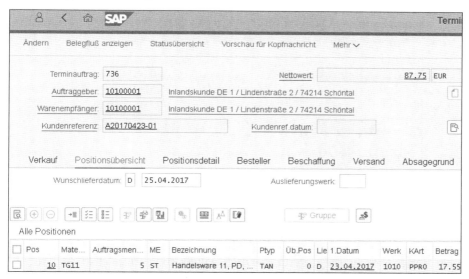

Abbildung 5.40 Übersicht über den erzeugten Terminauftrag

5.3.6 Lieferung anlegen

Im nächsten Schritt erstellen wir eine Lieferung zum Kundenauftrag 736. Um den Auftrag auszuliefern, können Sie verschiedene Transaktionen oder Apps nutzen. In unserem Praxisbeispiel erzeugen wir die Auslieferung zu unserem Kundenauftrag 736 über die SAP-Fiori-App **Auslieferungen anle-**

Lieferung erstellen

gen. Sie starten die App und grenzen die Liste der zu beliefernden Aufträge ein. Dann setzen Sie in den Filterkriterien den Filter **Geplantes Anlegedatum** auf **Heute und morgen** und führen diesen aus. Da unser Auftrag den Filterkriterien entspricht, wird er uns im Folgenden angezeigt. Alternativ können Sie auch direkt nach dem Vertriebsbeleg suchen oder die Versandstelle als Filterkriterium nutzen. Sie markieren nun die Checkboxen der zu beliefernden Vertriebsbelege und übernehmen diese damit in den Liefervorrat. In unserem Beispiel beschränken wir uns auf unseren Vertriebsbeleg (Kundenauftrag) 736, siehe den Ausschnitt aus der SAP-Fiori-App **Auslieferungen** in Abbildung 5.41.

Lieferprotokolle Im unteren Bereich der App haben Sie dann die Möglichkeit, Lieferungen zu erzeugen. Mit einem Klick auf den Button **Lieferungen anlegen** werden, je nach Selektion, Auslieferungen erzeugt. Sie wählen den Button **Lieferungen anlegen** aus, und erzeugen dadurch für Ihren Auftrag 736 die Lieferung 80000689. Über den Button **Protokoll anzeigen** können Sie sich das Lieferprotokoll ausgeben lassen. Alternativ lassen Sie sich Lieferprotokolle auch im Nachgang anzeigen; dies ist über die SAP-Fiori-App **Auslieferungsprotokolle analysieren** möglich.

Abbildung 5.41 Auslieferung zum Terminauftrag

5.3.7 Kommissionierung ausführen

Lean-WM: Lieferung kommissionieren Nachdem Sie die Lieferung erstellt haben, steht im nächsten Schritt die *Kommissionierung* an. Wenn die Lieferung für SAP EWM relevant wäre, würde die Lieferung einen Verteilstatus erhalten, und Kommissionierung sowie Warenausgangsbuchung würden in SAP EWM erfolgen. Da wir in unserem Beispiel einen Lean-WM-relevanten Fall bearbeiten, können Sie dabei wie folgt vorgehen: Sie starten die SAP-Fiori-App **Auslieferungen kommissionieren**, geben im Einstiegsbild die zu kommissionierende Lieferung ein und bestätigen Ihre Eingabe. In unserem Beispiel handelt es sich um die Lieferung 80000689.

Anschließend gelangen Sie in den Kommissionierdialog. Innerhalb der App sehen Sie unter anderem auch den aktuellen Kommissionierstatus der Lieferung. Die Liefermenge wird systemseitig, bedingt durch den Lieferbeleg, vorbelegt. In unserem Beispiel haben wir eine Liefermenge von 5 Stück des Materials TG11. Im Lager konnte die komplette Menge physisch kommissioniert (aus dem Lager entnommen und für den Transport bereitgestellt) werden. Wir erfassen daher den Wert »5« im Feld **Kommissioniermenge** und wählen den Button **Kommissioniermenge übernehmen** (siehe Abbildung 5.42).

Abbildung 5.42 Kommissionierung

5.3.8 Warenausgang buchen

Die Lieferung ist jetzt kommissioniert und bereit zum Warenausgang. Die Fußzeile der SAP-Fiori-App **Auslieferungen kommissionieren** ändert sich und gibt Ihnen die Gelegenheit, den Warenausgang direkt zu buchen. Über den Button **WA buchen** erzeugen Sie die Warenausgangsbuchung zur Auslieferung. Wenn Sie sich jetzt noch einmal die gerade bearbeitete Lieferung in der SAP-Fiori-App **Auslieferungen** anzeigen lassen, sehen Sie, dass die Lieferung jetzt einen grünen Kommissionier- und Warenausgangsstatus angenommen hat. Der Rückmeldestatus ist für diesen Vorgang nicht relevant (siehe Abbildung 5.43).

Warenausgang

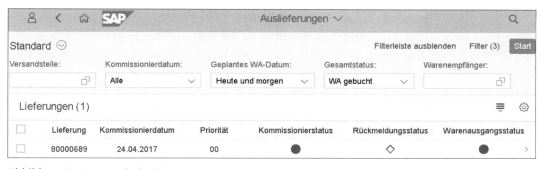

Abbildung 5.43 Kommissionierstatus

5.3.9 Fakturabeleg anlegen

Faktura anlegen

Um den Vorgang im Vertrieb abzuschließen, führen Sie im letzten Schritt die Fakturierung durch. Hierzu verwenden Sie die SAP-Fiori-App **Fakturen anlegen**. Bedingt durch den Prozess, führen Sie eine lieferbezogene Fakturierung durch. Innerhalb der App schränken Sie über die Filterselektion Ihren Fakturavorrat ein, indem Sie den Auftraggeber über die Eingabe des Werts »10100001« im Feld **Auftraggeber** und über einen Eintrag im Feld **Fakturadatum bis** das Fakturadatum in die Filterkriterien einbeziehen. Alternativ können Sie auch direkt den Vertriebsbeleg eingeben. Sie übernehmen Ihre Lieferung durch die Markierung der vorangestellten Checkbox zum entsprechenden Vertriebsbeleg 80000689 in den Fakturavorrat (siehe Abbildung 5.44).

Abbildung 5.44 Fakturierung der Auslieferung

Um die Fakturen zu den ausgewählten Vertriebsbelegen zu generieren, wählen Sie innerhalb der SAP-Fiori-App **Fakturen anlegen** den Button **Anlegen**. Die Faktura wird erstellt, hat aber auf der Kopfebene noch einen Sperreintrag. Dieser Sperreintrag verhindert, abhängig von den Einstellungen der Faktura, die Überleitung an die Buchhaltung. In der Prozessübersicht sehen Sie, dass zur Faktura noch kein Buchhaltungsbeleg erzeugt wurde (siehe Abbildung 5.45).

In Abbildung 5.46 sehen Sie einen Ausschnitt der erzeugten Faktura. Die gezeigte Sicht erreichen Sie über die SAP-Fiori-App **Fakturen verwalten**.

Die erzeugten Nachrichten der Faktura sind im Bereich **Ausgabepositionen** einzusehen. Abbildung 5.47 können Sie entnehmen, dass eine Drucknachricht zur Rechnung existiert; dies ist die Rechnung an den Kunden.

5.3 Verkauf ab Lager

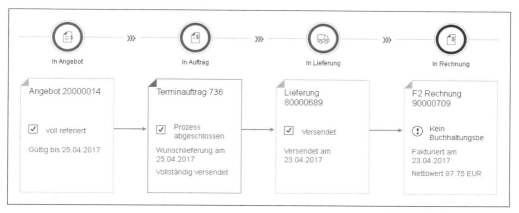

Abbildung 5.45 Prozessübersicht »Verkauf ab Lager« – Buchhaltungsbeleg noch nicht erzeugt

Abbildung 5.46 Ausschnitt aus der erzeugten Faktura

Abbildung 5.47 Drucknachricht für die Faktura

5 Vertrieb

Temporäre Faktura erstellen

Mit Release 1709 erfolgt die Einführung der Funktionalität der Generierung und der Anzeige von temporären Fakturen. Dieser Vorgang wird aus der SAP-Fiori-App **Fakturen anlegen** gestartet und ermöglicht es Ihnen, in einem ersten Schritt temporäre Fakturen zu erzeugen, bevor diese in rechtsverbindliche Fakturen umgewandelt werden.

Die Idee hierbei ist es, die temporäre Faktura so lange zu bearbeiten und gegebenenfalls zu korrigieren, bis diese vollständig bzw. korrekt ist. Im Anschluss daran kann in nur einem Schritt eine endgültige und damit rechtsverbindliche Faktura angelegt werden.

Für den Fall, dass bei der temporären Faktura ein Fehler entdeckt wird, ist es auch möglich, den kompletten Beleg zu verwerfen und erneut zu erstellen, ohne dass es notwendig ist, den Fakturabeleg zu stornieren. Bei der Erstellung einer temporären Faktura wird dem Beleg noch keine endgültige Belegnummer aus dem gültigen Nummernkreis zugewiesen. Dies birgt den Vorteil, dass bei einer Stornierung des Belegs keine Unterbrechung der Reihenfolge der Fakturanummern erfolgt und somit weniger Nummern des Nummernkreises verschwendet werden.

Buchhaltungsübergabe

Damit ein Buchhaltungsbeleg erzeugt wird, muss in diesem Fall noch die Faktura ausgegeben werden. Dafür verwenden wir ebenfalls die SAP-Fiori-App **Fakturen verwalten**. Innerhalb der App gibt es die Option, die Faktura zu versenden. Hierzu nutzen Sie den Button **Faktura versenden**. Als Folge dessen wird der Buchungsstatus in der Faktura aktualisiert und auf **Buchhaltungsbeleg ist erzeugt** gesetzt. In der Prozessübersicht in Abbildung 5.48 sehen Sie den erzeugten Buchhaltungsbeleg. An dieser Stelle ist der Prozess aus Vertriebssicht abgeschlossen.

Abbildung 5.48 Prozessablauf für den Verkauf ab Lager

5.4 Streckengeschäft

Der Vertrieb verschiedenster Waren stellt diverse Anforderungen an Ihre Logistik. Je nach Ausrichtung und Beschaffenheit Ihres Unternehmens, bestimmen Sie aus betriebswirtschaftlicher Sicht, welche Waren Sie selbst im Lager vorhalten und welche wiederum nicht. Wichtige Entscheidungskriterien hierzu sind unter anderem die Kapazität und die Ausrichtung Ihres Lagers. Der *Streckenprozess* kann Ihnen dabei helfen, Ihre eigene Logistik zu entlasten, Lagerbestände zu reduzieren, Kosten zu sparen und den Lieferprozess zu optimieren.

5.4.1 Überblick über den Prozess »Streckenabwicklung«

Bezeichnend für ein Streckengeschäft ist es, dass die Ware nicht aus Ihrem eigenen Lager heraus, sondern von einem von Ihnen beauftragten Streckenlieferanten direkt zum Endkunden geliefert wird. Dies hat z. B. den Vorteil, dass Sie sich nicht selbst um die logistische Abwicklung kümmern müssen bzw. dass bestimmte Waren nicht oder nur in geringen Mengen im eigenen Lager vorgehalten werden müssen. Sie können somit Kundenbedarfe befriedigen, ohne zwangsläufig alle Waren selbst vorrätig zu haben. Abbildung 5.49 bildet den einfachen Ablauf einer Streckenabwicklung ab.

Lieferung durch einen Streckenlieferanten

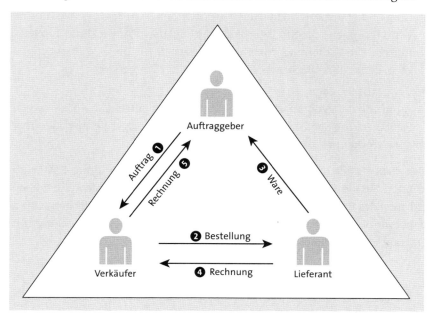

Abbildung 5.49 An der Streckenabwicklung beteiligte Parteien

Der Verkäufer nimmt einen Kundenauftrag für ein Streckenmaterial entgegen ❶. Auf der Grundlage des Kundenauftrags wird eine Streckenbestellung erstellt und an den Lieferanten übermittelt ❷. Der Lieferant wird dabei vom Verkäufer beauftragt, die Ware direkt an den Endkunden/Auftraggeber zu liefern ❸. Die Lieferantenrechnung wird durch den Verkäufer reguliert ❹. Der Endkunde erhält eine Rechnung vom Verkäufer ❺.

Geschäftsszenarien bei der Streckenabwicklung

In der Praxis ist die Streckenabwicklung bei den folgenden Geschäftsszenarien ein mögliches Mittel, um die eigene Logistik zu entlasten und die Lieferkette zu optimieren.

- **Filialgeschäft**
  Als Retailer mit eigenem logistischem Verteilzentrum entscheiden Sie sich dazu, bestimmte Waren direkt vom Lieferanten in Ihre Filialen liefern zu lassen.

- **Großauftrag**
  Aufgrund einer erhöhten Auftragslage, die bestandsmäßig nicht von Ihnen selbst bedient werden kann, beauftragen Sie Ihren Lieferanten, einen Teil der Kundenaufträge über eine direkte Lieferung zu bedienen.

- **Limitierung des eigenen Lagers**
  Bestimmte Warengruppen, z. B. Gefahrgüter, medizinische Produkte oder Food- und Frischwaren, unterliegen gesetzlichen Vorgaben für Lagerung und Transport. Nicht jedes Unternehmen ist in der Lage, bestimmte Warengruppen selbst zu lagern und die logistische Abwicklung durchzuführen. Die Bedienung von Kundenbedarfen für diese Warengruppen kann daher über die Streckenabwicklung von Vorteil sein.

- **Geografische Lage**
  Aufgrund der geografischen Lage Ihrer Kunden entscheiden Sie sich von Fall zu Fall, ob Sie die Kundenbedarfe aus Ihrem Lager heraus oder über den Streckenprozess abwickeln.

Prozessablauf in SAP: Strecke ohne Lieferavis

Den Prozessablauf im SAP-System entnehmen Sie Abbildung 5.50. Hier können Sie die Prozessschritte im SAP-System nachverfolgen, die wir im Rahmen des Beispiels im folgenden Abschnitt durchgehen. Wir betrachten dabei die Variante nach der SAP Best Practice »Vertriebsabwicklung mit Drittanbietern ohne Lieferavis«.

5.4 Streckengeschäft

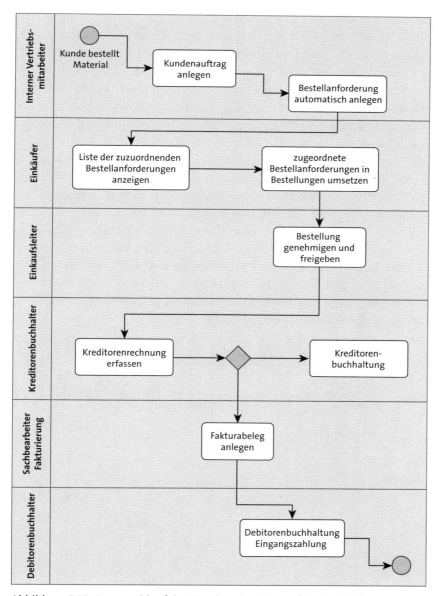

Abbildung 5.50 Prozessablauf der Streckenabwicklung (Quelle: SAP)

5.4.2 Praxisbeispiel – Streckenabwicklung

Wir erhalten einen Kundenauftrag über fünf Stück des Materials TG13. Wir führen das Material selbst nicht auf Lager und vertreiben es ausschließlich über einen Streckenprozess.

Ausgangslage für das Praxisbeispiel

Materialstamm Im Materialstamm ist das Material deshalb als Streckenmaterial gepflegt. Gesteuert wird dies durch die Positionstypengruppe. Im Fall von Material TG13 definiert die Positionstypengruppe **CBNA**, dass es sich um ein Streckenmaterial handelt. Hinter der Positionstypengruppe **CBNA** steckt der Prozess »Streckenabwicklung ohne Lieferavis«. Über die SAP-Fiori-App **Material anzeigen** können Sie sich den Materialstammsatz anzeigen lassen. In der Sicht **Vertrieb: VerkOrg 2** sind die Positionstypengruppen hinterlegt. Wichtig zu wissen ist, dass die Positionstypengruppen je nach Vertriebsbereich unterschiedlich gepflegt sein können. Ist eine vertriebsbereichsspezifische Positionstypengruppe gepflegt, ist diese ausschlaggebend. Nur wenn keine vertriebsbereichsspezifische Positionstypengruppe gepflegt ist, erhält die allgemeine Positionstypengruppe Relevanz. Dadurch ist es z. B. möglich, ein Material nur in einem bestimmten Vertriebsbereich über einen Streckenprozess abzuwickeln und alle anderen Vertriebsbereiche ab Lager zu beliefern. In Abbildung 5.51 sehen Sie die Materialstammdaten zu Material TG13, gültig für Verkaufsorganisation 1010 und den Vertriebsweg 10. Das Feld **Positionstypengruppe** beinhaltet dabei die vertriebsbereichsspezifische Positionstypengruppe CBNA.

Abbildung 5.51 Positionstypengruppe im Materialstamm

5.4.3 Kundenauftrag anlegen

Kundenauftrag erfassen Sie starten die Kundenauftragserfassung über die SAP-Fiori-App **Kundenauftrag anlegen**. Sie legen einen Standardterminauftrag, in unserem Beispiel mit der Auftragsart KA in der Verkaufsorganisation 1010 mit dem Vertriebsweg 10 und der Sparte 00 an. Der Auftraggeber hat die Kundennummer 10100001. Es sollen 5 Stück des Materials TG13 an den Auftraggeber geliefert werden. Sie erfassen die Auftragsdaten und speichern den Auftrag. Den erzeugten Auftrag 738 sehen Sie in Abbildung 5.52.

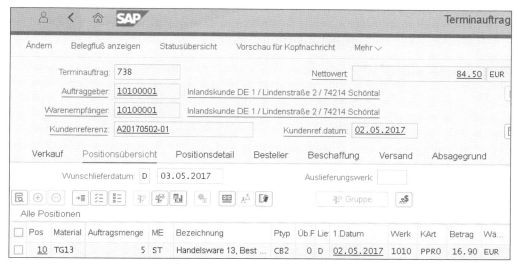

Abbildung 5.52 Übersicht über den erzeugten Auftrag mit Streckenposition

Bei der Erfassung der Position Material TG13 wurde vom SAP-System der Positionstyp **CB2** (Strecke ohne Lieferavis) als Vorschlag ermittelt und in die Position übernommen. Im Fall des Materials TG13 ist hierfür die Positionstypengruppe **CBNA** aus den Materialstammdaten verantwortlich. Der Positionstyp **CB2** (Strecke ohne Lieferavis) steuert unter anderem die auftragsbezogene Fakturierung und zudem, dass jene im Vertrieb erst nach der Buchung der Lieferantenrechnung in der Materialwirtschaft erfolgen kann.

Positionstyp

Des Weiteren erlaubt der Positionstyp die Generierung von Einteilungen, die für den weiteren Prozess benötigt werden. Einteilungen unterteilen eine Position nach verfügbaren Mengen, die zum Lieferdatum verfügbar sind. Kann z. B. eine Position nur in Teillieferungen bedient werden, erhalten Sie mehrere Einteilungen zu dieser Position. Einteilungen enthalten einen Einteilungstyp, der ebenso wie der Positionstyp prozesssteuernde Eigenschaften besitzt. Im abgebildeten Prozess wird der Einteilungstyp **CT** ermittelt. Diesen finden Sie auf der Positionsebene des Auftrags auf der Registerkarte **Einteilungen**. Welcher Einteilungstyp gefunden wird, hängt vom verwendeten Positionstyp ab. Der Einteilungstyp **CT** ist so eingestellt, dass erfasste Positionen mit diesem Typ nicht lieferrelevant sind und keine Bedarfs- und Verfügbarkeitsprüfung durchgeführt wird. Die Bedarfs- und Verfügbarkeitsprüfung sowie die Erstellung einer Lieferung sind bei einer Streckenabwicklung nicht notwendig, da die Ware nicht aus dem eigenen Lager geliefert wird.

Einteilung und Einteilungstyp

Bestellanforderung erzeugen

Der Einteilungstyp steuert in unserem Beispiel auch, dass beim Sichern des Terminauftrags eine Bestellanforderung (Banf) in der Materialwirtschaft erzeugt wird. Den verwendeten Einteilungstyp sowie die erzeugte Bestellanforderung finden Sie auf der Positionsebene in den Einteilungen des Terminauftrags (siehe Abbildung 5.53).

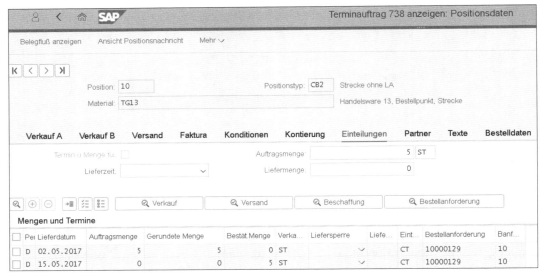

Abbildung 5.53 Einteilung des Terminauftrags mit Bestellanforderung

5.4.4 Abwicklung im Einkauf (Materialwirtschaft)

Folgeprozesse in der Materialwirtschaft

Die aus dem Kundenauftrag generierte Bestellanforderung 10000129 ist die Grundlage für den weiteren Prozessverlauf in der Materialwirtschaft. Hier finden die folgenden Prozessschritte statt:

1. **Ermittlung und Zuteilung der Bezugsquelle**
   Der Bestellanforderung wird eine Bezugsquelle bzw. ein Lieferant zugewiesen, bei dem die Ware beschafft werden soll.

2. **Umwandlung der Bestellanforderung in eine Bestellung**
   Bei der Bestellgenerierung wird dabei die Adresse des Auftraggebers aus dem Kundenauftrag automatisch als Anlieferadresse in die Bestellung übernommen.

3. **Freigabeprozess (optional)**
   Es kann notwendig sein, dass eine Bestellung vor deren Übermittlung an den Lieferanten noch freigegeben werden muss. Auch dieses geschieht in der Materialwirtschaft. Erst nach Prüfung und Freigabe der Bestellung wird diese an den Lieferanten übermittelt.

4. **Logistische Rechnungsprüfung**
Die Lieferantenrechnung wird in der Materialwirtschaft (Logistik Rechnungsprüfung) geprüft und gebucht. Die logistische Rechnungsprüfung stellt den letzten Prozessschritt in der Materialwirtschaft da.

5.4.5 Fakturabeleg anlegen

Nach der Erfassung der Lieferantenrechnung (Logistik Rechnungsprüfung) in der Materialwirtschaft kann der Prozess im Vertrieb fortgesetzt werden. Die Fakturamenge im Vertrieb wird auf der Grundlage der logistischen Rechnung aktualisiert. Bedingt durch die Einstellungen des Positionstyps **CB2**, können Sie erst jetzt, nach Eingang und Erfassung der logistischen Rechnung, eine Faktura im Vertrieb anlegen.

Im letzten Schritt starten wir die SAP-Fiori-App **Fakturen anlegen**, wählen unseren Auftrag aus und führen eine auftragsbezogene Faktura auf der Basis der Rechnungseingangsmenge aus der logistischen Rechnungsprüfung durch. Die Rechnung wird dem Auftraggeber übermittelt. Der Kundenauftrag erhält durch die Fakturierung im Vertrieb den Status **erledigt**. In Abbildung 5.54 sehen Sie den Prozessablauf samt der erstellten Belege.

Auftragsbezogene Faktura

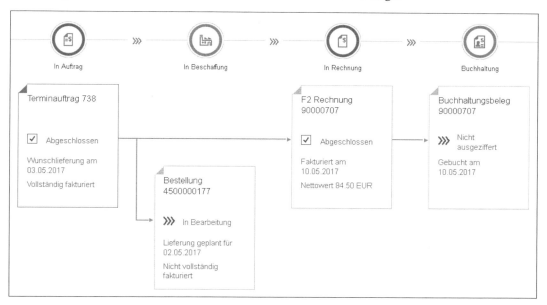

Abbildung 5.54 Prozessablauf bei der Streckenabwicklung

Im Finanzwesen muss zum einen die Lieferantenrechnung ausgeglichen und zum anderen der Zahlungseingang vom Endkunden überwacht und verbucht werden.

5.5 Retouren und Reklamationen

Wenn ein Kunde beschädigte Ware feststellt und reklamiert, kann er sie nach Rücksprache mit dem Verkäufer zurücksenden. Im Fall einer Reklamation legt der Verkäufer im SAP-System einen Kundenretourenauftrag an.

5.5.1 Kundenretouren verwalten

Status der angelegten Kundenretouren

Die SAP-Fiori-App **Kundenretouren verwalten** dient der Verwaltung Ihrer Kundenretouren. Mithilfe dieser App können Sie nach Kundenretouren suchen und erhalten in Listenform einen Überblick über alle im System angelegten Kundenretouren. Die App gibt Ihnen dabei in der Spalte **Vorlagebeleg** Auskunft darüber, mit Bezug zu welchem Referenzdokument die Rücklieferung angelegt wurde. Dabei kann es sich sowohl um einen Kundenauftrag als auch um eine Faktura handeln. Des Weiteren können Sie in der App überprüfen, in welchem Status sich der Rückgabeprozess befindet. Dies bezieht sich zum einen auf den Status der Warenbewegung in der Rücklieferung in der Spalte **Freigabestatus** und zum anderen auf den Status der Gutschrift in der Spalte **RückerstFortschr.** (Rückerstattungsfortschritt der Kundenretoure).

Abbildung 5.55 Kundenretouren verwalten

Neben der Anzeige von Informationen können Sie aus der Liste heraus auch neue Kundenretouren anlegen, die Details Ihrer Kundenretoure bearbeiten oder die Rückerstattung für eine Kundenretoure ermitteln (siehe Abbildung 5.55).

5.5.2 Überblick über den Prozess »Kundenretouren«

Vereinbaren Verkäufer und Kunde, dass Ware retourniert werden soll, legt der Verkäufer im SAP-System einen Retourenauftrag mit Bezug zum Vorgängerbeleg an. Der erzeugte Auftrag erhält bei dessen Anlage eine Faktursperre. Zum Retourenauftrag wird eine Retourenauslieferung angelegt, die die Rücklieferung abbildet. Physisch erhalten wir zwar einen Wareneingang, systemseitig wird allerdings eine Warenausgangsbuchung zur Retourenauslieferung gebucht. Nach der Rücklieferung kann die Faktursperre entfernt und eine Gutschrift erzeugt werden. Den Ablauf des Retourenprozesses sehen Sie in Abbildung 5.56.

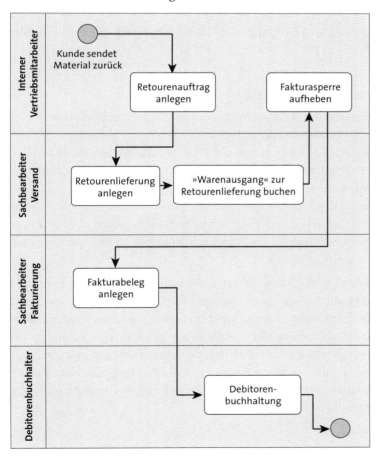

Abbildung 5.56 Prozessablauf bei der Abwicklung von Kundenretouren (Quelle: SAP)

> **Beschleunigte Streckenretoure**
>
> Mit Release 1809 wurde ergänzend zur Kundenretoure der Prozess »Beschleunigte Streckenretoure« eingeführt. Dabei wird das Material direkt vom Kunden zum Lieferanten zurückgeschickt. Sobald der Vertriebsmitarbeiter den Retourenauftrag sichert und freigibt, wird automatisch eine Retourenbestellung mit Bezug zu diesem generiert. Nachdem der Lieferant die zurückgelieferten Waren und der Verkäufer eine Gutschrift vom Lieferanten erhalten hat, erhält der Kunde vom Verkäufer eine Erstattung in Form einer Gutschrift oder eines Ersatzmaterials.

5.5.3 Praxisbeispiel – Kundenretouren

Ausgangslage — Der Kunde hat mangelhafte Ware erhalten und schickt diese nach Absprache an uns zurück. Er will nur einen Teil der Waren zurücksenden, da die restliche Lieferung in Ordnung war. Als Referenzbeleg gilt die Rechnung 90000709.

5.5.4 Retourenauftrag anlegen

Kundenretourenauftrag mit Bezug zur Faktura anlegen — Wir beginnen mit der Anlage des Retourenauftrags. Hierzu starten wir die SAP-Fiori-App **Kundenauftrag anlegen**. Als Auftragsart nutzen wir CBRE als einfache Retoure und bestätigen die Eingabe mit **Weiter**. Es öffnet sich direkt der Dialog **Anlegen mit Bezug**. Die Erfassung des Retourenauftrags ist mit Bezug zu einer Faktura durchführbar. Durch die Bezugstechnik wird unter anderem der Belegfluss weiter aktualisiert, was die Nachvollziehbarkeit des Vorgangs erleichtert. In unserem Beispiel beziehen wir uns auf die Faktura 90000709, mit der die Waren ursprünglich an den Kunden geliefert wurden (siehe Abbildung 5.57).

Wir wählen aus dem Dialog **Anlegen mit Bezug** heraus den Menüpunkt **Positionsauswahl**, um uns einen Überblick über die Positionen zu verschaffen. Im Folgenden öffnet sich eine Übersicht der im Referenzbeleg enthaltenen Positionen. In der Faktura, auf die Bezug genommen wird, haben wir nur eine Position zur Auswahl. Für den Fall, dass wir eine Rechnung mit vielen Positionen haben, können Sie hier nur die für die Retoure relevanten Positionen auswählen und in den Retourenauftrag übernehmen (siehe die Positionsauswahl in Abbildung 5.58).

5.5 Retouren und Reklamationen

Abbildung 5.57 Retourenauftrag mit Bezug zur Faktura anlegen

Abbildung 5.58 Positionsauswahl aus dem Referenzbeleg für die Übernahme in den Retourenauftrag

Sie wählen die Position 10 aus und übernehmen diese über den Button **Übernehmen** in den Retourenauftrag. Es öffnet sich nun die Auftragserfassungsmaske. Bedingt durch die Auftragsart wird das Feld **Fakturasperre** mit dem Eintrag »Gutschrift prüfen« vorbelegt. Auf der Registerkarte **Verkauf** hinterlegen Sie im Feld **Auftragsgrund** den Eintrag »Schlechte Qualität«, da in unserem Beispiel die Retoure aus Qualitätsgründen veranlasst wurde. In den Positionsdaten erfassen Sie die Menge der Retourenposition. Die erfassten Mengen werden dabei gegen die Faktura geprüft. Wird eine größere Retourenmenge eingetragen als in der referenzierenden Faktura enthalten

Position übernehmen

ist, gibt das SAP-System eine Warnmeldung aus. In unserem Fall entspricht nur ein Stück der gelieferten Ware nicht den Qualitätsansprüchen. Sie ändern daher die Menge auf »1« ab. In Abbildung 5.59 sehen Sie die Erfassungsmaske der einfachen Retoure, wie es soeben beschrieben worden ist.

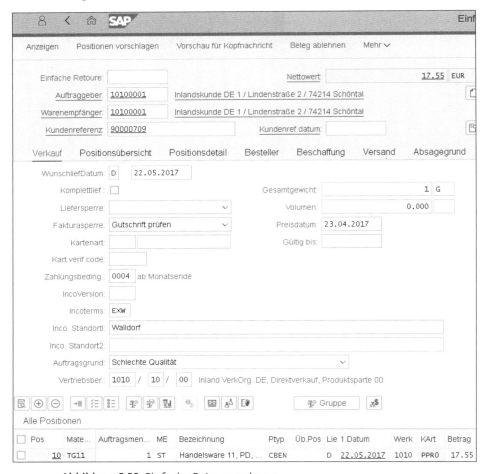

Abbildung 5.59 Einfache Retoure anlegen

Lagerort Für die Abwicklung der Retouren ist sowohl im Lager als auch im System ein eigener Lagerort eingerichtet. Für die Retourenabwicklung ist im System im Feld **Lagerort** »101R Retouren« vorgesehen. Im Retourenauftrag befindet sich dieser Lagerort auf der Positionsebene des Auftrags auf der Registerkarte **Versand** (siehe Abbildung 5.60).

Den Retourenauftrag erzeugen Sie über den Button **Sichern**.

5.5 Retouren und Reklamationen

Abbildung 5.60 Lagerort auswählen

5.5.5 Retourenlieferung anlegen

Im nächsten Schritt erfassen Sie die Rücklieferung zum Retourenauftrag. Hierzu verwenden Sie die SAP-Fiori-App **Auslieferungen anlegen**. Innerhalb der App lassen Sie sich die versandfälligen Verkaufsbelege zur Versandstelle 101R anzeigen. Dort finden Sie auch den Retourenauftrag 60000007. Abbildung 5.61 zeigt einen Ausschnitt aus der SAP-Fiori-App **Auslieferungen anlegen**.

Abbildung 5.61 Retourenlieferung anlegen

Sie wählen Ihren Retourenauftrag aus und anschließend die Funktion **Lieferungen anlegen**. Dann lassen Sie sich im Anschluss das Protokoll zur Liefer-

259

erstellung ausgeben und prüfen, ob die Lieferung erfolgreich erzeugt wurde. In unserem Beispiel wurde die Retourenlieferung 84000003 erstellt.

5.5.6 »Warenausgang« zur Retourenlieferung buchen

»Warenausgang« zur Retourenlieferung

Die Ware trifft bei uns ein. Über die SAP-Fiori-App **Auslieferungen** führen Sie eine Warenausgangsbuchung zur Retourenauslieferung durch. Trotz physischen Wareneingangs wird systemseitig eine Warenausgangsbuchung durchgeführt. Innerhalb der App schränken Sie dafür die Selektion durch die Auswahl von »101R« im Feld **Versandstelle** und über die Auswahl »Bereit zum Buchen von WA« im Feld **Gesamtstatus** ein und wählen die gewünschte Lieferung aus. In unserem Beispiel ist dies die Lieferung 84000003 (siehe Abbildung 5.62). Markieren Sie die Lieferung, um sie in den Arbeitsvorrat für die Warenausgangsbuchung zu übernehmen, und wählen Sie die Funktion **WA buchen**.

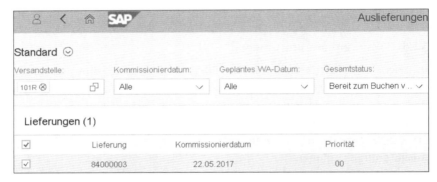

Abbildung 5.62 Warenausgang zur Retourenlieferung

5.5.7 Fakturabeleg anlegen

Retourengutschrift

Um die Retourengutschrift anlegen zu können, muss vorab die Fakturasperre entfernt werden. Hierzu öffnen Sie die SAP-Fiori-App **Kundenauftrag ändern** und entfernen die Fakturasperre im Retourenauftrag. Daraufhin können Sie die Gutschrift erstellen. Hierzu starten Sie die SAP-Fiori-App **Fakturen anlegen** und selektieren die Retourenlieferung 84000003 über die nebenstehende Checkbox. In Abbildung 5.63 sehen Sie den Fakturavorrat für die Fakturierung.

In Abbildung 5.64 sehen Sie die erzeugte Retourengutschrift. Die Retourengutschrift wird über die Nachrichtensteuerung gedruckt und an den Kunden übermittelt.

5.5 Retouren und Reklamationen

Abbildung 5.63 Retourenlieferung zur Fakturierung auswählen

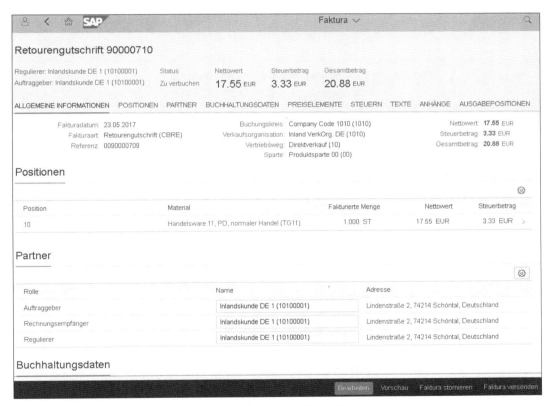

Abbildung 5.64 Übersicht über die erzeugte Retourengutschrift

Wenn wir uns im Folgenden den Prozessablauf zum ursprünglichen Terminauftrag 736 anzeigen lassen, sehen wir, dass dieser durch den neuen Beleg (**Einfache Retoure 60000007**) ergänzt wurde (siehe Abbildung 5.65). Im Vertrieb ist der Prozess somit abgeschlossen.

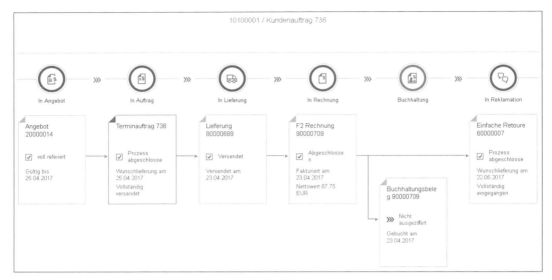

Abbildung 5.65 Prozessablauf einer einfachen Retoure

5.6 Abwicklung von Gutschriften

Die Erstellung von *Gutschriften* ist ein wichtiger betriebswirtschaftlicher Vorgang und ein Mittel, um beanstandete Mängel auszugleichen. Eine einfache Gutschrift erstellen Sie in der Regel, wenn keine physische Retoure der Ware erwartet wird.

5.6.1 Überblick über den Prozess »Gutschriftsabwicklung«

Aus unterschiedlichen Gründen kann es vorkommen, dass die Erstellung einer Gutschrift notwendig ist. Im SAP-System wird zu diesem Zweck eine Gutschriftsanforderung angelegt. Im Standard wird diese aufgrund des Customizings der Auftragsart mit einer Fakturasperre angelegt. Nach der Prüfung durch einen Sachbearbeiter wird die Fakturasperre entweder aufgehoben, oder die Gutschriftsanforderung wird abgesagt. Wird entschieden, dass die Fakturasperre aufgehoben wird, kann die eigentliche Gutschrift erzeugt werden. Gutschriftspositionen sind nicht einteilungs- und daher nicht lieferrelevant. Aus diesem Grund erfolgt die Faktura auftragsbezogen. Abbildung 5.66 zeigt Ihnen den Ablauf einer positiv bewerteten Gutschrift.

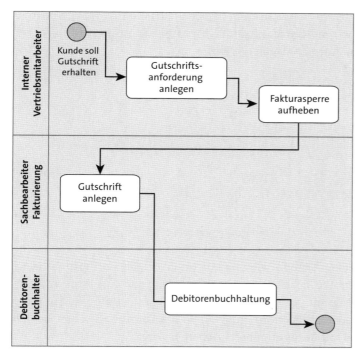

Abbildung 5.66 Prozessablauf bei der Gutschriftsbearbeitung (Quelle: SAP)

5.6.2 Praxisbeispiel – Gutschriftsabwicklung

Auf dem Weg zum Kunden wurde ein Teil der Ware leicht beschädigt. Der Kunde hat die Beschädigung beanstandet, würde die Ware allerdings behalten. Aus Kulanz stellen wir dem Kunden eine Gutschrift über den Wert eines Stücks des Materials TG11 aus und verzichten nach Absprache auf die Rücklieferung der beschädigten Ware. Alternativ wäre auch eine anteilige Gutschrift durchführbar.

Ausgangslage für das Praxisbeispiel

5.6.3 Gutschriftsanforderung anlegen

Wir starten die Erfassung unserer Gutschriftsanforderung, indem wir die SAP-Fiori-App **Gutschriftsanforderung verwalten** aufrufen und innerhalb der App den Button **Gutschriftsanforderung anlegen** betätigen (siehe Ausschnitt der App in Abbildung 5.67).

Über den Button **Gutschriftsanforderung anlegen** gelangen Sie ins Einstiegsmenü der Auftragserfassung. Im Feld **Auftragsart** nehmen Sie den Eintrag »GSA« für die Belegart GSA vor, die standardmäßig für Gutschriften

Gutschriftsanforderung mit Bezug anlegen

verfügbar ist. Da wir in unserem Beispielfall einen Vorgängerprozess haben, legen wir die Gutschriftsanfrage mit Bezug zu diesem an; daher wählen Sie den Button **Anlegen mit Bezug**.

Abbildung 5.67 Gutschriftsanforderungen verwalten

Im Auswahldialog können wir uns auf unterschiedliche Vertriebsbelegtypen beziehen. Wir beziehen uns bei der Anlage der Gutschriftsanforderung auf die Faktura 90000706 und steigen damit in die Erfassung der eigentlichen Gutschriftsanforderung ein. In Abbildung 5.68 sehen Sie den Dialog **Anlegen mit Bezug** zum beschriebenen Vorgang.

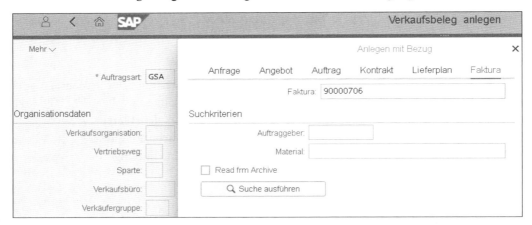

Abbildung 5.68 Gutschriftsanforderung mit Bezug anlegen

Faktura als Kundenreferenz hinterlegen

Weil die Gutschriftsanforderung mit Bezug zur Faktura angelegt wurde, werden die Auftragsdaten aus dem Vorlagebeleg übernommen. Im Feld **Kundenreferenz** hinterlegen Sie die Nummer der Faktura, auf die Sie sich beziehen. Ursprünglich wurden dem Kunden zwei Stück des Materials TG11 geliefert und in Rechnung gestellt. Da wir dem Kunden den kompletten Wert für ein Stück des Materials TG11 gutschreiben möchten, ändern Sie die Menge auf »1« ab. Bedingt durch das Customizing der Belegart GSA, wird bei Anlage der Gutschriftsanforderung der Inhalt des Feldes **Fakturasperre** auf »Gutschrift prüfen« gesetzt. Abbildung 5.69 zeigt die erzeugte Gutschriftsanforderung, wie soeben beschrieben.

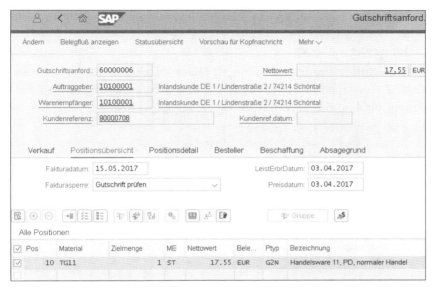

Abbildung 5.69 Erzeugte Gutschriftsanforderung

Auf der Registerkarte **Verkauf** können Sie den Grund für die Gutschriftsanforderung hinterlegen. Der Auftragsgrund ist rein informativ, kann aber auch zu Auswertungszwecken herangezogen werden. Da wir die Gutschriftsanforderung mit Bezug angelegt haben, wird auch das Preisdatum übernommen. So werden die zum Zeitpunkt des Referenzbelegs gültigen Preise ermittelt. Damit kann sichergestellt werden, dass dem Kunden der richtige Preis gutgeschrieben wird (siehe die Felder **Auftragsgrund** und **Preisdatum** auf der Registerkarte **Verkauf** in Abbildung 5.70).

Grund für die Gutschriftsanforderung

Abbildung 5.70 Fakturasperre und Auftragsgrund

5.6.4 Fakturasperre entfernen und Fakturabeleg anlegen

Fakturasperre entfernen

Nach positiver fachlicher Prüfung kann die Fakturasperre entfernt werden. Sie wechseln zu diesem Zweck wieder in die SAP-Fiori-App **Gutschriftsanforderungen verwalten**, wählen die von uns angelegte Gutschriftsanforderung 60000006 aus und entfernen die Fakturasperre über die Funktion **Fakturasperre aufheben**.

Gutschrift erzeugen

Die Gutschriftsanforderung kann jetzt fakturiert werden. Hierzu rufen Sie die SAP-Fiori-App **Fakturen anlegen** auf und wählen die **Gutschriftsanforderung** aus dem Fakturavorrat aus (siehe Abbildung 5.71).

Abbildung 5.71 Gutschriftsanforderung aus dem Fakturavorrat auswählen

Innerhalb der App nutzen Sie die Funktion **Anlegen**, um den gewählten Fakturavorrat zu fakturieren und damit die Gutschrift zu erzeugen. Die erzeugte Gutschrift sehen Sie in Abbildung 5.72. Über die Nachrichtensteuerung wird die Gutschrift ausgedruckt und an den Kunden versendet.

Abbildung 5.72 Gutschrift anzeigen

Da wir die Gutschrift in diesem Fall mit Bezug zu einem bereits bestehenden Vertriebsbeleg angelegt haben, wird dieses auch im Belegfluss sichtbar. In Abbildung 5.73 sehen Sie den Prozessablauf zu Terminauftrag 735, zu dem die Faktura 90000706 gehört und in dem jetzt auch unsere Gutschriftsanforderung 60000006 sichtbar ist.

Abbildung 5.73 Prozessablauf bei der Bearbeitung von Gutschriften

5.7 Zusammenfassung

Im Verlauf dieses Kapitels haben Sie neue nützliche Funktionen kennengelernt, die Ihnen mit SAP S/4HANA 1809 zur Verfügung stehen. In diesem Zusammenhang haben Sie die neue Verfügbarkeitsprüfung Advanced Available-to-Promise kennengelernt, die erweiterte Funktionen für die Verfügbarkeitsprüfung, z. B. die Priorisierung von Kundenbedarfen, beinhaltet. Darüber hinaus haben wir die Positionierung von Advanced ATP in der Systemlandschaft mit den bekannten Ansätzen Available-to-Promise und Global Available-to-Promise verglichen.

Im weiteren Verlauf des Kapitels haben Sie nützliche SAP-Fiori-Apps für die Verwaltung Ihrer Vertriebsbelege sowie analytische Funktionen der Kundenauftragsabwicklung kennengelernt. Schließlich haben wir anhand von praktischen Beispielen gezeigt, wie zentrale SAP-Vertriebsprozesse mit SAP-Fiori-Apps unterstützt werden.

Zusammenfassend ist festzustellen, dass sich die bekannten Prozesse im Vertrieb nicht geändert haben. Die SAP-Fiori-Apps für das Anlegen von Vertriebsbelegen ähneln den altbekannten Transaktionen, die überdies noch funktionsfähig sind. Dies hat den Vorteil, dass sich erfahrene SAP-Anwender und Berater schnell zurechtfinden können.

Andererseits stehen Ihnen aber auch neu designten SAP-Fiori-Apps zur Verfügung, die Ihnen einen verbesserten Überblick über Ihre Kundenauftragsabwicklung bieten, wie z. B. die SAP-Fiori-App **Kunde – 360°-Sicht** oder die SAP-Fiori-App **Performance der Auftragsabwicklung**. Die SAP-Fiori-App **Meine Verkäufe** gibt Ihnen die Möglichkeit, innerhalb eines Dashboards wesentliche Verkaufsdaten in übersichtlichen Karten darzustellen. Die SAP-Fiori-App **Liefertreue** vergleicht das Wunschlieferdatum des Kunden für Kundenauftragspositionen mit dem tatsächlichen Lieferdatum der entsprechenden Auslieferungen.

Als Highlight im Vertrieb sehen wir nach wie vor neben den neuen analytischen Funktionen ganz klar die Integration der neuen Verfügbarkeitsprüfung nach Advanced Available-to-Promise in den SAP S/4HANA Core. Die erweiterten Funktionen der Verfügbarkeitsprüfung bieten viel Potenzial für Optimierungen sowohl in den Prozessen als auch in der Systemlandschaft.

Im folgenden Kapitel erfahren Sie, welche Retail-Funktionen Sie jetzt integriert nutzen und wie Sie diese aktivieren können. Sie erfahren, was neu ist und welchen Ansatz die Integration in den SAP S/4HANA Core verfolgt.

Kapitel 6
SAP S/4HANA Retail for Merchandise Management

In diesem Kapitel stellen wir die SAP-Lösung für den Einzelhandel – SAP S/4HANA Retail for Merchandise Management – vor. Unser Fokus liegt auf den Neuerungen in den Stammdaten und auf der Aufteilfunktion.

Mit *SAP S/4HANA Retail for Merchandise Management*, im Folgenden *SAP Retail* genannt, können Sie die Geschäftsprozesse von Einzelhandelsunternehmen abbilden. In den folgenden Abschnitten bieten wir Ihnen einen Einstieg in SAP Retail. Die Vorstellung der wichtigsten Stammdaten und die Funktion der Aufteilung sind zwei Schwerpunkte dieses Kapitels. Als Erstes zeigen wir Ihnen in Abschnitt 6.1, »Der Weg zu SAP Retail«, den Weg, um die Branchenlösung SAP Retail in SAP ECC und SAP S/4HANA zu aktivieren. Danach ordnen wir in Abschnitt 6.2, »Integration von SAP Retail in SAP S/4HANA«, SAP Retail innerhalb von SAP S/4HANA ein. Anschließend geben wir Ihnen in Abschnitt 6.3, »Stammdaten«, einen Überblick über die wichtigsten Retail-Stammdaten. In Abschnitt 6.4, »Die Aufteilung«, nehmen wir uns den retailspezifischen Aufteiler vor. Mithilfe des Aufteilers können Sie in SAP Retail eine Verteilung der Ware, z. B. auf mehrere Filialen, planen. Als Abschluss dieses Kapitels stellen wir in Abschnitt 6.5, »Bestandszuteilung (ARun) in SAP Retail«, die Bestandszuteilung bei einer Bedarfsunterdeckung.

6.1 Der Weg zu SAP Retail

Die Lösungen von SAP zeichnen sich durch eine hohe Anpassbarkeit aus; z. B. können Sie die Standardprozesse mithilfe des Customizings gemäß den Kundenwünschen anpassen oder den organisatorischen Aufbau des Unternehmens über die Organisationsstrukturen abbilden.

Doch irgendwann reichen auch diese Anpassungsmöglichkeiten nicht mehr aus, um alle Bedürfnisse zu befriedigen, oder der Aufwand dafür wäre zu groß. Aus diesem Grunde hat SAP die Branchenlösungen (engl. Industry Solutions) auf den Markt gebracht. Mittlerweile bietet SAP eine ganze Reihe solcher Branchenlösungen an. Eine aktuelle Liste finden Sie unter

SAP-Branchenlösungen

https://www.sap.com/germany/products.html. Wenn Sie in einem Handelsunternehmen tätig sind, haben Sie spezielle Ansprüche an Ihre SAP-ERP-Software. Denn die Stammdaten, z. B. die Werkstammdaten aus SAP ECC, sind nicht ausreichend, um die Geschäftsprozesse zwischen Verteilzentren und den Filialen abzubilden. Dazu sollten die Materialstammdaten weitere Informationen aufnehmen, wie es in SAP Retail möglich ist. In diesem Abschnitt stellen wir die Business Functions aus SAP ECC 6.0 vor. In Abschnitt 6.2, »Integration von SAP Retail in SAP S/4HANA«, erläutern wir die Neuerungen der Business Functions unter SAP S/4HANA sowie die Integration von SAP Retail in SAP S/4HANA.

6.1.1 SAP Retail in SAP ECC aktivieren

Retail Switch

Vor der Einführung von SAP S/4HANA mussten Sie, wenn Sie SAP Retail einsetzen wollten, das SAP-System als SAP Retail ausprägen. Also wurde mit dem sogenannten *Retail Switch* aus dem »Industriesystem« SAP ECC ein SAP-Retail-System. SAP ECC ist für produzierende Unternehmen konzipiert und nicht für den Handel geeignet. SAP bezeichnet SAP ECC als »SAP-Lösung für die Industrie«; daher wird SAP ECC auch als Industriesystem bezeichnet.

> **Konsequenzen der Aktivierung des Retail Switch in SAP ECC**
>
> Beachten Sie, dass das Aktivieren des Retail Switch in SAP ECC weitreichende Folgen hat:
>
> - Die Aktivierung des Retail Switch, also die Aktivierung des Business Functions Sets SAP Retail, ist nicht rückgängig zu machen!
> - Haben Sie das Business Function Set SAP Retail aktiviert, ist es nicht möglich, weitere Branchenlösungen zu nutzen.
> - Sie benötigen eine gültige Lizenz für die Branchenlösung SAP Retail.
>
> Nach dem Einsatz des Retail Switch sind folgende Funktionen nicht mehr verfügbar:
>
> - Material Ledger
> - Dispositionsbereiche

Durch die Aktivierung des Business Function Sets SAP Retail werden die speziell für den Handel entwickelten Funktionen nutzbar. Folgende Änderungen treten ein:

- Die Menüeinträge werden an SAP Retail angepasst.
- Retail-Erweiterungen für bestehende Transaktionen sind verfügbar.

- Sie können SAP-Retail-Transaktionen (z. B. MM43 (Material anzeigen (Einstieg)), WB02 (Werk ändern: Einstieg) nutzen.
- Der Einführungsleitfaden (Implementation Guide, kurz IMG; Transaktion SPRO) hat sich verändert.

Wenn Sie den Retail Switch durchführen, wird also die Umstellung auf SAP Retail technisch durch Business Functions, die zu einem Business Function Set zusammengefasst sind, realisiert.

Business Functions in SAP ECC 6.0

Pro Systeminstanz kann nur ein Business Function Set aktiviert werden. Damit Sie zusätzlich zu einer aktivierten Branchenlösung auch das allgemeine Business Function Set nutzen können, ist dieses in die Business Function Sets der SAP-Branchenlösungen integriert. Das Business Function Set für SAP Retail ist in Abbildung 6.1 zu sehen.

Abbildung 6.1 Business Function Set »ISR-RETAIL«

In Abbildung 6.2 sehen Sie einen Überblick über die Funktionen, die das Business Function Set für SAP Retail bereitstellt. Die Betriebsstammdaten und die Artikelstammdaten werden in Abschnitt 6.3.5, »Der Artikelstammsatz«, ausführlich behandelt. Die Aufteilung schauen wir uns in Abschnitt 6.4, »Die Aufteilung«, an.

Business Function Set für SAP Retail

Vielleicht ist Ihnen aufgefallen, dass sich die, im Zusammenhang mit SAP Retail verwendeten Begriffe etwas von der Terminologie unterscheiden, die Sie aus SAP ECC gewohnt sind (so wie sich auch einige betriebswirtschaftliche Standardbegriffe von SAP-eigenen Begriffen unterscheiden). Um Ihnen das Verständnis zu erleichtern, finden Sie in Tabelle 6.1 eine Gegenüberstellung der wichtigsten Begriffe in SAP Retail und SAP ECC.

SAP ECC (Industrie)	SAP Retail
Material	Artikel
Werk	Betrieb
Fabrikkalender	Logistikkalender

Tabelle 6.1 Gegenüberstellung der Terminologie von SAP ECC und SAP Retail

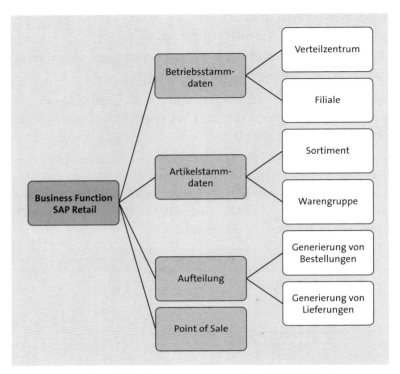

Abbildung 6.2 Überblick der Business Functions für SAP Retail

6.1.2 SAP Retail in SAP S/4HANA aktivieren

Alle bisherigen SAP-Lösungen konnten entweder als Industrielösung (z. B. SAP ECC, siehe Abschnitt 6.1.1, »SAP Retail in SAP ECC aktivieren«) genutzt werden oder sind als Branchenlösung ausgeprägt worden. Dadurch sind einige Funktionen der Industrielösung verloren gegangen.

> **Kurztextersetzung für den Handel (SAP-Hinweis 2377816)**
>
> Die in Tabelle 6.1 beschriebenen Begrifflichkeiten sind in SAP S/4HANA nicht immer beibehalten worden. SAP verweist in SAP-Hinweis 2377816 darauf, dass in SAP S/4HANA die Kurztextersetzung für den Handel nicht mehr verfügbar ist. Daher kann es in diesem Kapitel zu Unterschieden bei den Begrifflichkeiten im Text und in den Abbildungen kommen.

Retail Switch Mit SAP S/4HANA können Sie nun die SAP-Retail-Branchenlösung aktivieren, ohne dass Funktionen von SAP S/4HANA verloren gehen. Die Frage, ob SAP Retail oder die SAP-Lösung für die Industrie genutzt werden soll, ist also nicht mehr relevant. Auch der Hinweis aus Abschnitt 6.1.1, dass es mit der Aktivierung von Business Function Retail nicht mehr möglich ist, weitere Branchenlösungen zu nutzen, gilt unter SAP S/4HANA nicht mehr. Auch in SAP S/4HANA können Sie SAP Retail über einen Schalter, den Retail Switch, aktivieren.

6.2 Integration von SAP Retail in SAP S/4HANA

Was eine Branchenlösung für den Handel ausmacht, haben wir bereits in Abschnitt 6.1, »Der Weg zu SAP Retail«, erläutert. In diesem Abschnitt zeigen wir Ihnen, wie sich die SAP-Retail-Lösung in SAP S/4HANA einfügt. Abbildung 6.3 ist eine vereinfachte Darstellung, aber sie zeigt deutlich die Integration der SAP-Retail-Lösung in die anderen Komponenten von SAP S/4HANA.

Diese Integration ermöglicht es SAP Retail, auf die in den restlichen Kapiteln dieses Buches beschriebenen betriebswirtschaftlichen Kernanwendungen, z. B. Beschaffung (siehe Kapitel 3, »Einkauf«) oder Finanzwesen (siehe Kapitel 10, »Integration mit SAP S/4HANA Finance«), zuzugreifen. Damit sind die in den entsprechenden Kapiteln vorgestellten Neuerungen zu großen Teilen auch in SAP Retail nutzbar.

SAP-S/4HANA-Neuerungen auch in SAP Retail nutzbar

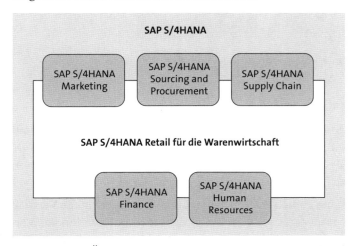

Abbildung 6.3 Überblick über die Integration von SAP Retail in die SAP-S/4HANA-Organisationsstrukturen

Mit den Organisationsstrukturen bietet SAP eine Möglichkeit, die Standardsoftware an die Bedürfnisse des jeweiligen Unternehmens anzupassen. Wie in Abbildung 6.3 gezeigt, ist SAP Retail in SAP S/4HANA integriert und hat somit auch die in Kapitel 3, »Einkauf«, und Kapitel 5, »Vertrieb«, beschriebenen Organisationsstrukturen geerbt. Aus SAP-Retail-Sicht haben sich die Organisationsstrukturen nicht verändert. Daher möchten wir nur auf die Besonderheiten im Zusammenhang mit SAP Retail hinweisen.

6.2.1 Organisationsstrukturen der Bestandsführung

In Abbildung 6.4 finden Sie einen Überblick über die Organisationsstrukturen bei der Bestandsführung ohne Warehouse Management. Das Warehouse Management wird in Kapitel 7, »Lagerverwaltung mit Embedded EWM«, ausführlich vorgestellt. Die Organisationsstrukturen *Mandant* und *Lagerort* haben die gleichen Funktionen, wie in Kapitel 3, »Einkauf«, erläutert. Eine Besonderheit in SAP Retail ist der Betrieb; diesen sehen wir uns in Abschnitt 6.3.4, »Der Betrieb«, etwas genauer an.

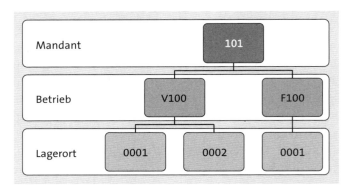

Abbildung 6.4 Organisationsstrukturen in der Bestandsführung

6.2.2 Organisationsstrukturen im Verkauf

In diesem Abschnitt gehen wir auf die Organisationsstrukturen im Verkauf ein. Wie bereits weiter oben geschildert, haben sich die Organisationsstrukturen aus Retail-Sicht nicht verändert. Das trifft auch auf den Vertrieb in SAP S/4HANA zu.

Verkaufs-organisation   Die Verkaufsorganisation ist rechtlich und organisatorisch für den Vertrieb verantwortlich. Anders als im Vertrieb, in dem die Kombination aus Verkaufsorganisation, Vertriebsweg und Sparte den Vertriebsbereich ergibt, wird in SAP Retail eine *Vertriebslinie* gebildet.

Diese entsteht aus der Kombination von Verkaufsorganisation und Vertriebsweg. In Abbildung 6.5 ist die Vertriebslinie durch einen Rahmen hervorgehoben.

Sparte   Die Organisationseinheit *Sparte* wird in SAP Retail nicht genutzt und hat nur einen Dummy-Charakter.

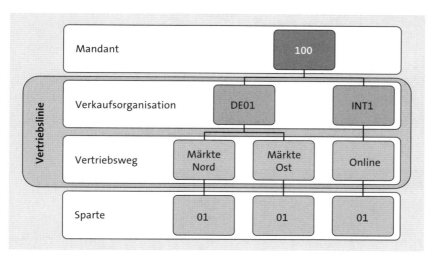

Abbildung 6.5 Organisationsstrukturen im Verkauf

6.3 Stammdaten

Die Stammdaten sind das Rückgrat und die zentrale Informationsquelle jeder betriebswirtschaftlichen Software. Praktisch jede Abteilung im Unternehmen arbeitet mit Stammdaten, und nur korrekte Stammdaten garantieren den problemlosen Ablauf der Prozesse. Daher ist eine strukturierte Stammdatenpflege äußerst wichtig. Die bekanntesten Stammdaten sind Artikel und Geschäftspartner, die in vielen unterschiedlichen Abteilungen relevant sind. Andere Stammdaten im SAP-System werden hauptsächlich in bestimmten Fachabteilungen genutzt, z. B. die Kostenstelle im Controlling.

Stammdaten als zentrale Informationsquelle

> **Eigenschaften von Stammdaten**
> Stammdaten haben einen statischen Charakter und ändern sich selten. Sie sind über eine längere Zeit gültig und können von mehreren Fachabteilungen genutzt werden.

6.3.1 Geschäftspartner

In SAP ECC können Sie sich Debitoren mit Transaktion XD03 und Kreditoren mit Transaktion XK03 anzeigen lassen. In SAP S/4HANA sind diese Transaktionen veraltet, und Sie werden, wenn Sie diese Transaktionen aufrufen, zur neuen Transaktion BP (Geschäftspartner bearbeiten) umgeleitet (siehe Abbildung 6.6).

Neue Geschäftspartnertransaktion

6 SAP S/4HANA Retail for Merchandise Management

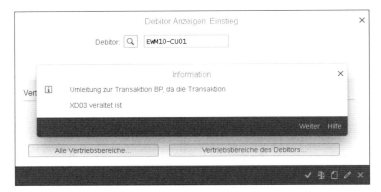

Abbildung 6.6 Umleitung nach »Transaktion BP« aus Transaktion XD03

> **Das Geschäftspartnermodell**
> Kunden- und Lieferantenstammsatz werden in SAP S/4HANA als Geschäftspartner zusammengefasst. Dieses Geschäftspartnermodell wird Ihnen in Abschnitt 10.4, »Geschäftspartnerdaten pflegen«, genauer vorgestellt.

Zwei Arten von Geschäftspartnern

In SAP Retail gibt es zwei Arten von Geschäftspartnerrollen: Kunden und Lieferanten (siehe Abbildung 6.7).

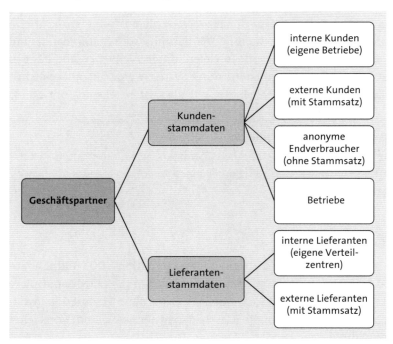

Abbildung 6.7 Geschäftspartner in SAP Retail

276

6.3 Stammdaten

Das Besondere in SAP Retail ist, dass Betriebe mit den Geschäftspartnern verbunden sind (siehe Abschnitt 6.3.4, »Der Betrieb«).

6.3.2 Kundenstammdaten

Als Einstieg in das Thema Stammdaten betrachten wir einen einfachen Stammsatz, den Debitor oder Kunden. Dieser besteht aus verschiedenen Bereichen, den sogenannten Sichten (siehe Abbildung 6.8). Der grundlegende Aufbau in Sichten gilt, auch in SAP S/4HANA, für alle Stammdaten. Wenn der erste Kontakt mit dem Geschäftspartner durch einen Mitarbeiter des Verkaufs erfolgt, kann dieser allgemeine Daten (z. B. die Adresse) und die Vertriebsdaten pflegen, aber nicht die Daten der Buchhaltung. Ein Kollege aus der Buchhaltung kann später die fehlende Sicht ergänzen.

Debitorenstammsatz

Diese Technik nennt sich *dezentrale Pflege der Stammdaten*. In diesem Fall werden die Sichten von der zuständigen Fachabteilung gepflegt. Bei der *zentralen Pflege der Stammdaten* werden alle Sichten in einem Arbeitsgang gepflegt.

Zentrale/dezentrale Pflege

Die Sichten der Stammdaten repräsentieren die Fachabteilungen des Unternehmens und ermöglichen die dezentrale Pflege der Stammdaten. Außerdem erhöht diese Gruppierung die Übersichtlichkeit, da nicht alle Daten auf einmal angezeigt werden müssen.

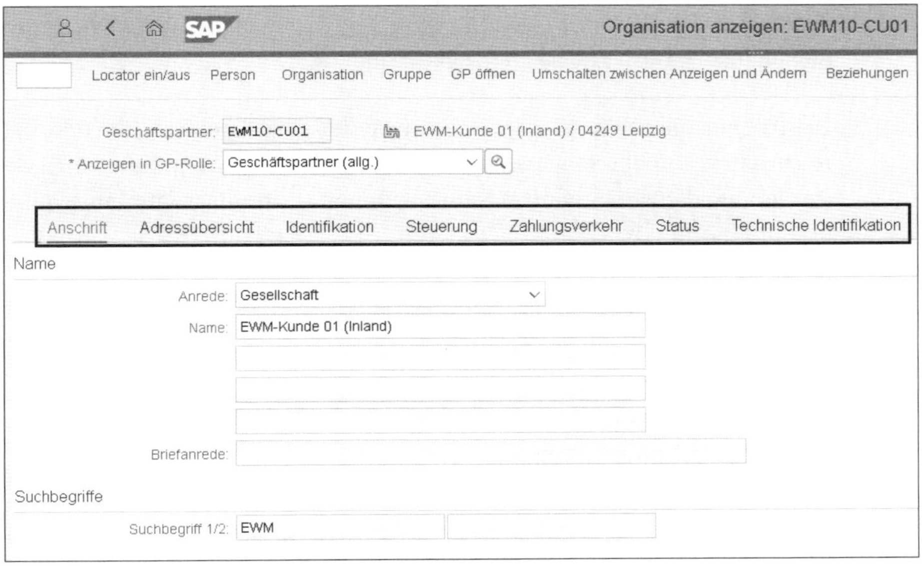

Sichten

Abbildung 6.8 Geschäftspartner in SAP Fiori pflegen

6 SAP S/4HANA Retail for Merchandise Management

Daten mit steuerndem/ beschreibendem Charakter

Es gibt zwei Arten von Feldern: zum einen Felder für Daten mit steuerndem Charakter, z. B. die Kontengruppe im Lieferantenstammsatz, die steuert, dass nur die zu der Rolle des Geschäftspartners benötigten Bilder und Felder angezeigt werden; zum anderen Felder für Daten mit beschreibendem Charakter, wie z. B. die Anschrift des Kunden.

Partnerrollen

Geschäftspartner übernehmen verschiedene Rollen, die als *Partnerrollen* bezeichnet werden. Abbildung 6.9 zeigt die Partnerrollen im Kundenstamm.

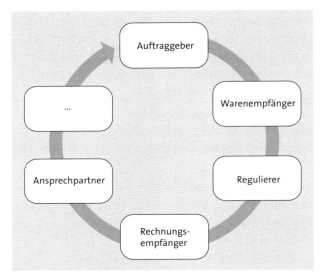

Abbildung 6.9 Partnerrollen im Kundenstamm

Die Partnerrollen hinterlegen Sie im Kundenstamm bei den Vertriebsbereichsdaten (auf der Registerkarte **Partnerrollen**, siehe Abbildung 6.10); sie werden bei der Kundenauftragsabwicklung als Vorschlagsdaten in die Belege übernommen.

	Aufträge	Versand	Faktura	Partnerrollen
Partnerrollen				
	PR	Partnerrolle		Nummer
○	AG	Auftraggeber		EWM10-CU01
○	RE	Rechnungsempfänger		EWM10-CU01
○	RG	Regulierer		EWM10-CU01
○	WE	Warenempfänger		EWM10-CU01

Abbildung 6.10 Partnerrollen des Geschäftspartners

Obligatorische Rollen

Für die Kundenauftragsabwicklung werden die obligatorischen Rollen *Auftraggeber*, *Warenempfänger*, *Regulierer* und *Rechnungsempfänger* benötigt.

6.3 Stammdaten

Diese können bei einer Kundenauftragsabwicklung voneinander abweichen oder identisch sein. Tabelle 6.2 gibt Ihnen einen Überblick über die Partnerrollen und ihre Funktionen.

Rolle	Funktionen
Auftraggeber	erteilt den Auftrag
Warenempfänger	erhält die Ware oder Dienstleistung
Rechnungsempfänger	erhält die Rechnung für Waren oder Dienstleistungen
Regulierer	ist für die Bezahlung der Rechnung zuständig

Tabelle 6.2 Partnerrollen und ihre Funktionen

> **Weitere Partnerrollen**
> Andere Partnerrollen, wie z. B. Ansprechpartner oder Spediteure, sind für die Kundenauftragsabwicklung nicht zwingend erforderlich.

6.3.3 Lieferantenstammdaten

Grundsätzlich gilt alles zu den Kundenstammdaten Gesagte auch für den Lieferantenstammsatz (Kreditorenstammsatz). Die Details zur Pflege wurden bereits in Kapitel 3, »Einkauf«, erläutert.

Einkaufsdaten pflegen

6.3.4 Der Betrieb

Die Betriebe in SAP Retail haben entweder die Aufgabe, Waren bereitzustellen oder diese zum Verkauf zu präsentieren (siehe Abbildung 6.11).

Aufgaben der Betriebe

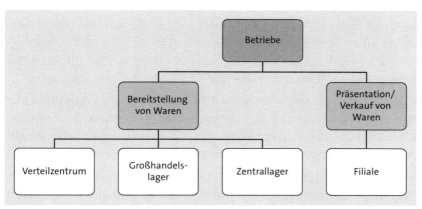

Abbildung 6.11 Betriebe

> **Der SAP-Retail-Betrieb**
>
> Das Besondere am SAP-Retail-Betrieb ist, dass er immer eine Kombination aus Betriebsstammdaten und Geschäftspartner(n) darstellt.

Der Betrieb in SAP Retail kann mit einem Kundenstammsatz (Filiale) oder mit einem Kundenstammsatz und einem Lieferantenstammsatz (Verteilzentrum) verknüpft sein (siehe Abbildung 6.12). Der Betrieb ist dabei die bestandsführende und selbst disponierende Organisationseinheit.

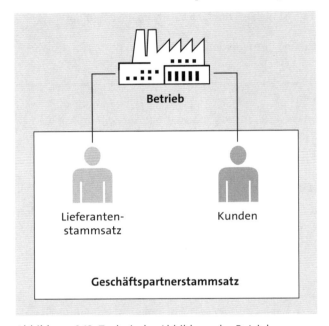

Abbildung 6.12 Technische Abbildung der Betriebe

Die Eigenschaften von Retail-Betrieben möchten wir Ihnen am Beispiel der Anlage eines Verteilzentrums zeigen. Abbildung 6.13 zeigt Transaktion WB01 im SAP-Fiori-Layout; in SAP S/4HANA 1809 werden die Retail-Betriebe mit dieser Transaktion angelegt.

Filiale, Verteilzentrum und Werksprofil

Bei der Anlage von Betrieben können Sie über das Feld **Werksprofil** festlegen, ob es sich um eine Filiale oder um ein Verteilzentrum handelt (siehe Abbildung 6.13). Das Werksprofil steuert unter anderen die Nummernvergabe und welche Angaben im Stammsatz gemacht werden müssen.

Dem angelegten Verteilzentrum sind ein Kreditorenstammsatz und ein Debitorenstammsatz zugeordnet (siehe Abbildung 6.14). Eine Filiale hat nur einen Debitorenstammsatz (siehe Abbildung 6.15). Bei einer Filiale dient der verknüpfte Debitorenstammsatz dazu, Verkaufsfunktionen wie z. B. Lieferungen und Fakturen nutzen zu können.

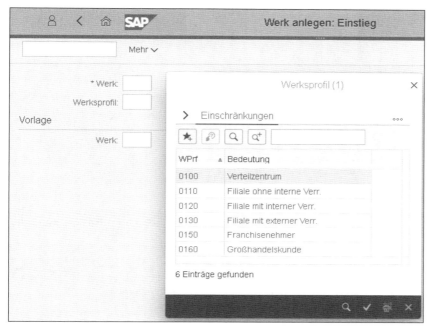

Abbildung 6.13 Werk im Werksprofil anlegen

Dem Verteilzentrum ist darüber hinaus ein Lieferantenstammsatz zugeordnet, da es auch die Filialen beliefern kann.

Abbildung 6.14 Verteilzentrum mit Debitor und Kreditor

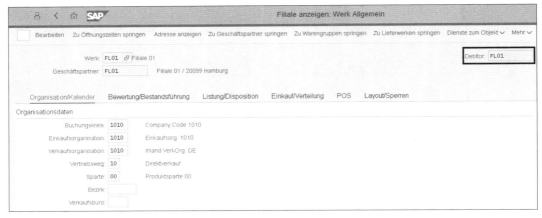

Abbildung 6.15 Verteilzentrum mit Debitor

Die Pflege der Daten erfolgt über die Sichten, z. B. **Organisation/Kalender** (siehe Abbildung 6.16).

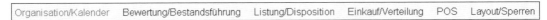

Abbildung 6.16 Sichten in der SAP-Fiori-App »Werk anlegen«

Im Kopf der Transaktion haben Sie die Möglichkeit, zu anderen Bereichen zu navigieren, z. B. zur Pflege der Öffnungszeiten (siehe Abbildung 6.17).

Abbildung 6.17 Navigation zu weiteren Sichten

Abschließend werden die Daten über den in der rechten unteren Ecke befindlichen Button Sichern gespeichert.

6.3.5 Der Artikelstammsatz

Die Retail-Artikel sollen langfristig, gemeinsam mit dem Material, zum sogenannten *Produkt* harmonisiert werden. Da dieser Prozess derzeit noch nicht abgeschlossen ist, stellen wir in den folgenden Abschnitten den Retail-Artikel vor.

Artikel anzeigen

Sie haben die Möglichkeit, sich einen Artikel über die SAP-Fiori-App **Artikel anzeigen** anzeigen zu lassen (siehe Abbildung 6.18).

Mit der SAP-Fiori-App **Artikel anzeigen** können Sie nur Retail-Artikel bearbeiten, da es sich hier um die Retail-Transaktion MM43 (Artikel anzeigen: (Einstieg)) handelt. Es ist nicht möglich, Materialien, die mit Transaktion

MM01 angelegt wurden, mit dieser SAP-Fiori-App anzuzeigen oder zu bearbeiten. Die Fehlermeldung sehen Sie in Abbildung 6.19.

Abbildung 6.18 SAP-Fiori-Apps für die Artikelpflege

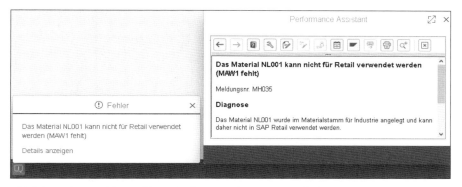

Abbildung 6.19 Fehlermeldung in der SAP-Fiori-App »Artikel anzeigen«

Mit **Artikel anzeigen** haben Sie die Möglichkeit, über den Menüpfad **Mehr • Material** zum Anlegen oder Ändern von Artikeln zu springen (siehe Abbildung 6.20).

Artikel anlegen oder ändern

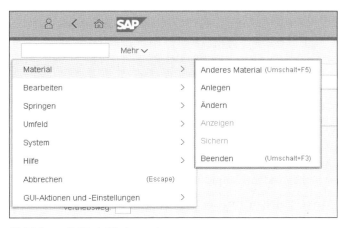

Abbildung 6.20 Artikel anzeigen

Wenn Sie einen Artikel anlegen möchten, können Sie eine Artikelnummer eingeben (die Artikelnummer kann auch vom System vergeben werden). Als Nächstes wählen Sie die Sichten aus (siehe Abbildung 6.21).

Abbildung 6.21 Sichten für die Artikelstammdaten auswählen

Der Artikelstammsatz

Auch beim Artikelstammsatz repräsentieren die Sichten die Fachabteilungen des Unternehmens, ermöglichen damit die dezentrale Pflege der Stammdaten (siehe Abschnitt 6.3.2, »Kundenstammdaten«) und erhöhen die Übersichtlichkeit, da nicht alle Daten auf einmal angezeigt werden. Der Artikelstammsatz ist komplexer als der Geschäftspartnerstammsatz und besteht aus vielen Sichten (siehe Abbildung 6.21).

Wenn Sie einen Artikel anlegen, müssen Sie zunächst grundlegende Angaben machen (siehe Abbildung 6.22). Die Materialart kennen Sie eventuell vom Anlegen eines Materialstammsatzes mit Transaktion MM01. Im Gegensatz dazu kommt das Feld **Warengruppe** beim Anlegen des Materialstammsatzes nicht vor, und anstelle der Materialart müssen Sie dort im Feld **Materialtyp** einen solchen pflegen.

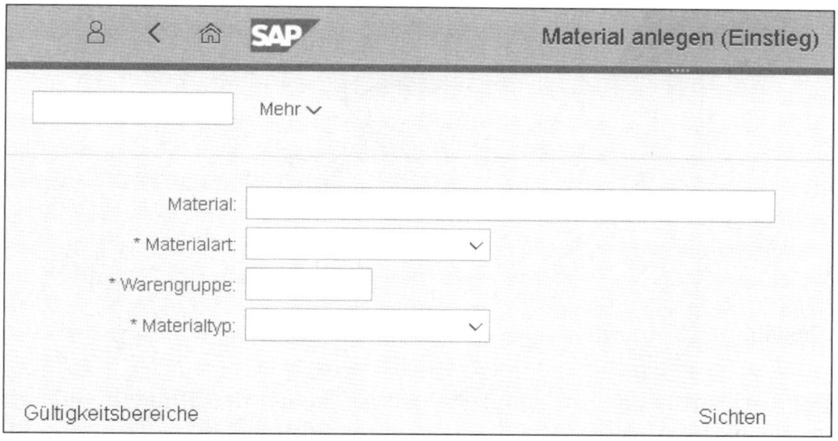

Abbildung 6.22 Artikel anlegen

> **Artikelstammdaten**
>
> Die Artikelstammdaten haben zwar sehr viel von den Materialstammdaten geerbt, sind aber mit viel mehr Informationen ausgestattet. Wie bereits geschrieben, ist die Kurztextersetzung für den Handel in SAP S/4HANA (noch) nicht aktiv; daher müssten die Bezeichnungen korrekterweise *Artikelart* und *Artikeltyp* lauten.

Die grundlegenden Angaben, die beim Anlegen von Materialien gepflegt werden müssen, wollen wir uns im Folgenden genauer ansehen.

Die Artikelart ist ein Feld mit steuerndem Charakter (siehe Abschnitt 6.3.2, »Kundenstammdaten«). Es bestimmt die Eigenschaften des Artikels. Mit der Artikelart, z. B. *Frischeprodukte* oder *Handelsware*, werden die Artikel außerdem gruppiert, was z. B. eine Selektion in den Auswertungen erleichtert. — **Artikelart**

Auch die Warengruppe wird genutzt, um die Artikel zu gruppieren. Die Warengruppe erleichtert ebenfalls eine Selektion in den Auswertungen, und die Suche nach Artikeln wird vereinfacht. Außerdem haben Sie die Möglichkeit, Warengruppenhierarchien zu bilden. — **Warengruppe**

Der Artikeltyp beschreibt den Artikel näher (siehe Abbildung 6.23). — **Artikeltyp**

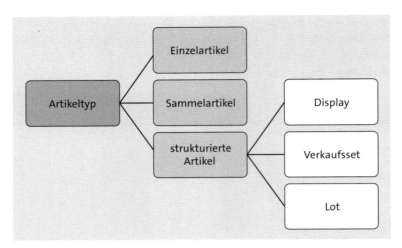

Abbildung 6.23 Artikeltyp

Der Einzelartikel ist ein Standardmaterial, das an den Kunden verkauft wird, z. B. »PC Superschnell« (siehe Abbildung 6.24).

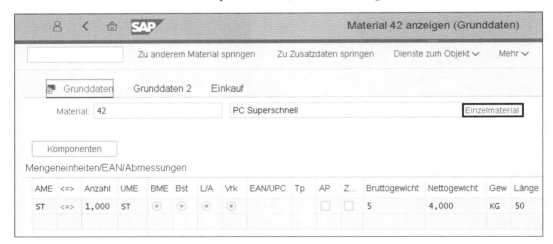

Abbildung 6.24 Einzelartikel anzeigen

Sammelartikel   Mit dem Sammelartikel fassen Sie ähnliche Artikel zusammen, die sich nur in bestimmten Merkmalen, wie z. B. Farbe oder Größe, voneinander unterscheiden. Die Unterscheidung bei diesen Artikeln wird über Varianten in SAP abgebildet. Diese Technik minimiert den Pflegeaufwand, da die Daten, die für alle Varianten gleich sind, nur einmal gepflegt werden müssen. Beim Anlegen eines Sammelartikels müssen Sie eine Konfigurationsklassenart und eine Konfigurationsklasse angeben (siehe Abbildung 6.25).

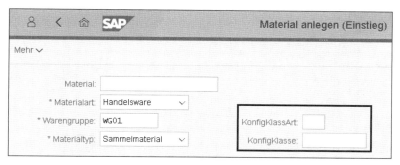

Abbildung 6.25 Artikel anlegen – Varianten

Nach der Eingabe dieser Werte werden Sie in die Sicht **Merkmalbewertung** weitergeleitet. Hier können Sie ein passendes Merkmal (z. B. die Farbe) für den Artikel auswählen (siehe Abbildung 6.26).

Merkmalbewertung

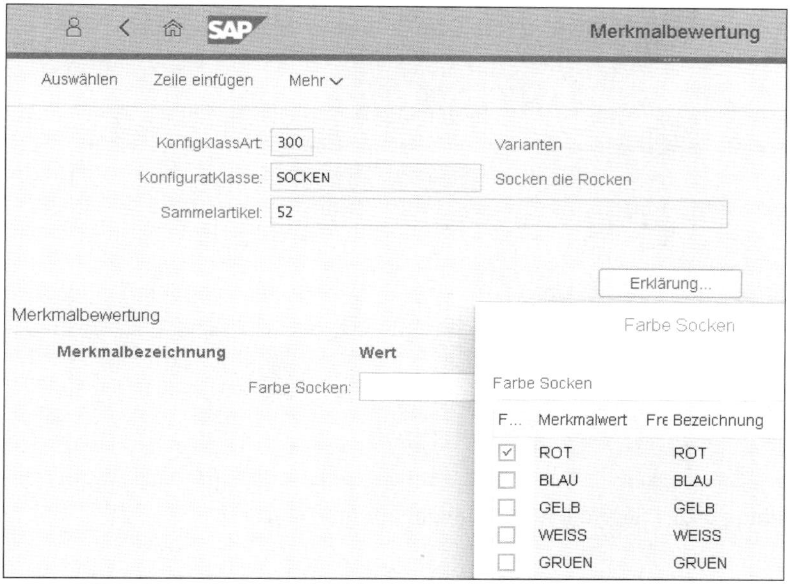

Abbildung 6.26 Artikel anlegen – Merkmalbewertung

Im Gegensatz zum Einzelartikel besteht der strukturierte Artikel aus mehreren verschiedenen Artikeln. Mit einem Klick auf den Button **Komponenten** (siehe Abbildung 6.27) können Sie sich die einzelnen Bestandteile des Verkaufssets anzeigen lassen. Ein Beispiel dafür ist das Verkaufsset »Schrank O815«, das aus den Setartikeln »Schrank O815, PK1« und »Schrank O815, PK2« besteht.

Strukturierter Artikel

Der Schrank besteht also aus zwei Packstücken, um einfacher transportiert werden zu können. Zusätzlich zu den Informationen der Einzelartikel müssen hier noch die Mengenangaben zu den Komponenten hinterlegt werden (siehe Abbildung 6.28).

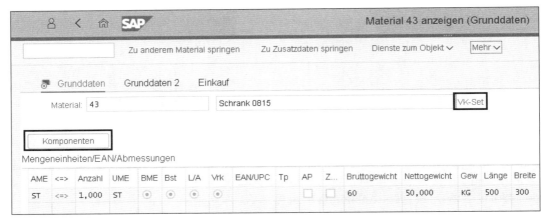

Abbildung 6.27 Verkaufsset

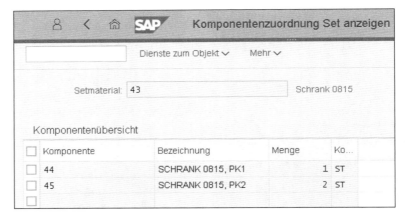

Abbildung 6.28 Pflege der Mengenangaben zum Setartikel

Strukturierter Artikel mit Vollgut

Seit Release SAP S/4HANA 1709 können Sie in der Stückliste eines strukturierten Artikels Vollgut mit verbundenem Leergut aufnehmen. Leergut ist eine Mehrwegverpackung, auf die in der Regel ein Pfand erhoben wird. Vollgut kann nur verbunden mit Leergut verkauft werden, da es sich bei Vollgut z. B. um Flüssigkeiten oder Schüttgut handelt.

> **Strukturierter Artikel mit Vollgut**
> Da strukturierte Artikel mit Vollgut in SAP S/4HANA 1610 und SAP ERP 6.0 nicht unterstützt werden, müssen Sie die Verteilung solcher Artikel an diese Versionen vermeiden (SAP-Hinweis 2498321).

Das Display ist ein Artikel in Kombination mit einer Verpackung und wird meist vom Hersteller oder Lieferanten zusammengestellt. In der Filiale wird das Display zum Verkauf ausgestellt (Beispiel »Schokoallerlei«, siehe Abbildung 6.29). Dieses Display enthält den Artikel und den Aufsteller.

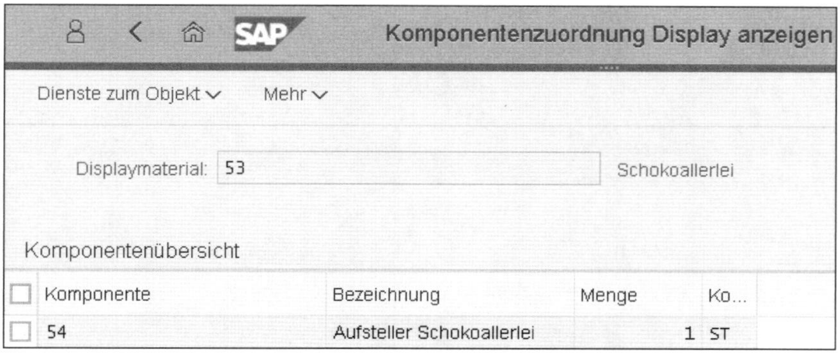

Display

Abbildung 6.29 Artikel und Verpackung als Displayartikel

Das Lot wird vor allem im Textilbereich eingesetzt, um eine Menge von Sammelartikeln zusammenzufassen (z. B. T-Shirts in unterschiedlichen Größen). Diese Menge kann als eigenständiger Artikel beschafft, mit einer eigenen Artikelnummer angelegt und mit eigenen Konditionen gepflegt werden. Im Gegensatz zum Displayartikel müssen die Komponenten eines Lots derselben Warengruppe angehören wie das Lot selbst.

Lot

Abhängig davon, welche Sichten Sie pflegen wollen, müssen Sie verschiedene Organisationsebenen angeben. Tabelle 6.3 gibt Ihnen einen kurzen Überblick.

Organisationsebenen und Sichten

Sicht	Organisationsebenen	
	Muss	Kann
Grunddaten	–	–
Listung	–	VKO und Vertriebsweg
Einkauf	EKO und Lieferant	Betrieb oder Lieferant
Verkauf	VKO und Vertriebsweg	Betrieb oder Preisliste
Logistik VZ	–	Verteilzentrum
Logistik Filiale	–	Vertriebslinie/Filiale
POS	VKO und Vertriebsweg	Betrieb

Tabelle 6.3 Organisationsebenen und Sichten

Vorlageartikel Um die Anlage von Artikelstammdaten zu erleichtern, können Sie Vorlageartikel nutzen. Den Vorlageartikel geben Sie im Einstiegsbild ein (siehe Abbildung 6.30).

Der Vorlageartikel schlägt bereits viele Werte vor; allerdings werden bestimmte Werte nicht vorgeschlagen, da sie sich ganz speziell auf einen Artikel beziehen, wie z. B. EANs oder Preise.

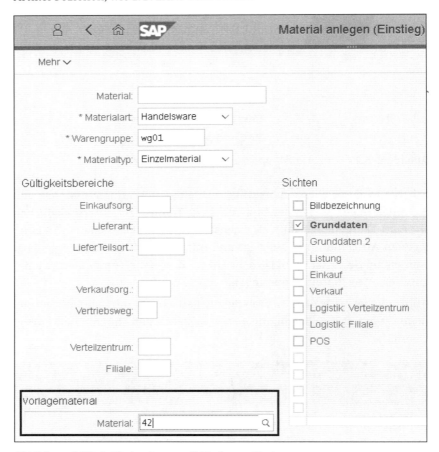

Abbildung 6.30 Artikel anlegen mit Vorlageartikel

Produktstammdaten Im Gegensatz zu den SAP-Fiori-Apps für die Artikelpflege (siehe Abbildung 6.18) können mit der SAP-Fiori-App **Produktstamm verwalten** sowohl Artikel als auch Materialien angezeigt werden. Abbildung 6.31 zeigt den Artikel »PC Superschnell« (42) und das Material »Schraube« (NL001).

6.3 Stammdaten

Abbildung 6.31 Produktstamm anzeigen

6.3.6 Löschen personenbezogener Daten in SAP S/4HANA Retail for Merchandise Management

Mithilfe von *SAP Information Lifecycle Management* (*SAP ILM*) können Sie Regeln erstellen, nach denen Daten aufbewahrt und gelöscht werden. In SAP Retail können Sie damit seit Release 1709 personenbezogene Daten in den Kunden- und Lieferantenstammdaten einfacher sperren und löschen.

SAP Information Lifecycle Management

Wenn personenbezogenen Daten Ihrer Geschäftspartner nicht mehr aktiv verwendet werden, können Sie diese sperren lassen. Nachdem der von Ihnen definierte Aufbewahrungszeitraum abgelaufen ist, können Sie diese Daten löschen lassen. Um einen Aufbewahrungszeitraum zu definieren oder anzeigen zu lassen, geben Sie »SE38« für Transaktion SE38 im Transaktionsfenster ein und bestätigen diese Eingabe mit der Taste [F8] (siehe Abbildung 6.32).

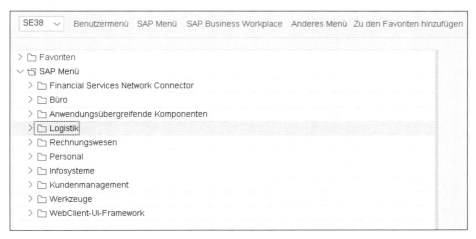

Abbildung 6.32 Aufruf des ABAP Editors – Einstiegsbild

6 SAP S/4HANA Retail for Merchandise Management

Sie befinden sich nun im Einstiegsbild des ABAP Editors. Geben Sie den Programmnamen »RMPS_CHECK_STORAGE_PERIOD« ein, und bestätigen Sie Ihre Eingabe mit [F8].

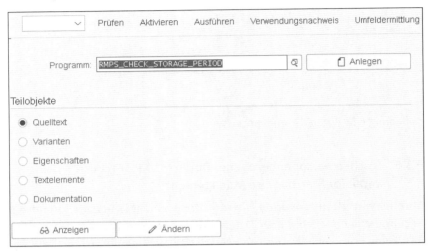

Abbildung 6.33 Programm zum Prüfen und Festlegen der Aufbewahrungsfrist

Gesperrte Daten werden Benutzern ohne spezielle Berechtigungen nicht mehr angezeigt. Mit gesperrten Daten können Sie Business-Objekte weder anlegen noch ändern oder kopieren, und sie können auch keine Folgeaktionen tätigen. Wie in Abbildung 6.33 zu erkennen ist, können Sie Aufbewahrungsfristen prüfen und festlegen.

6.4 Die Aufteilung

Eine besondere Herausforderung im Handel ist es, Ware von zentralen Lagern auf eine große Anzahl von Abnehmern zu verteilen. Der Aufteiler in SAP Retail unterstützt Sie bei dieser Aufgabe. Wir möchten den Aufteiler in unserem Buch vorstellen, da er eine Retail-Besonderheit darstellt. SAP S/4HANA stellt einige SAP-Fiori-Apps für den Aufteiler bereit, die wir Ihnen nicht vorenthalten wollen.

6.4.1 Was ist ein Aufteiler?

Ware nach definierten Regeln verteilen

SAP Retail ermöglicht mit dem Aufteiler, die geplante Ware nach definierten Regeln zu verteilen. Ist der Aufteiler angelegt, können automatisch die benötigten Belege für die Logistik erzeugt werden. In Abbildung 6.34 sehen Sie einige Einsatzbereiche des Retail-Aufteilers.

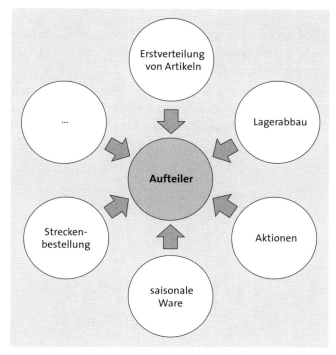

Abbildung 6.34 Einsatzbereiche des Aufteilers

6.4.2 Aufbau des Aufteilers

Wie viele andere Transaktionen ist auch der Aufteiler in Kopfdaten (die für den gesamten Aufteiler gültig sind), Positionsdaten und Detaildaten unterteilt (siehe Abbildung 6.35).

Kopfdaten

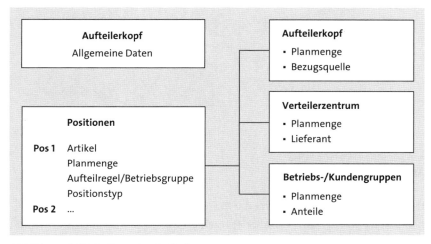

Abbildung 6.35 Aufbau des Aufteilers

Streckenbestellung

Die Streckenbestellung ist ein Einsatzbereich des Aufteilers. Den Ablauf der Streckenbestellung können Sie in Kapitel 5, »Vertrieb«, nachlesen; an dieser Stelle erhalten Sie nur einen kurzen Überblick.

Bei der Streckenbestellung wird eine Bestellung an externe Lieferanten gesendet. Hierbei sollen die Betriebe oder Kunden direkt beliefert werden (siehe Abbildung 6.36). Als Bezugsquellenfindung kommen hier nur externe Lieferanten infrage.

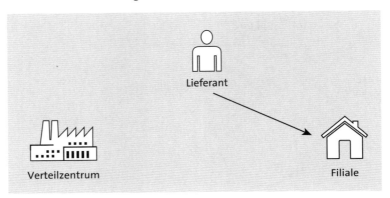

Abbildung 6.36 Streckenbestellung

Lagerabbau

Im Gegensatz zur Streckenbestellung wird beim Lagerabbau keine Bestellung bei einem externen Lieferanten vorgenommen (siehe Abbildung 6.37).

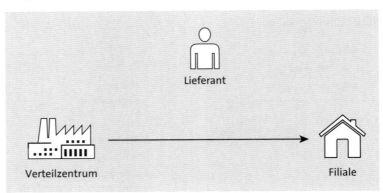

Abbildung 6.37 Lagerabbau

Die Kunden oder Betriebe, die die Ware aus dem Verteilzentrum empfangen sollen, werden im Aufteiler festgelegt. Der Lagerabbau kann mithilfe einer Auslieferung oder Umlagerungsbestellung durchgeführt werden.

Bestellung über Verteilzentrum

Als Erstes bestellt das Verteilzentrum beim externen Lieferanten ❶. Im nächsten Schritt erfolgt die Lieferung durch den Lieferanten ❷, und zuletzt wird die Ware per Umlagerungsbestellung oder Auslieferung in die Filiale gesendet ❸ (siehe Abbildung 6.38).

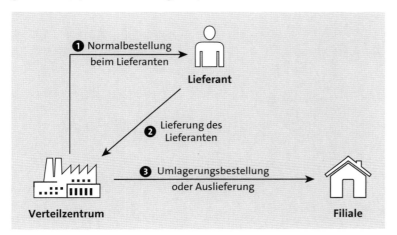

Abbildung 6.38 Bestellung über Verteilzentrum

SAP S/4HANA bietet für die Arbeit mit dem Aufteiler mehrere SAP-Fiori-Apps an (siehe Abbildung 6.39).

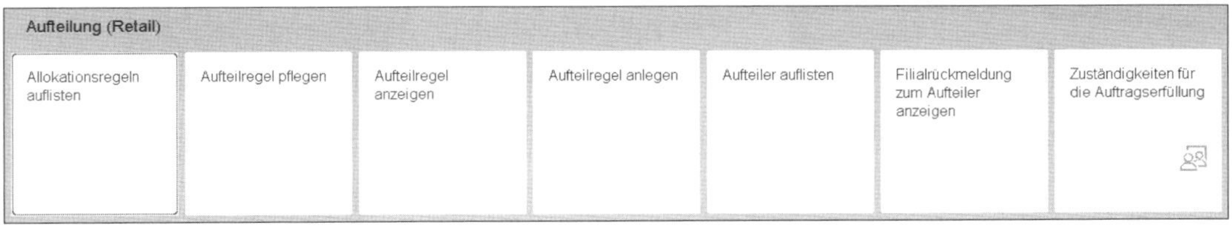

Abbildung 6.39 SAP-Fiori-Apps mit Funktionen für die Aufteilungsbearbeitung

Wenn Sie nach bereits bestehenden Aufteilern im System suchen wollen, können Sie die SAP-Fiori-App **Aufteiler auflisten** nutzen. Diese App bietet Ihnen eine Suchmaske, mit der Sie nach diversen Kriterien suchen können (siehe Abbildung 6.40).

Die Ergebnisliste zeigt nicht nur die Treffer der Suche an, sondern bietet Ihnen auch die Möglichkeit, direkt zum Anzeigen oder Ändern des gewählten Aufteilers zu springen (siehe Abbildung 6.41).

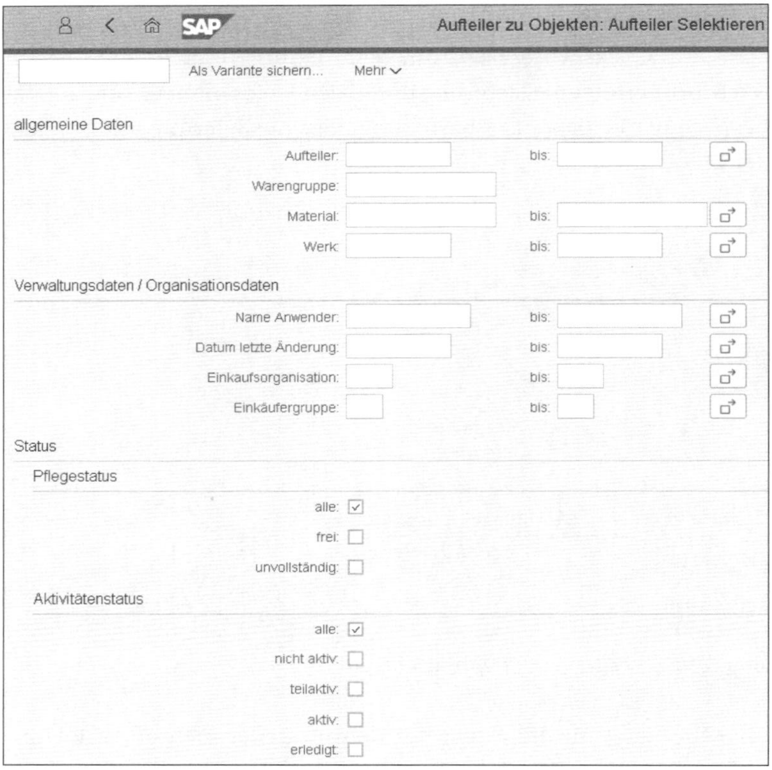

6 SAP S/4HANA Retail for Merchandise Management

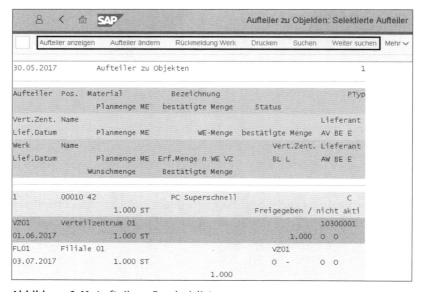

Abbildung 6.40 SAP-Fiori-App »Aufteiler auflisten«

Abbildung 6.41 Aufteiler – Ergebnisliste

6.4.3 Aufteiler anlegen

Zum Anlegen eines Aufteilers können Sie, wie gewohnt, Transaktion WA01 (Aufteiler anlegen), Transaktion WA02 (Aufteiler ändern) und Transaktion WA03 (Aufteiler anzeigen) nutzen. Das Einstiegsbild zum Anlegen eines Aufteilers zeigt Abbildung 6.42.

Sie haben die Möglichkeit, den Aufteiler mit Bezug zu anderen Belegen anzulegen, z. B. mit Bezug zu einer Bestellung oder einem Kontrakt (siehe Abbildung 6.42).

Anlegen mit Bezug

Abbildung 6.42 Aufteiler anlegen

Sie können den Aufteiler aber auch ohne Bezug anlegen und geben die Daten dann manuell ein. Beim Anlegen eines Aufteilers müssen Sie eine Auswahl im Feld **Aufteilerart** vornehmen (siehe Abbildung 6.43). Auch dieses Feld hat steuernden Charakter (siehe Abschnitt 6.3.2, »Kundenstammdaten«).

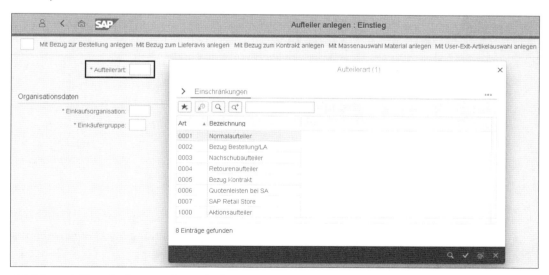

Abbildung 6.43 Aufteilerarten für Aufteiler

Die Aufteilerart steuert unter anderem, wie die Belegnummernvergabe erfolgt, welche Felder gepflegt werden können (oder müssen) und auch die Vorschlagswerte. Über die Aufteilerart steuert das SAP-System, um welche Art von Aufteiler es sich handelt. Die Aufteilerart pflegen Sie im Customizing über den Pfad **Warenverteilung** • **Aufteilung** • **Aufteiler** • **Aufteilerarten**. In der Auslieferung von SAP sind bereits folgende Aufteilerarten angelegt:

- Normalaufteiler
- Bezug Bestellung/LA
- Nachschubaufteiler
- Retourenaufteiler
- Bezug Kontrakt
- Quotenleisten bei SA
- SAP Retail Store
- Aktionsaufteiler

Positionen In den Positionen wird, je nach Art des Aufteilers, entweder der Artikel, die Planmenge, die Aufteilregel oder die Betriebsgruppe gepflegt (siehe Abbildung 6.44). Im Kopf des Aufteilers werden allgemeingültige Daten, wie z. B. der Kopftext oder die Organisationsebenen, hinterlegt.

Abbildung 6.44 Positionsübersicht für den Aufteiler

Detaildaten Wie Sie in Abbildung 6.45 sehen, können Sie in den Detaildaten weitere Daten pflegen, z. B. die Rechenregeln für die Rundung der Mengen oder die Aufteilung von Restmengen.

6.4 Die Aufteilung

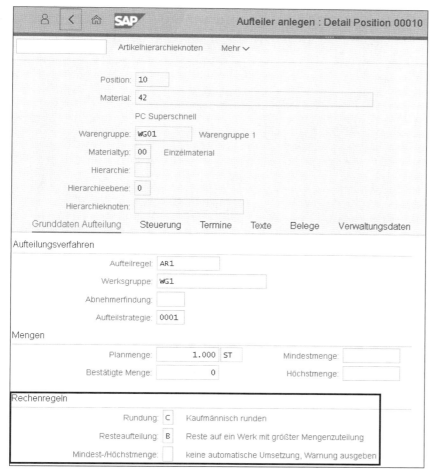

Abbildung 6.45 Detaildaten für den Aufteiler

6.4.4 Verfahren der Aufteilung

Um Waren per Aufteiler zu verteilen, bietet SAP folgende Verfahren an:

- Betriebsgruppierung (Klassensystem)
- Aufteilregel
- Aufteilstrategie

Abbildung 6.46 zeigt Ihnen die verschiedenen Aufteilungsverfahren im SAP-System.

6 SAP S/4HANA Retail for Merchandise Management

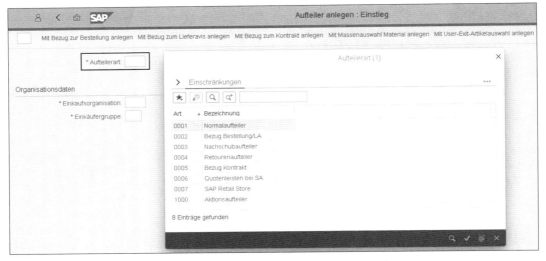

Abbildung 6.46 Aufteilungsverfahren in SAP Retail

Betriebsgruppen mit dem Klassensystem zusammenfassen

Mithilfe des SAP-Klassensystems (SAP-Menüpfad **Anwendungsübergreifende Komponenten • Klassensystem**) können Betriebe zu Betriebsgruppen zusammengefasst werden. Die Zuordnungen können Sie sich z. B. mit dem Objektverzeichnis (siehe Abbildung 6.47) oder über Transaktion CL3ON (Objekte in Klassen suchen) anzeigen lassen.

Abbildung 6.47 Betriebsgruppen – Objektverzeichnis der Werke

Diese Gruppierung erleichtert die Datenpflege für verschiedene Anwendungen, z. B. für die Warenverteilung per Aufteiler. In diesem Beispiel gehören zur Werksgruppe WG1 die Werke FL01 und FL02.

Wenn Sie häufig Artikel auf die gleiche Art auf Betriebe verteilen, können Sie eine sogenannte Aufteilregel anlegen. Abbildung 6.48 zeigt Transaktion WA21 zum Anlegen von Aufteilregeln.

Aufteilregel

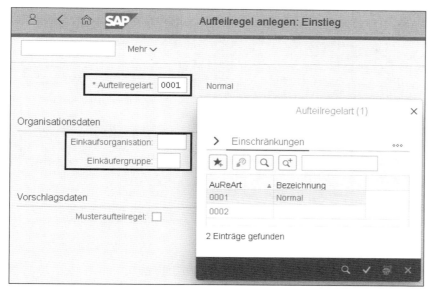

Abbildung 6.48 SAP-Fiori-App »Aufteilregel anlegen«

In den Aufteilregeln hinterlegen Sie die Betriebe oder Betriebsgruppen, auf die die Waren aufgeteilt werden sollen. Sie haben auch die Möglichkeit, die Aufteilregel für ein Material oder eine Materialklasse zu pflegen. Wenn Sie die Materialklasse nutzen, ist diese Aufteilregel für alle Materialien dieser Materialklasse gültig. Zusammenfassend wird über die Aufteilregel gesteuert, welche Mengen wo (Betriebsgruppen oder Betriebe) und von welchen Artikeln verteilt werden. Aufteilregeln können Sie mit der SAP-Fiori-App **Aufteilregel anlegen** anlegen, anzeigen oder ändern. Die Aufteilregelart wird im Customizing gepflegt. Sie steuert unter anderem die Nummernvergabe und schlägt Rechenparameter wie die Rundung oder die Resteverteilung vor. Wählen Sie dazu im Customizing den Pfad: **Warenverteilung • Aufteilung • Aufteilregel • Aufteilregelarten**.

Mit der Aufteilstrategie möchte es SAP seinen Kunden ermöglichen, eigene Verfahren für die Aufteilung zu implementieren. Die Aufteilstrategie kann neben Aufteilregeln oder der manuellen Eingabe der zu verteilenden Mengen genutzt werden. SAP liefert einige vordefinierte Aufteilstrategien aus (siehe Abbildung 6.49).

Aufteilstrategie

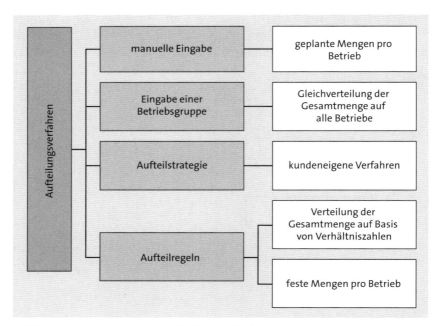

Abbildung 6.49 In SAP Fiori verfügbare Aufteilstrategien

6.5 Bestandszuteilung (ARun) in SAP Retail

Die *Bestandszuteilung* (ARun = Allocation Run) hilft Ihnen seit SAP S/4HANA 1709 dabei, bei einer Bedarfsunterdeckung die optimale Zuteilung des Bestands zu den Auftragsbedarfen sicherzustellen. Dabei prüft das SAP-System alle offenen Bedarfe in Umlagerungsbestellungen und Kundenaufträgen und verteilt den verfügbaren Bestand entsprechend den aktuellen Anforderungen. So können Sie Ihre Verluste aufgrund von Fehlbeständen minimieren.

BOP-Variantenkonfiguration

Mit SAP Retail kann darüber hinaus eine automatisierte Freigabe von lieferbereiten Positionen mit zugeteiltem Bestand erfolgen. Um diese Funktion zu verwenden, müssen Sie das Kennzeichen **Freigabeprüfung erforderlich** in der *BOP-Variantenkonfiguration* setzen. Für die Verwendung der Bestandszuteilung müssen Sie die Business Function SUPPLY_ASSIGNMENT_RETAIL_01 aktivieren.

6.6 Zusammenfassung

In diesem Kapitel haben Sie gesehen, dass in der SAP-Retail-Welt vieles gleich geblieben ist; einiges hat sich jedoch auch verändert. Die retailspezifischen Logistikprozesse (z. B. die Aufteilung) können Sie weiterhin mit den vertrauten Transaktionen bearbeiten. Darüber hinaus stehen Ihnen jedoch auch zahlreiche neue SAP-Fiori-Apps zur Verfügung. Ob Sie lieber mit den SAP-Fiori-Apps arbeiten oder mit den Transaktionen von SAP GUI, hängt von Ihrer individuellen Tätigkeit in SAP Retail ab. Wenn Sie die Möglichkeit haben, sollten Sie sich beide »Welten« ansehen und ausprobieren. Das neue Geschäftspartnermodell wurde umgesetzt und wird Ihnen in Abschnitt 10.4, »Geschäftspartnerdaten pflegen«, genauer vorgestellt. Die Harmonisierung von Artikel und Material zum Produkt ist noch nicht abgeschlossen, wird aber in Zukunft auf die Anwender der SAP-Retail-Lösung zukommen. Im folgenden Kapitel 7, »Lagerverwaltung mit Embedded EWM«, lernen Sie die Lagerverwaltung mit Embedded EWM kennen.

Kapitel 7
Lagerverwaltung mit Embedded EWM

In SAP S/4HANA findet ein grundlegender Wandel der Systemarchitektur statt: Funktionen aus klassischen Satellitensystemen wie SAP EWM wandern in den neuen digitalen Kern. Dieses Kapitel behandelt die Lagerverwaltung mit SAP S/4HANA und zeigt Ihnen die Vorteile der Integration von SAP EWM in SAP S/4HANA sowie die Abgrenzung zu parallel existierenden Lösungsvarianten.

In diesem Kapitel werden die unterschiedlichen Architekturen der zentralen und dezentralen Nutzung von SAP Extended Warehouse Management (SAP EWM) erläutert. Des Weiteren werden mögliche Migrationsszenarien und -werkzeuge für den Umstieg von SAP ECC WM auf SAP EWM beschrieben. Die Kernprozesse von SAP EWM werden entlang der SAP Best Practices mithilfe von Screenshots aus Transaktionen und SAP-Fiori-Apps dargestellt. Den Abschluss bildet eine Übersicht über die verschiedenen Reporting-Möglichkeiten von SAP EWM.

SAP Extended Warehouse Management ist die Lagerverwaltungssoftware von SAP, die besonders auf die Steuerung komplexer Läger und moderner Logistikzentren ausgerichtet ist. SAP EWM ist für alle Arten von Lägern geeignet: zentrale und regionale Läger, Ersatzteilläger, Produktionsversorgungsläger, Fertigwarendistributionsläger sowie für Logistikdienstleisterläger. Besonders vorteilhaft ist SAP EWM für höhervolumige und komplexe Läger mit Automatisierung.

Extended Warehouse Management

Ziel bei der Entwicklung von SAP EWM war es, die immer komplexer gewordenen Lagerprozesse steuerbar zu machen. Mit SAP EWM können Lagerprozesse unterschiedlichster Komplexität unter Berücksichtigung des Layouts des Lagers und der genutzten Ressourcen individuell gestaltet werden. In der Warehouse-Management-Komponente von SAP ECC (WM) wäre dafür die Entwicklung spezialisierter Zusatzlösungen erforderlich.

In SAP S/4HANA (ab Release 1610) wurde SAP EWM als sogenanntes *Embedded EWM* in den digitalen Kern integriert. Der digitale Kern dient als Schaltzentrale für alle Geschäftsprozesse im Unternehmen (siehe Kapitel 1, »Der digitale Kern und die Ergänzungen«). Das integrierte Labor Management

(LM) erlaubt (vor allem unter der Nutzung von SAP HANA) das präzise Planen von Arbeits- und Gerätekapazitäten. Außerdem ist SAP EWM mit unterschiedlichsten Cross-Docking-Szenarien kompatibel. Dieses Kapitel beschreibt, was Sie bei der Integration (Architektur) in SAP S/4HANA beachten und welche Voraussetzungen Sie schaffen müssen (Stammdaten). Außerdem lernen Sie am Beispiel der SAP-Best-Practices-Systemeinstellungen die grundlegenden Lagerprozesse in der Anwendung kennen.

7.1 Architektur

In diesem Abschnitt erläutern wir zunächst die zentrale und dezentrale Nutzung des Lagerverwaltungssystems SAP EWM. Anschließend werfen wir einen Blick auf die Strategie für die Funktionen von WM (Warehouse Management) und skizzieren schließlich die verfügbaren Migrationsszenarien, die Sie im Zusammenhang mit SAP EWM nutzen können.

7.1.1 Zentrale und dezentrale Nutzung von SAP EWM

Vor der Einführung von SAP S/4HANA wurde SAP EWM als dezentrales Lagerverwaltungssystem mit Schnittstellen zur Übertragung von Stamm- und Bewegungsdaten an SAP ERP angebunden (getrennte Instanzen). Die Vorteile eines dezentralen Systems sind:

- Hohe Performance und hohe Verfügbarkeit, es gibt also keine Beeinträchtigung durch parallel laufende SAP-ERP-Prozesse.
- Gute Skalierbarkeit, das heißt, die Systeme sind individuell einstellbar; unabhängige Releasewechsel sind möglich.
- Der Anschluss von mehreren SAP-EWM-Systemen an ein SAP-ERP-System ist möglich.
- Der Anschluss von mehreren SAP-ERP- und Nicht-SAP-ERP-Systemen an ein SAP-EWM-System ist möglich.

Der Nachteil eines separaten Servers ist die komplexere Systemlandschaft. Das heißt, Anwender müssen gegebenenfalls an zwei Systemen arbeiten.

SAP hat SAP EWM mit Release 1610 mit den Funktionen von Release SAP EWM 9.4 in SAP S/4HANA integriert. SAP hat die Releasestrategie von Embedded EWM als On-Premise-Version an die Releasezyklen von SAP S/4HANA angepasst. Es gibt zukünftig zwei Nutzungsalternativen für SAP EWM:

- wie bisher als dezentrales Lagerverwaltungssystem
- als zentrales, integriertes Lagerverwaltungssystem (analog zu WM)

In SAP S/4HANA ist also nun das sogenannte Embedded EWM verfügbar. In diesem Zusammenhang wurden einzelne Bereiche wie der Datenaustausch zum Anlegen von Material/Artikeln oder das Anlegen und Pflegen der Geschäftspartner angepasst.

Die Vorteile der Integration sind, dass keine weitere Systeminstallation erforderlich und ein direkter Zugriff auf die SAP-ERP-Daten möglich ist, da sich die Daten im gleichen System befinden. Ein Nachteil ist, dass die Systemverfügbarkeit des Lagerverwaltungssystems an die Verfügbarkeit des SAP-ERP-Systems gebunden ist.

> **Synchrone Warenbewegungen**
>
> Ab Release 1809 können Sie einen synchronen Aufruf der Warenbewegungsschnittstelle in Inventory Management (MM-IM) zulassen. Die synchronen Aktualisierungen zeigen Ihnen sofort alle Fehler an, die auf der Seite von Inventory Management auftreten. Dadurch können Sie die Datengabe und Einstellungen korrigieren, bevor die Warenbewegung gebucht wird. Durch die synchrone Aktualisierung von Warenbewegungen werden offene Queues vermieden. Dadurch können Sie Bestandsdiskrepanzen zwischen Inventory Management und SAP EWM vermeiden. Fehlermeldungen aus Inventory Management erscheinen sofort in den betreffenden Apps. Die Warenbewegung kann in SAP EWM nicht gebucht werden, solange die Fehlermeldung in Inventory Management angezeigt wird oder der Grund für die Fehlermeldung in Inventory Management weiter besteht.

7.1.2 Basic und Advanced EWM

Der größte Vorteil von Embedded EWM besteht in der zentralen Datenkonsistenz. Das heißt, es gibt keine Redundanzen und keine Duplikationen von Daten mehr. Damit kann die Systemlandschaft kleinerer Lagerstandorte vereinfacht werden. Embedded EWM bietet den größten Teil der Funktionen einer On-Premise-Lösung an und wird nach genutztem Funktionsumfang lizenziert.

SAP unterscheidet beim Embedded EWM ein sogenanntes *Basic Warehouse Management* und ein *Advanced Warehouse Management*. Das Basic Warehouse Management enthält die Funktionen, die Sie von WM in SAP ERP kennen. Darüber hinaus sind aber auch erweiterte Funktionen von SAP EWM verfügbar. Ein Beispiel dafür ist der layoutorientierte Lagerprozess für die Ein- und Auslagerungen mit deutlichen Vorteilen gegenüber WM. Er ermöglicht die Ressourcensteuerung und die Prozessabwicklung. Das Basic Warehouse Management ist in der SAP-S/4HANA-Lizenz enthalten und enthält die folgenden Funktionen:

Basic Warehouse Management

- Bestandsmanagement und Reporting
- Abwicklung der Inbound-Prozesse
- Abwicklung der Outbound-Prozesse
- interne Lagerbewegungen und Inventurverfahren

Advanced Warehouse Management

Neben dem Basic Warehouse Management ist auch ein Advanced Warehouse Management verfügbar. In diesem Fall ist eine vollständige SAP-EWM-Lizenz erforderlich. Die Funktionen des Advanced Warehouse Managements sind:

- Optimierung des Bestandsmanagements (z. B. Slotting)
- Inbound-Prozessoptimierung (z. B. Dekonsolidierung)
- Outbound-Prozessoptimierung (z. B. Wellenmanagement)
- Materialflusssteuerung (MFS)
- Yard Management (z. B. Transporteinheit-Abwicklung und Cross Docking)
- Labor Management
- logistische Zusatzleistungen (Value-added Service, VAS, z. B. Kitting)
- Lagerprozesskostenabrechnung

Im Customizing legen Sie fest, ob Sie das Basic Warehouse Management oder das Advanced Warehouse Management einsetzen möchten. Für welche Option Sie sich entscheiden, hängt von Ihren individuellen Anforderungen ab.

7.1.3 Funktionen von WM in SAP S/4HANA

Klassisches Warehouse Management

Zu Beginn des Kapitels haben wir die Lagerverwaltungsfunktionen von WM angesprochen, die bereits in SAP ERP enthalten waren. Diese Funktionen sind in SAP S/4HANA weiterhin nutzbar. Viele SAP-Kunden stellen sich nun die Frage, was in Zukunft mit den in SAP S/4HANA enthaltenen WM-Funktionen passieren wird: Sie fragen sich, wie zukunftssicher WM ist und ob es nicht sicherer wäre, eine klare Entscheidung zugunsten von SAP EWM zu treffen.

WM ist nicht länger Bestandteil der Zielarchitektur von SAP. Am 31.12.2025 erlischt das Nutzungsrecht. Dies hat zur Folge, dass zu diesem Zeitpunkt der SAP-Support für WM ausläuft und WM in SAP S/4HANA nicht mehr genutzt werden darf. Mittelfristig soll die WM-Funktionalität durch Embedded EWM ersetzt werden. Es ist eine strategische Entscheidung von SAP, langfristig nur eine Lagerverwaltungskomponente zu unterstützen.

Im Hinblick auf die Funktionen gilt derzeit: Die klassischen WM-Prozesse sind in SAP S/4HANA voll lauffähig. Das heißt, dass Sie die Anwendung derzeit ohne Einschränkung weiterverwenden können.

Im Hinblick auf die aktuelle Funktionalität sind die Kriterien für die Entscheidung zwischen WM und SAP EWM der Automatisierungsgrad des Lagers und die Anzahl der derzeit in WM genutzten kundenindividuellen Programmanpassungen.

> **Einführung von SAP EWM**
> Es ist möglich, SAP EWM bereits vor dem Wechsel auf SAP S/4HANA einzuführen. Prüfen Sie, welche Lizenzkosten in diesem Fall für Sie anfallen würden, vor allem wenn Sie ein nicht automatisiertes Lager betreiben. Bedenken Sie, dass das Basic Warehouse Management in der Lizenz von SAP S/4HANA Enterprise Management enthalten ist.

7.1.4 Migrationsszenarien

In diesem Abschnitt geben wir Ihnen einen Überblick über die derzeit bekannten Möglichkeiten, um zu SAP EWM zu wechseln. Im Vordergrund stehen dabei der Greenfield-Ansatz sowie die Migrations-Tools für den Umstieg von WM auf SAP EWM.

Greenfield Approach

Die Neueinführung von SAP EWM nach dem Greenfield-Ansatz eignet sich besonders für einen neuen Logistikstandort, für den neben den räumlichen Gegebenheiten alles neu ist. SAP und Partner von SAP bieten vorkonfigurierte Prozesse an (*SAP Extended Warehouse Management rapid-deployment solution*), mit denen sich die Standardprozesse Warenein- und -ausgang, Inventur und Retouren schneller einstellen lassen.

SAP bietet zudem einen Weg für die Migration aus einer SAP-WM-Landschaft in eine SAP-EWM-Umgebung an. Dabei ist es das Ziel, so viele Einstellungen wie möglich aus einem SAP-WM-System in ein neues SAP-EWM-System zu übertragen. Folgende Schritte werden bei der Umsetzung durchlaufen:

WM → SAP EWM: Migrations-Tools von SAP

1. **Systemintegration von SAP ERP WM und Embedded EWM**
   Im Zuge des Upgrades des SAP-ERP-Systems auf SAP S/4HANA wird eine Systemintegration von WM und SAP EWM vorgenommen.

2. **Toolgestützte Customizing-Migration**
   Die Customizing-Migration übernimmt z. B. Lagertypen, Bereiche, Tore, Bewegungsarten sowie Ein- und Auslagerungsstrategien aus SAP ERP.

3. **Datenmigration**
Die Datenmigration übernimmt Kunden-, Lieferanten-, Produktdaten, Lagerplätze und Bestände.

4. **Prozessverifikation**
Bei der Prozessverifikation werden die logistischen Funktionen umgesetzt. Es stehen Wareneingang, Warenausgang, Inventur und Nachschub im Fokus des Migrationsprojekts.

Das Migrations-Tool ersetzt dabei kein Projekt und automatisiert nicht alle Einstellungen und Lagerprozesse. Dies gilt besonders für die kundenindividuellen SAP-WM-Erweiterungen, die meist durch die Funktionsvielfalt von SAP EWM in den Standard zurückkehren können.

7.2 Lagerrelevante Stammdaten in SAP S/4HANA

Core Interface

Der in Abschnitt 7.1.1, »Zentrale und dezentrale Nutzung von SAP EWM«, dargestellte dezentrale Betrieb von SAP EWM bedingt, dass SAP EWM und SAP ECC 6.0 jeweils auf einem eigenen Server installiert sind. Für die Pflege der Stammdaten ist somit eine Anbindung an das SAP-ERP-System notwendig. Stammdaten wie Werk, Kunde, Lieferant oder Material werden in SAP ECC gepflegt und anschließend per Core Interface (CIF) an SAP EWM übertragen. Dafür muss CIF konfiguriert, logische Systeme müssen definiert und die technische Anbindung per Remote Function Call (RFC) eingerichtet worden sein.

Integration

Im Embedded EWM in SAP S/4HANA 1610 ist die Lagerverwaltung mit den Funktionen von Finanzen, Controlling, Vertrieb und Logistik integriert. Das heißt, dass alle betriebswirtschaftlichen Applikationen auf einem Server laufen. Deshalb brauchen Sie die technischen Einstellungen für die Übertragung der Stammdaten nicht mehr im Customizing zu pflegen. Gleiches gilt für die Übertragung von Bewegungsdaten über das Verteilungsmodell.

Sie können mit SAP S/4HANA 1610 von einem zentralen System aus auf alle transaktionalen Anwendungen der Stammdatenpflege über SAP-Fiori-Apps mit sogenannten Kacheln zugreifen, die im SAP Fiori Launchpad zur Verfügung gestellt werden.

Nachfolgend konzentrieren wir uns auf die lagerrelevanten Stammdaten wie Materialstämme, Lagerplätze, Packspezifikationen und Ressourcen. Wir beleuchten den Prozess der Materialstammpflege mit SAP S/4HANA im Detail.

7.2.1 Materialstammdaten anlegen

In diesem Abschnitt zeigen wir Ihnen, wie Sie lagerrelevante Materialstammdaten anlegen. Wenn Sie neue lagerrelevante Materialstammdaten erstellen möchten, müssen Sie, wie in Abbildung 7.1 dargestellt, die folgenden beiden Kachelgruppen nacheinander aufrufen.

Materialstamm

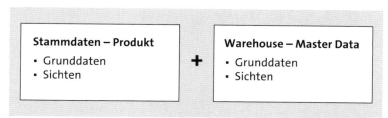

Abbildung 7.1 Pflege der lagerrelevanten Stammdaten

In Abbildung 7.2 sehen Sie die Kachelgruppe **Stammdaten – Produkt** im SAP Fiori Launchpad, über die Sie die Grunddaten und Sichten des Materialstamms anlegen.

Kachelgruppe »Stammdaten – Produkt«

Abbildung 7.2 Stammdaten für das Produkt

Klicken Sie zuerst auf die SAP-Fiori-App **Material anlegen**. Geben Sie dann wie, in Abbildung 7.3 dargestellt, im Einstiegsbild im Feld **Material** Ihre neue Materialnummer sowie in den gleichnamigen Feldern die zugehörige Branche und die Materialart ein. Existiert in Ihrem Materialstamm bereits ein geeignetes Referenzmaterial, können Sie dieses über den Button **Kopieren aus** als Kopiervorlage vorgeben.

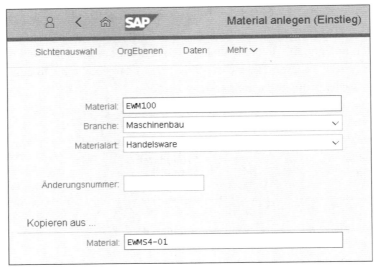

Abbildung 7.3 Material anlegen

> **40-stellige Materialnummer in SAP S/4HANA**
> Beachten Sie, dass Sie mit SAP S/4HANA die Möglichkeit haben, systemübergreifend eine Materialnummer mit bis zu 40 Stellen zu vergeben. Bisher war der Materialstamm so definiert, dass im System SAP ECC 6.0 die Materialnummer in der Tabelle MARA auf 18 Stellen begrenzt war. Die angeschlossenen Supply-Chain-Management-Systeme, sei es nun SAP Advanced Planning and Optimization (SAP APO) oder SAP EWM, erlauben aber bereits seit geraumer Zeit in der Schlüsseltabelle /SAPAPO/MATKEY eine 40-stellige Materialnummer. Die Länge der Materialnummer ist im Datenmodell für den Materialstamm in SAP S/4HANA für alle Applikationen vereinheitlicht worden.

Sichtenauswahl

Um jetzt die Grunddaten und Sichten anlegen zu können, klicken Sie auf **Sichtenauswahl** und wählen die betriebswirtschaftlichen Anwendungen aus, für die Sie den neuen Materialstamm anlegen möchten (siehe Abbildung 7.4). Nachdem Sie Ihre Auswahl mit der ⏎-Taste bestätigt haben, erhalten Sie das Selektionsbild für die Organisationsebenen, in dem Sie, je nach eingestellter Sichtenauswahl, Ihre Organisationseinheiten auswählen können.

Abbildung 7.5 zeigt Ihnen das Pflegebild für die Materialstammdaten, über das Sie, analog zu SAP ERP, die Materialbezeichnung, die Basismengeneinheit, die Warengruppe etc. pflegen können. Wenn Sie Ihre Eingaben vorgenommen haben, können Sie sie mit **Sichern** speichern.

7.2 Lagerrelevante Stammdaten in SAP S/4HANA

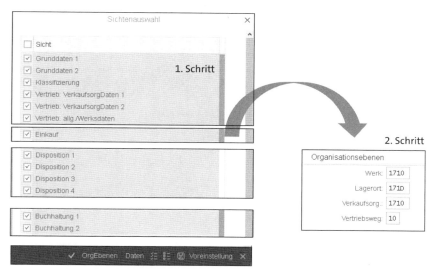

Abbildung 7.4 Sichten und Organisationsebenen auswählen

Die Daten werden in den Tabellen MARA, MARC, MARD etc. abgelegt, die Sie bereits aus SAP ERP kennen; allerdings finden Sie Ihren neu angelegten Materialstamm auch bereits in der Tabelle des Produktstamms, /SAPAPO/MATKEY.

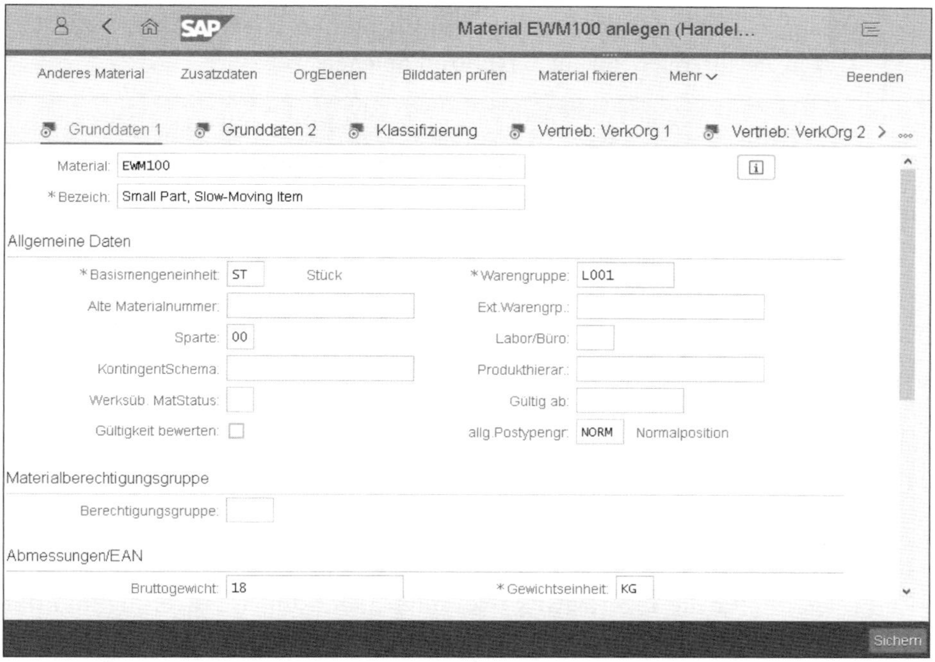

Abbildung 7.5 Materialdaten pflegen und sichern

7 Lagerverwaltung mit Embedded EWM

Kachelgruppe
»Warehouse –
Master Data«

In Abbildung 7.6 sehen Sie die Kachelgruppe **Warehouse – Master Data**, über die Sie den Materialstamm um die Lagerdaten ergänzen. Klicken Sie zuerst auf **Produkte pflegen Lagerdaten**.

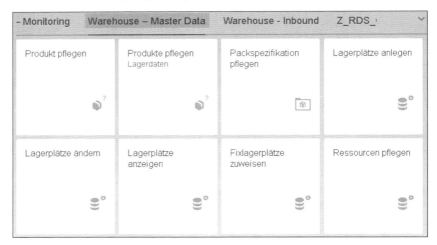

Abbildung 7.6 SAP-Fiori-Apps für die Stammdatenpflege in der Lagerverwaltung

Geben Sie dann, wie in Abbildung 7.7 dargestellt, im Einstiegsbild im Feld **Produktnummer** Ihre neue Produktnummer (hier: »EWM100«) sowie im Feld **Lagernummer** die Lagernummer (hier: »1710«) und im Feld **Verfügungsberechtigter** den Verfügungsberechtigten (hier: »BP1710«) ein. Klicken Sie anschließend auf den Button **Anlegen**.

Abbildung 7.7 Lagerproduktdaten pflegen

Abbildung 7.8 zeigt Ihnen das Pflegebild für die Lagerproduktdaten, in dem Sie die für die Lagerlogistik relevanten Daten für die Lagerung und das Packen erfassen können. Wenn Sie Ihre Eingaben getätigt haben, können Sie Ihre Werte mit einem Klick auf den Button **Sichern** speichern.

7.3 Wareneingang mit Anlieferung

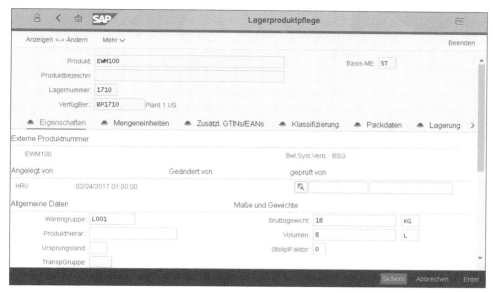

Abbildung 7.8 Lagerproduktdaten sichern

7.2.2 Lagerplätze/Packspezifikationen/Ressourcen anlegen

Sie können über die Kachelgruppe **Warehouse – Master Data** Ihre Lagerplätze verwalten sowie Packspezifikationen und Ressourcen anlegen (siehe Abbildung 7.6). Die Vorgehensweise entspricht im Wesentlichen dem bekannten Ablauf aus SAP EWM. Der Unterschied besteht darin, dass für die Entwicklung der Oberflächen HTML5 und JavaScript (SAP Fiori) verwendet werden.

Allgemeine Stammdatenpflege

> **Änderungsbelege für Lagerplätze**
>
> Mit Release 1809 werden die Änderungen an Lagerplatzstammdaten pro Lager nachverfolgt. Hierbei werden im Änderungsbeleg folgende Daten fortgeschrieben: Datum und Uhrzeit der Änderung, der Benutzer und die Werte eines Felds vor der Änderung.

7.3 Wareneingang mit Anlieferung

In diesem Abschnitt gehen wir zunächst auf die Unterschiede in der Belegerzeugung zwischen SAP EWM als dezentralem System und SAP EWM in SAP S/4HANA ein. Anschließend erfahren Sie am Beispiel eines Anlieferungsprozesses, wie SAP EWM in SAP S/4HANA die Einlagerungsprozessschritte abbildet.

7.3.1 Überblick über den Wareneingangsprozess mit SAP ERP und SAP EWM als dezentralem System

Wareneingangsprozess: dezentrales SAP EWM

Wenn Sie SAP EWM als dezentrales System oder Add-on-Lösung zum SAP-ERP-System implementieren, müssen lieferungsrelevante Daten über Schnittstellen zwischen den beiden Systemen ausgetauscht werden. Die detaillierte Kommunikation zwischen Lieferant, SAP ERP und SAP EWM ist in Abbildung 7.9 dargestellt. Der Ablauf stellt sich folgendermaßen dar:

1. Sie erzeugen in SAP ERP eine Bestellung und versenden diese an den Lieferanten.
2. Basierend auf dem Lieferavis, erstellen Sie dann in SAP ERP die zugehörige Anlieferung.
3. Das SAP-ERP-System überträgt diese SAP-ERP-Anlieferung per queued Remote Function Call (qRFC) an SAP EWM und erzeugt hier eine SAP-EWM-Anlieferungsbenachrichtigung sowie eine SAP-EWM-Anlieferung.
4. Wenn die Produkte vom Lieferanten angeliefert werden, buchen Sie in SAP-EWM die Entladung des LKW, den Wareneingang und die Einlagerung.
5. Der SAP-EWM-Wareneingangsbeleg wird anschließend per qRFC an SAP ERP übergeben.
6. In SAP ERP werden dann der Bestand und die Bestellung entsprechend fortgeschrieben.

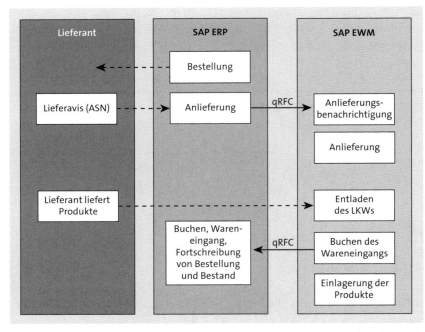

Abbildung 7.9 Wareneingangsprozess mit dezentralem SAP EWM (Quelle: SAP)

7.3.2 Überblick über den Wareneingangsprozess mit Embedded EWM

In diesem Abschnitt betrachten wir die Geschäftsprozesse von der Bestellerfassung bis hin zur Wareneinlagerung. In Embedded EWM in SAP S/4HANA wird kein Beleg für die Anlieferungsbenachrichtigung generiert. Diese Neuerung stellt einen großen Vorteil dar, weil somit die Anzahl der Belegobjekte reduziert und das Belegvolumen verringert wird. Auch wird für den Endanwender der Wareneingangsprozess transparenter. Für die automatische Replikation der SAP-ERP- und SAP-EWM-Anlieferung sowie der Bestell- und Werksbestandsfortschreibung benötigen Sie jedoch weiterhin die qRFC-Schnittstelle. In Abbildung 7.10 ist der Wareneingangsprozess mit Embedded EWM dargestellt und wird im Folgenden im Detail beschrieben.

Anlieferungsbenachrichtigung

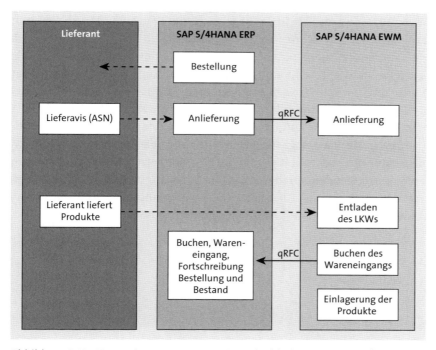

Abbildung 7.10 Wareneingangsprozess mit Embedded EWM in SAP S/4HANA (Quelle: SAP)

Auch in diesem Szenario erzeugen Sie im ersten Schritt eine Bestellung und versenden diese an den Lieferanten. Sie buchen dann, bezugnehmend auf das Lieferavis, eine Anlieferung. Nun können Sie aber zwischen den folgenden Optionen wählen:

Bestellung

- Sie legen die Anlieferung im SAP-S/4HANA-Geschäftsbereich **Einkauf/Logistik** an (SAP-ERP-Anlieferung).
- Sie legen die Anlieferung im SAP-S/4HANA-Geschäftsbereich **Warehouse Management** an (SAP-EWM-Anlieferung).

Anlieferung

In beiden Fällen wird sowohl eine SAP-ERP-Anlieferung als auch eine SAP-EWM-Anlieferung erzeugt. Die eine der beiden Anlieferungen wird manuell, die andere automatisch im Hintergrund über qRFC angelegt. Die Anlieferungsbenachrichtigung wird, wie bereits erwähnt, nicht mehr generiert und entfällt ersatzlos. In Embedded EWM buchen Sie dann die Entladung des LKW, den Wareneingang und die Einlagerung. Es wird genau ein Wareneingangsbeleg erzeugt, über den die Bestellung und die Werksbestände fortgeschrieben werden.

Radio Frequency Framework

In der Praxis werden Sie in der Regel nicht mit den von SAP ausgelieferten Dialogtransaktionen arbeiten, sondern das Radio Frequency Framework (RF-Framework) implementieren. Das RF-Framework stellt Ihnen alle betriebswirtschaflichen Funktionen zur Ausführung der Lagerlogistik zur Verfügung und unterstützt unter anderem den Einsatz von mobilen RF-Geräten und die Verwendung von Barcodes (EAN 128). Mit dem Einsatz eines RF-Frameworks können Sie eine schnelle und fehlerfreie Datenverarbeitung in der Lagerlogistik erzielen. Da wir aber an dieser Stelle nicht näher auf die Implementierung eines RF-Frameworks eingehen, buchen wir in den folgenden Abschnitten die im Nachgang aufgelisteten Geschäftsvorfälle mit den von SAP ausgelieferten Dialogtransaktionen, wobei wir die Anlieferung mit der SAP-EWM-Transaktion in SAP S/4HANA erzeugen:

1. Bestellung anlegen
2. Anlieferung anlegen
3. LKW entladen
4. Wareneingang buchen
5. Ware einlagern

7.3.3 Bestellung anlegen

Bestellungsbearbeitung

Als ersten Schritt legen Sie eine Bestellung an. Gemäß Abbildung 7.11 wählen Sie in der Kachelgruppe **Bestellungsbearbeitung** die SAP-Fiori-App **Bestellung anlegen Erweitert**.

7.3 Wareneingang mit Anlieferung

Abbildung 7.11 Bestellungsbearbeitung

Sie erfassen die Bestellart (Normalbestellung) und den Lieferanten, bei dem Sie die Ware bestellen möchten. In der Belegposition geben Sie das zu liefernde Material sowie Bestellmenge, Lieferdatum, Preis und das zu beliefernde Werk ein. Wichtig ist, dass das Feld **BestätSteuerung** mit dem Wert »Anlieferung« gefüllt wird. Anschließend sichern Sie Ihre Eingaben (siehe Abbildung 7.12).

Bestätigungssteuerung

Abbildung 7.12 Bestellung anlegen

Für unser Beispiel erhalten wir die Meldung »Normalbestellung unter der Nummer 4500000175 angelegt«.

7.3.4 Anlieferung anlegen

Der Wareneingangsprozess beginnt, sobald Sie von Ihrem Lieferanten ein Lieferavis für die geplante Anlieferung erhalten. Bezugnehmend auf dieses Lieferavis, legen Sie die Anlieferung in SAP S/4HANA an, indem Sie gemäß

Lieferavis/ Anlieferung

Abbildung 7.13 aus der Kachelgruppe **Warehouse – Inbound** die SAP-Fiori-App **Anlieferungen anlegen Lieferungen** wählen.

Abbildung 7.13 Kachelgruppe »Warehouse – Inbound«

Geben Sie jetzt, wie in Abbildung 7.14 dargestellt, den Lieferzeitraum ein, und klicken Sie auf den Button **Start**. Ihnen wird nun die Bestellung 4500000175 angezeigt.

Abbildung 7.14 Bestellung zur Anlieferung auswählen

Per Doppelklick auf die Bestellnummer gelangen Sie in das Detailbild zum Anlegen der Anlieferung (siehe Abbildung 7.15). Geben Sie hier das Lieferavis ein.

Handling Unit anlegen — Über die Zeile **Handling Unit anlegen** legen Sie die der Anlieferung zugehörige Handling Unit (HU) an. Dabei erfassen Sie gemäß Abbildung 7.16 Werte in den Feldern **Liefermenge**, **Zu packende Menge**, ***Packmittel**, **Handling Unit-Typ** und ***Anzahl Handling Units**.

Bestätigen Sie mit **OK**. Daraufhin wird eine HU angelegt, und Sie springen automatisch zurück in das in Abbildung 7.15 dargestellte Bild. Markieren Sie nun die Position, und unten rechts wird der Button **Lieferung anlegen** ein-

7.3 Wareneingang mit Anlieferung

geblendet. Klicken Sie darauf, wird sowohl eine SAP-ERP-Anlieferung als auch eine SAP-EWM-Anlieferung angelegt.

Abbildung 7.15 Anlieferung anlegen – Lieferavis eingeben

Packmittelart auswählen	
Liefermenge	48 ST
Zu packende Menge	48
*Packmittel	EWMS4-PAL00
Handling Unit-Typ	YN01
*Anzahl Handling Units	1

Handling Unit löschen   OK   Abbrechen

Abbildung 7.16 Handling Unit zur Anlieferung anlegen

In unserem Beispiel werden eine SAP-EWM-Anlieferung mit der Nummer 712 und eine SAP-ERP-Anlieferung mit der Nummer 1000000506 generiert.

Mit Embedded EWM wird also nicht länger die SAP-ERP-Anlieferung auf eine SAP-EWM-Anlieferungsbenachrichtigung repliziert, um dann in SAP-EWM eine Anlieferung zu erzeugen, sondern die Anlieferung wird direkt in SAP S/4HANA und Embedded EWM generiert. Die SAP-ERP-Anlieferungen finden Sie in den gewohnten LIKP- und LIPS-Tabellen, und die SAP-EWM-Anlieferungen finden Sie in den SAP-EWM-Tabellen /SCDL/DB_PROCH_I (Kopf: Anlieferung) und /SCDL/DB_PROCI_I (Position: Anlieferung).

SAP-Tabellen

7 Lagerverwaltung mit Embedded EWM

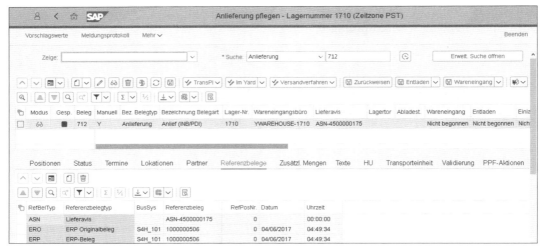

Abbildung 7.17 Anlieferung anzeigen

7.3.5 LKW entladen

Die bestellte Ware wird angeliefert und in der Bereitstellungszone bzw. Wareneingangszone abgestellt. Wählen Sie die Kachel **Anlieferung pflegen**, und geben Sie die Anlieferungsnummer ein. Sie sehen dann das in Abbildung 7.18 dargestellte Eingabebild.

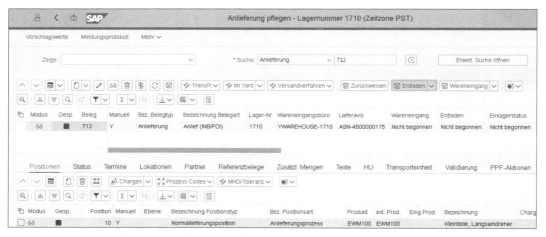

Abbildung 7.18 Angelieferte Ware entladen

Markieren Sie die Belegzeile, und klicken Sie auf den Button **Entladen + Sichern**. Es erscheint die Meldung »Anlief (INB/PDI) 712 wurde geändert«. In der Anlieferung wird der Status **DUN** (Entladen) auf **Beendet** gesetzt.

7.3.6 Wareneingang buchen

Im nächsten Schritt rufen Sie erneut Transaktion **Anlieferung pflegen** auf (siehe Abschnitt 7.3.5, »LKW entladen«) und buchen über einen Klick auf den Button **Wareneingang + Sichern** den Wareneingang. Es erscheint die Meldung »Anlief (INB/PDI) 712 wurde geändert«. Der Status **DGR** (Wareneingang) wird auf **Beendet** gesetzt. Damit die Ware eingelagert werden kann, muss eine Lageraufgabe für die Einlagerung erzeugt werden (siehe Abbildung 7.19). Sowohl die Anlage der Lageraufgabe als auch die Quittierung erfolgen in unserem Beispiel automatisch im Hintergrund.

Wareneingangsbuchung

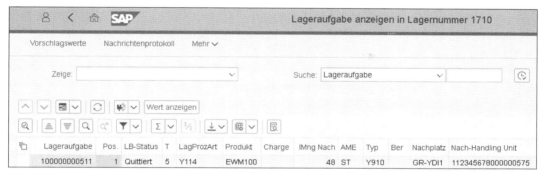

Abbildung 7.19 Lageraufgabe im Wareneingang anzeigen

Der Bestand ist jetzt eingebucht und wird, wie es in Abbildung 7.20 zu sehen ist, bestandswirksam auf einem Lagerplatz der Bereitstellungszone (GR-YDI1) ausgewiesen.

Abbildung 7.20 Bestandsübersicht

In der Bestellentwicklungsübersicht (siehe Abbildung 7.21) erkennen Sie, dass ein Wareneingangsbeleg (5000000261) über 48 Stück (8 Kartons zu je 6 Stück) erzeugt wurde. Der Warenzugang wurde mit der Bewegungsart 101 gebucht, und der Warenbestandswert hat sich um 480 USD erhöht (48 Stück zu je 10 USD).

Wareneingangsbeleg

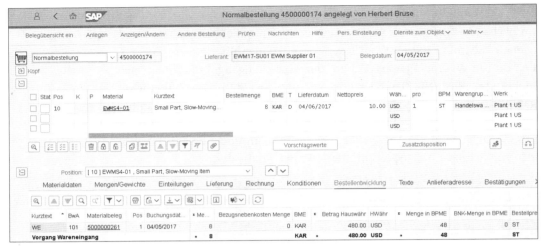

Abbildung 7.21 Bestellung anzeigen

7.3.7 Ware einlagern

Transport zum Übergabepunkt

Nachdem Sie die Ware in der Bereitstellungszone abgestellt haben, erfahren Sie jetzt, wie Sie die Ware auf dem finalen Lagerplatz einlagern. In unserem Beispiel gehen wir davon aus, dass die Ware in ein Hochregallager eingelagert werden soll. Aktuell ist die Ware einer HU zugeordnet und steht noch in der Wareneingangszone (Lagerplatz GR-YDI1). Die Einlagerung kann dann in zwei Schritten erfolgen:

1. Nach dem Verpacken wird die HU an einen definierten Übergabepunkt (in unserem Beispiel Lagerplatz 001.02.00) transportiert.

2. An diesem Lagerplatz wird die Ware von einem Hochregalstapler abgeholt, um dann letztendlich im Regallager (Lagerplatz 011.02.02.05) eingelagert zu werden.

Lageraufgabe anlegen

Rufen Sie, wie in Abbildung 7.22 dargestellt, die Kachelgruppe **Warehouse – Internal** auf, und wählen Sie die SAP-Fiori-App **Lageraufgaben anlegen Handling-Units**.

Für den Abtransport aus der Wareneingangszone zum Übergabepunkt erzeugen Sie eine HU-Lageraufgabe, indem Sie gemäß Abbildung 7.23 die Lagerprozessart (hier: »Y351«) und den Nachlagerplatz vorgeben bzw. vom System gemäß Einlagerungsstrategie ermitteln lassen. Anschließend sichern Sie mit einem Klick auf den Button **Anlegen + Sichern** die Lageraufgabe. In unserem Beispiel erhalten wir die Meldung »Lagerauftrag 2000517 wurde angelegt«.

7.3 Wareneingang mit Anlieferung

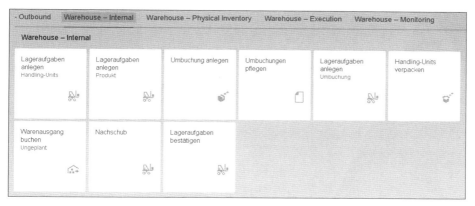

Abbildung 7.22 Kachelgruppe »Warehouse – Internal«

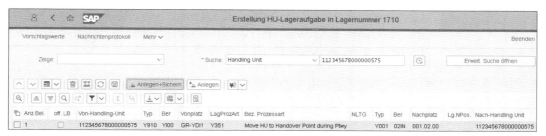

Abbildung 7.23 Transport zum Übergabepunkt

Sie transportieren die Ware nun zum Übergabepunkt und bestätigen den Transport in der SAP-Fiori-App **Lageraufgaben bestätigen** (siehe Abbildung 7.24). In unserem Beispiel erhalten wir die Meldung »Lageraufgabe 100000514 wurde quittiert«.

Lageraufgabe quittieren

Abbildung 7.24 Lageraufgabe quittieren

325

Einlagerung ins Hochregallager Der Hochregalstapler holt jetzt die Ware vom Übergabepunkt ab und lagert sie endgültig ins Hochregal ein. Auch hier erzeugen Sie wieder eine Lageraufgabe und quittieren diese anschließend über den Button **Anlegen + Sichern** gemäß Abbildung 7.25.

Abbildung 7.25 Einlagerung ins Hochregallager

Die Ware ist jetzt fertig eingelagert. In Abbildung 7.26 sehen Sie das Ergebnis: 48 Stück des Produkts EWM100 liegen jetzt auf dem Lagerplatz 011.01.05.05, verpackt in der HU 112345678000000575.

Abbildung 7.26 Physischer Bestand im Regallager

> **Integration mit dem Qualitätsmanagement**
>
> SAP EWM in SAP S/4HANA nutzt bestehende Qualitätsmanagement-Funktionen (QM-Funktionen) von SAP S/4HANA. Die Quality Inspection Engine (QIE) ist nicht verfügbar. Im dezentralen SAP EWM wird die QIE verwendet; in SAP S/4HANA werden hingegen QM-Funktionen genutzt.

7.4 Lagerinterne Prozesse

In diesem Abschnitt beschreiben wir, welche Möglichkeiten Sie haben, um lagerinterne Prozessen mit Embedded EWM abzubilden. Hierbei gehen wir auf Beispielprozesse und deren Verwendung ein. Analog zu den Ein- und Auslagerungsprozessen spielen die Lagerungssteuerung und die Lagerprozessart auch für die lagerinternen Prozesse eine bedeutende Rolle.

7.4.1 Lagerungssteuerung

Mit der Lagerungssteuerung werden die Produkte entsprechend ihren notwendigen Lagerprozessen bewegt. Komplexe Prozesse, vom Wareneingang bis zum Warenausgang, können dabei prozessorientiert oder layoutorientiert abgewickelt werden. Die Einsatzmöglichkeiten und Unterschiede beschreiben wir im Folgenden.

Lagerprozesse steuern

Prozessorientierte Lagerungssteuerung

Mit der prozessorientierten Lagerungssteuerung werden einzelne Prozessschritte abgebildet, die ein Produkt durchlaufen muss, bis es z. B. von der Anlieferung zum Lagerplatz verbracht werden kann.

Prozessschritte im Wareneingang

Der Prozess des Wareneingangs lässt sich in SAP EWM in folgende Schritte unterteilen:

- Entladung
- Qualitätsprüfung
- Zählung
- Dekonsolidierung
- Kitting
- logistische Zusatzleistung

Ein Lagerungsprozess bildet dabei die Klammer für mehrere Prozessschritte. Ein solcher Lagerungsprozess könnte z. B. aus Entladung, Qualitätsprüfung und Einlagerung bestehen.

Layoutorientierte Lagerungssteuerung

Mit der layoutorientieren Lagerung werden die Lagerbewegungen abgebildet, die aufgrund des Lagerlayouts notwendig sind. Dabei spielen auch Materialflusssysteme eine Rolle. Statt einer direkten Bewegung von einem Von-Lagertyp (z. B. 9010 – WE-ZONE) auf einen Nach-Lagertyp (z. B. 5000 – Hochregallager) wird die Lagerbewegung über Zwischenlagerplätze abgebildet. Die layoutorientierte Lagersteuerung erstellt dafür mehrere Lageraufgaben unter Einbeziehung der Zwischenlagerplätze.

Layoutorientierte Lagerungssteuerung

Für die Einlagerung einer Palette vom Wareneingang in das Hochregal mithilfe eines Materialflusssystems (MFS) erstellt das SAP-EWM-System z. B. die in Tabelle 7.1 dargestellten Lageraufgaben.

Nr.	Von-Lagertyp	Zwischen-Lagertyp/Nach-Lagertyp
1	9010 (WE-ZONE)	0100 (Vermessungsstation)
2	0100 (Vermessungsstation)	0200 Übergabe MFS
3	0200 Übergabe MFS	5000 Hochregallager

Tabelle 7.1 Beispiele für Von-Lagertyp und Zwischen-Lagertyp/Nach-Lagertyp

Damit erstellt die layoutorientierte Lagersteuerung entsprechend viele Lageraufgaben, die aufgrund der Lagerbeschaffenheit und des Lagerlayouts notwendig sind.

7.4.2 Lagerprozessarten

SAP EWM steuert jede Lagerbewegung mittels einer sogenannten Lagerprozessart. Während einige Waren direkt eingelagert werden können, müssen andere Waren noch einer Prüfung oder einem Umpackvorgang unterzogen werden. Jedem Lageraufgabenbeleg wird dafür eine Lagerprozessart zugeordnet, die dann die entsprechenden Aktivitäten oder Bewegungen widerspiegeln.

Wird im System ein Lageranforderungsbeleg erstellt, wird zu diesem Zeitpunkt die entsprechende Lagerprozessart gefunden. Voraussetzung dafür ist die Pflege des Steuerungskennzeichens **ProzessartFindKn** im Lagerproduktstamm. Hierüber werden gleichartigen Waren, entsprechend den durchzuführenden Lagerprozessen, gleiche Lagerprozesse zugewiesen. Umgekehrt ist es damit auch möglich, unterschiedliche Waren unterschiedlichen Lagerprozessen zuzuführen.

In SAP S/4HANA sind folgende Lagerprozesstypen definiert:

- 1: Einlagerung
- 2: Auslagerung
- 3: Interne Lagerbewegung
- 4: Inventur
- 5: Wareneingangsbuchung
- 6: Warenausgangsbuchung
- 7: Umbuchung
- 8: Quereinlagerung

Die Findung der Lagerprozessart wird während der Anlage des Lageranforderungsbelegs durchgeführt. Für die Findung entscheidend ist der Produktstamm. In dem Lageranforderungsbeleg befindet sich das Produkt auf der Positionsebene.

Die Lagerprozessart wird anhand der folgenden Kombination ermittelt:

- Lagernummer
- Belegart
- Positionsart
- Lieferpriorität
- Steuerungskennzeichen

Findung der Lagerprozessart

7.4.3 Lagerauftragserstellung

Mit der Lagerauftragserstellung werden die im Lager durchzuführenden Operationen (wie z. B. die Erstellung sinnvoller Arbeitspakete durch die Bündelung gleichartiger Lageraufgaben) abgebildet, die innerhalb eines bestimmten Zeitraums durchzuführen sind. Der Lagerauftrag kann Lageraufgaben oder Inventurpositionen beinhalten.

> **ABC-Analyse**
>
> Ab Release 1809 können Sie in Ihrem Lager auf der Basis von quittierten Lageraufgaben eine ABC-Analyse für Produkte ausführen. Mit der ABC-Analyse können Sie die Einlagerungsstrategie der betreffenden Produkte auf der Basis der ABC-Klassifikation aktualisieren.

7.5 Warenausgang

In diesem Abschnitt geben wir Ihnen einen Überblick über den Warenausgangsprozess. Mithilfe der Systembelege leiten wir Sie Schritt für Schritt durch das SAP-S/4HANA-System.

Am Anfang einer jeden Auslieferung steht der Kundenauftrag. Die Erfassung des Kundenauftrags können Sie über das SAP Fiori Launchpad mit der SAP-Fiori-App **Kundenauftrag anlegen** vornehmen (siehe Abbildung 7.27).

Kundenauftrag anlegen

Abbildung 7.27 Kachelgruppe »Verkauf – Kundenauftragsbearbeitung«

Im Kundenauftrag werden die grundlegenden Daten der Kundenbestellung erfasst. Abbildung 7.28 zeigt die Auftragsdaten im Kundenauftrag.

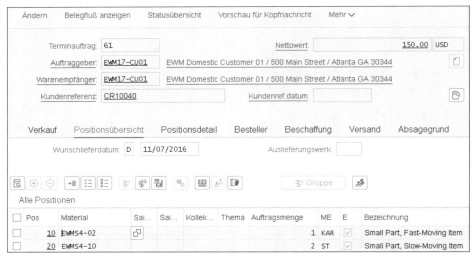

Abbildung 7.28 Auftragsdaten im Kundenauftrag

Dieser Kundenauftrag stellt unseren Anfangsbeleg dar. Auf dessen Grundlage wird die notwendige Auslieferung erzeugt. Dies können Sie über das SAP Fiori Launchpad durchführen. Grundsätzlich ist es jedoch auch möglich, eine Auslieferung ohne Bezug zum Kundenauftrag vorzunehmen.

[»] **Auftragsreduzierung**

Ab Release 1709 können Sie die Menge eines Kundenauftrags reduzieren, auch nachdem SAP EWM die entsprechenden Lageraufgaben für den Auslieferungsauftrag erzeugt hat. Wenn Sie Ihre aktualisierten Kundenaufträge sichern, wird die reduzierte Menge an SAP EWM gemeldet, und das System reagiert wie folgt:

Wenn die Lageraufgaben noch nicht quittiert sind, storniert SAP EWM diese und ändert die Menge des Auslieferungsauftrags. Wenn die Kommissionier-Lageraufgabe bereits quittiert wurde, wird der Bestand aktualisiert. Ein für die Auftragsreduzierung vorgemerkter Bestand kann durch das entsprechende Ankreuzfeld identifiziert werden. Am Arbeitsplatz wird der Arbeiter beim Packen informiert. Die Bestandsposition verliert die Referenz zu dem Auslieferungsauftrag, und die Menge des Auslieferungsauftrags wird reduziert.

7.5 Warenausgang

In Abbildung 7.29 erkennen Sie die relevanten Kacheln des SAP Fiori Launchpads, über die Sie die Auslieferung anlegen oder bearbeiten können.

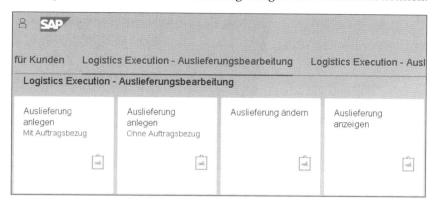

Abbildung 7.29 Auslieferung mit Auftragsbezug anlegen

Sobald die Auslieferung angelegt ist, wird sie an das Lager verteilt. Die Lieferung können Sie in Abbildung 7.30 sehen.

Abbildung 7.30 Auslieferung anzeigen

Die weitere Bearbeitung der Auslieferung wird nun mit den SAP-EWM-Transaktionen vorgenommen. Als zentrale Transaktion bietet sich hierzu der Lagerverwaltungsmonitor an. Diese Transaktion können Sie auch über das SAP Fiori Launchpad aufrufen. Abbildung 7.31 zeigt die entsprechende SAP-Fiori-App.

7 Lagerverwaltung mit Embedded EWM

Abbildung 7.31 Lagerverwaltungsmonitor

[»] **Logistics-Execution-Lieferungen nach der Replikation in SAP EWM ändern**

Ab Release 1709 können Sie eine Auslieferung in Logistics Execution (LE) ändern, nachdem diese bereits in SAP EWM repliziert worden ist. Wenn Sie eine LE-Auslieferung im Bearbeitungsmodus öffnen, prüft das System, welche Felder Sie ändern können, ohne den Vorgang in SAP EWM zu beeinträchtigen. Sie können Felder, die SAP EWM nicht betreffen, gemäß den Standardregeln in LE ändern. Sie können Felder, die SAP EWM betreffen, abhängig von dem Verarbeitungsstatus in SAP EWM ändern. Sie können Felder wie **Menge** oder **Charge** ändern, bis die Lageraufgabe erstellt ist, das Feld **Transportmittel** ändern, bis die Transporteinheit erstellt ist, und Sie können Liefertexte ändern, bis die Auslieferung erstellt ist.

Die erstellte SAP-EWM-Auslieferung finden Sie nun auf der linken Seite im Lagerverwaltungsmonitor über **Ausgang • Belege • Auslieferungsauftrag**; die Selektion erfolgt nach dem SAP-ERP-Beleg. Das Auswahlfenster öffnen Sie durch einen Doppelklick auf einen Menüpunkt auf der Registerkarte. Das Auswahlmenü des Lagerverwaltungsmonitors zeigt Abbildung 7.32.

[»] **Wiederverwendung der Logistics-Execution-Liefernummer in den Lageranforderungen**

Ab Release 1809 können Sie die LE-Liefernummer als Belegnummer in den Lageranforderungen in SAP EWM verwenden. Dies können Sie pro Belegart für die Belegtypen **Anlieferung**, **Auslieferung**, **Auslieferungsauftrag** und **Umbuchung** aktivieren.

7.5 Warenausgang

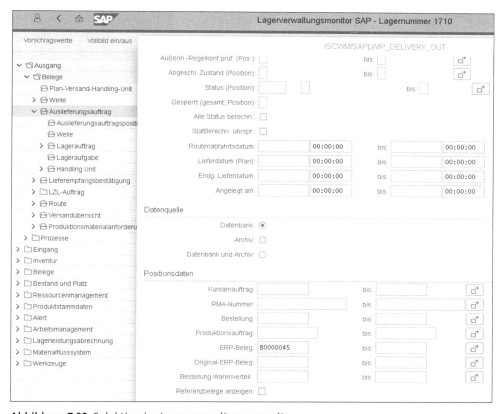

Abbildung 7.32 Selektion im Lagerverwaltungsmonitor

In Abbildung 7.33 sehen Sie den erzeugten Auslieferungsauftrag.

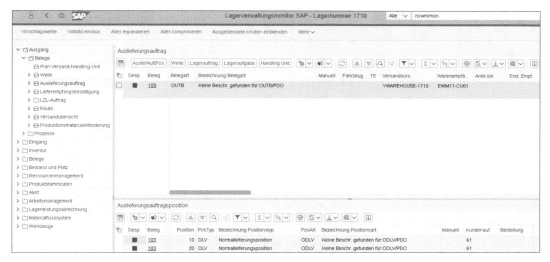

Abbildung 7.33 Auslieferungsauftrag

Den Auslieferungsauftrag gilt es nun zu beliefern. Dafür werden die Lageraufträge und dazugehörige Lageraufgaben erstellt. Diese stellen die Warenbewegungen im Lager dar, die von den Lagermitarbeitern durchzuführen sind. Mit der Zuweisung zu den RF-Queues können die Lagermitarbeiter diese Tätigkeiten mit Handheld-Geräten abwickeln. Dabei werden den einzelnen RF-Queues Ressourcen zugeordnet. Die Ressourcen stellen in SAP EWM in diesem Fall die Lagermitarbeiter dar. Über die RF-Dialoge können nun die Lageraufträge bearbeitet werden, womit die Kommissionierung des Lagerauftrags abgeschlossen wird.

Kommissionierung

Die Kommissionierung kann in mehreren Schritten erfolgen:

1. Mehrere Produkte werden dem Lagerfach von einem ersten Lagermitarbeiter entnommen und an einem ersten I-Punkt abgestellt.
2. Ein zweiter Lagermitarbeiter nimmt die am I-Punkt abgestellten Waren auf und bringt sie zu einer Kommissionier- oder Verpackstation.

Mit SAP EWM können auf diese Weise gleichartige Tätigkeiten der Lagermitarbeiter an eine Ressource vergeben werden, was sich in der operativen Abwicklung positiv auf die Produktivität der Lagermitarbeiter auswirkt. Die kommissionierten Produkte wurden dafür in einer HU verpackt, die sich im Auslieferungsauftrag befindet. Diese HUs können anschließend auf eine Transporteinheit verladen werden. Die erstellte Transporteinheit spiegelt in SAP EWM einen LKW oder Trailer wider, letztlich die Versandeinheit, in der die Waren versendet werden. Die Transporteinheit wird an einem Verladetor angedockt, und der Beladeprozess kann beginnen. Mit dem Abfertigen und Abdocken der Transporteinheit vom Verladetor kann schließlich der Warenausgang für die Auslieferung gebucht werden. Folgeprozesse, wie beispielsweise die Erstellung einer Faktura über die versendeten Waren, können im Anschluss beginnen.

[»] **Auslieferungen packen**

Ab Release 1809 können Sie Produkte für Auslieferungen entweder mit dem einfachen oder mit dem erweiterten Packmodus packen. Im erweiterten Packmodus verwalten Sie Versand-Handling-Units, konfigurieren bevorzugte Packmittel und packen serialnummer- sowie chargenpflichtige Produkte. Sie können bis zu 6 bevorzugte Packmittel pro Arbeitsplatz festlegen.

7.6 Retouren

Wenn die gelieferte Ware oder auch nur ein Teil davon an den Lieferanten zurückgesendet wird, spricht man von einer Retoure. In diesem Abschnitt gehen wir auf die verschiedenen Prozessvarianten innerhalb der Retourenabwicklung ein. Dabei unterscheiden wir zwei Prozesse: Lieferantenretouren und Kundenretouren.

7.6.1 Lieferantenretoure

Bei der Lieferantenretoure wurde das Lager Ihres Unternehmens mit einer Bestellung beliefert. Die vom Lieferanten angelieferte Ware wurde im Lager vereinnahmt und befindet sich nun in der Wareneingangszone.

Die Gründe, die zu einer Lieferantenretoure führen können, sind vielfältig. Es ist möglich, dass die gelieferte Ware bereits äußerlich erkennbare Schäden aufweist. Ein weiterer Grund kann ein negatives Ergebnis einer Qualitätsprüfung im Rahmen des Wareneingangsprozesses sein.

In beiden Fällen entscheiden Sie sich für eine Retournierung der Waren, damit der Lieferant diese Waren nachbearbeiten kann. Der für den Prozess verwendende Beleg kann entwder eine Retourenbestellung oder eine Retourenumlagerung sein. Die Retourenbestellung zieht eine Retoure an den Lieferanten nach sich.

Retourenbestellung und Retourenumlagerung

7.6.2 Kundenretoure

Bei der Kundenretoure ist eine Auslieferung an den Kunden vorausgegangen. Der Kunde hat seine bestellte Ware erhalten und sich dazu entschlossen, diese Waren zurückzusenden. Der Kunde ist also mit der gelieferten Ware nicht zufrieden und retourniert diese Lieferung oder auch nur einen Teil davon.

Das ist ein Prozess, der insbesondere im B2C-Geschäft eine immer wichtigere Rolle spielt. Im E-Commerce-Bereich sind wir als Endkunden mittlerweile daran gewöhnt, online gekaufte Produkt zu retournieren. Für die Durchführung von Retouren kann es ganz unterschiedliche Gründe geben. Unabhängig davon sind die rechtlichen Grundlage aber gleich. Es kann auch vorkommen, dass es bei der Kundenbestellung schon zu einer bewussten Überlieferung gekommen ist.

Retouren im E-Commerce

Auswahlbestellung als Grund für Retouren

Ein Kunde möchte ein T-Shirt bei einem Online-Händler im Textilbereich bestellen. Der Kunde geht auf Nummer sicher und bestellt das gleiche Produkt in zwei unterschiedlichen Größen und jeweils zwei Farben. Die Wahrscheinlichkeit, dass sich der Kunde nur für eine der beiden Größen zum Kauf entscheidet, ist sehr groß. Dieses Einkaufsverhalten vieler Endverbraucher führt zu einer wachsenden Quote an Kundenretouren. Die Retourenabwicklung ist also kein Sonderfall, sondern ein Kernprozess. Aus diesem Grund ist für die Unternehmen ein schneller und kostengünstiger Ablauf von zentraler Bedeutung.

Retourenauftrag

Der für den Prozess verwendete Beleg ist der Retourenauftrag. Mit diesem Beleg wird der Prozess gestartet, und der gesamte Belegfluss des Prozesses basiert auf dem Beleg. Im Prozess der Kundenretoure sind nach der Vereinnahmung der Ware verschiedene Folgeaktivitäten möglich. Beispielsweise wird nach Ankunft der Retoure in der Regel eine Qualitätsüberprüfung vorgenommen. So ist es z. B. notwendig, eine Prüfung der Identifikation und der Quantität durchzuführen. Diese Prüfung ist wichtig, da mit der Vereinnahmung der Retoure auch eine Gutschrift an den Kunden erfolgen muss. Der Kunde erwartet nach der Rücksendung seiner Waren die schnellstmögliche Abwicklung der Rückzahlung seiner bereits bezahlten Waren.

7.7 Inventur

Jedes Unternehmen in Deutschland ist gesetzlich verpflichtet, mindestens einmal im Jahr seine Bestände durch die körperliche Bestandsaufnahme von Produkten und HUs zu erheben und Abweichungen in der Buchhaltung zu erfassen. In diesem Abschnitt sehen Sie, wie mit SAP S/4HANA eine Inventur durchgeführt werden kann.

Inventurverfahren

Mit Embedded EWM in SAP S/4HANA können Sie, wie gewohnt, zwischen den beiden folgenden Inventurverfahren wählen:

- **Lagerplatzbezogene Inventur**
  Der Inventurbeleg wird für einen Lagerplatz generiert und bezieht sich auf alle Produkte und HUs auf diesem Lagerplatz.

- **Produktbezogene Inventur**
  Der Inventurbeleg wird für ein bestimmtes Produkt auf einem oder mehreren Lagerplätzen generiert.

SAP EWM unterstützt die gängigen Inventurverfahren, z. B.:

- Ad-hoc-Inventur
- Cycle-Counting-Inventur
- Einlagerungsinventur
- Nullkontrolle
- jährliche Inventur bzw. Stichtagsinventur
- Lagerplatzprüfung
- Niederbestandsinventur

7.7.1 Voraussetzungen im Customizing

Im Customizing müssen die folgenden Voraussetzungen erfüllt sein:

Voraussetzungen für die Inventur

- Im Customizing definieren Sie einen Inventurbereich und weisen diesem einen oder mehrere zulässige Inventurverfahren zu.
- Dem Inventurbereich ordnen Sie einen Aktivitätsbereich (einen logischen Bereich eines Lagers) zu, sodass Sie jetzt eine Regel dafür definiert haben, für welche Kombination von Aktivitätsbereich und Inventurbereich die Inventur durchgeführt werden kann.
- Des Weiteren definieren Sie über das Customizing eine Aktivität mit dem Lagerprozesstyp **Inventur**.
- Wichtig ist noch, dass Sie den Lagerplätzen die von Ihnen definierte Kombination von Aktivitätsbereich und Aktivität zuordnen.

7.7.2 Inventur durchführen

In diesem Abschnitt zeigen wir Ihnen die SAP-Fiori-Apps des SAP Fiori Launchpads, die Sie bei der Durchführung der Inventur unterstützen. In Abbildung 7.34 sehen Sie die Kachelgruppe **Warehouse – Physical Inventory**, über die Sie in den Inventurablauf einsteigen.

Abbildung 7.34 Kachelgruppe »Warehouse – Physical Inventory«

Inventur anlegen Sie starten die Inventur für einen Aktivitätsbereich, für ein Produkt oder gezielt für einen Lagerplatz über die SAP-Fiori-App **Inventur anlegen**. Sie wählen das Inventurverfahren, generieren einen Inventurbeleg und aktivieren diesen. Im Hintergrund wird dann ein SAP-EWM-Lagerauftrag angelegt.

Zählung erfassen Nach der Zählung erfassen Sie die Zählergebnisse mit dem Namen des Zählers und mit dem Zähldatum über die SAP-Fiori-App **Zählung Inventur**. Der Bestand auf dem Lagerplatz wird automatisch gemäß den Zählergebnissen angepasst. Der SAP-EWM-Lagerauftrag wird im Hintergrund quittiert.

Inventurdifferenz buchen Nun wählen Sie die SAP-Fiori-App **Differenzen analysieren** und buchen die Inventurdifferenz aus. Es wird, wie in Abbildung 7.35 dargestellt, ein entsprechender Materialbeleg mit den Buchhaltungs- und Kostenrechnungsbelegen erzeugt.

Abbildung 7.35 Buchhaltungsbeleg in SAP GUI

7.8 Reporting

In diesem Abschnitt erhalten Sie eine Übersicht der verschiedene Reporting-Möglichkeiten von SAP EWM, die Ihnen zur Verfügung stehen, um einen aktuellen und vollständigen Überblick über Ihre Lageraktivitäten zu bekommen. Wir erklären zum einen die Werkzeuge, die für eine kurzfristige operative Analyse zur Verfügung stehen, und zum anderen die Tools für eine mittelfristige Planung.

7.8.1 Werkzeuge für das operative Reporting

Im operativen Controlling planen und überwachen Sie die Abläufe im Lager. SAP EWM stellt verschiedene Werkzeuge für das Monitoring der Lageraktivitäten bereit.

7.8 Reporting

Wir stellen Ihnen in diesem Abschnitt die folgenden Werkzeuge vor:

- Lagerverwaltungsmonitor (kurz Lagermonitor)
- Lagercockpit
- grafisches Lagerlayout

Lagermonitor

Der Lagermonitor unterstützt Sie dabei, den Überblick über die aktuelle Situation im Lager zu behalten. Er zeichnet sich durch eine Vielzahl vordefinierter Reports für verschiedene Prozesse und Belege als zentrales Steuer- und Kontrollinstrument aus. Darüber hinaus können Sie Arbeitsabläufe zuordnen, initiieren und steuern. Sie rufen den Lagermonitor über Transaktion /SCWM/MON auf oder wählen im SAP-Easy-Access-Menü in SAP EWM den Punkt **Monitoring**.

Vordefinierte Reports

Das Layout des Monitors besteht aus drei Teilbereichen, dem Hierarchiebaum, dem oberen Sichtbereich und dem unteren Sichtbereich, deren Größe jeweils verändert werden kann. Der obere Sichtbereich zeigt Anlieferungen, entsprechend der Selektion im Hierarchiebaum (siehe Abbildung 7.36).

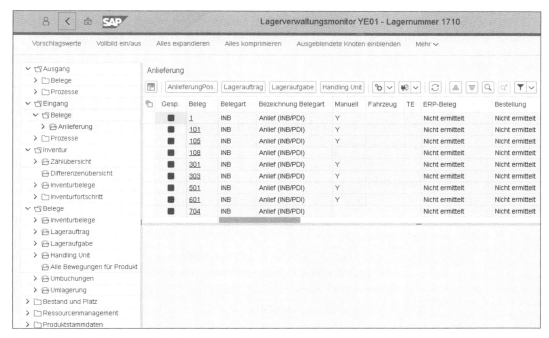

Abbildung 7.36 Beispiel für den Lagermonitor

Erweiterung des Lagermonitors

Mithilfe des Frameworks, das dem Lagermonitor zugrunde liegt, können Sie den Standardmonitor anpassen und erweitern. Sie können darüber hinaus eigene Reports in den Lagermonitor integrieren, und Sie können sogar einen eigenen Lagermonitor mit selbst programmierten Reports und Methoden anlegen.

Reports für den Wareneingang

Im Wareneingang stehen z. B. Reports für die folgenden Prozessschritte zur Verfügung:

- Entladung
- Dekonsolidierung
- Qualitätsprüfung
- Einlagerung

Reports für den Warenausgang

Im Warenausgang können Sie Reports unter anderem für die folgenden Prozessschritte nutzen:

- Kommissionierung
- Kittings
- Verpacken
- Beladen

Neben der Selektion und der Darstellung von Prozess- und Belegdaten bietet der Lagermonitor auch die Möglichkeit, in den operativen Ablauf einzugreifen. Sie können z. B. Lageraufgaben quittieren oder die Queue-Zuordnung zu Ressourcen ändern.

Lagercockpit

Grafische Darstellung

Mit dem Lagercockpit können Sie Ihre Lagerkennzahlen grafisch anzeigen. Damit ist das Lagercockpit eine gute Ergänzung zum Lagermonitor. Sie können Lagerkennzahlen wie z. B. den Füllgrad bestimmter Lagerbereiche oder offene Lageraufgaben pro Arbeitsbereich als Diagramm anzeigen. Zu den verfügbaren Chart-Typen gehören Ampeln, Balken-, Säulendiagramme und Tachometer. Durch die Definition von Folgeaktivitäten können Sie in andere Anwendungen navigieren.

Das Lagercockpit stellt Lagerkennzahlen (in unserem Beispiel überfällige Lageraufgaben), grafisch dar (siehe Abbildung 7.37). In diesem Lager wurde alles rechtzeitig bearbeitet, und es gibt keine überfälligen Lageraufgaben in der Anzeige.

7.8 Reporting

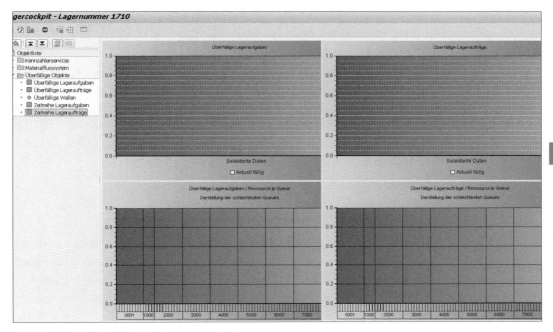

Abbildung 7.37 Beispiel für ein Lagercockpit

Grafisches Lagerlayout

Das grafische Lagerlayout stellt das Lagerinnere als zweidimensionale Grafik dar. Dabei werden nicht nur die Räumlichkeiten, sondern auch die aktuellen Bestände dargestellt und Informationen zu den Lagerplätzen und den Ressourcen, die aktuell im Lager arbeiten, mitgegeben. Sowohl das Lagercockpit als auch das grafische Lagerlayout bieten eine Auto-Refresh-Funktion, um aktuelle Informationen sicherzustellen.

7.8.2 Werkzeuge für die Planung

Im vorangehenden Abschnitt haben Sie die SAP-EWM-Werkzeuge für eine kurzfristige operative Analyse kennengelernt. Darüber hinaus bestehen häufig Anforderungen, eine mittelfristige Planung vorzunehmen. Für solche Anforderungen wird oft SAP Business Warehouse (SAP BW) eingesetzt. SAP EWM enthält vordefinierte DataSources, um Daten, z. B. über die ausgeführte Arbeitslast, logistische Zusatzleistungen oder Lageraufträge, in SAP BW zu extrahieren.

Ist dort das Warehouse Performance Dashboard installiert, können Sie die gewünschten Informationen in einem Internetbrowser anzeigen. Standardmäßig werden vordefinierte Kennzahlen angeboten, wie z. B. termin- **Warehouse Performance Dashboard** gerecht gelieferte Auslieferungen in Prozent, die Anzahl von Auslieferpositionen mit Fehlern oder der Auslastungsgrad pro Lagerstandort (belegte Lagerplätze in Prozent).

Sie können die Kennzahlen grafisch, z. B. als Balkendiagramme, darstellen und anwenderfreundlich auswerten. Darüber hinaus können Sie die Darstellung über einen Drill-down auf eine tiefere Detailebene herunterbrechen. Die übertragenen Daten können so analysiert werden, um auf der Basis der Ergebnisse Geschäftsprognosen abzuleiten, die z. B. für eine Langzeitplanung des benötigten Personals notwendig sind.

7.9 Zusammenfassung

In diesem Kapitel haben wir die unterschiedlichen Prozesse in SAP EWM für den Betrieb eines Lagers vorgestellt. Mit den Anwendungsbeispielen haben Sie nun einen ersten Überblick darüber, welche Funktionalitäten mit SAP EWM möglich sind. Des Weiteren haben wir beschrieben, welche Systemarchitektur zum Tragen kommt und wie die Strategie von SAP zur Komponente WM und zu EWM ist. Mit der Verfolgung dieser Strategie wird sich für Anwender von WM neben der Umrüstung auf eine SAP-HANA-Datenbank zusätzlich eine Migration nach SAP EWM ergeben. Diese Migrationsszenarien wurden ebenfalls beschrieben. Zuletzt gaben wir Ihnen einen Einblick in die Möglichkeiten des Reportings mit SAP EWM. Standardmäßig stellt SAP EWM sehr umfangreiche Reporting-Tools zur Verfügung, die Sie auch in SAP S/4HANA nutzen können.

Im nächsten Kapitel werfen wir einen Blick auf das Thema Transportmanagement mit Embedded TM.

Kapitel 8
Transportmanagement mit Embedded TM

Das Transportmanagement erlaubt es Ihnen, die funktionalen Abläufe zur Beförderung von Gütern aller Art zu planen und zu koordinieren. Mit SAP S/4HANA 1809 stellt SAP eine komplette Transportmanagement-Lösung als Teil des digitalen Kerns zur Verfügung.

Die Transportlogistik ist die Beförderung und Verteilung von Gütern aller Art unter dem Einsatz unterschiedlicher Transportmittel, wie z. B. Eisenbahn, Lastwagen, Luftfahrzeuge, Schiffe oder Paketdienste. Um die damit verbundenen Prozesse zu organisieren, benötigen Sie eine Transportmanagement-Lösung, die mit den anderen Anwendungen der Logistikkette (z. B. Vertrieb, Einkauf, Lagerverwaltung) möglichst eng integriert ist.

In der SAP-Welt wurde bereits im Jahr 1993 mit Logistic Execution Transport (LE-TRA) eine Komponente bereitgestellt, die eine Auswahl der typischen Best-Practices-Anforderungen eines Anwenders abdeckt. Aufgrund von funktionalen und architektonischen Beschränkungen war jedoch ein voller Ausbau dieser SAP-Transportmanagement-Lösung nicht für alle Industrien sinnvoll, sodass Ihnen mit SAP Transportation Management (SAP TM) seit 2010 eine Stand-alone-Lösung neben SAP ERP bereitgestellt wurde. Mit der Verfügbarkeit von SAP S/4HANA 1709 hat SAP begonnen, SAP TM in den digitalen Kern zurückzuführen und zum integralen Bestandteil von SAP S/4HANA zu machen. Dieser Prozess wurde mit Version SAP S/4HANA 1809 abgeschlossen, womit auch die ursprüngliche Komponente LE-TRA durch das neue Embedded Transportation Management (Embedded TM) ersetzt wird.

In den folgenden Abschnitten erläutern wir Ihnen zunächst die grundsätzlichen Einsatzszenarien von Embedded TM sowie die Architektur und den funktionalen Umfang der Komponente. Im weiteren Verlauf gehen wir auf die typische Verwendung in den einzelnen Funktionsbereichen ein.

8.1 Geschäftsmodelle und Verwendungsformen

Rollen im Transport

Das Thema Transport kann aus verschiedenen Blickwinkeln betrachtet werden, die in einer Transportmanagement-Lösung zu einer komplexen Kombinatorik von Anforderungen führen kann. Grundlegend lassen sich mehrere Anwenderrollen darstellen, wobei die Transportmanagement-Prozesse jeder Rolle in einem eigenen SAP-S/4HANA-System mit SAP TM abgebildet werden können. Abbildung 8.1 veranschaulicht die Rollenzuordnung.

- **Verlader**
  Unter dem Sammelbegriff *Verlader* werden im Transportmanagement all die Unternehmen bezeichnet, deren Haupteinnahmequelle nicht die Organisation von Transportdienstleistungen, sondern die Bereitstellung materieller Produkte ist, das heißt, es handelt sich um Unternehmen, die Produkte schürfen, veredeln, herstellen oder einkaufen und vertreiben. Damit fallen darunter Unternehmen aus den meisten Industrien, z. B. Minenunternehmen, Halbleiterhersteller, Konsumgüterhersteller, oder Retail-Unternehmen.

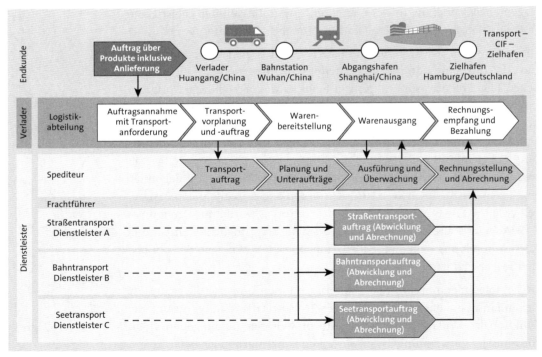

Abbildung 8.1 Rollenzuordnung der an einem Transportprozess teilnehmenden Unternehmen

- **Spediteure**

  Spediteure sind Unternehmen aus dem Bereich Logistikdienstleister (LSP, Logistics Service Provider), deren Haupteinnahmequelle in der Organisation von Transportdienstleistungen besteht, die aber keine oder nur eine kleine eigene Transportflotte besitzen. Sie nehmen Transportaufträge in der Regel von Verladern entgegen, planen die Ausführung und beauftragen Teile des Gesamttransports an spezialisierte Unternehmen mit eigener Flotte (Frachtführer). Die Organisation und Abwicklung wird den Kunden (Verladern) in Rechnung gestellt. Spediteure sind auf die Transportabwicklung von Tür zu Tür spezialisiert (z. B. vom Verlader zum Endkunden).

- **Frachtführer**

  Frachtführer sind Unternehmen, die auch dem LSP-Sektor zuzuordnen sind. Sie haben – ähnlich den Spediteuren – die Organisation von Transportdienstleistungen als Haupteinnahmequelle, besitzen jedoch eine große eigene Flotte und sind in der Regel auf einen bestimmten Transportmodus festgelegt. Dazu zählen Schifffahrtslinien und Containerlinendienste, Fluglinien, Bahnunternehmen und LKW-Unternehmen. In vielen Fällen können Frachtführer nur einen auf ihren Transportmodus festgelegten Teil des Gesamttransports abwickeln (z. B. Abgangshafen zu Zielhafen) und arbeiten daher als Unterauftragnehmer eines Spediteurs. Sie rechnen ihre Dienstleistung an den Spediteur ab, der sie dann mit seinen Einnahmen verrechnen muss, um eine Profitabilität zu erzielen.

- **Endkunde**

  Der Endkunde als eigentlicher Auftraggeber des Verladers kann eine Transportdienstleistung mit dem bestellten Produkt beauftragen. Er kann aber auch aktiv den Transport oder einen Teil davon selbst in die Hand nehmen oder getrennt durch andere Spediteure durchführen lassen. Auch die Organisation von Teilstrecken durch den Endkunden ist möglich. In der Regel werden die Vereinbarungen durch einen Incoterm geregelt (siehe Incoterms 2010), der z. B. festlegt, dass der Endkunde selbst für den Transport zuständig ist (Incoterm EXW = EX Works, d. h. ab Herstellungswerk) oder dass er die Fracht am Zielhafen übernimmt (siehe das Beispiel in Abbildung 8.1, Incoterm CIF = Cost, Insurance, Freight d. h. Kosten, Versicherung und Fracht bis zum Bestimmungshafen durch den Versender, ab dem Zielhafen fällt diese Zuständigkeit in den Bereich des Endkunden).

Anhand von Abbildung 8.1 möchten wir Ihnen ein kleines Prozessbeispiel geben, wobei jede der Rollen und dazugehörigen Aufgaben durch ein SAP-

Prozessbeispiel

Transportsituation

S/4HANA-System beim jeweiligen Unternehmen unter Zuhilfenahme von Embedded TM realisiert werden kann.

Der Endkunde (Beispiel: Elektronikmarkt in Deutschland) kauft beim Verlader (Beispiel: Hersteller von Konsumentenelektronik in Inland-China) eine große Menge Fernseher, die per Container transportiert werden. Die Transportvorgabe ist CIF (Zielhafen Deutschland), das heißt, der Verkaufsvorgang beinhaltet den Transport und die Versicherung von der Fabrik in China zum Ankunftsseehafen in Deutschland.

Transportauftrag und -abwicklung

Der Elektronikhersteller beauftragt daher bei einem Spediteur einen Containertransport von seiner Fabrik in China zum deutschen Seehafen. Dieser plant die einzelnen Abschnitte und entscheidet sich, den Container zunächst vom Werk in China per LKW abholen und zur nächsten Bahnfrachtstation bringen zu lassen. Dort übernimmt ein Eisenbahnunternehmen den Containertransport zum Seehafen in China. Währenddessen kümmert sich der Spediteur bereits um die Exportabwicklung in China. Wenn die Exportpapiere komplett sind und der Container am chinesischen Seehafen ankommt, wird er an die beauftragte Container-Schifffahrtslinie übergeben, die den mittlerweile verzollten und genehmigten Seetransport nach Deutschland übernimmt.

Während des Transports sammelt der Spediteur Informationen zum Status und Standort des Transports (Track & Trace) und stellt diese dem Verlader und dem Endkunden zur Verfügung, damit sich diese Unternehmen gegebenenfalls rechtzeitig auf Änderungen einstellen können.

Mit der Übergabe des Containers im Terminal in Deutschland endet die Transportverantwortung des Spediteurs und des Verladers. Der Rest des Transports, einschließlich der Importverzollung, muss nun durch den Endkunden selbst durchgeführt oder beauftragt werden.

Transportabrechnung

Der Spediteur erhält die Rechnungen von LKW-, Bahn- und Seefrachtdienstleister und stellt seinerseits eine Rechnung an den Verlader. Der Endkunde findet die Transportkosten entweder explizit auf der Rechnung des Verladers, oder sie sind bereits im Produktpreis einkalkuliert.

Anhand des kleinen Beispiels möchten wir Ihnen anschaulich die verschiedenen Rollen, Funktionen und deren Hintergründe transparent machen. Im folgenden Abschnitt wollen wir, darauf aufbauend, den Funktionsumfang von SAP TM erklären. Wenn wir uns das Transportmanagement als IT-Repräsentation anschauen, kann es also mit Bezug auf die notwendigen Funktionen aus der Sichtweise jedes Teilnehmenden geschehen. Dies hat zur Konsequenz, dass verschiedene Funktionalitäten aus dem TM-Umfeld von SAP S/4HANA relevant sind.

8.2 Architektur, Funktionsumfang und Verwendung

Wie wir es Ihnen in der Einleitung zu diesem Kapitel bereits kurz dargelegt haben, gibt es Transportmanagement-Lösungen schon seit längerer Zeit in SAP ERP (LE-TRA) bzw. als Stand-alone-Lösung (SAP TM 9.X). Mit SAP-S/4HANA-Version 1709 hat SAP begonnen, den grundlegenden und verladerspezifischen Funktionsumfang von SAP TM in den digitalen Kern zu übertragen. Dieser Vorgang wurde mit der Version SAP S/4HANA 1809 fortgesetzt und weitgehend abgeschlossen, wobei man sich in dieser Version auf die fehlenden Funktionen für Logistikdienstleister sowie weitere spezialisierte Funktionen konzentriert hat.

8.2.1 Transportmanagement-Versionen

Die logische Trennung von Funktionen im Transportmanagement beruht auf der Notwendigkeit, den SAP-ERP-Bestandskunden einen Nachfolger für ein verwendetes LE-TRA anzubieten. Daher ist ein Teil der SAP-TM-Funktionen als »Basis-Transportmanagement« klassifiziert und ohne zusätzliche Lizenz im Umfang des SAP-S/4HANA-Kerns enthalten. Die Nutzung von anspruchsvolleren Funktionen oder solchen für LSPs ist hingegen als »professionelles Transportmanagement« eingeordnet und benötigt eine separate Lizenzierung. Einen groben Überblick über die Einordnung der Funktionsbereiche eines Transport-Management-Systems (TMS) und Verfügbarkeit und Lizenzvariante von SAP TM können Sie in Tabelle 8.1 sehen, wobei die Kennzeichnung in der Spalte **TM in S/4HANA** in zwei Werten kodiert ist:

Basis und professioneller Transport

- ●: Die Funktion ist Bestandteil des professionellen Transportmanagements
- ○: Die Funktion ist Bestandteil des Basis-Transportmanagements.

Die Spalten **Verlader** und **LSP** zeigen Ihnen, ob die jeweilige Funktion für Verlader oder Logistikdienstleister relevant ist.

Funktionen für Verlader und LSPs

TMS-Funktionsbereich	Verlader	LSP	SAP TM in SAP S/4HANA
Stammdaten (Partner, Netzwerk)	●	●	○
Ressourcenstammdaten (Flotte)		●	●
Kundenverträge		●	●

Tabelle 8.1 Funktionsbereiche von SAP TM in Basis- und professionellen Transport einordnen

TMS-Funktionsbereich	Verlader	LSP	SAP TM in SAP S/4HANA
Dienstleisterverträge	●	●	○
Kundenangebote und -aufträge		●	●
Verkaufsauftragsintegration	●		○
Routenfindung	●	●	○
Kundenabrechnung		●	
Frachteinheiten und Sendungsdefinition	●	●	○
Fahrplan- und Kapazitätsdefinition	●	●	●
manuelle Transportplanung für Verkaufsaufträge	●	●	○
Transportplanung für Speditionsaufträge		●	●
Transportcockpit und Optimierung		●	●
Ladeoptimierung und Palettenbildung	●	●	●
Frachtmanagement für Verkaufsaufträge	●		○
Frachtmanagement für Speditionsaufträge		●	●
Frachtausschreibung	●	●	○
Frachtberechnung und -abrechnung	●	●	○
Lagerverwaltung	●	●	●
Transitlagerverwaltung		●	●

Tabelle 8.1 Funktionsbereiche von SAP TM in Basis- und professionellen Transport einordnen (Forts.)

Installationsszenarien Im Zusammenhang mit SAP S/4HANA können Sie SAP TM grundsätzlich auf zwei verschiedene Weisen installieren (siehe Abbildung 8.2):

1. Eine Systeminstanz, bei der sowohl der komplette digitale Kern als auch SAP TM zusammen betrieben werden, erlaubt es Ihnen, die verbesserte

Stamm- und Transaktionsdatenintegration von SAP S/4HANA einzusetzen.

2. Die Aufteilung in eine oder mehrere SAP-S/4HANA-Instanzen für logistische Funktionen (z. B. Vertrieb) und eine separate Instanz für SAP TM ermöglicht es Ihnen, entweder mehrere Verladersysteme mit einem zentralen Transportmanagement zu betreiben (relevant bei verteilten Verladersystemen) oder eine Entkopplung von Back-Office-Funktionen von Transportmanagement-Funktionen durchzuführen, sodass das SAP-TM-System z. B. bei der Wartung des Finanzsystems, weiterbetrieben werden kann (relevant für Logistikdienstleister).

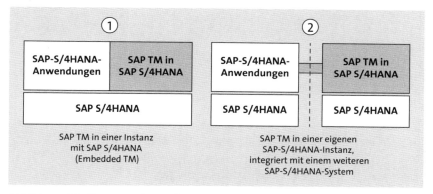

Abbildung 8.2 Einsatzoptionen für SAP TM in SAP S/4HANA

Weitere Einsatzoptionen ergeben sich aus der Kopplung von SAP TM in SAP S/4HANA mit einem SAP-ERP-System bzw. dem Einsatz von SAP TM 9.X (Business-Suite-Version), auf die wir hier aber nicht näher eingehen.

8.2.2 Funktionaler Überblick

Bevor wir dazu übergehen, das Transportmanagement im SAP TM genauer zu beschreiben, möchten wir Ihnen einen Überblick über dessen Funktionen geben. Wir beziehen uns dabei auf Abbildung 8.3 und geben Ihnen eine kurze Beschreibung der jeweiligen Kernfunktionen jedes Bereichs.

Funktionsübersicht des Transportmanagements

- **Kundenvertragsmanagement**
  Im Kundenvertragsmanagement werden Verträge zum Verkauf von Transportdienstleistungen definiert. Diese Verträge basieren und verweisen auf Tarife, Ratentabellen und Preisdefinitionen, die generisch oder kundenspezifisch definiert sind und im Kundenauftragsmanagement als Preisberechnungsgrundlage eingesetzt werden.

Verträge und Stammdaten

8 Transportmanagement mit Embedded TM

- **Dienstleistervertragsmanagement**
  In diesem Bereich werden – analog zu den Kundenverträgen – die Vertragsregeln für den Einkauf und die Abrechnung von Frachtdienstleistungen durch externe Logistikdienstleister definiert.

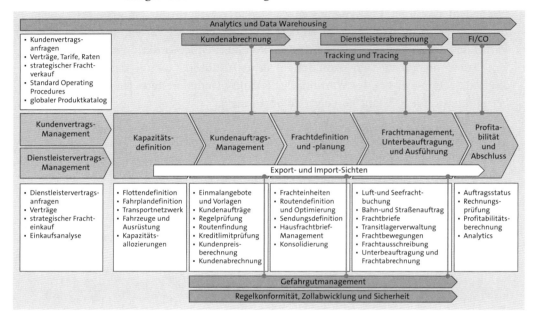

Abbildung 8.3 Funktionaler Überblick über SAP TM

- **Kapazitätsdefinition**
  Die Definition von Transportkapazitäten beinhaltet die Ausprägung des Transportnetzwerks, z. B. Fahrpläne, Flottenelemente wie LKWs, Bahnwaggons, Schiffe und Flugzeuge, aber auch vertragliche Zusagen von Dienstleistern zur Bereitstellung von Kapazität (Allokation).

- **Kundenauftragsmanagement**
  Wenn die Transportanforderungen eines Kunden explizit übermittelt und später vertraglich abgerechnet werden (LSP-Szenario), ermöglicht es Ihnen das Kundenauftragsmanagement, die Angebote und Aufträge für den Transport zu erfassen, nach konfigurierten Regeln zu überprüfen, eine Routenfindung durchzuführen und den Frachtpreis zu errechnen, der später an den Kunden abgerechnet wird. Regelprüfungen in diesem und in den folgenden Bereichen können durch Funktionen des Gefahrgutmanagements, des Außenhandels oder der Kreditlimitprüfung unterstützt werden.

  Im Verladerszenario wird dieser Schritt durch den SAP-S/4HANA-Einkauf oder Vertrieb übernommen.

- **Frachtdefinition und -planung**

    Die transportierbaren Positionen der Transportaufträge werden in diesem Bereich als Frachteinheiten definiert, die mittels Transportplanung und -optimierung nach verschiedenen Aspekten geroutet, konsolidiert, transportiert und umgeschlagen werden. Dabei wird auch die Bildung von Sendungen und die Erstellung von Hausfrachtdokumenten unterstützt.

- **Frachtmanagement, Unterbeauftragung und Ausführung**

    Im Frachtmanagement werden Frachtdokumente für Straße, Bahn, See oder Lufttransporte bereitgestellt, für die die Frachteinheiten eingeplant werden oder die durch die Planung von Frachteinheiten entstehen. Diese Frachtdokumente können Dienstleistern angeboten oder zwecks Transportabwicklung direkt an sie übermittelt werden. Die Frachtdokumente ermöglichen das Berechnen der erwarteten Kosten mithilfe des Dienstleistervertragsmanagements. Des Weiteren dienen sie als Basis aller Frachtbewegungen, inklusive der Anbindung an die Lagerverwaltung, und zur Erstellung der Frachtbriefe.

- **Profitabilität und Abschluss**

    Die Profitabilitätsberechnung ermöglicht die Beurteilung der Gewinnmarge von Transporten unter der Einbeziehung der meisten umsatz- und kostenverursachenden Belege. Spätestens beim Abschluss werden auch die Kundenrechnungen und die Rechnungsbelege für die Dienstleisterfrachtabrechnung erstellt, die dann in SAP S/4HANA weiterverarbeitet werden.

Wie wir bereits zuvor erwähnt haben, verwenden die Rollen *Verlader* und *Logistikdienstleister* unterschiedliche Komponenten von SAP S/4HANA und des Transports um ihre Transportprozesse abzubilden, wie es in Abbildung 8.4 veranschaulicht wird.

Zentrale Funktionen der Transportorganisation und des Transporteinkaufs, wie die Frachtdefinition, Planung (Frachtdisposition), das Ausschreiben von Frachtaufträgen und die Abrechnung mit Dienstleistern, werden von allen Rollen genutzt. Diese sind in Mittelgrau dargestellt.

Verlader verwenden Vertriebs- und Einkaufsobjekte (Verkaufsauftrag, Bestellung, Lieferungen), um den Transportbedarf zu definieren. Diese werden dann in SAP TM als Frachteinheiten erzeugt, die über die zentralen Funktionen weiterverarbeitet werden. Da die Ausgangsrolle der Verlader ist, findet hier häufig keine Abrechnung der Transportdienstleistung an den Kunden statt, sondern sie ist vielmehr Teil der Preiskalkulation im Verkaufsauftrag.

8 Transportmanagement mit Embedded TM

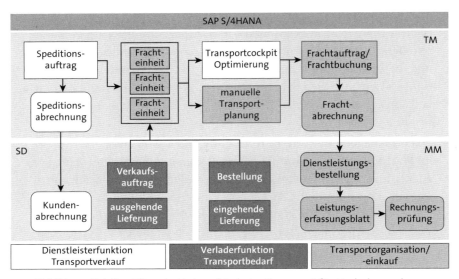

Abbildung 8.4 Funktionale Unterschiede im Transport für Verlader und Logistikdienstleister

Im Dienstleisterszenario entsteht der Transportbedarf als Speditionsauftrag, der einerseits die Frachteinheiten erzeugt und auf der anderen Seite zur Abrechnung der Transportdienstleistung an den Kunden dient.

Abrechnung über Vertrieb und Einkauf

Wie Sie es in Abbildung 8.4 sehen, findet die eigentliche Abrechnung von Umsätzen und Kosten in den Komponenten Vertrieb und Einkauf statt. Abrechnungen an Kunden werden als Speditionsabrechnungen zwar in SAP TM aus den Speditionsaufträgen erstellt; diese haben jedoch den Charakter einer vorläufigen Rechnung und werden in die Vertriebskomponente übertragen, in der die eigentliche Kundenrechnung erstellt und abgerechnet wird.

Analog verhält es sich bei der Bezahlung von Dienstleisterrechnungen. Die in SAP TM erstellten Frachtabrechnungen enthalten eine vorläufige Version der Kosten, die vom jeweiligen Dienstleister erwartet werden. Diese werden an den Einkauf übergeleitet, in dem zunächst Rückstellungen gebildet werden können. Im weiteren Verlauf werden Dienstleistungsbestellungen und Leistungserfassungsblätter generiert, die für Prozesse der Rechnungsprüfung oder für Gutschriftsverfahren bereitgestellt werden.

8.2.3 Prinzipien der Verwendung von SAP TM

Wie wir es zuvor erläutert haben, ist der funktionale Umfang von SAP TM sehr groß. Es ist darin praktisch alles enthalten: von den Stammdaten und

8.2 Architektur, Funktionsumfang und Verwendung

Verträgen über den Einkauf und Verkauf, die Planung und die Produktion (von Logistikprozessen) bis hin zur Be- und Abrechnung an Kunden und Lieferanten. Es ist daher wichtig, dem Benutzer konsistente Prinzipien zur Verwendung des Systems an die Hand zu geben. Ausgehend vom SAP Fiori Launchpad, das die Einstiegskacheln für die jeweilige Rolle anbietet, stehen dem Benutzer mehrere Verwendungskategorien zur Verfügung:

- **Arbeitsvorräte**
  Kacheln im SAP Fiori Launchpad für Arbeitsvorräte führen Sie als Benutzer auf konfigurierbare Arbeitslisten, die Sie nach Belieben personalisieren können. Arbeitsvorräte gibt es für alle funktionalen Bereiche von SAP TM, das heißt, Sie finden Angebote, Aufträge, Rechnungen, Planungsergebnisse, Frachtaufträge und viele andere Dokumententypen. In Abbildung 8.5 sehen Sie als Beispiel den Arbeitsvorrat für Speditionsaufträge, wobei die LCL-Seefrachtaufträge als Abfrage ausgewählt sind.

  Arbeitsvorräte

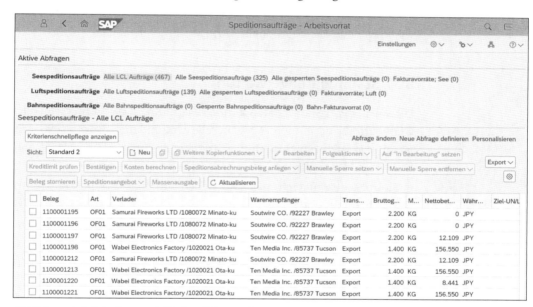

Abbildung 8.5 Arbeitsvorrat für Speditionsaufträge

- **Arbeitslisten**
  Von Arbeitslisten und Belegbearbeitung gelangen Sie durch die Selektion eines Elementes über den entsprechenden Link oder die Auswahl einer entsprechenden Funktion in die Einzelbearbeitung des jeweiligen Belegs. Dort und auch oft auf der Arbeitsvorratsebene haben Sie die Möglichkeit, Folgefunktionen aufzurufen (z. B. Rechnungserstellung für einen Speditionsauftrag).

  Arbeitslisten und Belegbearbeitung

- **Analytische Übersichten**
  Kacheln für Übersichtsseiten führen Sie auf analytische Auswertungen zu den jeweiligen Aspekten des Transports. Dort werden die jeweiligen Auswertungen in grafischer Form, mit Drill-down-Möglichkeiten, angezeigt. Ein Beispiel hierfür sind die Analysen zur Frachtauftragsmenge oder Monitoring-Sichten zur Frachtbuchungsausführung.

- **Aufruf von Einzelfunktionen**
  Über die entsprechenden Links im SAP Fiori Launchpad können Sie die Einzelfunktionen im transaktionalen oder Stammdatenbereich aufrufen, z. B. das Anlegen eines Speditionsauftrags oder das Ändern eines Fahrplans.

In SAP TM finden Sie relativ wenige Transaktionen mit SAP-Fiori-Benutzerschnittstelle. Dies liegt daran, dass die meisten SAP-TM-Transaktionen eine große Anzahl von Daten erfordern, mit denen die neuen, einfachen SAP-Fiori-Bildschirmmasken zu überlastet erscheinen würden. Daher hat man weitestgehend das traditionelle SAP-TM-Design beibehalten.

8.3 Stammdatenverwaltung

Die Anlage von Stammdaten können Sie in SAP TM in unterschiedlicher Granularität vornehmen. Als generelle Stammdaten benötigt das Transportmanagement folgende Informationen, die Sie in SAP S/4HANA außerhalb von SAP TM pflegen:

- Stammdaten zu den organisatorischen Einheiten, die am Transportprozess beteiligt sind
- Geschäftspartnerdaten zu den am Transportprozess beteiligten Unternehmen oder Personen
- Produktstammdaten zu den zu transportierenden Produkten (hauptsächlich im Verladerszenario)

Zusätzlich zu den generellen Stammdaten müssen Sie in SAP TM noch transportspezifische Stammdaten pflegen; dies kann, je nach Prozessanforderung, generisch oder sehr detailliert erfolgen:

- **Transportnetz**
  Das Transportnetz dient der Definition der verwendeten Transportlokationen, -abschnitte, -gruppierungen und -zeitvorgaben.

- **Transportressourcen**
  Hier geht es um die Definition der Ressourcen der Fahrzeuge und Flottenelemente innerhalb des Transportnetzes, inklusive der verfügbaren Kapazitäten.

Organisationsstammdaten werden im Verladerszenario in der Regel direkt aus der Unternehmensorganisation übernommen. Hier ist für den Transport oft nur die Definition einer oder mehrerer zusätzlicher Organisationen für die Logistikabteilungen notwendig, die den Transport organisieren. Im Falle der Verwendung von SAP S/4HANA durch einen Logistikdienstleister müssen Sie die komplette Unternehmensstruktur mit Unternehmen, Einkaufs- und Verkaufsorganisationen definieren. Zusätzlich benötigen Sie die transportspezifischen Organisationen für die Transportausführung. Ein häufig verwendetes Element ist die Organisation eines *Speditionshauses*, das Einkauf, Verkauf und Ausführung in sich vereint und damit eine universelle Rolle im Transport einnimmt.

Organisationsstammdaten

In Bezug auf die Geschäftspartner können Sie auf die anderweitig bereits definierten Kunden- und Lieferantenstammdaten zurückgreifen. Im Falle des LSP-Szenarios sind die Kunden gleichzeitig die Auftraggeber einer Transportdienstleistung. Die Lieferanten sind Geschäftspartner, die Transportdienstleistungen oder andere Services erbringen (Frachtführer, Hafenunternehmen usw.). Partner, die explizit für Transportdienstleistungen beauftragt werden, müssen zusätzlich in der Rolle *Spediteur* definiert werden.

Geschäftspartner

Die Definition von Produkten können Sie im Verladerszenario aus den allgemeinen Materialstammdaten übernehmen. Die Produkte dienen dann automatisch als zu transportierende Güter (Frachteinheiten), die in der Planung und Abwicklung der Transporte verwendet werden. Ein Transportdienstleister wird in vielen Fällen überhaupt keine Produktstammdaten anlegen, da sich die vorliegenden Transportaufträge nicht auf konkrete Produktdefinitionen mit Materialnummern beziehen, sondern klassifizierte Transportgüter (Güterarten) mit Mengen beschreiben (z. B. die Güterart *Elektromotoren* mit einer Menge von 2,4 t). SAP TM ermöglicht es Ihnen daher, alle notwendigen Transportgutdaten direkt in den Speditionsaufträgen zu erfassen, ohne auf eine konkrete Produktdefinition zurückgreifen zu müssen.

Produkte und Güterarten

Das Transportnetz beschreibt die Bestandteile des Netzwerks, innerhalb dessen die Güter transportiert werden. Es besteht aus den folgenden Stammdatenelementen:

Transportnetz, Orte und Zonen

- **Lokation**
  Lokationen definieren die physikalischen Orte, an denen Güter verladen, entladen oder umgeladen werden, an denen Transporte beginnen oder enden, an denen spezielle Aktionen durchgeführt werden (z. B. Verzollung, Grenzübertritt, Wartezeit) oder an denen die Zusammensetzung von Transportmitteln geändert werden kann (z. B. Abkoppeln eines Anhängers). In Abbildung 8.6 sehen Sie eine Auswahl verschiedener

Lokationsarten, die Sie in SAP S/4HANA definieren können. Lokationen haben eine Adresse, Geokoordinaten, Öffnungszeitenkalender, Ladedauern und Handlings-Kapazitäten.

- **Transportzone**
  Transportzonen gruppieren verschiedene Lokationen, Postleitzahlenbereiche oder Regionen, um diese Gruppe in Planungsvorgängen oder Preisermittlungen anzuwenden (z. B. alle Lokationen im Postleitzahlenbereich 69xxx).

- **Transportbeziehung**
  Transportbeziehungen verbinden Lokationen miteinander, indem Sie definieren, welche Transportmittel und welche Dienstleister auf der Transportbeziehung Fracht transportieren können. Eine spezielle Form sind Intrazonenbeziehungen, über die alle Orte innerhalb einer Transportzone erreicht werden können (z. B. kann in Zone 69xxx jeder Ort mit einem kleinen und einem großen LKW von Spediteur A erreicht werden). Dazu ist es nicht mehr nötig, alle Beziehungen explizit zu definieren, sondern sie werden automatisch aus dem verfügbaren Distanzsystem (GIS, geografisches Informationssystem) gezogen.

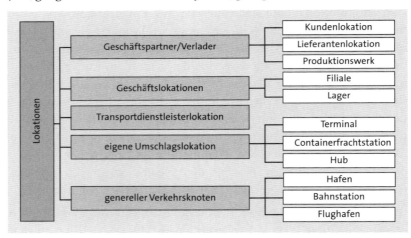

Abbildung 8.6 Ausgewählte Lokationstypen in SAP TM

- **Fahrplan**
  Fahrpläne definieren für regelmäßig verkehrende Transportmittel (z. B. Schiff, Bahn, Flugzeug, LKW) die Stopplokationen, Abfahrtszeiten, Fahrtdauern und Häufigkeiten.

- **Umladelokation**
  Umladelokationen definieren spezielle Lokationen, an denen ein Wechsel des Transportmittels stattfinden kann und die verschiedene Trans-

portbeziehungen und Fahrpläne miteinander verbinden (z. B. Häfen, Bahnstationen, Flughäfen).

In Abbildung 8.7 sehen Sie den Zusammenhang der zuvor genannten Transportnetzstammdaten.

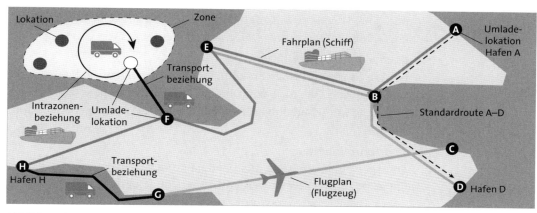

Abbildung 8.7 Transportnetzstammdaten im Zusammenhang

In SAP TM können Sie die unterschiedlichen Transportnetzstammdaten im Transportnetzcockpit visualisieren, um sich einen besseren Überblick über die Definition zu verschaffen.

Transportnetzcockpit

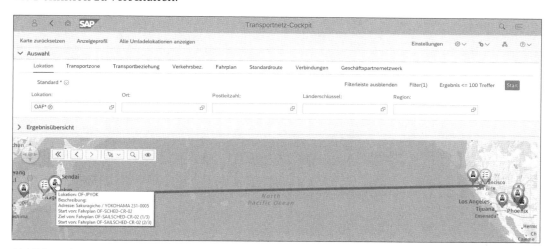

Abbildung 8.8 Transportnetzcockpit

In Abbildung 8.8 ist ein Beispiel für das Transportnetzcockpit dargestellt, bei dem Lokationen in Japan und den USA, die Straßentransportbeziehungen und der Seefahrplan angezeigt werden.

8   Transportmanagement mit Embedded TM

Transport-ressourcen

Die Frachtkapazitäten im Transportnetz können Sie über die Definition von Ressourcen darstellen (siehe Abbildung 8.9). Ressourcen lassen sich in drei Gruppen unterteilen:

- **Aktive Fahrzeugressourcen**

  Aktive Fahrzeugressourcen können sich selbst bewegen. Sie sind mit und ohne Frachtkapazität definierbar. Beispiele sind eine Zugmaschine, ein LKW mit eingebautem Ladeabteil oder ein Schiff.

- **Passive Fahrzeugressourcen**

  Passive Fahrzeugressourcen können sich nicht eigenständig bewegen, stellen jedoch Frachtkapazität bereit. Zum Bewegen benötigen sie die Kopplung mit einer aktiven Ressource, z. B. LKW-Anhänger oder Bahnwaggon.

- **Transporteinheiten**

  Transporteinheiten sind Ausrüstungen, die Frachtkapazitäten haben, die jedoch nicht bewegt werden können, ohne dass sie auf eine aktive oder passive Fahrzeugressource geladen werden. Beispiele sind Container oder Luftfrachtpaletten.

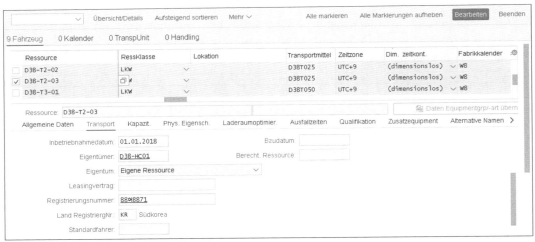

Abbildung 8.9 Fahrzeugressourcen definieren

- **Handling-Ressource**

  Handling-Ressourcen sind Beladungshilfsmittel, die in Lokationen bereitgestellt werden und die eine Aussage über die Umschlagskapazität in einer Lokation zulassen. Beispiele sind die Anzahl von Gabelstaplern, Kränen oder Abladestellen.

8.4 Vertragsmanagement

Das Vertragsmanagement dient in SAP TM dazu, ein Rahmenwerk für die Frachtpreisdefinition, die Frachtpreisberechnung und die Methoden der Abrechnung zu definieren. Dabei ist das Vertragsmanagement weitgehend unabhängig davon, ob ein Geschäftspartner Kunde oder Lieferant bzw. Dienstleister ist oder ob die vertragliche Grundlage für den Preis zur internen Abrechnung zwischen verschiedenen Organisationen des Unternehmens genutzt wird.

Generell werden in SAP TM die folgenden Vertragsvereinbarungen unterschieden:

- **Speditionsvereinbarung**

    Speditionsvereinbarungen erlauben es Ihnen, einen Vertrag und ein Preisberechnungsregelwerk für den Verkauf von Logistikdienstleistungen an Kunden zu erstellen. Sie benötigen diese Funktion im Wesentlichen im Dienstleisterszenario. Als Verlader werden Sie Frachtkosten über die Verkaufspreisberechnung abrechnen.

- **Frachtvereinbarung**

    Frachtvereinbarungen ermöglichen die Erstellung von Verträgen und Preisberechnungsregeln für zugekaufte Leistungen von externen Logistikdienstleistern (z. B. Frachtführer). Diese können sowohl von Verladern als auch von LSPs eingesetzt werden.

- **Interne Vereinbarungen**

    Interne Vereinbarungen erlauben Ihnen die Verrechnung von Frachtpreiskomponenten zwischen verschiedenen Organisationen eines Transportdienstleisters. So verrechnet z. B. eine deutsche Organisation einen Teil der Seetransportkosten an eine Organisation in USA.

Arten von Transportverträgen

Transportverträge bestehen jeweils aus einer mehrstufigen Hierarchie, die es Ihnen ermöglicht, Bestandteile davon in anderen Verträgen wiederzuverwenden. Es ist weiterhin möglich, Bestandteile als relevant für Kunden, Lieferanten und interne Verträge zu verwenden, sodass Sie z. B. die Preisdefinition für einen Lieferantenpreis (LKW-Preis für 1 t Fracht von A nach B) auch als Kundenverkaufspreis einsetzen können, auf den Sie einen Aufschlag als Gewinnmarge addieren. Dadurch passt sich der Kundenvertrag an, sobald Sie den Lieferantenpreis verändern. In Abbildung 8.10 sehen Sie eine Speditionsvereinbarung.

Elemente von Transportverträgen

8 Transportmanagement mit Embedded TM

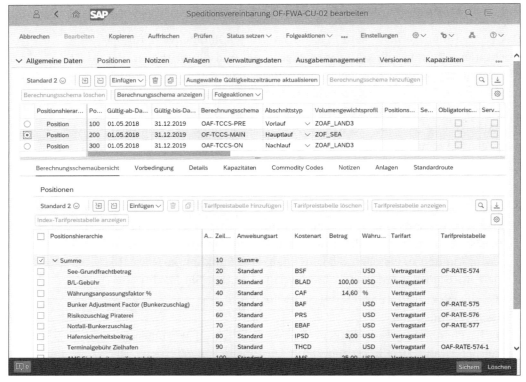

Abbildung 8.10 Speditionsvertragsposition mit Berechnungsschema

Die Vertragselemente finden Sie im Folgenden mit ihren jeweiligen Hierarchiestufen erklärt:

Verträge und Positionen
- **Vertrag**
  Die oberste Stufe wird durch den Vertrag selbst definiert. Ein Vertrag enthält Informationen zur Gültigkeit, zur Anwendbarkeit auf Geschäftspartner sowie Kapazitätsdefinitionen zu vertraglich geregelten Mengen (z. B. Vertrag gültig für maximal 1.000 Container), Notizen und Anlagen.

- **Vertragspositionen**
  Jeder Vertrag beinhaltet eine oder mehrere Vertragspositionen, die an vordefinierte Transportvorgänge und Vorbedingungen geknüpft sind. Sie können z. B. getrennte Vertragspositionen für den LKW-Vorlauf, den See-Hauptlauf und den LKW-Nachlauf vereinbaren. Jede Vertragsposition verweist auf ein Berechnungsschema. Vorbedingungen können sich z. B. auf Transportmodi, Güterarten, Lokationen oder weitere Aspekte beziehen.

Berechnungsschema
- **Berechnungsschema**
  Das Berechnungsschema ist ein eigenständiges Element, das in Vertragspositionen referenziert wird. Es enthält die Definition der Verwendung

(z. B. Kundenvertrag, Lieferantenvertrag, Kombinationen) und eine Liste von Positionen, die die Berechnungsvorschrift für den Vertragspreis angeben. Jede Position kann auf eine andere Art und Weise berechnet werden und hat eigene Vorbedingungen, unter denen sie gültig ist oder übersprungen wird. Die Anzahl der Positionen in einem Berechnungsschema ist nicht begrenzt. In typischen Berechnungsschemata finden Sie zwischen 1 und 20 Positionen.

- **Postion im Berechnungsschema**

    Kostenelemente

    Eine Position des Berechnungsschemas (Kostenelement) verweist auf eine verwendete Kostenart, die aussagt, was genau in der Position berechnet wird (z. B. See-Grundfrachtbetrag, Währungsanpassungsfaktor, Straßenfracht). Sie können beliebig viele Kostenarten im Customizing definieren. Im Kostenelement können Sie viele Vorgaben für die Berechnung machen, z. B. ob es sich auf den Gesamtauftrag bezieht oder auf eine einzelne Auftragsposition, ob Gewichtsprofile (Umrechnungen) verwendet werden und wie die eigentliche Kostenberechnung stattfindet. Bezüglich der Kostenberechnung des Elementes haben Sie wiederum mehrere Möglichkeiten:

    – Festpreis, der im Kostenelement definiert ist (z. B. für Dokumentengebühren).

    – Prozentualer Preis mit Bezug auf ein oder mehrere andere Kostenelemente (z. B. 14 % des Grundfrachtpreises).

    – Berechneter Grundpreis, der von einem Mengenfaktor abhängt (z. B. 1,10 EUR pro kg Fracht).

    – Preis der über eine Ratentabelle bestimmt wird. Eine Ratentabelle ist ein sehr flexibles Werkzeug, um tabellarische Abhängigkeiten von mehreren Parametern zu definieren. Sie können pro Tabelle bis zu 14 Staffelparameter vorgeben, die Sie aus mehr als 100 Berechnungsbasen wählen können. Zusätzlich können Sie mehrere Versionen und zeitliche Gültigkeiten verwalten. Eine typische Ratentabelle für See-Grundfrachtpreise ermittelt die Preise für einen Containertransport auf der Basis von Abgangshafen, Zielhafen, Güterart und Containertyp. So kostet z. B. ein Container, 20 Fuß, mit Motoren von Hamburg nach Singapur 1.300 EUR

    – Extern ermittelter Preis, der über eine Schnittstelle bezogen wird. Dadurch sind z. B. eigene Preissysteme oder Partnerfirmen mit Raten-Services einbindbar. So ist z. B. eine Schnittstelle zum LTL-LKW-Frachtpreis-Service von SMC3 in SAP TM vorhanden.

- **Kostenart**
  Die Kostenart wird als Customizing-Element benutzt und gibt die verwendeten Preiselemente vor. Darüber können Sie Kostenarten z. B. auch Kostentypen zuweisen, die Ihnen eine Gegenüberstellung von ähnlich typisierten Umsatz- und Ausgabekostenarten zur Profitabilitätsanalyse erlaubt.

Vertragsverwendung in SAP TM

Bei der Preis- oder Kostenberechnung in SAP TM findet eine automatische Ermittlung der besten Vereinbarung statt. Dabei wird dem Preisberechnungsvorgang automatisch die speziellste gültige Vereinbarung mit der höchsten Priorität zugeordnet. Das bedeutet, falls es einen kundenspezifischen Vertrag für eine bestimmte Route gibt, wird dieser einem allgemeinen kundenspezifischen Vertrag oder einem für alle Kunden gültigen Vertrag vorgezogen.

Ist die Vereinbarung und die betreffende Position gefunden, wendet SAP TM die im Berechnungsschema angegebene Liste von Vorschriften an, um auf vorgegebener Ebene (z. B. Dokument, Strecke, Auftragsposition) die jeweiligen Kostenelemente zu berechnen und in die Preislisten des Dokuments zu übernehmen. Die Einzelpreise werden anschließend in die Dokumentenwährung umgerechnet, summiert und mit dem jeweiligen Dokument gespeichert.

8.5 Auftragsmanagement

Das Auftragsmanagement befasst sich mit den Aufträgen, Güter zu transportieren, und basiert entweder auf der Erfassung von Speditionsaufträgen (Dienstleisterszenario) oder auf der Verwendung der Transportanforderungen aus den Verkaufsaufträgen oder Bestellungen von SAP S/4HANA (Verladerszenario). In beiden Fällen werden Frachteinheiten für die weitere Planung und Abwicklung erzeugt.

8.5.1 Dienstleisterbasiertes Auftragsmanagement

Speditionsaufträge

Im Falle des dienstleisterbasierten Auftragsmanagements können Sie in SAP TM Speditionsaufträge als zentrale Auftragsdokumente erzeugen. Diesen kann bei Bedarf ein Speditionsangebot vorangehen, aus dem die Speditionsaufträge erzeugt werden können. Dabei werden die Angebotsdaten in den Auftrag übernommen. Speditionsaufträge können Sie auch von Hand oder über eine elektronische Nachricht erzeugen. In Abbildung 8.11 sehen Sie einen Speditionsauftrag für LCL-Seefracht in der Schnellerfassungssicht.

8.5 Auftragsmanagement

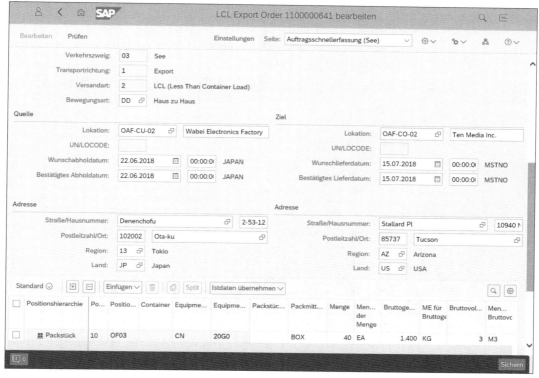

Abbildung 8.11 Speditionsauftrag – Schnellerfassung

Ein Speditionsauftrag enthält allgemeine Daten (Registerkarte **Allgemeine Daten**) zum Transport, wie z. B. den Transportmodus, die Versandart (z. B. Stückgut, Voll-Ladung), ob es ein Export oder Importvorgang ist oder welche Incoterms vorliegen. Als Geschäftspartner sind Auftraggeber, Warenversender und Warenempfänger vorgeschrieben. Weitere Geschäftspartnerrollen sind zugelassen, z. B. andere Vertragsparteien in dem Fall, dass ein anderer Rahmenvertrag für die Preisermittlung verwendet werden soll. Auf der Registerkarte **Lokationen und Termine** werden Abgangs- und Zielort sowie Zeiten vorgegeben. Daraus kann SAP TM mithilfe des Transportvorschlags eine Ist-Route ermitteln (Registerkarte **Istroute**), die Sie in Abbildung 8.12 sehen. Hier werden nach einer vorläufigen oder detaillierten Planung die einzelnen Transportabschnitte mit Abgangs- und Ziellokationen, Zeitpunkten sowie Informationen zu Transportmodus und Verweisen auf eventuell schon geplante Frachtaufträge angezeigt.

Inhalte eines Speditionsauftrags

Die Positionen eines Speditionsauftrags enthalten die Definition des zu transportierenden Guts in detaillierter Weise. Sie können die einzelnen Positionen mehrfach schachteln, sodass auch mehrstufige Verpackungshie-

Auftragspositionen

rarchien korrekt abgebildet werden können (z. B. Kartons auf Paletten in Containern). Jede Position enthält Güterklassifikationen, Messwerte für Gewichte, Volumen und Abmessungen, Werte, Außenhandelsdaten, Gefahrgutdaten und weitere Details.

Abbildung 8.12 Ist-Route eines Speditionsauftrags

Kosten des Auftrags In den Auftragskosten werden die mit dem Auftrag verbundenen Preise, die später an den Kunden abgerechnet werden, angezeigt. Wie in Abschnitt 8.4, »Vertragsmanagement«, erläutert, erfolgt im Speditionsauftrag eine Ermittlung der passendsten Speditionsvereinbarung und der gültigen Position mit Berechnungsschema. SAP TM wendet dann das Berechnungsschema an und benutzt dabei als Parameter die im Auftrag vorliegenden Werte (z. B. Güterarten, Gewichte, Abgangs- und Zielorte).

Als Ergebnis der Preisberechnung erhalten Sie im SAP-TM-Speditionsauftrag eine Liste der einzelnen Preispositionen, die für den Auftrag als Ganzes, für einzelne Abschnitte, für einzelne Positionen oder für Transporteinheiten (Container) berechnet werden. Die als anwendbar geprüften und berechneten Kostenelemente zeigen den jeweils ermittelten Grundpreis in der Hauswährung, die Mengen und die Berechnungsbasis (z. B. Grundpreis in Höhe 3.200 YPY gilt für 100 kg; die real transportierte Menge ist 300 kg) sowie den daraus resultierenden endgültigen Preis in der Hauswährung. Für die Summierung wird jeder Betrag nach einem per Regel zu ermittelnden Kurs in die Belegwährung (z. B. EUR) umgerechnet und als Gesamtsumme dargestellt.

In Abbildung 8.13 sehen Sie die Kosten (Preis) eines Speditionsauftrags, wobei hier die Preiselemente für den LKW-Vorlauf und den See-Hauptlauf angezeigt werden.

8.5 Auftragsmanagement

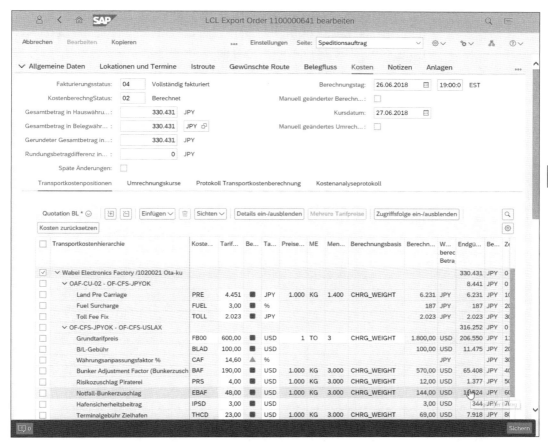

Abbildung 8.13 Kosten eines Speditionsauftrags

Als zusätzliche Informationen können Sie im Speditionsauftrag auf der Registerkarte **Notizen** freie oder zweckbestimmte Texte erfassen. Als weitere Möglichkeit können Sie eine Reihe verschiedener Belege und Dokumente als Anlagen (Registerkarte **Anlagen**) anhängen (Bilder, PDF-, Word-, Excel-Dokumente), die in SAP S/4HANA oder einem angeschlossenen Dokumenten-Managementsystem abgelegt werden. Über das Ausgabemanagement können Sie verschiedene Dokumente in elektronischer oder Papierform ausgeben (z. B. eine Auftragsbestätigung).

Zusätzliche Auftragsinformationen

Eine sehr wichtige Rolle spielt der Belegfluss, den Sie in jedem SAP-TM-Dokument (Registerkarte **Belegfluss**) finden. Er zeigt Ihnen eine hierarchische Liste von Vorgänger- und Nachfolgebelegen des jeweils betrachteten Dokuments an. In Abbildung 8.14 sehen Sie dazu den Belegfluss eines Speditionsauftrags. Als Vorgänger hat der Auftrag ein Angebot und als Nachfolger finden Sie die komplette Liste an Auftragsbearbeitungsschritten mit den

Belegfluss

dazugehörigen Dokumenten, wie Frachteinheiten, Frachtaufträge, Rechnungen oder Buchhaltungsbelegen. Über die Links in der Spalte **Geschäftsbeleg** können Sie in den jeweiligen Beleg verzweigen.

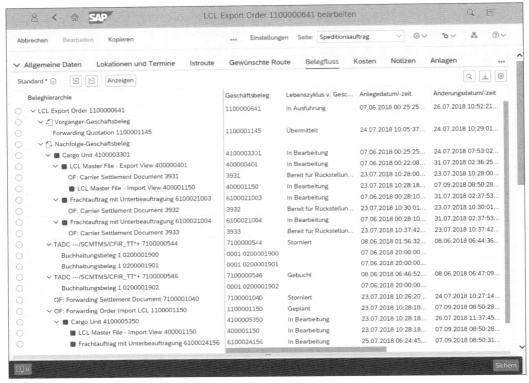

Abbildung 8.14 Belegfluss eines Speditionsauftrags

Folgeaktionen

Folgeaktionen sind als Tasten oder Drop-down-Funktionen in der Menüleiste ausgeführt. Hier können Sie z. B. die Planung zu einem Auftrag starten (Transportcockpit) oder die Rechnungsbelege zum Auftrag erzeugen.

8.5.2 Verladerbasiertes Auftragsmanagement

Verkaufsauftrag und Transportbedarf

Das Auftragsmanagement im verladerbasierten Szenario beruht auf der Auftragserfassung im Verkaufsauftrag. Hier werden die typischen Auftragskriterien wie Kunde, Auftragspositionen, Gewichte und Volumina, Lieferdaten und transportspezifische Daten erfasst. Sie sehen einen Verkaufsauftrag in Abbildung 8.15.

Aus dem Verkaufsauftrag kann SAP TM Frachteinheiten bilden. Diese werden zur vorläufigen Transportplanung der Auftragspositionen verwendet und in die Logistik als Lieferungen mit Lieferpositionen zurückgemeldet.

Die Planungstermine aus SAP TM werden dabei als Lieferterminierung verwendet.

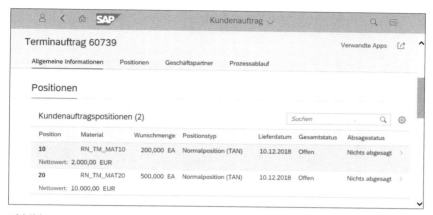

Abbildung 8.15 Verkaufsauftrag als Ausgangspunkt für das Verladerszenario

In Abbildung 8.16 sehen Sie die Integration zwischen Verkauf, Logistik und Transport. Die Lieferungen in SAP S/4HANA, die durch die Planung von SAP TM gebildet werden, können entweder direkt zur weiteren Auslieferabwicklung verwendet werden, oder in der Lieferabwicklung werden die Termine oder Mengen nochmals angepasst. In diesem Fall werden die Änderungen an SAP TM zurückgemeldet, um die Frachteinheiten zu ändern. Statt Verkaufsauftrag und Lieferung können Sie auch Bestellung und Anlieferung verwenden.

Abstimmung des Transportbedarfs

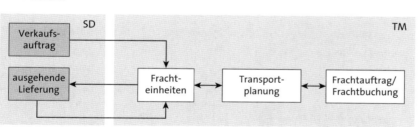

Abbildung 8.16 Integration zwischen Verkauf, Logistik und Transport in SAP S/4HANA

Die Frachteinheiten sind durch den Belegfluss mit den Verkaufs- und Logistikdokumenten verknüpft. Daher können Sie von jedem der beteiligten Belege – wie bereits zuvor beschrieben – die weiteren Dokumente erreichen. In Abbildung 8.17 sehen Sie dazu eine Frachteinheit, die aus 200 Stück der Position 10 des in Abbildung 8.15 gezeigten Verkaufsauftrags erstellt wurde. Auf die Frachteinheitenbildung aus den Aufträgen gehen wir in Abschnitt 8.6, »Fracht- und Transporteinheiten«, näher ein.

Verknüpfung der Dokumente

8 Transportmanagement mit Embedded TM

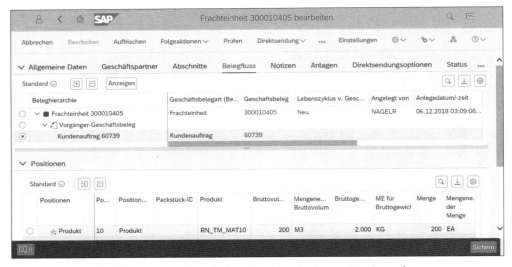

Abbildung 8.17 Herkunft einer Frachteinheit vom Kundenauftrag (Verladerszenario)

8.6 Fracht- und Transporteinheiten

Frachteinheiten stellen die vom System für die Transportplanung verwendeten Objekte dar. Sie werden regelbasiert und automatisch aus den Auftragspositionen gebildet (Speditionsaufträge und Verkaufsaufträge). Der Prozess der Frachteinheitenbildung ist in Abbildung 8.18 visualisiert.

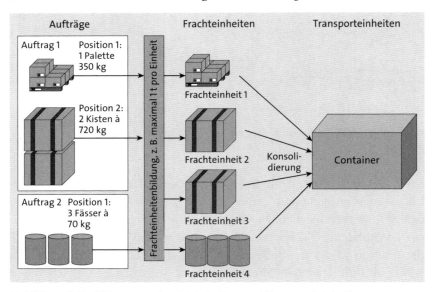

Abbildung 8.18 Bildung von Frachteinheiten und Transporteinheiten

Für die Bildung der Frachteinheiten werden auftragsspezifische Regeln verwendet, die Vorgaben für die Teilung oder Zusammenführung von Auftragspositionen zu einer Frachteinheit vorgeben. Im Beispiel ist die größte Frachteinheit als maximal 1t definiert; daher wird Position 2 in zwei einzelne Frachteinheiten geteilt, die grundsätzlich auch mit zwei unterschiedlichen Transportmitteln transportiert werden können.

Frachteinheitenbildung

Frachteinheiten können einzeln geplant, aber auch in einer Transporteinheit für eine Teil- oder Gesamtstrecke konsolidiert werden. Transporteinheiten sind häufig Container, Paletten oder Bahnwaggons. Die Transporteinheit kann dann ihrerseits an eine oder mehrere Transportstrecken zugewiesen und mit verschiedenen Transportmitteln bewegt werden.

Transporteinheiten

8.7 Frachtbuchungen und Frachtaufträge

Frachtbuchungen und Frachtaufträge haben eine zweifache Bedeutung in SAP TM. Sie können einerseits Kapazitätsobjekte und andererseits das Resultat der Transportplanung sein. Die verschiedenen Transportmodi werden in unterschiedlichen Geschäftsobjekten abgebildet, weil sie unterschiedliche relevante Daten benötigen und damit auch dem Benutzer gegenüber in einer jeweils angepassten Form vorliegen. Technisch gesehen, werden jedoch alle im Folgenden aufgelisteten Frachtobjekte im Business-Objekt *Transportauftrag* abgebildet, das wir hier als Oberbegriff verwenden:

- **Frachtbuchungen**
  Frachtbuchungen werden als Objekte für Luft- und Seefrachtbuchungen angeboten, die oft bereits vor der Transportplanung aus Fahrplaneinträgen erstellt werden, um die Vorausbuchung von Frachtraum in einem Flugzeug oder auf einem Schiff zu ermöglichen. Dabei werden aus dem Fahrplaneintrag ein oder mehrere Frachtbuchungsobjekte für bestimmte Fahrplaneinträge und Abfahrts-/Ziellokationen erstellt. Diese können im späteren Verlauf durch die Transportplanung befüllt und dann weiterabgewickelt werden.

Transportauftragsobjekte

- **Frachtaufträge**
  Frachtaufträge sind auf Straßen- und Bahntransporte ausgerichtet. Sie können auch auf der Basis von Fahrplänen angelegt werden. Häufig werden sie jedoch auch dynamisch erzeugt, insbesondere wenn die Transportplanung eine Optimierung und Planung von Straßentransporten (Voll- oder Teilladungs-LKW) durchführt.

In Abbildung 8.19 sehen Sie dazu als Beispiel die allgemeinen Daten einer Luftfracht-Konsolbuchung. Bei dieser Buchung sind 29 m^3/10.800 kg auf

Buchungsbeispiel

einem Flug von Tokyo Narita nach Los Angeles vorgebucht, die durch die Transportplanung gefüllt werden können.

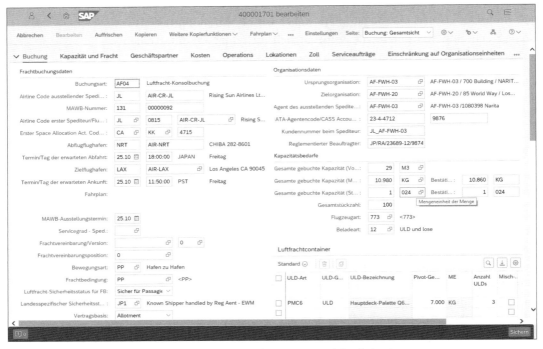

Abbildung 8.19 Buchungsdaten einer Luftfrachtbuchung

Transportkapazität und -abwicklung

Anhand der beiden zuvor beschriebenen Objektkategorien können Sie auch den Nutzen der Frachtbuchungen und Frachtaufträge ableiten:

- **Transportaufträge als Kapazitätsobjekte**
  Transportaufträge werden als Kapazitätsobjekte benutzt, um einen Transportweg und eine dazugehörige Frachtkapazität zu definieren, die von einem Dienstleister bestätigt werden kann. Die Verfügbarkeit der Frachtkapazität durch den Dienstleister soll hierdurch sichergestellt werden, was insbesondere zu Stoßzeiten sehr wichtig ist (z. B. Transportkapazität von 50 t Spielzeug in 5 Containern (40 Fuß) für die Weihnachtsaktion ab Shanghai nach Hamburg im August 2018).

- **Transportaufträge als Abwicklungsobjekte**
  Transportaufträge werden als Abwicklungsobjekte verwendet, um die Transportplanung einer bestimmten Menge von Gütern auf einem vordefinierten oder dynamisch ermittelten Weg zu ermöglichen. Je nach Transportmodus werden zusätzlich nötige Dokumentationsmerkmale ermittelt (z. B. Frachtbriefdetails) und die Kosten der Transportaufträge

errechnet. Im Transportauftrag können Sie weiterhin den Status hinsichtlich Verpackung und Verladung der Güter, den Status der Transportbewegung und die Integration mit der Lagerverwaltung bearbeiten.

Ein wichtiges Detail jedes Transportauftrags ist die Registerkarte **Kapazität und Fracht**, die Sie exemplarisch für unsere Luftfrachtbuchung in Abbildung 8.20 sehen (bei Transportaufträgen anderer Modi erhalten Sie dafür die Registerkarte **Positionen**). Auf dieser Registerkarte zeigt SAP TM im oberen Teil die gebuchte Kapazität und die davon verbrauchten Mengen in Gewicht und Volumen. Dazu wird die tatsächliche Auslastung grafisch dargestellt. Bei den Luftfrachtbuchungen wird zudem der Dichtefaktor errechnet, da die Luftfrachtpreise für dichtere (das heißt schwerere) oder sehr leichte (das heißt voluminösere) Güter höher sind.

Frachtpositionen

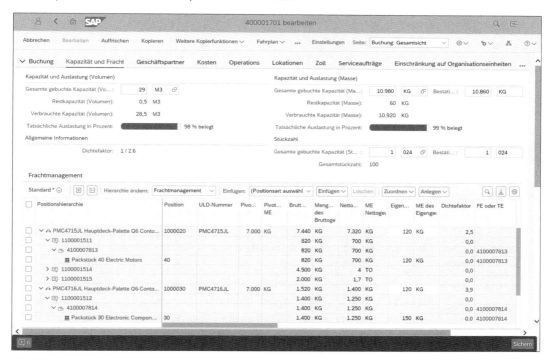

Abbildung 8.20 Kapazitäts- und Frachtansicht einer Luftfrachtbuchung

Im unteren Teil der Registerkarte wird in verschiedenen Hierarchiesichten (**Kapazität**, **Frachtmanagement** usw.) die entsprechende Frachtpositionshierarchie dargestellt (z. B. Container/Paletten, Auftrag, Frachteinheit, Auftragspositionen). Dabei können Sie durch die Anpassung der Sicht die relevanten Informationen an die vorderste Stelle setzen (Identifikationen, Gewichte, Volumina, Relationen zu anderen Business-Objekten).

Transportkosten   In der Sicht **Kosten** (der Transportaufträge) können Sie die durch den Auftrag errechneten voraussichtlichen Kosten darstellen. In Abbildung 8.21 sehen Sie die Registerkarte **Kosten** zu einer Luftfrachtbuchung. Die entsprechende Registerkarte ist in jeder Art von Transportauftrag vorhanden.

Abbildung 8.21 Kostenansicht einer Luftfrachtbuchung

Kostenbe- und abrechnung   In den Transportkosten, die durch den automatischen Zugriff auf eine geeignete Frachtvereinbarung, deren Position und das darin verbundene Berechnungsschema ermittelt und berechnet werden, erhalten Sie eine Übersicht dazu, welche Kosten nach der Vertragslage für diesen Transportauftrag zu erwarten sind. Daraus erstellt SAP TM anschließend die Frachtabrechnung, die die Grundlage für die Rechnungsprüfung bildet. Die realen Kosten können selbstverständlich von den berechneten Kosten abweichen, da ein Dienstleister z. B. zusätzliche Gebühren für Wartezeiten in Rechnung stellen kann, die zum Zeitpunkt der Erteilung des Transportauftrags noch nicht bekannt sind. Für Luftfrachtbuchungen können Sie zwei verschiedene Arten von Kosten berechnen:

- **Kosten nach dienstleisterspezifischer Frachtvereinbarung**
  Kosten nach der dienstleisterspezifischen Frachtvereinbarung, die in der Regel günstigere Tarife enthält, als offiziell ausgewiesen, und die für die spätere Abrechnung verwendet wird.

- **Kosten nach IATA-spezifischer Frachtvereinbarung**
  Kosten nach der IATA-spezifischen Frachtvereinbarung (International Air Transport Association), die offiziell von der Luftfahrtlinie vorgegebene, meistens teurere Tarife enthält, die auf den offiziellen Frachtpapieren ausgedruckt werden.

Auf der Registerkarte **Ausgabemanagement** können Sie die für den Transportauftrag ermittelten und auszugebenden Dokumente finden. Sie sehen dazu in Abbildung 8.22 ein Beispiel einer Luftfrachtbuchung, in dem ein Master-Luftfrachtbrief (Master Air Waybill, kurz MAWB) zu sehen ist.

Frachtpapiere

Abbildung 8.22 Ausgabemanagement einer Luftfrachtbuchung – Master Air Waybill

Ein Transportauftrag kann eine Regel zur Verteilung der entstehenden Kosten beinhalten. Diese Konfiguration ermöglicht es Ihnen, die errechneten Kosten nach Regeln, wie z. B. relativ zu Gewicht, Volumen oder anderen Faktoren, auf die einzelnen Speditionsaufträge zu verteilen, in denen Sie anhand dieser Kostenverteilung, die in Abbildung 8.23 zu sehen ist, und der berechneten Preise eine Profitabilitätsberechnung des Speditionsauftrags durchführen können.

Kostenverteilung

8 Transportmanagement mit Embedded TM

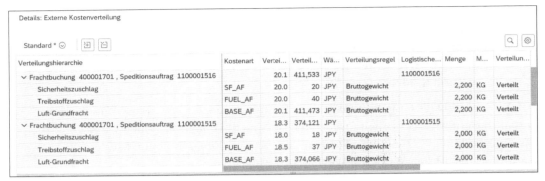

Abbildung 8.23 Kostenverteilung eines Transportauftrags

Im Transportauftrag sind des Weiteren die folgenden Registerkarten von Relevanz:

- **Lokationen und Termine**
  Die Registerkarte **Lokationen und Termine** dient der Darstellung von Transportlokationen, inklusive Verladestationen und Vorlaufzeiten.

- **Serviceaufträge**
  Die Registerkarte **Serviceaufträge** zeigt die aus dem Transportauftrag generierten Dienstleisteraufträge zur Unterstützung der Logistik außerhalb des Transports (z. B. Begasung, SOLAS-Verwiegung nach dem neuen Gesetz zur Bestätigung von Containergewichten).

- **Unterbeauftragung**
  Die Registerkarte **Unterbeauftragung** enthält die Informationen, die Sie benötigen, um verschiedene Dienstleisteroptionen darzustellen und auszuwählen. Im Falle von Frachtaufträgen können Sie hier auch einen Unterbeauftragungsprozess starten (siehe Abschnitt 8.9, »Unterbeauftragung«).

Straßentransporte

In den zuvor gezeigten Beispielen sehen Sie anhand des relativ komplexen Falls der Luftfrachtbuchung, welche Möglichkeiten ein Transportauftrag bietet. Anhand eines weiteren Beispiels möchten wir Ihnen noch einen weiteren Transportmodus zeigen, bei dem ein Frachtauftrag angelegt wird. Dieser ist nicht vorgeplant, sondern kann als Ergebnis eines automatischen Planungslaufs, z. B. im Transportcockpit (siehe Abschnitt 8.8, »Planung und Optimierung«), mit den zu transportierenden Frachteinheiten erzeugt werden. Ein Teil der Daten kann dabei automatisch erzeugt werden:

- Abgangsort, Zwischenziele und Zielort werden automatisch vom Planungslauf ermittelt.

- Das zu benutzende Fahrzeug wird automatisch zugeordnet.

- Der empfohlene Dienstleister kann als einzelner Dienstleister oder als Rangliste von der Dienstleisterfindung ermittelt werden.

In Abbildung 8.24 sehen Sie einen Straßenfrachtauftrag, der vom SAP-System zur Abwicklung eines Luftfrachttransports geplant wurde.

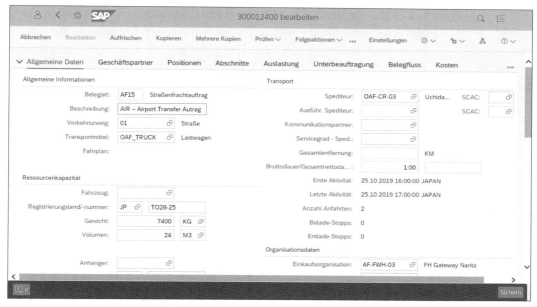

Abbildung 8.24 Straßenfrachtauftrag

Der Straßenfrachtauftrag kann anschließend einem Dienstleister zur Ausführung übermittelt oder an mehrere Dienstleister zwecks Ausschreibung versendet werden (siehe Abschnitt 8.9, »Unterbeauftragung«). Nach der Ausführung oder zu einem anderen geeigneten Zeitpunkt dient der Frachtauftrag auch als Be- und Abrechnungsgrundlage für die Dienstleisterabrechnung (siehe Abschnitt 8.4, »Vertragsmanagement«, und Abschnitt 8.10, »Abrechnung von Frachteinkauf und -verkauf«).

8.8 Planung und Optimierung

Die Transportplanung und die damit oft verbundene Optimierung innerhalb eines Transportnetzwerks kann in vielen Prozessen als zentraler Punkt im Transportmanagement angesehen werden. Dazu stellt SAP TM Ihnen mehrere Arten des Planungsvorgangs zur Verfügung, die in vielerlei Hinsicht miteinander kombinierbar sind. Wir müssen hier nach Planungsprozessen und Planungsmethoden unterscheiden. Beide sind vielfältig nutz-

und kombinierbar, da letztlich dem Ziel des Anwenders Genüge getan werden muss. Das generelle Ziel aller Planungsprozesse und Planungsvorgänge ist es, aus dem initialen Transportbedarf (Verkaufs-, Einkaufs- oder Speditionsaufträge) einen ausführbaren Plan zu erzeugen, der es Ihnen erlaubt, die Fracht auf den vorgesehenen Abschnitten geeignet zu transportieren und dabei entweder eigene oder fremde Ressourcen so einzusetzen, dass alle Zeit- und Restriktionsvorgaben eingehalten werden und die Transportkosten minimiert werden. Für Dienstleister kann die Maximierung des Transportprofits ein weiteres Ziel darstellen.

Planungsprozesse

Als Transportplanungsprozesse bietet Ihnen SAP TM die folgenden Möglichkeiten, die Sie nach Systemmöglichkeiten geeignet kombinieren können:

- **Transportvorschlag**
  Die Funktion **Transportvorschlag** ermöglicht es Ihnen, im Speditionsauftrag oder im Transportcockpit mehrere Vorschläge durch das SAP-System dazu simulieren zu lassen, wie Sie die gewählte Fracht transportieren können. Dabei kann das System Routen, Transportmodi, Zeitpläne und weitere Details variieren. Sie können aus den geplanten Transportvorschlägen ein Ergebnis auswählen und es entweder als Routen- und Zeitvorgabe übernehmen oder die Planung bereits durchführen, sodass die Zuordnung zu den Frachtbelegen durchgeführt wird.

- **Vorplanung**
  Bei der Vorplanung können Sie vom SAP-System z. B. die Route und die Zeitvorgaben mittels eines Transportvorschlags erstellen lassen. Die eigentliche Planung erfolgt dann in weiteren Schritten durch jeweils spezialisierte Abteilungen, die mehrere Vorplanungsergebnisse betrachten und geeignet weiterplanen können. Ein Beispiel wäre ein Seetransport von München nach Delhi, dessen Vorplanung ein Routing über Hamburg und Mumbai vorgibt. Der Seeweg kann dann von einer Seefrachtabteilung weitergeplant werden, da in vielen Fällen weitere Fracht mit konsolidiert werden soll.

- **Ende-zu-Ende-Planung**
  Bei der Ende-zu-Ende-Planung können Sie vom SAP-System einen Vorschlag dazu erarbeiten lassen, wie mehrere Frachteinheiten transportiert und wo sie umgeladen werden. Die Planung erfolgt vom Anfang der gesamten Transportstrecke bis hin zu ihrem Ende.

- **Einzelplanung**
  Bei der Einzellaufplanung können Sie vorgeplante, einzelne Abschnitte des vorläufigen Transportplans im Detail planen, bearbeiten, konsolidieren, ändern und gegebenenfalls auch weiter aufteilen.

- **Frachteinheitenteilung**
Die Funktionen zur Frachteinheitenteilung und -zusammenführung erlauben es Ihnen, notwendige Änderungen bei der Granularität der Frachteinheiten vorzunehmen. So können Sie Frachteinheiten in kleinere Bestandteile zerteilen. Selbst bei Fracht in Transit können Sie z. B. ab dem nächsten Umschlagspunkt eine Teilung vornehmen und Teile der Fracht vom langsamen See- auf den schnellen Lufttransport umleiten.

- **Mehrstufige Hierarchien**
Bei der Planung in mehrstufigen Hierarchien können Sie eine Vorkonsolidierung von Frachteinheiten, z. B. in Container oder Bahnwaggons, vornehmen.

Die zuvor genannten Transportplanungsprozesse können Sie zu einem mehrstufigen Gesamtprozess zusammensetzen, bei dem eine komplette Ende-zu-Ende-Feinplanung in mehreren Stufen erstellt wird. In Abbildung 8.25 sehen Sie dazu ein Beispiel.

Mehstufiger Planungsprozess

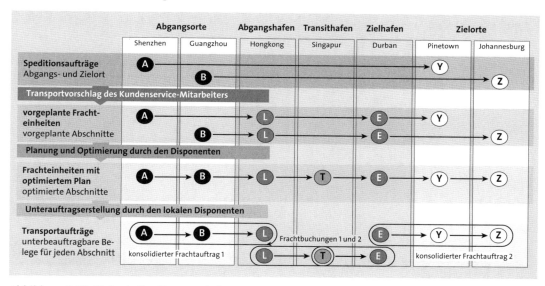

Abbildung 8.25 Mehrstufige Transportplanung

SAP TM erlaubt Ihnen einen mehrstufigen Planungsvorgang durch verschiedene Organisationen, d. h. Sie haben die Möglichkeit zu Planungsvorgängen an mehreren Stellen:

Einsatz der Planungswerkzeuge

- Im Speditionsauftrag können Sie einen Transportvorschlag verwenden, eine grobe Vorplanung über eine Standardroute vorgeben oder einzelne Abschnitte einem Transportauftrag zuordnen.

8 Transportmanagement mit Embedded TM

- Die Planung in Frachtaufträgen und Frachtbuchungen ermöglicht es Ihnen, dem gerade bearbeiteten Objekt Frachteinheiten zuzuweisen oder diese im Transportauftrag weiterzuverpacken (z. B. in einen Container zu laden).

- Das Transportcockpit erlaubt es Ihnen, eine sehr umfangreiche Planung mit einer großen Anzahl von selektierten Frachteinheiten, Frachtaufträgen und Ressourcen durchzuführen.

Transportcockpit Als universelles Transportplanungswerkzeug bietet Ihnen das Transportcockpit universelle Möglichkeiten. Es wird durch die Auswahl von Selektionskriterien mit Frachtbedarfen, existierenden Fahrten, Fahrplänen, Ressourcen, Prüf- und Planungsregeln geladen, die Sie über ein Selektions- und Planungsprofil vorgeben können. Das Planungsprofil entspricht einem Szenario, z. B. LKW-Planung im Raum Süddeutschland). In Abbildung 8.26 sehen Sie ein Beispiel eines geladenen Szenarios im Transportcockpit.

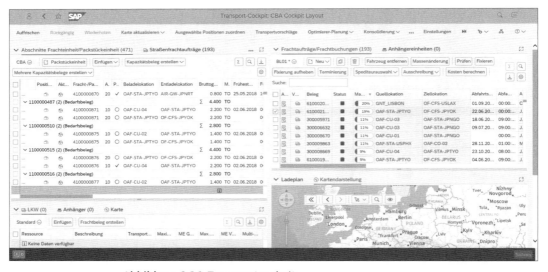

Abbildung 8.26 Transportcockpit

Aktivitäten im Transportcockpit Das Transportcockpit erlaubt Ihnen mit seinen vielen Werkzeugen z. B. folgende Aktivitäten:

- **Manuelle Planung von Frachteinheiten**
  Hierbei geht es um die manuelle Einplanung von Frachteinheiten per Drag & Drop in Container und andere Behältnisse sowie um die Planung hinsichtlich Frachtbelegen, Ressourcen oder Fahrplänen. Dabei können neue Belege automatisch erzeugt und Planungsergebnisse angepasst werden.

- **Automatische Planung**
  Die automatische Planung erlaubt es Ihnen, den selektierten Frachtaufträgen mehrere selektierte Frachteinheiten passend zuzuweisen. Dadurch könne Sie eine große Anzahl von Objekten gemeinsam heuristisch planen.
- **Optimierung**
  Die Optimierung unterstützt Sie mit Funktionen zur automatischen Ermittlung der kostengünstigsten Transportvarianten für eine Vielzahl von selektierten Objekten bzw. von allen Objekten im Transportcockpit.

  Transportoptimierung
- **Dienstleisterauswahl**
  Mit der Dienstleisterauswahl können Sie geplanten Frachtaufträgen automatisch den besten Dienstleister zuordnen. Die Funktion unterstützt eine automatische Ermittlung nach Preis, Qualität oder Geschäftsanteilen.
- **Packeinheitenerzeugung und Ladeoptimierung**
  Funktionen zur Packeinheitenerzeugung und Ladeoptimierung helfen Ihnen bei der Detailplanung oder Vorkonsolidierung.
- **Grafische Hilfsmittel**
  Als grafische Hilfsmittel stehen Ihnen ein Gantt-Diagramm zur Bearbeitung der zeitlichen Reihenfolge, ein interaktives Kartenwerkzeug zur geografischen Bearbeitung und eine Ladeplanungsgrafik für die räumliche Beurteilung zur Verfügung.

Die in der Transportplanung erstellten Ergebnisse stehen Ihnen anschließend zur eigenen Ausführung oder für die Unterbeauftragung an externe Dienstleister zur Verfügung.

8.9 Unterbeauftragung

Frachtaufträge können entweder durch die Transportplanung eindeutig einer ausführenden Partei zugeordnet werden, oder sie erhalten eine Rangliste von möglichen Dienstleistern, die Sie zur weiteren Ausschreibung nutzen können. Dies ist insbesondere hilfreich, wenn Sie keinen vertraglich fest gebundenen Dienstleister für einen Auftrag haben, sondern individuell aus einer Vielzahl an Dienstleistern den besten heraussuchen wollen.

SAP TM kann automatisch einen Ausschreibungsprozess starten, wobei entweder ein Dienstleister nach dem anderen angefragt wird, bis der erste zusagt, oder alle Dienstleister gleichzeitig angefragt werden und das SAP-System anhand deren Antworten eine automatische Auswahl trifft und den

Frachtausschreibung

entsprechenden Dienstleister beauftragt. In Abbildung 8.27 sehen Sie eine Ausschreibung eines Frachtauftrags mit einem Limit in Höhe von 200.000 JPY, im Rahmen derer der Dienstleister mit einem Angebot in Höhe von 152.150 JPY den Zuschlag erhalten hat.

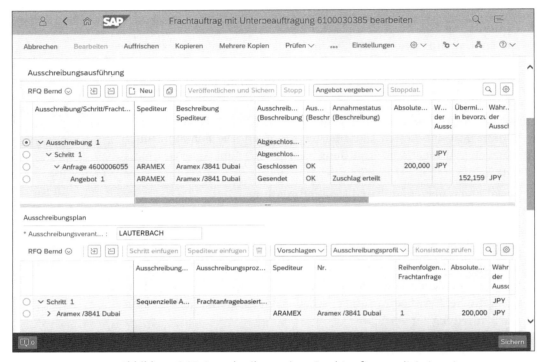

Abbildung 8.27 Ausschreibung eines Frachtauftrags mit Antwort

Ausschreibung zur Anfrage
Die Ausschreibungsfunktion im SAP-TM-Frachtauftrag lässt sich problemlos mit der Schnittstelle zur Erzeugung von SAP-TM-Speditionsanfragen verbinden, sodass Sie zwischen einem Auftraggeber- und Dienstleistersystem einen automatischen Prozess zur Frachtanfragebearbeitung einrichten können (siehe das Ergebnis in Abbildung 8.27).

8.10 Abrechnung von Frachteinkauf und -verkauf

Mit SAP TM können Sie drei verschiedene Arten von Abrechnungen der unterschiedlichen Frachtbelege durchführen:

Arten der Abrechnung
- **Abrechnung an Endkunden**
  Aus Speditionsaufträgen mit Kundenfrachtberechnung können Sie Abrechnungen für den Frachtverkauf an Endkunden erstellen.

- **Interne Frachtberechnungen**
  Aus Speditionsaufträgen können Sie zudem interne Frachtberechnungen erstellen, die Ihnen die Abrechnung von internen Kosten mit anderen Abteilungen eines Logistikdienstleisters ermöglichen. Die Funktion wird auch für die Abrechnung von Kosten innerhalb eines Verladerunternehmens genutzt, wenn dieses eine interne Logistikabteilung hat (Gruppenlogistik). Die interne Abrechnung wird dabei vom SAP-System ähnlich wie eine Spediteurabrechnung behandelt.

- **Dienstleisterfrachtabrechnung**
  Frachtaufträge und Frachtbuchungen erlauben Ihnen die Berechnung von Dienstleisterfrachtkosten, die Sie dann zur Erstellung von Abrechnungsbelegen für die Rechnungsprüfung oder für Gutschriftsverfahren nutzen können.

In Abbildung 8.4 (die Sie in Abschnitt 8.2.2, »Funktionaler Überblick«, finden) sind die Abrechnungswege für Spediteur- und Dienstleisterabrechnungen dargestellt. Für die Abrechnung mit dem Kunden und für interne Abrechnungen können Sie jeweils pro Geschäftspartner aus einem oder mehreren Speditionsaufträgen einzelne oder eine kollektive Spediteurabrechnung erstellen. Für Frachtaufträge und -buchungen erlaubt Ihnen SAP TM die Erstellung von Dienstleisterabrechnungen. Ein solches Dokument sehen Sie in Abbildung 8.28.

Erstellung von Abrechnungen

Abbildung 8.28 Abrechnung eines Dienstleisterauftrags

8   Transportmanagement mit Embedded TM

Abrechnung in SAP S/4HANA

Die Abrechnungsdokumente in SAP TM sind als Proforma-Rechnungen zu verstehen. Die eigentliche Abrechnung erfolgt für den Verkauf durch die Erstellung einer SD-Rechnung mit einer anschließenden Weiterverarbeitung im Finanzwesen (siehe Abbildung 8.4 in Abschnitt 8.2.2, »Funktionaler Überblick«).

Für den Frachteinkauf werden nach der Bildung von Rückstellungen und deren Überleitung entsprechende Bestelldokumente und Leistungserfassungsblätter im Materialmanagement angelegt. Diese können Sie dann zur Rechnungsprüfung oder für den Gutschriftsprozess verwenden. Beispiele für die Bestellung und Leistungserfassung sehen Sie in Abbildung 8.29 und in Abbildung 8.30.

Abbildung 8.29 Bestellung zum Dienstleisterauftrag

Die Prüfung von Zahlungsein- und -ausgängen erfolgt dann über die bekannten Rechnungswerkzeuge in SAP S/4HANA.

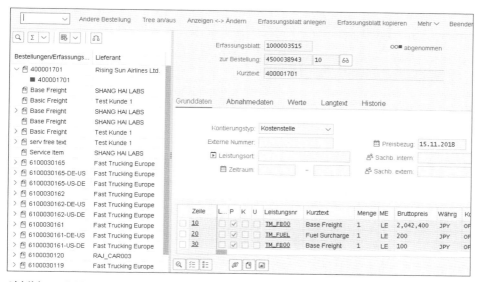

Abbildung 8.30 Leistungserfassungsblatt zur Dienstleisterabrechnung

8.11 Zusammenfassung

In diesem Kapitel haben wir Sie zunächst mit typischen Szenarien und Rollenmodellen in SAP TM bekannt gemacht. Nach einem Überblick über die unterschiedlichen Verwendungsarten dieser Komponente haben wir Ihnen gezeigt, welche unterschiedlichen transaktionalen Prozesse Ihnen SAP TM zur Verfügung stellt. Damit können Sie einschätzen, wie Sie Stammdaten und Verträge definieren. Im nächsten Abschnitt haben Sie eine Übersicht über den Verkauf oder die Anforderung von Frachtleistungen erhalten. Zur Ermöglichung des Managements von Transporten stellt Ihnen SAP TM vielfältige Planungswerkzeuge zur Verfügung. Danach haben wir erläutert, wie Sie Frachtdienstleistungen verkaufen, einkaufen und an alle Parteien abrechnen können. SAP TM ist bei allen Prozessen mit den SAP-S/4-HANA-Kernprozessen integriert.

Im nächsten Kapitel vertiefen wir das Thema Reporting mit Embedded Analytics und werfen einen genaueren Blick auf dessen Funktionen in SAP S/4HANA.

Kapitel 9
Reporting mit Embedded Analytics

Nicht nur die Prozesse und Datenstrukturen wurden mit SAP S/4HANA vereinfacht, sondern auch das Reporting wurde neu gestaltet. Dieses Kapitel gibt Ihnen einen Überblick über die eingebetteten Analysefunktionen für ein operationales Reporting in SAP S/4HANA.

Nachdem Sie in Kapitel 8, »Transportmanagement mit Embedded TM«, einen Überblick über die Neuerungen von SAP TM in SAP S/4HANA erhalten haben, bringen wir Ihnen in diesem Kapitel das neue operationale Reporting in SAP S/4HANA näher: *Embedded Analytics*. Nicht nur das Konzept von Embedded Analytics ist neu; darüber hinaus sind viele neue Werkzeuge und Analysefunktionen unter dem Oberbegriff Embedded Analytics von SAP implementiert worden.

In Abschnitt 9.1, »Überblick über das operationale Reporting mit SAP«, zeigen wir Ihnen zunächst, wie sich das operationale Reporting in den letzten Jahren entwickelt hat, wie es von SAP in der Zukunft voraussichtlich weiterentwickelt wird und welche Rolle das SAP-BW-Konzept bzw. die SAP-BW-Applikationen noch spielen werden. Anschließend gehen wir auf die aktuellen Neuerungen im Bereich Embedded Analytics ein. In Abschnitt 9.2, »Architekturen und Komponenten«, erklären wir das Konzept und die Architektur von Embedded Analytics. Zentraler Angelpunkt von Embedded Analytics sind die *ABAP Core Data Services* (ABAP CDS) und ihre Views. Deren Konzept und Komponenten sowie die Modellierungsumgebung stellen wir in Abschnitt 9.3, »Datenmodellierung und CDS Views«, dar. Diesen Abschnitt zu CDS schließen wir mit der Beschreibung praktischer Beispiele auf Basis der SAP Best Practices für Embedded Analytics ab. Hierbei erzeugen wir einen *CDS View* und machen diesen anschließend mit SAP-Fiori-Apps für die Analyse nutzbar.

In Abschnitt 9.4, »Integration mit SAP BW und SAP BusinessObjects«, zeigen wir, wie sich das operationale Reporting mittels SAP S/4HANA Embedded Analytics mit SAP BW und SAP BusinessObjects erweitern lässt.

9 Reporting mit Embedded Analytics

9.1 Überblick über das operationale Reporting mit SAP

In diesem Abschnitt geben wir Ihnen einen Überblick über das operationale Reporting. Wir gehen kurz auf die Entwicklung des operationalen Reportings ein und verdeutlichen die Unterschiede zwischen der SAP Business Suite und SAP S/4HANA. Anschließend führen wir Sie in die Grundlagen von Embedded Analytics ein, um abschließend die aktuellen Features von Embedded Analytics zu beschreiben. Wir beginnen zunächst mit den Grundlagen des operationalen Reportings.

9.1.1 Reporting – Vergangenheit, Gegenwart und Zukunft

Möglichkeiten von SAP HANA

Die Einführung der SAP-HANA-Datenbank bedeutete eine Zäsur für die Art und Weise, wie Unternehmensdaten analysiert werden können. Die *spaltenbasierte In-Memory-Technologie* ermöglichte nicht nur einen mehrfach beschleunigten Ablauf von Prozessen innerhalb eines SAP-ERP-Systems, sondern auch der Analyse der Daten wurden neue Möglichkeiten eröffnet.

In der Vergangenheit mussten die ressourcenintensiven Analysen und die zeitkritische transaktionale Verarbeitung in verschiedenen SAP-Systemen voneinander getrennt werden, da die bisherigen Datenbanksysteme immer nur für eine der beiden Verarbeitungsarten optimiert werden konnten. Das transaktionale SAP-ERP-System durfte nicht durch umfangreiche mehrdimensionale Analysen beeinträchtigt werden. Das hatte zur Folge, dass für diesen Zweck externe Business-Warehouse-(BW-)Systeme aufgebaut werden mussten. Diese Vorgehensweise war sowohl für die Analyse von aktuellen operationalen Daten als auch für die Analyse von historischen strategischen Daten notwendig.

> **[»] Was bedeutet »operationales Reporting«?**
>
> *Operationales Reporting* dient der Beantwortung von unternehmensrelevanten Fragen, die sich auf aktuelle (im Idealfall Echtzeit-)aktivitäten und Transaktionen beziehen. Damit verbunden sind umfangreiche Datenmengen, die in einem hohen Detailgrad bis auf die Belegebene vorliegen. Operationales Reporting unterstützt eine größere Anzahl von Anwendern im Unternehmen während des Tagesbetriebs.
>
> Im Gegensatz dazu werden in Unternehmen das *taktische* und das *strategische Reporting* für mittel- bis langfristige Planungen benutzt. Diese stützen sich auf historische Daten, die mehrere Jahre umfassen können.

Die erforderliche Auslagerung des Reportings (OLAP, Online Analytical Processing) aus dem transaktionalen SAP-ERP-System (OLTP, Online Transactional Processing) machte es notwendig, die SAP-ERP-Daten (meistens nachts und in der Regel batchbasiert) in das Reporting-System zu laden, was eine doppelte Datenhaltung zur Folge hatte. Diese mehr oder weniger zeitnahe Replikation bedeutete, dass die Daten meistens nur vortagesaktuell für ein Reporting zur Verfügung standen, was wiederum die Fähigkeit zur Echtzeitanalyse beschränkt hatte.

OLAP und OLTP

Die Entwicklung des operationalen Reportings lässt sich anhand des in Abbildung 9.1 gezeigten Zeitstrahls nachvollziehen.

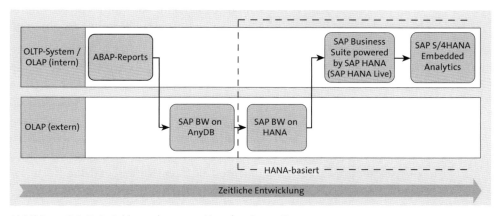

Abbildung 9.1 Entwicklung des operationalen Reportings

Seit SAP R/2 konnte ein rudimentäres operationales Reporting mittels ABAP-Reports betrieben werden. Durch eine systemnahe ABAP-Programmierung konnte das Reporting zwar in Echtzeit ablaufen, aber der Programmieraufwand war enorm, fehlerträchtig, rechenintensiv und auf kleine Datenmengen begrenzt. Das Reporting war daher sehr limitiert. Anpassungen an diese Reports mussten immer von einem Programmierer durchgeführt werden. Erst im Laufe der Jahre wurde dem Anwender im SAP-ERP-System mit Techniken wie der SAP Query diese Möglichkeit der Reportanpassung in einem gewissen Rahmen zur Verfügung gestellt. Ein Fortschritt war die Auslagerung der rechenintensiven Analysen auf ein externes BW-/BI-System, seinerzeit noch auf relationalen Datenbanken von unterschiedlichen Herstellern (im SAP-Umfeld kurz *AnyDB* genannt) betrieben. Diese Vorgehensweise zeigte jedoch wieder die bereits angesprochenen Nachteile eines externen OLAP-Systems.

Entwicklung des operationalen Reportings

Nach der Einführung von SAP HANA – zuerst für BW-Systeme – blieb auch das operationale Reporting des SAP-ERP-Systems noch eine Zeit lang einem externen BW-/BI-System vorbehalten. Erst als es möglich wurde, SAP ECC

6.0 (SAP ERP Central Component) auf SAP HANA zu betreiben, konnte mit SAP HANA Live ein operationales Reporting zurück auf das transaktionale System geholt werden. Hiermit war der Anfang für »eingebettete« Analysefunktionen gemacht. Allerdings bedurfte es erst SAP S/4HANA, damit diese Funktionen voll in das transaktionale SAP-ERP-System integriert werden konnten.

Zukunft des Reportings

Es ist ein strategisches Ziel von SAP, sämtliche Applikationen, die bisher über den AnyDB-Ansatz realisiert wurden, zukünftig ausschließlich auf der Basis der SAP-HANA-Plattform anzubieten – entweder als On-Premise-Installation (das heißt lokal beim Kunden), innerhalb der SAP Cloud Platform oder sogar als Hybrid-Lösung aus beidem. Das Motto von SAP lautet hierbei: Mach so viel es geht in der SAP-HANA-Datenbank, um die beste Performance zu erhalten.

Dies erfordert auch das »Abschneiden alter Zöpfe« hinsichtlich der Datenstrukturen und Applikationsarchitekturen, wie es z. B. bei SAP S/4HANA bereits umgesetzt wurde. Damit wandern zunehmend mehr Analyse- und Reporting-Funktionen weg vom klassischen externen BW-/BI-System hinein in die SAP-HANA-Datenbank oder werden in die internen SAP-HANA-nahen Applikationen migriert. Ziel ist es, in Echtzeit große Datenmengen zu analysieren, um daraus bei Bedarf Modelle zu entwickeln und damit schließlich Prognosen (z. B. SAP Predictive Analytics) modellieren zu können.

Die zukünftige Rolle von SAP BW

SAP entwickelt das klassische SAP BW auf der Basis von SAP HANA weiter: Die aktuelle Data-Warehouse-Generation ist *SAP BW/4HANA* und zeigt an der Namensgebung, dass sie speziell für die SAP HANA DB konzipiert wurde. BW soll zum einen dem strategischen Reporting und zum anderen der Verbindung von Big-Data-Quellen (z. B. Hadoop-Servern), historischen Daten aus dem Enterprise Data Warehouse (EDW) und aktuellen operationalen Daten aus SAP S/4HANA dienen. Damit können sich die Funktionen und Einsatzbereiche von Embedded Analytics in SAP S/4HANA und von SAP-BW/4HANA-Systemen sehr gut ergänzen. Zukünftige Standard-Datenextraktionen werden, wie bereits jetzt schon zwischen SAP S/4HANA und SAP BW/4HANA, auf der CDS-Technologie basieren.

> **Begrifflichkeiten in diesem Kapitel**
>
> In diesem Kapitel wird der Begriff *SAP BW* stellvertretend und generisch für die unterschiedlichen Versionen von SAP BW, einschließlich der neuesten Produktversion SAP BW/4HANA, verwendet.
>
> Der Begriff *BW Query* wird stellvertretend für BW-relevante Queries wie z. B. BEx Queries benutzt.

9.1.2 SAP Business Suite Analytics

Die SAP Business Suite powered by SAP HANA, zu deren Kernkomponenten SAP ECC 6.0 gehört, konnte die Eigenschaften der transaktionalen und der analytischen Welt kombinieren: Einerseits konnte ein operationales Reporting direkt auf der *Single Source of Truth* (SSOT) des SAP-ERP-Systems durchgeführt werden, das heißt auf dem aktuellen transaktionalen und normalisierten Datenbestand auf der Belegebene. Eine doppelte Datenhaltung war dadurch obsolet. Anderseits konnten durch den Einsatz von SAP HANA große Datenmengen in Echtzeit analysiert werden. Dabei wurde der Betrieb des transaktionalen SAP-ERP-Systems nicht behindert.

SAP ECC 6.0 on HANA nutzt die Komponente *SAP HANA Live* für das operationale Reporting. Wo liegen nun die Hauptunterschiede im operationalen Reporting zwischen SAP HANA Live und Embedded Analytics in SAP S/4HANA? Tabelle 9.1 stellt unter anderem die Unterschiede in Bezug auf virtuelle Datenmodelle (Virtual Data Models, VDMs) und CDS vor.

SAP HANA Live vs. Embedded Analytics

HANA Live	Embedded Analytics
• VDMs mittels in SAP HANA erstellten Calculation Views • Nutzung des alten SAP-ECC-6.0-Datenmodells • Sicherheitsprofile in der Applikations- und SAP-HANA-Schicht • Analyse-Add-on der SAP-HANA-Datenbank • rudimentäre Hierarchieunterstützung	• VDMs mittels in der ABAP-Applikationsschicht erstellen CDS • Nutzung des vereinfachten SAP-S/4HANA-Datenmodells ohne redundante Strukturen (Aggregate, Summen etc.) • Sicherheitsprofile in der Applikationsschicht • voll integrierte Analysefunktionen in SAP S/4HANA • umfangreiche Hierarchieunterstützung • ABAP-Lifecycle-Integration

Tabelle 9.1 Hauptunterschiede zwischen SAP HANA Live und Embedded Analytics

Die wichtigste Änderung ist die technologische Umstellung von Calculation Views auf CDS Views. Calculation Views sind SAP-HANA-spezifische Composite Views. Sie können andere SAP-HANA-Views (Attribute, Calculation oder Analytical Views) oder Tabellen kombinieren. Für die Migration von SAP ECC 6.0 nach SAP S/4HANA können vorhandene Datenstrukturen (VDMs und Calculation Views) an das neue SAP-S/4HANA-Datenmodell adaptiert werden. Das Prinzip des virtuellen Datenmodells besteht darin, eine semantische Schicht auf einer vorhandenen Schicht aufzubauen und dabei deren technische Details zu verstecken. Die Ebenen eines virtuellen Datenmodells sind nichts anderes als unterschiedliche CDS-Ansichten, die über ein View-on-View-Konzept unter der Verwendung von Assoziationen und Erweiterungen miteinander verknüpft sind. Beachten Sie, dass zuvor erzeugte VDMs in einer SAP-S/4HANA-Umgebung immer noch ein separates Sicherheitsprofil in der SAP-HANA-Schicht benötigen.

9.1.3 Embedded Analytics

Was bedeutet Embedded Analytics?

SAP stellt dem Benutzer mit Embedded Analytics nicht nur Werkzeuge, sondern auch Content und darüber hinaus ein ganzheitliches Konzept zur Verfügung. Diese Kombination dient dazu, die eingebauten Analysefunktionen und das operationale Reporting in Echtzeit auf Transaktionsdaten anzuwenden. Zu den weiteren Komponenten gehören:

- Smart Business Key Performance Indicators (KPIs)
- Report-Design-Modellierungs-Apps
- Reporting Client für multidimensionale Reports
- Abfragebrowser zur Auflistung und Bearbeitung von Abfragen (Queries)
- Query Builder bzw. Designer zur Erstellung von Abfragen
- Prognosefunktionen auf der Basis von entsprechenden SAP-HANA-Funktionen
- Was-wäre-wenn-Analysen
- Prognose von KPIs
- Zugriff auf kontextbasierte Informationen, das heißt die Analyse von Daten innerhalb eines Geschäftsprozesses (z. B. Kosten- und Profitabilitätsanalyse in SAP S/4HANA Finance)

Neben den internen Analyse- und Prognosefunktionen kann das Werkzeugsortiment auch mittels externer BusinessObjects- und BI-Applikationen erweitert werden (siehe Abschnitt 9.4, »Integration mit SAP BW und SAP BusinessObjects«).

Da Embedded Analytics voll integrierter Teil von SAP S/4HANA ist, steht es sowohl in der On-Premise-Version als auch in der Cloud-Version von SAP S/4HANA zur Verfügung. Eine separate Lizenzierung für Embedded Analytics ist nicht notwendig. In der Cloud-Version bietet SAP einige zusätzliche Embedded-Analytics-Werkzeuge in Form von SAP-Fiori-Apps über die SAP Fiori Apps Reference Library an: *https://fioriappslibrary.hana.ondemand.com/sap/fix/externalViewer/*

Embedded Analytics basiert auf vereinfachten VDMs, die die detaillierte Datenstruktur auf der Belegebene virtuell, das heißt nicht persistent abstrahieren. Das Konzept des VDM wurde 2013 mit SAP HANA Live eingeführt. SAP S/4HANA bringt bereits einen Pool an vorgefertigten VDMs mit, die erweitert und angepasst werden können. Darüber hinaus können sie auch gänzlich neu erstellt werden. VDMs werden mittels ABAP CDS generiert. CDS selbst basieren auf ABAP-Code. Dieser erzeugt SQL-Statements, die in die SAP-HANA-Datenbank »gepusht« werden. Da initial ABAP-Code benötigt wird, ist der Ausgangspunkt für die Administration und Erstellung von CDS Views eine ABAP-Entwicklungsumgebung bzw. die ABAP-Konsole in der mit SAP-HANA-Tools erweiterten Entwicklungsumgebung *Eclipse*. Die erzeugten CDS Views können dann z. B. im SAP Fiori Launchpad genutzt werden. Die Administration der CDS Views innerhalb des ABAP-Stacks hat außerdem zur Folge, dass dort alle Sicherheitsaspekte und Berechtigungen für die CDS Views administriert werden können. Separate Sicherheitsprofile in der SAP-HANA-Datenbank selbst sind nicht mehr erforderlich.

Zusammenspiel von Embedded Analytics, VDM und CDS

Embedded Analytics bietet Ihnen als Benutzer diverse webbasierte Schnittstellen an. Basis ist die SAP-Fiori-2.0-Oberfläche (siehe Abschnitt 2.2.2, »SAP Fiori«). Hierüber sind diverse Views und Applikationen (z. B. für das KPI Modeling) ansprechbar.

Der integrierte *Abfragebrowser* (engl. Query Browser) deckt ca. 95 % der Funktionen des *BEx Query Designers*, den Sie von SAP BW her kennen, ab. Der Abfragebrowser listet die im SAP-System vorhandenen Abfragen (Queries) auf.

Abfragebrowser

Die in Abbildung 9.2 dargestellten CDS Views entsprechen in diesem Zusammenhang den klassischen Queries. Wenn Sie auf einen der gelisteten CDS Views klicken, gelangen Sie in eine Detailansicht, in der unter anderem die Datenelemente, die Datentypen und die Spaltenlänge aufgelistet werden. Der Abfragebrowser listet allerdings nur einen Teil der im SAP-System befindlichen CDS Views auf.

Favorit	Tags	Name der View	Beschreibung der View	Anwendungskomponente
☐		C_ACTUALCASHFLOWANALYTICS		FIN-FSCM-CLM
☐		C_ACTUALUTILSBILLINGDOCUMENTQ		IS-U-BI
☐		C_APCASHDISCOUNTFORECAST		FI-GL-IS

Analytische Abfragen — 230 Views

Abbildung 9.2 CDS Views im Abfragebrowser

Über den Abfragebrowser ist auch der *SAP Lumira Designer* zur schnellen Anpassung von vorgefertigten Sichten für Abfragen bzw. Queries erreichbar. Dafür haken Sie den gewünschten CDS View an und klicken auf den Button **Für Analyse öffnen**. In Abbildung 9.3 sehen Sie beispielhaft die sich dann öffnende Kreditorenzahlungsanalyse. Diese Sicht wird vom SAP-System bereits fertig ausgegeben. Individuelle Anpassungen können Sie auf Wunsch vornehmen. So können Sie z. B. andere Dimensionen in das Zeilenfeld ziehen oder die Ansicht und das Diagramm ändern.

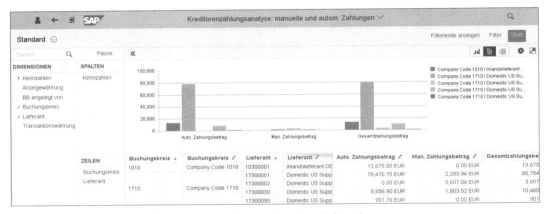

Abbildung 9.3 CDS-View-Analyse im Abfragebrowser

View-Browser   Den vollständigen Katalog an CDS Views können Sie mit dem sogenannten *View-Browser* einsehen, der in der SAP-Fiori-Kachelgruppe **Query Designer** zu finden ist. Mit diesem können Sie, wie in Abbildung 9.4 gezeigt, alle CDS Views kategorisiert nach Typen (**Basic**, **Composite**, **Consumption**, **Erweiterungen** und **nicht definiert**) auflisten und sich Details dazu anzeigen lassen.

Abbildung 9.4 View-Browser mit CDS-View-Typen

SAP Activate   Für die Implementierung von Embedded Analytics stellt SAP das *SAP-Activate-Framework* (siehe Abschnitt 12.2.2, »Neuinstallation von SAP S/4HANA

(Greenfield-Ansatz)«, zur Verfügung. Hierbei wird die technische Umsetzung durch die Nutzung des *SAP-Best-Practices-Pakets* vollzogen.

> **Zugriff auf das SAP-Best-Practices-Paket für Embedded Analytics**
>
> Das SAP-Best-Practices-Paket für Embedded Analytics (als Teil von *SAP Best Practices for Analytics with SAP S/4HANA*) wird über das SAP-Best-Practices-Portal https://rapid.sap.com/bp/ zur Verfügung gestellt. Es enthält sämtliche relevanten Implementierungsinfos. Bei einer Registrierung auf der Seite mit dem S-User erhält man Zugriff auf zusätzliche Dokumentationen und Tools zum Paket.

9.2 Architekturen und Komponenten

Im ersten Abschnitt dieses Kapitels haben Sie einen Überblick über Embedded Analytics und die Entwicklung des operationalen Reportings erhalten. In folgenden Abschnitt zeigen wir Ihnen, wie sich Embedded Analytics in die Architektur von SAP S/4HANA einfügt.

9.2.1 Architektur von SAP S/4HANA

Um zu verstehen, was *Embedded* (eingebettet) im Hinblick auf die operationalen SAP-S/4HANA-Analysekomponente Embedded Analytics bedeutet, ist ein kurzer Blick auf die Architektur von SAP S/4HANA hilfreich. Abbildung 9.5 zeigt Ihnen einen Überblick über die Systemarchitektur von SAP S/4HANA.

Die *SAP Fiori Shell* bietet mittels SAP Fiori Launchpad im Frontend den zentralen Zugriffspunkt für diverse Analysefunktionen wie Views und Apps (siehe Abschnitt 2.2.2, »SAP Fiori«). Daneben ist auch eine Suchfunktion integriert. Ein Zugriff über die klassische Oberfläche SAP GUI ist zwar auch möglich; allerdings wird sie nur noch aus Kompatibilitätsgründen von SAP mitgeliefert. Der von SAP empfohlene Zugriffspunkt ist das SAP Fiori Launchpad.

SAP Fiori Shell als zentraler Zugriffspunkt

SAP Gateway agiert zwischen der SAP Fiori Shell und dem SAP-S/4HANA-Backend-System. Es empfängt unter anderem OData-basierte Systemzugriffe der SAP Fiori Shell und leitet diese an die SAP-S/4HANA-Backend-Komponenten weiter. Es dient primär dazu, die Systemkomplexität zwischen Front- und Backend-System zu abstrahieren.

SAP-S/4HANA-Architektur

Optional können Zugriffe aus dem Internet, z. B. per Mobilgerät, mittels *SAP Web Dispatcher* realisiert werden. Neben einer zusätzlichen Sicherheitsinstanz bietet dieser auch das Load Balancing an.

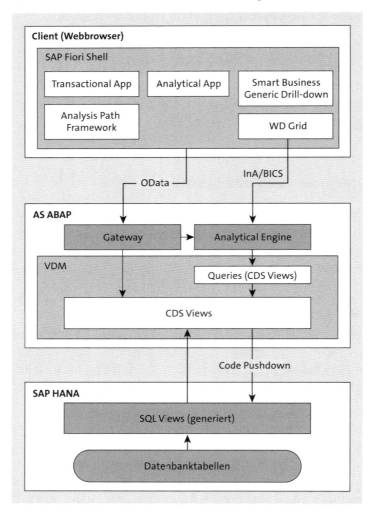

Abbildung 9.5 In SAP S/4HANA integrierte Architektur von Embedded Analytics

Der *SAP S/4HANA ABAP Application Server* fungiert als zentrale Funktionsplattform für SAP S/4HANA. Der Server beinhaltet das transaktionale SAP-ERP-System für Geschäftsprozesse, die Analytical Engine, um CDS Views zu bedienen, sowie die unternehmensweite Suche. Alle drei Komponenten benutzen CDS Views.

Analytical Engine

Die *Analytical Engine* wird auch als »Embedded BW« bezeichnet. Sie bietet die OLAP-Funktionen des SAP-S/4HANA-Systems. Das Embedded BW ist explizit nicht zum Aufbau eines Enterprise Data Warehouse (EDW) geeignet, da es im Vergleich zu einem vollwertigen externen SAP-BW-System nur einen eingeschränkten Funktions- und Leistungsumfang bietet.

Die *VDMs* bestehen aus CDS Views und abstrahieren die physischen Rohdaten bzw. Tabellen der SAP-HANA-Datenbank auf eine für die Geschäftsprozesse passende Ebene. Die Rohdaten werden hierzu mit semantischen Objekten angereichert. Die CDS Views werden zum einen von transaktionalen und analytischen Schnittstellen in SAP S/4HANA selbst genutzt, und zum anderen können sie zur Datenextraktion für externe BW-Systeme bzw. externe SAP-BusinessObjects-BI-Clients herangezogen werden (siehe Abschnitt 9.4.2, »Integrationsszenarien«).

9.2.2 Embedded-Analytics-Architektur

Im vorangehenden Abschnitt haben Sie erfahren, wie Embedded Analytics in das SAP-S/4HANA-System integriert ist. In diesem Abschnitt erfahren Sie nun, wie Embedded Analytics strukturiert ist.

Architekturkomponenten

Die Embedded-Analytics-Architektur setzt sich aus diversen Komponenten zusammen, die in und um ein VDM angeordnet sind. Das VDM ist die zentrale Kernkomponente von Embedded Analytics, bestehend aus CDS Views. Diese können als von SAP vorgegebener Content oder in modifizierter Form benutzt werden. Alternativ können auch gänzlich neue CDS Views, aufsetzend auf den benötigten Rohdaten, erstellt werden.

VDM als zentrale Komponente

Sämtliche Interaktionen zur Erstellung und Verwaltung von CDS Views geschehen über das Eclipse-Add-on *ABAP Development Tools* (ADT), da CDS Views im ABAP Layer lokalisiert sind. Dies hat den Vorteil, dass sie wie reguläre ABAP-Entwicklungen bzw. Code per Transportsystem zwischen Entwicklungs- (D), Test- (Q) und Produktivsystem (P) transportiert werden können.

Während klassische BW-Systeme diverse Abstraktionsschichten aufweisen, dient das VDM als einzige semantische Schicht, die CDS Views verschiedener Typen enthält. Abbildung 9.6 zeigt die VDM-Struktur mit ihren unterschiedlichen View-Typen, die gleich näher beschrieben wird. Neben dieser funktionellen Darstellung ist auch die virtuelle Anordnung der CDS-View-Schichten zu sehen: Die Consumer-Schicht greift auf ein oder mehrere Composite Views zu, die wiederum auf einem oder mehreren Basic Views basieren. Diese greifen dann unmittelbar auf die Rohdaten zu.

9 Reporting mit Embedded Analytics

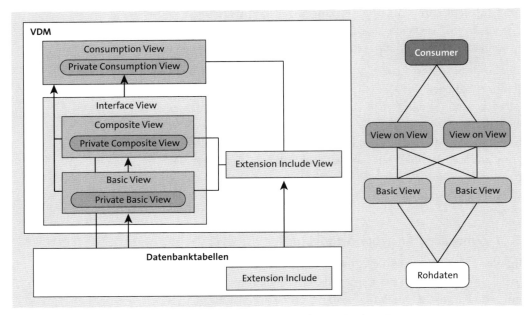

Abbildung 9.6 Geschichtete VDM-Struktur mit View-Typen

Kategorien und Typen von CDS Views

CDS Views gibt es in zwei Kategorien: Private und Public Views. *Private Views* haben unterstützenden Charakter für Public Views und dienen Transformationszwecken. Sie bleiben, wie der Name andeutet, vor dem End-User verborgen. *Public Views* sind zur Benutzung für End-User gedacht und entsprechend in dem View-Browser-Katalog zu finden. Daneben wird weiter zwischen vier verschiedenen CDS-View-Typen unterschieden:

- **Interface Views**
  Interface Views unterteilen sich weiter in Basic und Composite Interface Views und dienen als wiederverwendbare Basis, z. B. für Consumption Views.

  - **Basic (Interface) Views**
    Basic (Interface) Views sind die grundlegenden Kernelemente im VDM, die direkt auf die Rohdaten (SAP-HANA-Tabellen) zugreifen. Diese durch den Basic View repräsentierten Rohdaten sind weder aggregiert noch berechnet und liegen redundanzfrei vor.

  - **Composite (Interface) Views**
    Composite (Interface) Views werden aus einem oder mehreren Basic Views zusammengesetzt. Sie befinden sich also eine Ebene über den Basic Views. Hier können Aggregationen und Berechnungen stattfinden. Auch können Composite Views selbst wiederverwendet werden und als Grundlage für weitere Composite Views dienen. Aufgrund

von Kaskadierungen bzw. möglichen parallelen Strukturen können Composite Views redundante Daten beinhalten.

- **Consumption Views**
  Consumption Views dienen dem konsumierenden End-User als Basis zur Verwendung für analytische Anwendungen wie Reports, KPIs oder transaktionale Applikationen bzw. als Datengrundlage für SAP-Fiori-Kacheln.

- **Extension Include Views**
  Extension Include Views können für das Customizing bzw. für kundenspezifische Erweiterungen eingesetzt werden. Sie sind sowohl auf der Interface-View-Ebene (Basic und Composite View) als auch auf Consumption-View-Ebene verfügbar. Als Besonderheit werden sie separat als DDL Source (Datenquellenelement eines CDS Views, DDL = Data Definition Language) erstellt und transportiert.

- **Compatibility Views**
  Compatibility Views gewährleisten die Abwärtskompatibilität zu früheren Business-Suite-Applikationen insoweit, dass auf obsolet gewordene Tabellen (z. B. Aggregations- und Indextabellen) noch zu Migrationszwecken zugegriffen werden kann.

SAP hat im Laufe der Evolution der SAP-HANA-Datenbank zunehmend Funktionen aus der ABAP-Schicht in diese hoch performante In-Memory-Datenbank ausgelagert. Dies geschah und geschieht einerseits, um systeminterne Kommunikationswege zu verkürzen, und andererseits auch, um die schnellere Ausführung von z. B. Analysefunktionen direkt in der SAP-HANA-Datenbank zu nutzen.

SAP-HANA-Datenbank und Code-Push-down

CDS Views werden zwar auf der ABAP-Ebene erstellt und administriert, sie werden jedoch bei der Aktivierung der SQL Runtime Views in der SAP-HANA-Datenbank per Code Pushdown generiert. In dem Zusammenhang wird SQL-Code automatisiert erzeugt. Dadurch können z. B. Leseaktionen direkt innerhalb der Datenbank verarbeitet werden, ohne Umwege über die ABAP-Schicht nehmen zu müssen.

Consumption Views, also die für den konsumierenden End-User erstellten Views, müssen auf den einschlägigen User Interfaces (UIs) wie z. B. SAP Fiori zur Verfügung gestellt werden, nachdem sie in Eclipse modelliert worden sind. Dies geschieht durch die Veröffentlichung des Consumption Views als *OData-Service*.

CDS Views als OData-Services

Viele der von SAP mitgelieferten SAP-Fiori-Kacheln bzw. -Apps sind über OData-Services mit CDS Views verbunden. Dies hat einen Nebeneffekt auf die UI-Performance. So empfiehlt SAP, nur die Benutzerrollen bzw. die damit verbundenen SAP-Fiori-Kacheln zu benutzen, die tatsächlich notwendig sind. Übermäßig viele Rollen, wie sie z. B. beim BPINST-Standard-User enthalten sind, verlangsamen die Ladezeit im Browser.

Analytical Engine In der Analytical Engine (Embedded BW) des SAP-S/4HANA-Systems werden die in CDS Views (z. B. Composite Views) enthaltenen Aggregations-, Formel- und Hierarchiefunktionen ausgeführt. Das bedeutet, das hier alle OLAP-Funktionen zu finden sind, die aus der ABAP-Schicht ausgelagert wurden, aber noch nicht in der SAP-HANA-Datenbank selbst als Funktion implementiert sind. Um Consumption Views auch für externe SAP-BusinessObjects-BI-Tools verfügbar zu machen, werden bei der Aktivierung eines Consumption Views automatisiert sogenannte *Transient (Info)Provider* in der Analytical Engine generiert. Daneben unterstützt sie auch andere Geschäftsprozesse bzw. Applikationen wie SAP BPC (SAP Business Planning and Consolidation). Je nach Frontend-UI stehen verschiedene Kommunikationsschnittstellen zur Verfügung:

- OData
  OData wird bei SAP S/4HANA in Kombination mit HTTPS von SAP-Fiori-Apps benutzt, darüber hinaus auch in Kombination mit HTML5-/SAPUI5-Applikationen.
- SAP HANA Info Access (InA)
  InA bietet statische Suchfunktionen für Benutzeroberflächen und wird in Kombination mit HTTPS, z. B. von SAP Lumira 2.0/1.x, verwendet.
- SAP BW Info Access (InA Provider)
  InA dient unter anderem dem Zugriff von SAP Enterprise Performance Management (EPM) auf Queries via Add-in für Microsoft Excel.
- Business Intelligence Consumer Services (BICS)
  BICS ist eine performante Schnittstelle zum Zugriff auf BW Queries im Speziellen und SAP-BusinessObjects-Werkzeuge im Allgemeinen. Die BICS-Schnittstelle wird von SAP empfohlen, um von den SAP-BusinessObjects-Werkzeugen auf die für die Consumption Views generierten Transient Provider bzw. Queries zuzugreifen.

Kommunikationsablauf

In diesem Abschnitt lernen Sie kurz den Kommunikationsablauf zwischen den im vorangehenden Abschnitt vorgestellten Komponenten kennen. Als Beispiel wird der Zugriff von einer SAP-Fiori-App (z. B. KPI-Kachel) auf die zugrundeliegenden Daten beschrieben.

> **Notwendige Benutzerrolle für Embedded Analytics**
> Um auf SAP-Fiori-Kacheln für Embedded-Analytics-Anwendungsfälle (z. B. KPI oder APF Configuration Modeler) zugreifen zu können, wird die Rolle SAP_BR_ANALYTICS_SPECIALIST benötigt.

Rufen Sie eine KPI-Kachel im SAP Fiori Launchpad auf, wird via SAP Gateway Frontend Server per OData-Service auf das zugrundeliegende VDM zugegriffen. Der Zugriff umfasst, je nachdem, wie kaskadiert die CDS-View-Struktur modelliert wurde, den Consumption View und ein oder mehrere Interface Views (Composite und Basic Views). Diese wiederum bieten die Rohdaten in den Tabellen der SAP-HANA-Datenbank unverändert (Basic View) oder aggregiert und transformiert (Composite View) an. Detaileinstellungen wie Drill-down, Filter, Anzeigetypen etc. werden in SAP Fiori selbst (z. B. im KPI Modeler) konfiguriert. Neben diesem geschilderten manuellen Zugriff findet der beschriebene Kommunikationsablauf bei bestimmten SAP-Fiori-Kacheltypen größtenteils bereits statt, wenn das SAP Fiori Launchpad initial nach dem Login aufgebaut wird. Da dabei bereits, wie beschrieben, über OData-Services Daten geladen werden, sollte das SAP Fiori Launchpad aus Performancegründen nicht mit SAP-Fiori-Kacheln überladen sein.

Kachel-zu-Rohdaten-Kommunikation

9.2.3 Benutzergruppenspezifische Entwicklungswerkzeuge

Für die Realisierung der Datenstruktur, die dem geschilderten Zugriff einer SAP-Fiori-App auf die Rohdaten vorangeht, differenziert SAP drei Benutzergruppen. Sie unterscheiden sich wie folgt in der Aufgabenstellung:

Benutzergruppen

- **IT-User (Entwickler)**
  Der IT-User stellt die SSOT-Daten für die weitere Nutzung bereit. Er erstellt und administriert die CDS Views in der Entwicklungsumgebung ABAP für Eclipse (ADT).

- **Key-User (technikaffiner Benutzer/Analyst)**
  Der Key-User sorgt für die Bereitstellung grundlegender Endbenutzerwerkzeuge. So modelliert er z. B. KPIs und nutzt unter anderem den Query Designer, basierend auf den vom IT-User erstellten CDS Views. Zudem erzeugt er SAP-Fiori-Kachelgruppen und -kataloge und weist End-Usern zur Nutzung der darin enthaltenen Kacheln Rollen zu. Mit den Report-Design-Modellierungs-Apps (RDMA) kann er Report-Kacheln erzeugen, die in Dashboards etc. weiterverwendet werden können.

- **End-User (konsumierender Endbenutzer)**
  Der End-User analysiert mit den vom Key-User modellierten Werkzeugen die vom IT-User bereitgestellten Daten und trifft, darauf basierend, Entscheidungen. Hierbei bedient sich der End-User der folgenden Werkzeuge:
  - multidimensionale Reports und Visualisierungen (Web Dynpro)
  - SAP Smart Business KPIs und Analytical Path Framework (APF)
  - Abfragebrowser
  - Übersichtsseiten
  - analytische SAP-Fiori-Apps
  - optional: externe Analysewerkzeuge aus dem SAP-BusinessObjects-Analytics-Universum (z. B. SAP-Lumira-, SAP-Cloud- oder Enterprise-Applikationen)

Für die dargestellten Benutzertypen werden in und außerhalb von SAP S/4HANA unterschiedliche (Entwicklungs-)werkzeuge zur Verfügung gestellt. In Tabelle 9.2 finden Sie eine Übersicht.

User-Typ	Werkzeug	Zweck

IT-User	■ ABAP Development Tools for Eclipse
	  – ABAP Perspective
	  – SAP HANA Modeler Perspective
	■ OData-Service-Editor, Transaktionscode \IWFND\MAINT_SERVICE
		■ Modellierungswerkzeuge für:
		  – CDS Views
		  – SAP HANA DB
		■ Veröffentlichung von CDS Views via OData-Service

Key-User	■ Abfrage- und View-Browser (SAP Fiori Launchpad) ■ KPI Modeler (SAP Fiori Launchpad) ■ Report-Design-Modellierungs-App ■ SAP Lumira Designer ■ Planning Modeler	■ Auflistung von zur Verfügung stehenden CDS Views ■ Erstellung und Verwaltung von KPI-Apps ■ Erstellung und Verwaltung von Reports ■ Erstellung von Dashboards und Bereitstellung von SAP-Fiori-Apps ■ SAP-Fiori-Apps zur Erstellung von BPC-Planungsmodellen.

Tabelle 9.2 Übersicht über die Entwicklungswerkzeuge für die unterschiedlichen Nutzertypen

9.3 Datenmodellierung und CDS Views

In diesem Abschnitt zeigen wir Ihnen, was es mit dem CDS-Konzept auf sich hat. Hierzu werden wir, basierend auf SAP S/4HANA Best Practices Analytics, einen CDS View erstellen und darauf eine Analyse mittels einer auf APF basierenden SAP-Fiori-App ausführen. Abgerundet wird dieser Abschnitt mit der Erstellung einer SAP-Fiori-KPI-Kachel.

9.3.1 CDS-Konzept und Modellierungsumgebung

Zunächst vermitteln wir Ihnen etwas Theorie zum CDS-Konzept und seinen Komponenten. Danach bringen wir Ihnen die Eclipse-Entwicklungsumgebung näher.

Das CDS-Konzept

Um die Vorteile von SAP HANA auch für die Applikationsentwicklung zu nutzen, wurde eine neue Datenmodellinfrastruktur eingeführt, die CDS, für die es zwei Implementierungsarten gibt:

- **SAP HANA CDS**
  SAP HANA CDS können nur mit einer SAP-HANA-Datenbank verwendet werden.

- **ABAP CDS**
  ABAP CDS sind flexibler und weitgehend unabhängig vom darunterliegenden Datenbanktyp. Dafür unterliegt die ABAP-CDS-Implementierung allerdings größeren Restriktionen, um eine universelle Datenbankkompatibilität aufrechtzuerhalten.

SAP HANA CDS vs. ABAP CDS

Im Folgenden gehen wir näher auf die ABAP CDS bzw. deren Views ein. Die CDS setzen sich aus einer domänenspezifischen SQL-nahen Sprache und ebensolchen Services zusammen. CDS Views werden benutzt, um auf SAP-S/4HANA-Daten in einheitlicher Weise zu zugreifen. CDS wurden bereits mit SAP HANA 1.0 SPS 06 eingeführt und gewinnen seitdem an Bedeutung.

CDS Views, genauer ABAP CDS Views, gehören mit den ABAP CDS Table Functions zu den ABAP-CDS-Entitäten. (ABAP-)CDS-Entitäten sind Datenmodelle, die auf der DDL-Spezifikation (*Data Definition Language*) basieren und vom ABAP Dictionary gemanagt werden. Entsprechend sind CDS-Objekte in das ABAP Dictionary integriert. Mit CDS Views werden Datenmodelle auf der Datenbank definiert und konsumiert, anstatt auf der Applikationsebene. Per ABAP CDS können semantische Datenmodelle auf einer zentralen Datenbank (z. B. SAP HANA) des ABAP-Applikationservers modelliert werden. Das heißt, sie dienen als semantische Schicht zwischen den

CDS-Entitäten

Rohdaten in der SAP-HANA-Datenbank und den höheren Diensten im Applikationsserver. Die Gesamtheit der CDS bildet das VDM.

Im Gegensatz zu SAP HANA CDS sind die ABAP CDS unabhängig vom Datenbanksystem. Die ABAP CDS werden mittlerweile applikationsübergreifend unterstützt. Eine offene Architektur ermöglicht es, CDS Views auf jeder von SAP unterstützten Datenbank zu definieren.

CDS-Sprachkomponenten

Die Modellierung in der ABAP-Schicht mittels ADT ist bereits seit NetWeaver 7.4 SPS 05 möglich. CDS werden mittels der folgenden SQL-nahen Sprachkomponenten modelliert:

- Data Definition Language (DDL)
- Query Language (QL)
- Data Control Language (DCL)

Mit DDL werden CDS Views erzeugt und erweitert. Technisch gesehen, sind CDS eine Verbesserung des SQL-ANSI-Standards SQL-92, der DDL für die Definition von semantisch angereicherten Datenbanktabellensichten (CDS-Entitäten) verwendet. DDL enthält Sprachelemente zur CDS-Datendefinition und für CDS-Metadatenerweiterungen.

CDS-View-Komponenten

DDL ermöglicht eine Ergänzung von zusätzlichen CDS-View-Komponenten, die die semantische Beziehung zwischen Entitäten wie z. B. Kunden oder Produkten, näher beschreiben. Zu diesen Metadatenerweiterungen zählen:

- Associations
- Annotations
- Expressions

Auch hierbei werden alle Beziehungen in der ABAP-Schicht per ADT modelliert. Wird ein CDS View, genauer die DDL Source, aktiviert, generiert das System eine CDS-Entität und einen SQL Runtime View. Letzterer ist für die Schreib- und Transformationsaktion in der SAP-HANA-Datenbank zuständig.

Open SQL

QL bzw. Open SQL ist ein proprietäres SQL-Derivat von SAP. Es umfasst eine Teilmenge von Standard-SQL und wurde von SAP mit eigenen Elementen erweitert. Da Open SQL in ABAP verwendet wird, ist der Code datenbankunabhängig und somit portierbar. Mit Open SQL kann daher unabhängig vom Datenbankhersteller auf Datenbanktabellen zugegriffen werden, die allerdings im ABAP Dictionary deklariert sein müssen. Die ABAP-Laufzeitumgebung setzt die Open-SQL-Befehle in native SQL-Befehle der eingebundenen Datenbank um.

Mit DCL wird ein voll integriertes Berechtigungskonzept für CDS Views umgesetzt. Mittels DCL können optional CDS-Rollen für das CDS-Berechtigungskonzept entwickelt werden.

Modellierungsumgebung

CDS Views werden auf der ABAP-Schicht modelliert. Hierzu kann entweder SAP HANA Studio mit aktivierter ABAP-Perspektive benutzt werden oder die universelle, quelloffene Standardentwicklungsumgebung *Eclipse* mit den Plug-in-Erweiterungen ADT.

ADT in Eclipse

Optional können Sie auch die SAP-HANA-Plug-in-Erweiterung einbinden. Im Folgenden zeigen wir Ihnen die von SAP bevorzugte Variante der Einbindung der Eclipse-Umgebung. Eclipse liegt zurzeit in Version 4.10 (2018-12) vor. Diese Version unterstützt neben ADT auch die SAP-HANA-Tools. Der Upgrade-Zyklus ist mittlerweile vierteljährlich; die CDS-View-Entwicklung ist allerdings auch mit älteren Versionen möglich.

> **Kompatibilitätstabelle für Eclipse-Versionen**
>
> Welche Eclipse-Version mit welchen SAP-Entwicklungs-Plug-ins erweitert werden kann, können Sie in der Kompatibilitätstabelle über den folgenden Link einsehen: *https://tools.hana.ondemand.com/*.
>
> Über diesen Link können Sie das Eclipse-Programmpaket herunterladen: *https://www.eclipse.org/downloads/eclipse-packages/*.

Wenn keine weiteren spezifischen Anforderungen bestehen, empfiehlt sich die Nutzung der Variante *Eclipse DIE (Integrated Development Environment) for Java Developers*. Nach dem Download wird das Softwarepaket entpackt und kann mittels Ausführung der Datei **eclipse.exe** installiert werden. Alternativ gibt es auch einen Eclipse Installer, der eine vereinfachte Installation ermöglicht. Es ist zu bedenken, dass Eclipse auf einer Instanz (PC oder Server) installiert wird, von der aus ein Zugriff auf ein SAP-S/4HANA-System möglich ist. Hierbei ist zum einen die Netzwerkinfrastruktur (Routing, gegebenenfalls Firewall und DMZ-Regeln, DMZ = Demilitarisierte Zone) zu berücksichtigen. Zum anderen muss ein User mit passender Entwicklerrolle bzw. Autorisierungen im SAP-S/4HANA-System angelegt sein. Es kann theoretisch auch ein deutsches Sprachpaket nachinstalliert werden. Allerdings brach Eclipse nach der Sprachpaketinstallation in der Startphase mit einem Fehler ab.

Um nun ADT bzw. weitere SAP-Plug-ins in Eclipse zu installieren, müssen Sie unter **Help** • **Install New Software** • **Add** den URL-Pfad *https://tools.hana.*

SAP-Eclipse-Plug-ins

ondemand.com/2018-09 einfügen. Wie es an der URL zu sehen ist, ist der Pfad abhängig von der Eclipse-Version. Das heißt, wenn eine eine andere Version installiert wird, sollte auch hier der Pfad angepasst werden (z. B. */2018-12* statt */2018-09*). Anschließend werden die zur Verfügung stehenden SAP-Entwicklungswerkzeuge kurz geladen und erscheinen dann im Bild (siehe Abbildung 9.7). Es empfiehlt sich, alle zur Verfügung stehenden SAP-Werkzeuge zu installieren, mindestens jedoch ADT for SAP NetWeaver.

Nachdem Sie die benötigten Entwicklungslizenzen akzeptiert haben, werden die Plug-ins installiert. Um alle Komponenten auf dem aktuellen Stand zu halten, sollten die Updates eingerichtet sein. Für einen Blick auf die aktiven Updates verwenden Sie den Menüpfad **Window • Preferences • Install/Update • Available Software Sites**. Dort sollte neben den Eclipse-2018-09-Update-Pfad auch der Pfad für die SAP Development Tools gelistet und »enabled« sein.

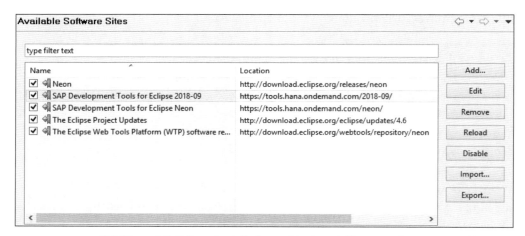

Abbildung 9.7 Eclipse-Installation – SAP-Entwicklungswerkzeug auswählen

ABAP-Perspektive   Um nun die für die CDS-Modellierung notwendige *ABAP-Perspektive* aufzurufen, gehen Sie über das Menü zu **Window • Perspektive • Open Perspective • Other** und wählen **ABAP** aus der Liste aus. Im Project-Explorer-Teilfenster erstellen Sie über das Kontextmenü (rechter Mausklick) **New • ABAP Project** ein neues Projekt. *Projekt* heißt hier in erster Instanz Verbindung des SAP-S/4HANA-Backend-Systems. Sie können entweder ein System aus der Liste auswählen (ADT greift dann auf die Parameterdatei **SAPLogon.ini** zu und liest die dort gelisteten Systeme ein), oder Sie erstellen manuell eine neue Verbindung. In jedem Fall müssen Sie sich mit einem auf dem SAP-S/4HANA-System vorhandenen User mit passenden Rollen bzw. Berechtigungen zur Etablierung der Verbindung zum Backend-System authentifizieren.

9.3 Datenmodellierung und CDS Views

Wird die Verbindung erfolgreich erstellt, können Sie den vorgeschlagenen Projektnamen beibehalten oder anpassen. Daraufhin wird im Project-Explorer-Teilfenster die Systembibliothek mit allen vorhandenen ABAP-Objekten (z. B. den vorgefertigten CDS Views) geladen. Die Bibliothek enthält Packages, in denen wiederum Unterkomponenten hierarchisch kaskadiert sind. In Abbildung 9.8 sehen Sie beispielhaft das OData-Analytics-Paket für den MM-Bereich.

Dieses Paket zeigt die in der Objektkategorie **Core Data Services** gelisteten Datendefinitionen der CDS Consumption Views (z. B. C_OVERDUEPO). Kaskadiert man diese Datendefinition weiter, erscheinen das Datendefinitionsobjekt C_OVERDUEPO und das Dictionary-View-Objekt CMMOVERDUEPO.

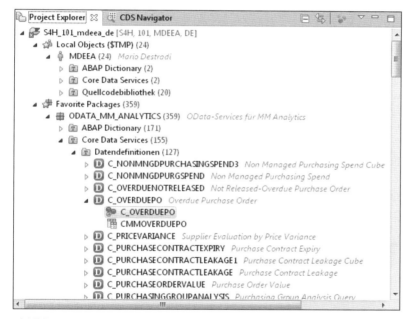

Abbildung 9.8 ABAP-CDS-Entwicklungsumgebung im Project Explorer von ADT

9.3.2 CDS Views und Komponenten

Ein CDS View, im Speziellen das Datendefinitionsobjekt, setzt sich, wie zuvor beschrieben, aus mehreren Komponenten zusammen. Diese werden wir im Folgenden näher beschreiben.

Bei einem Doppelklick auf die *DDL Source* eines CDS Views werden rechts im Source-Code-Fenster (*DDL-Editor*) der dazugehörige ABAP-Code und seine Metadatenerweiterungen (Annotations etc.) angezeigt (siehe Abbildung 9.9).

DDL Source und DDL-Editor

9 Reporting mit Embedded Analytics

```
[S4H] C_OVERDUEPO
 1  @ClientHandling.algorithm: #SESSION_VARIABLE //Inserted by VDM CDS Suite Plugin
 2  @ObjectModel.usageType.dataClass: #MIXED
 3  @ObjectModel.usageType.serviceQuality:  #D
 4  @ObjectModel.usageType.sizeCategory:  #L
 5  @AbapCatalog.sqlViewName: 'CMMOverduePO'
 6  @EndUserText.label: 'Overdue Purchase Order'
 7  @VDM.viewType: #CONSUMPTION
 8  @Analytics.dataCategory: #CUBE
 9  //Commented by VDM CDS Suite Plugin:@ClientDependent: true
10  @Analytics.dataExtraction.enabled: true
11  @OData.publish: true
12  @AccessControl.authorizationCheck : #CHECK
13
14  define view C_OverduePO
15
16    with parameters
17      P_DisplayCurrency          : displaycurrency,
18      @Consumption.hidden : true
19      @Environment.systemField : #SYSTEM_DATE
20      P_Date                     : sydate,
21      @Consumption.hidden : true
22      @Environment.systemField : #SYSTEM_LANGUAGE
23      P_Language                 : sylangu,
24      P_EvaluationTimeFrameInDays : mm_a_evaluation_period
25
26    as select from    P_OverduePO1(P_Date : $parameters.P_Date, P_EvaluationTimeFrameInDays
```

Abbildung 9.9 Datendefinition eines CDS Consumption Views

Annotations

Zwei Kategorien von Annotations

Annotations dienen der zusätzlichen semantischen Beschreibung (Metadaten) eines CDS Views bzw. dessen Source Code der CDS-Entität. Hierbei werden die zur Verfügung stehenden SQL-Syntax-Optionen erweitert. Durch Annotations können CDS-View-Modelle bzw. das VDM besser strukturiert und übersichtlich gehalten werden.

Es gibt zwei Kategorien von Annotations:

- **ABAP Annotations**
  ABAP Annotations werden bereits in der ABAP-Laufzeitumgebung verarbeitet, z. B.:
  - ABAPCatalog
  - AccessControl
  - EndUserText

- **Component Annotations**
  Component Annotations werden im entsprechenden SAP-Framework verarbeitet, z. B.:
  - Analytics Annotation
  - Consumption Annotation
  - VDM Annotation

Component Associations können ihrerseits die Generierung von ABAP-Repository-Objekten triggern, wie z. B. OData-Services.

> **Hilfe über die Taste F1**
>
> Um die Hilfe zu einer ABAP- oder Framework-spezifischen Annotation aufzurufen, können Sie den Cursor über der Annotation positionieren und die Taste `F1` drücken.

Die Definition einer Annotation im Source Code wird mit dem @-Zeichen eingeleitet. Annotations sind primär am Anfang des Source Codes einer DDL Source zu finden und definieren Basisinformationen wie z. B. die Berechtigungsfunktion (`@AccessControl.authorizationCheck`) oder den VDM-Typ (`@VDM.viewType`). Neben einer Vielzahl der vom System bereitgestellten Annotations können aber auch eigene Annotations entwickelt werden.

> **Annotation einfügen**
>
> Um Annotations direkt in der Datendefinition per Codevervollständigung einzufügen, rufen Sie sie per `Strg` + Leertaste auf. Hierbei ist es wichtig, an welcher Position das geschieht (z. B. vor dem `DEFINE`-Ausdruck bzw. der `SELECT`-Liste). Sollte die Position falsch sein, wird sie vom DDL-Editor rot unterstrichen.

In Tabelle 9.3 finden Sie ein paar der wichtigsten Annotations im Überblick sowie ihren jeweiligen Anwendungszweck.

Annotation	Untertyp	Kurzbeschreibung	Wert
@AbapCatalog	.sqlViewName	Obligatorische Annotation für alle CDS Views. Spezifiziert den DDL-Source-Namen bzw. den CDS-Datenbank-View.	Freitext-String mit maximal 16 Zeichen
@VDM	.viewType	Definiert den CDS-View-Typ.	#BASIC #CONSUMPTION #COMPOSITE #EXTENSION

Tabelle 9.3 Die wichtigsten Annotation-Typen und -Untertypen

Annotation	Untertyp	Kurzbeschreibung	Wert
@Object-Model	.dataCategory	Definiert den Typ der Stammdatenkomponente in Interface Views.	#HIERARCHY #TEXT
@Analytics	.dataCategory	Definiert analytische Datenkategorien.	#AGGREGATIONLEVEL #CUBE #DIMENSION #FACT
@AccessControl	.authorizationCheck	Legt fest, ob eine Berechtigungsprüfung beim Zugriff per Open SQL auf den CDS Views stattfinden soll.	#CHECK #NOT_REQUIRED #NOT_ALLOWED
@Semantics	.currencyCode	Identifiziert die Währung.	true

Tabelle 9.3 Die wichtigsten Annotation-Typen und -Untertypen (Forts.)

Eine vollständige Liste mit weiteren Annotations, deren Untertypen, Werten und Kurzbeschreibungen finden Sie z. B. im Programming Guide *ABAP Programming Model for SAP Fiori* oder in der *ABAP Keyword Documentation*, deren aktuelle Versionen über eine Websuche zugänglich sind.

Associations

Associations für hierarchische Beziehungen

Nachdem wir nun Annotations betrachtet haben, wenden wir uns einer weiteren technischen Komponente der CDS Views zu, den Associations. Associations dienen der Definition von hierarchischen Beziehungen in der VDM-Schicht. Dies geschieht in einer für die Systemperformance optimierten Weise. Associations sind Metadaten über mögliche JOIN-Verbindungen. »Möglich« bedeutet bei Bedarf, das heißt, der JOIN wird erst dann erstellt, wenn die Association tatsächlich in einer Path Expression aufgerufen wird.

Eine Association verbindet einen CDS View als Ursprungsdatenquelle mit einer Zieldatenquelle. Bei der Spezifizierung wird eine ON-Bedingung benutzt. Als DataSource-Ziel kann eine Datenbanktabelle, ein Classic View, ein External View oder eine CDS-Entität dienen. Die Association kann eingesetzt werden, um Beziehungen zwischen CDS-Entitäten zu modellieren, auf die per Path Expression in CDS Views oder per Open SQL zugegriffen werden kann. Zur Definition einer Association stehen die folgenden Komponenten zur Verfügung:

- Zielentität (obligatorisch)
- Kardinalität (obligatorisch, mit dem Default-Wert [1])
- Aliasname (optional)
- ON-Bedingung (obligatorisch)

In Listing 9.1 ist beispielhaft eine einfache Association dargestellt.

```
association[1..1] to I_PurchasingOrganization as _
PurchasingOrganization on $projection.PurchasingOrganization = _
PurchasingOrganization.PurchasingOrganization
```

Listing 9.1 CDS View Association

Die *Zielentität* wird mittels Schlüsselwort TO definiert. Die *Kardinalität* legt die Art der Beziehung zwischen Quelle und Ziel der Association fest, z. B. eine 1:1- oder 1:n-Beziehung. Der optionale (der AS-Deklaration folgende) *Aliasname* vereinfacht das weitere Handling der Association durch einen kurzen Klarnamen. Durch die ON-Bedingung wird die Verknüpfung zwischen Quelle und Ziel definiert. Der Default für eine CDS Association ist ein LEFT-OUTER JOIN.

Path Expressions

Eine *Path Expression* ist eine Folge von ein oder mehreren Associations, die durch Punkte voneinander getrennt werden und deren Namen mit einem Unterstrich beginnen, z. B. _PurchaseOrder._Supplier.SupplierName. Path Expressions können in der Datendefinition eines CDS Views als Datenquelle, als Element einer SELECT-Liste und als Operand in WHERE- oder HAVING-Klauseln eingesetzt werden. Daneben werden sie auch in Bedingungen in einem ABAP-CDS-DCL-Objekt verwendet.

Folge von Associations

Inputparameter

Mithilfe eines oder mehrerer *Inputparameter* kann ein Datensatz für einen CDS View eingeschränkt bzw. näher gefiltert werden. Mehrere Inputparameter werden in einer kommaseparierten Liste definiert. Die Definition findet vor dem SELECT-Statement statt. Daneben können die Inputparameter als Operanden dienen oder in Bedingungen bzw. Klauseln (z. B. WHERE oder HAVING) eingesetzt werden.

Einschränkung des Datensatzes

View Extensions

Kundenspezifische View-Erweiterung

View Extensions sind CDS-View-Entitätenerweiterungen. Sie erweitern einen bestehenden CDS View mit zusätzlichen Feldern innerhalb einer SELECT-Liste. Als Einschränkung darf eine SELECT-Liste dann keine Inputparameter oder Path Expressions beinhalten. Die View Extension benutzt die AbapCatalog-Annotation sqlViewAppendName. Der zugrundeliegende erweiterte CDS View muss mit seinen CDS-Entitätennamen referenziert sein. CDS View Extensions können selbst nicht erweitert werden. View Extensions sollten im Kundennamensraum lokalisiert sein, um gegen das Überschreiben bei Upgrades geschützt zu sein. Sie unterliegen eigenem ABAP-Sourc Code, werden separat vom CDS View editiert und auch als separater DDL Source transportiert. Eine Verbindung zu ihrem CDS View besteht also nur durch die Quer-Refenrenzierung.

9.3.3 CDS Views erzeugen und veröffentlichen

Beispiel CDS Consumption View

Im vorangehenden Abschnitt haben Sie die Komponenten eines CDS Views kennengelernt. In diesem Abschnitt erfahren Sie, wie Sie einen CDS View erzeugen und anschließend per Odata Service veröffentlichen. Auch hier nutzen wir die SAP Best Practices, im Speziellen das Paket *SAP Best Practices for Analytics with SAP S/4HANA*. Es gilt hier, einen CDS (Consumption) View zu erzeugen, der die Daten zur Ermittlung des Materialbestands an einem bestimmten Buchungsdatum für konsumierende Analyse-Apps in SAP Fiori bereitstellt. Dieser Consumption View basiert auf dem Interface Composite View I_MaterialStock.

CDS View erzeugen

Die Erstellung eines CDS Views obliegt dem IT-User, der über eine gewisse ABAP-Coding-Erfahrung verfügen sollte.

Modellierung in Eclipse

Ausgangspunkt ist die ABAP-Perspektive in Eclipse. Hier ist ein neues ABAP-Projekt anzulegen, entweder über die Symbolleiste mit einem Klick auf den Button **New** oder per Kontextmenü im Teilfenster **Project Explorer**. Hier müssen die Infos des SAP-S/4HANA-Backend-Systems einschließlich des berechtigten Benutzers angegeben werden. Nach erfolgreichem Abschluss lädt Eclipse den Repository-Baum mit SAP-Content-Objekten und gegebenenfalls bereits vorhandenen eigenen Objekten.

Nun öffnen Sie per Rechtsklick das Kontextmenü des Ordners **Local Objects ($TMP)** und wählen **New • Other ABAP Repository Object**. Wie es in Abbildung 9.10 gezeigt wird, kaskadieren Sie in der Dialogbox **Core Data Services** und wählen **Data Definition**.

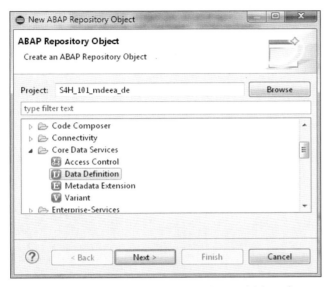

Abbildung 9.10 Ein neues ABAP-Repository-Objekt anlegen

Sie bestätigen die Auswahl per Klick auf **Next**, worauf sich das Fenster **New Data Definition** öffnet. Darin benennen Sie die hier anzulegende *DDL Data Source* mit einem aussagekräftigen Namen gemäß Ihrer Namenskonvention. Da es sich in diesem Fall um einen neu erstellten CDS Consumption View handelt, sollte das Customer-Präfix »Z« sowie »C« für Consumption View im Namen enthalten sein. Wir wählen hier ZC_MATBYDATE_N1. Zu unterscheiden davon ist der Name für das dazugehörige *Dictionary-View-Objekt* (oder *DDL SQL View*), ZCMATBYKDATE_N1. Bei einem Doppelklick auf das dazugehörige Objekt öffnet sich SAP GUI im Hauptfenster und zeigt im Dictionary View, aus welchen View-Feldern und Tabellen sich der CDS View zusammensetzt. Als Beschreibung wählen Sie z. B. »Materialbestand zum Buchungszeitpunkt«. Im weiteren Dialog legen Sie einen Transport-Request fest. Als Paket kann entweder ein dediziertes Transportpaket oder der lokale Default $TEMP gewählt werden.

DDL Data Source als Basis

Als Nächstes wählen Sie ein Template aus. Templates enthalten bereits vorgefertigte essenzielle ABAP-Code-Teile gemäß ihres Anwendungszwecks. In diesem Fall wählen Sie **Define View**. Der Template-Code erscheint nun im unteren Teilfenster (siehe Abbildung 9.11).

Hilfestellung Code-Template

9 Reporting mit Embedded Analytics

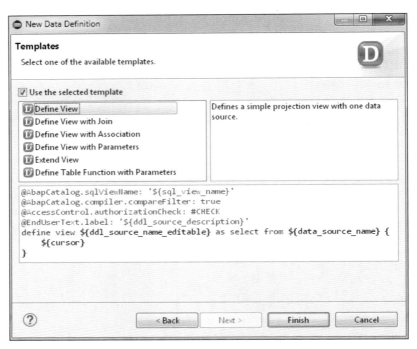

Abbildung 9.11 Neue Datendefinition – Template auswählen

Best-Practices-Codebeispiel
Nach dem Klick auf den Button **Finish** wird ein *Datendefinitionsobjekt* im Project-Explorer-Fenster erstellt und der Template ABAP-Code, angepasst mit CDS-View- und Dictionary-View-Namen, im Editor-Fenster angezeigt. Dem Best-Practices-Beispiel folgend, kopieren Sie den folgenden beispielhaften ABAP-Code aus Listing 9.2 und fügen ihn im Code-Editor-Fenster ein, sodass der bisherige Code ersetzt wird.

@AbapCatalog.sqlViewName: 'ZCMATBYKDATE_N1'
@EndUserText.label: 'Material Stock at posting date'
@AbapCatalog.compiler.compareFilter: true
@AccessControl.authorizationCheck:#NOT_ALLOWED
@ObjectModel.usageType.sizeCategory: #XXL
@ObjectModel.usageType.serviceQuality: #D
@ObjectModel.usageType.dataClass:#TRANSACTIONAL
@ClientHandling.algorithm: #SESSION_VARIABLE
@VDM.private:false
@VDM.viewType: #CONSUMPTION
@Analytics.query : true
@Analytics:{dataExtraction.enabled:true}
@OData.publish: true

412

```
define view ZC_MATBYDATE_N1
 with parameters
  @Consumption.hidden: true
  @Environment.systemField: #SYSTEM_LANGUAGE
  P_Language : sylangu,
  @Environment.systemField: #SYSTEM_DATE
  P_KeyDate : vdm_v_key_date
 as select from I_MaterialStock
{
// Stock Identifier
@ObjectModel.text.element: ['MaterialName']
Material,
@ObjectModel.text.element: ['PlantName']
@AnalyticsDetails.query.axis: #ROWS
Plant,
@ObjectModel.text.element: ['StorageLocationName']
StorageLocation,
Batch,
@ObjectModel.text.element: ['InventoryStockTypeName']
InventoryStockType,
@ObjectModel.text.element: ['InventorySpecialStockTypeName']
InventorySpecialStockType,
// Further Stock Groups
CompanyCode,
// Quantity and Unit
MaterialBaseUnit,
@AnalyticsDetails.query.axis: #COLUMNS
MatlWrhsStkQtyInMatlBaseUnit,
// Names and descriptions
_Material._Text[1: Language=$parameters.P_Language].MaterialName,
_CompanyCode.CompanyCodeName,
_Plant.PlantName,
_StorageLocation.StorageLocationName,
_InventoryStockType._Text[1: Language=$parameters.P_
Language].InventoryStockTypeName,
_InventorySpecialStockType._Text[1: Language=$parameters.P_
Language].InventorySpecialStockTypeName
}
where
 MatlDocLatestPostgDate <= $parameters.P_KeyDate
```

Listing 9.2 Beispielcode für einen CDS Consumption View

9 Reporting mit Embedded Analytics

Der Beispielcode besteht aus den bereits in Abschnitt 9.3.2, »CDS Views und Komponenten«, beschriebenen CDS-View-Elementen. Wichtige Code-Elemente, die CDS-View-Eigenschaften definieren, sind in Fettschrift hervorgehoben. Nun können Sie die Syntax des eingefügten ABAP-Codes über Strg + F2 prüfen und ihn dann per Strg + F3 aktivieren.

Datenvorschau Anschließend können Sie sich die Rohdaten mittels *Datenvorschau* ansehen, indem Sie im Kontextmenü der DDL Source den Menüpfad **Open With • Data Preview** verwenden. Je nach DDL Source werden nun noch eingrenzende Umgebungsparameter – hier Buchungsdatum und Sprache – abgefragt. Bei mehrfach kaskadierten CDS-View-Strukturen bietet sich auch die Ansicht im Graphical Editor an.

OData-Service registrieren

Per OData-Service veröffentlicher CDS View Um einen Consumption View im SAP-ERP-Backend verfügbar zu machen, müssen Sie ihn mit einem OData-Service registrieren und veröffentlichen. Diese Veröffentlichung wird durch die ABAP Annotation @OData.publish: true gefordert.

1. Hierzu greifen Sie mittels Transaktion /n/IWFND/MAINT_SERVICE auf das SAP-Gateway-System zu. Es öffnet sich der Service-Katalog. Hier können Sie OData-Services aktivieren und verwalten.

2. Klicken Sie auf **Service hinzufügen**. Selektieren Sie aus der Systemalias-Liste einen Alias mit eingerichteter RFC-Verbindung. Als technischer Namen bietet sich der Consumption-View-Name mit dem Postfix »CDS« an, ZC_MATBYDATE_N1_CDS.

3. Rufen Sie nun den Service über den Button **Services abrufen** ab. Ein passender Tabelleneintrag sollte jetzt im unteren Bereich **Ausgewählte Backend-Services** erscheinen (siehe Abbildung 9.12).

Abbildung 9.12 Neuen OData-Service hinzufügen

9.3 Datenmodellierung und CDS Views

4. Markieren Sie die Zeile dieses Tabelleneintrags, und klicken Sie auf den Button **Ausgewählte Services hinzufügen**. Im Bereich **Paketzuordnung** des Pop-up-Dialogs klicken Sie auf **Lokales Objekt** oder ein für Sie passendes Transportpaket.

OData-Service-Prüfung

5. Sichern Sie nun Ihre Eingaben. Es erscheint eine Meldung, die Ihnen sagt, dass der Service erfolgreich angelegt ist und die Metadaten erfolgreich geladen wurden.

6. Kehren Sie nun in das Hauptfenster zur Service-Aktivierung und -Verwaltung zurück. Hier können Sie nun den registrierten OData-Service selektieren und die Funktionalität prüfen. Dafür klicken Sie auf **SAP Gateway Client**.

7. Darauf öffnet sich ein Fenster, in dem Sie mittels HTTP-Request (GET) die korrekte Funktionalität und Latenz prüfen können.

8. Klicken Sie nun auf **Ausführen**. Im Teilfenster **HTTP-Response** können Sie sowohl die Latenz (hier 41 ms) als auch den Prüfcode 200 sehen (siehe Abbildung 9.13). Dieser weist auf einen fehlerfrei arbeitenden Service hin.

Abbildung 9.13 SAP Gateway Client – erfolgreicher Service-Test

9. Kehren Sie nun zu ADT in Eclipse zurück. Dort können Sie ein gelbes Warndreiecksymbol vor der OData Annotation sehen. Wenn Sie den Mauszeiger darüber positionieren, sehen Sie ein Hinweis-Pop-up-Fenster mit der Meldung, dass das OData-Service-Objekt noch nicht aktiv ist (siehe Abbildung 9.14).

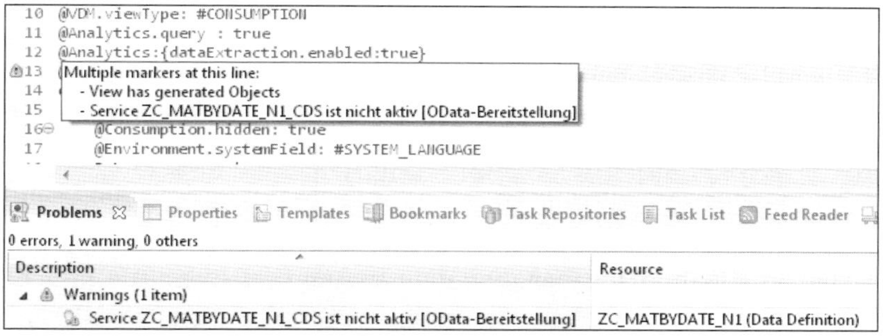

OData-Service-Status in ADT

Abbildung 9.14 ADT-Code-Editor – OData-Services nicht aktiv

415

Die gleiche Warnung erscheint in der Tabelle Problems unterhalb des Code-Editor-Teilfensters. Aus ABAP-Sicht müssen wir noch das OData-Interface im Consumption View aktivieren.

10. Hierzu klicken Sie zunächst auf den Button mit dem Prüfhaken (**Check ABAP Development Object**) und dann auf den **Aktivieren**-Button. Das Warndreieck verwandelt sich nun in ein »G«, das für *generierter OData-Service* steht.

Auf der Grundlage des erstellten Consumption Views und der OData-Service-Aktivierung werden wir im Folgenden eine Datenansicht mittels einer *Analysis-Path-Framework-Applikation* (APF) im SAP Fiori Launchpad erstellen.

9.3.4 Reporting und Analyse mit CDS Views

In den vorangehenden Abschnitten haben Sie gesehen, wie Sie durch die die Erstellung von CDS Views die Basis für weiterführende Analysen und Reports schaffen. Nun zeigen wir Ihnen anhand eines Beispiels, wie Sie mittels einer auf APF basierenden SAP-Fiori-App z. B. Echtzeit-Ist-Bestände analysieren können. In einem zweiten Beispiel erstellen wir eine Smart-Business-KPI-Kachel und analysieren damit den Bestellwert der letzten zwölf Monate.

Analysis-Path-Framework-Applikation

APF für Ad-hoc-Analysen

APF-Apps gehören zu den vielfältigen Reporting- und Analyse-Werkzeugen von SAP S/4HANA. APF wird über das SAP Fiori Launchpad konfiguriert und genutzt. Sie benötigen die Benutzerrolle des Analyst Specialist, um im SAP Fiori Launchpad auf die Kachel **APF-Konfigurationsmodellierer** zugreifen zu können.

1. Loggen Sie sich in das SAP Fiori Launchpad ein, und klicken Sie auf die Kachel **APF-Konfigurationsmodellierer**. Sie gelangen in die Anwendungsübersicht des Modellierers.

2. Über das Pluszeichen legen Sie eine neue APF-App an. Es erscheint ein Pop-up-Dialog, der eine App-Beschreibung bzw. einen App-Namen und ein semantisches Objekt abfragt. Als Beschreibung geben Sie »Materialbestandanalyse« ein. Das semantische Objekt ist optional und kann in der Standardeinstellung (**FioriApplication**) erhalten bleiben.

3. Sichern Sie Ihre Eingaben, und die neue App erscheint nun in der Anwendungsübersicht. Wenn Sie auf die soeben angelegte App klicken, gelangen Sie auf die Konfigurationsseite.

9.3 Datenmodellierung und CDS Views

4. Geben Sie hier einen Konfigurationsnamen im entsprechenden Feld ein (z. B. »Materialbestandanalyse«), und sichern Sie Ihre Eingaben.
5. Nun ergänzen Sie über **Hinzufügen • Neue Kategorie** eine Kategorie und benennen diese mit »Werk«, und sichern Sie erneut.
6. Als Nächstes fügen Sie per **Hinzufügen • Schritt • Neuer Schritt** einen Schritt hinzu, der die in Tabelle 9.4 gezeigten Parameter enthalten soll.

Feld	Auswahl/Eingabe
Schrittname	Eintrag von z. B. »Materialbestand – Werk«
Kategoriezuordnung	Auswahl der Option **Plant** (dt. Werk)
Service	Eintrag des OData-Service »/sap/opu/odata/sap/ZC_MATBYDATE_N1_CDS«
Entitätsmenge	Eintrag des CDS-View-Namens »ZC_MATBYDATE_N1«
Eigenschaften	Auswahl von **Plant**, **Plantname** und **MatlWrhsStkQtyInMatlBaseUnit**
Ausgewählte Eigenschaften	Auswahl von **Plant**

Tabelle 9.4 Parameter für die Anlage der Kategorie »Werk«

7. Sichern Sie nun Ihre Eingaben, und gehen Sie über **Hinzufügen** zu **Neue Darstellung**, um im Bereich **Visualisierung** den Typ **Säulendiagramm** auszuwählen. Im Bereich **Sortierung • Sortierfeld** wählen Sie **Plantname** und im Feld **Richtung** die Auswahl **Absteigend** aus. Sichern Sie erneut Ihre Eingaben.
8. Als Nächstes fügen Sie eine Kategorie für das Material analog zum Werk hinzu. Wählen bzw. setzen Sie die in Tabelle 9.5 aufgelisteten Parameter, und sichern Sie Ihre Eingaben.

Feld	Auswahl/Eingabe
Schrittname	Eingabe von z. B. »Top-10-Materialien«
Kategoriezuordnung	Auswahl von **Material**
Service	Eintrag des O-Data-Service »/sap/opu/odata/sap/ZC_MATBYDATE_N1_CDS«

Tabelle 9.5 Parameter für die Anlage der Kategorie »Material«

9 Reporting mit Embedded Analytics

Feld	Auswahl/Eingabe
Entitätsmenge	Eintrag des CDS-View-Namens »ZC_MATBYDATE_N1«
Eigenschaften	Auswahl von **Material**, **Materialname** und **MatlWrhsStkQtyInMatlBaseUnit**
Art der Datenreduzierung	Auswahl von **Oberste n**
Anzahl der Datensätze	Eintrag von »10«
Sortierfeld	Auswahl von **MatlWrhsStkQtyInMatlBaseUnit**
Richtung	Auswahl von **Absteigend**

Tabelle 9.5 Parameter für die Anlage der Kategorie »Material« (Forts.)

Darstellungsart auswählen
9. Über **Hinzufügen • Neue Darstellung** fügen Sie eine Darstellungsart für die Materialkategorie hinzu. Wählen Sie auch hier die Option **Säulendiagramm**. Sichern Sie Ihre Eingaben. Wenn Sie sich auf der Konfigurationsseite auf der Visualisierungsebene befinden, können Sie sich auch eine Vorschau anzeigen lassen, um gegebenenfalls Anpassungen an der Darstellung vorzunehmen.

10. Nach dem Klicken auf **Vorschau** erscheint ein Pop-up-Fenster mit einem Säulendiagramm mit passender Beschriftung und Legende (siehe Abbildung 9.15).

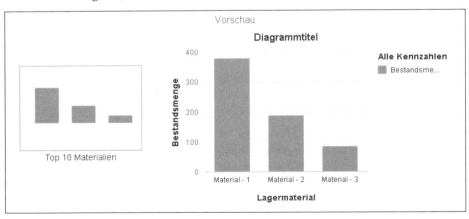

Abbildung 9.15 Vorschau der Top-10-Materialien

11. Nun können Sie die APF-App **Materialbestandanalyse** ausführen. Dazu klicken Sie auf den Button **Ausführen**. Bei erstmaliger Ausführung müssen Sie in der Folgeansicht mittels **Analyseschritt hinzufügen** einen

Analyseschritt aus den beiden zuvor angelegten Analyseschritten für Material und Werk auswählen, je nachdem, ob Sie den Materialbestand pro Werk oder die Top-10-Materialien sehen möchten.

12. Wenn Sie die anschließende Abfolge von Selektionen (Auswahl von **Kategorie • Material**, Auswahl von **Material Top 10 • Materialien**, Auswahl von **Säulendiagramm**) durchlaufen haben, werden Ihnen die Top-10-Materialien, absteigend nach der Bestandsmenge, in Säulendiagrammen angezeigt. Diesen Analysepfad können Sie nun sichern und bei Bedarf unter **Unbenannter Analysepfad • Öffnen** wieder darauf zugreifen.

KPI-Kacheln

KPI-Kacheln gehören zu den Smart-Business-Modeler-Applikationen. Im Folgenden werden wir beispielhaft:

Mit fünf Schritten zur KPI-Kachel

1. eine KPI-App anlegen
2. den App-Inhalt mittels einer Auswertung hinzufügen
3. eine Kachel für den KPI erstellen
4. einen Drill-down für das Charting konfigurieren
5. die Kachel dem Startbild hinzufügen

Für das Beispiel benutzen Sie den bereits vorhandenen CDS Consumption View C_PURCHASEORDERVALUE.

Zunächst erstellen Sie die KPI-App, die erst mal nur die Verbindung zum CDS View herstellt. Loggen Sie sich hierzu in das SAP Fiori Launchpad ein, und öffnen Sie in der Kachelgruppe **KPI-Erstellung** die SAP-Fiori-App **KPI anlegen**. Füllen Sie die in Tabelle 9.6 aufgeführten Felder mit den gezeigten Werten.

KPI-App anlegen

Feld	Auswahl/Eingabe
Titel	Eingabe von »Bestellwert«
Beschreibung	Eingabe von »Wert der Bestellung«
Zieltyp	Auswahl von **Minimierung**
CDS View	Eingabe von »C_PURCHASEORDERVALUE«
OData-Service	Eingabe von »/sap/opu/odata/sap/C_PURCHASEORDER-VALUE_CDS«

Tabelle 9.6 Parameter für die Anlage des Key Performance Indicators »Bestellwert«

Feld	Auswahl/Eingabe
Entitätsmenge	Auswahl von **C_PurchaseOrderValueResults**
KPI-Kennzahl	Auswahl von **PurOrdNetAmountInDisplayCrcy**

Tabelle 9.6 Parameter für die Anlage des Key Performance Indicators »Bestellwert« (Forts.)

Wenn Sie den CDS View selektiert haben, werden für die nachfolgenden Felder im Hintergrund bereits eindeutige bzw. eingeschränkte Parameterauswahlen geladen. Klicken Sie auf **Aktivieren**, um den KPI zu sichern und gleichzeitig zu aktivieren. Eine Aktivierung ist für die nachfolgende Konfiguration zwingend notwendig. Wenn das Pop-up-Fenster **Transport sichern** erscheint, wählen Sie **Lokales Objekt** oder einen Transportauftrag Ihrer Wahl. Damit ist der KPI angelegt.

KPI mit Auswertung füllen Als Nächstes füllen Sie den KPI mit einer Auswertung. Hierzu gehen Sie auf die App **Auswertung anlegen** in der KPI-Gruppe. Im darauffolgenden Bild können Sie Ihren zuvor angelegten KPI-Bestellwert unter **Ausgewählter KPI** auswählen. Dazugehörige Parameter, die zuvor bei der KPI-Erstellung angegeben wurden, werden jetzt automatisch vorausgefüllt. Es kann eine Alarmierung (engl. Alerts) und Benachrichtigung bei Überschreitung von gesetzten Schwellwerten konfiguriert werden. Voraussetzung für diese Funktion ist, dass der zugrundeliegende CDS View SAP-HANA-gecached ist. Dann erscheint die Spalte **Alerts einrichten**. Vergeben Sie im Feld **Auswertung** eine sinnvolle Bezeichnung (z. B. »Letzte 12 Monate«). Belassen Sie im Bereich **Datenquelle** die vorausgewählten Parameter. In den Sektionen **Eingabeparameter und Filter** sowie **Ziel, Schwellenwerte und Trend** geben Sie die in Tabelle 9.7 dargestellten Werte ein.

Feld	Auswahl/Eingabe
Anzeigewährung =	Auswahl von **EUR**
Auswertungszeitraum =	365 (Tage) [Standardwert]
Werttyp	Auswahl von **Fixer Wert**
Kritisch	Eingabe von »500000«
Warnung	Eingabe von »400000«
Ziel	Eingabe von »300000«

Tabelle 9.7 Parameter der Auswertung für den Key Performance Indicator »Bestellwert«

Klicken Sie nach der Parametereingabe auf **Aktivieren**. Alternativ können Sie auch auf **Kachel aktivieren und konfigurieren** klicken.

Im nächsten Schritt legen Sie eine Kachel für den KPI an. Entsprechend wählen Sie in der KPI-Gruppe die Kachel **Kachel anlegen**. Im Folgebild sehen Sie links eine Listung aller aktiven Auswertungen. Wählen Sie nun Ihre zuvor angelegte Auswertung »Letzte 12 Monate« aus, und klicken Sie unten rechts auf **Kachel hinzufügen**. Daraufhin gelangen Sie auf die gleichnamige Seite. Geben Sie nun die Parameter aus Tabelle 9.8 für die Kachelkonfiguration ein.

KPI-Kachel anlegen

Feld	Auswahl/Eingabe
Kachelformat	Auswahl von **Zahlenkachel**
Titel	Eingabe von z. B. »Bestellwertanalyse«
Katalog	Auswahl eines thematisch (z. B. Einkauf oder Analyse) passenden Katalogs

Tabelle 9.8 Parameter der Kachelerstellung für den Key Performance Indicator »Bestellwert«

Sichern Sie Ihre Eingaben, oder klicken Sie alternativ auf **Sichern und Drilldown konfigurieren**, um direkt in den nächsten Schritt zu springen.

Beim Sichern kann es vorkommen, dass ein fehlendes semantisches Objekt oder eine Aktion bemängelt wird. Geben Sie in diesem Fall im Feld **Semantisches Objekt** »*« ein und im Aktionsfeld Folgendes: »analyzeKPIDetailsS4HANA«. Mittlerweile gibt es auch eine F4 -Wertehilfe für dieses Feld. Nach dem Speicherprozess wird Ihnen Ihre gerade konfigurierte Kachel mit Katalog und Navigation im Teilfenster **Konfigurierte Kacheln** angezeigt.

Im nächsten Schritt konfigurieren Sie den Drill-down. In der KPI-Gruppe klicken Sie auf die Kachel **Drill-down konfigurieren**. Im sich öffnenden Fenster sehen Sie auf der linken Seite Ihre aktive Auswertung »Bestellwert – Letzte 12 Monate«, und im rechten Fensterteil wird angezeigt, dass noch kein Drill-down konfiguriert wurde. Markieren Sie nun Ihre Auswertung, und klicken Sie auf **Konfigurieren**. Im Pop-up-Fenster **Auswählen** sehen Sie die Registerkarte **Dimension**. Wählen Sie hier **Kalendermonat** aus. Auf der zweiten Registerkarte **Kennzahl** selektieren Sie die Vorgabe **bestellnettobetrag(hauptkennzahl)**. Klicken Sie nun auf **OK**.

Drill-down konfigurieren

Sie gelangen dadurch in das Fenster für die Konfiguration des Drill-down-Diagramms. Angezeigt wird bereits ein Diagramm im Standardlayout, des-

Einstellung der Diagrammoptionen

sen Elemente, (Diagrammtyp, Skalierung etc.) Sie anpassen können. Selektieren Sie nun als Diagrammtyp die Option **Säulen**. Geben Sie im Feld **View-Titel** einen sinnvollen Namen ein wie z. B. »Bestellnettobetrag pro Monat«. Klicken Sie nun auf **OK**. In der folgenden Sicht behalten Sie die Standardwerte bei. Hier können Sie auch in eine Tabellensicht wechseln. Klicken Sie nun auf **Konfiguration sichern**. Sie kehren dadurch in die Eingangssicht für die Drill-down-Konfiguration zurück. Hier sehen Sie, dass der View-Zähler für Ihre Auswertung um eins hochgezählt hat.

KPI-Kachel der Startseite hinzufügen

Jetzt bleibt noch das Hinzufügen der KPI-Kachel zu Ihrer SAP-Fiori-Launchpad-Startansicht. Kehren Sie mit einem Klick auf den Button 🏠 dorthin zurück. Klicken Sie dann auf den Benutzer-Button oben links. Hier gelangen Sie mit einem Klick auf den Button 🖉 in den Modus **Startseite bearbeiten**. Im Änderungsmodus können Sie Kacheln mit einem Klick auf das Zeichen **x** entfernen, Kacheln mit dem großen Pluszeichen hinzufügen oder auch eine ganze Gruppe einfügen. Klicken Sie nun auf das große Pluszeichen in Ihrer Gruppe **Meine Startseite** oder in einer anderen zum KPI passenden Gruppe Ihrer Wahl. Sie gelangen nun in die Sicht **App Finder – Gruppe »Meine Startseite« personalisieren**. Sie können Ihre erstellte Kachel **Bestellwertanalyse** über das Suchfeld im App-Katalog über die Themenkataloge auf der linken Seite oder sequenziell im gesamten App-Pool suchen. Wenn Sie Ihre Kachel gefunden haben, klicken Sie auf der Kachel auf den Button 📌 (**Kachel hinzufügen**). Daraufhin öffnet sich ein Pop-up-Fenster, in dem Sie die Gruppe auf Ihrer Startseite auswählen können, zu der die Kachel hinzugefügt werden soll – in Ihrem Fall die Gruppe **Meine Startseite**. Klicken Sie nun wieder auf den Button 🏠, um auf Ihre Startseite zurückzukehren. Verlassen Sie dann den Bearbeitungsmodus. Sie sehen nun die von Ihnen erstellte Kachel **Bestellwertanalyse** in Ihrer Gruppe **Meine Startseite** (siehe Abbildung 9.16).

Abbildung 9.16 Ergebnis – KPI-Kachel in der Startseitengruppe

Report-Design-Modellierungs-Apps

Wie APF- und KPI-Apps sind die Report-Design-Modellierungs-Apps (RDMA) über das SAP Fiori Launchpad zu konfigurieren. In Abbildung 9.17 sehen Sie die Kachelauswahl der RDMA-Kachelgruppe.

Abbildung 9.17 Kacheln der RDMA-Kachelgruppe im SAP Fiori Launchpad

Ähnlich den KPI-Kacheln können Sie die Reports in fünf Schritten (s.u.) mittels dieser fünf Kacheln erstellen bzw. verwalten. Für deren Sichtbarkeit im SAP Fiori Launchpad ist wiederum die Rolle *Analyst Specialist* notwendig. Zudem benötigen Sie, abhängig vom verwendeten CDS View bzw. der darin verwendeten Datenbasis, weitere Rollen, in unserem Beispiel die Rolle SAP_BR_SALES_MANAGER. Für unser Beispiel wählen Sie den im Demo-System vorhandenen CDS View C_SALESANALYTICSQRY oder einen zuvor selbst erstellten CDS View. Das Vorgehen sieht zusammengefasst so aus:

In fünf Schritten zum Report

1. Legen Sie zunächst einen Report an.
2. Erstellen Sie dafür eine Reportauswertung.
3. Veröffentlichen Sie den Report.
4. Konfigurieren Sie einen Drill-down.
5. Verwalten Sie den Report schließlich im Arbeitsbereich.

Wie das im Einzelnen vonstattengeht, lesen Sie im Folgenden. Klicken Sie im SAP Fiori Launchpad in der Kachelgruppe **Report-Design** auf die Kachel **Reports anlegen**. Im sich öffnenden Fenster sind der **Titel** des Reports und die Datenquellfelder **ODATA-Service** sowie die **Entitätsmenge** Pflichtfelder. Füllen Sie die in Tabelle 9.9 aufgeführten Felder mit den gezeigten Werten.

Report anlegen

Feld	Auswahl/Eingabe
Titel	Eingabe »Umsatzdatenanalysereport«
Beschreibung	Eingabe von »Report zur Analyse von Umsätzen«

Tabelle 9.9 Parameter für die Anlage des Reports »Umsatzdatenanalysereport«

9   Reporting mit Embedded Analytics

Feld	Auswahl/Eingabe
CDS View	Eingabe von »C_SALESANALYTICSQRY«
OData-Service	Eingabe von »/sap/opu/odata/sap/C_SALESANALYTICS-QRY_CDS«
Entitätsmenge	Auswahl von C_SALESANALYTICSQRYResults

Tabelle 9.9 Parameter für die Anlage des Reports »Umsatzdatenanalysereport« (Forts.)

Wenn Sie den CDS View selektiert haben, werden für die nachfolgenden Felder **OData-Service** und **Entitätsmenge** bereits im Hintergrund eindeutige Parameterauswahlen geladen. Sie haben nun diverse Optionen zum Fortfahren zur Auswahl: Varianten des einfachen Sicherns oder Varianten für die Aktivierung. In diesem Beispiel klicken Sie auf **Aktivieren und Auswertung hinzufügen**. Dadurch können Sie im Reporterstellungsprozess direkt in den nächsten Schritt springen. Im anschließenden Pop-up-Dialog **Transport sichern** wählen Sie **lokales Objekt**, oder Sie wählen einen bestehenden Customizing-Transport über **Customizing Auftrag** aus. Hiermit ist der Report als Basisobjekt angelegt.

Reportauswertung anlegen

Um dem angelegten Reportobjekt noch eine Analysefunktion zuzuordnen, muss im folgenden Schritt eine Auswertung angelegt werden. Hierzu können Sie direkt im Reporterstellungsprozess gemäß obiger Vorgehensweise fortfahren oder alternativ zu einem beliebigen Zeitpunkt die Kachel **Reportauswertung anlegen** anklicken. In diesem Beispiel wurde der dazugehörige Dialog bereits nach der Reportaktivierung aufgerufen.

Im Feld **Ausgewählter Report** ist der zuvor angelegte Reportname vorselektiert. Sie müssen der Auswertung im Feld **Auswertung** nun einen aussagekräftigen Namen geben, z. B. »Absatzmengenauswertung«. Die bereits passend vorausgefüllten Datenquellenfelder können so belassen werden. In das Feld **Anzeigewährung** könne Sie »EUR« eintragen. Im Feld **Kurstyp** können Sie es im Normalfall beim SAP-Standardwert »M« (= Durchschnittskurs) belassen.

Report veröffentlichen

Nun können Sie den Report im SAP Fiori Launchpad veröffentlichen. Hierzu wählen Sie die Kachel **Report veröffentlichen** aus. Im sich öffnenden Fenster sehen Sie auf der linken Seite alle aktiven Reports. In unserem Fall erscheint dort mindestens der zuvor angelegte Report »Umsatzdatenanalysereport«. Man sieht, dass diesem noch keine Kachel zugeordnet worden ist. Wählen Sie diesen Report durch einfaches Klicken aus.

Nun klicken Sie unten rechts auf **Kachel hinzufügen**, was der Veröffentlichung gleichkommt. In nun erscheinenden Bild (siehe Abbildung 9.18) sind die Pflichtfelder **Titel** (»Umsatzdatenanalysereport«) und **Untertitel** (»Absatzmengenauswertung«) bereits durch unsere Voraktivitäten vorausgefüllt. Sie müssen noch den SAP-Fiori-Katalog auswählen, in dem die Kachel gesichert werden soll. Im Bereich **Navigation** muss ein semantisches Objekt und die Aktion, die mit der Kachel verbunden werden soll, z. B. »Anzeigen«, eingetragen werden. Das semantische Objekt sollte bereits im SAP-System verfügbar sein.

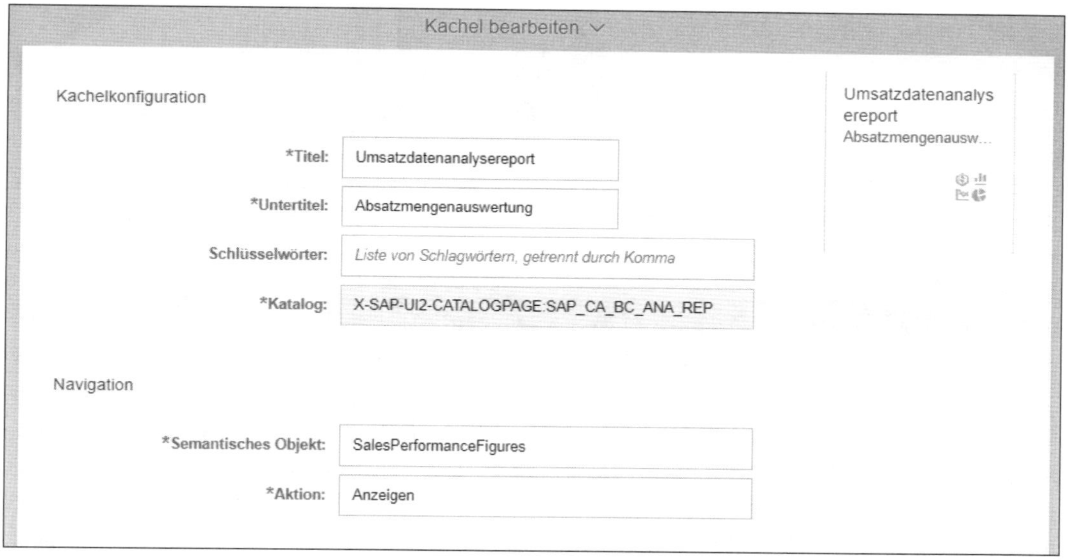

Abbildung 9.18 Kachelkonfiguration für die Veröffentlichung

Wurde die Kachel erzeugt, erscheint sie zur Auswahl im Dialogfenster für den Report-Drill-down. In diesem Dialog können Sie die zugrundeliegenden Daten Ihres Reports mittels verschiedener Diagrammtypen visualisieren. Eine Visualisierung wird View genannt und kann neben den gewünschten Einstellungen auch für die spätere Wiederverwendung betitelt und abgespeichert werden. Es lassen sich aus einer Drop-down-Liste (abhängig vom unterliegenden CDS View) verschiedene Dimensionen und Kennzahl auswählen, entweder einzeln oder multidimensional. Daneben können Diagrammtyp, Achsentyp und Skalierung über Eingaben über die gleichnamigen Felder **Diagrammtyp**, **Achsentyp** und **Skalierung** eingestellt werden (siehe Abbildung 9.19).

Report-Drill-down konfigurieren

9   Reporting mit Embedded Analytics

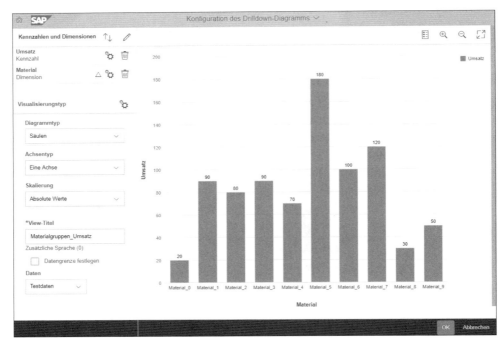

Abbildung 9.19 Konfiguration des Drill-downs

Sollten mehrere Datenquellen zur Verfügung stehen, kann die gewünschte Datenquelle aus dem Drop-down-Menü **Daten** selektiert werden. Hakt man das Filterelement **Daten** begrenzen an, öffnet sich ein Eingabefeld, indem der Datenwertebereich begrenzt werden kann. Nach der Konfiguration und Betitelung des Views kann dieser per Klick auf **OK** bestätigt werden. Daraufhin gelangt man in die finale Ansicht. Hier kann das Diagramm im Ganzen verändert, z. B. vergrößert, werden. In diesem Fenster kann auch ein neuer View mittels Klick auf den Button ⊞ hinzugefügt werden. Dieser ist für die begleitende Tabelle gedacht und bietet entsprechend nur die festeingestellte Tabellensicht. Ist das View-Paar aus Diagramm und Tabelle erstellt, kann deren Konfiguration gesichert werden. Anschließend kann per Drop-down-Menü zwischen den Views hin- und hergeschaltet werden (siehe Abbildung 9.20).

Arbeitsbereich für Reports

Über die Kachel **Arbeitsbereich für Reports** gelangen Sie in den administrativen Bereich, in dem Sie Ihre Reports verwalten können. Hier werden zum jeweils auf der linken Seite ausgewählten Report die erzeugte Kachel sowie die Datenquelle (CDS View, OData-Service etc.) u. Ä. angezeigt. Über Untermenüs können Sie die zuvor für die einzelnen Konfigurationsschritte notwendigen Parameter des Reports einsehen und zum Teil in die Dialoge (z. B. Drill-down-Konfiguration) abspringen.

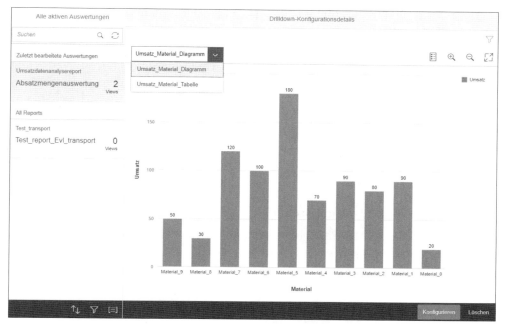

Abbildung 9.20 Drop-down-Auswahl für Diagramm- oder Tabellen-View

9.4 Integration mit SAP BW und SAP BusinessObjects

In den vorangehenden Abschnitten haben Sie einen Einblick in die Analysemöglichkeiten von Embedded Analytics in SAP S/4HANA erhalten. Jetzt schlagen wir den Bogen zum klassischen Reporting von SAP BW. Auf zwei der wichtigsten Szenarien unter den vielen Möglichkeiten zur Integration von SAP S/4HANA und SAP BW gehen wir im ersten Teil des Abschnitts kurz ein. Im zweiten Teil werden wir die Integrationspunkte der SAP-BusinessObject-BI-Tools darstellen und zeigen, wie man das SAP-S/4HANA-Reporting ergänzen kann.

9.4.1 Integrations-Framework

Wir hatten bereits den Einsatz der SAP Best Practices für SAP S/4HANA Embedded Analytics beschrieben und in Abschnitt 9.3, »Datenmodellierung und CDS Views«, angewendet. Die SAP Best Practices sind eine von drei Komponenten, aus denen das SAP-Activate-Framework besteht. Neben den Best SAP Practices dienen des Weiteren die *Guide Configurations* und der *Methodology-Teil* als Komponenten, die SAP Activate als agiles Implementierungs-Framework ausmachen.

SAP Activate als Framework

In diesem Zusammenhang stellt SAP auch umfangreiche Informationen und Anleitungen für eine Integration von SAP BW bzw. SAP BI in die SAP-S/4HANA-Landschaft zur Verfügung. In folgender Aufstellung sehen Sie die wichtigsten für SAP S/4HANA 1809, On-Premise-Version, zur Verfügung stehenden Analytics-Integrationsleitfäden. Daneben gibt es noch weitere Integrationsleitfäden für SAP-Industrielösungen und SAP S/4HANA Cloud:

- Integration between SAP S/4HANA and SAP BW
- Integration between SAP S/4HANA and SAP BI
- Integration between SAP S/4HANA and SAP Cloud Platform

9.4.2 Integrationsszenarien

In diesem Abschnitt geben wir Ihnen einen Überblick über die beiden gängigsten Integrationsszenarien, die auf dem SAP-Active-Framework basieren: die Integration von SAP BW sowie die Integration von SAP Business Intelligence (SAP BI) bzw. deren Analysereports.

Integration von SAP S/4HANA und SAP BW

Die Integration von SAP BW in eine SAP-S/4HANA-Systemlandschaft dient der Erweiterung der Analysemöglichkeiten zum Zweck eines strategischen Reportings. Hierbei wird auf die Echtzeit-SAP-S/4HANA-Daten aus SAP BW zugegriffen. Diese werden angereichert und/oder mit historischen Daten erweitert. Das Embedded BW bzw. die Embedded-Analytics-Funktionen des SAP-S/4HANA-Systems ergänzen sich komplementär mit dem externen SAP-BW-System. Das SAP-S/4HANA-System dient hierbei immer als SSOT.

SAP S/4HANA und SAP BW mit separaten Datenbanken

Im ersten Fall aus Abbildung 9.21 beschreiben wir die Integration von SAP S/4HANA und SAP BW, wenn diese über separate SAP-HANA-Datenbanken verfügen. In diesem Szenario erfolgt ein Echtzeitzugriff auf die Stamm- und Bewegungsdaten im VDM des SAP-S/4HANA-Systems mittels Open ODS Views des SAP-BW-Systems, die hierbei SAP S/4HANA CDS Views konsumieren. Die SAP S/4HANA CDS Views werden in SAP BW mit Daten (z. B. mit Hierarchien oder mit Daten aus Nicht-SAP-Datenquellen) angereichert. Ein Reporting mittels BW Queries ist dann auf die Open ODS Views bzw. Composite Provider möglich. Als Sicherheitskonzept kann hier auf die SAP-BW-Autorisierungen zurückgegriffen werden. Optional können Bewegungsdaten aus den SAP S/4HANA CDS Views mit Daten aus einem SAP-BW-Data-Store-Objekt (das z. B. historische Daten oder Plandaten enthält) mittels eines SAP HANA Composite Providers angereichert werden.

9.4 Integration mit SAP BW und SAP BusinessObjects

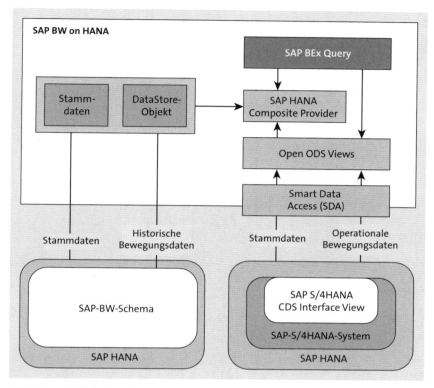

Abbildung 9.21 Integrationsszenario zwischen SAP S/4HANA und SAP BW

Open ODS Views werden in SAP BW, basierend auf den gewünschten ABAP CDS Interface Views in SAP S/4HANA, manuell erstellt. Eine Separierung von Stamm- und Bewegungsdaten-Views wird seitens SAP empfohlen. Die Verbindung zwischen SAP-S/4HANA- und SAP-BW-System wird mittels *SAP HANA Smart Data Access* realisiert. Dieses dient in SAP BW als *DataSource* für die Open ODS Views, wobei das SAP-S/4HANA-System als *Remote Source* deklariert wird. Abbildung 9.22 zeigt diesen Integrationsprozess im Überblick anhand der erforderlichen Arbeitsschritte. Die Details sind im Building Block Configuration Guide der SAP Best Practices zu finden.

Mittels Open ODS View kann der ursprünglich virtuelle Datenzugriff im SAP S/4HANA VDM in einen persistenten Zugriff im SAP-BW-System umgewandelt werden. Ein entsprechender Datenfluss kann mit Data Source, *Advanced DataStore Object* (Advanced DSO) und Transformationen erzeugt werden (ab SAP BW 7.4 SP8 möglich).

Virtueller vs. persistenter Datenzugriff

9   Reporting mit Embedded Analytics

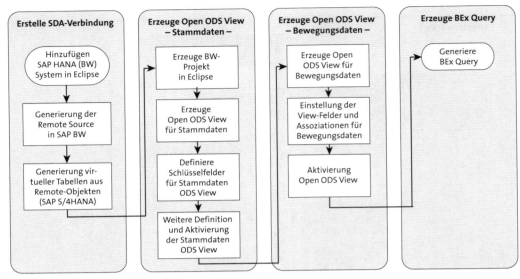

Abbildung 9.22 Integrationsprozess – SAP S/4HANA und SAP BW

Nutzung von Embedded BW

Im zweiten Fall wird auf die Embedded-BW-Komponente von SAP S/4HANA Embedded Analytics zurückgegriffen. Bei diesem Szenario ist keine Modellierung in SAP BW (weder embedded noch extern) notwendig. Der Vorgang dient der schnellen Anzeige bzw. Nutzung von Queries, im Besonderen BW Queries. Mit diesen wird auf die SAP-S/4HANA-Bewegungsdaten mittels CDS (Consumption) Views zugegriffen.

Der Zugriff auf die Echtzeitbewegungsdaten, die durch die CDS Views präsentiert werden, geschieht über ODP (Operational Data Provider) Transient (Info)Provider. ODP Transient Provider sind speziell für operationale Analysen entworfen worden und werden automatisch bei der Aktivierung von neuen CDS Views aus deren ODP-Metadaten erzeugt. Automatisch heißt, dass keine zusätzliche manuelle Modellierung für deren Nutzung notwendig ist. Damit ist es möglich, diese direkt bei der Erstellung von BW Queries zu nutzen. BW Queries, die auf dem ODP Transient Provider basieren, können innerhalb einer SAP-S/4HANA-Systemlandschaft transportiert werden, da der Transient Provider mit demselben technischen Namen auf allen SAP-S/4HANA-Systemen generiert wird.

Einfache Abfragen mit BW Queries

SAP empfiehlt es, BW Queries, basierend auf SAP S/4HANA CDS Consumption Views (d. h. Query Views), zu erstellen.

Da Embedded BW, wie es bereits dargestellt wurde, kein vollwertiges BW-System ist, müssen einige Einschränkungen beachtet werden. Embedded BW unterstützt keine SAP-BW-Hierarchien oder Variablen (außer BEx-Variablen) und auch keine SAP-BW-Analyseberechtigungen.

9.4 Integration mit SAP BW und SAP BusinessObjects

Mittels Transaktion RSRTS_ODP_DIS können Sie sich den Transient Provider für einen bestimmten CDS View anzeigen lassen. Im Bild wählen Sie **ABAP Core Data Services** im Feld **ODP Kontext** und den CDS-View-Namen im Feld **ODP Namen**.

Zur Erzeugung einer BW Query öffnen Sie den *BEx Query Designer* und wählen als Ausgangselement den gewünschten Transient Provider. Hierbei ist zu beachten, dass ein Transient Provider in der InfoProvider-Selektion mit folgender Syntax erscheint: »2C + CDS-View-SQL-Name«. Beispielsweise wird also der CDS Interface View I_CUSTOMER_CDS (SQL-Name) als Transient Provider 2CI_CUSTOMER_CDS angezeigt.

Transient Provider für BW Queries

Nun können Sie, wie gewohnt, eine BW Query im BEx Query Designer erstellen.

Neben den beiden geschilderten Integrationsszenarien stellen die SAP Best Practices for Analytics with SAP S/4HANA auch noch Szenarien für die Integration von SAP S/4HANA mit SAP BW im Zusammenhang mit SAP HANA Live zur Verfügung. Die Darstellung würde allerdings den Rahmen dieses Kapitels sprengen.

Integration von SAP S/4HANA und SAP BusinessObjects BI

Neben den in Embedded Analytics integrierten Analysewerkzeugen, wie z. B. SAP-Smart-Business-Apps, können diese um die Menge der BusinessObjects-BI-Tools für strategisches Reporting bzw. Analyse erweitert werden. Die ursprüngliche SAP BusinessObjects Suite wurde konsolidiert, sodass die ursprüngliche Menge an Applikationen nun übersichtlicher geworden ist. Übrig geblieben sind:

Erweiterung der Reporting-Möglichkeiten

- SAP Lumira 2.0
- SAP Analysis
- SAP Crystal Reports
- SAP BusinessObjects Web Intelligence

Um die SAP-BusinessObjects-BI-Tools im SAP Fiori Launchpad zu nutzen, muss zuvor SAP BusinessObjects BI sowohl im Frontend als auch im Backend von SAP S/4HANA integriert werden. Für die genaue Vorgehensweise können Sie den entsprechenden Building Block »Integration between SAP BI Platform and Fiori Launchpad« des Best Practice Scope Items »Integration between SAP S/4HANA and SAP BI« heranziehen. Mit diesem Best Practice Scope Item werden auch vorgefertigte Reports für SAP S/4HANA in Form von zu importierenden LCMBIAR-Dateien für diverse der oben genannten SAP-BusinessObjects-BI-Tools mitgeliefert. Diese Reports sind in Tabelle 9.10 gelistet (Stand: 06.2017).

Weitere Infos im Integration Guide

9 Reporting mit Embedded Analytics

BusinessObjects-Analyse-Tool	Funktionsbereich	Verfügbare Reports
SAP Lumira Designer (ehemals SAP BusinessObjects Design Studio)	Core Finance	Profit Center Plan/Actual Analysis
		Cost Center Plan/Actual Analysis
	Order-to-Cash	Accounts Receivable
		Sales Order Analysis
		Sales Order Comparison
		Rejected Sales Orders
		Sales Revenue Analysis
		Sales Revenue Comparison
	Procure-to-Pay	Accounts Payable
		Invoice Analysis
		Purchase Analysis
		Contract Analysis
SAP Lumira Discovery	Finance	Accounts Receivable Analysis
	Sales	Sales Volume Analysis
	Materials Mgmt.	Inventory Analysis
SAP Crystal Reports	Sales	Sales Revenue Analysis
SAP BusinessObjects Web Intelligence	Sales	Sales Order Amount Analysis

Tabelle 9.10 SAP-BusinessObjects-BI-Reports für SAP S/4HANA

Zugriffswege für BusinessObjects-BI-Tools

Neben den vorgefertigten Reports können die BI-Tools wie folgt auf die SAP-S/4HANA-Daten zugreifen:

- **SAP Lumira Designer**
  Transient Provider für den Zugriff auf CDS Consumption Views

- **SAP Analysis for Microsoft Office**
  Transient Provider für den Zugriff auf Consumption CDS Views und Interface Cube CDS Views
- **SAP Lumira Discovery**
  Transient Provider für den Zugriff auf CDS Consumption CDS Views

9.5 Zusammenfassung

In diesem Kapitel haben wir Ihnen das operationale Reporting mit Embedded Analytics und die dazugehörige Infrastruktur eines SAP-S/4HANA-Systems vorgestellt. Embedded Analytics als neue zentrale Analysekomponente und Framework ermöglicht es Ihnen erstmals, ein ausgereiftes Echtzeit-Reporting innerhalb eines SAP-ERP-Systems durchzuführen. Embedded Analytics wurde eigens für das Zusammenwirken mit der Datenbank SAP HANA entwickelt. Das SAP-S/4HANA-System liefert eine neue, schlankere und vereinfachte Datenstruktur, die das genannte Echzeit-Reporting überhaupt erst in dieser Effizienz ermöglicht.

Die Basis für jegliches Reporting aus dem SAP-S/4HANA-System bilden die CDS Views. Sie sind ABAP-Code-Objekte, die in erster Instanz den Zugriff auf die Rohdaten (Tabelle) ermöglichen. Diese können dann, aggregiert und semantisch angereichert, die Daten als Consumption (Query) Views den Reporting-Tools innerhalb und außerhalb von Embedded Analytics zur Verfügung stellen.

Ein internes Reporting wird z. B. mit APF-Apps und KPI-Kacheln im SAP Fiori Launchpad durchgeführt. Externe Reporting-Tools, wie sie in SAP BusinessObjects BI oder in SAP BW enthalten sind, können mittels der automatisch in SAP S/4HANA generierten Transient InfoProvider auf die CDS-View-Inhalte zugreifen.

Das strategische, auf historischen Daten basierende Reporting von SAP BW kann in diesem Zusammenhang als Ergänzung zu dem auf operationalen Daten basierende Echtzeit-Reporting von SAP S/4HANA Embedded Analytics genutzt werden.

Im folgenden Kapitel 10, »Integration mit SAP S/4HANA Finance«, bringen wir Ihnen die logistikrelevanten Neuerungen im Bereich SAP S/4HANA Finance am Beispiel von drei Kernprozessen näher. Darüber hinaus wird beleuchtet, wie SAP S/4HANA den Wandel in den Finanzabteilungen unterstützt, und es werden die Funktion des Universal Journals bzw. die Vorteile der Tabelle ACDOCA erläutert.

Kapitel 10
Integration mit SAP S/4HANA Finance

SAP S/4HANA Finance bietet den Finanzabteilungen die Möglichkeit, die Daten für Reporting und Planung schnell bereitzustellen. Insbesondere Daten aus der Logistik haben im Zusammenhang mit neuen Anforderungen rund um Big Data und das Internet der Dinge eine besondere Bedeutung.

Die Finanzabteilungen der Unternehmen erleben zunehmend einen Wandel von transaktionalen Tätigkeiten, wie z. B. der Rechnungsbuchung oder der Abwicklung des Zahlungsverkehrs, hin zu einer Rolle als strategischer Berater im Unternehmen. Nach wie vor gilt für alle Geschäftsprozesse im Unternehmen, dass der Finanzbereich – sei es im Zahlungsverkehr, beim Reporting, bei der Datenbereitstellung für das Controlling oder bei der Liquiditätssteuerung – der Flaschenhals ist, an dem Fehler aus den vorgelagerten Schritten auftauchen und analysiert werden müssen.

Ermöglicht wird die neue Rolle des strategischen Beraters durch die Verfügbarkeit der nötigen Daten in Echtzeit. Dabei sind auch die Controlling- und buchhaltungsrelevanten Daten aus der Logistik in das sogenannte Universal Journal (Tabelle ACDOCA) integriert. Die neue umfassende Tabelle ACDOCA enthält dabei alle mit den Einzelposten zusammenhängenden Informationen nicht nur aus dem Rechnungswesen, sondern auch aus dem Controlling, der Ergebnisrechnung, der Anlagenbuchhaltung und der Materialwirtschaft. Bei der Betrachtung der einzelnen Geschäftsprozesse wird deutlich, wie sich die Übernahme der Daten ins Universal Journal auf die Analyse der Buchungsdaten auswirkt.

In diesem Kapitel zeigen wir Ihnen die logistikrelevanten Neuerungen in SAP S/4HANA Finance am Beispiel dreier verschiedener Prozesse: Procure-to-Pay (Abschnitt 10.3.1, »Kreditorenrechnungen prüfen und analysieren«), Procure-to-Pay mit Anzahlung (Abschnitt 10.3.2, »Kreditorenrechnungen mit Anzahlung prüfen und analysieren«) sowie Order-to-Cash (O2C), siehe Abschnitt 10.3.3, »Debitorenrechnungen prüfen und analysieren«. Allen drei Prozessen ist gemeinsam, dass die aus der Logistik kommenden Belege automatisch gebucht werden. Nach der Darstellung der Geschäftsprozesse und der erweiterten Analysemöglichkeiten in SAP S/4HANA mit dem Universal Journal werden im Anschluss die Auswirkungen auf das Controlling, die Anlagenbuchhaltung und das Reporting dargestellt.

10.1 Logistikdaten und Geschäftsprozesse im Rechnungswesen

Aufgaben des Rechnungswesens

Das Rechnungswesen hat die entscheidende Aufgabe, die durch den betrieblichen Leistungsprozess entstehenden Geld- und Leistungsströme systematisch zu erfassen, zu dokumentieren, zu überwachen und Daten für Managemententscheidungen aufzubereiten. Folglich sind die Komponenten externes Rechnungswesen (Financial Accounting, Finanzbuchhaltung (FI)) und internes Rechnungswesen (Management Accounting, Controlling (CO)) mit den dazugehörigen Komponenten zentrale Bestandteile in jedem SAP-ERP-System – von SAP S/4HANA ebenso wie von SAP ERP (z. B. SAP ECC 6.0). Die Besonderheit in SAP S/4HANA ist, dass die Komponente Finance aus den drei Säulen Rechnungswesen (extern und intern), Cash Management und Planung besteht. In diesem Abschnitt geben wir Ihnen einen kurzen Überblick über die Kernprozesse.

10.1.1 Finanzbuchhaltung

Das Financial Accounting (die Finanzbuchhaltung) ermöglicht die Erstellung von Abschlüssen nach nationalen und internationalen Richtlinien. Neben der Hauptbuchhaltung (General Ledger) enthält die Komponente FI unter anderem die folgenden Nebenbücher:

- Kreditorenbuchhaltung (Procure-to-Pay, P2P)
- Debitorenbuchhaltung (Order-to-Cash)
- Anlagenbuchhaltung
- Bankbuchhaltung (Zahlungsverkehr)
- neu in S/4HANA: Material Ledger als Nebenbuch für Vorräte

Von der Bestellung bis zur Bezahlung durch den Lieferanten

Die Kreditorenbuchhaltung (Accounts Payable, FI-AP) verwaltet die buchhalterischen Daten aller Lieferanten bzw. Kreditoren und ist damit integraler Bestandteil im *Procure-to-Pay-Prozess*. Der Procure-to-Pay-Prozess beschreibt Vorgänge, die im Unternehmen, von der Beschaffung bis hin zur Bezahlung einer Rechnung, abgewickelt werden:

1. Liegt dem Einkäufer eine Bestellanforderung (Banf) vor, prüft er diese und holt gegebenenfalls Angebote ein (siehe Kapitel 3, »Einkauf«).

2. Der Einkäufer löst daraufhin die Bestellung in der Materialwirtschaft (Materials Management, MM) aus (siehe Kapitel 3).

3. Mit der Lieferung erfolgt eine logistische Rechnungsprüfung. Der Wareneingang wird gebucht, und in der Regel gleichzeitig auch der Rechnungseingang.

4. Lieferungen und Rechnungen werden lieferantenbezogen geführt. In dem Zusammenhang entstehen Verbindlichkeiten aus Lieferungen und Leistungen, z. B. beim Kauf von Roh-, Hilfs- und Betriebsstoffen oder Büromaterialien auf Rechnung mit Zahlungsziel.

5. In der Kreditorenbuchhaltung werden die Verbindlichkeiten auf dem Personenkonto des Lieferanten verbucht und gleichzeitig im Hauptbuch auf dem Sammelkonto »Verbindlichkeiten aus Lieferungen und Leistungen« mitgeschrieben.

6. Im Zuge der Bezahlung der Rechnung wird die Verbindlichkeit ausgeglichen.

7. Es kommt häufig vor, dass bereits Anzahlungen an den Kreditor geleistet wurden. Um den Anzahlungsprozess zu integrieren, gibt es verschiedene Ansätze: In unserem On-Premise-Beispiel in Abschnitt 1.3.1, »On-Premise-Version«, führen wir sowohl die Anzahlungsanforderung als auch die Buchung der Anzahlung in der Finanzbuchhaltung durch (siehe Abschnitt 10.3.2, »Kreditorenrechnungen mit Anzahlung prüfen und analysieren«). *Buchen von Anzahlungen an den Kreditor*

8. Abgänge und Zugänge von langlebigen Vermögensgegenständen (gemäß § 247 HGB), wie z. B. der Kauf von Maschinen, technischen Anlagen, Betriebs- und Geschäftsausstattung oder Fahrzeugen, werden in der Anlagenbuchhaltung (Asset Accounting, FI-AA) erfasst und verwaltet. Dabei ist es erforderlich, unter anderem Abschreibungen zu buchen. *Kauf von langlebigen Vermögensgegenständen*

9. Die Debitorenbuchhaltung (Accounts Receivable, FI-AR) führt die buchhalterischen Daten aller Kunden bzw. Debitoren und ist integraler Bestandteil im Order-to-Cash-Prozess. Der Order-to-Cash-Prozess bezieht sich auf alle Aktivitäten – von der Bestellung bis zum Zahlungseingang: *Vom Auftragseingang bis zur Bezahlung durch den Kunden*

   – Ist ein Auftragseingang im Vertrieb (SD) zu verzeichnen, wird eine sogenannte Bestellung (Order) angelegt.

   – Bei Neukunden müssen darüber hinaus Kundenstammdaten angelegt werden.

   – Anschließend wird eine Lieferung erzeugt (siehe Kapitel 5, »Vertrieb«, Kapitel 6, »SAP S/4HANA Retail for Merchandise Management«, und Kapitel 7, »Lagerverwaltung mit Embedded EWM«).

- Der Auftrag wird kommissioniert.
- Schließlich erfolgt die Fakturierung. Forderungen aus Lieferungen und Leistungen entstehen beim Verkauf von Waren und Dienstleistungen auf Rechnung mit dem Zahlungsziel (Zugang).
- Bei der Bezahlung der Rechnung wird die Forderung ausgeglichen (Abgang).
- Die Buchungen werden in der Debitorenbuchhaltung auf dem Kundenkonto erfasst und gleichzeitig auf dem Sammelkonto »Forderungen aus Lieferungen und Leistungen« im Hauptbuch mitgeschrieben.
- Bei der Bezahlung durch den Kunden wird die offene Forderung ausgeglichen.

Zahlungsabwicklung In Abschnitt 10.3.3, »Debitorenrechnungen prüfen und analysieren«, schauen wir uns diesen Prozess in SAP S/4HANA an.

10. Im Rahmen der Bankbuchhaltung (Bank Accounting, FI-BL) können mithilfe des Zahlprogramms die Ein- und Auszahlungen gegenüber Kunden bzw. Lieferanten automatisiert werden.

10.1.2 Controlling

Controlling der Geschäftsprozesse Die Koordination, Überwachung und Optimierung der beschriebenen Geschäftsprozesse erfolgen über das *Management Accounting* (Controlling, CO). CO ist sowohl mit FI als auch mit Logistikkomponenten wie der Materialwirtschaft verbunden, damit alle Daten, die für die Kostenrechnung relevant sind, zur Verfügung stehen.

Zu den wichtigsten CO-Komponenten zählen unter anderem die *Gemeinkostenrechnung* (Overhead Cost Management, CO-OM) und die *Ergebnis- und Marktsegmentrechnung* (Profitability Analysis, CO-PA). Die Gemeinkostenrechnung unterteilt sich in die Kostenartenrechnung, die Kostenstellenrechnung und die Kostenträgerrechnung. Bei der *Kostenartenrechnung* (Cost Element Ledger, CO-OM-CEL) werden die Kosten von Aufwendungen und die Erträge von Leistungen, die innerhalb einer Periode angefallen sind, festgestellt und abgegrenzt. Die *Kostenstellenrechnung* (Cost Center Accounting, CO-OM-CCA) dient unternehmensinternen Steuerungszwecken. Sie ist ein geeignetes Hilfsmittel, um angefallene Gemeinkosten verursachungsgerecht dem Ort ihrer Entstehung zuzuordnen. Die *Kostenträgerrechnung* (z. B. Innenaufträge, CO-OM-OPA = Overhead Orders and Projects Accountings) beantwortet die Frage, wofür die Kosten angefallen sind. Sie ordnet die angefallenen Kosten den Leistungseinheiten des Betriebs zu (z. B. Erzeugnisse, Erzeugnisgruppen, Aufträge).

Für die Ergebnis- und Marktsegmentrechnung bietet SAP S/4HANA sowohl die Möglichkeit der buchhalterischen als auch der kalkulatorischen Ergebnisrechnung.

Um schließlich dem Informationsbedarf des Managements und der gesetzlichen Dokumentationsaufgabe gerecht zu werden, schafft das Berichtswesen (Reporting) eine Verbindung zwischen Entstehungs- und Anwendungsort der Daten.

10.2 Neuerungen in SAP S/4HANA Finance im Überblick

Um auch den technischen Hintergrund der im Folgenden vorgestellten Geschäftsprozesse nachvollziehen zu können, ist es wichtig, den Wandel im SAP-Finanzwesen zu verstehen. Welche Geschäftsprozesse dabei in diesem Kapitel im Vordergrund stehen, wurde bereits in Abschnitt 10.1, »Logistikdaten und Geschäftsprozesse im Rechnungswesen«, näher erläutert. Wir konzentrieren uns dabei auf die drei Kernprozesse Procure-to-Pay, Procure-to-Pay mit Anzahlung und Order-to-Cash.

Für die Komponente SAP S/4HANA Finance ist das neue sogenannte Universal Journal die zentrale Datenquelle. Hier werden Daten aus bzw. für die Bereiche Hauptbuch, Controlling, Ergebnisrechnung, Anlagenbuchhaltung und Material Ledger erfasst. Damit ist der Wandel, vor allem vom logischen zum physischen einheitlichen Rechnungswesen-Dokument, vollzogen: Bislang gab es lediglich einen logischen Zusammenhang zwischen dem Rechnungswesen- und dem Controlling-Beleg, das System erzeugte aber zwei physisch getrennte Belege. In SAP S/4HANA Finance wird nur noch ein Beleg erzeugt. Die Controlling-Belegnummer wird nur pro forma gesondert vergeben, um das Reporting aus der »alten Welt« auch in SAP S/4HANA zu ermöglichen. Gespeichert sind aber jetzt alle Daten in einem Beleg und sämtliche Belegpositionsdaten im Universal Journal (siehe Abbildung 10.1).

Universal Journal

Daten, die in SAP ERP in verschiedenen Tabellen gespeichert wurden, werden jetzt zentral in der Tabelle ACDOCA gesichert, die dem Universal Journal zugrunde liegt. Damit sind auch Aggregationen in Summentabellen, wie z. B. Tabelle GLT0 oder Tabelle FAGLFLEXT, die Summensätze (also die zu Summen aggregierten Belegpositionsdaten) aus der Hauptbuchhaltung enthalten, unnötig geworden. Abbildung 10.1 zeigt exemplarisch, welche Daten jetzt ins Universal Journal integriert werden.

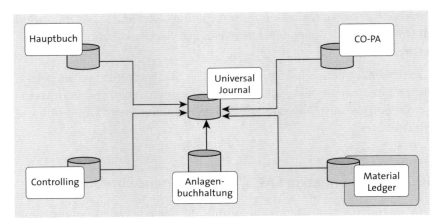

Abbildung 10.1 Universal Journal als zentraler Speicherort

[»] **Simplification List**

Auch für die Änderungen im Sinne der weiteren Vereinfachung von Prozessen und Transaktionen im Bereich Finance ist die Simplification List eine wichtige Informationsquelle. Sie finden die Simplification List unter: *https://help.sap.com/doc/f45c88b65643403d97682484273216d0/1809.000/en-US/SIMPL_OP1809.pdf*.

Allein die Anzahl der Felder in der Tabelle ACDOCA zeigt, wie diese Informationen aufgenommen und damit auch ausgelesen werden können: Abbildung 10.2 zeigt einen Ausschnitt, der über Transaktion SE11 aufgerufen wurde und zumindest einen Teil der Felder anzeigt. Im SAP-System besteht natürlich die Möglichkeit, nach unten zu scrollen und sich die weiteren Felder anzeigen zu lassen. In Abbildung 10.2 sehen Sie einen Ausschnitt aus Tabelle ACDOCA mit Transaktion SE11.

[»] **Tabelle ACDOCA und Single Source of Truth**

Alle Felder in der Tabelle ACDOCA sind Schlüsselfelder, also Felder, die stets als erste Felder in einer Tabelle stehen und der eindeutigen Identifikation eines Tabelleneintrags dienen; es gibt keine Sekundärindizes mehr. Aber weil auch weiterhin Programme auf Tabelle ACDOCA zugreifen, die auf der alten Tabellenlogik basieren, sind einige Felder nach wie vor explizit als Schlüsselfelder gekennzeichnet. Damit wird die alte Programmlogik zum Auslesen der Daten weiter ermöglicht. Die bereits bestehenden Reports – auch kundeneigene Reports – funktionieren also weiterhin. Bei der Definition neuer Reports greifen Sie auf eine einzige Tabelle zu und reduzieren so den Abstimmungsaufwand.

10.2 Neuerungen in SAP S/4HANA Finance im Überblick

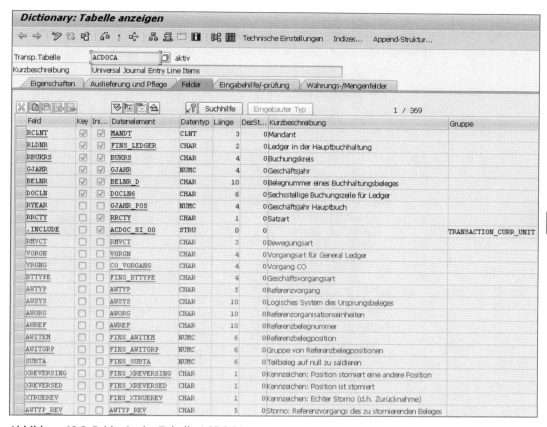

Abbildung 10.2 Felder in der Tabelle ACDOCA

Tabelle ACDOCA enthält eine Reihe von Standardfeldern, kann aber auch um kundeneigene Felder erweitert werden. Dabei können Felder aus allen Bereichen ergänzt werden, die das Universal Journal nutzen, wie z. B. das Controlling, die Anlagenbuchhaltung und das Material Ledger.

> **Belegkopf und Belegpositionen in der Tabelle ACDOCA**
>
> Die neue Journalbuchung besteht aus einem Belegkopf – die Tabelle BKPF gibt es physisch auch weiterhin – und den Belegpositionen, die in der Tabelle ACDOCA gespeichert werden.

Daneben ist auch die maximale Anzahl Belegzeilen pro Beleg von 999 auf sechs Stellen erweitert worden (999.999 Belegzeilen). Dies war unter anderem notwendige Voraussetzung für die Umstellung von der kalkulatorischen auf die buchhalterische Ergebnisrechnung, die bei der Migration nach SAP S/4HANA Finance im Standard aktiviert wird (siehe Abschnitt 10.6,

»Management Accounting«). Damit stellt Tabelle ACDOCA alle Daten in Echtzeit zur Verfügung und ermöglicht aktuelles Reporting. In SAP ERP konnten die Daten nur periodisch in Summentabellen bereitgestellt werden. Damit wurden beim Aufruf des Reportings nur historische Daten ausgelesen.

Abbildung 10.3 zeigt, wie sich der Übergang von der alten SAP-ERP-Tabellenwelt in die neue SAP-S/4HANA-Tabellenwelt gestaltet.

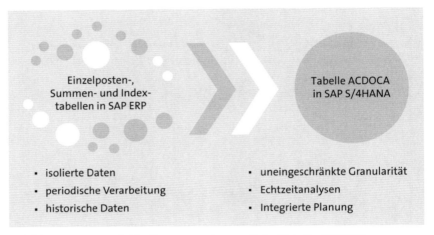

Abbildung 10.3 Wandel im Zusammenhang mit der Tabelle ACDOCA

Migration in das neue Hauptbuch

Im Zusammenhang mit der Nutzung von SAP S/4HANA Finance wird häufig die Frage gestellt, inwieweit eine Migration in das neue Hauptbuch erforderlich ist. Ob eine solche Migration sinnvoll ist, sollte stets im Einzelfall geprüft werden. Eine pauschale Empfehlung ist an dieser Stelle nicht möglich. Ein Argument für die Umstellung auf das neue Hauptbuch ist der Umstand, dass SAP S/4HANA technisch auf dem Ledger-Prinzip basiert. Ihre Entscheidung sollte z. B. auch davon abhängen, ob künftig eine Segmentberichterstattung (wie von IFRS 8 gefordert) notwendig ist oder freiwillig als Ergänzung zum Konzernabschluss erstellt werden kann. In diesem Fall ist eine Belegaufteilung für die Segmentberichterstattung erforderlich. Die Belegaufteilung kann nicht nachträglich aktiviert werden, sodass diese Entscheidungen vor der Migration getroffen werden müssen.

Ledger- und Kontenlösung

Es ist auch in SAP S/4HANA möglich, sowohl das neue Hauptbuch mit der Ledger-Lösung als auch die parallele Rechnungslegung mit der Kontenlösung (auch Mickymaus-Lösung genannt) zu realisieren. Bei der Ledger-Lösung werden neben dem führenden noch weitere Standard-Ledger verwendet; bei der Kontenlösung gibt es nur das führende Ledger 0L.

> **Steuer-Ledger in Deutschland**
>
> Die Ledger-Lösung bietet sich unter anderem auch dafür an, sowohl die lokalen Rechnungslegungsvorschriften gemäß Handelsgesetzbuch zu erfüllen, aber auch, um den steuerrechtlichen Anforderungen in einem eigenen Ledger nachzukommen. Damit können bei der Erstellung des Jahresabschlusses die Daten für die Handelsbilanz und für die Steuerbilanz (inklusive Anlagegitter) einfach ermittelt werden.

Die Möglichkeit, sowohl die Ledger- als auch die Kontenlösung einzurichten, besteht für alle Bestandteile von SAP S/4HANA Finance inklusive der Anlagenbuchhaltung. Am Beispiel der Anlagenbuchhaltung wird auch deutlich, dass die Kontenlösung dennoch auf der Ledger-Lösung basiert, aber die Einstellungen so erfolgen, dass die Kontenlösung auf der Ledger-Lösung aufbauend eingerichtet werden kann (siehe Abschnitt 10.5, »Die neue Anlagenbuchhaltung«).

10.3 Belegfluss und Analysemöglichkeiten

In Kapitel 3, »Einkauf«, bis Kapitel 6, »SAP S/4HANA Retail for Merchandise Management«, haben wir die verschiedenen Prozesse im Unternehmen genau bis zur Übergabe ins Finanzwesen beschrieben, aber nicht, wie mit den offenen Posten weiterverfahren wird. Dieser letzte Schritt im Prozess wird in diesem Kapitel dargestellt. Wir zeigen Ihnen in diesem Abschnitt im Hinblick auf die folgenden drei Prozesse, wie der Belegfluss und die Analysemöglichkeiten in SAP S/4HANA aussehen:

- **Procure-to-Pay**
  Bei der Bestellung bei einem Lieferanten (Kreditor) wird die Kreditorenrechnung automatisch in MM erzeugt und in FI gebucht (siehe Abschnitt 10.3.1, »Kreditorenrechnungen prüfen und analysieren«).

- **Procure-to-Pay mit Anzahlung**
  Der zweite Prozess basiert auf dieser Grundlage, ergänzt aber um die Anzahlung, die beim Kreditor geleistet wird (siehe Abschnitt 10.3.2, »Kreditorenrechnungen mit Anzahlung prüfen und analysieren«).

- **Order-to-Cash**
  Die Bestellung des Kunden wird in SD erfasst und die Debitorenrechnung anschließend automatisch in FI gebucht (siehe Abschnitt 10.3.3, »Debitorenrechnungen prüfen und analysieren«).

Für alle drei Prozesse gilt, dass die Daten aus den Vorkomponenten, wie aus SAP ERP gewohnt, als automatische Buchung an das Finanzwesen übergeben werden. Auf der Grundlage des Universal Journals stehen allerdings deutlich weitergehende Analysemöglichkeiten zur Verfügung (siehe Abschnitt 10.3.4, »Übergreifende Analysen in SAP S/4HANA Finance«).

In FI – dem »Flaschenhals« – laufen immer wieder fehlende oder falsche Buchungsinformationen auf, die zu einer falschen Kontenfindung bei den automatischen Buchungen führen konnten. Die Ursachenermittlung gestaltete sich in SAP ERP für die Anwender in der Buchhaltung allerdings mangels Berechtigungen häufig schwierig, da z. B. der Zugriff auf Materialstammdaten nicht ohne weiteres möglich war.

Recherche mit Daten des Universal Journals

Über das Universal Journal und den umfassenden Buchungsbeleg sind in SAP S/4HANA aber Daten, wie z. B. der gleitende Durchschnittspreis (also Daten aus dem Material Ledger) oder Controlling-Daten, in erheblichem Umfang direkt im Beleg sichtbar (gespeichert in der Tabelle ACDOCA) und erfordern weder mühsame Recherchen oder Kommunikation mit anderen Abteilungen noch die Anforderung weitergehender Berechtigungen in anderen Komponenten.

Datentransfer via iDocs in SAP S/4HANA

Der Datentransfer zwischen SAP-Systemen, aber auch zwischen den Komponenten innerhalb eines Systems, kann auch weiterhin über iDocs funktionieren. Bis Release SAP S/4HANA 1511 waren bestimmte iDoc-Typen bereits abgeschafft, aufgrund des vehementen Widerspruchs etlicher User aber wieder eingeführt worden. Bezüglich des iDoc-Nachrichtentyps **INVOIC** gibt es derzeit noch keine Aussage, ob dieser Typ abgeschafft werden soll. Wir gehen daher vorläufig davon aus, dass dieser Nachrichtentyp auch weiterhin beibehalten wird. Die gute Nachricht ist: Solange es dazu keine Informationen in der Simplification List gibt, bleiben die iDoc-Typen erhalten!

Der neue Geschäftspartner

Die für die zentralen Prozesse nötigen Stammdaten der Kreditoren und Debitoren werden in SAP S/4HANA zentral im Geschäftspartner verwaltet. (Für Anwender mit FI-CAx-Erfahrung (Contract Accounting Cross Industries) ist dies ein vertrautes Szenario.)

In Abschnitt 10.4, »Geschäftspartnerdaten pflegen«, erfahren Sie Näheres zur Pflege der Geschäftspartnerdaten.

10.3.1 Kreditorenrechnungen prüfen und analysieren

Auf der Basis der Bestellanforderung und der daraus resultierenden Faktura wird eine Kreditorenrechnung erzeugt, die in FI automatisch gebucht wird. Wir haben also einen offenen Posten auf dem Kreditorenkonto. Abbildung 10.4 gibt Ihnen einen Überblick über den Procure-to-Pay-Prozess.

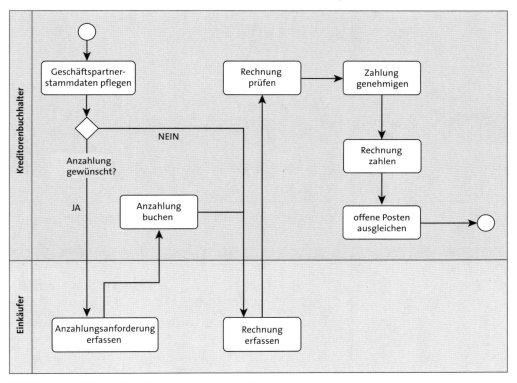

Abbildung 10.4 Überblick über den Procure-to-Pay-Prozess

Der zentrale Prozess hat sich also nicht geändert, wohl aber die Herangehensweise zur Überprüfung der Daten und die Konfiguration der für den zentralen Prozess nötigen Daten. In SAP S/4HANA sind deutlich mehr Daten bereits im FI-Beleg verfügbar und im Universal Journal bzw. in der Tabelle ACDOCA gespeichert. Die Kreditorenrechnung erreichen Sie über die SAP-Fiori-App **Kreditorenposten bearbeiten**, wie in Abbildung 10.5 gezeigt.

Mit der SAP-Fiori-App **Kreditorenposten bearbeiten** können die einzelnen Belege angezeigt werden (siehe Abbildung 10.6). Wählen Sie bei Bedarf für den Drill-down in weiteren Funktionen sogenannte Links aus, in die Sie dann verzweigen können, z. B. hier für den Beleg in die Beleganzeige.

Kreditorenposten bearbeiten

10   Integration mit SAP S/4HANA Finance

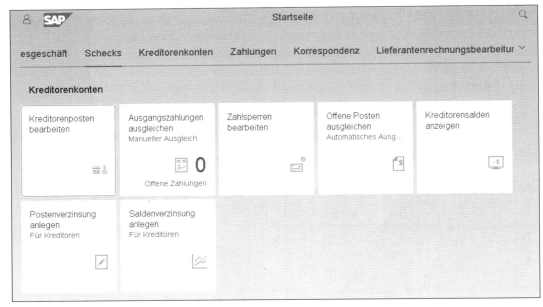

Abbildung 10.5 Offene Posten der Kreditoren prüfen und ausgleichen

Abbildung 10.6 Kreditorenposten bearbeiten

In Abbildung 10.7 sehen Sie das Ergebnis, wenn Sie über die SAP-Fiori-App **Kreditorenposten anzeigen** die Liste der Posten aufrufen und dann einen Drill-down auf den entsprechenden Beleg vornehmen.

Ursprungsbeleg aus der Logistik anzeigen
In der Zeile für die einzelnen Funktionen sind lediglich die Symbole aus der SAP-ERP-Anwendersymbolleiste eingefügt. An die Funktionen aus der Menüleiste kommt man über einen Klick auf **Mehr** – auch zum Belegfluss bzw. aus der Finanzwesensicht zum Ursprungsbeleg (siehe Abbildung 10.8).

10.3 Belegfluss und Analysemöglichkeiten

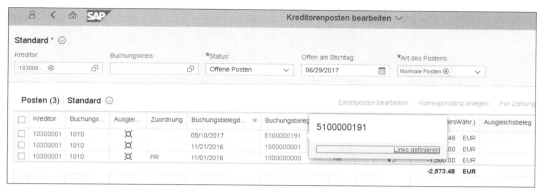

Abbildung 10.7 Links für die Beleganzeige oder Beleganalyse definieren

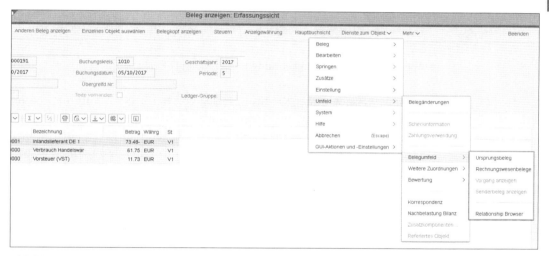

Abbildung 10.8 Verzweigung aus dem Rechnungswesenbeleg zum Ursprungsbeleg

Über den Beleg können Sie sich Informationen aus dem Controlling oder dem Material Ledger anzeigen lassen. Bei der Anzeige einer Belegposition gelangen Sie in ein Bild, das der Enjoy-Sicht in der Darstellung in SAP GUI ähnelt (siehe Abbildung 10.9). In der Belegposition haben Sie alle Möglichkeiten, die Sie bereits aus SAP ERP kennen, um sich die gefüllten Felder anzeigen zu lassen.

Belegposition anzeigen

Für den erfahrenen Anwender haben sich die Sichten beim Vergleich von SAP S/4HANA zu SAP ERP nicht geändert; diese enthalten aber weitere Informationen. Der Vorteil ist, dass sich die Anwender nicht erst auf eine neue Oberfläche einstellen müssen, sondern die Informationen an »gewohnter Stelle« wiederfinden.

10   Integration mit SAP S/4HANA Finance

Abbildung 10.9 Materialkennung und Werk im FI-Beleg

Üblicherweise wird der Kreditorenbeleg von der Logistik automatisch im Finanzwesen gebucht. Im Ausnahmefall muss eine Korrektur manuell erfasst und gebucht werden. Für einen solchen Fall ist es auch in SAP S/4HANA möglich, den FI-Beleg zunächst zu simulieren und dann erst zu buchen. In Abbildung 10.10 ist ein simulierter Beleg zu sehen.

Abbildung 10.10 Beleg simulieren

10.3 Belegfluss und Analysemöglichkeiten

> **Belegnummern in FI**
>
> Sollte in FI ein Beleg gebucht werden und dieser Beleg zuvor simuliert worden sein, ist die in der Simulation angezeigte Nummer in Klammern oben links nur ein Platzhalter für temporäres Speichern und noch nicht die endgültige Belegnummer. Diese wird erst erzeugt, wenn der Beleg in FI gebucht wird.

Der gebuchte Beleg wird anschließend, wie in Abbildung 10.11 dargestellt, angezeigt. Wenn der Beleg gebucht ist, verfügen Sie über die Belegnummer im vorgegebenen Belegnummernkreis. Der weitere Prozess unterscheidet sich in SAP S/4HANA im Vergleich zu SAP ERP nicht. Damit können Sie den Geschäftsprozess für die Kreditoren, wie gewohnt, abschließen.

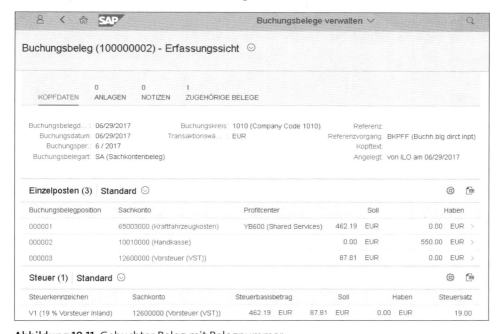

Abbildung 10.11 Gebuchter Beleg mit Belegnummer

10.3.2 Kreditorenrechnungen mit Anzahlung prüfen und analysieren

Je nach Zuständigkeit für bestimmte Teile im Geschäftsprozess werden Anzahlungsanforderungen oder sogar Anzahlungen bereits in der Logistik und nicht erst im Finanzwesen gebucht. In diesem Kapitel gehen wir davon aus, dass in der Logistik lediglich die vom Lieferanten kommende Anzahlungsanforderung gebucht wird; die Anzahlung selbst wird dann aber im Finanzwesen gebucht – eine in der Praxis weitverbreitete Aufteilung.

Umgang mit Anzahlungen beim Lieferanten

Im Gegensatz zu dem im vorangehenden Abschnitt dargestellten Ablauf wird in diesem Beispiel zunächst eine Anzahlungsanforderung über die Logistik vom Lieferanten/Kreditor gestellt. Daraufhin wird im Finanzwesen eine Anzahlung gebucht. Erst danach erfolgt die Abrechnung mit dem gemäß Kreditorenrechnung noch zu zahlenden Restbetrag. Damit wird auch in diesem Prozess nicht nur eine Faktura, sondern auch eine Anzahlungsanforderung aus der Logistik ins Finanzwesen übermittelt.

In SAP S/4HANA stehen sowohl für die Anzahlungsanforderung als auch für die Anzahlung SAP-Fiori-Apps zur Verfügung. Abbildung 10.12 zeigt den Bereich **Zahlungen** der SAP-Fiori-Apps, unter denen sich unter anderem die Apps **Anzahlungsanforderungen verwalten**, **Kreditorenanzahlung buchen** und **Kreditorenanzahlungsanforderung anlegen** befinden.

Abbildung 10.12 Anzahlungen im Bereich »Zahlungen«

Wird die Anzahlungsanforderung bereits in der Logistik gebucht, wird die beglichene Anzahlung in FI über die SAP-Fiori-App **Kreditorenanzahlung buchen** gebucht. Weil die Lieferanten/Kreditoren über die Geschäftspartnernummer miteinander verknüpft sind, wird die Zuordnung der Anzahlungsanforderungen und Anzahlungen in SAP S/4HANA einfacher als bisher, da bislang »nur« die Bestellnummer verwendet werden konnte.

Sobald die Buchung der Anzahlung erfolgt ist, läuft der restliche Prozess, wie bereits in Abschnitt 10.3.1, »Kreditorenrechnungen prüfen und analysieren«, beschrieben, weiter.

10.3.3 Debitorenrechnungen prüfen und analysieren

Auch der Ablauf der Buchung einer Debitorenrechnung läuft in SAP S/4HANA analog zu SAP ERP ab. Hier gibt es bei der Umstellung auf SAP S/4HANA Finance ebenfalls keine Systembrüche: Bei einem Kundenauftrag und der dazugehörigen Faktura in SD wird gegebenenfalls automatisch eine Debitorenrechnung erzeugt und in FI gebucht. Der Geschäftspartner hat jetzt die Rolle des Debitors (in den beiden vorangehenden Abschnitten hatte er die Rolle des Kunden). Abbildung 10.13 zeigt den Überblick über den Geschäftsprozess beim Order-to-Cash-Prozess.

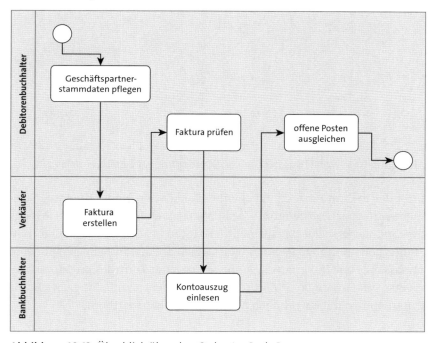

Abbildung 10.13 Überblick über den Order-to-Cash-Prozess

Auch dieser Prozess wird in SAP S/4HANA durch SAP-Fiori-Apps unterstützt. In SAP S/4HANA sind allerdings auch im Finanzwesen deutlich mehr Daten für die Analyse verfügbar; theoretisch kann hier sogar der Warenkorb des Kunden eingesehen werden. Es stellt sich allerdings dann die Frage, in welcher Granularität die Daten in der Finanzbuchhaltung zu Auswertungszwecken zur Verfügung stehen sollten.

Debitorenprozess und Datenverfügbarkeit

Abbildung 10.14 zeigt den in der Logistik an das Finanzwesen automatisch gebuchten und übergebenen Beleg an.

Der Debitorenbeleg zeigt die Kontonummer des Debitors (dies bedeutet die Kontonummer des Geschäftspartners) – nur dass dieser nicht mehr, wie in der Logistik in der Rolle des Kunden, sondern hier im Finanzwesen in der Rolle des Debitors dargestellt wird. Wie aus SAP ERP gewohnt, wird auch in SAP S/4HANA standardmäßig im Feld **Referenz** die Fakturanummer aus der Logistik übernommen.

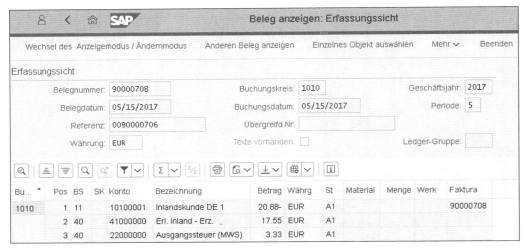

Abbildung 10.14 Von FI aus der Logistik übernommener Debitorenbeleg

SAP Credit Management

Im Order-to-Cash-Prozess sind überdies Funktionen für das Kreditmanagement verfügbar. Das neue SAP Credit Management (FIN-FSCM-CR) löst das herkömmliche Kreditmanagement (FI-AR-CR) ab. Gegenüber diesem rein FI-internen Kreditmanagement bietet Ihnen SAP Credit Management eine umfassende und integrierte systemübergreifende Form des Kreditmanagements. Der Einsatz von SAP Credit Management empfiehlt sich z. B. für Unternehmen mit einer hohen Anzahl an Geschäftspartnern.

10.3.4 Übergreifende Analysen in SAP S/4HANA Finance

Die Analysemöglichkeiten haben sich durch die Echtzeitbuchungen ins Universal Journal deutlich vereinfacht. In diesem Abschnitt zeigen wir Ihnen, welche Analysemöglichkeiten Sie zusätzlich haben, die unabhängig von Kreditoren- oder Debitoren-Apps in SAP Fiori zur Verfügung stehen.

Buchungsbeleganalyse

Es bieten sich Ihnen verschiedene SAP-Fiori-Apps, wie z. B. die Buchungsbeleganalyse (**Buchungsbelege verwalten**). Abbildung 10.15 zeigt die Möglichkeiten, die im Rahmen der Beleganalyse zur Verfügung stehen, wenn Sie die Belegananzeige aufgerufen haben. Über die sogenannten Dimensionen für Zeilen, Spalten und Felder können Sie sich eine Belegauswertung über zahlreiche Belege so gestalten, dass Sie eine auf Ihre Belange zugeschnittene Übersicht erhalten.

10.3 Belegfluss und Analysemöglichkeiten

Abbildung 10.15 Buchungsbelege analysieren

Sie können, passend zu Ihren spezifischen Anforderungen, Varianten dieser Analysen speichern. Es ist möglich, die verschiedenen SAP-Fiori-Apps rollenspezifisch oder passend zum Aufgabengebiet zu gestalten. Abbildung 10.16 zeigt die SAP-Fiori-App für die Buchungsbeleganalyse im Bereich **Reporting**. Sie sehen, dass schon im Standard zahlreiche Analysevorgänge abgebildet werden. Sie können auch eigene, auf Ihre Anforderungen genau ausgerichtete Apps anlegen oder die vorhandenen Apps über Filter anpassen.

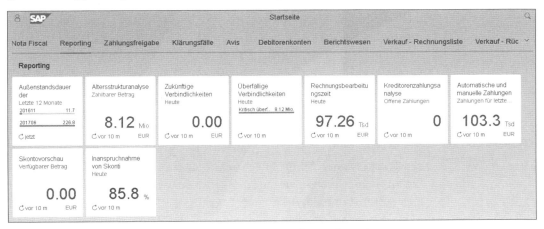

Abbildung 10.16 SAP-Fiori-Apps im Bereich »Reporting« für Analysen im Finanzwesen

10.4 Geschäftspartnerdaten pflegen

Transaktion BP (Business Partner)

Statt wie bisher für die genannten Geschäftsprozesse jeweils Kreditoren oder Debitorenstammdaten zu pflegen, werden diese Stammdaten in SAP S/4HANA zentral über Transaktion BP (für Business Partner) gepflegt. Die Pflege des Geschäftspartners übernimmt die SAP-Fiori-App **Geschäftspartner pflegen** (siehe Abbildung 10.17).

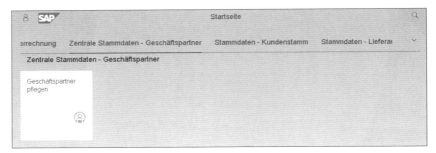

Abbildung 10.17 SAP-Fiori-App »Geschäftspartner pflegen« – Transaktion BP aufrufen

Geschäftspartner als zentraler Stammsatz für alle Komponenten

Über die verschiedenen Rollen können so zu einem Geschäftspartner sowohl Kreditoren- als auch Debitorendaten hinterlegt werden. Auch weitere Rollen, wie die Kunden- oder Lieferantenrolle, können an dieser Stelle gepflegt werden. Sämtliche Rollen werden dann einem Geschäftspartnerstammsatz zugeordnet.

Hintergrund ist, dass in der digitalen Welt die Geschäftspartner nicht mehr nur in einer Rolle, sondern regelmäßig sowohl als Kreditor/Lieferant als auch als Debitor/Kunde sowie möglicherweise in weiteren Rollen in Kontakt zu einem Unternehmen stehen. Die einfache (und gelegentlich umständliche) Verknüpfung von Kreditor und Debitor in FI reicht dafür längst nicht mehr aus. Auch die Trennung von Stammdaten in der Logistik von den Stammdaten im Rechnungswesen ist wenig sinnvoll. In SAP S/4HANA wurde in der Konsequenz der Geschäftspartner zum zentralen Instrument.

Umleitung der »alten« SAP-GUI-Transaktionen

Abbildung 10.18 zeigt die aufgerufene SAP-Fiori-App mit dem dazugehörigen Pfad, wenn Sie einen Geschäftspartner neu anlegen wollen: Die bisherigen Transaktionen für die Pflege der Kreditoren- oder Debitorenstammdaten im Finanzwesen sowie die Transaktionen für die Pflege der Kunden- und Lieferantenstammdaten in der Logistik (z. B. Transaktion FK0x/FD0x, XD0x, VD0x, XK0x sowie MK0x) sind in SAP S/4HANA obsolet und werden zu Transaktion BP umgeleitet. Wenn Sie die »alten« SAP-GUI-Transaktionen aufrufen, wird zwar das gewohnte Einstiegsbild gezeigt, doch es erscheint

10.4 Geschäftspartnerdaten pflegen

die Meldung, dass auf die neue Transaktion umgeleitet wird (siehe Abbildung 10.18).

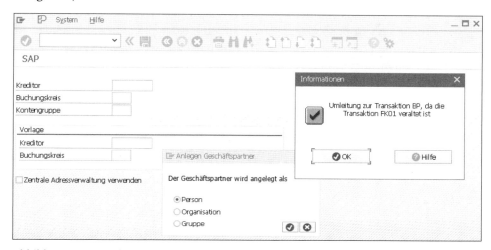

Abbildung 10.18 Umleitung zu Transaktion BP am Beispiel von Transaktion FK01 in SAP GUI

Im Folgenden wird am Beispiel der Pflege der Kreditorendaten und der Lieferantendaten die entsprechende Steuerung der Daten gezeigt. Bei der Definition eines neuen Geschäftspartners werden im Standard immer zwei Rollen vergeben: zum einen die Rolle *Allgemein* (**allg.**) und zum anderen die Rolle **FinServ**. Die allgemeine Rolle wird beim Anlegen automatisch vom SAP-System vergeben, und die zweite Rolle wählen Sie aus (in unserem Beispiel für den Bereich der Kreditorenbuchhaltung). Dabei ist es unerheblich, welche Rolle Sie auswählen – die allgemeine Rolle kommt stets mit dazu. In Abbildung 10.19 legen wir die Testfirma GmbH beispielhaft zunächst über die Feldauswahl **Geschäftspartner (allg.)** als allgemeinen Geschäftspartner an.

Geschäftspartnerrollen

Abbildung 10.19 Geschäftspartner mit zwei Rollen anlegen

Je nach ausgewählter Rolle werden dann die entsprechend zugehörigen Registerkarten mit Feldern angezeigt. Im Folgenden verwenden wir als Beispiel die Rolle *Lieferant*. Im Unterschied zur Rolle *Lieferant (Finanzbuchhaltung)* sind in der Rolle *Lieferant* andere Felder pfleg- bzw. einsehbar. In Abbildung 10.20 ist zunächst der Geschäftspartner mit der Rolle *Lieferant* zu sehen. Achten Sie auf die Registerkarten, die für die Lieferantendaten zur Verfügung stehen. Hier ist auch die Registerkarte **Beschaffungsmonitoring** zu sehen, die Daten, z. B. zum Transportweg und zur Verfügbarkeit des Materials, beinhaltet.

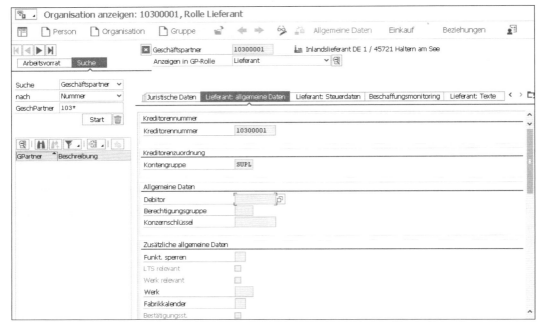

Abbildung 10.20 Geschäftspartnerrolle »Lieferant« – mit Beschaffungsmonitoring

Abbildung 10.21 zeigt hingegen denselben Geschäftspartner, nur diesmal mit der Rolle *Lieferant (Finanzbuchhaltung)*. Hier ist diese Registerkarte nicht zu sehen.

Zeitabhängige Adresssteuerung

Eine für die Anwender sehr praktische Änderung ist, dass die Adresse des Geschäftspartners jetzt zeitabhängig gesteuert werden kann (siehe Abbildung 10.22). Diese zeitabhängige Adresssteuerung ermöglicht es, bei Adressänderungen die alte Anschrift im System zu behalten. Damit ist besser ersichtlich, wann genau die alte Anschrift noch verwendet werden konnte und ab wann eine neue Anschrift gilt, ohne in die Änderungsbelege verzweigen zu müssen.

10.4 Geschäftspartnerdaten pflegen

Abbildung 10.21 Geschäftspartnerrolle »Lieferant« in der Finanzbuchhaltung – ohne Beschaffungsmonitoring

Abbildung 10.22 Adressen zum Geschäftspartner zeitabhängig steuern

Die neue Pflege sowohl der Kreditoren- und Lieferantendaten als auch der Debitoren- und Kundendaten über eine zentrale Geschäftspartnernummer erleichtert im Gesamtprozess die Zuordnung einzelner Vorgänge, wie z. B. eines erstellten Belegs in der Buchhaltung.

>
>
> **Datentransfer zwischen mehreren SAP-S/4HANA-Systemen**
>
> Für den Bereich der Geschäftspartnerstammdaten wird empfohlen, nicht mehr über die aus SAP ERP gewohnten iDoc-Typen **DEBMAS** oder **CREMAS** zu gehen, sondern für die Datenintegration das führende Objekt Geschäftspartner (Business Partner) und den zugehörigen Business-Partner-Webservice SOAP (Simple Object Access Protocol) zu verwenden. Weitere Informationen hierzu finden Sie in SAP Hinweis 2472030.

Bei der Umstellung von SAP ERP auf SAP S/4HANA ist für die zentrale Geschäftspartnernummer die Abstimmung mit den Fachbereichen für die Nummernkreispflege notwendig, wie es in Abschnitt 12.3.2, »Stammdaten«, für die Customer-Vendor-Integration (CVI) nachzulesen ist.

10.5 Die neue Anlagenbuchhaltung

Zahlreiche Logistik- und Retail-Unternehmen arbeiten intensiv mit der Anlagenbuchhaltung. Wichtig ist an dieser Stelle das Verständnis dafür, dass in SAP S/4HANA nur die neue Anlagenbuchhaltung aktivierbar ist. Wird in SAP ERP noch die klassische bzw. alte Anlagenbuchhaltung verwendet, ist es wichtig zu verstehen, worin die grundlegenden Unterschiede bestehen, damit sich die Anlagenbuchhaltung weiterhin nahtlos in die Geschäftsprozesse mit Kreditoren und Debitoren einfügt.

Ist das SAP-System entsprechend konfiguriert, werden Anlagen normalerweise im integrierten Beschaffungs- und Fakturierungsprozess angelegt und aktiviert.

Die SAP-Fiori-App **Anlagen verwalten** erstellt sehr umfassende Auswertungen und ist erst seit Release 1709 verfügbar (in der Cloud-Version ab 1705). Sie können die App aber nach wie vor nicht direkt aufrufen, sondern navigieren z. B. vom Anlagengitter aus zur App »Anlagen verwalten«.

Neue Anlagenbuchhaltung verpflichtend einführen

Wenn Sie SAP S/4HANA nutzen, müssen Sie die neue Anlagenbuchhaltung zwingend einführen; die klassische Anlagenbuchhaltung ist nicht mehr verfügbar. Grund dafür ist, dass (ähnlich wie im neuen Hauptbuch) das Ledger als zentrales Element fungiert. Dies macht es erforderlich, Bewertungsbereiche auf eine Ledger-Basis zu bringen, was nur in der neuen Anlagenbuchhaltung möglich ist.

Die neue Anlagenbuchhaltung aktivieren

Sie können die neue Anlagenbuchhaltung bereits vor der Migration nach SAP S/4HANA in SAP ERP einrichten. Es ist also nicht zwingend notwendig, dass die SAP-HANA-Datenbank bereits im Einsatz ist. In SAP ERP können Sie die neue Anlagenbuchhaltung allerdings nur im Zusammenhang mit dem neuen Hauptbuch einrichten.

Voraussetzung ist, dass Sie bereits SAP ECC 6.0 EHP 7 nutzen. Bei der System Conversion auf SAP S/4HANA stehen die Daten der Anlagenbuchhaltung bereits zur Verfügung. Weitere Informationen zur Umstellung finden Sie in Kapitel 12, »Migration von SAP ERP nach SAP S/4HANA«.

10.5 Die neue Anlagenbuchhaltung

> **Neue Anlagenbuchhaltung und Kontenlösung**
>
> Die Kontenlösung kann auch in der neuen Anlagenbuchhaltung abgebildet werden. Das geht allerdings nur dann, wenn noch nicht auf das neue Hauptbuch migriert wurde. Bei der Umstellung auf SAP S/4HANA sollten Sie prüfen, ob sich eine Umstellung auf das neue Hauptbuch lohnt. In diesem Zusammenhang sollte dann auch die Umstellung der Anlagenbuchhaltung berücksichtigt werden.

Der größte Vorteil der neuen Anlagenbuchhaltung ist, dass nunmehr keine Bewegungsarten auf bestimmte Bewertungsbereiche eingeschränkt werden müssen. Die Zuordnung erfolgt jetzt über die Ledger-Gruppe zur Rechnungslegungsvorschrift. Beim Buchen wird eine Ledger-Gruppe mitgegeben, die via Customizing mit der jeweiligen Rechnungslegungsvorschrift, wie z. B. local GAAP (Generally Accepted Accounting Priciples) oder IFRS (International Financial Reporting Standards), verbunden ist.

Bewegungsarten/Bewertungsbereiche

Auch die damit zusammenhängende Buchungslogik hat sich verändert: Es wird ein zusätzlicher Buchungsschritt eingefügt, der eine Buchung über ein technisches Verrechnungskonto laufen lässt, von dem aus die Ledger-spezifischen Buchungen in Echtzeit vorgenommen werden. Durch das technische Verrechnungskonto entfallen die bis dahin notwendigen Delta-Buchungen und Delta-Bewertungsbereiche.

Technisches Verrechnungskonto

Die Belegerfassung bucht nach wie vor vom Kreditorenkonto an das Anlagenkonto. Es wird aber, je nachdem, wie viele Ledger-Gruppen bebucht werden sollen, je ein Beleg erzeugt. Dadurch erfolgt die Buchung in der Anlagenbuchhaltung in Echtzeit in alle nötigen Ledger über das technische Verrechnungskonto. Als weitere Angabe bei der Belegerfassung muss noch mitgegeben werden, welche Ledger-Gruppe bebucht werden soll. Mit dem Feld **Ledgergruppe** beim Buchen in der Anlagenbuchhaltung werden die Bewertungsbereiche mitgegeben.

> **Parallele Währungen und Bewertungsbereiche**
>
> Beachten Sie, dass jetzt für jedes Ledger pro Währung ein Bewertungsbereich eingerichtet werden muss. Wenn Sie vor der Umstellung auf SAP S/4HANA also noch ungenutzte (unbebuchte) Bewertungsbereiche im System führen, löschen Sie diese, um nicht später jeden Bewertungsbereich auch noch pro Währung und Ledger replizieren zu müssen und so die Anzahl der Bewertungsbereiche unnötig aufzublähen.

10   Integration mit SAP S/4HANA Finance

Tabellenstruktur in der Anlagenbuchhaltung

In SAP S/4HANA hat sich auch in der Anlagenbuchhaltung die Tabellenstruktur verändert. Die beispielsweise bisher in der Tabelle ANEP oder der Tabelle ANEA gespeicherten Daten sind jetzt ebenfalls in der Tabelle ACDOCA bzw. im Universal Journal gespeichert (siehe Abbildung 10.23).

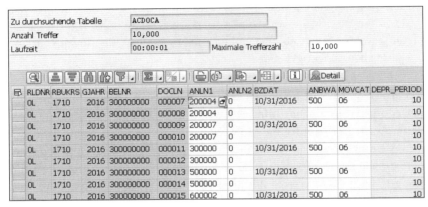

Abbildung 10.23 ANL*-Daten in der Tabelle ACDOCA

> **Feldanzeige in der Tabelle ACDOCA**
>
> Tabelle ACDOCA enthält so viele Felder, dass Sie diese eventuell nicht in einem Bild sehen können. Zu den weiteren Daten kommen Sie gegebenenfalls über den Button **Nächstes Dynpro** in der Anwendersymbolleiste.

Die Ist-Daten aus Tabelle ANEK werden nun in der Tabelle BKPF gespeichert. Tabelle BKPF gibt es neben Tabelle ACDOCA auch weiterhin. Eine Abstimmung der Anlagenbuchhaltung mit dem Hauptbuch über Transaktion ABST2 ist damit nicht mehr erforderlich, da die Daten bereits in Echtzeit auch im Hauptbuch gebucht werden. Abbildung 10.24 zeigt, wo die Daten aus der Anlagenbuchhaltung künftig gespeichert sind.

Immobilienmanagement

Im Zusammenhang mit der Anlagenbuchhaltung in SAP S/4HANA ist überdies zu beachten, dass das klassische Immobilienmanagement nicht auf die neue Anlagenbuchhaltung umgestellt werden kann. Eine Option ist der Umstieg auf das flexible Immobilienmanagement. Etliche Unternehmen haben nach wie vor die Lease Accounting Engine im Einsatz. Mit der Lease Accounting Engine ist aber eine Umstellung auf die neue Anlagenbuchhaltung nicht möglich und damit auch (noch) keine Umstellung auf SAP S/4HANA.

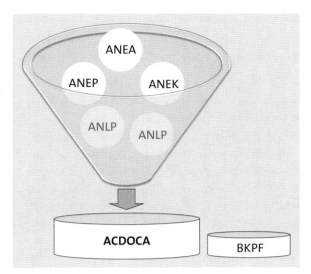

Abbildung 10.24 Übersicht über die geänderte Tabellenstruktur in der Anlagenbuchhaltung

10.6 Management Accounting

Eine Vielzahl von Transaktionen aus SAP ERP sind in SAP S/4HANA obsolet. Darunter fallen auch einige Controlling-Transaktionen, die im Management Accounting von SAP S/4HANA nicht mehr enthalten sind. Für die Controlling-Daten bedeutet dies, dass jetzt alle echten und statistischen controllingrelevanten Daten im Universal Journal erfasst werden. Alle anderen Controlling-Einzelposten sind weiterhin in den Tabellen COBK und COEP zu finden.

Weil sämtliche Konten einzelpostengeführt sind und eine Buchung unter anderem direkt ins Universal Journal erfolgt, ist eine Abstimmung von FI und CO mit Transaktion KALC zum Periodenende überflüssig.

Weitere CO-Transaktionen, die nicht mehr vorkommen, sind z. B.:

- Transaktionen KA01 bis KA06 (künftige Pflege der Kostenart via Transaktion FS00)
- Transaktionen KKC1 bis KKC5 (ohne Ersatz)
- Transaktionen KKE1 bis KKE3 (werden ersetzt durch Transaktion CKUC)

Ein weiterer Bereich ist die Anpassung der Sachkonten, die sich auf das Controlling auswirkt. In SAP S/4HANA führen alle Sachkonten zusätzlich zu den Merkmalen bezüglich Bestands- oder Erfolgskonto, Offene-Posten- oder Einzelpostenführung noch ein weiteres Merkmal: die Kontenart. Dies hat

Kontenart als drittes Sachkontomerkmal

zur Folge, dass künftig auch alle Kostenarten Teil der Gewinn-und-Verlust-Struktur sind.

Prüfen Sie jeweils für das neue Release über die Simplification List, welche weiteren Transaktionen auch im Controlling künftig wegfallen.

Pflege der Kostenarten und Berechtigungen

Bei der Rollenpflege ist künftig zu beachten, dass jedes Erfolgskonto automatisch bei der Neuanlage als Kostenart definiert ist. Es benötigen also unter Umständen auch User aus dem Controlling künftig die Berechtigung zur Pflege der Sachkontenstammdaten, um die Kostenart korrekt einzustellen. Eine weitere Möglichkeit ist es, die Stammdatenpflege komplett ins FI-Team zu übernehmen – auch hier wird dann die Berechtigung benötigt, um bei Neuanlage eines Kontos die Kontenart und damit die Kostenart zu pflegen –, was aber im Rahmen eines Migrationsprojekts mit den beiden Fachbereichen zu klären ist.

Für den Logistiker, der sich z. B. für die Einstellung der Kontenfindung in SD die Stammdaten eines Kontos anzeigen lässt, ist daher künftig nicht mehr die Kostenart gesondert aufzurufen. Welche Kostenart für das jeweilige Konto relevant ist, ist direkt im Stammsatz ersichtlich. Für die Kontenart sind vier unterschiedliche Einstellungen möglich, und sie ist in den allgemeinen Daten als Muss-Eingabe beim Anlegen zu befüllen (siehe Abbildung 10.25):

- X: Bilanzkonto, zu sehen in der Bilanzstruktur
- N: betriebsfremde Aufwände/Erträge, Erfolgskonto, zu sehen in der GuV-Struktur
- P: primäre Kosten-/Erlösart, ebenfalls in der GuV-Struktur zu sehen
- S: sekundäre Kostenart

Wählt man für die Kontenart P oder S aus, ist eine weitere Muss-Eingabe die sogenannte Kostenartenkategorie. Diese ist nicht in den allgemeinen Daten, sondern kostenrechnungskreisspezifisch in den Buchungskreisdaten zu pflegen.

Kontenarten und Kontenfindung

Für Kostenstellen und Profit-Center kann in SAP ERP im Kostenelement eine Default-Kontenfindung eingestellt werden. In SAP S/4HANA Finance geht das nur noch über Transaktion OKB9.

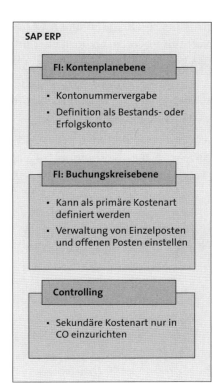 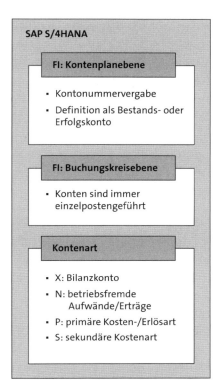

Abbildung 10.25 Sachkonten und Kostenarten im Vergleich

Die aus der Logistik kommenden Daten können nun also auf die Hauptbuchkonten gebucht werden und sind damit für die Kostenrechnung und die Ergebnis- und Marksegmentrechnung verfügbar. Im Controlling in SAP S/4HANA ist jetzt allerdings die buchhalterische Ergebnisrechnung eingestellt. Die kalkulatorische Ergebnisrechnung kann zwar nach wie vor durchgeführt werden, aber dadurch, dass sich durch die neue Tabellenarchitektur die Anzahl an verfügbaren Belegzeilen auf 999.999 erhöht hat und sämtliche Daten bereits in Echtzeit ins Hauptbuch gebucht werden, ist die buchhalterische Ergebnisrechnung ohne Weiteres möglich.

Buchhalterische Ergebnisrechnung

Vor allem die Anzahl der Belegzeilen ermöglicht die Aufgliederung von Herstellkosten als Kosten des Umsatzes. Über- oder Unterdeckungen auf Kostenstellen können jetzt per Umlage ebenfalls in die buchhalterische Ergebnisrechnung überführt werden. Abweichungen vom Plan können auf der Kontenebene getrennt nach Abweichungskategorien ausgewiesen werden. Damit führt das neue Datenmodell mit dem Universal Journal auch für den Bereich der Ergebnisrechnung zu einer Verbesserung der Performance und zur Möglichkeit der Berechnung der Daten praktisch in Echtzeit.

Bei der Buchung der Daten aus der Logistik ins Finanzwesen und ins Controlling werden in SAP ERP sowohl ein Rechnungswesen- als auch ein Controlling-Beleg erstellt. In SAP S/4HANA wird lediglich ein Beleg ins Universal Journal gebucht.

In Abbildung 10.26 wird der Unterschied zwischen dem Belegfluss in SAP ERP und dem Belegfluss in SAP S/4HANA deutlich gemacht.

Für SAP ERP gilt dabei, dass die Summentabellen und Indextabellen in FI und CO festgelegt sind. In SAP S/4HANA wird die Aggregation bei der Abfrage im Rahmen der Verarbeitung oder von Analysen sozusagen »on the fly« erstellt.

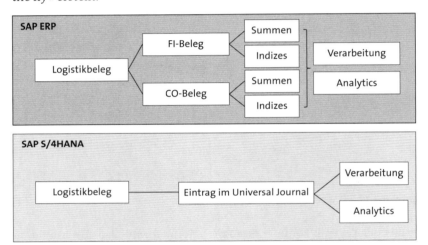

Abbildung 10.26 Physisch einheitlicher Beleg in SAP S/4HANA

Ein Rechnungswesenbeleg mit ergänzender CO-Belegnummer

Die Verschmelzung von FI und CO auch auf der Belegseite führt dazu, dass sich die Tätigkeiten von Controlling und (Bilanz-)buchhaltung zunehmend aneinander annähern werden (hier wird gelegentlich vom »Biltroller« gesprochen). Das Management Accounting ist als logische Konsequenz keine eigene Komponente mehr, sondern bildet mit den Rechnungswesenbestandteilen zusammen die große Finance-Komponente.

> **Controlling-Beleg vs. Rechnungswesenbeleg und Belegnummer**
>
> Es sind weiterhin verschiedene Belegnummern für z. B. den Rechnungswesen- und den Controlling-Beleg verfügbar, obwohl der Beleg unter einer Nummer in der Tabelle BKPF gespeichert wird. Bei dieser »Verschmelzung« von Rechnungswesen- und Controlling-Beleg ist der Rechnungswesenbeleg der führende Beleg. Die Positionen in der Tabelle ACDOCA werden allerdings zwei unterschiedlichen Belegnummern zugeordnet, um auch hier weiterhin die Logik der »alten Welt« zu ermöglichen.

Die Belegnummer im Controlling-Beleg ist jetzt alphanumerisch, um sich deutlich von der Rechnungswesenbelegnummer abzugrenzen. Der »künstliche« Controlling-Beleg hat dann eine Beleg-ID, die z. B. mit »A« beginnt. In Abbildung 10.27 sehen Sie einen Beleg mit der mit »A« beginnenden Controlling-Belegnummer.

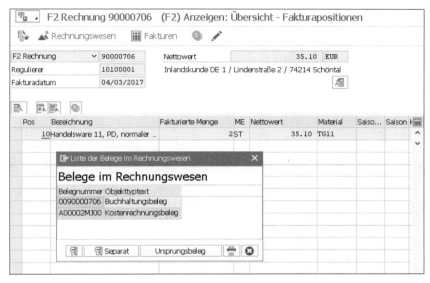

Abbildung 10.27 Alphanumerisch erstellter Controlling-Beleg

Wichtig für die Buchungen im Management Accounting ist es zu wissen, dass es in SAP S/4HANA keine abweichenden Buchungsperioden mehr gibt. Ist die Buchungsperiode in FI geschlossen, gilt dies auch für CO. Hier ist eine Anpassung der bisherigen Geschäftsprozesse im Fachbereich Controlling erforderlich, da eine zeitliche Abstimmung mit der Buchhaltung erfolgen muss. Der Grund dafür ist, dass die Berechtigung für das Öffnen und Schließen der Buchungsperioden jetzt nur noch in der Finanzbuchhaltung und nicht mehr im Management Accounting möglich ist.

Keine abweichenden Buchungsperioden für FI und CO

> **Erweiterungs-Ledger bei abweichenden Buchungsperioden**
> Da einige Abstimmungs- und Überleitungsprozesse von CO auf FI künftig ebenfalls entfallen, ist zu prüfen, für welche Tätigkeiten genau auch weiterhin abweichende Buchungsperioden notwendig wären und ob hierfür das sogenannte Erweiterungs-Ledger als Lösung infrage käme. Das Erweiterungs-Ledger ist ein gesondertes Ledger, das in sich geschlossen ist und in das mit abweichenden Buchungsperioden manuell gebucht werden kann.

10.7 Reporting zwischen Finanzwesen und Logistik

Der Begriff *Reporting* umfasst die Datengewinnung, die Datendokumentation, die Datenaufbereitung und die Zurverfügungstellung gewünschter Informationen.

SAP kommt mit SAP S/4HANA und der damit verbundenen In-Memory-Datenbank, dem Universal Ledger sowie den SAP-Fiori-Apps der ursprünglichen Vision von SAP R/3 als Echtzeitsystem einen Schritt näher und bietet ein flexibles und aussagekräftiges Reporting.

Im Folgenden zeigen wir Ihnen die Reporting-Optionen aus Anwendersicht auf, die Ihnen mit SAP S/4HANA Finance, SAP BusinessObjects und Embedded Analytics zur Verfügung stehen.

10.7.1 Das klassische Berichtswesen mit SAP S/4HANA Finance

Das Reporting dient zunächst dazu, den Anforderungen von Wirtschaftsprüfern und Auditoren gerecht zu werden. Darunter ist das statische Reporting zu verstehen, das typischerweise im Rahmen des Perioden- und Jahresabschlusses stattfindet.

Klassische Rechercheberichte

Hier nutzen Sie Rechercheberichte, z. B. für die Erstellung von Bilanz und GuV, die Sie in SAP ERP z. B. über Transaktion S_ALR_87012284 aufrufen. Rechercheberichte sind im Informationssystem für das Hauptbuch, in der Ergebnisrechnung, in der Profit-Center-Rechnung, im Produktkosten-Controlling, im Material Ledger und im Investitionsmanagement zu finden. Bei der Nutzung dieser klassischen Berichte in SAP ERP bestand zwar die Möglichkeit, mehrere Dimensionen auszuwerten, Sie konnten in einem Recherchebericht aber nur die Dimensionen auswerten, die in den Summentabellen des Hauptbuches vorhanden waren. Aus Performancegründen war es jedoch üblich, nur wenige Dimensionen, wie z. B. Kontonummer oder Kostenstellen, in den Navigationsbereich aufzunehmen, die auch nur durch wiederholtes Aufrufen des Reports aktualisiert werden konnten.

Wer weitere Dimensionen in seinem Bericht benötigte, war gezwungen, seine Daten in ein Data Warehouse wie SAP Business Warehouse (SAP BW) zu extrahieren. Damit standen aber auch hier die Berichte immer nur zu bzw. ab bestimmten Zeitpunkten zur Verfügung.

Szenario: Datenabruf in Echtzeit während des Meetings

Das künftige Reporting-Szenario sieht aber so aus, dass Sie nicht mit einer vorgefertigten Präsentation ins Meeting starten, sondern die Daten im Meeting in Echtzeit vom System abrufen. Dies ist mit neuen Tools und, basierend auf der SAP-HANA-Datenbank, mit SAP S/4HANA im Bereich Finance möglich, ohne zusätzlich auf ein SAP-BW-System zugreifen zu müssen.

Der Abruf der (alten) Rechercheberichte aus SAP ERP ist in SAP S/4HANA Finance, dank der Kompatibilitäts-Views (Compatibility Views, CDS Views), weiterhin möglich. Das gilt selbst dann, wenn Sie eigene Berichte definiert haben. Kompatibilitäts-Views wurden bereits in Kapitel 9, »Reporting mit Embedded Analytics«, vorgestellt. Mit ihrer Hilfe ist es möglich, dass Verweise auf »alte« Tabellen, z. B. auf Tabelle GLT0, weiterhin funktionieren. Darüber hinaus stehen Ihnen im SAP Fiori Launchpad für solche klassischen Berichte entsprechende SAP-Fiori-Apps wie **Bilanz/GuV anzeigen** zur Verfügung (siehe Abbildung 10.28).

Abbildung 10.28 Eingabebild für die SAP-Fiori-App »Bilanz/GuV anzeigen«

In SAP S/4HANA Finance ist nun ein flexibles Reporting auf der Einzelpostenebene mit vielfältigeren Navigationsoptionen möglich. Die Datenbankabfragen erfolgen in Echtzeit. Eine Auswertung ist somit sowohl nach Kostenstellen, Aufträgen oder Projekten als auch nach Geschäftspartnern und/oder Buchungskreisen möglich.

Reporting auf Einzelpostenebene

Berichtspezifika mit SAP S/4HANA Finance

SAP liefert eine Vielzahl an Standardberichten in SAP ERP. Haben Sie viele eigene Berichte definiert, können Sie diese grundsätzlich weiterverwenden. Allerdings müssen Sie prüfen, ob es dafür in SAP S/4HANA erforderlich ist, eigene CDS Views aufzubauen. Für Reporting-Szenarios mit SAP HANA Live Content, wie etwa dem Abstimmungsmonitor für Waren- und Rechnungseingänge, ist dies nach aktuellem Stand erforderlich (siehe SAP-Hinweis 2270359). Informationen zur Datenmodellierung mit CDS Views können Sie in Abschnitt 9.3, »Datenmodellierung und CDS Views«, nachlesen.

10.7.2 Empfehlungen zur Auswahl von Reporting-Werkzeugen

Vernetzung zwischen Fertigung und Finanzwesen

Ein flexibles und aussagekräftiges Reporting wird in Zukunft immer wichtiger, da SAP S/4HANA Finance logistische Daten erhält, die man bisher kaum betrachtet hat. Genauere Finanzanalysen sind möglich, wenn z. B. innerhalb einer Fertigungslinie Daten über technische Probleme und Verzögerungen gesammelt werden. So erfolgt nicht erst am Ende der Fertigungsprozesse eine Rückmeldung über eine retrograde Materialentnahme, sondern es besteht ein kontinuierlicher Informationsfluss, der es ermöglicht, Kennzahlen realistischer zu bewerten und die unternehmerische Handlungsfähigkeit sicherzustellen.

Der Fokus liegt demnach in Zukunft auf dem operationalen Reporting, das einer größeren Anzahl an Anwendern unternehmensrelevante Fragen beantworten soll, die sich auf aktuelle Aktivitäten und Transaktionen von Geschäftsprozessen beziehen.

Welche Daten sollen ausgewertet werden?

Führungskräfte stehen damit vor der Aufgabe zu bestimmen, welche Ereignisse im Unternehmen für das Reporting von Relevanz sind, und müssen entscheiden, wie mit diesen Daten in Zukunft umgegangen werden soll. Der erste Schritt besteht darin, zu analysieren, welche Informationen für das Geschäftsmodell Ihres Unternehmens relevant sind, welche Informationen Sie für die Unternehmenssteuerung verwenden wollen und welche Managemententscheidungen unterstützt werden sollen.

Welche Reporting-Werkzeuge stehen zur Verfügung?

Im nächsten Schritt müssen Sie sich für Reporting-Werkzeuge entscheiden, mit denen Sie zur Optimierung Ihres Unternehmens Bereiche analysieren sowie Daten an Ihren unternehmerischen Bedarf anpassen können.

Als Entscheider stehen Sie vor der Herausforderung, die für das Unternehmen und den Anwender am besten funktionierenden Reporting-Werkzeuge unter der Berücksichtigung von Kosten-Nutzen-Aspekten bereitzustellen. Hinsichtlich der zuvor beschriebenen Anforderungen an das operationale Reporting werden Sie in Zukunft bei der Auswahl Ihrer Reporting-Werkzeuge um die Möglichkeiten von Embedded Analytics und den SAP-BusinessObjects-Tools nicht herumkommen. Daher stellen wir Ihnen im Folgenden die Reporting-Optionen für das Finanzwesen mit Embedded Analytics und SAP BusinessObjects vor.

10.7.3 Reporting mit Embedded Analytics

Kennzahlen-Reporting

Embedded Analytics (siehe Kapitel 9, »Reporting mit Embedded Analytics«) umfasst eine Reihe von Analysewerkzeugen, die in SAP S/4HANA integriert sind und die es Anwendern ermöglichen, Echtzeitanalysen anhand der Live-Transaktionsdaten durchzuführen. Dazu zählen SAP Smart Business

10.7 Reporting zwischen Finanzwesen und Logistik

sowie das Analysis Path Framework (APF) für das Kennzahlen-Reporting, das im Geschäftsalltag immer wichtiger wird (siehe Abschnitt 10.7.2, »Empfehlungen zur Auswahl von Reporting-Werkzeugen«).

Sie starten SAP Smart Business über SAP Fiori: Eine SAP-Smart-Business-App erkennen Sie daran, dass die Kachel eine Kennzahl oder ein Diagramm statt eines Symbols anzeigt. SAP Smart Business ist dabei ein generisches Framework, um eine Kennzahl zu ermitteln und darzustellen, wie z. B. den offenen Umsatz (siehe Abbildung 10.29).

SAP-Fiori-Smart-Business-Apps

Umsatz	
Offener Umsatz nac...	
Wert 1	1550M
Wert 2	219.2M
Wert 3	66.46M

Abbildung 10.29 SAP-Fiori-Kachel »Offenen Umsatz nachprüfen«

Sie haben hier gegenüber SAP ERP eine deutlich intuitivere Bedienung. Mit einem Klick auf die Kachel gelangen Sie auf die verschiedenen Sichten der Kennzahl (siehe Abbildung 10.30).

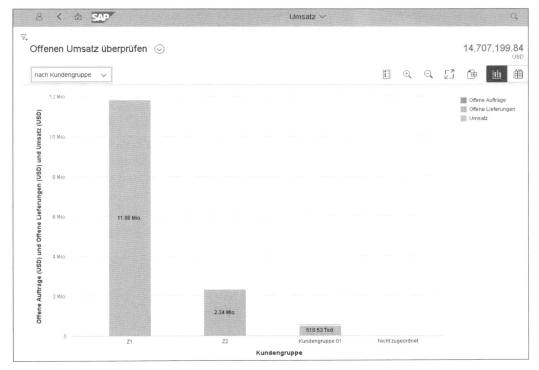

Abbildung 10.30 Auswertung für die Kennzahl »Offenen Umsatz überprüfen«

Sie können den offenen Umsatz, z. B. nach Kundengruppen, Vertriebswegen oder Monaten, auswerten. Dafür verwenden Sie das Drop-down-Menü am oberen linken Rand.

Die Anzeige der Kennzahlen über SAP Smart Business ist eher statisch und erlaubt es dem Benutzer, die Daten anhand von vorgefertigten Views anzuzeigen. Sie können sich damit nicht nur Umsatzzahlen, sondern auch andere KPIs aus den Bereichen Kreditorenbuchhaltung, Debitorenbuchhaltung und Cash Management sowie aus der Ergebnis- und Marktsegmentrechnung anzeigen lassen.

Analysis Path Framework

Im Gegensatz zu den SAP-Fiori-Smart-Business-Apps bietet das APF hingegen mehr Flexibilität, da die eigenen Analysepfade (engl. Analysis Paths) durch die Daten modelliert und für einen wiederholten Aufruf gesichert werden können. APF-basierte Apps ermöglichen es, die Daten von mehreren Key Performance Indicators (KPIs) bzw. aus verschiedenen Datenquellen anzuschauen und stufenweise aus verschiedenen Perspektiven zu analysieren. KPIs verstehen sich als Kennzahlen, die den Erfüllungsgrad hinsichtlich wichtiger Zielsetzungen abbilden. Das APF wird unter anderem zur Darstellung der folgenden relevanten Finanzkennzahlen verwendet:

- Margenanalyse
- Nettomargenergebnisse
- Erfolgsanalyse
- Working Capital Analytics – DSO-Analyse
- Working Capital Analytics – DPO-Analyse

Die Key-User modellieren für die End-User die KPIs über die SAP-Smart-Business-App oder APF, erzeugen die SAP-Fiori-Kacheln und SAP-Fiori-Kataloge und weisen den Endanwendern die benötigten Rollen zur Nutzung der Kacheln zu. Dabei wird der Key-User wiederum vom IT-User bzw. Entwickler unterstützt, der die CDS Views erstellt und administriert. Die Informationen zur Nutzung der KPIs finden Sie in den entsprechenden Dokumentationen der Apps in der SAP Fiori Apps Reference Library unter: *https://fioriappslibrary.hana.ondemand.com/sap/fix/externalViewer/*. Beispielhaft wird die Erstellung von Kennzahlen und Analysepfaden in Abschnitt 9.3.4, »Reporting und Analyse mit CDS Views«, erläutert.

10.7.4 Reporting mit SAP BusinessObjects

SAP BusinessObjects Analysis, Edition for Microsoft Office

Wenn Sie z. B. gern mit Microsoft Excel arbeiten, können Sie in SAP BusinessObjects Analysis, Edition for Microsoft Office zurückgreifen. Sie müssen sich in keine neue Anwendung hineinfinden, da die Datenintegration in

Microsoft Excel bzw. Microsoft PowerPoint erfolgt. Sie bereiten Ihre Daten in Microsoft Excel, wie gewohnt, z. B. in Tabellen und Diagrammen vor und stellen dann Ihre Ergebnisse mit einer PowerPoint-Präsentation vor.

Fokussieren Sie sich auf die Berichtserstellung, haben Sie die Wahl zwischen SAP Crystal Reports und SAP BusinessObjects Web Intelligence. Beide Anwendungen können Daten per Drag & Drop in das Layout und die verschiedenen Diagramme integrieren. SAP Crystal Reports lässt sich jedoch von der Benutzerfreundlichkeit her einfacher und intuitiver bedienen als SAP BusinessObjects Web Intelligence. Allerdings erfordern beide Anwendungen ein Verständnis für Datenbankstrukturen, um die richtigen Informationen und Kennzahlen aus der Datenbank entnehmen zu können, bzw. Programmierkenntnisse, unter anderem für das Filtern von Daten.

SAP Crystal Reports und SAP BusinessObjects Web Intelligence

Eine leistungsstarke Lösung für eine Visualisierung und Self-Services-Analysen bietet SAP Lumira 2.x mit seinen beiden Benutzeroberflächen SAP Lumira Discovery und SAP Lumira Designer. SAP Lumira 2.0 vereint SAP BusinessObjects Design Studio 1.x und SAP Lumira 1.x in einem Tool. Es vereinfacht den Workflow von der Datenermittlung und -nutzung bis zur Erstellung der Dashboards und Analyseanwendungen und wird dabei sowohl den Anforderungen der Fachabteilungen als auch den Anforderungen der IT gerecht.

SAP Lumira Designer

10.7.5 SAP Digital Boardroom

SAP Digital Boardroom setzt beim Reporting in SAP neue Maßstäbe und erfüllt das gewünschte Szenario für das Reporting in Echtzeit. Sie können während des Meetings Charts, Tabellen und Grafiken aufrufen. Diese werden zuvor als sogenannte Storys in der SAP Analytics Cloud auf- bzw. vorbereitet. Ziel ist es, die Sicht auf die Informationsflüsse und Kennzahlen abteilungsübergreifend zu harmonisieren.

SAP Digital Boardroom: Meetings mit Daten in Echtzeit

Da SAP Digital Boardroom eine Erweiterung der SAP Analytics Cloud ist, müssen Sie mit zusätzlichen Lizenzen rechnen und die Berechtigungen sowohl für die technische Betreuung als auch für die Nutzung anpassen.

Sie sollten SAP Digital Boardroom auf Bildschirmen verwenden, die über eine Touch-Funktion verfügen, um den vollen Umfang der Funktionalitäten nutzen zu können. Aktuell wird SAP Digital Boardroom nur vom Browser Google Chrome unterstützt.

Es wird sich zeigen, ob SAP Digital Boardroom von SAP Analytics Cloud abhängig bleibt oder ob es – was wünschenswert wäre – künftig als eigenständiges Werkzeug ausgeliefert wird.

10.8 Zusammenfassung

Die in diesem Kapitel betrachteten drei Geschäftsprozesse auf der Grundlage des Order-to-Cash- und des Procure-to-Pay-Prozesses zeigen, dass mit SAP S/4HANA die bisherigen Prozesse wie gewohnt unterstützt werden – auch z. B. kundeneigene Berichte. Sie haben erfahren, welche umfassenden Möglichkeiten bei der Nachverfolgung von Belegen, bei Analysen von Daten und im Reporting durch die Echtzeitbuchungen ins Universal Journal möglich sind.

Entscheidend bei der Einführung von SAP S/4HANA ist, welche Berechtigungen künftig wie zu vergeben und welche Abstimmungen zwischen den Fachabteilungen nötig sind, um den neuen Anforderungen an Rollen gerecht zu werden. Für all diejenigen, die mit klar definierten Rollen und Vorgängen im Alltag arbeiten, stellen SAP-Fiori-Apps eine einfache Möglichkeit für den Zugriff auf Funktionen dar, die schon in der Übersicht einen ersten Blick auf aktuelle Daten bieten.

Damit sind Sie mit SAP S/4HANA auch im Bereich Finance so aufgestellt, dass Sie und Ihre Anwender künftig mehr Möglichkeiten zur Durchführung von Analysen als bisher haben, ohne dass längere Laufzeiten für die Datenbereitstellung in Kauf genommen werden müssen.

Welche Funktionen im Einzelnen benötigt werden, sollte ebenfalls frühzeitig mit den einzelnen Fachbereichen geklärt werden. In Kapitel 11, »SAP Leonardo«, lesen Sie, wie Sie Ihren digitalen Kern SAP S/4HANA mit der Innovationsplattform SAP Leonardo sinnvoll erweitern können.

Kapitel 11
SAP Leonardo

SAP Leonardo ermöglicht es Unternehmen, Innovationen in ihre Unternehmensprozesse zu integrieren und somit nachhaltigen Erfolg zu generieren. In diesem Kapitel erfahren Sie, welche Technologien und Methoden für die Entwicklung von Innovationen genutzt werden und welche Anwendungsfälle schon heute integriert werden können.

Dynamische Märkte sind eine Herausforderung für die klassische Logistik und stellen Unternehmen auf die Probe. SAP S/4 HANA ist die Antwort auf den Wunsch nach stabilen Kernprozessen, die einen hohen Standardisierungsgrad ermöglichen. Die Umfeldanforderungen ändern sich ebenfalls zunehmend schneller, sodass Unternehmen zügiger reagieren müssen, um nachhaltig erfolgreich zu sein. Das Konzept des *intelligenten Unternehmens* basiert einerseits auf einem stabilen Kern und andererseits auf dem Einsatz innovativer Technologien.

SAP Leonardo – das SAP-Portfolio für Innovationen – gibt Unternehmen die Möglichkeit, neue Technologien in die eigenen Abläufe zu integrieren, ohne die stabilen Kernprozesse umfassend anpassen zu müssen. Denn deren Anpassung impliziert längere Projektlaufzeiten und hohe Integrationsaufwände.

<small>Intelligentes Unternehmen</small>

In diesem Kapitel erhalten Sie einen Überblick über die Architektur eines *intelligenten Unternehmens* nach dem Verständnis von SAP. Des Weiteren gehen wir auf die Innovationsplattform von SAP ein und ordnen neue Technologien, beispielsweise *Machine Learning* oder das *Internet of Things* (IoT), und ihre Grundsätze in die logistischen Prozesse eines Unternehmens ein. Typische Einsatzszenarien ermöglichen abschließend einen praxisnahen Einblick in aktuelle Innovationen im Logistikumfeld.

11.1 Das Intelligente Unternehmen

Der Begriff *Innovation* bedeutet sinngemäß die Erneuerung von etwas Existierendem oder die Einführung von etwas Neuem. Daraus lassen sich zwei unterschiedliche Ausprägungen ableiten: Zum einen kann eine Innovation eine Erneuerung bestehender Wertschöpfungsquellen sein, und zum anderen kann es sich um etwas komplett Neues handeln und somit eine neue Wertschöpfungsquelle für Unternehmen darstellen.

> **Definition von Innovation**
> Eine Innovation ist die Realisierung einer neuartigen, fortschrittlichen Lösung für ein bestimmtes Problem, besonders die Einführung eines neuen Produkts oder die Anwendung eines neuen Verfahrens.

Innovationen können heutzutage mithilfe neuer Technologien entwickelt werden, um das eigene Geschäftsmodell zu verbessern. Die Auswahl der Methode ist zunächst eine wichtige Entscheidung, um das weitere Vorgehen zu definieren. Darüber hinaus schafft ein Unternehmen mit der Auswahl der passenden Technologien die Basis für Innovationen.

SAP hat hierzu das Konzept des intelligenten Unternehmens entwickelt (siehe Abbildung 11.1). Das Konzept basiert auf drei Aspekten:

- Intelligent Suite
- digitale Plattform
- intelligente Technologien

Intelligent Suite

Die *Intelligent Suite* umfasst die Unternehmensprozesse vom Digital Core über das Manufacturing und die Supply Chain bis hin zum Engagement der Mitarbeiter und zum Kundenerlebnis. Sie fokussiert somit auf das Vorgehen des Unternehmens in Bezug auf die Lieferanten und Produzenten, die eigenen Mitarbeiter sowie die Kunden. Hier können Unternehmen wichtige Mehrwerte und auch Kernkompetenzen entwickeln und ausprägen, um im Wettbewerb zu bestehen.

Digitale Plattform

Die *digitale Plattform* ist ein zweiter wichtiger Baustein des intelligenten Unternehmens. Hier werden zum einen die intern sowie extern erfassten Daten gespeichert, verarbeitet und zur Verfügung gestellt. Zum anderen werden Infrastruktur und Services bereitgestellt. Eine digitale Plattform verbessert die Agilität eines Unternehmens durch die Integration neuer Technologien, Entwicklungsmethoden und externer Systeme. Dieser Ansatz ist insbesondere durch das Prinzip der *bimodalen IT* nach Gartner Research stärker in den Fokus gerückt. Demnach sollte eine IT-Organisation zweigeteilt sein: Auf der einen Seite sollte es stabile, sichere Kernsysteme und auf der anderen Seite agile, experimentelle Systeme bzw. Applikationen geben. Im Konzept des intelligenten Unternehmens von SAP stellt die Intelligent Suite das Kernsystem und damit die stabile Komponente dar.

Die digitale Plattform gilt hingegen als die agile und experimentelle Schicht für Innovationen.

Der dritte Teilaspekt des intelligenten Unternehmens sind *intelligente Technologien*. Sie verbessern das Zusammenspiel der Intelligent Suite und der digitalen Plattform. Beispielsweise können mithilfe intelligenter Technologien wie künstliche Intelligenz (KI), Machine Learning (ML), IoT sowie Analytics und Blockchain neue Wertschöpfungsprozesse entstehen oder bestehende Prozesse angereichert und veredelt werden. Auf diese Technologien wird in den nachfolgenden Abschnitten noch näher eingegangen.

Intelligente Technologien

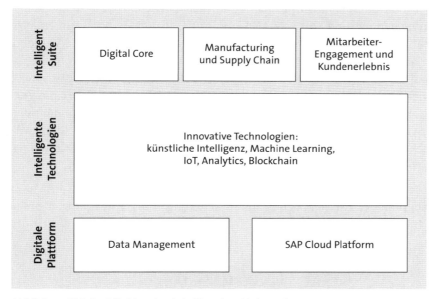

Abbildung 11.1 Architektur des intelligenten Unternehmens

Das Konzept des intelligenten Unternehmens ermöglicht folglich die Entwicklung von Innovationen, ohne dass an den Kernprozessen des Unternehmens gerüttelt werden muss. Insgesamt können die stabilen Kernprozesse weiter genutzt und auf einer zweiten Ebene Innovationen für den nachhaltigen Unternehmenserfolg eingesetzt werden.

11.2 Architektur für Innovationen

Das Konzept des intelligenten Unternehmens stellt die Logistikbranche vor eine neue Aufgabe. In der Vergangenheit sind IT-Architekturen entstanden, die Standardapplikationen und eigene Weiterentwicklungen vermischen. Somit sind die Standard-SAP-Systeme um kundeneigene Entwicklungen erweitert worden, führen aber insbesondere bei SAP-S/4HANA-Einführungen zu Mehraufwänden. Eine Lösung stellt die Trennung von kundeneigenen Entwicklungen und dem Standardsystem dar. System-Updates oder -Upgrades können schneller durchgeführt werden, da die zusätzliche Prüfung der eigenen Routinen und Programme entfällt. SAP bietet hierzu – beispielsweise durch den Custom Code Analyzer – Werkzeuge an; dennoch werden Aufwände dadurch erhöht.

SAP Cloud Platform Eine Trennung von Standardfunktionalitäten und Erweiterungen findet sich in der IT-Architektur eines intelligenten Unternehmens wieder. Hierzu wird die *SAP Cloud Platform* als zusätzliche Ebene für die Systemerweiterung genutzt und SAP S/4HANA somit um die digitale Plattform ergänzt (Abbildung 11.2). Die Erweiterung des digitalen Kerns durch die SAP Cloud Platform ermöglicht eine zusätzliche Schicht (Layer) für die IT-Architektur, auf die spezifische Funktionen ausgelagert werden können, wie beispielsweise ein Anreichern von Daten aus einer Schnittstelle oder auch die Verwendung von zusätzlichen digitalen Services. Hier ist insbesondere der digitale Assistent SAP CoPilot zu nennen. Zwar werden über Standardschnittstellen Daten aus SAP S/4HANA abgerufen, die weitere Verarbeitung erfolgt allerdings auf der SAP Cloud Platform.

Die Kernprozesse bleiben wie beim Konzept der bimodalen IT erhalten, aber mit der zweiten Ebene können Neuerungen und Anpassungen einfacher realisiert werden.

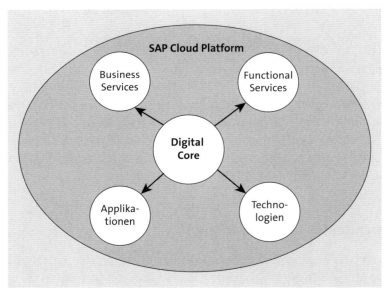

Abbildung 11.2 Erweiterung von SAP S/4HANA durch die SAP Cloud Platform

11.2 Architektur für Innovationen

Die SAP Cloud Platform wird als *Platform-as-a-Service* (PaaS) angeboten. Das bedeutet, dass APIs (Application Programming Interfaces), Services und Applikationen über die SAP Cloud Platform bereitgestellt werden, damit sie ohne Eigenentwicklung und ohne Wartungsaufwand in die Unternehmensprozesse integriert werden können. Sie werden vom Plattformbetreiber SAP bereitgestellt, betrieben und gewartet, sodass der Kunde die Services lediglich für sich nutzt und für ihre Nutzung zahlt. Wird ein neuer Service mit besserer Funktionalität angeboten, kann man ihn als Kunde austauschen und in den Prozess integrieren. SAP übernimmt das Product Lifecycle Management, und das Logistikunternehmen kann sich entsprechend auf seine Kernprozesse konzentrieren.

Platform-as-a-Service

Die drei Bereiche des intelligenten Unternehmens – Intelligent Suite, digitale Plattform und intelligente Technologien – gibt es in der IT-Architektur eines Unternehmens in unterschiedlichen Ausprägungen. Wie es in Abschnitt 1.3, »Einsatzszenarien von SAP S/4HANA«, beschrieben wird, kann die Architektur nach einem hybriden oder nach einem Cloud-only-Ansatz aufgebaut sein. In einem hybriden Szenario sind Cloud- und On-Premise-Bestandteile vorhanden. In einem Cloud-only-Ansatz basiert die Architektur rein auf Cloud-Services und Applikationen. In beiden Varianten gehören aber zu den Kernelementen einerseits SAP S/4HANA und andererseits die SAP Cloud Platform.

Die intelligenten Technologien werden transformiert und ebenfalls über die SAP Cloud Platform bereitgestellt. Sie werden entweder als Applikation, als Business Services oder als Functional Services angeboten (Abbildung 11.3). Diese lassen sich am besten am Beispiel einer Anwendung für die Verarbeitung von E-Mail-Anfragen einordnen.

Applikation, Business Services oder Functional Services

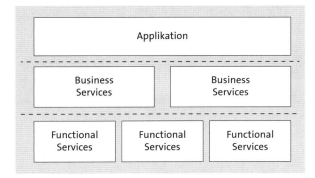

Abbildung 11.3 Unterscheidung der Service-Ebenen

Die *Applikation* klassifiziert eingehende E-Mails, ordnet sie einem Geschäftspartner zu, führt eine Kontextanalyse durch und ordnet die E-Mail einem passenden Unternehmensbereich zu. Für das Unternehmen entsteht zum einen der Vorteil, dass manuelle Tätigkeiten reduziert und zum anderen die E-Mails schneller dem richtigen Adressaten zugeordnet werden.

Business Services stellen die einzelnen Komponenten für die E-Mail-Anwendung bereit, die jeweils in Bezug zum Unternehmensprozess eingesetzt werden können. Die Kontexterkennung ist hier z. B. ein Business Service. Um die Sprache der E-Mail und den Kontext der E-Mail zu erkennen, werden wiederum mehrere *Functional Services* verwendet. Hierbei werden die Functional Services »Inference Service for Customizable Text Classification« und »Inference Service for Language Detection« aus dem *SAP API Business Hub* verwendet. Der SAP API Business Hub ist ein zentraler Service-Katalog, auf den zugegriffen werden kann.

Die Anwendung besteht also aus mehreren Business-Services, die in einem Container instanziert werden und Functional Services konsumieren, die wiederum direkt auf der SAP Cloud Platform angeboten werden (Abbildung 11.4). Die Analyse der E-Mails erfolgt hier also auf der Plattformebene und erreicht somit eine Trennung des Prozesses vom digitalen Kern. Das SAP-S/4HANA-System wird dementsprechend nicht um Programme im kundeneigenen Namensraum ausgebaut, aber dennoch wird ein Prozess weiterentwickelt, der auch später noch individuell angepasst werden kann. Updates und Upgrades eines SAP-S/4HANA-Systems müssen somit nicht mehr hinsichtlich Eigenentwicklungen geprüft werden, da diese nun außerhalb des Kernsystems liegen.

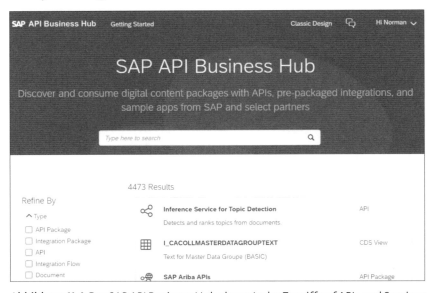

Abbildung 11.4 Der SAP API Business Hub als zentraler Zugriff auf APIs und Services

Applikationen und Lösungen durch SAP Leonardo können ebenfalls auf diesem Prinzip basieren, sodass diese auf der Grundlage von Business sowie Functional Services entstehen.

Im Vergleich zu einer manuellen Bearbeitung der E-Mails spart das Unternehmen wertvolle Zeit durch die automatisierte Analyse ein. Die E-Mail erreicht den richtigen Adressaten schneller im Vergleich zu einer händischen Bearbeitung, sodass die Anfrage zügiger beantwortet werden kann und es das Kundenerlebnis verbessert. Am Beispiel der E-Mail-Verarbeitung kann das Logistikunternehmen somit innovative Technologien auf der Basis von Services nutzen, ohne diese selbst entwickeln zu müssen. Setzt das Unternehmen die Anwendung ein, werden somit Prozessinnovationen ermöglicht. Das Kernsystem bleibt stabil und die Business Partner sowie Daten von Geschäftsvorfällen werden abgerufen und für die Zuordnung der E-Mails verwendet.

Prozessinnovationen ermöglichen

Das intelligente Unternehmen nutzt somit bereits eine Plattform für Erweiterungen des Kernsystems. Das SAP-Leonardo-Portfolio setzt auf dieses Modell auf und befähigt Unternehmen, neue Technologien durch innovative Services auf der SAP Cloud Platform einzusetzen. Dabei sind zwei Dinge besonders wichtig: Unternehmen müssen sich klar darüber werden, wie sie Innovationen methodisch entwickeln möchten und welche Technologien dazu verwendet werden sollen. Auf der methodischen Ebene ist besonders der Ansatz des Design Thinkings interessant. Zu den Innovationstechnologien aus dem SAP-Leonardo-Portfolio gehören wiederum Machine Learning, Data Intelligence, IoT, Big Data, Blockchain und Analytics.

11.3 Design Thinking als Methode zur Innovationsentwicklung

Produkt- oder Prozessinnovationen können entweder zufällig entstehen oder koordiniert entwickelt werden. Eine zufällige Innovation entsteht oftmals aus Anforderungen interner oder externer Kunden des Unternehmens. Für eine systematische Innovationsentwicklung eignet sich hingegen der Design-Thinking-Ansatz. Bei diesem Prinzip stehen der Nutzer oder die Nutzerin im Vordergrund, und bei der Innovationsentwicklung wird ein besonderer Fokus auf ihn oder sie gelegt.

Bereits in Abschnitt 2.2, »Neue Benutzeroberflächen«, wird Design Thinking als Methode für die Entwicklung von Oberflächen erwähnt. Das Prinzip kann allerdings umfassender eingesetzt und in den Innovationsentwicklungsprozess integriert werden. Der Ansatz basiert auf drei Hauptphasen: *Discover*, *Design* und *Deliver* (siehe Abbildung 11.5).

Design Thinking als Methode

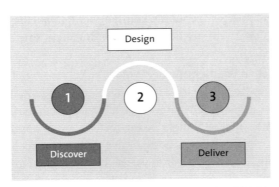

Abbildung 11.5 Die drei Phasen von Design Thinking

Design-Challenge Zunächst wird eine *Design-Challenge* definiert. Zur Veranschaulichung nehmen wir ein Beispiel aus der Praxis. Das Logistikunternehmen hat bei der Analyse seiner Kundengruppen festgestellt, dass die Retourenrate wegen beschädigter Ware und damit die Unzufriedenheit bei den Kunden steigt. Die Challenge lautet somit: »Entwickle eine Lösung, um die Retouren wegen Beschädigung der Ware zu reduzieren.«

Discover-Phase Die *Discover-Phase* des Design-Thinking-Prozesses umfasst Tätigkeiten, die dabei helfen, die Anwendersicht einzunehmen und die Bedürfnisse der Anwender und Anwenderinnen zu verstehen. Zunächst wird der Umfang dieser Untersuchungen festgelegt. Folgende Fragen können dabei aufkommen:

- Wer ist mein Nutzer/meine Nutzerin?
- Was benötigt mein Nutzer/meine Nutzerin, und welche Ziele hat er/sie?
- Was motiviert ihn/sie, und welche negativen Erfahrungen hat er/sie in Bezug auf das Thema gemacht?
- Welche unterschiedlichen Ausprägungen von Nutzergruppen gibt es?

Die Untersuchungen können auf Primärquellen, z. B. eigenen Interviews mit Nutzern oder Fragebögen, oder auf Sekundärquellen basieren. Sekundärquellen sind bereits existierende Untersuchungen zu einem anderen Thema und können durch Dritte durchgeführt worden sein.

Nutzergruppen Bei unserem Beispiel identifizieren wir mehrere relevante Nutzergruppen. Einerseits wird der Fokus auf den Empfänger der Ware gerichtet. Zusätzlich richten wir den Fokus aber auch auf die Mitarbeiter im Lager, in der Kommissionierung, in der Abfertigung und auf den LKW-Fahrer. Die Ergebnisse aus den Untersuchungen werden für die jeweilige Nutzergruppe in jeweils einer Persona zusammenfasst. Die Persona stellt eine Art Steckbrief dar, der als Grundlage für die nächste Phase dient, und enthält – wie in Abbildung 11.6

dargestellt – Angaben zur Person, ihren Bedürfnissen, Zielen, Motivationen und negativen Erfahrungen (*Pain Points*).

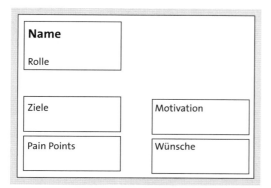

Abbildung 11.6 Bestandteile einer Persona

Die anschließende *Design-Phase* beinhaltet die Entwicklung von Ideen, das Prototyping und die Validierung des Prototyps. Die Personas helfen bei der Ideenentwicklung, weil sie die Anforderungen der Nutzer anschaulicher machen. Für die Entwicklung von Ideen können unterschiedliche Methoden angewandt werden. Entweder werden die Ideen in einer Gruppe oder durch Einzelpersonen entwickelt. Wichtige Fragen, die bei der Ideenentwicklung berücksichtigt werden sollten, sind:

Design-Phase

- Wie kann ich meine Nutzerinnen und Nutzer unterstützen?
- Löse ich mit der Idee ein Problem, befriedige ich ein Bedürfnis, oder unterstütze ich die Nutzer(innen) bei der Erreichung ihrer Ziele?
- Welche Besonderheiten muss die Idee aufweisen, damit die Nutzer und Nutzerinnen diese bestmöglich anwenden können?

Eine sehr hilfreiche Methode ist die *Touchpoint-Analyse* (vgl. Abbildung 11.7). Dafür werden die einzelnen Schritte der Nutzung eines Produkts aufgeschrieben. Aus Nutzersicht werden auch die Emotionen, die mit der Nutzung einhergehen, erfasst. Außerdem werden die Schritte genau beschrieben und der Berührungspunkt definiert. Der Berührungspunkt kann in diesem Fall ein Gegenstand, ein Service, eine Person oder Ähnliches sein.

Touchpoint-Analyse

Eine Touchpoint-Analyse kann aber auch bei bestehenden Prozessen genutzt werden, um Probleme aufzuzeigen. In unserem Retouren-Beispiel deckt die Analyse auf, dass die Abteilung für die Warenannahme die eingehende Ware vor der Annahme vom Lieferanten nicht ausreichend auf Beschädigung prüft. Zwar gibt es einen bestehenden Prozess, der jedoch zu langwierig ist, wodurch die Annahme in Gänze erheblich verlangsamt würde. Dies führt dazu, dass der Prozess nicht umgesetzt wird.

Tätigkeiten	Die Ware wird vereinnahmt.	Die Qualitätsprüfung wird vorbereitet.	Die Ware wird gesichtet.	Die Sichtung der Ware wird erweitert.	Der Schichtleiter fragt nach, warum die Ware nicht so schnell abgearbeitet wird.	Der Mitarbeiter macht Feierabend.
Gedanken	»Ich hoffe, dass die Ware keine Beschädigungen aufweist.«	»Hmm, wo war denn noch der Prüfzettel? Ach ja, da ist er.«	»Oh, da ist etwas an der Verpackung beschädigt. Hoffentlich nicht so schlimm.«	»Die Verpackung scheint nur etwas eingedrückt zu sein. Na gut, ich melde das dann mal.«	»Oh mann, das ist ja gar nicht so schlimm. Dann lasse ich das.«	»Eigentlich kann ich mir bei dem Zeitdruck auch die Kontrolle sparen«
Gefühlszustand	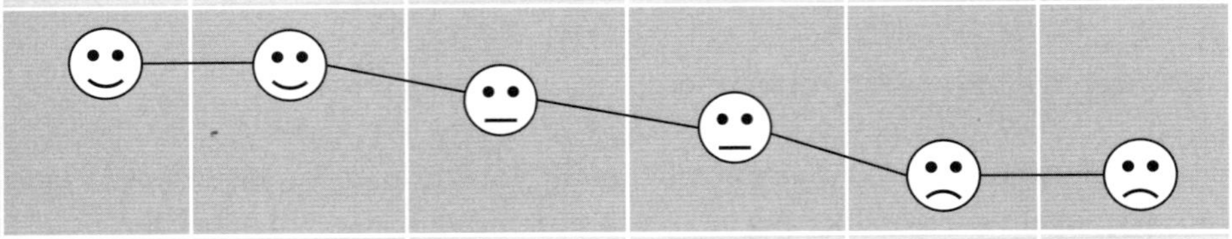 🙂	🙂	😐	😐	🙁	🙁
Berührungspunkt	Verpackung der Ware, ERP-System	ERP-System, Aktenordner	Ware	ERP-System	Vorgesetzter, Ware	Zeiterfassung

Abbildung 11.7 Touchpoint-Analyse eines Mitarbeiters

Die Idee, die der Design-Thinking-Prozess ergibt, kann eine Lösung für eine schnellere und genauere Erfassung der Beschädigungen sein. Durch die Touchpoint-Analyse wird die Idee konkretisiert und auf die Anforderungen und Bedürfnisse der Nutzer hin geprüft.

Prototyping Anschließend wird ein Prototyp entwickelt. Hierzu gibt es zwei unterschiedliche Arten. Der *Low-Fidelity-Prototyp* basiert oftmals auf einer Zeichnung oder Ähnlichem, die einfach ein Modell ist, aber noch keine Funktionen bereitstellt. Hierbei wird ein grobes Design entworfen, und der Inhalt ist lediglich beispielhaft dargestellt. Im Gegensatz dazu stellt ein *High-Fidelity-Prototyp* einen konkreten Vorschlag für das Design dar. Der Inhalt basiert auf beispielhaften Daten, und erste Funktionalitäten sind bereits eingebunden.

SAP Build Ein effektives Tool für die Entwicklung eines High-Fidelity-Prototyps ist *SAP Build*. Mit dessen Hilfe können im Design-Thinking-Prozess erste Ideen in einen Prototyp überführt werden. Des Weiteren können mithilfe dieses Tools Umfragen erstellt und verteilt werden. Das Anwender-Feedback wird somit unmittelbar erfasst und kann in dem weiteren Lösungs-Design berücksichtigt werden.

11.3 Design Thinking als Methode zur Innovationsentwicklung

In diesem Beispiel ist ein Prototyp eines Kanban-Boards entwickelt worden (Abbildung 11.8). Hierbei steht insbesondere das Design im Fokus und soll darstellen, wie die Applikation zukünftig aussieht und mit welchen Elementen der Nutzer interagieren kann. Insbesondere das Anwender-Feedback kann bei neuartigen Applikationen helfen, den Prototyp weiter zu verbessern.

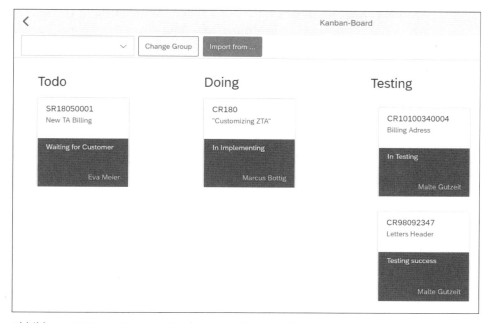

Abbildung 11.8 Prototyp eines Kanban-Boards mit SAP Build

Der Prototyp wird abschließend durch die Nutzergruppe validiert. Diese Aufgabe stellt einen wichtigen Schritt in der Innovationsentwicklung dar. Sollte der Prototyp den Anforderungen entsprechen und die Design-Challenge erfolgreich bestehen, kann mit der Realisierung begonnen werden. Besteht der Prototyp die Validierung nicht erfolgreich, müssen die Gründe untersucht werden. Entweder ist die Nutzergruppe im Vorhinein nicht gut genug analysiert worden oder ihre Bedürfnisse, Ziele und negativen Erfahrungen wurden nicht ausreichend berücksichtigt. **Validierung**

Die *Deliver-Phase* umfasst die Realisierung, das Testen und das Bereitstellen der Lösung. In der Vergangenheit wurde vor der Entwicklung einer Lösung ein Anforderungskatalog entworfen und dieser dann umgesetzt. Hat man dann ohne zu testen erst hinterher festgestellt, dass Annahmen falsch waren oder Nutzerbedürfnisse nicht durch die jeweilige Lösung befriedigt werden, war der Aufwand für die nachträgliche Anpassung natürlich sehr hoch. Mit Design Thinking, dessen stärkeren Nutzerzentrierung, parallelen Tests, dem **Deliver-Phase** ständigen Überdenken und Korrigieren der Annahmen und der Prototyp-Entwicklung kann man fehlerhafte Annahmen frühzeitig erkennen und schneller anpassen. Dabei gilt jedoch auch: Je weiter fortgeschritten der Design-Thinking-Prozess ist, desto größer sind die Anpassungsaufwände.

Test und Deployment

Nach dem erfolgreichen Testen wird die Lösung an die Nutzer ausgerollt. Auch hier bieten moderne Ansätze noch iterative *Test- und Deployment-Verfahren*. Neue Technologien ermöglichen es, automatisierte Testverfahren zu implementieren und durch das Blue-Green-Deployment neue Ansätze der Bereitstellung von Software zu integrieren. Hierbei erhalten nicht alle Anwender direkt das Update, sondern spezielle Nutzergruppen werden für Anpassungen der Software ausgewählt. Teilweise werden auch zwei verschiedene Versionen erzeugt, sodass neue Elemente oder Design-Änderungen anhand mehrerer Versionen ausgerollt werden und über das Nutzerfeedback validiert werden können.

Minimum Viable Product

Ein weiterer wichtiger Ansatz für eine zügige Entwicklung und ein frühzeitiges Bereitstellen der Lösung in der Innovationsentwicklung ist das *Minimum Viable Product* (MVP), siehe Abbildung 11.9. Dieser Ansatz ermöglicht die Entwicklung einer lebensfähigen Lösung mit geringem Umfang, durch deren Einsatz ein erstes Feedback von den betroffenen Nutzern eingeholt werden kann. In unserem Beispiel kann das MVP eine Kombination aus Hard- und Software sein, die eine Erfassung der Beschädigung stark vereinfacht. Auf diese Weise kann man frühzeitig feststellen, ob die Lösung dem Nutzerbedürfnis entspricht. Wichtige Business-Logiken oder erweiterte Produktauswertungen über häufige Schadensmuster an der Ware, die die Lösung komplexer machen, würden dann beispielsweise erst später implementiert. Für die Weiterentwicklung der Lösung können die Ergebnisse des MVP berücksichtigt werden.

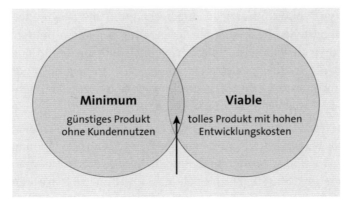

Abbildung 11.9 MVP als Schnittmenge zwischen der Minimallösung und dem bestmöglichen Produkt

Die Vorteile von MVPs sind insbesondere die geringeren Entwicklungskosten und die markt- und kundenorientierte Lösungsentwicklung. Sollte die Lösung dem Unternehmen bei dem Problem nicht helfen, war der Aufwand im Vergleich zu einer vollständigen Entwicklung geringer, und es können Ressourcen für weitere Lösungsentwicklungen genutzt werden.

Die Innovationsentwicklung nach dem Design-Thinking-Ansatz ermöglicht somit eine nutzerzentrierte Sichtweise, um Produkte oder Prozesse zu schaffen. In Verbindung mit dem MVP werden iterative Methoden genutzt, um markt- und anwenderorientierte Entwicklungen zu fördern, aber auch um frühzeitig in den Entwicklungsprozess eingreifen zu können. Denn Ideen können zunächst sehr vielversprechend sein und sich dennoch im Laufe der Fortentwicklung als Irrtum erweisen. Nach dem Prinzip »fail early, fail often« sollten Ideen aber nie abgetan oder sofort als unrealistisch verworfen werden, denn eine der vielen Ideen kann sich doch als großer Geschäftserfolg durchsetzen.

Fail early, fail often

Für das intelligente (Logistik-)unternehmen bieten Design Thinking und das Verständnis einer iterativen Lösungsentwicklung ganz neue Möglichkeiten. Ideen können schnell in Prototypen umgesetzt werden, und das Anwenderfeedback gibt frühzeitig Aufschluss über die mögliche Akzeptanz. Anschließend kann das Unternehmen evaluieren, ob es die Idee weiterverfolgt. Aufwände für die Implementierung entstehen erst spät, sodass auch gute Ideen, die nur ungünstig umgesetzt wurden, frühzeitig angepasst werden können und somit die Anwenderzentrierung konsequent verfolgt wird.

11.4 Blockchain

Seit einiger Zeit hört man häufig von *Blockchain* und *Kryptowährung*. Es lohnt sich, die dahinterliegende Technologie genauer zu betrachten; daher erhalten Sie in diesem Abschnitt einen Überblick, was sich hinter einer Blockchain verbirgt, welche Einsatzgebiete die Blockchain erfährt und welche Services dafür im SAP-Leonardo-Portfolio zur Verfügung stehen.

Kryptowährungen sind digitale Währungen und haben in den letzten Monaten besonders hohe Kursschwankungen aufgewiesen. Das in Kryptowährungen investierte Kapital überstieg zeitweise die Bewertung der wertvollsten Unternehmen. Blockchain ist die Technologie, die dahinterliegt und die für das Erfassen und Bekanntgeben der Transaktionen der Währungen genutzt wird. Ihre Möglichkeiten sollten allerdings nicht nur auf dieses Einsatzgebiet reduziert werden, wie Sie es im Folgenden sehen.

Kryptowährung

Blockchain

Die Schöpfung der *Blockchain*-Technologie geht auf ein Whitepaper von Sakoshi Nakamoto (vermutlich ein Künstlername) zurück. In »Bitcoin: A Peer-to-Peer Electronic Cash System« (zu finden unter *https://bitcoin.org/de/bitcoin-paper*) stellt er die Idee einer neuen Währungsform vor. Nakamoto beschreibt ein System, bei dem intermediäre, also zwischengeschaltete Instanzen, wie z. B. Banken, ausgesetzt werden, sodass ein direkter Austausch von Geld zwischen zwei Akteuren ermöglicht wird. Dementsprechend können die Kosten für die Vermittlung und Übertragung reduziert werden, sodass der direkte Austausch zwischen den Akteuren zu Vorteilen führt. Blockchain wird darin zwar nicht explizit erwähnt, jedoch ist mit diesem Whitepaper die Grundlage für diese Technologie geschaffen worden. Ihr Prinzip kann mit dem Buchführungssystem verglichen werden, denn mittels einer Blockchain können Zustände erfasst und gespeichert werden.

Bestandteile einer Blockchain

Der Begriff *Blockchain* bedeutet auf Deutsch so viel wie »Blockkette«. Der Block stellt eine einzelne Transaktion dar, die ähnlich wie in einem Kontenbuch erfasst wird. Sofern eine Transaktion auf einer vorherigen Transaktion basiert, wird diese in einer *Chain* (Kette) gespeichert und referenziert auf die vorangehende Transaktion. Nehmen wir also an: Akteur A übergibt Akteur B etwas, und dieser gibt es wiederum an Akteur C weiter. Es entstehen zwei Transaktionen. Die Übergabe von A an B wird in einem Block gespeichert. Die Übergabe von B an C wird ebenfalls in einem Block gespeichert und zudem auf die erste Transaktion referenziert. Dadurch entsteht eine Kette von Transaktionen.

Vorteile gegenüber klassischen Speicherverfahren

Die einzelne Transaktion wird dabei in einem verteilten Netzwerk gespeichert. Die dahinterliegende Technologie wird *Distributed Ledger* genannt – die dezentral geführte Kontenbuchtechnologie. Jeder am Netzwerk Beteiligte speichert eine Kopie der Blockchain. Dadurch sind viele Kopien im Netzwerk verfügbar, was zu wesentlichen Vorteilen gegenüber klassischen Speicherverfahren mittels zentraler Datenbanken führt:

- **Konsensmechanismus**
  Das Netzwerk muss sicherstellen, dass die Verkettung von Transaktionen korrekt ist. Die Beteiligten müssen somit einen Konsens finden. Hierzu werden Transaktionen erstellt und an das Netzwerk übergeben. Dort wird mithilfe eines Algorithmus überprüft, ob die Verkettung korrekt ist.

- **Manipulationssicherheit**
  Die kryptografischen Verfahren für das Speichern in dem Netzwerk führen zu Fälschungssicherheit, da die Blockchain nachträglich nicht geändert werden kann.

- **Transparenz**
  Die gespeicherten Daten können von allen Beteiligten eingesehen werden. Zudem können die Daten verschlüsselt werden, sodass die Lesbarkeit der Einträge auf einen engen Kreis reduziert werden kann.
- **Überprüfbarkeit**
  Die Erfassung der Vorschläge in dem Netzwerk führt dazu, dass leicht überprüft werden kann, welcher Teilnehmer welche Transaktion eingebracht hat.

Die technische Betrachtung einer Blockchain gibt Aufschluss darüber, welche Einsatzmöglichkeiten es gibt. Eine Blockchain ist, wie beschrieben, eine Verkettung von mehreren Blöcken (Abbildung 11.10). Ein *Block* beinhaltet einen Header und die Transaktion. Der Header hat unter anderem die Aufgabe, die Verkettung überhaupt zu ermöglichen, indem er einen errechneten Hash-Wert der vorangehenden Blöcke speichert. Der Kopf eines Blocks enthält weitere wichtige Merkmale wie Zeitstempel, Prüfsummen und einen Hash-Wert, der *alle* vorherigen Transaktionen beinhaltet. Dieses Verfahren ermöglicht eine Konsistenz der Daten. Würde jemand versuchen, die verketteten Daten zu manipulieren, würde man dies unter anderem über den Hash-Wert erkennen. Der Manipulationsversuch ist somit nicht erfolgreich, und die Konsistenz bleibt erhalten.

Technische Betrachtung einer Blockchain

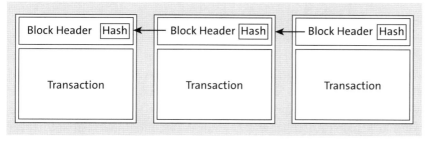

Abbildung 11.10 Verkettung von Blöcken

Die besondere Form der Übertragung und Verkettung der Daten führt bereits zu einer besonderen Verschlüsselung. Es werden private und öffentliche Schlüssel genutzt, um die Übertragung einer neuen Transaktion zu sichern. Auch die Transaktionsdaten selbst können, wie bereits erwähnt, entweder verschlüsselt werden oder für alle Beteiligten sichtbar bleiben. Im Unternehmenskontext wird eine Verschlüsselung oftmals vorgezogen, und den Beteiligten wird dann eine Möglichkeit zur Entschlüsselung mitgegeben.

Die Blockchain-Netzwerke können grundsätzlich für jeden zugänglich oder nur einem besonderen Kreis vorbehalten sein. Ein Beteiligter wird in die-

Blockchain-Netzwerke

sem Netzwerk als *Knoten* (englisch: *node*) bezeichnet. Im geschäftlichen Kontext entstehen beim Einsatz einer Blockchain besondere Anforderungen. 2015 ist eine gemeinschaftliche Initiative – das *Hyperledger Project* – entstanden, der SAP sich ebenfalls angeschlossen hat und die diese Anforderungen aus dem geschäftlichen Umfeld aufnimmt und hierzu eine gemeinsame Blockchain-Technologie ermöglicht.

Das Hyperledger Project soll Unternehmen eine Blockchain-Technologie zur Verfügung stellen, um die besonderen Anforderungen im Geschäftsumfeld und bei der Wertschöpfung zu erfüllen. Besondere Anforderungen sind die Beschränkung des Zugangs, die Erfüllung der Voraussetzungen für den Unternehmenseinsatz sowie das Ziel, die Nutzer weiterzubilden und dazu zu befähigen, die Technologie zu nutzen.

Smart Contracts Wertschöpfungsprozesse in dezentralen Netzwerken können somit vereinbart und dokumentiert werden. Beispielsweise könnten Zollabwicklungsprozesse oder auch Eigentumsübergänge erfasst werden, sodass diese dem Netzwerk bekannt werden. Integriert man nun bei einem Eigentumsübergang *Smart Contracts*, die eine Gefahrenübernahme durch Versicherungen beinhalten, können daraus automatisiert Policen entstehen. Zudem erhält das Unternehmen einen Überblick zu seinen aktuellen Waren, Standorten und Absicherungen. Die Integration von Blockchain und Smart Contracts können in der Logistik entscheidende Vorteile in Bezug auf Automatisierung und Dokumentation ermöglichen.

Hyperledger Fabric Für den produktiven Einsatz von Blockchain im Unternehmensbereich kann eine einfache Integration mit SAP HANA erfolgen. Hierzu muss zunächst wie in Abbildung 11.11 der Blockchain Service aktiviert werden und eine *Hyperledger-Fabric-Instanz* auf der SAP Cloud Platform bereitgestellt werden. (Hyperledger Fabric ist ein Framework des Projektes für den Einsatz von Blockchain.) Anschließend ist eine Verbindung über den SAP HANA Integration Service aufzubauen. Die eigene SAP-HANA-Instanz beteiligt sich, dank des PaaS-Ansatzes, damit in einem Blockchain-Netzwerk. So kann das Unternehmen beispielsweise seine Warenannahme- und Warenausgangsprozesse im Digital Core um Smart Contracts erweitern.

Diese Integration und die dezentralisierte Architektur ermöglichen es dem Logistikunternehmen nun, eine eigene Blockchain zu nutzen, wodurch es eine innovative Technologie ganz einfach in seine Prozesse integrieren kann. Dies ist insbesondere im Logistikumfeld von Vorteil, weil hier oftmals viele Akteure an einem Prozess beteiligt sind. Will ein Unternehmen lediglich Daten speichern, kann einfach eine zentrale Datenbank genutzt werden. Eine Blockchain spielt ihre Vorteile insbesondere in der Interaktion mit mehreren Beteiligten aus.

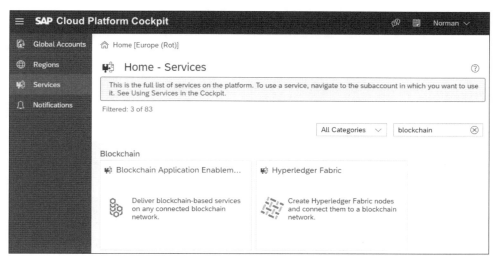

Abbildung 11.11 Blockchain Services in der SAP Cloud Platform

In einem dezentralen Umfeld wie z. B. der Transportlogistik können bei der Abwicklung eines Versands von Unternehmen 1 an Unternehmen 2 viele verschiedene Akteure beteiligt sein. Es kann für die Beteiligten von Interesse sein, dass Informationen zu Transaktionen wie die Übergabe der Ware und die Zollabwicklung nicht nur bei einem Akteur gespeichert und bereitgestellt werden. Mit der Blockchain wird ein Netzwerk geschaffen, das das Speichern von Transaktionen ermöglicht, Manipulation verhindert und damit Vertrauen herstellt.

Vertrauen schaffen

Bei der Entscheidung, ob ein Unternehmen Blockchain einsetzt, sollten also zwei Fragen besondere Berücksichtigung finden:

- Operiert das Unternehmen in einem dezentral organisierten Geschäftsumfeld?
- Kann bei den Beteiligten durch eine dezentrale Architektur Vertrauen geschaffen und damit die Interaktion zwischen den Beteiligten gefördert werden?

Das intelligente Logistikunternehmen erhält durch die innovative Technologie Blockchain ganz neue Möglichkeiten, um Innovationen für seine Prozesse, Produkte oder das Geschäftsmodell zu entwickeln. Mit Blockchain wird eine Technologie zur Verfügung gestellt, die in die Unternehmensprozesse integriert werden kann. Am Unternehmensprozess Beteiligte können somit stärker eingebunden werden, wodurch wiederum neue Möglichkeiten für erfolgversprechende Neuerungen entstehen.

Vorteile für Unternehmen

Für das intelligente Unternehmen bedeutet das alles in allem, dass die Supply Chain mithilfe des dezentralen Netzwerks transparenter werden kann. Zudem bieten sich mit der Blockchain neue Automatisierungsmöglichkeiten, um Ereignisse rechtssicher zu dokumentieren und Transaktionen auszulösen. Die Blockchain-Technologie hat folglich zu Recht einen Platz im Innovationsportfolio SAP Leonardo gefunden.

11.5 Künstliche Intelligenz und Machine Learning

Eine der bedeutsamsten Technologien in der heutigen Computer-Ära stellt die *künstliche Intelligenz* dar. Damit können insbesondere manuelle wiederkehrende Tätigkeiten mit einem hohen Wiederholungsgrad automatisiert werden. Komplexere Zusammenhänge konnten hingegen bisher häufig nicht durch Maschinen analysiert und anschließend bewertet werden. Heutzutage ermöglicht es künstliche Intelligenz jedoch, basierend auf erworbenem Wissen und auf Erfahrung, Zusammenhänge zu erfassen, sie zu analysieren und daraus Ergebnisse zu generieren. Möglich ist dies, weil einerseits die Rechenleistung und der Speicherplatz exponentiell gestiegen sind und weil sich andererseits die Aufwände für Rechenleistung und Datenspeicher reduziert haben.

Big Data

Darauf aufbauend können auch Konzepte wie *Big Data* umgesetzt werden: Unternehmen können riesige Datenmengen erfassen, vorhalten und analysieren. Insbesondere die neue *In-Memory-Technologie*, die SAP HANA mitbringt, ermöglicht eine hohe Geschwindigkeit bei der Nutzung dieser Daten. Damit künstliche Intelligenz gewinnbringend eingesetzt werden kann, müssen zunächst Schlüsse aus einer großen Menge Daten gezogen und daraus Muster entwickelt werden, die wiederum später für neue Daten genutzt werden.

Machine Learning

Ein Teilbereich der künstlichen Intelligenz ist das *Machine Learning*, das wiederum *Deep Learning* beinhaltet. Maschinen im weitesten Sinne nehmen aufgrund von »gelerntem« Wissen und »gesammelten« Erfahrungen eigene Vorhersagen oder Bewertungen vor. Deep Learning ist wiederum eine Teildisziplin von Machine Learning und bedeutet, dass die Schichten zwischen der Datenaufnahme und dem späteren Output komplexer sind.

Lernphase und Inferenzphase

Der Prozess des »Lernens« der Daten besteht dabei aus zwei Phasen: der Lernphase und der Inferenzphase (vgl. Abbildung 11.12 und Abbildung 11.13). Die *Lernphase* beinhaltet das Erkennen von Mustern aufgrund von bestehenden Datensätzen. Daraus wird ein Modell entwickelt. Die *Inferenzphase* ermöglicht die Bewertung neuer Daten auf der Grundlage des in der Lernphase abgeleiteten Modells und somit die Ausgabe des Ergebnisses. Die

Vielzahl an Datensätzen führt zu einer besseren Entwicklung von Modellen und daraus resultierend zu besseren Ergebnissen.

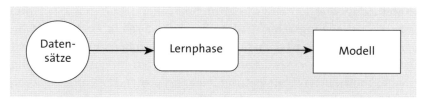

Abbildung 11.12 Übersicht der Lernphase

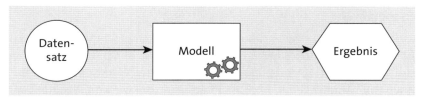

Abbildung 11.13 Übersicht der Inferenzphase

Kommen wir auf das Beispiel aus Abschnitt 11.2, »Architektur für Innovationen«, die Kategorisierung von E-Mail-Inhalten, zurück. In der Lernphase werden alle vorhandenen E-Mails in Kategorien analysiert und daraus Muster entwickelt. Dieses von der Maschine erlernte und trainierte Modell wird nun in der Inferenzphase für die Bewertung neu eintreffender E-Mails verwendet. Das System schlussfolgert somit aufgrund der bisherigen Muster eigene Ergebnisse zu neuen Datensätzen.

Die Lernphase ist somit ein essenzieller Baustein für die Entwicklung eines *Machine-Learning-Algorithmus*. Wie ein Algorithmus lernt, wird folgendermaßen unterschieden:

Machine-Learning-Algorithmus

- überwachtes Lernen
- unüberwachtes Lernen
- bestärkendes Lernen

Die Bewertung der E-Mails zählt zum *überwachten Lernen*. Es werden bekannte Trainingsdaten verwendet, um daraus Muster abzuleiten. Mit Testdaten werden die Muster anschließend validiert. Das überwachte Lernen beinhaltet die Klassifikation von Daten, beispielsweise die Zuordnung der E-Mails zur Kategorisierung, und die Regression.

Überwachtes Lernen

Die *Klassifikation* ermöglicht das Zuordnen von Daten zu einer Gruppe und wird vor allem bei der Auswertung von Texten eingesetzt. Beispielsweise nutzen digitale Assistenten die Klassifikation, um die Eingabe des Anwen-

Klassifikation und Regression

ders einer Absicht zuzuordnen. Ähnlich wie bei den E-Mail-Texten werden hier Eingaben analysiert.

Die Methode *Regression* wird wiederum für Vorhersagen genutzt. Ein interessantes Anwendungsgebiet ist hier beispielsweise die *Predictive Maintenance*. Diese vorausschauende Wartung ermöglicht es dem Unternehmen, den Zeitpunkt des Ausfalls der Maschine zu prognostizieren und Ersatzteile sowie den Wartungseinsatz vorauszuplanen. Die Vorhersage von Ereignissen und Daten kann aber vielfältig eingesetzt werden, beispielsweise für die Prognose von Absatzzahlen, für voraussichtliche Ankunftszeiten der Transportfahrzeuge oder für die Integration von Retouren in den Versandprozess.

Unüberwachtes Lernen

Das *unüberwachte Lernen* gründet ebenfalls auf einer Datenbasis; jedoch sind vorab keine Muster bekannt. Sie werden erst durch die Anwendung eines Algorithmus gebildet. Ein Einsatzgebiet ist z. B. das *Clustering*, mit dessen Hilfe Ähnlichkeiten in großen Datenmengen wie Kundendatenbanken aufgespürt und die Datensätze entsprechend gruppiert werden. Die Ergebnisse müssen allerdings trotzdem durch menschliche Interpretation ausgewertet werden.

Die *Dimensionsreduktion* ist ein weiteres Anwendungsgebiet. Hierbei werden Daten auf einzelne Features reduziert, sodass aus Angaben zum Material beispielsweise Kategorien wie **Jacke** oder **Farbe** extrahiert werden.

Bestärkendes Lernen

Der dritte Teilbereich von Machine Learning ist das *bestärkende Lernen*. Erfolgreiches Verhalten soll hierbei belohnt werden und ist in der Vergangenheit bei der Entwicklung eines Algorithmus für das Schachspielen beispielsweise genutzt worden. Auf das Verhalten des Algorithmus wird dabei direkt reagiert. Der Verlust des Königs und somit das Ende der Partie wird als negatives Verhalten eingeordnet. Hieraus soll der Algorithmus erlernen, wann ein negatives oder ein positives Verhalten eintritt. Ein besonderer Einfluss dieses Lerntyps auf Unternehmensprozesse konnte bisher nicht festgestellt werden.

Das SAP-Portfolio für Machine Learning basiert auf einer flexiblen und schnellen Integration in die eigenen Services. Folgende Machine Learning Services bietet SAP an:

- dialogorientierte Anwendungen
- intelligente Anwendungen
- Machine Learning und Data Science Foundation

Wir stellen Ihnen die einzelnen Bereiche und entsprechend zugehörigen SAP-Lösung in den folgenden Abschnitten genauer vor.

11.5.1 Dialogorientierte Anwendungen

Dialogorientierte Anwendungen stellen Text- oder Spracheingabe als neues Werkzeug zur Verfügung. Die Kombination aus hoch-performantem SAP-HANA-Datenbank-Management-System und dialogorientierten Anwendungen ermöglichen gerade in der Logistik neue Einsatzszenarien. Beispielsweise können Kennzahlen, die erheblichen Einfluss auf den Geschäftsbetrieb haben, per Sprachbefehl innerhalb von Sekunden abgefragt werden.

Der Einsatz von Sprache in Form einer Audioaufnahme und einem anschließenden Text ermöglicht es dem Unternehmen, neue Anwendungen in die eigenen Services zu integrieren. Internen wie externen Nutzern können anwenderfreundliche, praktische Dienste zur Verfügung gestellt und somit ihre Erfahrungen mit dem Unternehmen verbessert werden. Manager können die KPIs (Key Performance Indicators) des Unternehmens leichter abrufen, Mitarbeiter in der Logistik können bei ihrer täglichen Arbeit unterstützt werden oder ihren Urlaubsantrag per Spracheingabe einreichen. Externen Nutzern wird eine Möglichkeit geschaffen, einfacher mit dem Unternehmen zu interagieren und beispielsweise den Status einer Auslieferung abzufragen.

SAP CoPilot

Der digitale Assistent *SAP CoPilot* ermöglicht genau diese Interaktion mit dem Nutzer und kann für mehrere Anwendungsgebiete eingesetzt werden. Die Integration des digitalen Assistenten von SAP erfolgt im SAP Fiori Launchpad. Er wird dort als Fenster bereitgestellt und kann per Sprach- oder Texteingabe genutzt werden. Die Weiterentwicklung der Benutzeroberfläche vom traditionellen Graphical User Interface (GUI) über mobile SAP-Fiori- und SAP-UI5-Applikationen hin zum Sprachinterface schafft somit eine neue Form der Interaktion mit dem SAP-S/4HANA-System.

Der SAP CoPilot erkennt aus der Eingabe die Absicht des Anwenders und ermöglicht den Zugriff auf das gewünschte Business-Objekt. Im Chatfenster wird das Objekt angezeigt. Aus einer aufgerufenen Bestellung heraus kann der Nutzer beispielsweise weitere Interaktionen vornehmen, wie den Wareneingang zu erfassen, oder sich mit anderen Anwendern in einem Gruppenchat über das Business-Objekt auszutauschen. Neben der Erweiterung des Interface wird damit auch eine neue Möglichkeit der Kollaboration mit anderen Anwendern ermöglicht. Ein digitaler Assistent stellt somit eine wichtige Ergänzung der IT-Architektur dar.

SAP Conversational AI

Der Einsatz von Sprache kann einen entscheidenden Wettbewerbsvorteil für Logistikunternehmen ermöglichen. Um ihren Kunden auch auf diesem Gebiet ein möglichst breites Angebot machen zu können, hat SAP 2018 das Unternehmen Recast.AI erworben, das wegen seiner besonderen Kompetenzen im Bereich der Spracherkennung und Sprachausgabe bekannt geworden ist. Unter dem Namen *SAP Conversational AI* ist das Unternehmen in das SAP-Portfolio integriert worden.

Chatbots SAP Conversational AI ermöglicht die Entwicklung eigener Chatbots (siehe Abbildung 11.14). Da es sich dabei um eine PaaS handelt, können damit vielfältige Unternehmensanforderungen umgesetzt und SAP-kundeneigene, passende Chatbots entwickelt und einsetzt werden. Es gilt zu beachten, dass die Nutzererfahrung bei Bots dieser Art eine neue Form des Designs erfordert. Zwar wird das Verständnis gegenüber grafischem Design erheblich verbessert, sodass im Umgang mit dem Chatbot keine weiteren Erläuterungen notwendig sein sollten, allerdings bedeutet das Fehlen der grafischen Elemente auch erhöhte Anforderungen an sprachliche Erläuterungen.

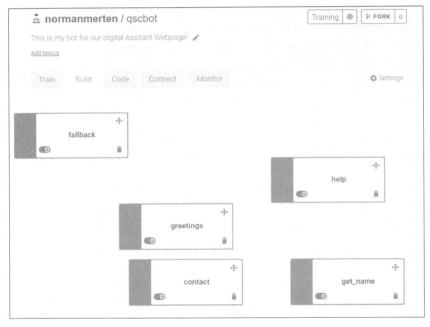

Abbildung 11.14 SAP-Entwicklungsplattform für Chatbots

Funktionale Bereiche Die Plattform SAP Conversational AI stellt funktionale Bereiche für den optimalen Einsatz von Chatbots zur Verfügung:

- Der erste Bereich – der *Bot Builder* – ermöglicht die Entwicklung von Chatbots. Hierbei wird eine Plattform angeboten, die möglichst ohne Code auskommt, um die Entwicklung von Chatbots so leicht wie möglich zu machen.

- Der *Bot Connector* stellt Verbindungen zu weiteren Plattformen und Kommunikations-Tools bereit, z. B. Skype, Telegram oder Slack. Zudem können Chatbots direkt in den SAP CoPilot integriert werden.

- Mit *Bot Analytics* erhalten Entwickler ein umfassendes Werkzeug, mit dem sich die Interaktion mit dem Bot analysieren lassen. Darauf aufbauend, kann eine Verbesserung des Nutzererlebnisses erreicht werden.

Dialogorientierte Anwendungen verändern somit die Art und Weise, wie Nutzer mit dem SAP-S/4HANA-System interagieren, und können ihre Absichten besser erkennen. Durch die Trennung des Interface vom dahinterliegenden Backend wird die IT-Architektur ausgesprochen flexibel, wodurch neue Komponenten leicht integriert werden können und den Nutzern das gewohnte Interface dennoch erhalten bleibt.

Neue Möglichkeiten nutzerzentrierter Interaktion

11.5.2 Intelligente Anwendungen

Der zweite Bereich von Machine Learning Services sind *intelligente Anwendungen*. Sie zeichnen sich dadurch aus, dass sie direkt eingesetzt werden können und gezielt auf die Anforderungen von Endanwendern ausgerichtet sind. Machine Learning und damit auch intelligente Anwendungen ermöglichen eine Verbesserung des Automatisierungsgrades bestimmter Tätigkeiten.

Ein Anwendungsbereich ist z. B. die Unternehmensbuchhaltung. Mit *SAP Cash Application* wird hier ein Service angeboten, mit dem der Forderungsabgleich automatisiert werden kann. Offene Rechnungen und Zahlungseingänge lassen sich mithilfe dieser Anwendung optimal abstimmen. Der Machine-Learning-Algorithmus erkennt Muster in dem Zahlungsvorgang und kann den Geldeingang automatisiert dem offenen Abgleichskonto zuweisen. Durch den lernenden Service kann ein schnelleres und effizienteres Forderungsmanagement betrieben werden. Der Anteil monotoner Tätigkeiten wird für die Mitarbeiter reduziert, und ihre Fähigkeiten können dafür bei komplizierten Fällen eingesetzt werden.

SAP Cash Application

Das weiter oben schon angesprochene Beispiel der Kategorisierung von E-Mails kann ebenfalls durch eine intelligente Anwendung gelöst werden. *SAP Service Ticket Intelligence* ermöglicht es einem Logistikunternehmen, Kommunikationskanäle zu verbinden und eingehende Nachrichten zu bearbeiten. Dabei werden neben der automatischen Kategorisierung auch Möglichkeiten angeboten, um wiederkehrende Anfragen automatisiert zu bearbeiten. Im täglichen Betrieb kann das Zusenden einer Rechnungskopie, die Auskunft über einen Lieferstatus oder auch die Aufgabe einer Bestellung durch das System bearbeitet werden. Das Unternehmen erreicht damit eine höhere Prozesseffizienz, die wiederum die Kundenzufriedenheit steigert.

SAP Service Ticket Intelligence

SAP Brand Impact

Ein weiteres wichtiges Anwendungsgebiet für Unternehmen ist die Analyse des eigenen Markenauftritts in der Öffentlichkeit. Mit *SAP Brand Impact* können Unternehmen mittels einer Bildmaterialanalyse in Echtzeit analysieren, wie gut das Unternehmen positioniert und wie effektiv der eigene Markenauftritt ist. Hierbei wird ein Videostream analysiert und ermittelt, wie oft die eigene Marke gezeigt wird. Die Applikation SAP Brand Impact basiert auf Business Services, die wiederum Functional Services nutzen. Der Videostream wird durch Functional Services analysiert, und die Häufigkeit der Marke in dem Stream wird durch die Business Services in der Applikation aufgezeigt.

SAP Customer Retention

Ein weiterer spannender Service ist *SAP Customer Retention*. Mit dieser intelligenten Anwendung kann das Unternehmen erkennen, welche Muster es bei Kundeninteraktionen gibt. Auf diese Weise kann Kundenverhalten analysiert und prognostiziert werden, ob Stornierungen, Retouren oder Kontraktverlängerungen erfolgen. Die Mitarbeiter können dank der Vorhersage bereits frühzeitig auf den Kunden eingehen und so beispielsweise die Aufwände für Retouren reduzieren, Stornierungen entgegenwirken oder Kundenbindungsmaßnahmen effizienter steuern.

11.5.3 Machine Learning und Data Science Foundation

SAP Leonardo Machine Learning Foundation

Intelligente Anwendungen ermöglichen demnach sehr fokussierte Anwendungsfelder, die das Unternehmen im Tagesgeschäft unterstützen. Mit *SAP Leonardo Machine Learning Foundation* steht ein weiterer Bereich für Unternehmen zur Verfügung, mit dem Machine-Learning-Anwendungen entwickelt werden können. Dieser Service kann ebenfalls in der SAP Cloud Platform aktiviert werden. Das Besondere ist, dass einige Funktionen bereits im Test-Account zur Verfügung gestellt werden. Nach deren Aktivierung können die Functional Services konsumiert werden. Insbesondere die Bilderkennung ist derzeit ein oft genutzter Functional Service, der aufzeigt, wie wirkungsvoll die SAP Leonardo ML Foundation sein kann. Sie kann auf der SAP Cloud Platform aktiviert werden, wie es in Abbildung 11.15 zu sehen ist.

Functional Services

Die *Functional Services* umfassen Dienste, die über den bereits genannten SAP API Business Hub angebunden werden können. Somit werden einem Logistikunternehmen die Werkzeuge bereits mitgegeben, die es benötigt, um eigene Services zu erstellen. Sie sind in drei Kategorien zusammengefasst:

1. Bild und Video
2. Audio und gesprochene Sprache
3. tabellarische Reihen und Zeitreihen

11.5 Künstliche Intelligenz und Machine Learning

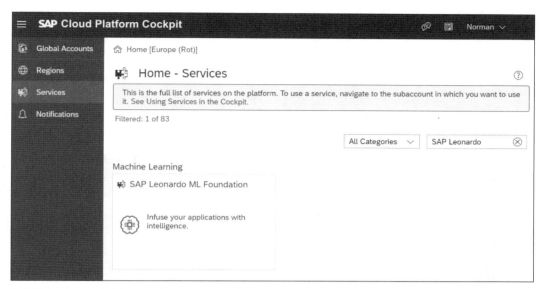

Abbildung 11.15 Aktivierung des SAP Leonardo ML Foundation Service

Die Functional Services für Bild und Video umfassen folgende Functional Services und ermöglichen die Analyse wie folgt:

Functional Services für Bild und Video

- Die *Produkt-Bild-Klassifizierung* ermittelt Produkte auf Bildern, die typischerweise im E-Commerce-Umfeld verwendet werden.
- Die *anpassbare Bildklassifizierung* kann auf der Basis von eigenen Trainingsdaten Klassifizierungen durchführen.
- Die *anpassbare Bild-Merkmal-Extraktion* ermöglicht das Erstellen eines Vektors des Bildes, um Ähnlichkeiten in anderen Bildern zu ermitteln.
- Die beiden vorangegangen Services werden ebenfalls in Kombination als *anpassbare Bildklassifizierung mit Merkmalsextraktion* angeboten.
- Mit dem *Trainingsservice für anpassbare Objekterkennung* können eigene Modelle entwickelt und durch den anpassbaren Objekterkennungsservice genutzt werden.
- Eine *Multi-Instanz-Bild-Segmentierung* ermöglicht das Erkennen von Objekten auf Bildern aus dem Handelsumfeld.
- Durch *Menschenerkennung* können Personen auf Bildern erkannt werden.
- Die *Gesichtserkennung* stellt fest, ob ein Gesicht auf einem Bild dargestellt ist.
- Durch die *Gesichtsmerkmalserkennung* werden Vektoren erfasst, die für eine nachfolgende Analyse der Übereinstimmung genutzt werden können.

497

- Mittels *Optical Character Recognition* (OCR) und *Szenen-Text-Erkennung* können Texte auf Bildern und PDF-Dateien erkannt und extrahiert werden.

Functional Services für Audio und gesprochene Sprache

Die Functional Services für Audio und gesprochene Sprache umfassen die folgenden Services:

- Die *Produkt-Text-Klassifizierung* ermöglicht die Zuordnung von Produktbeschreibungen zu relevanten Kategorien.
- Die *anpassbare Textklassifizierung* ermöglicht die Kategorisierung von Texten in eigene Klassen; auch hierzu gibt es einen Modell-Trainings-Service und einen Anwendungs-Service des Modells.
- Die *Themenerkennung* ermöglicht das Zuordnen des Textes zu definierten Themen.
- Der *Dokumenten-Merkmal-Extraktion-Service* erstellt einen Vektor aus den Merkmalen des Dokuments, sodass diese mit anderen Vektoren von Dokumenten auf ähnliche Merkmale verglichen werden können. Die Sprachenerkennung ermittelt, in welcher Sprache der Text verfasst wurde
- Der *Maschinen-Übersetzungs-Service* übersetzt Texte aus einer Sprache in eine andere

Functional Services für tabellarische Reihen und Zeitreihen

Die Vorhersage von tabellarischen Reihen und Zeitreihen umfasst die folgenden Functional Services:

- Die *Ähnlichkeitsbewertung* vergleicht erstellte Vektoren aus anderen Services und bewertet deren Ähnlichkeit.
- Auch für die *anpassbare Suche von Ähnlichkeiten von Vektoren* steht ein Trainings-Service für das Erstellen eines Modells und der Anwendungs-Service für die Verwendung des Modells zur Verfügung.

Machine Learning kann in verschiedenen Integrationsgraden genutzt werden. Zum einen werden Machine-Learning-Algorithmen als Lösungen direkt bereitgestellt. Das Logistikunternehmen kann somit künstliche Intelligenz in bestehende Unternehmensprozesse integrieren, ohne eigene Data Scientists zu beschäftigen. Insbesondere der digitale Assistent SAP CoPilot ist eine Lösung, die vielseitig eingesetzt werden kann, um das Unternehmen bei der Bewältigung von unterschiedlichen Anfragen der Nutzer zu unterstützen. Dieser Service wird direkt in SAP S/4HANA integriert und nativ bereitgestellt.

Business Services

Zum anderen können *Business Services* wie die intelligenten Anwendungen SAP Cash Application, SAP Service Ticket Intelligence oder SAP Customer Retention genutzt werden. Sie werden auf der SAP Cloud Platform bereitgestellt, sodass sie individuell in die jeweiligen Unternehmensprozesse integriert werden können.

Auch die Functional Services bieten eine Vielzahl an Möglichkeiten, um eigene intelligente Anwendungen zu entwickeln und zu integrieren. Neben den anpassbaren Services können zusätzlich eigene Modelle trainiert und bereitgestellt werden. Dazu bindet man ein Framework in die Cloud-Foundry-Umgebung ein. *Cloud Foundry* ist eine PaaS-Lösung und bietet einen Dienst an, in dem Applikationen bereitgestellt werden können ohne die entsprechenden Umgebungen installieren und konfigurieren zu müssen. Eigene Modelle lassen sich somit lokal trainieren und anschließend bereitstellen. Der Freiheitsgrad bei der Entwicklung eigener Machine-Learning-Algorithmen wird dadurch erheblich erhöht, und Unternehmen wird eine Plattform geboten, um ihre individuellen Anforderungen zu erfüllen.

Einsatz eigener Modelle

Künstliche Intelligenz stellt eine wichtige Komponente im intelligenten Unternehmen dar. Mit SAP S/4HANA werden Kernprozesse zur Verfügung gestellt, die bereits einzelne Machine-Learning-Ansätze mitbringen. Die Ausweitung auf gesamte Ende-zu-Ende-Lösungen können somit zu weiteren positiven Effekten führen, sodass Vorhersagen künftiger Szenarien schon heute in Unternehmensentscheidungen berücksichtigt werden können.

Logistikunternehmen sollten sich mit künstlicher Intelligenz befassen, um Wettbewerbsvorteile zu generieren. Komplexe Machine-Learning-Modelle können beispielsweise zu einer verbesserten Routenplanung oder einer ausgeprägten Logistik-Netzwerk-Analyse führen, durch die Warenflüsse und Tourenplanungen optimiert werden können.

Wettbewerbsvorteile durch KI

Das intelligente Logistikunternehmen wird künftig stärker auf Machine Learning setzen müssen, um die Qualität von Analyse und Automatisierung stetig zu erhöhen. Die verschiedenen Integrationsmöglichkeiten, von speziellen Applikationen über Business und Functional Services bis hin zur Bereitstellung eigener Modelle, dienen einer großen Bandbreite von Einsatzszenarien im Unternehmen und werden durch das Innovationsportfolio SAP Leonardo unterstützt.

11.6 Internet of Things

Datengetriebene Entscheidungen werden in Unternehmen heutzutage immer wichtiger und wirkungsvoller. Sie werden dadurch ermöglicht, dass Unternehmen große Mengen differenzierter Daten erfassen. Insbesondere der Einblick in die Echtzeitdaten von Anlagen, Fahrzeugen und Gebäuden sind für die Analyse wichtig. Auf Basis dieser Daten können Prozesse angereichert, Produkte verbessert oder neue Geschäftsmodelle entwickelt werden.

Kommunikationswege

Das IoT, das als eine Art Netzwerk verstanden werden kann und die Zusammenarbeit physischer und virtueller Gegenstände mithilfe von Informations- und Kommunikationstechniken ermöglicht, unterstützt Logistikunternehmen bei der Entwicklung eigener Innovationen. Insbesondere Tracking-Lösungen basieren auf Sensoren, die durch das IoT in die Unternehmensprozesse integriert werden.

Es entstehen zunehmend verbrauchsorientierte Leistungsangebote, die unter dem Begriff *As-a-Service* geführt werden. Das IoT beinhaltet dabei nicht nur die Erfassung von Maschinendaten – wie z. B. Temperatur, Umdrehungen oder Stromverbrauch –, sondern hat einen wesentlich größeren Einsatzbereich. Aufgrund der Verbrauchsdaten von Maschinen werden Abrechnungsmodelle entwickelt, die auf der Nutzung von Dingen basieren. Die Sensoren liefern hierzu wichtige Parameter, um den Verbrauch zu ermitteln und die Abrechnung zu ermöglichen.

Mit *SAP Leonardo IoT* wird dem Kunden ein PaaS-Dienst zur Verfügung gestellt, der die Infrastruktur für eigene IoT-Lösungen ermöglicht. Möchte ein Logistikunternehmen beispielsweise die Lagerkosten minutengenau abrechnen und dem Kunden in Rechnung stellen, kann mit SAP Leonardo IoT die Prozesskette der Ein- und Auslagerung mit Sensoren anreichern. Auf der Grundlage der Daten kann eine automatisierte Abrechnung integriert werden, sodass keine händischen Tätigkeiten durchgeführt werden.

Internet of Things – Infrastruktur

Die Infrastruktur typischer Internet-Of-Things-Szenarien umfasst drei Bestandteile (siehe Abbildung 11.16):

- das *Thing*, also den Sensor oder die Maschine
- die *Kommunikation* von Maschinen und Systemen, also den Austausch von Informationen
- die *Applikation*

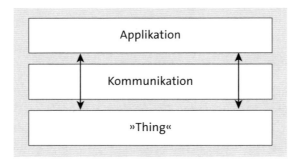

Abbildung 11.16 Ebenen von Internet of Things

Die Grundlage für SAP Leonardo IoT stellt das *Thing* dar. Oftmals handelt es sich hierbei um einen Sensor, eine Maschine oder einen anderen Gegenstand, dessen Zustand erfasst werden soll. In der Praxis können dies Anlagen, Räume, Fahrzeuge oder auch Transportkisten sein. Ein Thing ist demnach sehr generisch definiert. Auf der Ebene des Things werden dessen Daten erfasst und Prozesse initiiert, beispielsweise die Steuerung der Klimaanlage in einer Lagerhalle. Dank des IoT kann die Lagerhalle mit Temperatursensoren ausgestattet werden und eine Kommunikation zur Klimaanlage ermöglicht werden. Ist die Temperatur in der Lagerhalle zu gering, kann die Klimaanlage gesteuert und ein Heizvorgang gestartet werden.

Thing

Die nächste Ebene ist die *Kommunikationsebene*; sie umfasst den Austausch der Informationen. Die erfassten Daten werden vom Sender an den Empfänger versandt. Die Übertragung kann lokal in einem Netzwerk, in übergreifenden Unternehmensnetzwerken oder in globalen Netzwerken erfolgen. IoT-Lösungen können untereinander kommunizieren und über das Internet angesprochen werden. Sie erleichtern damit die Kommunikation und automatisieren den Austausch von Informationen (siehe Abbildung 11.17). Die Grundlage ist die Kommunikation von Mensch zu Maschine (*Human-to-Machine*/H2M), Maschine zu Maschine (*Machine-to-Machine*/M2M) oder Maschine zu Mensch (*Machine-to-Human*/M2H).

Kommunikationsebene

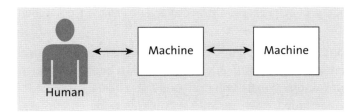

Abbildung 11.17 Verschiedene Kommunikationsvarianten zwischen Maschinen und Menschen

Das IoT erweitert den ursprünglichen Ansatz des Austausches von Informationen. Mit dem Einsatz von Sensoren wird der Umfang von Informationen erweitert, sodass verschiedene Zustände gemessen sowie Prozesse gesteuert werden können. Um eine globale Kommunikation über Unternehmensgrenzen hinweg zu schaffen, wird oftmals die Internettechnologie genutzt.

Einsatz von Sensoren

Die dritte Ebene ist die *Applikationsebene*. Die empfangenen Daten werden gespeichert, analysiert und verarbeitet. Insbesondere die Auswertungsmöglichkeiten werden häufig genutzt; aber auch Prozesse werden auf dieser Ebene gesteuert. Verbrauchsorientierte Services nutzen beispielsweise die analysierten Daten für die Erstellung der Faktura mit dem Kunden. Dafür werden oft Micro-Services auf der SAP Cloud Platform entwickelt, die

Applikationsebene

eine Analyse und Ausgabe der Daten ermöglichen. Beispielsweise können dadurch kundenindividuelle *Dashboards* und *Cockpits* entstehen. Möchte ein Disponent beispielsweise den Standort der Ware erfahren, kann das Cockpit auf der Grundlage der Sensordaten in SAP Leonardo IoT den Standort erfassen und durch SAPUI5 in einem harmonischen Enterprise-Design anzeigen.

Sicherheitsaspekte Laut den Experten von Cisco werden im Jahr 2020 insgesamt 50 Milliarden Geräte miteinander vernetzt sein. Damit vergrößert sich auch Anzahl an Kombinationsmöglichkeiten unterschiedlicher Kommunikationswege zwischen diesen Geräten (H2M, M2M und M2H) und daraus resultierend das Potenzial für Datenfälschungen erheblich. Ein weiterer wichtiger Aspekt ist also die Datensicherheit beim Einsatz von Sensorik.

Es gilt, eine gesicherte Kommunikation aufzubauen, z. B. mittels verschlüsselter Übertragung, Zugriffsberechtigungen oder der Erreichbarkeit von Webservern, sodass Unternehmen vor Datenfälschungen oder unerwünschten Eingriffen von außen sicher sind, denn der große Vorteil des IoT, nämlich dass über das Internet jederzeit und weltweit auf das Thing zugegriffen werden, Unternehmensprozesse gesteuert oder Entscheidungen getroffen werden können, bietet auf der anderen Seite große Angriffsflächen. Gefälschte Daten können Prozesse oder Entscheidungen negativ beeinflussen, sodass dem Logistikunternehmen ein Schaden entstehen kann.

Standardisierung Eine hohe Standardisierung in der Entwicklung und Herstellung von Sensoren führt zu einem kostengünstigen Einsatz des IoT. Aus Betriebsaspekten kann die Kommunikation schnell ermöglicht und somit der Einsatz erprobt werden. Insbesondere durch SAP Leonardo IoT müssen keinen Kommunikationsserver und Sicherheitsprotokolle entwickelt werden. Unternehmen können die Infrastruktur über PaaS nutzen, um eigene Einsatzszenarien zu entwickeln und in die Unternehmensprozesse zu integrieren. Im Logistikumfeld sind verschiedene Einsatzszenarien für das IoT in der logistischen Abwicklung denkbar: Von der Erfassung des Wareneingangs über das Bestandsmanagement bis hin zu Kommissionierung und Versand können die Prozesse mit Daten von Maschinen und Sensoren verbessert werden. Hierzu werden häufig RFID-Chips (Radio-Frequency Identification) eingesetzt, um den Wareneingang oder Warenausgang zu ermitteln.

Ein weiteres gängiges Anwendungsszenario ist das Verfolgen von Containern mithilfe von Sensoren, die deren Standort erfassen. Somit weiß das Unternehmen stets, wo sich die Ware befindet, und kann die Lieferkette planen und weitere Abfertigungen vorbereiten. Die Prozesstransparenz wird somit um die zusätzliche Erfassung mittels Sensorik erweitert, sodass die Automatisierung verbessert werden kann, was wiederum zu Effizienzsteigerungen führt.

Die Aufwände für die Anschaffung von Sensoren sind in der Vergangenheit erheblich gesunken. Insbesondere durch die Verwendung von Sensoren in Smartphones und Tablets sind bei der Produktion hohe Skalierungseffekte entstanden, wodurch sich der Einzelpreis eines Sensors erheblich reduzierte. Dementsprechend können die Unternehmen in Bezug auf die Hardware mit geringen Investitionsaufwänden das IoT für sich nutzen.

Skalierungseffekte

Bei modernen Logistikanlangen wird die Sensorik bereits vielfältig eingesetzt, um die Unternehmensprozesse zu unterstützen. Allerdings sind dieses Insellösungen, die durch die Hersteller angeboten werden. Individuelle Sensoren muss das Unternehmen eigenständig in die Standorte integrieren.

Der Einsatz von Sensoren kann demnach auf zwei Wegen erfolgen. Entweder wird die Sensorik bereits in das Thing verbaut, sodass das Logistikunternehmen lediglich eine Schnittstelle nutzt und darüber die erfassten Daten abruft. Bei diesem Ansatz ist ein Logistikunternehmen davon abhängig, wie die genutzten Dinge vernetzt werden. Es tritt als Konsument der Daten auf. Der Einfluss des Logistikunternehmens auf die Datenvielfalt ist abhängig von dem jeweiligen Hersteller des vernetzten Geräts bzw. Things. Eigene Prozess- und Produktinnovationen sind somit ebenfalls abhängig davon, welche Innovationskraft die eingesetzten Mittel haben.

Verbaute Sensoren und Schnittstellen

Nach dem *Retrofitting-Ansatz* können bestehende Dinge, z. B. ältere Gebäudetechnik oder Produktionsanlagen, vernetzt werden. Hier kann das Unternehmen eigenständige Integrationsszenarien entwickeln und umsetzen. Der Einsatz von individueller Sensorik ermöglicht die Erweiterung der Datengrundlage. Somit kann die Anlage für den Wareneingang nachträglich um weitere Sensorik erweitert werden. Beispielsweise kann durch Lichtschranken die Abfertigung von Paketen erfasst und optimiert werden. Oder auch ein physisches Portal für das Erfassen des Wareneingangs durch RFID-Chips kann im Retrofitting-Ansatz integriert werden. Mit den individuellen Daten können wiederum Innovationen entstehen, die zu Alleinstellungsmerkmalen im Wettbewerb führen.

Retrofitting-Ansatz

Die Entscheidung, ob ein Logistikunternehmen herkömmliche Datenquellen oder spezielle IoT-Integrationen nutzen sollte, hängt vom Individualisierungsgrad des Gerätes und von der technologischen Grundlage ab. Dem Kunden wird durch SAP Leonardo IoT dementsprechend ermöglicht, beide genannten Integrationstypen – Schnittstellennutzung und Retrofitting – zu nutzen, sodass entweder bestehende Things angebunden werden oder eigene Sensorik integriert werden kann.

SIM-Karten-Management	Die Kommunikationsebene von SAP Leonardo beinhaltet das SIM-Karten-Management und das IoT Edge. Mit dem SIM-Karten-Management erhält der Kunde neutrale SIM-Karten und kann diese über das Management steuern sowie den Provider auswählen, sodass eine optimale Übertragung ermöglicht wird.
IoT Edge	Das *IoT Edge* ist wiederum eine Einheit, die eine Übertragung zwischen Sensor und Plattform ermöglicht (vgl. Abbildung 11.18). Die Sensoren können mit gängigen Übertragungstechnologien und -protokollen angebunden werden, und das Edge Device stellt die Verbindung zu der Plattform her.

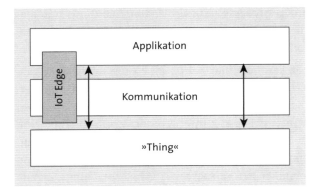

Abbildung 11.18 Einbindung von Edge Devices im Internet of Things

Edge Device	Die Übertragung der Daten wird somit in vielen unterschiedlichen Einsatzgebieten genutzt. Dennoch kann es sinnvoll sein, dass nur aggregierte Daten an die Plattform versandt werden. Ebenfalls können Anforderungen dahingehend bestehen, dass Daten erst in Schwellwertbereichen übertragen werden. Eine optimale Möglichkeit bieten die sogenannten *Edge Devices*, indem bereits auf dieser Ebene eine Datenverarbeitung stattfindet und die Plattform zunächst keine Daten erhält.
Edge Device als Kommunikationsmittel	Das Edge Device erhält somit zwei Funktionsbereiche. Zum einen wird es als Kommunikationsmittel verwendet. Andererseits erfolgt eine Datenverarbeitung und ist somit eine Erweiterung der Applikationsebene. Die Vorteile der IoT Edge Devices werden insbesondere in Bereichen mit schlechtem Empfang deutlich. Des Weiteren können die Vorteile auch helfen, den Umfang an Daten zu reduzieren, sodass man wichtige von unwichtigen Daten trennt. Somit werden Daten empfangen und gespeichert. Zudem können sie vorgefiltert werden, sodass lediglich ein kleiner Ausschnitt an die IoT-Plattform geschickt wird. Des Weiteren kann es erforderlich sein, dass die Kommunikation direkt vom Sensor an eine andere Maschine initiiert wird. Eine Online-Verbindung zur Plattform ist nicht

notwendig. Das Edge Device bietet eine ideale Grundlage, um die Steuerung der Prozesse zu integrieren.

Neben der lokalen Erfassung stellt das Edge Device eine weitere wichtige Funktion bereit. Die Anbindung von Sensoren kann durch viele verschiedene Verbindungsprotokolle und Verbindungsarten erfolgen. Beispielsweise kann der Sensor mit dem Edge Device per Drahtverbindung verbunden werden. Aber auch Bluetooth kann eine technische Grundlage für die Verbindung sein. Das *Edge Gateway* stellt somit einen wichtigen Teil für die Verbindung vom Sensor zur SAP Leonardo IoT zur Verfügung.

Edge Gateway

Projekte im Umfeld des IoT erfordern oftmals schnelle Prototypen, um die Investitionen in die Technologie validieren zu können. Hierzu stellt SAP mit der IoT Bridge und der IoT Foundation zwei wirkungsvolle Lösungen zur Verfügung, um erste sichtbare Ergebnisse zu erreichen wie auch zu erweitern.

Die *SAP Leonardo IoT Bridge* ermöglicht das Zusammenführen von verschiedenen Datenquellen aus dem Backend und den Informationen der Sensorik. Die Cloud-Anwendung unterstützt das Erstellen von Dashboards auf der Grundlage der Datenquellen. Demnach können kritische Unternehmensprozesse über die Systemgrenzen hinweg verfolgt werden und so wichtige Daten aus dem Lagerverwaltungssystem, dem SAP-ERP-System sowie auch aus dem HR-System in Kombination mit Sensordaten übersichtlich dargestellt werden.

SAP Leonardo: IoT Bridge

Mit der *SAP Leonardo IoT Foundation* wird ein weiterer Baustein für smarte IoT-Anwendungen geschaffen. Mit der Lösung werden bereits vorkonfigurierte Things zur Verfügung gestellt, die genutzt werden können. Außerdem werden Services bereitgestellt sowie ein Speicherkonzept für ständig genutzte (*hot*), gelegentlich genutzte (*warm*) und selten genutzte Daten (*cold*) verwendet.

SAP Leonardo: IoT Foundation

Des Weiteren können eigene IoT-Applikationen mit dem Framework SAPUI5 und Cloud Foundry entwickelt werden. Hierbei stehen oftmals Micro-Services zur Verfügung, die eine spezielle Aufgabe erfüllen. Die Anforderung kann beispielsweise sein, dass eine spezifische Funktion für die Verarbeitung der Daten und Steuerung von Prozessen erfolgt. Die Daten der Sensoren können demnach Grundlage der Steuerung von Maschinen sein, die ebenfalls Belege im SAP-S/4HANA-System bearbeiten.

Das Transportmanagement kann mit nützlichen Funktionen wie der Erfassung des Kennzeichens eines LKWs über einen Sensor und den dazugehörigen Micro-Service die Beladung initiieren. Der Sensor erfasst die Ankunft des LKWs mit dem dazugehörigen Bild des Kennzeichens. Die SAP-Leo-

IoT im Transportmanagement

nardo-Applikation erhält die Daten, wertet das Bild über einen Bilderkennungsservice aus und bestätigt im Transportmanagement die Ankunft sowie die Bereitschaft zur Beladung.

Insgesamt bietet das IoT dem Logistikunternehmen eine ideale Möglichkeit, um Prozesse und Zustände zu erfassen. In systemübergreifenden Anwendungsszenarien können die zusätzlichen Daten erhebliche Mehrwerte mit sich bringen, sodass ein weiterer Schritt zum intelligenten Unternehmen erfolgt. Die IoT-Technologie ermöglicht die Entwicklung von Innovationen, sodass wichtige Wettbewerbsvorteile daraus entstehen. Das SAP-Innovationsportfolio ermöglicht es Unternehmen, innovative Lösungen zu integrieren und eigene Innovationen zu entwickeln, um das intelligente Logistikunternehmen zu ermöglichen.

11.7 Big Data und Analytics

Die Unternehmensführung setzt vermehrt analytische Verfahren ein, um datengestützte Entscheidungsgrundlagen zu schaffen. Unternehmen erfassen heutzutage bereits eine Vielzahl an Daten. Jedoch fehlt oftmals noch eine Zusammenführung unterschiedlicher Quellen und verschiedener Unternehmensbereiche. Die Kombination aus Abhängigkeiten, wie Warenbestände zu allgemeinen Branchentrends oder auch die Zielgruppenanalyse in Kombination mit Liefer-Prozess-Geschwindigkeiten und Retourenquoten, müssen in aufwendigen Implementierungsprojekten als analytische Kennzahlen integriert werden.

Big Data Das Konzept *Big Data* umfasst den Einsatz von vielen verschiedenen Quellen für übergreifende Analysen. Die Grundlage können das SAP-ERP-System, das Lagerverwaltungssystem, das HR-System oder externe Quellen wie Social Media, Branchenkennzahlen oder auch Marktforschungsergebnisse sein. Demnach existiert bereits eine Vielzahl an Datenquellen, die genutzt werden können. Die Aufgabe eines Unternehmens besteht nun darin, die Quellen miteinander zu kombinieren und die neuen Erkenntnisse zum eigenen Vorteil einzusetzen.

Neben interdisziplinären Analysen aus unterschiedlichen Bereichen basieren die Auswertungen bisher auf bekannten Daten aus der Vergangenheit. Zwar bietet die Analyse eine gute Grundlage für Entscheidungen, die zukunftsgerichtet sind. Allerdings können keine verlässlichen Vorhersagen getroffen werden, wenn sich in dem Unternehmen, in der Branche oder sich globale Veränderungen ergeben.

Zukunftsszenarien

Moderne Verfahren und Ansätze wie das Machine Learning ermöglichen heutzutage den Einsatz von Vorhersagen, sodass neben einer Vergangenheitsbetrachtung auch Zukunftsszenarien einbezogen werden können. Erkennt ein Unternehmen somit frühzeitig einen Trend oder die Veränderung von wichtigen KPIs, können die Einschätzungen bereits in den Entscheidungen berücksichtigt werden.

Das Innovationsportfolio eines Unternehmens muss somit Analytics als wichtigen Baustein integrieren, um Wettbewerbsvorteile durch Neuerungen zu ermöglichen. Eine Innovationsplattform sollte somit zwei entscheidende Merkmale aufweisen, um die Grundlage für optimale datengetriebene Entscheidungsgrundlagen zu schaffen:

- Integration einer Vielzahl von Datenquellen
- Analysen auf der Grundlage von Daten aus der Vergangenheit und aus prognostizierten Szenarien

Als eines der Kernelemente für datengetriebene Entscheidungsgrundlagen gilt es, eine umfassende Integration in das Innovationsportfolio zu schaffen. Das Portfolio von SAP Leonardo integriert mit dem Analytics-Ansatz einen wichtigen Baustein für die Innovationsentwicklung eines Logistikunternehmens.

Embedded-Analytics-Funktionen

Die bisherigen Embedded-Analytics-Funktionen in den Lösungen von SAP, wie z. B. SAP Concur, SAP Ariba, SAP SuccessFactors, aber auch SAP S/4HANA, stellen bereits Bausteine für analytische Zwecke bereit. Mit diesem Ansatz werden Funktionen in den einzelnen Produkten angeboten. Eine übergreifende Analyse über die einzelnen Lösungen hinweg wird jedoch erst mit spezifischen Analytics-Anwendungen ermöglicht.

Die Ziele Unternehmensführung und Unternehmenswachstum können insbesondere durch übergreifende Analysen unterstützt werden. Beispielsweise können eine frühzeitige Trenderkennung, die Kombination aus betriebswirtschaftlichen Kennzahlen und kundenorientierten Umfragen sowie die Mitarbeiterzufriedenheit und Prozessqualität von erheblichem Vorteil sein.

Cloud-first-Ansatz

Mit der Innovationsplattform SAP Leonardo verfolgt SAP grundsätzlich die Strategie *Cloud-first* und in einzelnen Bereichen sogar einen Cloud-only-Ansatz. *SAP Analytics Cloud* erweitert das Portfolio um eine analytische Lösung als Cloud-Anwendung. Damit erhalten Logistikunternehmen die Möglichkeit, anwendungsübergreifende Analysen durchzuführen und die Auswertungen durch eine breite Datenbasis zu erhöhen (vgl. Abbildung 11.19).

11 SAP Leonardo

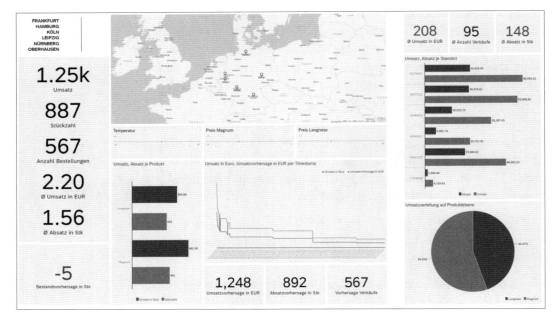

Abbildung 11.19 Analytisches Dashboard in SAP Analytics Cloud

SAP Analytics Cloud
: Die Hauptfunktionen von SAP Analytics Cloud sind Business Intelligence, Planung und vorausschauende Analysen. Mit Business Intelligence werden Daten nach dem Self-Service-Ansatz ausgewertet und Echtzeitergebnisse ermöglicht. Insbesondere eine Vielfalt an Daten erreicht eine hohe Qualität und Diversität an Erkenntnisgewinnen.

Mit der Planung ist insbesondere die Organisationsplanung implementiert, sodass hiermit geschäftstypische Aussagen getroffen werden können. Kontierungslogiken und Währungsumrechnung ermöglichen globale Auswertungen mit detaillierten Ergebnissen nach typischen Organisationsstrukturen.

Vorausschauende Analysen durch maschinelles Lernen ermöglichen die Prognose von Ergebnissen. Wie bereits erläutert, können z. B. Änderungszeitpunkte vorhergesagt werden, sodass heutige Umsatzwachstumsbereiche zukunftsgerichtet analysiert und bewertet werden. Vorausschauende Unternehmensaktivitäten ermöglichen somit das Ziel, weiterhin Wachstum zu erreichen.

Integration unterschiedlicher Datenquellen
: Auf die Integration unterschiedlicher Datenquellen wird ein besonderer Fokus gelegt. Die Datenquellen unterscheiden sich allerdings in zwei verschiedene Zugriffstypen. Einerseits können unterschiedlichen Quellen durch die Importfunktion in SAP Analytics Cloud aufgenommen werden:

- data.world
- Fileserver
- Google BigQuery
- Google Drive
- Microsoft SQL Server
- OData
- Oracle 11
- Salesforce
- SAP BPC for Microsoft
- SAP BPC for SAP NetWeaver
- SAP Business ByDesign Analytics
- SAP BW
- SAP Cloud for Customer
- SAP Cloud Platform
- SAP Concur
- SAP ERP
- SAP Fieldglass
- SAP Cloud for Customer Analytics
- SAP SuccessFactors
- SAP SuccessFactors Workforce Analytics
- SAP Universes
- SQL Databases, JDBC (= Java Database Connectivity)

Ein weiterer Integrationstyp ist Live Data Connection. Hiermit können die Daten in Echtzeit abgerufen werden, sodass kein Zwischenspeichern der Daten erfolgen muss. Ermöglicht wird dies durch:

Live Data Connection

- SAP BW (live)
- SAP HANA
- SAP S/4HANA
- SAP Universe

Die Verwendung des Live-Zugriffs wird insbesondere durch die In-Memory-Technologie von SAP HANA ermöglicht. Neben der Ermittlung von Kennzahlen kann eine Drill-down-Analyse genutzt werden. Somit steht dem Nutzer ein umfangreiches Analysewerkzeug zur Verfügung, um eine datenbasierte Entscheidungsgrundlage zu modellieren, auszuwerten und anzupassen.

SAP Analytics Cloud kann als Self-Service-Analyse-Plattform genutzt werden. Logistikunternehmen erhalten ein umfangreiches Tool, das durch ihre Mitarbeiter verwendet werden kann. Das Self-Service-Prinzip wird dabei mit Smart Insights um eine mächtige Funktion erweitert.

Smart Insights und Smart Discovery

Die Analysen von Unternehmen basierten in der Vergangenheit auf den Fähigkeiten der Mitarbeiter. Mit Smart Insights können typische Unternehmenskennzahlen sowie Korrelationen erkannt und ausgewertet werden. Vollautomatisch werden Zusammenhänge erkannt und für die weitere Bewertung zur Verfügung gestellt. Die Verknüpfung von Lagerstandortdaten und Retourenaufträgen kann dazu führen, dass insbesondere Retourengründe mit Bezug zu Lieferschäden in Prozessverbesserungen enden. SAP Analytics Cloud analysiert für das Unternehmen die Daten und kann somit neue Erkenntnisse zur Verfügung stellen.

Die Smart Discovery ist eine Weiterentwicklung von Smart Insights. Durch maschinelles Lernen werden die Daten vollautomatisch analysiert. Neue Korrelationen werden erkannt und relevante Einflusskriterien aufgezeigt. Unterschiedliche Szenarien können zudem bei der Bewertung von künftigen Situationen unterstützen. Eine Korrelation kann z. B. sein, dass ein bestimmter Lieferort in Verbindung mit sperriger Ware und einem externen Dienstleister zu kürzeren Lieferzeiten führt, wenn die Temperaturen unter 2 Grad Celsius liegen. Die Ursachenanalyse führt dann dazu, dass sich die Mitarbeiter bei kälterem Wetter beeilen. Dieses kann wiederum in der Transportplanung Berücksichtigung finden.

Natural Language Processing

Das Nutzererlebnis von SAP Analytics Cloud wird durch die Integration von *Natural Language Processing* weiter verbessert. Der Anwender kann durch direkte Fragestellungen eine Antwort in Form einer Analyse erhalten. Somit wird der Reifegrad der Self-Service-Analysen von typischen Datenpunkten über neue Erkenntnisse aus Datenkorrelationen bis hin zu direkten Fragen der Nutzer erheblich verbessert.

Typischerweise haben Unternehmen bereits in der Vergangenheit Analysen entwickelt, die wichtige Kennzahlen ermitteln und als Entscheidungsgrundlage dienen. Mit der Nutzung von SAP Analytics Hub wird ein weiteres Cloud-Werkzeug zur Verfügung gestellt, das die Vorteile einer übergreifenden Datenanalyse ermöglicht. On-Premise Analysen aus dem SAP-BusinessObjects-Katalog können somit weiterhin genutzt werden.

Die Umgebung ist an SAP Analytics Cloud angelehnt und ermöglicht eine zentrale Verwaltung der Analysen. Die Nutzer haben somit lediglich einen Kontaktpunkt, um auf die Analysen zugreifen zu können. Des Weiteren müssen sie somit nicht mehr die Zugangspunkte und -daten vorhalten, sondern können anhand der Applikation auf alle Analysen zugreifen.

Die Akzeptanz der Anwender kann demnach erhöht werden. Insbesondere durch die grafische Oberfläche und den zentralen Zugang von SAP Analytics Cloud und SAP Analytics Hub wird ein stringentes Konzept eingehalten. Neben der Nutzung bestehender Storys, Dashboards und Analysen erhalten die Anwender Metadaten zu den Auswertungen. Als zentrale Werkzeuge stellen die beiden Lösungen den nächsten Schritt auf dem Weg zu intelligenten Unternehmen dar.

SAP Analytics Hub

SAP Digital Boardroom ist eine Lösung, die insbesondere durch die intelligente Datenanalyse sehr erfolgreich ist. Als Basis dient SAP Analytics Cloud. Hierdurch können typische Kennzahlen ermittelt, besondere Konstellation dargestellt und eigene Nutzeranfragen bearbeitet werden. Logistikunternehmen können somit global auf ihr Unternehmen schauen. Insbesondere durch die In-Memory-Technologie kann die globale Sicht durch den Drill-down-Ansatz in wichtige detailliertere Sichten einsteigen.

Das Unternehmen fokussiert spezielle Unternehmensbereiche und kann spezifische Aktivitäten lenken. Sind wichtige Entscheidungen zu treffen oder verlangt die Situation besondere Führung, erhält das Management die Datenbasis, um das weitere Vorgehen abzustimmen.

Das Unternehmen kann beispielsweise die retournierten Artikel analysieren. Die Verknüpfung von Retourenaufträgen zu Kunden, Standorten, Zeiträumen, Retourengründe und Lieferanten der Ware können zu wertvollen Erkenntnissen führen. Beispielsweise kann ermittelt werden, dass die Retouren ursächlich aus einem bestimmten Lager stammen und der Retourengrund oftmals einem ähnlichen Muster entspricht. Aber auch bestimmte Kundengruppen könnten der Grund für häufige Retouren sein.

In dem Drill-down-Ansatz kann das Unternehmen somit von erhöhten Retourenquoten zu dem Artikel tiefer einsteigen und diese Informationen miteinander verknüpfen. Die detailliertere Analyse unterstützt somit bei der Optimierung von Prozessen oder auch den Umgang mit speziellen Kunden. Insbesondere im logistischen Umfeld mit einer Vielzahl an Geschäftsvorfällen kann mit den Lösungen aus dem SAP-Leonardo-Portfolio eine Echtzeitbetrachtung erfolgen und somit zeitnah reagiert werden.

Mit SAP Analytics Cloud und SAP Analytics Hub werden zwei Lösungen in das SAP-Innovationsportfolio integriert, die bisherige Analysen zur Verfügung stellen und neuartige Analyse ermöglichen. Logistikunternehmen erhalten wertvolle Werkzeuge, um die Transformation zum intelligenten Logistikunternehmen auf der Basis von SAP S/4HANA zu erreichen.

11.8 Einsatzszenarien und Ausblick für die neuen Technologien

Der Einsatz von neuen Technologien in Logistikunternehmen ermöglicht, wie in den vorangehenden Kapiteln aufgezeigt, eine Vielzahl von Innovationsmöglichkeiten. Eine wirkungsvolle Methode zur Entwicklung von Neuerungen ist das Design Thinking. Somit wird Unternehmen ein Portfolio für die Innovationsentwicklung aus Technologie und Vorgehensweise bereitgestellt. Dennoch stellen sich Kunden die Frage, welche Möglichkeiten bereits heute bestehen, um die Logistikprozesse zu innovieren.

Mobile Asset Insights

Mit dem Konzept *Connected Fleet* stellt SAP einen Mix aus innovativen Technologien in Verbindung mit Unternehmensprozessen in der Logistik zusammen. Das Anwendungsgebiet umfasst ein intelligentes Flottenmanagement. Dieses besteht wiederum aus *Mobile Asset Insights*, *Logistics Safety* und *Logistics Network*. Mobile Asset Insights ermöglicht einen Einblick in die Fahrzeuge und weitere Anlagen des Logistikunternehmens, wie es in Abbildung 11.20 zu sehen ist. Das Einsatzgebiet kann entweder in der Intralogistik oder auch in der externen Logistik sein. Dabei können LKWs, Gabelstapler oder weitere Flurförderfahrzeuge angebunden werden. Daraus ergeben sich ebenfalls unterschiedliche Szenarien in Bezug auf die Beschaffung und Nutzung der Echtzeitdaten. Zum Beispiel können die Unternehmen den aktuellen Standort, die Ankunftszeit, den Verbrauch oder Fahrtwege auswerten und optimieren. Standortbezogene Anwendungen oder auch Vorhersagen zu Wartungseinsätzen sind ebenfalls möglich und können dem Unternehmen wichtige Erkenntnisse über das Fahrzeug und die Transportmittel liefern sowie bei der Vermeidung von längerfristigen Ausfällen unterstützen.

Die Einhaltung von gesetzlichen Anforderungen an die Lager- und die Logistikprozesse können ebenfalls durch Innovationen unterstützt werden. Ruhepausen, Fahrverbote oder besondere Beförderungsrichtlinien bei Gefahrgut können überprüft und dokumentiert werden.

Transportsicherheit (Logistics Safety)

Ein weiterer Bereich von Connected Fleet ist die Transportsicherheit (*Logistics Safety*). Insbesondere die Verfolgung von hochwertigen oder gefährlichen Waren ist ein wesentlicher Vorteil. Unternehmen können die Unversehrtheit prüfen. Außerdem bieten die Daten über die Transporte hilfreiche Informationen bei einem Unfall oder bei einem Schaden. Die erfassten Daten bieten die Möglichkeit, Schadenszeitpunkt und Ursache nachzuverfolgen.

Abbildung 11.20 Übersicht einer Anlage in SAP Asset Management

Das Logistiknetzwerk (*Logistics Network*) bietet wiederum Einblicke durch Track-and-Trace-Anwendungen, Lagermanagement, verbundene Logistikzentren und das Fahrzeugnetzwerk. Die Sensordaten können dem Netzwerk wichtige Erkenntnisse liefern, sodass Transportrouten umgeplant werden, Fahrzeugeinsätze geändert werden oder auch Auslastungen umverteilt werden.

Logistiknetzwerk (Logistics Network)

Die Datenerfassung erreicht in Kombination mit der Blockchain-Technologie neue Möglichkeiten für die Überwachung von Lieferketten. SAP hat in den USA mit namenhaften Lebensmittelproduzenten eine Blockchain erstellt, die manipulationssichere Lieferketten erfassen lässt. Die an dem Blockchain-Netzwerk Beteiligten erhalten gemeinschaftlich Daten zu den Lieferungen, wodurch Lieferketten über Unternehmensgrenzen hinaus überwacht werden können.

Überwachung von Lieferketten

Ein weiteres Anwendungsgebiet ist die Nachverfolgung von Medikamenten mit der Überprüfung auf Echtheit. Mit einem großen Pharmahersteller ist ebenfalls in den USA eine Blockchain eingerichtet worden, bei dem die Lieferkette nachverfolgt wird. Produktfälschungen sollen somit erkannt und nicht an Patienten weitergegeben werden. Aber auch die Überwachung der Kühlkette von Medikamenten wird durch eine Blockchain überprüft.

Innovationen können zum einen durch SAP SE entwickelt werden. Hierzu gibt es neben der eigenen Entwicklung auch Co-Innovation-Programme mit denen Kunden sehr intensiv mit SAP zusammenarbeiten und Innova-

Co-Innovation-Programme

tionen entwickeln. Insbesondere der Einbezug von Kunden führt zu neuen Lösungsansätzen.

SAP Qualified Partner-Packaged Solution

Zum anderen bieten ebenfalls Partner von SAP eigene Lösungen für SAP Leonardo an. Somit werden die Applikationen von SAP durch die *SAP Qualified Partner-Packaged Solution* erweitert (siehe Abbildung 11.21). In diesem Katalog werden Lösungen von Partnern aufgenommen, die unter anderem auf SAP Leonardo basieren. Zu erreichen ist dieser unter: *https://www.sap.com/germany/partner/partner-package-finder*. Die Lösungen durchlaufen hierbei einen Qualifizierungsprozess. Insbesondere für SAP Kunden, die eine einfache innovative Lösung implementieren wollen, bieten dieses Angebot schnelle Einstiegsmöglichkeiten in innovative Lösungen.

Abbildung 11.21 Überblick von Innovationen aus dem Partnernetzwerk

Energie-Effizienz-Management

Beispielsweise können IoT-Lösungen innerhalb weniger Wochen gebrauchsfertig implementiert werden. Das *QSC Energy Management Cockpit* ist eine der ersten Lösungen dieser Art im deutschsprachigen Raum. Die Lösung resultiert aus der Anforderung der Norm ISO50001 für das Energie-Effizienz-Management. Auf der Basis von SAP Leonardo wurde die Lösung entwickelt, um die innovativen Technologien IoT, Analytics und Container-Technologien zu kombinieren und als Lösung bereitzustellen.

Der PaaS-Ansatz ermöglicht hierbei eine schnelle Integration und die Nutzung aktueller innovativer Technologien. Mit der SAP Qualified Partner-Packaged Solution erhalten Kunden ein effektives Werkzeug, um ein Energie-Effizienz-Management zu betreiben und in die eigenen Prozesse zu integrieren. Der Implementierungszeitraum ist mit wenigen Wochen sehr kurz. Auf der Basis von SAP Leonardo kann das Unternehmen eine Innovation integrieren und die Lösungsentwicklung des Partnernetzwerkes von SAP nutzen.

Des Weiteren bietet SAP mit dem Programm für Co-Innovationen die Möglichkeit, eigene Innovationen zu entwickeln und bereitzustellen. Hierzu wurden insgesamt 15 Innovation Labs eingerichtet, um mit Partnern und Kunden von SAP Innovationen zu entwickeln.

Der Austausch und die gemeinsame Innovationsentwicklung werden mit zusätzlichen Services von SAP unterstützt. Hierzu zählt die Bereitstellung einer Infrastruktur für die gemeinsame Innovationsentwicklung, die Bereitstellung von Projekt-Management-Ressourcen, die Unterstützung des Wissenstransfers und das Intellectual Property Management. Kunden und Partnern wird somit eine Plattform geboten, die ein umfassendes Leistungsangebot für die Entwicklung von Co-Innovationen ermöglicht.

Gemeinsame Innovationsentwicklung

Die innovativen Technologien können jede für sich bereits Innovationen ermöglichen. In der Kombination miteinander wird das volle Potenzial ausgeschöpft. Die Grundlage für intelligente Unternehmen wird somit bereitgestellt. Daraus lassen sich neue Lösungen entwickeln, die der Logistikbranche oder den Logistikunternehmen neue Möglichkeiten bieten.

Insbesondere die Blockchain-Technologie in Kombination mit dem IoT bietet heutzutage innovative Möglichkeiten, um die Lieferkette und den Prozess zu verbessern. Eigentumsübergänge können automatisiert und transparent erfasst werden. Der Zustand der Ware und die Qualität des Lieferprozesses können durch die Beteiligten eingesehen werden. Smart Contracts erhöhen den Automatisierungsgrad. Die automatische Absicherung durch Versicherung oder auch Anmeldung beim landesspezifischen Zoll kann ebenfalls integriert werden, sodass diese manuellen Prozesse hocheffizient ausgestaltet werden können.

Doch auch die transportmittelübergreifende Belieferung wird immer wichtiger. Folgende Fragen können dabei aufkommen:

- Welche Transportmittel gibt es?
- Wie können die Transportmittel integriert werden?
- Ist der Transport der Ware damit möglich?
- Welche Mehrwerte kann ich für meine Kunden ermöglichen?

Innovative Technologien können auch hier zu Echtzeitentscheidungen führen, um für den Vorgang individuelle Entscheidungen zu treffen. Mit

SAP S/4HANA erhalten Unternehmen den wichtigen Digital Core für die eigenen Kernprozesse. Die Transformation hin zu einem intelligenten Unternehmen wird vor allem durch den Einsatz von SAP Leonardo ermöglicht. Kunden erhalten somit ein breites Portfolio für die Realisierung von Innovationen. Auf der Grundlage der SAP Cloud Platform können die Unternehmen innovative Technologien nutzen, ohne eigene aufwendige Infrastrukturen aufbauen zu müssen.

Orchestrierung und Integration von Daten

Innovationen sollten prozessübergreifend implementiert werden. SAP Leonardo berücksichtigt viele Produkte und Lösungen von SAP, um eine übergreifende Innovationsentwicklung zu ermöglichen. SAP S/4HANA stellt insgesamt eine ideale Basis für Innovationen dar. Allerdings sind auch die Orchestrierung und Integration von Daten und Prozessen wichtig. Durch SAP Process Integration (SAP PI) existiert bereits eine Lösung, die die Ansätze verfolgt. Mit dem SAP Data Hub steht ein neues effektives Werkzeug für die übergreifende Orchestrierung und Integration von Prozessen und Datenströmen zur Verfügung (Abbildung 11.22). Die innovativen Technologien können auf der Basis des SAP Data Hubs integriert werden.

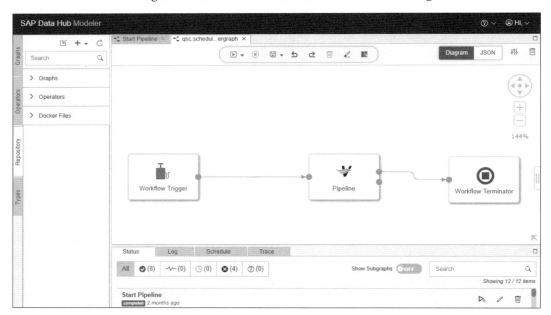

Abbildung 11.22 Entwicklung einer Data Pipeline mit dem SAP Data Hub

Eingehende Datenströme können damit gesteuert werden. Anschließend ist die Orchestrierung dieser Ströme ebenfalls möglich. Beispielsweise können Machine-Learning-Modelle angelernt oder verbessert werden, um anschließend die eingehenden Daten zu analysieren. Die Datenoperationen führen somit zu datengesteuerten Anwendungen, bei denen keine manuellen Tätigkeiten mehr erfolgen müssen. Sollte dennoch eine kontrollierende Instanz eingebunden werden, ist dies ebenso möglich.

SAP S/4HANA in Kombination mit einer Plattform für innovative Technologien und die Orchestrierung von Datenströmen sind sehr wichtig, um das Unternehmen für künftige Anforderungen auszurichten. Die Integrationsaufwände und Entwicklungskosten für Innovationen können somit reduziert werden, sodass Logistikunternehmen auf sich ändernde Bedingungen reagieren und Wettbewerbsvorteile entwickeln sowie ausbauen können.

Wettbewerbsvorteile

Die Anwendungsbeispiele zeigen auf, dass Unternehmen einen übergreifenden Blick auf die IT-Architektur vornehmen müssen; Software- und sogar Unternehmensgrenzen verschwinden zunehmend. Das Konzept des intelligenten Unternehmens ist somit ein zukunftsweisendes Modell mit wichtigen Komponenten. Mit SAP Leonardo erhalten Logistikunternehmen einen wichtigen Baustein für die Entwicklung und den Einsatz von Innovationen. Mit diesem Innovationsportfolio sind Kunden gut gerüstet, um die Zukunft für sich zu gestalten und ein nachhaltiges Unternehmenswachstum zu ermöglichen.

Kapitel 12
Migration von SAP ERP nach SAP S/4HANA

In den vorangegangenen Kapiteln dieses Buches haben Sie erfahren, welche Vorteile SAP S/4HANA für Sie haben kann. Wie aber sehen die nächsten Schritte aus, wenn Sie auf SAP S/4HANA umstellen wollen? In diesem Kapitel erfahren Sie, worauf Sie bei der Vorbereitung der Migration nach SAP S/4HANA besonders achten sollten.

Im Unterschied zu den Projekten für die Migration in das neue Hauptbuch in SAP ECC 6.0 ist die Migration nach SAP S/4HANA ein Migrationsprojekt auf ein komplett neues System. Bereits seit Release SAP S/4HANA 1610 ist der Einsatz der Datenbank SAP HANA notwendige Voraussetzung. Das heißt, dass Sie SAP HANA einführen müssen, um die Komponenten von SAP S/4HANA, z. B. im Finanzbereich, nutzen zu können. Damit wird massiv in die Datenstrukturen eingegriffen.

Das bedeutet, dass Sie sämtliche Stamm- und Bewegungsdaten in entsprechender Qualität auf SAP HANA migrieren müssen. Aus diesem Grund bedarf ein Migrationsprojekt von SAP ERP auf SAP S/4HANA einer sorgfältigen Vorbereitung und Analyse im Hinblick auf die Daten, die migriert werden müssen. Des Weiteren ist eine sorgfältige Abstimmung mit den einzelnen Fachbereichen eine zentrale Voraussetzung für den Projekterfolg.

In diesem Kapitel bekommen Sie zunächst einen Überblick über die Zielsetzung eines SAP-S/4HANA-Projekts und die notwendigen Migrationspfade. Im Anschluss daran werden die nötigen Vorbereitungsarbeiten und dann die verschiedenen Möglichkeiten der Umsetzung eines SAP-S/4HANA-Projekts erläutert.

12.1 Zielsetzungen eines SAP-S/4HANA-Projekts

Bevor wir uns im Einzelnen mit den notwendigen Migrationsschritten beschäftigen, vergegenwärtigen wir uns in diesem Abschnitt, welche Ziele ein SAP-S/4HANA-Projekt hat. Zu diesen Zielen gehören:

- Auswertung großer Datenmengen in Echtzeit
- Bereinigung des alten Systems
- eine verbesserte Systembedienung und dadurch größere Benutzerakzeptanz

Erweiterte Reporting-Möglichkeiten

Das erste Ziel, das bei der Entscheidung für SAP S/4HANA im Vordergrund steht, sind die erheblich erweiterten Reporting-Möglichkeiten. Auf deren Basis können Sie z. B. den Anforderungen gerecht werden, die das Internet der Dinge (*Internet of Things*, kurz IoT) an Handelsunternehmen stellt. Gerade im IoT-Umfeld fallen immense Datenmengen an: Bis zum Jahr 2025 werden voraussichtlich drei Viertel der Weltbevölkerung vernetzt sein und mehr als 4.000-mal täglich mit einem vernetzten Gerät interagieren – und somit das IoT nutzen. Dabei wird das IoT als Dachbegriff mittelfristig durch spezifischere Begriffe abgelöst werden. Unter anderem wird sich der Markt auch auf IoT Managed Services und mehr auf konkrete Anwendungsfälle konzentrieren. Damit muss das SAP-ERP-System innerhalb kürzester Laufzeiten Extrakte aus großen Datenmengen bereitstellen, um die Daten aus Online-Einkäufen, Online-Banking und weiteren Online-Anwendungen zu integrieren und für die verschiedenen Zwecke nutz- und auswertbar zu machen. Dies funktionierte bislang nur entweder mit hohem Zeitaufwand und hohem Detaillierungsgrad oder aber einfach und dafür mit schnellem Zugriff.

Unterstützung von OLAP und OLTP

Mit der von SAP S/4HANA genutzten neuen Technologie, die sowohl OLTP (Online Transaction Processing) als auch OLAP (Online Analytic Processing) realisieren kann, ist eine solche Entweder-oder-Entscheidung nicht mehr erforderlich. Stattdessen ist beides möglich, denn operative und analytische Prozesse nutzen dieselben Tabellen.

> **Installation auf Systemebene**
>
> Die Installation von SAP S/4HANA erfolgt auf der Systemebene und nicht pro Mandant, da Sie mit SAP S/4HANA ein komplett neues System aufbauen. Sie müssen daher vorab die Entscheidung treffen, ob Sie S/4HANA auf der grünen Wiese einführen wollen, also eine komplette Neuinstallation vornehmen oder ob Sie von einem bestehenden SAP-ERP-System aus nach SAP S/4HANA migrieren wollen. Bei Letzterem wird auch von einer sogenannten System Conversion gesprochen.

Um die Auswertung großer Datenmengen in Echtzeit mit den neuen Reporting-Möglichkeiten voll ausschöpfen zu können, müssen im Rahmen des Projekts zentrale Geschäftsprozesse integriert und neue Geschäftsprozesse aufgenommen werden. Bestehende Geschäftsprozesse und das zugehörige Customizing werden neu bewertet und bei Bedarf angepasst.

Als zweites Ziel steht die Bereinigung des vorhandenen Systems im Vordergrund. Die Bereinigung bezieht sich zum einen auf den Datenbestand der Stamm- und Bewegungsdaten, zum anderen aber auch auf kundeneigenes Coding.

Systembereinigung

In vielen Unternehmen hat das kundeneigene Coding über die Jahre hinweg ein solches Volumen angenommen, dass ein einfacher und schneller Überblick nicht mehr möglich ist. Das Wissen zum kundeneigenen Coding erstreckt sich in der Regel über zahlreiche Abteilungen und ist schlimmstenfalls bei wenigen Personen gebündelt, die unter Umständen ihr Wissen mitnehmen, ohne Dokumentationen zu hinterlassen. Durch die spaltenorientierte Datenspeicherung in SAP HANA muss das gesamte kundeneigene Coding daraufhin auf den Prüfstand gestellt werden – ob eventuell in Tabellen geschrieben wird, die künftig nicht mehr zur Verfügung stehen (z. B. weil es sich um Summentabellen handelt), oder ob es sich um Coding handelt, das Indizes oder Sekundärindizes aufbaut, die ebenfalls nicht mehr benötigt werden. Daher ist es auch Ziel des SAP-S/4HANA-Projekts, das kundeneigene Coding zu bereinigen.

Kundeneigenes Coding

Für die Bereinigung der Daten ist das Datenvolumen zu analysieren und exakt zu bestimmen, welche Daten wie bereinigt werden sollen. Im zweiten Schritt wird das Data Aging durchgeführt und im dritten Schritt die Datenarchivierung nicht mehr benötigter Daten.

Datenbereinigung

Damit schließt sich der Kreis zur Bereitstellung der Daten in Echtzeit: Die IT-Landschaft kann im Zuge der Systembereinigung ebenfalls vereinfacht werden, da zahlreiche Prozesse, die bislang in SAP BW realisiert werden mussten, jetzt im zentralen SAP-ERP-System, also in SAP S/4HANA durchgeführt werden können. Die Wartung, das Monitoring und die Durchführung der Datentransferjobs in die SAP-BW-Systeme entfallen. Somit steht Ihnen nach der SAP-S/4HANA-Einführung eine vereinfachte IT-Landschaft zur Verfügung, in der die bereinigten Daten in Echtzeit aus der SAP-HANA-Datenbank gelesen werden können.

Viele Anwendungen sind in SAP S/4HANA als SAP-Fiori-Apps verfügbar (siehe Kapitel 2, »Benutzeroberflächen«). Der rollenbasierte Zugriff auf das System über das SAP Fiori Launchpad macht es Anwendern, aber auch dem Management leichter, sich im SAP-System zurechtzufinden. Viele SAP-

Vereinfachter Systemzugriff über SAP-Fiori-Apps

Fiori-Apps sind über mobile Geräte nutzbar, was das Tagesgeschäft weiter erleichtert. Abbildung 12.1 zeigt exemplarisch die Apps, die im Standard für das Tagesgeschäft zur Verfügung stehen.

Ziel und Ergebnis des SAP-S/4HANA-Projekts ist also der rollenbasierte, vereinfachte Zugriff über SAP Fiori auf die bereinigten Daten in Echtzeit.

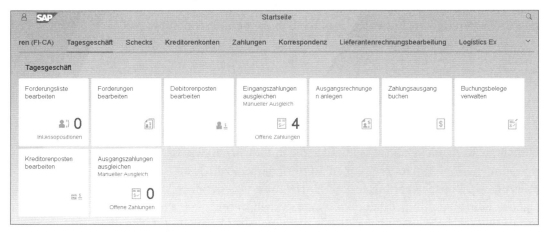

Abbildung 12.1 Kacheldarstellung der SAP-Fiori-Apps für das Tagesgeschäft

Bei den SAP-Fiori-Apps wird zwischen sogenannten transaktionalen Apps (*Transactional Apps*), analytischen Apps (*Analytical Apps*) und Infoblättern (*Fact Sheets*) unterschieden. Vor allem die analytischen Apps, die schon auf der Kachel die für Anwender oder Entscheider wichtigen Informationen zeigen, werden künftig mehr und mehr im Fokus stehen.

12.2 Migrationspfade – auf dem Weg zu SAP S/4HANA

In diesem Abschnitt erfahren Sie, welche generellen Möglichkeiten und Projektansätze für Ihre Migration nach SAP S/4HANA zur Verfügung stehen und worin sich die Ansätze unterscheiden.

Fachbereiche und IT definieren ganzheitliche Ziele für SAP-S/4HANA-Projekte

Aufgrund der von SAP mit der Einführung von SAP S/4HANA vorgenommenen Vereinfachungen in den Prozessen und im Datenmodell (*Simplifications*) sowie der Etablierung neuer Benutzeroberflächen (SAP Fiori) sollte der Umstieg auf SAP S/4HANA in keinem Fall als isolierte Aufgabe der IT verstanden werden. Anders als bei vergangenen reinen Release-Upgrades, bei der Durchführung von SAP-Enhancement-Package-Upgrades oder einer Datenbankmigration sind auf diesem Weg die gesamte IT- und Prozesslandschaft und somit die beteiligten Fachbereiche von Beginn an einzubeziehen. Schließlich handelt es sich um nicht weniger als den Aufbau einer völlig neuen Geschäftsprozess-Plattform und dabei sind sämtliche Schritte ganzheitlich und zukunftsorientiert zu planen und zu betrachten und in einer gemeinsamen S/4HANA Roadmap zu verankern. Diese Betrachtung sollte von der angestrebten SAP-Zielarchitektur aus erfolgen.

Die Vereinfachung einer oftmals über viele Jahre gewachsenen und daher heterogenen System- und Prozesslandschaft bietet gleichermaßen Chancen und Herausforderungen. Die Rückkehr zum Standard sowie die Reduzierung der Komplexität vieler Schnittstellen sind wichtige Bestandteile der Vorüberlegungen, um Ihre neue SAP-Zielarchitektur zu schaffen.

Die verschiedenen Möglichkeiten für die Migration erfordern grundsätzlich voneinander abweichende Voraussetzungen. Abhängig von den existierenden Gegebenheiten in Ihrem Unternehmen, der von Ihnen genutzten Systeme und Prozesse sowie der technischen Basis Ihres Ausgangssystems (SAP-Releasestand, Datenbankversion, angestrebter Migrationspfad), müssen Sie die Ansätze individuell vergleichen und bewerten.

Für die Implementierung von SAP S/4HANA stehen Ihnen drei unterschiedliche Optionen zur Wahl (siehe Abbildung 12.2):

- **Greenfield-Ansatz**
  Neuinstallation eines SAP- S/4HANA-Systems
- **Brownfield-Ansatz**
  System Conversion des bestehenden SAP-Business-Suite-Systems
- **Landscape Transformation**
  Konsolidierung verschiedener SAP-Anwendungen in ein neues SAP-S/4HANA-System

Eine weitere Möglichkeit besteht darüber hinaus im Upgrade eines bestehenden SAP-S/4HANA-Systems mit einem früheren Releasestand, z. B. Release 1610 oder 1709. Diese Variante wird im Folgenden jedoch nicht weiter ausgeführt, da hier bereits der Schritt in die SAP-S/4HANA-Welt erfolgreich vollzogen wurde.

Bevor Unternehmen mit einer der erwähnten Optionen damit starten, Ihren Umstieg auf SAP S/4HANA in die Tat umzusetzen, stellt sich für die meisten Entscheider zunächst allerdings die Frage, wie sie zu einer Abschätzung der zu erwartenden Kosten gelangen, welche Risiken es gibt und welcher Zeitbedarf für ein solches Projekt besteht. Hierzu wird für ein erstes Praxisverständnis in Abschnitt 12.2.1, »Durchführung einer SAP-S/4HANA-Vorstudie«, kurz eingegangen.

12 Migration von SAP ERP nach SAP S/4HANA

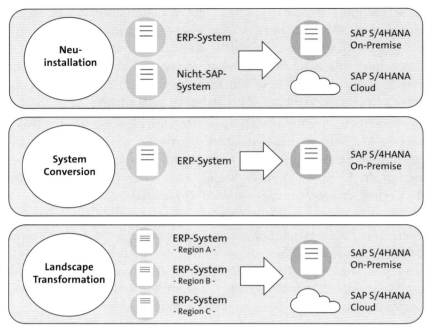

Abbildung 12.2 Optionen für die Implementierung von SAP S/4HANA (Quelle: SAP)

12.2.1 Durchführung einer SAP-S/4HANA-Vorstudie

Für die meisten Unternehmen stellt sich die Ausgangslage vor dem Start der SAP-S/4HANA-Implementierung als sehr komplex und intransparent dar. Eine der häufigsten Fragen lautet hierbei beispielsweise, ob ein Greenfield-Ansatz infrage kommt oder nur der Brownfield-Ansatz sinnvoll ist oder welche Risiken in den kundenspezifischen Erweiterungen stecken.

Vorstudie: Readiness Check for SAP S/4HANA liefert Entscheidungsgrundlage

Um hierzu und zu vielen weiteren Fragen im Vorfeld des SAP-S/4HANA-Projekts Antworten zu finden, liefert eine Voruntersuchung wertvolle Ergebnisse und Entscheidungshilfen. Startpunkt hierfür ist, basierend auf der bestehenden SAP Business Suite, den von SAP angebotenen Readiness Check for SAP S/4HANA durchzuführen. Mithilfe dieses umfangreichen Analyse-Tools werden unter anderem die folgenden Aspekte untersucht:

- Auswirkungen der SAP-S/4HANA-Prozessvereinfachungen (Simplifications) auf die bestehenden Geschäftsprozesse
- Auswirkungen durch genutzte Business Functions und Add-ons
- Analyse der vorhandenen Custom-Code-Situation (qualitativ und quantitativ)

- Empfehlungen zu später einzusetzenden SAP-Fiori-Apps
- Indikationen zu Datenvolumen, Datenarchivierungspotenzialen und Sizing-Anforderungen des SAP-S/4HANA-Systems

Auf der Grundlage dieser Ergebnisse sowie möglicher neuer oder erweiterter Anforderungen aus den Fachbereichen lassen sich die verschiedenen Aspekte bewerten, notwendige Handlungsempfehlungen ableiten sowie Entscheidungshilfen erarbeiten. Dabei kommt insbesondere den bereits vor Beginn eines SAP-S/4HANA-Projekts durchzuführenden Maßnahmen besondere Bedeutung zu, da z. B. mit der Datenbereinigung oder der zusätzlichen Archivierung von Datenbeständen meist unmittelbar begonnen werden kann.

Auch die komprimierte Sicht auf den Ist-Zustand des kundenspezifischen Codings (*Z-Programme*) und der sich daraus ergebenden Aktivitäten im Zuge des Umsetzungsprojekts liefert wichtige Informationen und kann z. B. dazu genutzt werden, nicht mehr verwendete Programme zu dekommissionieren. Damit kann oftmals ein erheblicher Teil nicht mehr verwendeter Z-Programme von der notwendigen Coding-Umstellung ausgenommen und somit Zeit und Aufwand gespart werden.

Kundenspezifische Codings analysieren und bewerten

Neben diesen eher technischen Aspekten ist es mindestens ebenso wichtig, die Änderungen, Erweiterungen und neuen Funktionen in SAP S/4HANA in Bezug auf die genutzten Geschäftsprozesse genau zu analysieren, zu bewerten und zusammen mit den Fachbereichen zu entscheiden, welcher Weg bei der Umstellung gegangen werden soll (siehe Abschnitt 12.2.5, »Gegenüberstellung der vorgestellten Ansätze«). Darüber hinaus sollten hierbei auch die Veränderungen der übrigen eingesetzten SAP-Komponenten berücksichtigt werden – das gesamte Lösungsportfolio von SAP wird sich in den kommenden Jahren weiter erneuern, und funktionale Weiterentwicklungen finden nur noch in den neuesten SAP-Produkten statt. Diese Entwicklung sollte in der Gesamtstrategie Ihrer Neuausrichtung Berücksichtigung finden.

Am Ende der Vorstudie erhalten Sie eine unternehmensspezifische Roadmap. Diese beinhaltet neben einer Kostenabschätzung und einem groben Meilensteinplan eine Empfehlung für einen der in den nachfolgenden Kapiteln vorgestellten Umstellungsansätze. Zudem lassen sich hierin die konsolidierten Ziele Ihrer operativen Einheiten (Business-Ziele) ebenso wie die Ziele Ihrer IT-Systemlandschaft und deren Anforderungen an den IT-Betrieb (IT-Ziele) definieren. Letztlich werden die vorbereitenden sowie die im Projekt selbst notwendigen Maßnahmen und Aufgaben priorisiert – als Basis für eine erfolgreiche Umsetzung Ihrer neuen SAP-S/4HANA-Zielarchitektur.

Roadmap für Ihr Projekt

12.2.2 Neuinstallation von SAP S/4HANA (Greenfield-Ansatz)

Neuinstallation des SAP-S/4HANA-Systems: Greenfield-Ansatz

Die Neuinstallation eines SAP-S/4HANA-Systems (Greenfield-Ansatz) ist für Ihr Unternehmen sinnvoll, wenn Sie mit SAP neu beginnen, also z. B. aus einer Nicht-SAP-Umgebung kommen. Ebenfalls empfehlenswert ist dieser Ansatz, wenn Sie SAP bereits sehr lange im Einsatz haben und eine Vereinfachung Ihrer Geschäftsprozesse in einer neuen Umgebung aufsetzen wollen. In beiden Fällen beginnen Sie mit der Einführung von SAP S/4HANA, priorisieren Ihre Geschäftsprozesse und entscheiden im Projektverlauf, ob und welche Geschäftsprozesse und Daten gegebenenfalls zu migrieren sind.

Achten Sie darauf, dass der jeweils aktuelle Stand der verfügbaren SAP-Software verwendet wird. So profitieren Sie zum einen von den neuesten Innovationen – in der On-Premise-Version 1809 auch von den zwischenzeitlichen Releases der SAP-S/4HANA-Cloud-Lösung – sowie der Möglichkeit zur Abbildung weiterer digitaler Geschäftsprozesse. Des Weiteren kommen verstärkt Machine-Learning-Algorithmen und intelligente Assistenten zum Einsatz.

Die Wahl des aktuellsten Releasestandes gewährleistet für Ihr Vorhaben zum einen jeweils den neuesten Stand der Technik und zum anderen eine möglichst hohe Investitionssicherheit.

Vorteile des Greenfield-Ansatzes im Vergleich

Folgende Vorteile ergeben sich aus dem Greenfield-Ansatz:

- **Umstellung und Vereinfachung von Geschäftsprozessen**
  Zum einen besteht die Möglichkeit des Re-Engineerings von Geschäftsprozessen sowie von Prozessvereinfachungen (Simplifications) der langjährig eingefahrenen Abläufe und Prozessschritte. Hierzu bietet SAP in der SAP-S/4HANA-Umgebung vordefinierte, sogenannte Ready-to-Run-Geschäftsprozesse und vergleichende Referenzprozesse an. Diese sind im Projektverlauf zu verifizieren und mit den eigenen Anforderungen abzugleichen. So können Sie störende Design-Probleme in Ihren heutigen Geschäftsprozessen beheben und in der neuen Umgebung einen schlankeren, an neuen Anforderungen ausgerichteten Prozessablauf aufsetzen.

- **Nutzung von Branchenlösungen**
  Mit jedem Release stellt SAP weitere, aus den SAP-Branchenlösungen bekannte Funktionalitäten im S/4HANA zur Verfügung. So sind die führenden Geschäftsprozesse der SAP-Branchenlösungen bereits jetzt verfügbar, sodass Sie bei deren Nutzung auf die aktuellen Entwicklungen zurückgreifen können.

12.2 Migrationspfade – auf dem Weg zu SAP S/4HANA

- **Nutzung vorkonfigurierter Migrationsobjekte**
  SAP stellt für das in SAP S/4HANA verwendete Datenmodell vorkonfigurierte Migrationsobjekte bereit, mit deren Hilfe Sie in der Lage sind, aus einer Legacy-Umgebung oder aus den bisherigen SAP-ERP-Anwendungen die relevanten Geschäftsdaten in das neue System zu übernehmen. Zudem wird zum Abgleich der Anforderungen an die eigenen Geschäftsprozesse die Unterstützung mit Best Practices Guides angeboten.

Um Neukunden die Einführung bzw. SAP-Bestandskunden die Migration nach SAP S/4HANA zu erleichtern, ist die Einführungsmethode SAP Activate in SAP S/4HANA integriert. SAP Activate wurde als modulare und agile Projektmethodik von SAP entwickelt und bietet eine Kombination aus SAP Best Practices, geführter Konfiguration und einer durchgängigen Methodik für Cloud-, On-Premise- oder hybriden Umgebungen.

Einführungsmethode SAP Activate

In einer kostenlosen Testversion von SAP S/4HANA können Interessenten SAP Activate ausprobieren und kennenlernen.

SAP Activate orientiert sich bei der SAP-S/4HANA-Einführung oder -Migration an den folgenden vier Phasen (siehe Abbildung 12.3):

Projektphasen mit SAP Activate

1. Vorbereitung und Planung
2. Analyse und Validierung der Anforderungen
3. Realisierung/Umsetzung
4. Produktivsetzung/Übergang in den Betrieb

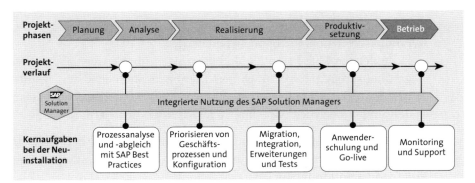

Abbildung 12.3 Projektphasen in SAP Activate bei der Neuinstallation von SAP S/4HANA (Quelle: SAP)

1. **Vorbereitung und Planung**
   In Phase 1 wird die initiale Planung des Projekts vorgenommen. Diese basiert auf der bereits vorab festgelegten unternehmensspezifischen Roadmap, in der Sie die Entscheidung für den grundlegenden Implementierungsansatz getroffen haben.

Auf Basis dessen wird die Systemumgebung SAP S/4HANA bereitgestellt und für die Verwendung von SAP Best Practices und Ready-to-Run-Geschäftsprozessen vorbereitet.

2. **Analyse und Validierung der Anforderungen**
In Phase 2 erarbeiten sich die Key-User einen Überblick über die Lösungsmöglichkeiten in SAP S/4HANA für ihre jeweiligen Geschäftsprozesse. Begleitend von Experten oder einem Beratungspartner werden in dieser Phase die Anforderungen analysiert. In gemeinsamen Workshops wird anschließend der Abgleich vorgenommen, um zu identifizieren, welche Anpassungen an Konfigurationen und Erweiterungen für die bestmögliche Abbildung Ihrer Prozesse notwendig sind. Hierbei ist zu beachten, dass die Freiheitsgrade für kundenspezifische Erweiterungen in der On-Premise-Version weitaus größer sind als in einer gewählten SAP-S/4HANA-Cloud-Variante.

3. **Realisierung/Umsetzung**
In Phase 3 werden die Konfiguration und die Erweiterungen im System vorgenommen. Hierbei sind zuvor festgelegte Prioritäten zu beachten, um für Ihr Unternehmen geschäftskritische Geschäftsprozesse vorrangig zu behandeln.

Die Fertigstellung erfolgt in kurzen iterativen Zyklen, um regelmäßiges Feedback der Fachbereichsvertreter zu Vollständigkeit und Richtigkeit der abgebildeten Geschäftsprozesse zu erhalten. Parallel dazu werden Migrations- und Testpläne erstellt und diese in die Validierung einbezogen.

4. **Produktivsetzung/Übergang in den Betrieb**
In der letzten Phase sind die Vorbereitungen für die Übergabe in den produktiven Betrieb vorzunehmen. Dies beinhaltet neben der eigentlichen Produktivsetzung auch die Vorbereitungen und den Übergang an den Support (eigene IT-Abteilung oder externer Dienstleister).

In SAP Activate sind darüber hinaus eine Reihe von Werkzeugen und Vorlagen für jede Projektphase verfügbar, die einen schnellen und effizienten Projektfortschritt unterstützen. Dazu gehören:

- Templates
- Fragebogen
- Checklisten
- Guidebooks

Roadmap Viewer   Unter *https://go.support.sap.com/roadmapviewer/* stellt SAP mit dem Roadmap Viewer zudem eine konsolidierte Sammlung von Beschreibungen,

Tools und Hilfsmitteln für die Projektdurchführung aller SAP-S/4HANA-Implementierungsansätze (On-Premise- oder Cloud-Version) zur Verfügung. Hierbei erhalten Sie mithilfe der Implementation Road einen Überblick über Ihr Projekt, deren zugehörigen Aktivitäten, Aufgaben und die jeweiligen Ergebnistypen. Sie können außerdem einen angepassten Projektplan in Form eines Projektstrukturplans als Ausgangspunkt für Ihr Projektvorhaben verwenden.

12.2.3 System Conversion eines bestehenden SAP-ERP-Systems (Brownfield-Ansatz)

Mit dem sogenannten Brownfield-Ansatz können Sie Ihre bestehende SAP Business Suite auf ein SAP-S/4HANA-System konvertieren. Der Brownfield-Ansatz – auch In-Place-Migration genannt – ermöglicht Ihnen die vollständige Konvertierung der bestehenden Prozesse und Daten in die neue Umgebung. Diesen Ansatz wählen Unternehmen dann, wenn die Hauptzielsetzung des SAP-S/4HANA-Projekts darin besteht, die bestehenden Geschäftsprozesse technisch auf die neue Plattform zu bringen und gegebenenfalls hohe Investitionen in kundenspezifische Erweiterungen zu erhalten.

Zudem kann dies auch der Risikominimierung dienen, um die technologischen und innovativen Neuerungen in späteren kleineren Projekten Schritt für Schritt umzusetzen, statt in einem großen Big-Bang-Projekt.

Ein Wechsel auf SAP S/4HANA ist, unabhängig vom EHP-Stand, ab Release SAP ECC 6.0 möglich. Beachten Sie, dass für manche Service-Pack-Level Einschränkungen existieren. Hierzu sind entsprechende SAP-Hinweise verfügbar, die zuvor sorgfältig geprüft werden müssen. Als weitere Voraussetzung gilt, dass die verwendete Datenbank auf dem aktuellen Release betrieben wird und dass Ihr System bereits auf Unicode umgestellt ist. Wird das Ausgangssystem als Dual-Stack-System (Java- und ABAP-Stack) betrieben, kann die Konvertierung nicht durchgeführt werden, da SAP S/4HANA die Dual-Stack-Variante nicht mehr unterstützt. Daher ist ein vorheriger Split notwendig. Die Nutzung von SAP HANA als Datenbank im Ausgangssystem ist hingegen keine zwingende Voraussetzung. Dieser Schritt ist, sofern erforderlich, bei der Konvertierung eingeschlossen.

Technische Voraussetzungen für die System Conversion

Der Software Update Manager (SUM) mit der integrierten Database Migration Option (DMO) unterstützt ein Upgrade und den Datenbankwechsel in einem Schritt bei der System Conversion. Somit ist der Software Update Manager gleichzeitig der wichtigste Begleiter bei allen Konvertierungsschritten.

Software Update Manager und Database Migration Option

Reduzierung des Datenvolumens: Data Volume Management

Die Reduzierung des Datenvolumens in Ihrem gegenwärtigen System sollte als weitere vorbereitende Maßnahme betrachtet werden. Oftmals sind Datenbestände über die Jahre angewachsen und rechtzeitige Archivierungen nicht oder nur unvollständig durchgeführt worden. Insbesondere der Abschluss von noch offenen Belegen ist aufgrund der Umstellung auf die neuen Datenstrukturen anzustreben.

Mit dem Data Volume Management (DVM) hat SAP ein Tool entwickelt, um den Datenbestand in Ihrem System deutlich zu reduzieren und somit eine Verkürzung der Konvertierung zu ermöglichen. Das Data Volume Management bietet eine Reihe von unterstützenden Möglichkeiten – eines der zentralen Tools ist das SAP DVM Work Center im SAP Solution Manager, das speziell auf SAP HANA ausgerichtet ist.

Prepare-Phase (Vorbereitungsphase)

Vorbereitungsphase der Konvertierung

Damit die spätere Konvertierung Ihres Systems gelingt, sollten die individuellen Voraussetzungen in Ihrem Ausgangssystem zunächst sorgfältig in einem Readiness Check for SAP S/4HANA vor Beginn des Projekts geprüft werden. Dies geschieht während der Vorbereitungsphase (Prepare-Phase) des Projekts, kann aber auch bereits im Rahmen einer Voruntersuchung/Vorstudie erstmals erfolgen (siehe Abschnitt 12.2.1, »Durchführung einer SAP-S/4HANA-Vorstudie«).

Anders als bei der Neueinführung geht es in der Vorbereitungsphase um die Analyse der Voraussetzungen im Ausgangssystem und die Ableitung der notwendigen Konvertierungsschritte in der späteren Umsetzungsphase. Beim Durchlaufen des Readiness Checks for SAP S/4HANA werden daher zum einen die IT-technischen Bedingungen analysiert und zum anderen die bestehenden Prozesse mit den neuen Funktionen von SAP S/4HANA abgeglichen. Im Ergebnis können Sie die notwendigen technischen und prozessualen Anpassungen bewerten.

Der Ablauf der wichtigsten für die Konvertierung relevanten Schritte und die eingesetzten Tools sind in Abbildung 12.4 dargestellt. Zu den vorbereitenden Schritten in der ersten Phase zählen:

- Planung der SAP-S/4HANA-Konvertierung
- Prüfung der Prozesse mittels des Simplification Item Catalogs
- Prüfung der Systemvoraussetzungen mit dem Maintenance Planner
- Pre-Checks der eigenen SAP-Systemeinstellungen
- Custom Code Check Ihres kundenspezifischen Codings

12.2 Migrationspfade – auf dem Weg zu SAP S/4HANA

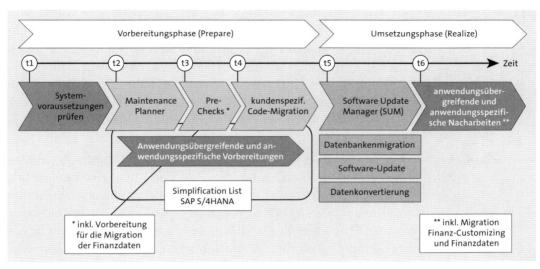

Abbildung 12.4 Überblick über die SAP-S/4HANA-Systemkonvertierung (Quelle: SAP)

Beachten Sie bei der Vorbereitung die Empfehlungen von SAP zur erforderlichen Hardware für das SAP-S/4HANA-System. Dazu zählen sowohl der Einsatz der durch SAP zertifizierten Hardware als auch die Durchführung eines entsprechenden Sizings des späteren Zielsystems. Zu beiden Aspekten sind detaillierte Informationen im SAP Help Portal (*help.sap.com*) bzw. in entsprechenden SAP-Hinweisen verfügbar, die vorab geprüft und in die Planungen einbezogen werden müssen.

Hardwarevoraussetzungen

Um eine Abschätzung der Änderungen und Vereinfachungen im prozessualen Umfeld zu erhalten, prüfen Sie mittels des Simplification Item Catalogs (SAP ONE Support Launchpad: *https://launchpad.support.sap.com/#/sic/*) aus prozessualer und technischer Sicht, wie sich Transaktionen und Funktionen unter SAP S/4HANA verhalten und wie hoch der Aufwand für die Umstellung abgeschätzt wird. Zu den im Simplification Item Catalog enthaltenen Informationen sind oftmals ergänzende Hinweise vorhanden, die ebenso in die Analyse einbezogen werden müssen. Der Wegfall von zuvor verwendeten Transaktionen und die Zusammenlegung von Funktionen werden aufgezeigt und ermöglichen so eine Abschätzung über den Grad der Veränderung in den Prozessen. Auf diese Weise wird der Umfang Ihrer spezifischen System Conversion deutlich und bildet die Grundlage für die Projektplanung.

Simplification Item Catalog

Es wird empfohlen, die Prüfung der Simplification Items im Rahmen des Readiness Checks for SAP S/4HANA zu betrachten. Der Vorteil besteht darin, dass Ihre aktuelle Systemkonfiguration, die Datenbasis und das vorhandene Nutzungsverhalten von Funktionen und Transaktionen Ihres Systems in diese Analyse einbezogen und so die relevanten Veränderungen für Ihre Konvertierung im Analyseergebnis dargestellt werden. Im Gegensatz dazu kann der Simplification Item Catalog auch unabhängig davon über das SAP Help Portal verwendet werden, um einen ersten Überblick über gegebenenfalls kritische Anwendungen oder Komponenten zu erhalten.

Maintenance Planner

Der Einsatz des Maintenance Planners ist unumgänglich. Mit ihm werden die relevanten eingesetzten Business Functions, Industrielösungen und Add-ons auf die SAP-S/4HANA-Umstellungsfähigkeit und deren möglicher Konvertierungspfad geprüft. Beim Einsatz von Add-ons von Drittanbietern empfiehlt sich zudem die Einbindung des jeweiligen Lieferanten bzw. die vorherige Anfrage, ob eine SAP-S/4HANA-Konvertierung möglich ist oder bereits erfolgreich umgesetzt wurde. Kann kein möglicher Upgrade-Pfad für die Konvertierung vorgeschlagen werden, z. B. wenn ein eingesetztes Add-on im Ausgangssystem für SAP S/4HANA nicht freigegeben worden ist, kann die Konvertierung nicht durchgeführt werden. Die Prüfungen durch den Maintenance Planner sind vor den *Simplification Item Checks* (SI-Checks) durchzuführen – dies entspricht den Pre-Checks in früheren Releases. An deren Ende werden die notwendigen Dateien erzeugt, die im späteren Verlauf des Software Update Managers benötigt werden.

Durchführung von Simplification Item Checks

Die Simplification Item Checks, die anhand einer Reihe von SAP-Hinweisen durchgeführt werden, sind notwendig, um die erforderlichen Schritte vor dem eigentlichen Beginn der SAP-S/4HANA-Konvertierung zu durchlaufen – denn hierdurch werden die eigenen aktuellen SAP-Systemeinstellungen und die Voraussetzungen für die System Conversion geprüft. Ergänzend müssen für die Prüfung der Finanzdaten und Einstellungen zusätzliche Simplification Item Checks durchgeführt werden. Die Ergebnisse dieser Checks müssen analysiert und empfohlene Einstellungen vor Beginn der Konvertierung im System durchgeführt werden.

> **Prüfungen im Software Update Manager während der Umstellung**
> Die Prüfungen werden während der Umstellungen zweimal im Software Update Manager durchlaufen. Wenn Fehler auftreten, führt das zum Stoppen des Prozesses. Die Fehler müssen behoben werden, bevor Sie fortfahren können.

Eine weitere wichtige Aktivität vor der Konvertierung ist die Analyse des kundenindividuellen Quellcodes (*Custom Code*) auf seine SAP-S/4HANA-Kompatibilität.

Custom Code Check

Die Analyse wird, basierend auf den Simplification Items des aktuellen Zielrelease, vorgenommen, um eine Abschätzung des Umfangs der Änderungen zu erhalten. Dazu bietet SAP ein Prüfwerkzeug auf der Basis von SAP NetWeaver 7.50 an, das eine Liste der notwendigen Anpassungen ausgibt. Die Prüfungen werden auf der Basis des Simplification-List-Konzepts durchgeführt. Das heißt, dass sämtliche Änderungen, die in SAP S/4HANA an SAP-Objekten vorgenommen wurden, auch für den eigenen Quellcode relevant sind und angepasst werden müssen.

Eine frühzeitige Durchführung der vorgenannten Analyseschritte vor oder zu Beginn des Projektverlaufs wird empfohlen, da, abhängig von den Ergebnissen, der Umfang der erforderlichen Arbeitsschritte einen nicht zu unterschätzenden Einfluss auf die Projektplanung haben kann. Auf der Basis der Priorisierung der aufgezeigten Änderungen kann zudem vorab eine Entscheidung über die Weiterverwendung von nicht mehr verwendeten Reports und gegebenenfalls der Dekommissionierung getroffen werden.

Neben den zuvor beschriebenen spezifischen Vorbereitungen für die Konvertierung sind zusätzlich einige übergreifende Aktivitäten vorzunehmen, wie z. B. das Löschen des SAP-EarlyWatch-Mandanten 066 und die Deinstallation von SAP-Fiori-Apps.

Realize-Phase (Umsetzungsphase)

Ist die Vorbereitungsphase für die Konvertierung auf SAP S/4HANA abgeschlossen (Prepare-Phase), beginnt die Umsetzungsphase (Realize-Phase), also die Konvertierung auf SAP S/4HANA mit dem Software Update Manager.

Realize-Phase der Konvertierung

Während der Umsetzung mit dem Software Update Manager werden die folgenden Schritte durchlaufen:

1. Datenbankmigration (Nutzung DMO, optional), wenn im Ausgangssystem noch nicht SAP HANA eingesetzt wird
2. Update auf SAP S/4HANA
3. Konvertierung der Daten in die neuen SAP-S/4HANA-Datenstrukturen

Nachdem mit dem Software Update Manager die technische Konvertierung abgeschlossen worden ist, ist als weiterer Schritt die Anpassung des kundenspezifischen Codings erforderlich. Dies erfolgt in zwei Schritten:

Anpassung des kundenspezifischen Codings

1. **Modifikationen und Erweiterungen anpassen**
   Anpassungen der Modifikationen und Erweiterungen mittels der bekannten Transaktionen SPDD, SPAU und SPAU_ENH. Das Vorgehen ist hierbei analog dem bekannten Verfahren aus bisherigen SAP-Business-Suite-Upgrades, mit dem einzigen Unterschied, dass die Transaktionen SPDD und SPAU für SAP S/4HANA ebenfalls erneuert wurden.

2. **SAP-S/4HANA-Prozessvereinfachungen vornehmen**
   Im zweiten Schritt sind die SAP-S/4HANA-relevanten Anpassungen an den eigenen Objekten umzusetzen, die aus den Prozessvereinfachungen resultieren.

Zur Unterstützung wird das ABAP Test Cockpit (ACT) verwendet. Hier kann die Prüfung mittels der Variante S/4HANA_READINESS im konvertierten SAP-S/4HANA-System ausgeführt werden, um anhand der Ergebnisse die notwendigen Umstellungen vorzunehmen.

Es wird empfohlen, die Anpassungen ausschließlich noch mit ABAP for Eclipse durchzuführen, da die bisherige Transaktion SE80 (Class Builder) unter SAP S/4HANA nicht mehr alle Entwicklungsobjekte unterstützt, wie z. B. die CDS Views.

Im Anschluss an die automatische Datenmigration und die Anpassungen des kundenspezifischen Codings sind weitere, teilweise anwendungsspezifische Nacharbeiten vorgesehen, deren Bearbeitung die Konvertierung zu einem erfolgreichen Abschluss bringt. So sind z. B. Anpassungen am User Interface vorzunehmen, indem Felder hinzugefügt, entfernt oder verschoben werden können. Ebenso können geänderte Einstellungen für das Output-Management erforderlich sein, insbesondere dann, wenn das neue, mit SAP S/4HANA angebotene Konzept des Output-Managements genutzt werden soll. Für jede Applikation sind darüber hinaus weitere spezifische Nacharbeiten erforderlich. Diese sind im Simplification Item Catalog sowie in referenzierenden SAP-Hinweisen aufgelistet, müssen spezifisch geprüft und erforderliche manuelle Aktivitäten durchgeführt werden.

Erfolgsfaktoren für den Umstieg

Zu den wesentlichen Voraussetzungen für die erfolgreiche Konvertierung in ein SAP-S/4HANA-System zählt ein fachlich gut besetztes Projektteam, in dem Basis-, Entwicklungs- und Fachberater-Know-how gleichermaßen vorhanden sind. Des Weiteren sind Ansprechpartner von großem Vorteil, die über Kenntnisse des Ausgangssystems und deren Konfiguration (Ist-Konfiguration) verfügen und ihr Wissen in das Projekt einbringen. Für eventuell auftretende Probleme während der Konvertierung des Produktivsystems ist der schnelle Kontakt zu SAP und den dortigen Ansprechpartnern in der Entwicklung unerlässlich (Development-/Support-Angel). Die

Verfügbarkeit eines solchen Ansprechpartners sollte zuvor mit der SAP vereinbart und der schnelle Kontakt sichergestellt werden.

Aufgrund der sich rasant ändernden Konvertierungs-Tools (Release-Updates für den Software Update Manager, eingesetzte Prüfreports, Hinweise etc.) empfiehlt es sich, in einem engen Zeitrahmen bei der Konvertierung vorzugehen, um nicht durch angepasste Tools veränderte Ergebnisse bei der Durchführung der Konvertierungsschritte zu erhalten und somit erneute Vorbereitungen durchführen zu müssen.

12.2.4 Landscape Transformation mehrerer SAP-ERP-Systeme

Die Option der Landscape Transformation für einen Wechsel auf SAP S/4HANA ist für Unternehmen interessant, die ihre existierende SAP-Business-Suite-Systemlandschaft mit mehreren, z. B. länderabhängigen Instanzen in eine zentrale Instanz überführen und somit konsolidieren wollen. Darüber hinaus können hierbei Überlegungen zur Integration dezentraler Unternehmenseinheiten oder Landesgesellschaften mit standardisierten Prozessen auf der Basis der SAP-S/4 HANA-Cloud-Lösung einbezogen werden.

Konsolidierung Ihrer Systemlandschaft

Hohe Betriebskosten einer heterogenen Systemlandschaft oder auch die notwendigen Prozessänderungen gleichzeitig in mehreren Systemen durchführen zu müssen, sind bei den Verantwortlichen häufig der Ausgangspunkt zu den Überlegungen für diese Projektvariante. Letzteres kann längerfristig dazu führen, dass die Weiterentwicklung von Prozessen nur mit verminderter Geschwindigkeit erfolgt und die durch die Digitalisierung erforderlichen kürzeren Anpassungszyklen nicht mehr erreicht werden. Hinzu kommt die ständig wachsende Anforderung nach der Verfügbarkeit aller Daten in Echtzeit.

Bei der Wahl dieses Konvertierungsszenarios gilt es zunächst zu entscheiden, ob der Greenfield-Ansatz oder der Brownfield-Ansatz genutzt werden soll. Daraufhin analysieren Sie, in welcher Reihenfolge die SAP-ERP-Systeme abgelöst werden müssen. Dies führt zu einer entsprechenden Planung, in der die Systeme benannt und die ersten wichtigen vorbereitenden Aktivitäten festgehalten werden.

> **Startpunkt für die Landscape Transformation**
> Als Startpunkt ist es empfehlenswert, sich zunächst eine systemübergreifende Sicht im Bereich Finanzen zu verschaffen. Mit dem neuen SAP-S/4HANA-System unter der Nutzung von Central Finance wird so die Möglichkeit geschaffen, alle Finanzdaten in Echtzeit zu sehen.

Mit den weiteren Schritten der Transformation wird das neue System sukzessive weiter ausgebaut. Je nach gewähltem Prozess oder gewählter Organisationseinheit wird die Konfiguration des SAP-S/4HANA-Systems vervollständigt und die relevanten Daten schrittweise aus dem jeweiligen SAP-ERP-Ausgangssystem übernommen. Hierbei sind vorherige Datenbereinigungen und Qualitätsprüfungen des Datenbestands zu empfehlen.

Individuelle Roadmap für die Landscape Transformation

Diese Schritte werden gemäß der individuellen Roadmap so lange durchgeführt, bis die Zielsystemlandschaft SAP S/4HANA erreicht ist. Die Landscape Transformation führt so zu einer deutlichen Verkleinerung Ihrer Systemlandschaft sowie unternehmensweit zu einheitlichen Prozessen und einem konsistenten Prozessverständnis. Verfolgen Sie diese Zielsetzung und wollen Sie langfristig in kurzen Zyklen Innovationen nutzbar machen, ist die Landscape Transformation der richtige Weg in Richtung SAP S/4HANA.

12.2.5 Gegenüberstellung der vorgestellten Ansätze

In diesem Kapitel haben wir Ihnen die grundlegenden Umstellungspfade auf dem Weg zu Ihrer SAP-S/4HANA-Lösung aufgezeigt. Mit Blick auf die zum Teil prozessualen und auch technischen Unterschiede der vorgestellten Implementierungsansätze – Greenfield-Ansatz versus Brownfield-Ansatz – können wir zusammenfassend festhalten, dass im Greenfield-Ansatz die Chancen besser stehen, um sich von Altlasten zu befreien, Prozesse zu vereinfachen und neu auszurichten.

> **Höherer konzeptioneller Aufwand**
> Beim Greenfield-Ansatz ist allerdings mit einem deutlich höheren konzeptionellen Aufwand für die Prozesskonvertierung sowie die anschließende Realisierung zu rechnen. Die Erfahrungen, die die beteiligten Anwender/Key-User in vielen Jahren praktischer Arbeit in ihrer vertrauten Systemumgebung gesammelt haben, können dabei – zumindest teilweise – verloren gehen.

Im Brownfield-Ansatz bleiben die Prozesse und somit auch das Prozesswissen weitestgehend erhalten. Eine begleitende Optimierung kann natürlich geplant und eingeleitet werden, erfordert aber für eine konsequente Durchführung erfahrungsgemäß eine hohe Disziplin aller Beteiligten im Projektverlauf. Der Aufwand für die Migration ist im Gegensatz zum ersten Fall wesentlich niedriger. Dafür profitiert man nach der Umstellung jedoch lediglich von der technischen Innovation, die die SAP-S/4HANA-Lösung in sich birgt – ein Mehrwert aus den prozessualen Innovationen kann hingegen kaum realisiert werden. Tabelle 12.1 stellt die Vor- und Nachteile der beiden Ansätze gegenüber.

Implementierungsansatz	Vorteile	Nachteile
Greenfield	<ul><li>Größere Chancen, um Prozesse zu redesignen.</li><li>Prozessuale Innovationen sind von Beginn an für neue Prozesse nutzbar.</li></ul>	<ul><li>Hoher konzeptioneller Aufwand.</li><li>Das Know-how der Key-User geht teilweise verloren und muss neu aufgebaut werden.</li></ul>
Brownfield	<ul><li>Das Prozesswissen bleibt erhalten.</li><li>Der Aufwand für die Migration fällt geringer aus.</li></ul>	<ul><li>Die Optimierung der Prozesse steht nicht im Vordergrund.</li><li>Nur technische Innovationen werden genutzt.</li></ul>

Tabelle 12.1 Vor- und Nachteile von Greenfield- und Brownfield-Ansatz

Welchen Weg Ihr Unternehmen schließlich beschreitet, sollten Sie auf der Grundlage einer Analyse entscheiden, die Dauer, Komplexität und Aufwand sowie den erzielbaren Nutzen einer System Conversion einbezieht, und diese einem Greenfield-Ansatz gegenüberstellen.

12.3 Datenqualität und Voraussetzungen für die Datenmigration

Um die vorhandenen Daten aus SAP ECC in ein SAP-S/4HANA-System zu migrieren, müssen sowohl die Bewegungs- als auch die Stammdaten bestimmte Anforderungen an die Datenqualität erfüllen, um auf die SAP-HANA-Datenbank migriert werden zu können.

Im Migrationsprojekt wird in der sogenannten Erkundungsphase das vorhandene Datenvolumen erfasst und analysiert. Das schließlich zu migrierende Datenvolumen ist einer der entscheidenden Einflussfaktoren für die Projektdauer. Dies wird im Folgenden für die System Conversion erläutert.

Vorhandenes Datenvolumen analysieren

In SAP HANA werden die Daten nicht mehr zeilen-, sondern spaltenbasiert gespeichert. Das macht zusätzliche Aggregate und Indizes überflüssig und erlaubt eine Aggregation aus jeder beliebigen Positionstabelle. Andererseits ist die SAP-HANA-Datenbank eine In-Memory-Datenbank und hat somit einen hohen Speicherbedarf.

Damit also die SAP-HANA-Datenbank nicht mit veralteten Daten unnötig aufgebläht wird, sind vor der Migration die bisher verfügbaren Daten aufzuarbeiten. Dazu gehören die Festlegung der Datenvolumenstrategie, die Datenbereinigung, die Datenarchivierung und die Data-Aging-Konfiguration im System.

Diese Schritte sind auch deshalb so wichtig, weil sich die Lizenzgebühren für das SAP-S/4HANA-System nach der Größe des benötigten Datenvolumens bemessen.

12.3.1 Vorbereitung der Datenübernahme und der Anlagenbuchhaltung

Zur Vorbereitung der Datenübernahme gehören die Analyse des Datenvolumens, die Datenbereinigung und die Datenarchivierung, aber auch solche Tätigkeiten wie die in Abschnitt 12.3.2, »Stammdaten«, beschriebene Customer-Vendor-Integration (CVI).

Sie finden die zugehörigen SAP-Hinweise, wenn Sie nach Hinweisen suchen, die mit »S4WTL« beginnen.

Entscheidung für die Legder- oder die Kontenlösung

Daneben sind Einstellungen im System auf die künftige Ledger-Lösung hin zu analysieren. Dazu gehören z. B. im Bereich Finance vor allem auch die Bewertungsbereiche für die Anlagenbuchhaltung (siehe Abschnitt 10.4, »Geschäftspartnerdaten pflegen«). Ist die sogenannte neue Anlagenbuchhaltung noch nicht aktiv, ist zu beachten, dass die neue Anlagenbuchhaltung im Rahmen der Migration automatisch mitaktiviert wird. Und damit sind alle bis dahin genutzten Bewertungsbereiche jeweils für jedes Ledger anzulegen, das in SAP S/4HANA genutzt werden soll. Die Begründung liegt darin, dass das Ledger-Prinzip das führende Prinzip ist und deshalb Daten, wie die Bewertungsbereiche in der Anlagenbuchhaltung, pro Ledger verfügbar sein müssen.

[»] **Abgrenzung von Ledger-Lösung und Kontenlösung**

Bei der Kontenlösung wird nur ein Ledger genutzt, aber auch hier müssen alle Bewertungsbereiche im führenden Ledger angelegt sein. Im Gegensatz dazu werden bei der Ledger-Lösung neben dem führenden Ledger noch weitere Ledger genutzt, um eine getrennte Bewertung durchführen zu können.

Für eine bessere Übersicht ist es also sinnvoll, nicht genutzte Bewertungsbereiche zu eliminieren, bevor die Migration stattfindet. Für die Umstellung sind bestimmte Customizing-Schritte und Prüfungen zu durchlaufen.

Diese sollten Sie nach Möglichkeit manuell durchführen, um eine bessere Kontrolle bei den einzelnen Schritten zu gewährleisten.

Zunächst müssen Rechnungslegungsvorschriften und Ledger-Gruppen angelegt werden, die im zweiten Schritt der Ledger- oder der Kontenlösung zugeordnet werden. Dann können die Bewertungspläne in einem eigenen Transportauftrag migriert werden.

12.3.2 Stammdaten

Abgesehen von der geänderten Tabellenstruktur in SAP S/4HANA mit der spaltenbasierten Speicherung sind geänderte Stammdatenkonzepte zu beachten, die komponentenübergreifend wirken. Seit SAP S/4HANA 1610 werden beispielsweise die Komponenten für das Finanzwesen (siehe Kapitel 10, »Integration mit SAP S/4HANA Finance«) in der Regel zu den gleichen Zeitpunkten wie die Logistikkomponente ausgeliefert. Hintergrund ist z. B. das geänderte Stammdatenkonzept auf die sogenannten Geschäftspartner, die eine der Migration vorausgehende Debitoren-/Kreditorenintegration erforderlich machen (CVI).

Customer-Vendor-Integration

Das Geschäftspartnermodell ist beispielsweise aus dem Vertragskontokorrent (FI-CA) im Finanzwesen bereits vertraut und wird jetzt komponentenübergreifend genutzt. Jeder neue Geschäftskontakt, sei es Debitor, Kreditor, Kunde oder Lieferant, aber auch eine Hausbank, wird dann über die Rolle spezifiziert. Jeder Geschäftspartner kann mehreren Rollen zugeordnet sein. In jeder Rolle können die komponentenspezifisch benötigten Daten hinterlegt werden. Die Pflege des Geschäftspartners erfolgt in SAP S/4HANA über die zentrale Transaktion BP (Geschäftspartner bearbeiten).

Geschäftspartnermodell

> **Übergang »alter« Transaktionen im Rahmen der CVI**
>
> Die CVI ist für SAP S/4HANA obligatorisch (Stand 1809). Zahlreiche »alte« Transaktionen wie z. B. FD01 (Anlegen Debitor (Buchhaltung)), FD02 (Ändern Debitor (Buchhaltung)) und FD03 (Anzeigen Debitor (Buchhaltung)), FK01 (Anlegen Kreditor (Buchhaltung)), FK02 (Ändern Kreditor (Buchhaltung)) und FK03 (Anzeigen Kreditor (Buchhaltung)) oder VD01 (Anlegen Debitor (Vertrieb)), VD02 (Ändern Debitor (Vertrieb)) und VD03 (Anzeigen Debitor (Vertrieb)) sind in die Transaktion BP (Geschäftspartner bearbeiten) überführt worden.

Planen Sie für die CVI ein Vorprojekt vor der eigentlichen SAP-S/4HANA-Einführung ein! Wenn Sie die CVI im Rahmen des Migrationsprojekts durchführen, muss diese zu Beginn der Datenkonvertierung abgeschlossen

CVI als eigenes Projekt vor der Migration

sein. Die CVI ist notwendige Voraussetzung für eine Migration nach SAP S/4HANA.

Feldsteuerung wird zu Feldzuordnung

Die große Herausforderung liegt darin, die verschiedenen Kontengruppen, Nummernkreise und Feldzuordnungen aus den unterschiedlichen Bereichen in den zentralen Geschäftspartner zu integrieren. In der Planungsphase für die CVI sind daher auch die jeweiligen Fachbereiche zu beteiligen, um Unstimmigkeiten wie z. B. sich überschneidende Nummernkreise gemeinsam zu klären. Auch hier ist gegebenenfalls eine Datenbereinigung erforderlich, z. B. im Hinblick auf Steuer- oder Kontaktdaten, um nur aktuelle und korrekte Daten zu migrieren.

Prüfreports in SAP-Hinweisen

Um anschließend eine reibungslose Konvertierung zu ermöglichen, stellt SAP eine Vielzahl von Prüfreports zur Verfügung – die genannten SAP-Hinweise müssen dafür in das System eingespielt werden, wie z. B.:

- SAP-Hinweis 974504: Prüfreport für Inkonsistenzen in Verknüpfungstabellen für die Stammdatensynchronisation (ZCUSTOMER_LINK_CHECK_REPORT)
- SAP-Hinweis 1623677: Prüfreport für das CVI-Customizing (CVI_FS_CHECK_CUSTOMIZING)
- SAP-Hinweis 2216176: Prüfreport für die Prüfung vor und nach der Konvertierung (PRECHECK_UPGRADATION_REPORT)

Je nach zu migrierender Komponente gilt es, die entsprechenden Hinweise zu beachten.

[»] **Einspielen der SAP-Hinweise**

Die genannten SAP-Hinweise 974504, 1623677 und 2216176 sind keine Migrationspfade, wie in Abschnitt 12.2, »Migrationspfade – auf dem Weg zu SAP S/4HANA«, beschrieben, sondern zusätzlich einzuspielende Hinweise. Diese Reports stehen nicht im Migrationsmenü zur Verfügung.

Neben den Standardfeldern müssen natürlich auch kundeneigene Felder integriert werden. Prüfen Sie dafür zunächst die Felder in den alten Stammdatentabellen für die Kreditoren, Debitoren und die Sachkonten.

Für die betreffenden Tabellen benötigen Sie ein Mengengerüst, das heißt, Sie müssen prüfen, wie viele Datensätze pro Objekt, also pro Stammsatz, wie z. B. dem Geschäftspartner, vorhanden sind. Zur Ermittlung eines solchen Mengengerüsts steht Ihnen z. B. Transaktion TAANA (Tabellenanalyse) in SAP ERP zur Verfügung. Vorteil von Transkation TAANA ist, dass das hier ermittelte Ergebnis gesichert wird und zu einem späteren Zeitpunkt wieder abrufbar ist. Sie können also zu einem späteren Zeitpunkt die Auswertung über Transaktion TAANA erneut starten, mit den älteren Ergebnissen abgleichen und so den Fortschritt der Datenbereinigung überprüfen.

Zum Teil gibt es auch neben dem zentralen Geschäftspartnerstammsatz erhebliche Veränderungen bei weiteren Stammdaten, wie z. B. bei den Hausbankkonten. In SAP ECC 6.0 gehörten die Hausbankkonten zum Customizing, sodass Anpassungen nur mit den entsprechenden Berechtigungen und via Transport möglich waren.

Veränderungen bei den Stammdaten

In SAP S/4HANA gehören die Hausbankkonten zu den Stammdaten und sind nicht mehr über SAP GUI pflegbar, sondern z. B. über eine SAP-Fiori-App. Die Hausbankkonten gehören damit dann auch nicht mehr zur Komponente Finance, sondern zum Cash Management. Dort sind sie in der Komponente Bank Account Management (BAM) zu finden. Es sind aber keine zusätzlichen Lizenzen nötig; stattdessen ist die Lizenz bereits in der SAP-S/4HANA-On-Premise-Version im sogenannten Cash Management Lite enthalten. Abbildung 12.5 zeigt die SAP-Fiori-App für die Bankkontenverwaltung.

Damit ist es notwendig, bereits in der Vorbereitungsphase mit dem Fachbereich abzustimmen, wer künftig die Berechtigung zur Pflege der Hausbankkonten erhalten soll.

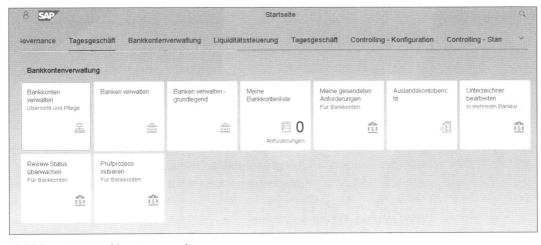

Abbildung 12.5 Bankkontenverwaltung

Daneben sind weitere Anpassungen im SAP-System nötig, wie z. B. Nummernkreisintervalle für technische Bankkonto-IDs und für Änderungsbelege bei der Durchführung von Änderungen an den Hausbankkonten. Abbildung 12.6 zeigt den Customizing-Pfad für die Einrichtung der technischen Bankkonto-IDs.

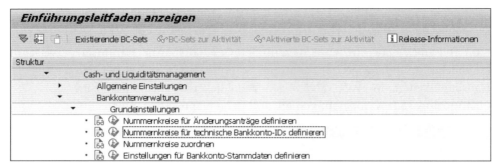

Abbildung 12.6 Bankkonten-Customizing – technische Bankkonto-IDs

12.3.3 Bewegungsdaten

Datenarchivierung als erster Schritt

Auch bezüglich der Bewegungsdaten gilt: Im ersten Schritt ist zu prüfen, welcher Datenbestand sich für eine Archivierung eignet, um die Datenmenge so weit wie möglich zu reduzieren.

Sie müssen überprüfen, ob es noch offene Vorgänge gibt, z. B. bei Bestellungen, Kundenaufträgen oder bei den offenen Posten im externen Rechnungswesen. Dazu gehören auch offene Workflows für die Freigabe oder weitere Bearbeitung dieser offenen Vorgänge.

> **[+] Wirtschaftsprüfung während der Migration hinzuziehen**
>
> Klären Sie vor und während der Migration mit Ihrer Wirtschaftsprüfung, wie die Altdatenübernahme gewährleistet wird. Damit stellen Sie sicher, dass Ihr Datenbestand auch mit der Migration die Revisionsanforderungen erfüllt.

Prüfung der Belege auf Vollständigkeit und Richtigkeit

Um zu prüfen, ob alle Belege vollständig und korrekt sind, stellt SAP im Rahmen der Migration entsprechende Transaktionen zur Verfügung, wie z. B. die IMG-Aktivität **Bewegungsdaten abstimmen**. Prüfen Sie vorab, ob die nötigen Berechtigungen für diese Transaktionen dem Migrationsprojektteam zur Verfügung stehen!

Fehlerbehebung im Rahmen der Migration

Im Unterschied zu den Stammdaten sind bei den Bewegungsdaten aber keine ausführlichen Vorarbeiten notwendig, sondern eine wiederholte Testmigration der Daten. Im SAP S/4HANA Migration Cockpit werden die bei einer Migration auftretenden Fehlerdaten pro Beleg aufgelistet. Anschließend – je nach Anzahl der gemeldeten Fehler – bietet es sich an, nach Fehlermeldungen zu gruppieren und dann die einzelnen Fehlergruppen durchzuarbeiten. Nicht alle Fehler sind kritisch für eine Migration; so sind z. B. Fehler in einem Controlling-Beleg, der vor dem Jahr 2000 gebucht wurde, nicht kritisch für die Migration. Es ist wichtig, dies mit dem Fachbereich abzustimmen, da diese Fehler gegebenenfalls bei der Migration erneut auftreten und sauber dokumentiert werden müssen. Zudem erfordert das Migrationscockpit auch eine Bestätigung jedes Fehlers – ein Fehler ist also kein »Showstopper«, erfordert aber eine Bestätigung, um mit der Migration fortfahren zu können.

Fehler können z. B. auch bei manuellen Buchungen auf Konten, die nur automatisch bebuchbar sind, auftreten oder bei Werten, etwa in der Zuordnung, die über einen User-Exit verändert werden.

Um auch die Salden der Bewegungsdaten sauber zu migrieren, empfiehlt es sich, diverse Berichte zu generieren, um einen Vorher-nachher-Abgleich durchführen zu können, z. B. für die Listen der offenen Posten bei Kreditoren und Debitoren, für bestimmte Saldenlisten, für den Abruf der Bilanz- und Gewinn-und-Verlust-Rechnung (GuV) oder für das Anlagegitter, aber auch für Listen wie z. B. von Kundenaufträgen. Bezüglich der Bewegungsdaten ist auf jeden Fall die geplante Abschreibung einmal in der »alten Welt« und einmal in der »neuen Welt« in SAP S/4HANA abzugleichen, um rechtzeitig Differenzen zu erkennen.

Berichte für den Vorher-nachher-Vergleich generieren

Bei den Bewegungsdaten erlaubt SAP S/4HANA auch nach der Migration noch Nacharbeiten, sodass hier eine gewisse Flexibilität besteht. Dennoch ist es wichtig, die vorgegebenen Migrationsschritte sorgfältig und der vorgegebenen Reihe nach abzuarbeiten.

12.3.4 Kundeneigenes Coding

Das Migrationsprojekt für die Einführung von SAP S/4HANA bietet nach der Datenbereinigung und der Verringerung des Datenvolumens auch eine hervorragende Möglichkeit, um das kundeneigene Coding zu überprüfen.

Bereinigung von kundeneigenem Coding

Beachten Sie, dass sich in SAP S/4HANA nicht nur die Tabellenstruktur verändert hat: Etliche Tabellen aus dem Vorsystem stehen nicht mehr als Tabelle, sondern nur noch als sogenannte CDS Views zur Verfügung. CDS steht für Core Data Services; die Views sind sogenannte Vertreterobjekte und werden als SQL-Datenbank-Views generiert. Abbildung 12.7 zeigt das Einstiegsbild zu Tabelle GLT0 mit Transaktion SE16N (Allgemeine Tabellenanzeige). Hier ist oben rechts neben dem Feld mit dem Tabellennamen die Beschreibung **Generierte Tabelle zu einem View** zu sehen.

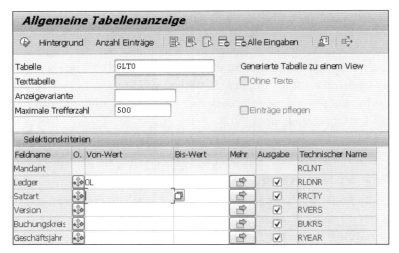

Abbildung 12.7 Datenbank-View von Tabelle GLT0 mit Transaktion SE16N

Vor allem bei der Migration in die Struktur der umfassenden Buchungsbelege ist es wichtig, die Tabellenstruktur zu berücksichtigen. Die Migration beruht auf SQL und kann z. B. nicht mit einer Migration vom klassischen ins neue Hauptbuch verglichen werden; eine Partitionierung der hierfür zentralen Tabelle ACDOCA ist auch nur erforderlich, wenn mehr als 500 Millionen Datensätze erwartet werden. Im Vergleich dazu musste zur Vermeidung von Performancerisiken bei der Migration ins neue Hauptbuch schon ab 500.000 Summensätzen eine Beratung von SAP hinzugezogen werden.

Aufbau der Datenbank-Views

Im Rahmen der Migrationsaktivität »CDS Views und Feldzuordnungen neu generieren« werden zunächst die CDS Views aufgebaut. Im zweiten Schritt werden kundenspezifische Felder in den CDS Views neu generiert und im dritten Schritt neu zugeordnet.

Vom CDS View auf Tabelle ACDOCA zugreifen

Kundeneigenes Coding, das bisher mit SELECT-Anweisungen auf die jetzt in den CDS Views vorhandenen Tabellen zugegriffen hat, wird also auch weiterhin funktionieren. Schreibende Zugriffe funktionieren nicht mehr. Hier sind entsprechende Anpassungen im Coding erforderlich – oder aber eine Rückführung in den Standard. Der Lesezugriff funktioniert weiterhin über die CDS Views, wobei dieser automatisch auf das Universal Journal als zentrale Datenquelle umgeleitet wird.

Die folgenden Indextabellen sind unter SAP S/4HANA entfernt worden:

- BSI*, z. B. BSIS
- BSA*, z. B. BSAS

Weitere Tabellen, die entfernt wurden, sind z. B.:

- FAGLFLEXA
- ANEP

Um herauszufinden, welches kundeneigene Coding überprüft werden muss, nutzen Sie den sogenannten SAP Code Inspector (SAP-Hinweis 1976487). In Abschnitt 12.4.8, »Custom Code Check«, beschreiben wir die Custom Code Checks etwas genauer.

SAP Code Inspector

Im Brownfield-Ansatz findet also mit der Verschlankung des Datenvolumens, der Überprüfung der Bewegungsdaten und der Überarbeitung des kundeneigenen Codings ein gründliches »Entrümpeln« des Systems statt, wenn eine Conversion bzw. Migration nach SAP S/4HANA ansteht.

> **Add-ons zu SAP-Produkten**
>
> Binden Sie den Hersteller der Add-ons, die Sie einsetzen, rechtzeitig in das Projekt ein, und lassen Sie sich die Kompatibilität zu SAP S/4HANA bescheinigen.

12.3.5 Datenübernahme

Bei der Neuinstallation Ihrer SAP-S/4HANA-Lösung, aber auch in bestimmten Anwendungsfällen der Landscape Transformation im Brownfield-Ansatz, sind Daten aus den jeweiligen Quellsystemen zu migrieren – mit entsprechender Vorbereitung und Nutzung von Migrationswerkzeugen sind Altdaten also in die neuen Datenstrukturen zu übernehmen. Hierzu bietet SAP integrierte Werkzeuge und SAP-Best-Practices-Inhalte, um Datenbestände auf der Basis von Migrationsdateien ins SAP-S/4HANA-System zu übernehmen.

Mit dem SAP S/4HANA Migration Cockpit wird ein neues Migrationswerkzeug direkt im SAP-S/4HANA-Umfang ausgeliefert, das auf bewährten Technologien basiert und die Kunden bei der Datenübernahme unterstützt.

SAP S/4HANA Migration Cockpit zur Unterstützung der Datenübernahme

Während das SAP S/4HANA Migration Cockpit für die SAP-S/4HANA-Cloud-Lösung die einzige Möglichkeit zur Datenübernahme bietet, steht das SAP S/4HANA Migration Cockpit seit Release 1610 auch für die On-Premise-

12 Migration von SAP ERP nach SAP S/4HANA

Lösung zur Verfügung. Die angebotenen Migrationsobjekte basieren auf den ausgewählten vorkonfigurierten SAP-Best-Practices-Prozessen und wurden mit jedem Releasezyklus analog dem Funktionsumfang permanent erweitert. Das SAP S/4HANA Migration Cockpit ist ein webbasiertes Tool, aus dem per Download die vorkonfigurierten Microsoft-Excel-Templates zur Verfügung gestellt werden. Die zu übernehmenden Daten können in diese Struktur aufgenommen und manuell bearbeitet werden. Im Anschluss erfolgt der Upload in das SAP S/4HANA Migration Cockpit. Zudem stehen einfache Mapping-Funktionalitäten zur Verfügung. Beim Import und Verarbeiten der Daten werden Standard-BAPIs (Business Application Programming Interfaces) für die Verarbeitung im Zielsystem genutzt. Der Importprozess wird mit Fehlerprotokollen unterstützt, mit denen die Nacharbeiten und Korrekturen vorgenommen werden können.

Migrationsobjekte im SAP S/4HANA Migration Cockpit

Die folgenden Migrationsobjekte stehen im SAP S/4HANA Migration Cockpit zur Verfügung (Quelle: SAP). Eine Tabelle mit ausführlichen Informationen finden Sie im Anhang dieses Buches.

- Activity price (restricted)
- Activity type
- Bank
- Bank account balance
- Batch (if Batch is unique at material level)
- Batch (if Batch level is at plant level)
- Cash memo record
- Characteristic
- Class
- Condition contract
- Consent
- Cost center
- Customer
- Customer (deprecated)
- Customer – extend existing record by new org levels
- Customer – extend existing record by new org levels (deprecated)
- Customer material

- Equipment
- Equipment task list
- Exchange rate
- FI – Accounts payable open item
- FI – Accounts receivable open item
- FI – G/L account balance and open/line item
- Fixed asset (incl. balances and transactions)
- Functional location task list
- G/L account
- General task list
- Inspection method
- Inspection plan
- Internal order (restricted)
- Legal transaction
- Maintenance item
- Maintenance plan
- Master inspection characteristic
- Material
- Material BOM

12.3 Datenqualität und Voraussetzungen für die Datenmigration

- Material classification
- Material consumption
- Material – extend existing record by new org levels
- Material inspection setting
- Material inventory balance
- Material long text
- Material trade classification
- Pricing condition (general)
- Pricing condition (purchasing)
- Pricing condition (sales)
- Production version
- Profit center
- Purchase order (only open PO)
- Purchase scheduling agreement
- Purchasing contract
- Purchasing info record- extend existing record
- Purchasing info record with conditions

- QM/PM catalog code group/code
- QM selected set
- QM selected set code
- Routing
- Sales contract
- Sales order (only open SO)
- Software/Hardware constraint
- Source list
- Supplier
- Supplier (deprecated)
- Supplier – extend existing record by new org levels
- Supplier – extend existing record by new org levels (deprecated)
- VC – Variant configuration profile
- Work center
- Xceptional case – Material price chng for global currencies

Sind in den Quelldaten Objekte enthalten, die nicht zum mitgelieferten Umfang der Migrationsobjekte gehören, können diese nicht mit dem SAP S/4HANA Migration Cockpit übernommen werden. Denn der Vorteil bei der Nutzung des vorkonfigurierten Umfangs besteht darin, dass der neu aufgebaute Datenbestand nahe am SAP-Standard liegt, den neuen SAP-S/4HANA-Datenstrukturen entspricht und Datenaltlasten zuvor bereinigt wurden.

Für erweiterte Anforderungen ist in der On-Premise-Version zusätzlich der SAP S/4HANA Migration Object Modeler (MOM) enthalten, der die Datenübernahme von z. B. eigenen Objekten im SAP S/4HANA Migration Cockpit ergänzt.

SAP S/4HANA Migration Object Modeler

> **SAP S/4HANA Migration Object Modeler für erweiterte Anforderungen**
>
> Der SAP S/4HANA Migration Object Modeler kommt zum Einsatz, wenn zusätzliche Felder (kundeneigene Tabellenerweiterungen) an die verfügbaren Standardobjekte angefügt, weiterreichende Änderungen vorgenommen oder eigene Objekte übernommen werden sollen.

Diese Funktionen ermöglichen z. B. die Erweiterung der Datenstrukturen von SAP S/4HANA, wenn sich bei der Validierung der SAP-Best-Practices-Prozesse zusätzliche Anforderungen ergeben, die diese Erweiterungen erforderlich machen.

Im SAP S/4HANA Migration Object Modeler stehen Ihnen die Anzeigefunktionalitäten für alle Objekt-Zielstrukturen und -Zielfelder sowie die Erweiterungsfunktionalitäten zur Verfügung, um die Quellstrukturen zu erweitern. Die Funktion zur Anpassung des Feld-Mappings aufgrund durchgeführter Objektänderungen wird ebenfalls unterstützt. Für jedes Migrationsobjekt steht ein Bearbeitungsmenü zur Verfügung, mit dem die Anzeige oder die Anpassung durchgeführt werden kann (siehe Abbildung 12.8).

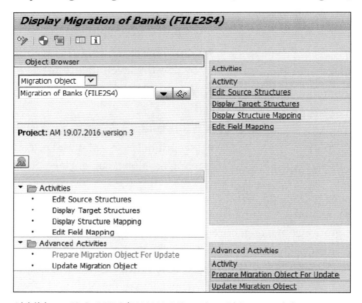

Abbildung 12.8 SAP S/4HANA Migration Object Modeler – Transaktion LTMOM (Quelle: SAP)

SAP S/4HANA Migration Cockpit als Ersatz für LSMW

Das SAP S/4HANA Migration Cockpit ersetzt die aus Migrationen in SAP-R/3- oder SAP-ERP-Systemen bekannte Legacy System Migration Workbench (LSMW). Diese wird in den SAP-S/4HANA-Lösungen nicht mehr unterstützt. Die LSMW ist zwar technisch noch vorhanden, unterliegt jedoch einigen Restriktionen, z. B. bei den bisher verwendeten Standardschnittstellen, wie z. B. BAPIs oder IDocs, bei denen sich die Struktur der Zielobjekte verändert hat. Somit ist es mit dem entsprechenden technischem Know-how in Einzelfällen noch möglich, die vorhandenen LSMW-Funktionen und -Schnittstellen weiter zu nutzen. Dies erfolgt jedoch auf eigene Gefahr und wird von SAP nicht empfohlen!

Stattdessen bietet SAP mit dem SAP Data Service und dem Rapid Data Migration Content (RDM) einen umfassenden Service, um den gesamten individuellen Datenübernahmeprozess zu unterstützen. Hierbei wird vor allem den Anforderungen an die qualitativ sehr hochwertigen Daten, die die Grundlage für eine Echtzeitsystemumgebung bilden, Rechnung getragen. Schließlich sollen morgen geschäftsrelevante Entscheidungen aus Ihrer neuen SAP-S/4HANA-Lösung getroffen werden, denen konsistente und vollständige Informationen und deren Abhängigkeiten zugrunde liegen sollten.

SAP Data Service und Rapid Data Migration Content

Im Basisumfang von SAP Data Service stehen allen Kunden die Unterstützung der Extraktion und das Laden von Daten aus verschiedenen Altsystemen im Rahmen der SAP-S/4HANA-Lizenz zur Verfügung.

Diese Funktionen basieren auf dem sogenannten SAP Data Integrator, bestehend aus einem zentralen Data-Services-Server sowie einem lokalen Frontend für die Modellierung. Im mitgelieferten vorkonfigurierten SAP-Best-Practices-Umfang sind mehr als 40 Objekte für Stamm- und Bewegungsdaten verfügbar. Der SAP Data Integrator ist damit zudem umfangreicher als das SAP S/4HANA Migration Cockpit (siehe die Liste der Migrationsobjekte).

SAP Data Integrator

Der technische Aufwand für diese Art der Datenübernahme ist ohne Frage höher und erfordert in der Vorbereitung und Planung wesentlich mehr Zeit. Bei der Umsetzung ist umfangreicheres Expertenwissen gefragt als im Fall der Nutzung des SAP S/4HANA Migration Cockpits.

Durch eine Lizenzerweiterung erhalten die Kunden zusätzlich die Möglichkeit, ihre Datenqualität deutlich zu verbessern. Hierzu stehen umfassende Funktionen für die Datenbereinigung, die Dublettenreduzierung sowie Datenauswertungen in der Vorbereitung und bei der Bearbeitung der Daten zur Verfügung.

12.3.6 Migrations-Customizing am Beispiel von SAP S/4HANA Finance

Entsprechend den neuen Programmen und Transaktionen, die SAP S/4HANA bietet, muss auch das Customizing angepasst werden. In SAP S/4HANA Finance betrifft das vor allem die Hauptbuchhaltung und die Anlagenbuchhaltung. In diesem Abschnitt erläutern wir die wichtigsten Schritte im Migrations-Customizing, um Ihnen einen ersten Eindruck davon zu vermitteln, welche Tätigkeiten und wie viel Aufwand mit dem Migrations-Customizing zusammenhängen können.

> **[»] Chronologisches Abarbeiten der Schritte**
>
> Die Schritte im Migrations-Customizing bauen aufeinander auf: Achten Sie also darauf, dass Sie sie in der angegebenen Reihenfolge abarbeiten und dabei keinen Schritt auslassen.

Zuerst gilt es, den Customizing-Pfad für die neue Hauptbuchhaltung einzuschalten, falls dieser noch nicht sichtbar ist (Programm: RFAGL_SWAP_IMG_NEW).

Als Nächstes stehen die Vorbereitungen für das Migrations-Customizing an. Der erste Schritt ist auch hier wieder eine Vorabprüfung, die mit dem Programm FINS_MIG_PRECHECK durchgeführt wird.

Anschließend sind die Schritte, die z. B. die Hauptbuchhaltung betreffen, nacheinander abzuarbeiten.

Keine manuelle Aktivierung der neuen Hauptbuchhaltung

Die neue Hauptbuchhaltung wird auf keinen Fall manuell aktiviert. Die Aktivierung erfolgt automatisch nach dem Abschluss der Migration des Customizings der Hauptbuchhaltung – unabhängig davon, ob das neue Hauptbuch schon aktiv war oder nicht. Die neue Datenstruktur zieht die Daten aus Ledger 0L.

Danach folgen die Customizing-Schritte für die Anlagenbuchhaltung und das Controlling. Hilfestellung geben in jedem Schritt die Dokumentationen, die z. B. die Reihenfolge der abzuarbeitenden Schritte enthalten, nach der man sich unbedingt richten sollte.

> **[»] Buchungen vor der Installation von SAP S/4HANA abschließen**
>
> Periodische Buchungen müssen vor der Installation von SAP S/4HANA abgeschlossen sein. Nach der Installation von SAP S/4HANA sind Buchungen erst wieder möglich, wenn die Migration abgeschlossen ist.

12.4 SAP-Werkzeuge und Guidelines für die Migration

In Abschnitt 12.2, »Migrationspfade – auf dem Weg zu SAP S/4HANA«, haben wir die verschiedenen Wege zur Umstellung auf die SAP-S/4HANA-Lösung beschrieben und die Unterschiede hinsichtlich der vorhandenen Ausgangssituationen aufgezeigt. In diesem Abschnitt fassen wir die wichtigen SAP-Werkzeuge und Guidelines für den Wechsel von einem SAP-ERP-System zu einem SAP-S/4HANA-System zusammen. Die im Projekt anstehenden Aufgaben können hierbei nach technischen und inhaltlich fachlichen Aspekten getrennt betrachtet werden.

Für die Erfüllung der technischen Aufgaben im Rahmen der Systemkonvertierung – In-Place-Migration – nutzen Sie den Maintenance Planner, den Software Update Manager sowie die DMO. Das wichtigste Dokument in diesem Projektansatz ist in jedem Fall der *Conversion Guide for SAP S/4HANA 1809* in seiner jeweils aktuellsten Version, der die Grundlage für die Planung und Durchführung der Systemkonvertierung bildet.

Technische Aufgaben und Werkzeuge

Die in diesem Abschnitt beschriebenen Aufgaben und Werkzeuge stellen die Basis für die Vorbereitungen und die Durchführung der SAP-S/4HANA-Konvertierung dar. Viele weitere Informationen und Dokumente sind unter anderem im Internet unter *www.sap.com*, *https://help.sap.com* und *https://blogs.sap.com* sowie als SAP-Hinweise im SAP Support Portal (SAP Service Marketplace) verfügbar. In diesen Quellen finden Sie wichtige und nützliche Tipps, die Ihnen helfen, auf der Basis Ihrer individuellen Ausgangslage die Umsetzung Ihrer SAP S/4HANA Roadmap durchzuführen.

12.4.1 Readiness Check for SAP S/4HANA

Wie in Abschnitt 12.2.1, »Durchführung einer SAP-S/4HANA-Vorstudie«, erwähnt, kann mit dem Readiness Check for SAP S/4HANA in Vorbereitung auf ein geplantes Brownfield- oder Landscape-Transformation-Projekt bereits frühzeitig das System analysiert werden, z. B. im Rahmen einer Voruntersuchung, um einen besseren Überblick über die Ausgangssituation zu erhalten. Bei einem Greenfield-Projektansatz ist die Bewertung der gegenwärtigen Systemsituation hingegen meist nur von untergeordneter Bedeutung, da hier die Implementierung mit dem SAP-Best-Practices-Ansatz im neuen System vorgesehen ist.

Readiness Check for SAP S/4HANA

Auch zuvor waren die Analyse des Systems und die Beantwortung von Fragen zum Sizing, zur Komptabilität von Business Functions oder Add-ons bereits möglich – allerdings nur durch den Einsatz vieler verschiedener Tools und mit großem Zeitaufwand verbunden.

Mit dem Readiness Check for SAP S/4HANA stellt SAP ein webbasiertes Tool zur Verfügung, dass anhand der aktuellen Systemkonfiguration und dem vorhandenen Datenbestand die Systemanalyse durchführt und die Ergebnisse in einem Dashboard zur Auswertung bereitstellt. Der Readiness Check for SAP S/4HANA steht allen SAP Kunden mit einem gültigen Wartungs-/Lizenzvertrag kostenlos zur Verfügung.

Mit dem Readiness Check for SAP S/4HANA erhalten Sie ausführliche Informationen zu den folgenden Aspekten:

- Kompatibilität der verwendeten Business Functions
- Kompatibilität der verwendeten Add-ons
- Überblick und Kategorisierung der Custom-Code-Situation
- Informationen zum SAP-HANA-Datenbank-Sizing
- Bewertung der Auswirkungen der SAP S/4HANA Simplifications in den verwendeten Transaktionen und Funktionen
- Empfohlene SAP-Fiori-Apps für die verwendeten Prozessbereiche
- Überblick offener Geschäftsvorgänge zur Bearbeitung vor dem Start der SAP-S/4HANA-Umstellung

Die Ergebnisse des Readiness Checks for SAP S/4HANA stellen eine gute Basis für die Planung und Vorbereitung des SAP-S/4HANA-Projekts dar, und einige Handlungsempfehlungen und empfohlene Maßnahmen können bereits vor dem Start des Projekts umgesetzt werden. Dies ist unbedingt empfehlenswert, da es Aufwand und Zeit in der eigentlichen SAP-S/4HANA-Konvertierung spart.

12.4.2 Maintenance Planner

Der Maintenance Planner ist zwingender Bestandteil in der Vorbereitungsphase der Systemkonvertierung und kommt bei der Überprüfung der notwendigen Kompatibilität des Ausgangssystems zum Einsatz. Konkret wird geprüft, ob für die folgenden Komponenten die Unterstützung während der Konvertierung gewährleistet ist:

- Verwendung installierter Add-ons
- aktivierte Business Functions
- aktivierte/verwendete SAP-Branchenlösungen

Bei aktiven, nicht unterstützten Komponenten wird die Konvertierung des Systems unterbunden, das heißt, dass der Migrationspfad nicht erfolgreich durchgeführt werden kann – hierzu sind dann entsprechende SAP-Hinweise zu prüfen und weitere vorbereitende Aktivitäten durchzuführen.

Nachdem alle Prüfungen durchlaufen worden sind, generiert der Maintenance Planner die Stack-Configuration-Datei (**stack.xml**), die im weiteren Umstellungsprozess benötigt wird.

12.4.3 Software Update Manager

Der Software Update Manager ist das technische Tool, mit dem die eigentliche Systemkonvertierung des Systems durchgeführt wird. Zum Einsatz kommt jeweils eine für SAP S/4HANA optimierte Version. Konkret werden mit der sogenannten One-Step-Konvertierung die folgenden Schritte durchgeführt:

Software Update Manager

- Datenbankmigration (optional, sofern noch keine SAP-HANA-Datenbank zugrunde liegt)
- Installation der SAP-S/4HANA-1809-Software
- Konvertierung Ihrer Daten in die SAP-S/4HANA-Strukturen

SAP stellt zwei Verfahren für die technische Konvertierung zur Verfügung:

- **Performanceoptimiertes Verfahren (Standardverfahren)**
  Das voreingestellte Standardverfahren versucht, ein ausgewogenes Verhältnis zwischen der System-Downtime, dem Ressourcenverbrauch und der Gesamtlaufzeit herzustellen.

- **Verfahren mit optimierter Downtime**
  Das zweite Verfahren optimiert die Downtime und führt daher die Datenkonvertierung in das SAP-S/4HANA-Datenformat schon während des laufenden Systembetriebs durch. Dies geht allerdings zulasten des Ressourcenverbrauchs und führt teilweise zu einer längeren Gesamtlaufzeit der technischen Umsetzung.

12.4.4 Database Migration Option

Die DMO ist als Teil des Software Update Managers erhältlich und kommt zum Einsatz, wenn Ihr Ausgangssystem noch nicht über eine SAP-HANA-Datenbank verfügt. In diesem Fall wird die Ein-Schritt-Migration (One-Step-Migration) angewendet, bei der die Installation der SAP-S/4HANA-Software mit der Datenmigration kombiniert wird.

Database Migration Option: bei der SAP-HANA-Datenbank-Migration

Basiert das Ausgangssystem bereits auf SAP HANA, z. B. auf der SAP Business Suite powered by SAP HANA, führen Sie die Konvertierung mit dem klassischen Software Update Manager durch. Die DMO kann für alle Systeme verwendet werden, die auf dem SAP NetWeaver Application Server ABAP (SAP NetWeaver AS ABAP) basieren.

Zu den eher fachlichen vorbereitenden Aufgaben und eingesetzten Werkzeugen rund um die Vorbereitung des SAP-S/4HANA-Projekts oder der Durchführung der Konvertierung zählen unter anderem die nachfolgend aufgeführten Tools und Werkzeuge, die wertvolle Informationen vor dem

Fachliche Aufgaben der SAP-S/4HANA-Umstellung

eigentlichen Projekt, z. B. zu möglichen Lösungsszenarien oder zur Ausgangssituation und den notwendigen Anpassungen während der Konvertierung des eigenen Systems, liefern.

12.4.5 SAP Transformation Navigator

SAP Transformation Navigator

Eine erste gute Orientierungshilfe für die sich ändernde SAP-Applikations- und Technologielandschaft bietet das von SAP angebotene Self-Service-Tool SAP Transformation Navigator.

Mit dessen Hilfe ist es möglich, ausgehend von den aktuell genutzten SAP-Anwendungen, der eigenen, aktuell im Einsatz befindlichen SAP-Landschaft sowie neuer Business-Anforderungen, die künftige mögliche Ziellandschaft zu bestimmen.

Hierbei werden die Geschäftsanforderungen ebenso berücksichtigt, z. B. durch die Einbeziehung von Digitalisierungsthemen wie IoT, Big Data, digitale Geschäftsmodelle etc., wie auch die technische Transformation der aktuellen SAP-Landschaft.

Damit liefert der SAP Transformation Navigator eine individuelle Empfehlung zur Gestaltung und Ausrichtung der eigenen »digitalen Transformation« – immer auf Basis der aktuell verfügbaren SAP Produkt- und Dienstleistungsangebote sowohl für cloudbasierte als auch On-Premise-Lösungen.

12.4.6 Simplification List

Simplification List

Um Ihnen eine bessere Planung und Abschätzung des anstehenden Wechsels zu SAP S/4HANA zu ermöglichen, stellt SAP die Simplification List bereit. Die Prüfung Ihrer bestehenden Prozesse vor der SAP-S/4HANA-Konvertierung ist notwendig, da sich aufgrund des geänderten Datenmodells auch die Prozesse in SAP S/4HANA verändert haben oder Funktionen unter Umständen gar nicht mehr unterstützt werden. In diesen Fällen müssen Sie vorbereitend inhaltliche Anpassungen an Ihren Prozessen vornehmen.

Welche prozessualen Änderungen vorzunehmen sind, ist in der Simplification List beschrieben. Zu jedem Eintrag in der Liste, dem sogenannten Simplification Item, erhalten Sie entsprechende weiterführende SAP-Hinweise zu notwendigen Anpassungen, zum Wegfall von Funktionen und gegebenenfalls zu neuen Funktionen in SAP S/4HANA für den genannten Prozess sowie Hinweise zu Custom Code Checks.

Detaillierte Informationen sind in der aktuellen Version der SAP S/4HANA Simplification List 1809 enthalten bzw. können im Simplification Item Catalog unter: *https://launchpad.support.sap.com/#sic* online geprüft werden.

12.4.7 Simplification Item Check

In den Releases vor S/4HANA 1710 wurden in Vorbereitung der Transition die sogenannten Pre-Checks durchlaufen. Mit Release 1710 stellt SAP ein neues, überarbeitetes Framework – den Simplification Item Check – zur Verfügung. Die Prüfungen basieren auf dem Simplification Item Catalog.

Simplification Item Checks als Voraussetzung für die SAP-S/4HANA-Umsetzung

Es werden zwei Arten von Prüfungen durchgeführt:

- **Relevanz-Check**
  Hierbei wird geprüft, ob die Änderungen, basierend auf den Informationen aus Quellrelease, Zielrelease und des zu prüfenden Bereichs, im Sinne einer notwendigen Anpassung bei der SAP-S/4HANA-Umstellung von Relevanz sind.
- **Konsistenz-Check**
  Diese Prüfung zeigt vorhandene Inkonsistenzen im System, die vor der Konvertierung bearbeitet/behoben werden müssen, um den späteren Konvertierungsprozess mithilfe des Software Update Managers nicht zu stoppen.

Die Simplification Item Checks können jeweils separat zur Prüfung der Relevanz oder der Konsistenz des Systems durchgeführt werden.

Außerdem werden die Prüfungen im Rahmen des SAP Readiness Checks for SAP S/4HANA durchlaufen sowie innerhalb des Konvertierungsprozesses durch den Software Update Manager.

12.4.8 Custom Code Check

Den Custom Code Check verwenden Sie, um zu überprüfen, welchen Einfluss Ihre kundenspezifischen Entwicklungen oder Erweiterungen von Datenobjekten, z. B. Appends an SAP-Tabellen und -strukturen, auf die SAP-S/4HANA-Konvertierung haben.

Empfehlungen der »Custom Code Checks« bearbeiten

Die Custom Code Checks basieren auf dem Konzept der Simplification List bzw. des Simplification Item Catalogs und prüfen, welche Änderungen für Ihre kundenspezifischen Erweiterungen im Zuge der Konvertierung auf SAP S/4HANA vorzunehmen sind. Diese Prüfungen sind aufgrund des unter SAP S/4HANA stark veränderten Datenmodells zwingend notwendig, um zu gewährleisten, dass Ihre Entwicklungen unter inhaltlichen und performancetechnischen Gesichtspunkten weiterhin einwandfreie Prozessergebnisse liefern.

Die Prüfung der eigenen Custom-Code-Situation teilt sich in zwei wesentliche Phasen:

- Analyse der Custom-Code-Situation und Vorbereitung auf die Konvertierung
- Umstellung des Custom Codes im Rahmen der Konvertierung

In der Vorbereitung auf die Konvertierung ist es empfehlenswert, eine Custom-Code-Evaluation durchzuführen. Diese ist unter anderem auch im Rahmen des Readiness Checks for SAP S/4HANA enthalten, bei dem das Coding gegen die Simplification List geprüft wird. Innerhalb der zu durchlaufenden Prüfungen wird die Verwendung von SAP-Objekten geprüft, und die durchgeführten Tabellenerweiterungen oder Modifikationen werden mit dem Inhalt der Simplification List abgeglichen.

Als Ergebnis erhalten Sie eine Liste mit Empfehlungen dazu, an welchen Stellen das kundeneigene Coding nicht kompatibel zur Verwendung mit den SAP-S/4HANA-Datenstrukturen ist.

Nutzungsanalyse des Codings

Die Analyse des oft über Jahre gewachsenen Codings sollte zusätzlich durch den Einsatz des Usage Procedure Loggings (UPL) oder des ABAP Call Monitors (SCMON) unterstützt werden. Hierbei werden Informationen ausgewertet, die Aufschluss über die tatsächliche Verwendung der vorhandenen Programme geben. Mit diesen Informationen sollte eine Priorisierung des Codings erfolgen, mit deren Hilfe nur die tatsächlich noch verwendeten sowie die nach der SAP-S/4HANA-Konvertierung relevanten Programme für die Code-Adaption zu betrachten sind.

In der Umsetzungsphase, nach der technischen Konvertierung des Systems auf SAP S/4HANA, erfolgt die Anpassung des eigenen Codings. Hier erfolgt zum einen die funktionale, den neuen Datenstrukturen und Prozessen entsprechende Adaption der Programme. Zum anderen sind die Programme hinsichtlich ihrer Verwendung mit der SAP-HANA-Datenbank zu optimieren (Performance Tuning).

ABAP Test Cockpit für Custom Code Analyse

Das empfohlene Tool zur Durchführung der SAP-HANA- und SAP-S/4HANA-Prüfungen ist das ABAP Test Cockpit (ATC), mit dem die Durchführung der Prüfung remote im Quellsystem unterstützt wird. Dafür ist es notwendig, ein zentrales ATC-System auf der Basis von SAP NetWeaver in der Version AS ABAP 7.51 aufzusetzen. Über eine RFC-Verbindung wird dann die Analyse in dem angebundenen System auf der Basis des Simplification Database Contents durchgeführt, und die Ergebnisse können im ATC ausgewertet werden.

> **SAP-S/4HANA-Adaption**
>
> Alle notwendigen SAP-S/4HANA-Anpassungen sollten mit dem Eclipse Add-on ABAP Development Tools in Eclipse (ADT) durchgeführt werden, da die Verwendung der bekannten Transaktion SE80 (Object Navigator) in SAP S/4HANA nicht mehr sämtliche Funktionen unterstützt.

Abschließend sollte noch erwähnt werden, dass die vorgestellten Empfehlungen und Analysewerkzeuge für die Bewertung des eigenen Custom Codes keine einmalige und ausschließlich auf dem Weg zum SAP S/4HANA durchzuführende Aktivität darstellt, sondern als ein kontinuierlicher Prozess zur Pflege und Bereinigung des Systems verstanden werden sollte.

12.5 Zusammenfassung

Insgesamt lässt sich sagen, dass für die Umstellung auf die SAP-S/4HANA-Datenbank mit den SAP-S/4HANA-Komponenten für z. B. Logistik, Finanzwesen oder Cash Management zahlreiche Funktionen sowie ein gut dokumentiertes und aufbereitetes Customizing zur Verfügung stehen, um sowohl eine solide Vorbereitung als auch die Migration selbst durchführen zu können.

Die Vorteile von SAP S/4HANA werden sich in Form schnellerer Datenbankrecherchen nach der Einführung bezahlt machen. Dennoch wird es eine Herausforderung sein, dafür Sorge zu tragen, dass die Anwender in den unterschiedlichen Fachabteilungen die neue Lösung akzeptieren. Bezüglich der Änderungen im Handling muss eine schnelle Akzeptanz der unterschiedlichen Fachabteilungen im Unternehmen erreicht werden. Daher ist es unerlässlich, die Fachabteilungen; ebenso wie die IT-Mitarbeiter; bereits zu Beginn des Projekts einzubinden. Aus unserer Sicht ist das Change Management ein essenzieller Faktor für den Erfolg der SAP-S/4HANA-Einführung in Ihrem Unternehmen. Aus diesem Grund widmet sich das folgende Kapitel 13, »Change Management«, ganz dem Thema Change Management.

Change Management

Kapitel 13
Change Management

Die Einführung von SAP S/4HANA ist nicht bloß ein IT-Projekt. Durch neue Technologien, Vereinfachungen, z. B. im Finanzwesen, und den Einsatz mobiler Anwendungen werden Prozesse verschlankt oder fallen sogar weg. Im Einklang mit den Prozessen verändert sich auch die Organisation des Unternehmens. Wie Sie damit umgehen, lesen Sie in diesem Kapitel.

Die digitale Transformation ist eine Herausforderung für die gesamte Gesellschaft. Für Unternehmen bedeutet dies teils tiefgreifende Veränderungen in Arbeitsabläufen, Prozessen, Organisation und IT. Die Einführung neuer Softwarelösungen, wie z. B. SAP S/4HANA, ist Teil dieser Transformation. Diese Veränderungen betreffen nicht nur die Mitarbeiter, sondern können auch Kunden und Lieferanten berühren. Veränderungen an gewohnten Abläufen erzeugen aber schnell auch Verunsicherung oder sogar Ablehnung und beeinflussen somit den Projekterfolg.

Ein nachhaltiges *Change Management* berücksichtigt nicht nur die Widerstände im Veränderungsvorhaben, sondern entwickelt auch Maßnahmen, um die Beteiligten auf den Weg der Veränderung zu bringen und in den Veränderungsprozess einzubeziehen. In diesem Kapitel gehen wir auf die Besonderheiten im Change Management im Zusammenhang mit der Einführung von SAP S/4HANA ein.

Wir zeigen Ihnen, welche Faktoren für die Akzeptanz einer Veränderung im Unternehmen maßgeblich sind (siehe Abschnitt 13.1, »Akzeptanz im Unternehmen«). Anschließend gehen wir die einzelnen Phasen, von der Planung des Veränderungsprozesses über die Durchführung bis zur Verankerung der neuen Abläufe im Unternehmensalltag, durch (siehe Abschnitt 13.2, »Change Management in SAP-S/4HANA-Projekten«).

13.1 Akzeptanz im Unternehmen

Die neue, rollenbasierte Benutzeroberfläche SAP Fiori (siehe Kapitel 2, »Benutzeroberflächen«) ermöglicht den Anwendern eine intuitive Bedienung des SAP-Systems. SAP-Anwendungen lassen sich nicht nur auf einem

Veränderungen im Unternehmen

Desktop-Rechner, sondern auch auf Smartphones oder Tablets nutzen. Die Arbeitsprozesse werden damit flexibler, denn sie sind nicht mehr orts- und zeitgebunden.

Das Einbeziehen von sozialen Netzwerken in den privaten, aber auch den geschäftlichen Informationsaustausch schafft ebenfalls neue Prozesse bzw. verändert andere Prozesse. Es ist möglich, neue Kommunikationskanäle und neue Marketingkonzepte für das Unternehmen zu erschließen. Sie können damit aber auch neue Aufwandstreiber, z. B. bei negativen Produktbewertungen, sein.

Veränderungsprozess und Emotionen

Mitarbeiter können auf die Vielzahl der Veränderungen, die die Umstellung auf eine neue Software wie SAP S/4HANA mit sich bringt, mit Angst und Unsicherheit reagieren. Die folgenden Ängste beschäftigen dabei viele Mitarbeiter und können dazu führen, dass sie dem Projektvorhaben skeptisch gegenüberstehen:

- Die bewährten Verhaltens- und Arbeitsweisen werden durch das Projekt hinterfragt, altes Wissen wird nicht mehr benötigt, und neues Wissen muss erst aufgebaut werden.
- Mitarbeiter können sich Wissensinseln aufgebaut haben. Sie fürchten, nun nicht mehr wichtig genug zu sein, da andere Mitarbeiter Wissen aufbauen können.
- Da einige Prozesse in eine Cloud ausgelagert werden können, fürchten Mitarbeiter um ihren Arbeitsplatz.

Key-User, die sich vorher nur auf der SAP-GUI-Oberfläche des SAP-ERP-Systems gut auskennen mussten, müssen nun auch die neuen Prozesse, Funktionen und Anwendungen im SAP-S/4HANA-Umfeld verstehen. Dazu gehören z. B. auch neue Oberflächen wie die SAP-Fiori-Apps.

Ängste und Widerstände

Diese Ängste können zu massiven Widerständen führen. Die Emotionen in einem Veränderungsprozess haben teilweise ein wiederkehrendes Muster. Abbildung 13.1 zeigt eine Variante der bekannten »Veränderungskurve« von Elisabeth Kübler-Ross. Die Kurve verdeutlicht den Zusammenhang zwischen dem zeitlichen Verlauf des Veränderungsprozesses und den Emotionen der Mitarbeiter:

1. Zuerst herrschen der Schock, die Angst vor der Veränderung und die Unsicherheit darüber vor, wie mit der neuen Situation umzugehen ist.
2. Daraus folgt die Verneinung im Sinne einer Leugnung der Notwendigkeit für eine Veränderung.
3. Schließlich wird den Mitarbeitern klar, dass die Veränderung unumgänglich ist. Viele Beteiligte reagieren nun mit Zorn und Auflehnung.

Dieser Widerstand kann verschiedene Formen annehmen und verdeckt oder offen auftreten.

4. Wird dann erkannt, dass der Wandel unvermeidlich ist, kommt es erst einmal zur rationalen Akzeptanz, die Mitarbeiter stehen aber noch nicht zum Wandel.
5. Erst durch Ausprobieren und positive Bestätigung können die Mitarbeiter dem Wandel zustimmen.

Die Veränderungskurve kann für jede Person anders und in unterschiedlichen Zeitintervallen verlaufen.

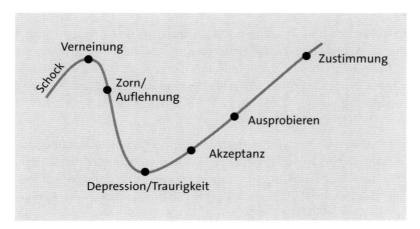

Abbildung 13.1 Change-Kurve in Anlehnung an Elisabeth Kübler-Ross

Auch wenn die digitale Transformation technisch gelingt, ist doch für deren erfolgreichen Abschluss die Akzeptanz für die Veränderungen im Unternehmen durch die Mitarbeiter unerlässlich.

Die folgenden Aktionen und Maßnahmen bieten sich an, um die neuen Prozesse auf allen Unternehmensebenen zu implementieren und zu verankern:

Säulen des Change Managements

- klare Kommunikation der SAP-S/4HANA-Strategie im Unternehmen und der damit verbundenen Vorteile für das Unternehmen und seine Mitarbeiter
- Motivation der Mitarbeiter, Schaffung von Anreizmodellen
- Schulungen und Weiterbildungsmöglichkeiten für die Mitarbeiter in den einzelnen Fachbereichen und in der IT-Abteilung
- Ausbau der bereichsübergreifenden und interdisziplinären Teamarbeit
- begleitendes Change Management im Projekt
- Change Management gegenüber Kunden und Lieferanten

13 Change Management

Top-down-Prinzip — Die digitale Transformation und der damit einhergehende Umstieg auf neue IT-Lösungen wie SAP S/4HANA sind eher langfristige Projekte. Daher ist es entscheidend, dass der Nutzen und die Vorteile des Einführungsprojekts von oben nach unten transportiert werden: Das heißt, die Strategie sollte von der Top-Management-Ebene klar und positiv kommuniziert und auch selbst gelebt werden. Wenn das Management nicht sichtbar hinter der neuen Technologie und den damit verbundenen Möglichkeiten von SAP S/4HANA im Unternehmen steht, können Irritationen und somit Unsicherheiten in der Zielsetzung entstehen. Das wiederum gefährdet nicht nur den Projekterfolg, sondern begünstigt auch die Ängste und Widerstände der Beteiligten.

Neue Prozesse und Strukturen kommunizieren — Durch Workshops und Schulungen können Mitarbeiter in die Lage versetzt werden, die neuen Prozesse und Strukturen zu verstehen und zu beachten. Neue Zusammenarbeits- und Kommunikations-Tools, wie z. B. virtuelle Lernräume, Chats, Blogs und Ähnliches, können dabei behilflich sein und eine teamübergreifende Kommunikation und damit die Zusammenarbeit fördern.

In vielen Fällen ist es auch notwendig, den Kunden mit in die Kommunikation einzubeziehen. Denn Änderungen im Kundenerlebnis in den Filialgeschäften bzw. am Point of Sale haben immer Auswirkungen auf den Kunden. Das Change Management sollte in das Projektmanagement eingebunden werden und somit auf Änderungen im Projekt sinnvoll reagieren. Abbildung 13.2 zeigt das Zusammenspiel der Maßnahmen in übersichtlicher Form.

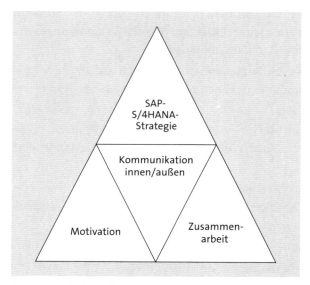

Abbildung 13.2 Maßnahmen im Change Management

13.2 Change Management in SAP-S/4HANA-Projekten

Das Zusammenspiel von klarer Digitalisierungsstrategie, angemessener Kommunikation, Begünstigung der Zusammenarbeit und Maßnahmen zur Motivationsförderung kann in einem hohen Maße zum Projekterfolg beitragen. Für das SAP-S/4HANA-Projekt bedeutet dies:

Vorteile für das SAP-S/4HANA-Projekt

- **Bessere Unterstützung von Führungskräften**
  Werden Führungskräfte rechtzeitig, das heißt am besten noch in der Planungsphase einbezogen, steigt ihre Zustimmung. Im besten Fall werden hier genügend Promoter unter den Führungskräften herausgebildet, die das Projektvorhaben positiv begleiten.
- **Bessere Problemlösungskompetenz**
  In jedem Projekt tauchen Probleme und Stolpersteine auf, Meilensteine können nicht eingehalten werden, oder es gibt Diskrepanzen zwischen Anforderung und umgesetzter IT-Lösung. Solche Schwierigkeiten können von Mitarbeitern und Führungskräften schneller und besser gelöst werden, wenn sie gut in den Change-Prozess eingebunden sind.
- **Besseres Verständnis für Neuerungen**
  Die Veränderungsziele und die damit verbundenen Vorteile für das Unternehmen und für den einzelnen Mitarbeiter müssen klar und offen kommuniziert werden.

Im Rahmen eines SAP-S/4HANA-Projekts sollte für das Change Management eine verantwortliche Person bestimmt werden. Dieser *Change Manager* kann als zentraler Ansprechpartner für alle Belange des Change-Prozesses dienen. Die Aufgaben und Anforderungen an einen Change Manager sind vielfältig – mit Schwerpunkt auf den folgenden Aufgaben:

Die Rolle des Change Managers

- **Erkennen der Auswirkungen**
  Identifizierung der Auswirkungen des Projekts auf Unternehmenskultur, Organisationsstruktur sowie auf Mitarbeiter und Führungskräfte. Daraus können letztlich auch die Widerstände, Konflikte und kommende Krisen abgeleitet werden.
- **Auswahl der geeigneten Change-Management-Tools**
  Um den Veränderungsprozess erfolgreich zu steuern, müssen, je nach Art und Umfang des Projekts, geeignete Mittel im Change Management eingesetzt werden. Dazu gehören insbesondere die Auswahl und der zeitgerechte Einsatz der Kommunikations-Tools.
- **Zentraler Ansprechpartner**
  Der Change Manager übernimmt die zentrale Rolle als Vermittler und Coach bei Konflikten und Krisen im Projektverlauf.

13   Change Management

Phasen des Change Managements im Projekt

Das Change Management als Begleitung eines SAP-S/4HANA-Projekts kann, ebenso wie das IT-Projekt, sein Vorgehensmodell in verschiedene Phasen unterteilen. Abbildung 13.3 zeigt einen möglichen Phasenplan und dessen Schwerpunkte. Diese Schwerpunkte werden im Folgenden näher erläutert.

Abbildung 13.3 Phasenplan für das Change Management

13.2.1   Planung des Change-Prozesses

Umfang des Change Managements

Es gibt kein allgemeingültiges Change Management, das zu allen Situationen und Unternehmen passt. Der Prozess muss vielmehr individuell an die jeweiligen Veränderungen, die sich aus dem SAP-S/4HANA-Projekt ergeben, angepasst werden. Bei der Analyse und Bewertung des Bedarfs wird ermittelt, ob und in welchem Umfang das Change Management durchgeführt wird. Beispielsweise kann der Veränderungsumfang bei einem Leuchtturmprojekt, bei dem nur einzelne Geschäftsprozesse in die Cloud verlegt werden, proportional kleiner sein, als wenn die wichtigen Kernprozesse eines Unternehmens auf die neuen SAP-S/4HANA-Anwendungen umgestellt werden. Ähnlich verhält es sich mit Rahmenbedingungen eines Unternehmens. Ressourcen, Budget, Unternehmenskultur und Konfliktpotenzial müssen in der Planung berücksichtigt werden.

> **Verschiedene Roadmaps beachten**
>
> Hilfreich können auch die unternehmensinternen Roadmaps zur IT-Infrastruktur und die SAP S/4HANA Roadmaps sein, um den Umfang und die Dauer des Change Managements zu klären. Weiterführende Informationen finden Sie unter: *https://www.sap.com/germany/products/s4hana-erp/cloud.details.html*.
>
> Roadmaps finden Sie unter: *https://www.sap.com/germany/products/roadmaps.html*.

Die Stakeholder-Analyse ist auch im Projektmanagement bekannt und berücksichtigt alle internen und externen Beteiligten. Identifiziert werden Motivationen und Bereitschaften der Beteiligten für das Projekt. Daraus leiten sich verschiedene Maßnahmen ab, die geplant und durchgeführt werden. Es soll sichergestellt werden, dass möglichst viele Stakeholder dem Projekt optimistisch gegenüberstehen. Das bedeutet gleichzeitig, dass das veränderte Verhalten der Stakeholder auch neue Maßnahmen im Change Management erforderlich machen kann. Es ist deshalb notwendig, kontinuierlich mit den Stakeholdern im Austausch zu bleiben, um die Change-Management-Strategie bei Bedarf anpassen zu können.

Motivationen und Bereitschaften der Beteiligten (Stakeholder)

Big Data und rechtliche Rahmenbedingungen

Bei Auswertungen von personenbezogenen Daten aus verschiedenen Kanälen, z. B. Social Media, Foren, Blogs etc., müssen auch die rechtlichen Bedingungen und der Datenschutz beachtet werden. Berücksichtigen Sie das in Ihrer Stakeholder-Analyse, und binden Sie frühzeitig entsprechende Bereiche ein.

Zudem sollte der Wandel mit positiven Kernbotschaften unterstützt werden, die die Gesamtausrichtung des Unternehmens für die Zukunft bestärken (siehe Abbildung 13.4). Solche Kernbotschaften können auch in einer Storyline gebündelt werden. Damit kann die Aufbruchsstimmung noch verstärkt werden. Mögliche Themen können sein:

Positive Kernbotschaften

- Wo steht das Unternehmen jetzt, welche Geschäftsprozesse werden mit SAP S/4HANA neu ausgerichtet?
- Welche Marktchancen werden durch die neuen Funktionen genutzt, was sind die Ziele und Erfolgskriterien?
- Können dadurch neue Produkte oder Dienstleistungen auf den Markt gebracht werden, und werden damit Wettbewerbsfähigkeit und Zukunftsfähigkeit sichergestellt?
- Welche Anforderungen der Nutzer in puncto Mobilität, Flexibilität und einfaches Bedienen der Software werden erfüllt?

Die neue SAP-S/4HANA-Oberfläche

Beachten Sie, dass nicht jeder Mitarbeiter die Bedienung von Apps gewohnt ist und dass die Botschaft, die Sichten und damit das Arbeiten seien nun einfacher, von diesen Mitarbeitern erst einmal nicht angenommen wird.

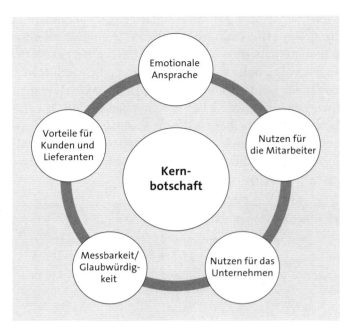

Abbildung 13.4 Merkmale einer Kernbotschaft

13.2.2 Definition und Konzept des Change-Prozesses

Wichtige Erfolgsfaktoren

Nach der Analyse wird eine Strategie für die angestrebte Veränderung gewählt. Neben organisatorischen und strukturellen Aspekten sollten die kritischen Erfolgsfaktoren in die Change-Planung einbezogen werden, um eine nachhaltige Steuerung der Veränderungsvorhaben zu ermöglichen. Wichtige Erfolgsfaktoren sind die Kommunikation sowie die Vermeidung von Widerständen bzw. deren Begegnung. Dabei helfen klare Rollen- und Verantwortungsverteilungen. Damit werden Konflikte hinsichtlich Zuständigkeiten und Kompetenzen während des Prozesses vermieden.

[»]

Wichtige Erfolgsfaktoren im Change-Prozess

Die wichtigsten Erfolgsfaktoren im Change-Prozess sind

- die Kommunikation
- Widerstände zu vermeiden
- Widerstände zu erkennen und ihnen zu begegnen

Diese Punkte sollten deshalb den Schwerpunkt Ihres Change Managements im SAP-S/4HANA-Projekt bilden.

Im Kommunikationsplan werden Aktionen aufgeführt, die einmalig, in Intervallen oder ständig geplant und umgesetzt werden sollen. Dies kann die interne Kommunikation sowie die externe Kommunikation in Richtung Öffentlichkeit, Kunden oder Lieferanten betreffen.

Kommunikationsplan

Der Inhalt eines Kommunikationskonzepts hängt von Art und Umfang von SAP S/4HANA ab; Tools und Methoden müssen entsprechend der Unternehmenskultur oder der Projektgröße angepasst werden. Wichtig ist, dass die einzelnen Aspekte des Wandels durch die SAP-S/4HANA-Einführung durchgängig und klar kommuniziert werden. Tabelle 13.1 verdeutlicht die wichtigsten Merkmale des Kommunikationsplans. Es wird festgesetzt, was mit welchen Tools kommuniziert wird, wer die Zielgruppe ist und wann die Kommunikation stattfindet. Je nach Art und Umfang des Projekts kann der Kommunikationsplan in seiner Komplexität angepasst werden.

Bezeichnung	Inhalt	Wer	Wann
Kick-off	Vorstellung des Projekts	alle	einmalig
Newsletter	ständiger Fortschritt	alle	monatlich
Online-Training	Grundlagen, neue Bedienoberfläche	Anwendergruppe I und II	ständig
Networking	persönliche Kontakte knüpfen	CM	bei Gelegenheit

Tabelle 13.1 Einfacher Kommunikationsplan

Widerstände werden unvermeidlich auftreten. Diese sollten rechtzeitig erkannt werden, damit folgerichtig darauf reagiert werden kann. Um Widerstände zu erkennen, können folgende Anhaltspunkte dienen.

Widerstände erkennen

- Die Entscheidungsprozesse werden blockiert, da Nebensächlichkeiten diskutiert werden und dabei der eigentliche Sinn verloren geht. Es geht nicht mehr um die Sache, sondern um das Prinzip. Das überträgt sich auch auf positiv gestimmte Mitarbeiter, die nun eher defensiv agieren. Auf Fragen wird nur vage geantwortet.
- Es kommt keine ernsthafte Diskussion zustande, entweder werden die Themen bagatellisiert oder ins Lächerliche gezogen.
- Es kommt zu offenen Vorwürfen und Gegenargumentationen.
- Es kommt zu vermehrten Ausfallzeiten durch Fehlzeiten oder sogar zu erhöhten Kündigungsraten.

Passiver und aktiver Widerstand
Es wird zwischen passivem und aktivem Widerstand unterschieden. Auch wenn die Stärke des Widerstands variieren und somit einen unterschiedlichen Einfluss auf das SAP-S/4HANA-Projekt ausüben kann, sollten die Anzeichen ernst genommen und im jeweiligen Unternehmenskontext analysiert werden. Tabelle 13.2 zeigt auf, in welcher Form sich diese Widerstände formieren können.

Passiver Widerstand	Offener Widerstand
Unlust, Unmotiviertheit, Krankheit	offene Widerrede und Streit
Schweigen, nicht antworten	offene Kritik und Beschwerde
Entscheidungen immer wieder hinterfragen	Gegenargumentation
unwichtige Themen unnötig in die Länge ziehen	Streit
Randthemen in den Mittelpunkt stellen	Gruppenbildung

Tabelle 13.2 Unterscheidung zwischen passivem und offenem Widerstand

Aktionsplan
Der Aktionsplan dokumentiert die einzelnen Schritte des Change-Projekts. Es wird sichergestellt, dass kein Schritt vergessen wird oder dass unsinnige Reihenfolgen der Aktionen den Erfolg minimieren. Dabei werden die einzelnen Phasen mit Zielen und Zeiten dokumentiert. Dies ist insbesondere dann wichtig, wenn der Veränderungsprozess langfristig angelegt ist.

[!] **Zeithorizont und Unternehmensstruktur beachten**

Gerade die SAP-S/4HANA-Cloud-Lösungen lassen kurzfristige Ziele zu. Beachten Sie aber auch die längerfristigen Ziele des Unternehmens, die mit der SAP-Lösung realisiert werden sollen. Diese Trends sollten im Aktionsplan berücksichtigt werden.

Ebenso ist es wichtig, bereichsübergreifende Veränderungen zu unterstützen. Gerade bei der Simplifizierung im SAP-Finance-Bereich rücken die Bereiche Finanzen und Controlling auch organisatorisch näher zusammen.

13.2.3 Realisierung des Wandels

Zeitpunkt der Schulungsmaßnahmen
Die Mitarbeiter im Unternehmen haben in der Regel wenig oder keine Erfahrungen im Umgang mit SAP S/4HANA und müssen daher geschult werden. Wichtig ist es, dass die richtige Mitarbeitergruppe zum richtigen Zeitpunkt geschult wird. Mitarbeiter aus den hauseigenen IT-Abteilungen benötigen das Wissen möglicherweise schon vor Projektbeginn. Diese

Schulungen sollten deshalb rechtzeitig geplant werden. Wenn noch nicht vorhanden, muss ein Key-User-Konzept erstellt werden. Key-User und auch interne Trainer müssen ebenfalls eine tiefgehende Schulung erhalten. Eine exemplarische Darstellung einer Schulungsplanung in mehreren Etappen zeigt Abbildung 13.5.

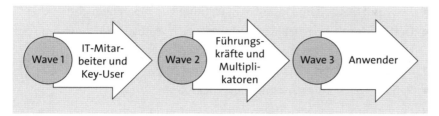

Abbildung 13.5 Exemplarische Planung der Schulungszeiträume

Der Umfang des Weiterbildungsbedarfs muss ermittelt werden und sollte sich an das im Unternehmen übliche Personalentwicklungskonzept anpassen. Dabei müssen die schon vorhandenen Kompetenzen und die zukünftig benötigten Qualifikationen abgeglichen werden.

Bedenken Sie bei der Wahl der Weiterbildungsmöglichkeiten, dass schon einige Mitarbeiter im Umgang mit neuen Medien vertraut sind. Hier könnten sich Webinare und Online-Kurse anbieten. Für andere Mitarbeiter ist es eventuell sinnvoller, Präsenzschulungen und Workshops anzubieten. Wie aus Abbildung 13.6 ersichtlich, können die Schulungsmöglichkeiten im Projektverlauf auch variieren. Je weiter der Projektfortschritt, desto mehr Einzelheiten zur neuen Arbeitsumgebung können in den neuen Medien häppchenweise präsentiert werden.

Wahl der Schulungsmaßnahmen

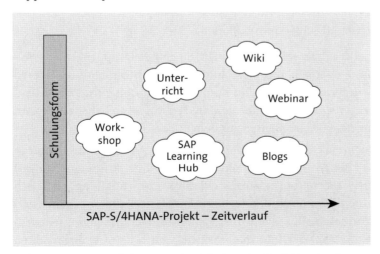

Abbildung 13.6 Mögliche Arten der Schulung im Projektverlauf

Sorgfältige Seminarplanung	Welche Form auch immer für das Unternehmen und die Zielgruppen sinnvoll erscheint, eine gute Schulungs- bzw. Seminarplanung sollte die folgenden Aspekte aufweisen:

- Klärung von Zielen und Hintergründen des Trainingsbedarfs. Welche Inhalte sollen vermittelt werden, welche Mitarbeiter sollen teilnehmen?
- Zeit- und Methodenplanung bzw. Planung von Medieneinsatz
- Definition von Lernzielen der Schulung (z. B. Aufbau und Ergonomie der Order-to-Cash-Prozesse in SAP S/4HANA
- Sicheres Navigieren in den verschiedenen Apps
- Reporting-Funktionen kennen und ausführen
- Erarbeitung aussagekräftiger und strukturierter Seminarunterlagen
- Einrichtung konkreter Arbeitshilfen für die tägliche Arbeit

Anforderung an die Führungskraft	Die Schulung für Führungskräfte sollte nicht nur einen fachlichen Bezug zu SAP S/4HANA haben, sondern auch die besonderen Anforderungen an eine Führungskraft im Veränderungsprozess berücksichtigen. Da die Führungskräfte als Promotoren fungieren und einen wesentlichen Einfluss auf die Mitarbeiter und deren Weiterbildungsbereitschaft haben, stellen sich die Anforderungen an eine Führungskraft im Veränderungsprozess wie folgt dar:

- frühzeitig Ängste und Widerstände der Mitarbeiter erkennen und ihnen begegnen
- Analyse der Gründe von Ängsten und Widerständen. Sind sie auf die Veränderung im Unternehmen zurückzuführen, oder gibt es andere Ursachen?
- motivierendes Umfeld für die Mitarbeiter schaffen
- Vertrauens- und Fehlerkultur schaffen

Informationsfluss	Der Informationsfluss sollte kontinuierlich und zielgruppengenau erfolgen. Die dazugehörigen regulären Informationsinstrumente und deren Intervalle wurden vorab schon im Kommunikationsplan festgelegt. Dennoch wird es notwendig sein, eine gewisse Flexibilität zu behalten, um auf außerplanmäßige Begebenheiten aus dem Projekt zu reagieren.
Informationskanäle	Ist der Teilnehmerkreis groß, eignen sich zentrale Informationsveranstaltungen. Sie können in allen Phasen des Prozesses stattfinden. Da diese Informationsveranstaltungen auch als Plattform zum Meinungsaustausch genutzt werden, können sie durch geführte Diskussionsforen ergänzt werden. Der Informationsfluss sollte über mehrere Kanäle erfolgen. Dabei richtet sich die Auswahl der Informationskanäle nach den Gepflogenheiten und Möglichkeiten des Unternehmens:

- So könnten Informationen zum Projektverlauf oder Projektmeilensteine über Newsletter oder über Meldungen im Intranet stattfinden.
- Führungskräfte können im persönlichen Gespräch überzeugt und positiv gestimmt werden.
- Für den Wissenstransfer können How-to-Videos, Wikis oder Projekt-Blogs angeboten werden.
- Auch negative Meldungen, also Projektverzögerung, Änderung des Scopes und Misserfolge, sollten kommuniziert werden – dann aber besser direkt und möglichst auf persönlichen Kanälen.
- Die informellen Kommunikationskanäle sollten genau beobachtet werden. Hier können Sie das beste Stimmungsbild der Belegschaft bekommen.

Zusammenfassend wird in Abbildung 13.7 aufgelistet, welche Möglichkeiten sich zur Streuung der Kommunikation anbieten.

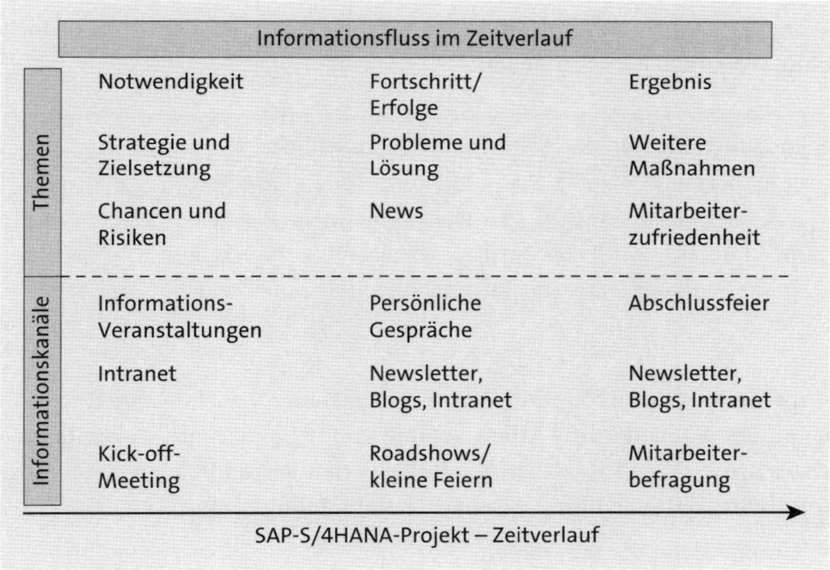

Streuung der Kommunikation

	Informationsfluss im Zeitverlauf		
Themen	Notwendigkeit	Fortschritt/Erfolge	Ergebnis
	Strategie und Zielsetzung	Probleme und Lösung	Weitere Maßnahmen
	Chancen und Risiken	News	Mitarbeiterzufriedenheit
Informationskanäle	Informations-Veranstaltungen	Persönliche Gespräche	Abschlussfeier
	Intranet	Newsletter, Blogs, Intranet	Newsletter, Blogs, Intranet
	Kick-off-Meeting	Roadshows/kleine Feiern	Mitarbeiterbefragung

SAP-S/4HANA-Projekt – Zeitverlauf

Abbildung 13.7 Informationsfluss und Informationskanäle

[!]

Zielgruppe beachten
Gerade die neuen Begrifflichkeiten rund um die Digitalisierung und die neuen Informationskanäle, wie Chat oder Twitter, lassen einige Mitarbeiter ratlos zurück; holen Sie gerade diese Mitarbeiter rechtzeitig ab.

Öffentliche Kommunikation

Eine öffentliche Kommunikation über soziale Medien, Kundenkommunikation und Ähnliches kann ebenso die Akzeptanzsteigerung und Identifikation mit den Veränderungen hervorrufen. Wichtig ist hierbei, dass die Abstimmung zwischen interner und externer Kommunikation funktioniert. Hier gilt der Grundsatz, erst intern und dann extern zu kommunizieren.

13.2.4 Verankerung der neuen Prozesse

Nachdem die neuen SAP-S/4HANA-Prozesse im Unternehmen implementiert sind, die Anwender nun mit den neuen Apps arbeiten und vielleicht auch cloudbasierte Lösungen im Unternehmen eingeführt worden sind, beginnt nun die Phase der Verankerung. Die neuen Prozesse und Strukturen müssen im Alltag gelebt werden.

Erfolg und erreichte Ziele hervorheben

Da die neue Arbeitsweise noch nicht selbstverständlich geworden ist und die Arbeit dadurch langsamer und mühsamer erscheint, können Frustration und Widerwillen seitens der Mitarbeiter die Wandlungsbereitschaft schmälern. Dazu ist es notwendig, den Erfolg und die erreichten Ziele noch einmal deutlich hervorzuheben.

[»]

> **Endspurt: nicht in der Kommunikation nachlassen**
>
> In dieser Phase werden die neuen Prozesse verinnerlicht; die alten Prozesse und Vorgehensweisen sollen nicht mehr angewandt werden. Bei Unsicherheiten wird aber gern auf Altbekanntes zurückgegriffen. Deshalb sollten in dieser Phase noch einmal die Erfolge und Ziele hervorgehoben werden.

Unterstützung der Mitarbeiter

Außerdem ist es wichtig, den Mitarbeiter in seiner täglichen Arbeit so weit zu unterstützen, dass die Arbeitsabläufe und neue, noch ungewohnte Prozessschritte schnell als selbstverständlich erlebt werden. Dabei können die folgenden Aktionen hilfreich sein (siehe Abbildung 13.8):

- Unterstützen der Mitarbeiter
- HyperCare-Phase mit telefonischer Hotline oder einem Key-User-Konzept, das eine persönliche Unterstützung anbietet
- weitere Trainings on the Job
- Etablieren von Wissensdatenbanken oder Wikis
- Einbeziehen der Mitarbeiter
- Durchführen von Mitarbeiterbefragungen (wobei die Ergebnisse stets auch kommuniziert und die daraus gewonnenen Erkenntnisse durch geeignete Maßnahmen zeitnah bearbeitet werden sollten)

- Einrichten eines Verbesserungsvorschlagswesens, bei dem die Mitarbeiter aktiv und zielgerichtet Verbesserungswünsche äußern und Lösungsmöglichkeiten anbieten können
- Motivieren der Mitarbeiter
- Hervorheben der neuen Rollen und Verantwortlichkeiten
- herausragende Mitarbeiter/Teams loben und deren Anteil am Erfolg der Einführung betonen
- Projekterfolg mit kleinen Feiern würdigen
- Sicherheit durch messbare Ergebnisse geben
- Erhebung des im Projekt definierten messbaren Projektnutzens und der sich daraus ergebenen Resultate; Kommunizieren der Resultate an alle Beteiligten

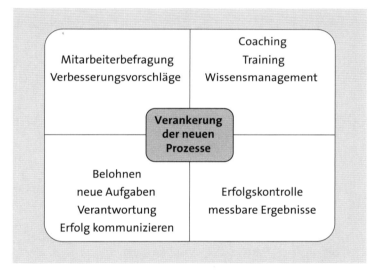

Abbildung 13.8 Vorgehensweise zur Verankerung der neuen Prozesse im Unternehmen

13.3 Zusammenfassung

In diesem Kapitel haben wir erläutert, warum ein begleitendes Change Management beim Umstieg auf SAP S/4HANA sinnvoll ist. Jeder Veränderungsprozess kann bei Stakeholdern Ängste und Widerstände erzeugen und sich so negativ auf das SAP-S/4HANA-Projektergebnis auswirken. Die einzelnen Phasen der Emotionen im Veränderungsprozess wurden aufgezeigt und die Säulen des Change Managements erklärt. Wir sind auf einzelne Werkzeuge und Rollen des Change Managements eingegangen und haben anschließend die einzelnen Phasen (Planung, Konzept, Realisierung und Einführung) erläutert. Dabei haben wir Ihnen dargestellt, warum die rechtzeitige Einbeziehung aller Mitarbeiter in den Veränderungsprozess und eine ständige und gezielte Kommunikation wichtige Erfolgskriterien darstellen.

Anhang

A Abkürzungen 577
B Migrationsobjekte 581
C Quellenverzeichnis 587
D Die Autorinnen und Autoren 593

v

Anhang A
Abkürzungen

Abkürzung	Begriff
ACID	Atomicity, Consistency, Isolation, Durability
ADSO	Advanced DataStore Object
ADT	ABAP Development Tools
Ajax	Asynchronous JavaScript and XML
APF	Analysis Path Framework
APO	Advanced Planning and Optimization
AS	Application Server
ATP	Available-to-Promise
BAdI	Business Add-In
BAPI	Business Application Programming Interface
BICS	Business Intelligence Consumer Services
BOP	Back Order Processing
BPC	Business Planning and Consolidation
BW	Business Warehouse
CDS	Core Data Services
CO	Controlling
CRM	Customer Relationship Management
CRUD	Create, Read, Update, Delete
CVI	Customer-Vendor-Integration
cXML	commerce eXtensible Markup Language
DAS	Dock Appointment Scheduling

A Abkürzungen

Abkürzung	Begriff
DCL	Data Control Language
DDI	Demand Driven Institute
DDL	Data Definition Language
DMO	Database Migration Option
E2EE	End-to-End Encryption (Ende-zu-Ende-Verschlüsselung)
EAN	European Article Number
ECC	ERP Central Component
EPM	Enterprise Performance Management
ERP	Enterprise Resource Planning
EWM	Extended Warehouse Management
FTP	File Transfer Protocol
GUI	Graphical User Interface
HCM	Human Capital Management
HTML	Hypertext Markup Language
HTTP	Hypertext Transfer Protocol
HU	Handling Unit
IaaS	Infrastructure-as-a-Service
IBAN	International Bank Account Number
ID	Identifier
IDoc	Intermediate Document
IMG	Implementation Guide (Einführungsleitfaden)
InA	Info Access
IoT	Internet of Things
ITS	Internet Transaction Server
KPI	Key Performance Indicator (Kennzahl)
LKW	Lastkraftwagen
MFS	Materialflusssteuerung

A Abkürzungen

Abkürzung	Begriff
MM	Materials Management
MRP	Material Requirements Planning
MVC	Model View Controller
OCI	Open Catalog Interface
OData	Open Data Protocol
PaaS	Platform-as-a-Service
PAM	Product Availability Matrix
PCC	Payroll Control Center
PI	Process Integration
PM	Plant Maintenance
PP	Production Planning
QIE	Quality Inspection Engine
QL	Query Language
QM	Quality Management
RDS	Rapid Deployment Solutions
RF	Radio Frequency
RFC	Remote Function Call
RFID	Radio Frequency Identification
RFQ	Request for Quotation
SaaS	Software-as-a-Service
SD	Sales and Distribution
SDK	Software Development Kit
SLA	Service Level Agreement
SOP	Sales & Operations Planning
SPS	Support Package Stack
SQL	Structured Query Language
SUM	Software Update Manager

A Abkürzungen

Abkürzung	Begriff
UX	User Experience
VAS	Value-Added Service
VDM	Virtual Data Model
VMS	Vendor Management System
VPN	Virtual Private Network
WM	Warehouse Management
WPM	Worker Profile Management
XML	Extensible Markup Language

Anhang B
Migrationsobjekte

Objektname im SAP S/4HANA Migration Cockpit	Business-Objekt-Name	Area/ Anwendung	Business-Objekt-Typ
Activity price (restricted)	Activity Price	CO	Master Data
Activity type	Activity Type	CO-OM-CCA-MD	Master Data
Bank	Bank Master Data	FI	Master Data
Bank account balance	Bank Account	FIN-FSCM-FQM	Transactional Data
Batch (if Batch is unique at material level)	Batch	LO-BM	Master Data
Batch (if Batch level is at plant level)	Batch	LO-BM	Master Data
Cash memo record	Bank Account	FIN-FSCM-FQM	Transactional Data
Characteristic	Classification Characteristic	CA-CL	Master Data
Class	Classification Class	CA-CL	Master Data
Condition contract	Condition Contract	LO-GT-CHB	Master Data
Consent	Consent Record	CA	Transactional data
Cost center	Cost Center	CO	Master Data
Customer	Customer	LO-MD-BP-CM	Master Data

Tabelle B.1 Übersicht über die SAP S/4HANA Migrationsobjekte

Objektname im SAP S/4HANA Migration Cockpit	Business-Objekt-Name	Area/ Anwendung	Business-Objekt-Typ
Customer (deprecated)	Customer	LO-MD-BP-CM	Master Data
Customer – extend existing record by new org levels	Customer	LO-MD	Master Data
Customer – extend existing record by new org levels (deprecated)	Customer	LO-MD	Master Data
Customer material	Customer Material	SD	Master Data
Equipment	Equipment	PM	Master Data
Equipment task list	Maintenance Task List	PM	Master Data
Exchange rate	Exchange Rate	BC-SRV-BSF-CUR	Master Data
Characteristic	Classification Characteristic	CA-CL	Master Data
Class	Classification Class	CA-CL	Master Data
Condition contract	Condition Contract	LO-GT-CHB	Master Data
Consent	Consent Record	CA	Transactional data
Cost center	Cost Center	CO	Master Data
Customer	Customer	LO-MD-BP-CM	Master Data
Customer (deprecated)	Customer	LO-MD-BP-CM	Master Data
Customer – extend existing record by new org levels	Customer	LO-MD	Master Data

Tabelle B.1 Übersicht über die SAP S/4HANA Migrationsobjekte (Forts.)

Objektname im SAP S/4HANA Migration Cockpit	Business-Objekt-Name	Area/Anwendung	Business-Objekt-Typ
Customer – extend existing record by new org levels (deprecated)	Customer	LO-MD	Master Data
Customer material	Customer Material	SD	Master Data
Equipment	Equipment	PM	Master Data
Equipment task list	Maintenance Task List	PM	Master Data
Exchange rate	Exchange Rate	BC-SRV-BSF-CUR	Master Data
FI – Accounts payable open item	Accounting Document	FI	Transactional Data
FI – Accounts receivable open item	Accounting Document	FI	Transactional Data
FI – G/L account balance and open/line item	Accounting Document	FI	Transactional Data
Fixed asset (incl. balances and transactions)	Fixed Asset	FI	Master Data + Transactional Data
Functional location task list	Maintenance Task List	PM	Master Data
G/L account	General Ledger Account	FI-GL-IS	Master Data
General task list	Maintenance Task List	PM	Master Data
Inspection method	Inspection Method	QM-PT-BD	Master Data
Inspection plan	Inspection Plan	QM-PT-IP	Master Data

Tabelle B.1 Übersicht über die SAP S/4HANA Migrationsobjekte (Forts.)

Objektname im SAP S/4HANA Migration Cockpit	Business-Objekt-Name	Area/Anwendung	Business-Objekt-Typ
Internal order (restricted)	Internal Order	FI-GL-IS	Transactional Data
Legal transaction	Legal Transaction	LCM-LT	Transactional Data
Maintenance item	Maintenance Item	PM	Master Data
Maintenance plan	Maintenance Plan	PM	Master Data
Master inspection characteristic	Inspection Specification	QM-PT-BD	Master Data
Material	Material	LO-MD-MM	Master Data
Material BOM	Bill of Material	LO-MD-BOM	Master Data
Material classification	Classification Valuation/Product	CA-CL	Master Data
Material consumption	Product	LO-MD	Master Data
Material – extend existing record by new org levels	Product	LO-MD	Master Data
Material inspection setting	Product	QM	Master Data
Material inventory balance	Material Stock	MM-IM	Transactional Data
Material long text	Product	LO-MD	Master Data
Material trade classification	Product	MM-IM	Master Data
Pricing condition (general)	Price Condition	SD-MD-CM, CO, MM-PUR	Master Data
Pricing condition (purchasing)	Price Condition	MM	Master Data

Tabelle B.1 Übersicht über die SAP S/4HANA Migrationsobjekte (Forts.)

Objektname im SAP S/4HANA Migration Cockpit	Business-Objekt-Name	Area/Anwendung	Business-Objekt-Typ
Pricing condition (sales)	Price Condition	SD	Master Data
Production version	Production Version	PP	Master Data
Profit center	Profit Center	FI, CO	Master Data
Purchase order (only open PO)	Purchase Order	MM-PUR	Transactional Data
Purchase scheduling agreement	Purchase Scheduling Agreement	MM-PUR	Transactional Data
Purchasing contract	Purchase Contract	MM-PUR	Transactional Data
Purchasing info record- extend existing record	Purchasing Info Record	MM-PUR-VM	Master Data
Purchasing info record with conditions	Purchasing Info Record	MM-PUR	Master Data
QM/PM catalog code group/code	Inspection Code Group	QM-PT-BD	Master Data
QM selected set	Inspection Selected Set	QM-PT-BD	Master Data
QM selected set code	Inspection Selected Set	QM-PT-BD	Master Data
Routing	Routing	PP-BD-RTG	Master Data
Sales contract	Sales Contract	SD	Transactional Data
Sales order (only open SO)	Sales Order	SD	Transactional Data
Software/Hardware constraint	Software Constraint	PLM-ESD-ESC	Master Data
Source list	Source List	MM-PUR	Master Data

Tabelle B.1 Übersicht über die SAP S/4HANA Migrationsobjekte (Forts.)

Objektname im SAP S/4HANA Migration Cockpit	Business-Objekt-Name	Area/Anwendung	Business-Objekt-Typ
Supplier	Supplier	LO-MD-BP-VM	Master Data
Supplier (deprecated)	Supplier	LO-MD-BP-VM	Master Data
Supplier – extend existing record by new org levels	Supplier	LO-MD	Master Data
Supplier – extend existing record by new org levels (deprecated)	Supplier	LO-MD	Master Data
VC – Variant configuration profile	Variant Configuration Profile	LO-VC	Master Data
Work center	Work Center	PP-BD-WKC, QM	Master Data
Xceptional case – Material price chng for global currencies	Product	CO-PC-ACT	Master Data

Tabelle B.1 Übersicht über die SAP S/4HANA Migrationsobjekte (Forts.)

Anhang C
Quellenverzeichnis

- Agarwal, Rahul (2017): »Global Available to Promise as a part of S/4HANA 1610 – What's new? OR We Call it aATP now!«, *https://blogs.sap.com/2017/02/02/global-available-to-promise-as-a-part-of-s4hana-1610-whats-new-or-we-call-it-aatp-now/* (abgerufen am 29.03.2019)
- Andres, Markus (2016): »Potential Migration Scenarios«, Produktpräsentation
- Behr, Patrick (2016): »Migration zu S/4HANA – Ihr Einstieg in ein neues Zeitalter«, Vortrag BIT Group Forum
- Bergmann, Michael (ohne Jahr): »SAP S/4HANA Cloud«, Solution Update Webinar, MEE Partner Solution Center
- Bundesministerium des Innern, für Bau und Heimat (2009): »Change Management, Anwendungshilfe zu Veränderungsprozessen in der öffentlichen Verwaltung«, *https://verwaltung-innovativ.de* (abgerufen am 29.03.2019)
- Butsmann, Jürgen; Fleckenstein, Thomas; Kretschmer, Matthias; Tenholte, Andreas; Christ, Ulrich (2015): »SAP S/4HANA Analytics & SAP BW Data Integration«, *https://www.sap.com/documents/2016/06/a221357d-767c-0010-82c7-eda71af511fa.html* (abgerufen am 29.03.2019)
- Butsmann, Jürgen; Ruf, K. (2017): »Analytics for SAP S/4HANA«
- Craymer, Elisabeth; Hofler, Drew; Keays, Lloyd; Koch, Michael (ohne Jahr): »Introduction to Ariba«, *https://open.sap.com/courses/bnar1* (abgerufen am 29.03.2019)
- Denecken, Sven (2016): »#S4HANA 1610 use case series: 1a – advanced Availability to Promise (biz view)«, *https://blogs.sap.com/2016/11/10/s4hana-1610-use-case-series-1a-advanced-availability-to-promise-biz-view/* (abgerufen am 29.03.2019)
- Densborn, Frank (2016): »How do you Migrate to SAP S/4HANA«, *https://blogs.sap.com/2016/06/21/how-to-migrate-to-sap-s4hana/* (abgerufen am 29.03.2019)

- Densborn, Frank; Finkbohner, Frank; Freudenberg, Jochen; Mathäß, Kim; Wagner, Frank (2017): »Migration nach SAP S/4HANA«, Rheinwerk Verlag
- Dorsner, Oliver (2016): »SAP S/4HANA – Der strategische Plan für den Übergang«, Whitepaper, *https://www.cbs-consulting.com/s4hana-transition/* (abgerufen am 29.03.2019)
- El Meleegy, Amr (2017): »Optimiertes Order Promising: mit SAP S/4HANA Liefertermine effizienter planen und einhalten«, *http://news.sap.com/germany/s4hana-order-promising/* (abgerufen am 29.03.2019)
- Elfner, Stefan (ohne Jahr): »Prinzipien der Simplifizierung und Architektur von SAP S/4HANA«, www.DSAG.de, *https://www.dsag.de/news/s4hana-mal-anders-webinar-prinzipien-der-simplifizierung-und-architektur-von-sap-s4hana-0* (abgerufen am 29.03.2019)
- Graf, Alexander (ohne Jahr): »SuccessFactors für Einsteiger«, *https://activate-hr.de/e-book-successfactors-fuer-einsteiger/* (abgerufen am 29.03.2019)
- Hamm, Roland (2016): »SAP S/4HANA System Conversion – At a glance«, *https://blogs.sap.com/2016/11/02/sap-s4hana-system-conversion-at-a-glance/* (abgerufen am 29.03.2019)
- Hille, Maximilian; Janata, Steve; Michel, Julia (ohne Jahr): »Leitfaden Digitalisierung«, Crisp Research AG
- Hunt, Steven T.; Gregory, Steven; Shean, Andy; McHugh, Dave: »An Introduction to SuccessFactors Solutions«, *https://open.sap.com/courses/sf1* (abgerufen am 29.03.2019)
- Knaus, Jörg (2017): »Getting started with the S/4Hana Migration Cockpit (OnPremise)«, *https://blogs.sap.com/2017/02/28/getting-started-with-the-s4hana-migration-cockpit-onpremise/* (abgerufen am 29.03.2019)
- Koglin, Ulf (2015): »SAP S/4HANA«, 2. Auflage, Rheinwerk Verlag
- Lauer, Thomas (2014): »Change Management – Grundlagen und Erfolgsfaktoren«, 2. Auflage, Springer Gabler
- Masters, Jeremy (2015): »S/4HANA: Your Deployment Options with SAP HCM/SF«, *http://www.jeremymasters.com/2015/07/27/s4-hana-your-deployment-options-with-sap-hcm-sf/* (abgerufen am 29.03.2019)
- Müller, Jürgen (2013): »In-Memory Data Management In a Nutshell«, openSAP.com, *https://open.sap.com/courses/hana-warmup* (abgerufen am 29.03.2019)
- Niemann, Frank (2015): »Trendstudie: S/4HANA – Relevanz für SAP-Kunden, Erwartungen und Hindernisse«, Studie zu SAP S/4HANA, PAC,

https://www.pac-online.com/trendstudie-s4-hana-relevanz-f-r-sap-kunden-erwartungen-und-hindernisse (abgerufen am 29.03.2019)
- Pattanayak, Abani; Koppulu, Rajeev (2016): »Introducing SAP S/4HANA Embedded Analytics«, Rheinwerk Publishing
- Plattner, Hasso (ohne Jahr): »In-Memory Data Management 2017«, Open.hpi.com, *https://open.hpi.de/courses/imdb2017* (abgerufen am 29.03.2019)
- Plattner, Hasso; Leukert, Bernd (2015): »The In-Memory Revolution«, Springer International Publishing Switzerland
- Ruebsam, Marcus; Feurer, Sven & Team (2016): »Experience SAP Hybris Solutions«, *https://open.sap.com/courses/hyb1* (abgerufen am 29.03.2019)
- Salmon, Janet; Kunze, Thomas; Reinelt, Daniela; Kuhn, Petra; Giera, Christian (2016): »SAP S/4HANA Finance«, Rheinwerk Verlag
- Sanjongco, Michael (2016): »The DM Guys Episode 9, OpenSAP, Data Migration to SAP S/4HANA and more ...«, *https://blogs.sap.com/2016/06/21/the-dm-guys-episode-9-opensap-data-integrator-license-and-more/* (abgerufen am 29.03.2019)
- SAP Fieldglass (ohne Jahr): »Lösungen«, *http://www.de.fieldglass.com* (abgerufen am 29.03.2019)
- SAP-Hinweis 1655335: »Use Cases for Splitting Dual-Stack Systems«, Version 5 from 19.01.2016 in English
- SAP-Hinweis 2166271: »Maintenance Mode for SAP Cloud for Travel and Expense«, Version 2 from 05.07.2017 in English
- SAP-Hinweis 2190420, SAP S/4HANA: »Recommendations for adaption of customer specific code«, Version 17 from 22.05.2017 in English
- SAP (2015): »SAP S/4HANA Embedded Analytics – Frequently Asked Questions«, *https://blogs.sap.com/2017/08/30/s4hana-embedded-analytics-faq-part-1/* (abgerufen am 10.04.2019)
- SAP (2016): »Anforderungen (18J_DE) – Test Script SAP S/4HANA«
- SAP (2016): »Ariba – Sourcing-Integration (1AO_DE) – Test Script SAP S/4HANA«, SAP SE
- SAP (2016): »Einkaufskontrakt (BMD_DE) – Test Script SAP S/4HANA«
- SAP (2017): »SAP Best Practices – Technical Setup and Enablement for SAP S/4HANA Embedded Analytics«
- SAP (2016): »SAP S/4HANA – Der digitale Kern«, SAP_S4HANA_L1_deck_DE_new, Produktpräsentation Juni 2016

C Quellenverzeichnis

- SAP (2016): »SAP S/4HANA 1610 Innovation Highlights«, Produktpräsentation November 2016
- SAP (2017): »SAP S/4HANA 1709 – Overview for planned deliveries«, *https://blogs.sap.com/2017/08/04/sap-s4hana-1709-overview-for-planned-deliveries/* (abgerufen am 29.03.2019)
- SAP (ohne Jahr): »Backorder Processing – SAP Help Portal«, *https://help.sap.com/viewer/f132c385e0234fe68ae9ff35b2da178c/1809.000/en-US/73a1a457ef816b10e10000000a441470.html* (abgerufen am 10.04.2019)
- SAP (ohne Jahr): »Conversion Guide for SAP S/4HANA 1809«, *https://help.sap.com/doc/2b87656c4eee4284a5eb8976c0fe88fc/1809.000/en-US/CONV_OP1809.pdf* (abgerufen am 09.04.2019)
- SAP (ohne Jahr): »Custom Code Migration Guide for SAP S/4HANA 1809 – Feature Package Stack 00«, *https://help.sap.com/doc/9dcbc5e47-ba54a5cbb509afaa49dd5a1/201809.000/en-US/CustomCodeMigration_OP1809.pdf* (abgerufen am 29.03.2019)
- SAP (ohne Jahr): »Dienstleistungsbeschaffung und externe Mitarbeiter«, *https://www.sap.com/germany/products/e-procurement/services-procurement.html* (abgerufen am 10.04.2019)
- SAP (ohne Jahr): »Digitale Transformation des vollständigen Beschaffungsprozesses«, *http://de.ariba.com/l%C3%B6sungen/einkaufen/f5d0/strategische-sourcing-l%C3%B6sungen* (abgerufen am 09.04.2019)
- SAP (ohne Jahr): »Feature Scope Description – SAP NetWeaver 7.51 for SAP S/4HANA 1610«, *https://uacp.hana.ondemand.com/http.svc/rc/PRODUCTION/pdfa3ec0db8df99460abbc799b2d06d230b/1610%20001/en-US/FDSNW751_OP1610_FPS01.pdf* (abgerufen am 29.03.2019)
- SAP (ohne Jahr): »Finanzbuchhaltung in SAP S/4HANA«, Collection Version 03, Teilnehmerhandbuch S4F01
- SAP (ohne Jahr): »Getting Started with SAP S/4HANA 1610 – Feature Package Stack 01«, *https://uacp.hana.ondemand.com/http.svc/rc/PRODUCTION/pdfaabf2756696fc44ee10000000a44147b/1610%20001/en-US/START_OP1610_FPS01.pdf* (abgerufen am 29.03.2019)
- SAP SE (ohne Jahr): »Getting Started with SAP S/4HANA 1809«, *https://help.sap.com/doc/819cdef021e44d7aad27b31c8bb1ebfc/1809.000/en-US/START_OP1809.pdf* (abgerufen am 29.03.2019)
- SAP (ohne Jahr): »Installation Guide for SAP S/4HANA 1610 – Feature Package Stack 01«, *https://uacp.hana.ondemand.com/http.svc/rc/PRODUCTION/pdf3be8f85500f17b43e10000000a4450e5/1610%20001/en-US/INST_OP1610_FPS01.pdf* (abgerufen am 29.03.2019)

- SAP (ohne Jahr): »Installation Guide for SAP S/4HANA 1809«, *https://help.sap.com/doc/6b11678926d3409bbfea8897cb34d10f/ 1809.000/en-US/INST_OP1809.pdf* (abgerufen am 29.03.2019)
- SAP (ohne Jahr): »Migration von Finance nach SAP S/4HANA«, Collection Version 03, Teilnehmerhandbuch S4F03
- SAP (2016): »Neuerungen in SAP S/4HANA 1610, Dokumentversion 1.0«
- SAP (ohne Jahr): »Product Availability Matrix«, *https://support.sap.com/ en/release-upgrade-maintenance/product-availability-matrix.html* (abgerufen am 29.03.2019)
- SAP (ohne Jahr): »SAP-Ariba-Lösungen für den strategischen Einkauf«, *https://www.ariba.com/de-de/solutions/solutions-overview/strategic-sourcing/sap-ariba-sourcing-solutions* (abgerufen am 10.04.2019)
- SAP (ohne Jahr): »SAP Fiori Apps Reference Library«: *https://fioriapps-library.hana.ondemand.com/sap/fix/externalViewer/* (abgerufen am 29.03.2019)
- SAP (ohne Jahr): »SAP S/4HANA 1809 – Feature Scope Description«, *https://help.sap.com/doc/e2048712f0ab45e791e6d15ba5e20c68/ 1809.000/en-US/FSD_OP1809.pdf* (abgerufen am 10.04.2019)
- SAP (ohne Jahr): »Simplification List for SAP S/4HANA 1610 – Feature Pack Stack 01«, *https://uacp.hana.ondemand.com/http.svc/rc/PRODUC-TION/pdfa4322f56824ae221e10000000a4450e5/1610%20001/en-US/ SIMPL_OP1610_FPS01.pdf* (abgerufen am 29.03.2019)
- SAP (ohne Jahr): »Simplification List for SAP S/4HANA 1809 Initial Shipment Stack«, *https://help.sap.com/doc/f45c88b65643403d9768248427 3216d0/1809.000/en-US/SIMPL_OP1809.pdf* (abgerufen am 29.03.2019)
- SAP (ohne Jahr): »Simplify Hybrid and Cloud Integration – Integrating SAP S/4HANA Cloud with SAP Ariba: Digital document integration and streamlined source to pay«, *https://www.sap.com/documents/2016/10/ feea964c-8e7c-0010-82c7-eda71af511fa.html* (abgerufen am 29.03.2019)
- SAP (ohne Jahr): »Simplify Hybrid and Cloud Integration – Integrating SAP S/4HANA and SAP Fieldglass Solutions: Streamline Contingent Labor Processes«, *https://www.sap.com/documents/2016/11/c8cb56b9-937c-0010-82c7-eda71af511fa.html* (abgerufen am 29.03.2019)
- SAP (ohne Jahr): »Simplify Cloud and Hybrid Integration – Integration of SAP S/4HANA with SAP SuccessFactors Employee Central«, *https://www.sap.com/documents/2016/10/6c53934c-8e7c-0010-82c7-eda71af511fa.html* (abgerufen am 29.03.2019)

C Quellenverzeichnis

- SAP (ohne Jahr): »Simplify Cloud and Hybrid Integration – SAP S/4HANA and SAP Hybris Cloud for Customer Integration Scenario: Opportunity-to-Order Management«, *https://www.sap.com/documents/2016/10/d0ac994c-8e7c-0010-82c7-eda71af511fa.html* (abgerufen am 29.03.2019)
- SAP (ohne Jahr): »Upgrade Guide for SAP S/4HANA 1610 – Feature Package Stack 01«, *https://uacp.hana.ondemand.com/http.svc/rc/PRODUCTION/pdfd61b9f57e5146b10e10000000a441470/1610%20001/en-US/UPGR_OP1610_FPS01.pdf* (abgerufen am 29.03.2019)
- SAP (ohne Jahr): »Upgrade Guide for SAP S/4HANA 1809«, *https://help.sap.com/doc/760ce610a2af4174a329d2d8315378e2/1809.000/en-US/UPGR_OP1809.pdf* (abgerufen am 29.03.2019)
- Schmitt, Bernd (2015): »Order-to-Cash Performance Monitoring in S/4HANA«, *https://blogs.sap.com/2015/09/23/ppm-in-s4hana/* (abgerufen am 29.03.2019)
- Schuler, Frank (2016): »How to decide between a Greenfield and Brownfield S/4HANA transition«, *https://blogs.sap.com/2016/04/22/how-to-decide-between-a-greenfield-and-brownfield-s4hana-transition/* (abgerufen am 29.03.2019)
- Singh, Sanjjeev K (2016): »SAP Hybris Confusion?«, *https://www.linkedin.com/pulse/sap-hybris-confusion-sanjeev-singh* (abgerufen am 29.03.2019)
- Sokollek, Michael (2016): »S/4HANA – HOW (Wie…)«, Produktpräsentation November 2016
- Sokollek, Michael (2016): »So realisieren Sie den Mehrwert von SAP S/4HANA«, *http://news.sap.com/germany/sap-s4-hana-mehrwert-realisieren/* (abgerufen am 29.03.2019)
- Springer Gabler (ohne Jahr): »Gabler Wirtschaftslexikon«, *http://wirtschaftslexikon.gabler.de/Definition/enterprise-resource-planning-system.html* (abgerufen am 29.03.2019)
- Wagner, Frank; Mathäß, Kim: »The Road to SAP S/4HANA – Transition and deployment options for SAP S/4HANA«, White Paper Document Version 1.10 – 15.02.2016
- Wormbs, Andreas (2017): »SAP im Handel – Status Quo und Ausblick«, Webinar Mai 2017: »SAP Partner Update Industrie Retail«

Anhang D
Die Autorinnen und Autoren

Mario Destradi ist in der IT- und der BWL-Welt gleichermaßen zu Hause. Er verbindet beide Kompetenzen als Consultant im Bereich SAP Analytics und als Data Scientist für Celonis Process Mining bei der QSC AG. Im Kern beschäftigt er sich mit dem produktübergreifenden Thema Analytics (z. B. in SAP S/4HANA, SAP Leonardo). Darüber hinaus hat er langjährige Erfahrung im Management technischer Projekte und arbeitete zuvor im IP-Datennetz-Engineering. Es reizt ihn besonders, sich mit neuen Technologien auseinanderzusetzen und diese in Pionierprojekten zu implementieren. Neben dem Bereich Analytics interessieren ihn Themen wie künstliche Intelligenz bzw. Machine Learning sowie Internet of Things (IoT) und Big Data. Mario Destradi hat einen Abschluss als Diplom-Kaufmann der Universität zu Köln.

Stephan Kiesel leitet das Competence Center SAP Supply Chain Management bei der QSC AG. Als Diplom-Kaufmann und Wirtschaftsinformatiker verfolgt er stets das Ziel, durch Lieferkettenoptimierung die betriebswirtschaftliche Leistungsfähigkeit seiner Kunden zu verbessern. Stephan Kiesel begann seine Karriere in der Softwareentwicklung. Nach einem Ausflug in die Mainframe-Welt richtet er seit 1997 als Logistikberater in den ausführenden logistischen Prozessen seinen Fokus auf SAP. Die Geschäftsprozessberatung (Business Process Management), auch systemunabhängig, rundet das Beratungsspektrum von Stephan Kiesel ab. Die Kombination aus Prozess- und IT-Beratung ist die Grundlage seines Ansatzes der ganzheitlichen Beratung für integrierte Logistikprozesse.

D Die Autorinnen und Autoren

Christian Lorey ist als Leiter SAP Supply Chain Execution und als Consultant bei der QSC AG tätig. Nach seinem Studium der Betriebswirtschaftslehre (Fachrichtung Logistikmanagement) war er mehrere Jahre als Niederlassungsleiter bei einem Logistikdienstleister für die Automobilindustrie aktiv. Seit seinem Wechsel zu QSC liegt sein fachlicher Fokus auf der Abbildung logistischer Geschäftsprozesse mit SAP ERP, SAP S/4HANA und SAP EWM. Er verfügt über langjährige Projekterfahrung mit den Schwerpunkten Beschaffung, Bestandsmanagement, Lagerverwaltung und Systemintegration.

Stefano Schütte verfügt über langjährige Berufserfahrung im IT- und Telekommunikationsumfeld. Als Projekt- und Teilprojektleiter hat er zahlreiche SAP-HCM- und Business-Process-Management-Projekte erfolgreich durchgeführt. Im Mittelpunkt der Wertschöpfung steht der Geschäftsprozess: Mit diesem Leitgedanken berät Stefano Schütte seine Kunden ganzheitlich, immer mit dem Ziel, eine für den Kunden und seine Geschäftsprozesse maßgeschneiderte Lösung zu erreichen. Der Einsatz neuer Technologien steht für ihn dabei ebenso im Fokus wie die Erarbeitung von Strategien, um Unternehmen mit ihrer IT-Landschaft zukunftsfähig zu machen. Seit 2014 ist Stefano Schütte bei der QSC AG als SAP HCM Lead Consultant tätig. In seiner Rolle führt er SAP-HCM-Projekte und SAP Application Management Services für Bestands- und Neukunden im SAP-HCM-Umfeld durch.

Remo Bettin ist seit August 2009 in der Softwareentwicklung tätig, seit Anfang 2014 vorrangig in der Welt der SAP-UX-Themen. Er entwickelt überwiegend SAPUI5-Anwendungen und beherrscht die Konzeption auf Basis von Design Thinking, sodass er von Beginn an bei Projekten mitwirken kann. Den neuen Technologien und daraus entstandenen Besonderheiten bei der Durchführung von UX-Projekten begegnet er mit entsprechendem Scrum-Know-how. Zusätzlich leitet er erfolgreich UX-Workshops bei Kunden.

Ferenc Gulyássy arbeitet seit seinem Abschluss als Diplom-Kaufmann und Diplom-Volkswirt (Universität zu Köln) als Berater und stellvertretender Beratungsleiter für SCM bei SAP SE. Schwerpunkt seiner Tätigkeit ist die Projekt-, Beschaffungs- und Produktionsplanung unter Berücksichtigung von Kapazitäten. Er hat im In- und Ausland eine Vielzahl von Projekten bei großen und mittelgroßen Unternehmen verschiedener Industrie- und Dienstleistungsbranchen mit den SAP-Funktionalitäten PS, PP, PP/DS, CTM und IBP durchgeführt. Zu seinen Aufgaben zählt neben der Implementierung von SAP-Systemen auch die Optimierung von Systemeinstellungen zur Umsetzung von Prozessverbesserungen.

Matthias Jürs ist nach PMI zertifizierter Projektmanager und Berater bei SAP-Projekten und verfügt über langjährige Beratungserfahrung im Logistik- und Retail-Umfeld. Er interessiert sich dabei für die technischen ebenso wie für die prozessualen Herausforderungen, die sich in seinen Kundenprojekten ergeben. Seit 2005 arbeitet er für die QSC AG und unterstützt seine Kunden bei der Analyse, dem Design und der Integration von systemübergreifenden Geschäftsprozessen auf dem Weg zur Digitalisierung. Mit vielfältigen Projektansätzen bei SAP-S/4-HANA-Einführungen will er die Kunden der QSC AG ins innovative Zeitalter der intelligenten Informationsvernetzung führen.

Dr.-Ing. Bernd Lauterbach ist als Chief Solution Architect in der IBU Travel & Transportation (Cargo & Logistics) bei SAP SE tätig. Er arbeitet seit 1995 bei SAP in Walldorf und verantwortete von 2000 bis 2007 als Architekt bzw. Projektleiter/Development Manager die Entwicklung des SAP Event Managements, der Auto-ID Infrastructure und der Transportmanagement-Lösung SAP TM 6.0. Ein weiterer Arbeitsschwerpunkt liegt auf der Begleitung vieler Transportprojekte bei SAP-Kunden (Logistikdienstleister und Verlader).

Ali Kabukcu studierte Logistik und Handel mit Schwerpunkt Controlling an der Hochschule Fresenius – University of Applied Sciences. Er ist seit 2017 bei der QSC AG als SAP-Berater für den Bereich Retail zuständig und bringt seine Expertise in der Rolle des Application Managers für SAP S/4HANA im Bereich Retail sowie Vertrieb und SAP CAR ein. Er versteht es, mittels neuer Technologien komplexe Aufgaben in der Intralogistik zu lösen sowie Prozesse im Vertrieb effizient zu gestalten. Als Logistiker und Controller hat er ein spezielles Augenmerk sowohl auf die Kundenberatung als auch auf die Implementierung neuer Prozesse und die Umsetzung von Optimierungsstrategien.

Dr. Isabella Löw ist erfahrene Buchautorin und Autorin zahlreicher Trainingsunterlagen für Weiterbildungsakademien. Als Senior Consultant und zertifizierte SAP Financials Consultant ist sie seit September 2017 für die hagebau IT GmbH im Inhouse-Einsatz. Zuvor war sie als Projektmanagerin bzw. Senior Consultant im Bereich SAP FI und im Bereich des internationalen Zahlungsverkehrs für Retail-, Logistik- und Automotive-Kunden unterwegs. Die Schnittstellen der unterschiedlichen Bereiche und der zugehörigen Datenflüsse sind für sie besonders spannend. Im Wandel der Rollen innerhalb der Unternehmen bei einer SAP-S/4HANA-Einführung sieht sie sich als Coach für ihre Anwenderinnen und Anwender im SAP-S/4HANA-Finance-Umfeld.

Norman Merten ist als Innovation Architect für die QSC AG tätig und entwickelt gemeinsam mit Kunden neue Services und Produkte. Er verfügt über mehrjährige Erfahrung bei der Implementierung neuer Prozesse und Technologien und steht dabei für Innovationen und die Erarbeitung neuartiger Lösungen. Dank unterschiedlichster beruflicher Stationen kennt er viele verschiedene Facetten des Technologie-Einsatzes. Seine Schwerpunkte sind Internet of Things, Machine Learning, Analytics sowie Blockchain und Cloud-Plattformen.

Jana Ritter hat eine hohe Affinität zu neuen Technologien und interessiert sich sehr für die Optimierung, Weiterentwicklung und Digitalisierung von Unternehmensprozessen. Nach ihrem Abschluss als Master of Science in Logistik, Infrastruktur und Mobilität (Technische Universität Hamburg) ist sie nun als SAP-Beraterin im Bereich Sales & Distribution bei der QSC AG tätig. Im Kern beschäftigt sie sich mit der Prozessaufnahme und -analyse von Unternehmen aus der Logistik- und Handelsbranche sowie dem Design von Handlungsempfehlungen zur Prozessoptimierung im SAP-S/4HANA-Umfeld.

Index

360-Grad-Sicht 210

A

ABAP Call Monitor 556
ABAP CDS 391
ABAP Development Tools 395, 403
   DDL-Editor 405
   in Eclipse 557
   Package 405
ABAP Dictionary 401
ABAP Test Cockpit 556
ABC-Analyse 329
Abfragebrowser → Query Browser
Abfragen → Queries
Abgeschlossenheit 37
Abkürzungen 577
Abrechnung 204
   interne 381
Abrufdokumentation 137
Abrufmenge 137
Absatz- und Produktions-
   grobplanung 168
Abschluss, logistischer 204
Abwärtskompatibilität 397
Abwicklungsobjekt 370
ACID 35, 37
Adresssteuerung, zeitabhängige 456
ADSO → Advanced DataStore Object
ADT → ABAP Development Tools
Advanced ATP → Advanced Available-
   to-Promise
Advanced Available-to-Promise 206, 267
Advanced DataStore Object 429
Advanced Warehouse Management 307
Aggregattabelle 31
Agiles System 474
Ähnlichkeitsbewertung 498
Ajax 85
Aktionsplan 568
Aktivität 337
Aktivitätsbereich 337
Algorithmus 63
Analyse 452
Analysepfad → APF
Analysis Path Framework → APF
Analytical Apps 522

Analytical Engine 394
Analytics 475, 507
Anfrage 116, 119
   anlegen 238
   anzeigen 238
Anfrage- und Angebotsprozess 116
Angebot → Verkaufsangebot
Angebotsnettowert 213
Anlagen 138, 458
Anlagenbuchhaltung 437, 458, 538
   neue 458
   Tabellenstruktur 461
Anlieferung 316–317, 319
   anlegen 320
   Benachrichtigung 316–318
   pflegen 322–323
Annotation 406
   ABAP Annotation 406
   Component Annotation 406
   JOIN-Verbindung 408
   Typ 407
Anpassbare Bildklassifizierung 497
   mit Merkmalsextraktion 497
Anpassbare Bild-Merkmal-
   Extraktion 497
Anpassbare Objekterkennung,
   Trainingsservice 497
Anpassbare Suche von Ähnlich-
   keiten von Vektoren 498
Anpassbare Textklassifizierung 498
Anwendung
   dialogorientierte 493
   intelligente 495
Anzahlung 437, 449–450
Anzahlungsanforderung 449–450
APF 416, 470
   Benutzerrolle 416
   Diagrammauswahl 418
   Erzeugung 416
   Konfigurationsmodellierer 416
   Vorschau 418
App
   analytische 89–90
   transaktionale 89
Application Server 33
Applikation 477
Applikationsebene 501

Index

Arbeitsliste 353
Arbeitsplan 164, 177
Arbeitsplatz 165–166, 177
   ändern 167
Arbeitsspeicher 36
Arbeitsvorrat 353
Architektur
   Analytical Engine 394
   Backend 393
   Embedded Analytics 393, 395
   Frontend 393
   SAP S/4HANA 393
   semantische Schicht 395
   VDM 395
Ariba Network 52–53
Ariba Sourcing 118–119
Artikelstammdaten 285
Artikeltyp 285
Arun, Bestandszuteilung 302
As-a-Service 500
Asset Management → Instandhaltung
Association 408–409
Atomicity 37
Atomicy, Consistency, Isolation,
   Durability → ACID
ATP 206
Aufteiler 292
   anlegen 297
   auflisten 295
Aufteilregel 301
Auftragsausführung 192
Auftragsdruck 198
Auftragsdurchführung 192
Auftragsfreigabe 196
   Ereignispunkt 197
   Status 198
Auftragsmanagement 362
Auftragspapier 198
Auftragsreduzierung 330
Auftragsreservierung 178
Auftragsumsetzung 178, 180, 192–193
   Teilumsetzung 193
   vollständige 193
Aufwandstreiber 560
Ausführung 351
Ausgabemanagement 373
Auslieferung
   anlegen 259
   anzeigen 331
Auslieferungsauftrag 333

Ausschreibung 119
   verwalten 119
Ausschreibungs- und Angebots-
   prozess 120
Auswertung, erweiterte 189
Auswertungsliste 188
Available-to-Promise → ATP

B

B2B 56
B2B2C 56
B2C 56
Back Order Processing (BOP) 208
Banf → Bestellanforderung
Bank Account Management Lite 541
Bankbuchhaltung 438
Bankkontenverwaltung 541
Bankkonto-ID 541
Barcode 318
Basic Warehouse Management 307
Basis-Transportmanagement 347
Bedarfs-/Bestandsliste, aktuelle 181
Bedarfsdecker 172
Bedarfsplanung 172
Bedarfsübergabe 175
Belegaufteilung 443
Belegfluss 365, 443, 464
Belegnummer 449, 464
Belegposition 447
Belegsimulation 448
Belegzeile 441
Benutzer → User
Benutzerakzeptanz 81
Benutzerfeld 165
Benutzergruppen → User
Benutzeroberfläche 73
   Akzeptanz 559
   Benutzer 100
   Berechtigungskonzept 86
   Entscheidungshilfe 106
   Integration 96
   Kosten-Nutzen-Betrachtung 100
   Vergleich 100
   Zielgruppe 104
Benutzerrolle → Rolle
Berechnungsschema 360
Berechtigung 462
Bereitstellungsmenge 183
Bereitstellungstermin 184
Bereitstellungszone 322–323

Index

Bericht, klassischer ... 466
Berichtswesen → Reporting
Beschaffung ... 42, 111
    katalogbasierte ... 151
Beschaffungsanforderung ... 119
Beschaffungsmengenermittlung ... 176
Beschaffungsmonitoring ... 456
Beschaffungsplanung ... 163
Beschaffungsplattform ... 126
Beschaffungsprojekt ... 119
Beschaffungsprozess ... 52
Best Practices Guide ... 527
Bestandsfindung ... 198
Bestandsübersicht ... 323
Bestärkendes Lernen ... 492
Bestätigungssteuerung ... 319
Bestellanforderung ... 116, 141, 172, 252, 436, 445
    anlegen ... 141, 145
    kein Bearbeitungsaufwand ... 123
    Übersicht ... 144
    verwalten ... 146
Bestellanforderungsposition
    ändern ... 122
    Art ... 123
Bestellung ... 116, 119, 143, 149, 172, 316–318, 437
    ändern ... 156
    anlegen ... 148, 154, 318
    bearbeiten ... 318
    genehmigen ... 149
    senden ... 149
    verwalten ... 156
Best-Practice-Prozesse ... 546
Betriebsform ... 64
Betriebsgruppierung ... 299
Bewegungsart ... 459
Bewegungsdaten ... 31, 542
    abstimmen ... 542
Bewertungsbereich ... 459, 538
Bezugsquelle ... 116, 184
    Ermittlung ... 176
    Verwaltung ... 119
BICS ... 398
Big Data ... 34, 36, 62, 388, 490, 506, 565
Bilanz/GuV anzeigen ... 467
Bildklassifizierung
    anpassbare ... 497
    mit Merkmalsextraktion ... 497
Bild-Merkmal-Extraktion,
    anpassbare ... 497

Biltroller ... 464
Bimodale IT ... 474
Bitcoin ... 486
Block ... 487
Blockchain ... 21, 63, 475, 485–486
    Bestandteile ... 486
    Knoten ... 488
    Netzwerk ... 487
    Node ... 488
    technische Betrachtung ... 487
    Verschlüsselung ... 487
    Vorteile ... 486
Bot Analytics ... 495
Bot Builder ... 494
Bot Connector ... 494
Branchenlösung ... 42, 45
Bring Your Own Device ... 81
Brownfield-Ansatz ... 33, 523, 529
    technische Voraussetzung ... 529
    Vergleich mit Greenfield-Ansatz ... 536
Browserwahl ... 83
Buchhaltungsbeleg ... 246
Buchung, periodische ... 550
Buchungsbeleg ... 544
    Analyse ... 452–453
    verwalten ... 452
Buchungskreis ... 155
Buchungsperiode, abweichende ... 465
Business Function Sets ... 270
Business Intelligence Consumer Services → BICS
Business Scenario Recommendations Report für SAP S/4HANA ... 34
Business Service ... 477–478, 498
Business-to-Business → B2B
Business-to-Business-to-Consumer → B2B2C
Business-to-Consumer → B2C

C

Calculation View ... 389
Capacity Requirements Planning ... 178
CDS ... 40, 385, 543
    ABAP CDS ... 401
    Berechtigungskonzept ... 402–403
    CDS Table Function ... 401
    CDS-Entität ... 401
    SAP HANA CDS ... 401
CDS View ... 40, 83, 385, 467, 544
    Basic View ... 396

Index

CDS View (Forts.)
   Compatibility View 397
   Composite View 396
   Consumption View 397
   Datenvorschau 414
   DDL Source 405
   Echtzeitbewegungsdaten 430
   erzeugen 410
   Extension Include View 397
   Graphical Editor 414
   Interface View 396
   OData-Service-Registrierung 414
   Private View 396
   Public View 396
   SQL Runtime View 397
Central Hub Deployment 91
Challenge 480
Change Management 557, 559, 564
   Aktionsplan 568
   Angst und Widerstand 568
   Erfolgsfaktoren 566
   Führungskraft 563
   Informationsfluss 570
   Kommunikationsplan 567
   Kundenkommunikation 562
   öffentliche Kommunikation 572
   Phase 564
   Prozessverankerung 573
   Säule 561
   Schulungsplanung 569
   Tool 563
   Veränderungsziel 563
Change Manager 563
Change-Prozess 563
Chatbot 494
Cloud Connector 87
Cloud Foundry 499
Cloud Identity Services 88
Cloud-Anwendung 45
Cloud-first 71, 507
Cloud-Service-Modell 69
Cloud-Version, SAP S/4HANA 66, 390
Clustering 492
Code Pushdown 39, 397
Compatibility Pack 43
Compatibility View 31, 467
Concur Wizard 51
Conflict Agent 87
Connected Fleet 512
Consistency 37
Constraint → Restriktion

Controlling 436, 438, 461
   Beleg 465
Conversion Guide for SAP
   S/4HANA 1610 .... 34, 551
CO-PA 438
Core Data Services → CDS
Core Interface (CIF) 310
CRM 55, 92
CRUD 85
Custom Code 521, 530, 533, 543–544
Custom Code Check 533, 554–555
Customer Relationship Management
   → CRM
Customer Vendor Integration ... 538–539
CVI → Customer Vendor Integration
CX 55
cXML 118–119

D

Data Aging 521, 538
Data Control Language 402
Data Definition Language → DDL
Data Intelligence 63
Data Volume Management 530
Database Migration Option (DMO) ... 529,
   551, 553
Daten, personenbezogene 565
Datenarchivierung 521, 538
   Bewegungsdaten 542
   Potenzial 525
Datenbank SAP HANA 519
Datenbankmigration 533
Datenbereinigung 538
   Geschäftspartner 540
   Kontengruppe 540
   Nummernkreis 540
Datenextraktion 395
Datenmenge 542
Datenqualität 537
Datenquellen 508
Datenschutz 565
Datenschutz-Grundverordnung der
   Europäischen Union → EU-DSGVO
Datenstruktur 391
   persistente 391
   virtuelle 391
Datenübernahme 538, 545
Datenvolumen 521, 537
   Strategie 538

Datenzugriff 429
    persistenter 429
    virtueller 429
Dauerhaftigkeit 37
DCL → Data Control Language
DDL 401
    Datendefinitionsobjekt 412
    Datenvorschau 414
    DDL Data Source 411
    DDL SQL View 411
    Template 411
Debitor 32, 451, 454
Debitorenbeleg 451
Debitorenbuchhaltung 436–437, 451
Debitorenrechnung 451
Deckungsbeitrag 231
Deep Learning 490
Dekommissionierung 533
Deliver-Phase 479, 483
Demand-Driven Replenishment 182
Deployment-Verfahren 484
Design Thinking 62, 88, 479
    Persona 480
    Phase 479–481, 483
Design-Challenge 480
Design-Phase 479, 481
Dialogorientierte Anwendung 493
Dictionary-View-Objekt → DDL SQL View
Dienstleister
    Frachtabrechnung 381
    Rechnung 352
    Vertragsmanagement 350
Dienstleistung 59
Differenz analysieren 338
Digitale Plattform 474
Digitalisierungsstrategie 563
Dimensionsreduktion 492
Discover-Phase 479–480
Display 289
Dispositionsbereich 174
Distributed Ledger 486
Dokumenten-Merkmal-Extraktion-
    Service 498
Dual-Stack-System 31, 529
Dunkeldisposition 178
Durability 37
Durchlaufzeit 224

E

EAN 128 318
Echtzeitdaten 499
Eclipse 391, 403
    ABAP-Perspektive 404
    Installation 403
    Kompatibilitätstabelle 403
    Konnektierung Backend 404
    SAP-Plug-in 403
E-Commerce 55
Edge Device 504
Edge-Gateway 505
Einführungsleitfaden → Implementation
    Guide
Einkauf 42, 44, 52, 111, 113, 252, 436–437
Einkäufergruppe 155
Einkaufsanalyse 120
Einkaufskontrakt → Kontrakt
Einkaufsorganisation 155
Einkaufssicht 113
Einkaufswagen 143
Einlagerung 316, 318, 324
Einplanungstermin 190
Ein-Schritt-Migration 553
Einzelfunktion, Aufruf 354
Einzellaufplanung 376
Embedded Analytics 63, 385, 468, 507
    Erweiterung 427
    SAP-BusinessObjects-BI-Tools 431
    SAP-BW-Integration 427
Embedded BW 394
    BEx Query Designer 431
    BW Query 430
    Integrationsszenario 430
    ODP Transient Provider 430
Embedded Deployment 91
Embedded EWM 307
Employee Self-Services 111, 141
Ende-zu-Ende-Planung 376
Endkunde 345
Energie-Effizienz-Management 514
Entgeltabrechnung 47
Entladung 316, 318, 322
Entnahme, retrograde 199–200
Entwicklungsumgebung 401
Entwicklungswerkzeug 400
Ergebnis- und Marktsegment-
    rechnung 438
Ergebnisrechnung
    buchhalterische 463

Ergebnisrechnung (Forts.)
  kalkulatorische 463
EU-DSGVO 57
Extended Procurement 126

F

Fact Sheets 522
  App 89–90
Fahrplan 356
Fahrzeugressource 358
Fail early, fail often 485
Faktura 218, 244
  anlegen 218, 244, 253, 260, 266
  Beleg 220, 244, 253, 260
  Einstellung 219
  stornieren 219
  versenden 219, 246
  verwalten 219
Fakturasperre 265
  entfernen 266
Fälschungssicherheit 486
Feature Scope Description   33–34, 43, 45
Fehlteileliste 195
Fertigung → Produktion
Fertigungsauftrag 172
  ändern 195
  bearbeiten 197
  Fixierung 196
Fertigungssteuerungsprofil 195, 200
Fertigungsversion 165
Festpreis 361
Filiale 280
Finance → Finanzwesen
Financial Accounting → Finanzbuchhaltung
Finanzbuchhaltung 436
Finanzkennzahl 470
Finanzwesen 41, 44
Fiori-Apps → SAP Fiori
Fixierung 176
Flaschenhals 36
Folge 165
  alternative 165
  parallele 165
Forderung 438
Fortschrittsrückmeldung 201
Frachtauftrag 369, 379
Frachtausschreibung 379
Frachtbuchung 369
Frachtdefinition 351

Frachteinheit 366, 368
  Bildung 367–368
  Teilung 377
Frachtführer 345
Frachtkapazität 358
Frachtmanagement 351
Frachtpapiere 373
Frachtposition 371
Frachtpreis
  Berechnung 359
  Definition 359
Frachtvereinbarung 359
  nach IATA 373
Frontend-Drucken 77
Functional Service 477–478, 496
  Audio und gesprochene Sprache 498
  Bild und Video 497
  tabellarische Reihe und Zeitreihe ... 498
Funktionalität, Einkaufswagen 111

G

Gantt-Diagramm 379
Gemeinkostenrechnung 438
Genehmigung, zentrale 127
Genehmigungsprozess 143
General Ledger → Hauptbuchhaltung
Gerät, mobiles 81, 83, 87, 105, 560
Gesamtprofil 186–187
Geschäftspartner 32–33, 275, 454, 539
  anlegen 455
  Daten 354
  pflegen 454
Geschäftspartnerkonzept 444
Geschäftspartnermodell 539
Gesichtserkennung 497
Gesichtsmerkmalserkennung 497
Global ATP → Global Available-to-Promise
Global Available-to-Promise 206
Google Chrome 83
Greenfield-Ansatz 33, 523
  Vergleich mit Brownfield-Ansatz ... 536
  Vorteil 526
Grüne Wiese → Greenfield-Ansatz
GUI-Oberfläche → SAP GUI
Gutschrift anzeigen 262
Gutschriftsanforderung 217, 262
  anlegen 263
  verwalten 218
Gutschriftsverfahren 381

Index

H

H2M → Human-to-Machine
HANA → SAP HANA
Handling Unit 320, 334
Handling-Ressource 358
Hauptbuch, neues 442, 550
Hauptbuchhaltung 436
Hausbankkonto 541
Hausbankpflege 97
HCM 46
High-Fidelity-Prototyp 482
Hochregallager 324
Hotline 572
How-to-Video 571
HR-Analyse 47
HTML 95, 107
Human Capital Management → HCM
Human Resources → Personalwirtschaft
Human-to-Machine 501
HyperCare 572
Hyperledger Fabric 488
   Instanz 488
Hyperledger Project 488

I

IDoc 444
IFRS 459
IMG → Implementation Guide
Immobilienmanagement 460
Implementation Guide 48
InA Provider → SAP BW Info Access
InA → SAP HANA Info Access
Incoterm 345
Indextabelle 464, 545
Industry Solution → Branchenlösung
Inferenzphase 490
Informationsaustausch 560
Informationsinstrument 570
Informationssystem 466
Infrastructure-as-a-Service (IaaS) ... 70
In-Memory-Technologie 30, 35, 37, 39, 490, 537
Innovation 473–474
In-Place-Migration 529
Inputparameter 409
Installation 388
   Cloud-Version 390
   Hybrid-Lösung 388
   On-Premise-System 388

Installation (Forts.)
   SAP Cloud Platform 388
   SAP S/4HANA 520
Instandhaltung 41, 44
Instandhaltungsplan 164
Instanz, zentrale 535
Integration Add-on for SAP ERP HCM
and SuccessFactors HCM Suite 48
Intelligent Suite 474
Intelligente Anwendung 495
Intelligente Technologien 475
Intelligentes Unternehmen 473, 475, 489
   Architektur 473
Internet der Dinge → Internet of Things (IoT)
Internet of Things (IoT) 21, 34, 63, 473, 475, 499, 520
   Sicherheit 502
   Thing 500–501
Internet Transaction Server 77
Intrazonenbeziehung 356
Inventur 336
   anlegen 338
   lagerplatzbezogene 336
   produktbezogene 336
   SAP-Fiori-App 337
   Verfahren 336
Inventurbereich 337
iOS-Gerät 87
IoT Bridge 505
IoT Edge 504
IoT Foundation 505
IoT → Internet of Things (IoT)
Isolation 37
IT, bimodale 474
ITS → Internet Transaction Server

J

JavaScript 85
jQuery 85

K

Kachelgruppe
   Stammdaten – Produkt 113, 311
   Warehouse – Master Data 314
   Warehouse – Physical Inventory .. 337
Kapazität
   Auswertung 186
   Definition 350

605

Kapazität (Forts.)
  Detailliste 186
  Terminierung 191
  Verfügbarkeitsprüfung 195
Kapazitätsabgleich 189
Kapazitätsobjekt 370
Kapazitätsplanung 182
Karriere- und Entwicklungsplanung 47
Karte 379
Katalog 141, 151
Kennzahl 90, 222–223, 390, 470
Kennzahlen-Reporting 468
Kern, digitaler 30
Kernbotschaft 565
Kernsystem 474
Key Performance Indicator → Kennzahl
Key-User → User
KI → Künstliche Intelligenz (KI)
Klassifikation 491
Kommissionierliste 198
Kommissionierung 198, 242, 334
Kommunikation 561
  Maschine zu Maschine 501
  Maschine zu Mensch 501
  Mensch zu Maschine 501
Kommunikationsebene 501
Kommunikationsplan 567
Kommunikationsschnittstelle 398
Kompatibilitäts-View → Compatibility View
Kondition 127
Konsensmechanismus 486
Konsistenz 37
Kontenart 461–462
Kontenfindung 462
Kontenlösung 442, 459, 538
Kontierungsdaten 155
Kontingent 208
Kontonummer 451
Kontrakt 127–129
  Abruf 129
  anlegen 129, 214
  drucken 133
  Grunddaten 129
  Mengenkontrakt 129
  Übersicht 137
  verwalten 135, 214
Konversion 33
Konvertierung
  der Daten 533
  downtimeoptimiert 553

Konvertierung (Forts.)
  performanceorientierte 553
  Prüfreport 540
  Szenario 535
Kopfdaten 135
Kosten für dienstleisterspezifische
  Frachtvereinbarung 372
Kostenart 362, 462
Kostenartenrechnung 438
Kostenelement 361
Kostenstellenrechnung 438
Kostenträgerrechnung 438
Kostenverteilung 373
KPI → Kennzahl
KPI-App 419
KPI-Kachel 419
  Einstellung Diagramm 421
  Erzeugung Drill-down 421
  Erzeugung und Auswertung 420
  Kachel hinzufügen 421
  Startansicht-Integration 422
Kreditmanagement 452
Kreditor 32, 454
  Anzahlungsanforderung anlegen 450
Kreditorenbeleg 448
Kreditorenbuchhaltung 436, 445, 449
Kreditorenposten
  anzeigen 446
  bearbeiten 445
Kreditorenrechnung 445, 449
Kryptowährung 485
Kunde 451, 454
  360°-Sicht 210
Kundenauftrag 210, 241, 249
  anlegen 216, 241, 250, 329
  erfüllen 225
  Klärungsfall 227
  Performance 221
  priorisieren 207
  verwalten 215
Kundenauftragsabwicklung 209
Kundenauftragsmanagement 350
Kundenbedarf priorisieren 208
Kundenbedarfsplanung 172
Kundeneigene Entwicklung → Custom Code
Kundenfrachtberechnung 380
Kundenretoure → Retoure
Kundenverkaufspreis 359
Kundenvertragsmanagement 349

Künstliche Intelligenz (KI) 56, 62, 475, 490
   Chatbots 56
   Vorteile 499
Kurztext 142

L

Ladeplanung 379
Lagerabbau 294
Lageranforderungsbeleg 328
Lageraufgabe 323–324
   anlegen 324
   bestätigen 325
Lagerauftragserstellung 329
Lagercockpit 340
Lagerdaten 314
Lagerkennzahl 340
Lagerlayout, grafisches 341
Lagermonitor 332, 339
Lagernummer 314
Lagerortdisposition 175
Lagerplatz 315
Lagerproduktdaten 314
Lagerprozessart 324, 328–329
Lagerprozesstyp 328, 337
Lagerungsprozess 327
Lagerungssteuerung 327
   layoutorientierte 327
   prozessorientierte 327
Lagerverwaltungsmonitor → Lagermonitor
Lagerverwaltungssystem 306
Lagerzugang 203
Landscape Transformation 523, 535
Landschaft, hybride 70
Langfristplanung 170, 180
Lastschriftsanforderung 217
LCMBIAR-Datei 431
Lean-WM 236
Lease Accounting Engine 460
LE-Auslieferung 332
Ledger-Gruppe 459, 539
Ledger-Lösung 442, 538
Legacy System Migration Workbench 548
Leistungsbeurteilung 46
Leitteileplanung 178
Lernen
   bestärkendes 492
   überwachtes 491

Lernen (Forts.)
   unüberwachtes 492
Lernphase 490
Lieferant 117, 155, 437, 449, 454
   zugeordneter 147
Lieferantenleistung 124
Lieferantenmanagement 53
Lieferantenpreis 359
Lieferantenrechnung 253
Lieferantenretoure 335
Lieferavis 316–317, 319
Lieferkette 53
   finanzielle 53
Lieferung anlegen 241, 320
Line of Business 40
Linux 107
LKW entladen → Entladung
LoB 40
Local GAAP 459
Logistics Network 512–513
Logistics Safety 512
Logistikdienstleister 345
Logistiknetzwerk 513
Lohnrückmeldeschein 200
Lokation 355
Lot 289
Low-Fidelity-Prototyp 482
LSMW → Legacy System Migration Workbench

M

M2H → Machine-to-Human
M2M → Machine-to-Machine
Machine Learning (ML) 21, 56, 62, 473, 475, 490, 526
   Algorithmus 491
   bestärkendes Lernen 492
   Inferenzphase 490
   Lernphase 490
   überwachtes Lernen 491
   unüberwachtes Lernen 492
Machine Learning und Data Science Foundation 496
Machine-to-Human 501
Machine-to-Machine 501
macOS 107
Maintenance Planner 530, 532, 551–552
Managed Public Cloud 71
Management Accounting → Controlling
Manipulationssicherheit 486

Manufacturing → Produktion
Marketing 56
Maschinendaten 500
Maschinen-Übersetzungs-Service 498
Master Data Integration 60
Master-Luftfrachtbrief 373
Material 113, 142
    anlegen 311
    anzeigen 250
    Bedarf 172
    Prognoseläufe durchführen 168
Material Requirements Planning →
    Materialbedarfsplanung
Materialbedarfsplanung 173
Materialbelegbuchung 158
Materialentnahme 198
    buchen 199
Materialkennung 448
Material Ledger 447
Materialnummer 112, 312
Materialstamm 112
    lagerrelevanter 311
    Sichtenauswahl 312
    Tabelle 313
    Warehouse – Master Data 314
Materialtyp 285
Materialverfügbarkeit 177
Materialverfügbarkeitsprüfung 195
Materialwirtschaft → Einkauf
MAWB 373
Meilensteinrückmeldung 201
Mengenkontrakt 129
Menschenerkennung 497
Metadatenerweiterung 402
Micky-Maus-Lösung → Kontenlösung
Microsoft Excel 470
Microsoft Internet Explorer 83
Middleware 49
Migration
    Add-ons 545
    Analyse und Validierung 528
    Customizing 549
    Phasen 527
    Produktivsetzung 528
    Realisierung 528
    Vorbereitung 527
Migration Cockpit 542, 545, 549
Migration Object Modeler 547
Migrationsobjekt 527
Migrationspfad 522

Migrationsprojekt 519
    Datenmigration 537
    Erfolgsfaktor 534
    Fehlermeldung 542
    Guideline 550
    Werkzeug 550
    Ziel 520
Minimum Viable Product (MVP) 484
Mitarbeiterbefragung 572
ML → Machine Learning (ML)
Mobile Asset Insights 512
Mobilfunkanbindung 87
Model View Controller 83
    Controller 84
    Model 85
    View 84
Mozilla Firefox 83
MRP → Materialbedarfsplanung
MRP-Lauf einplanen 174, 180
Multicloud 70
Multi-Instanz-Bild-Segmentierung 497
MVC → Model View Controller
MVP → Minimum Viable Product (MVP)

N

Nachfolgeplanung 47
Nach-Lagertyp 328
Nachricht 134, 244
Natural Language Processing 510
Neptune Software 94
Nettobedarfsrechnung 176
Netzwerk
    öffentliches 67
    soziales 560
Neues Hauptbuch 544
New General Ledger → Neues Hauptbuch
NEW-Phase 83
Newsletter 571

O

Objekt, semantisches 395
OCI 153
OCR → Optical Character
    Recognition (OCR)
OData 83, 85, 398
    Funktionalitätsprüfung 415
    OData-Interface-Aktivierung 416
    OData-Service 83, 397
OLAP 35, 520

Index

OLTP 35, 520
Omnichannel-Funktion 56
On-Device-Datenbank 87
One-Step Migration → Ein-Schritt-Migration
One-Step-Konvertierung 553
Online Analytical Processing → OLAP
Online Transaction Processing → OLTP
Online-Kurs 569
On-Premise-Implementierung 29
On-Premise-Version 46, 65
   von SAP S/4HANA 65
Open Catalog Interface 152
Open ODS View 428
Open SQL 402
Optical Character Recognition (OCR) 498
Optimierung 375
Order-to-Cash → Debitorenbuchhaltung
Organisationsstamm 354
Organisationsstrukturen 273

P

PaaS 500
Packspezifikation 315
Pain Point 481
PAM → Product Availability Matrix
Path Expression 409
Peer-to-Peer-Netzwerk 63
Performance 221
Personalabrechnung 47
Personaldienstleistung 58
   Beschaffung 59
Personalplanung 47
Personalwirtschaft 41, 44, 46
Personenkonto 437
Plan, machbarer 183
Planauftrag 172
Plangruppe 165
Plangruppenzähler 165
Plankopf 164
Planprimärbedarf 169
Plantafel 189
Plantyp 165
Planungsergebnis 178
Planungsmethode 375
Planungsprofil 378
Planungsprotokoll 191
Planungsprozess 375
   mehrstufiger 377
Planungsrezept 164

Planungsstrategie 169
Planungsszenario 170
Planungsvorgang 376
Planungswerkzeug 377
Platform-as-a-Service (PaaS) ... 70, 477, 500
Plattform, digitale 474
Positionstyp 251
Positionsübersicht 131
Posten, offener 446
Power-User → User
Präsenzschulung 569
Pre-Checks 530
Predictive Maintenance 492
Preis, prozentualer 361
Prepare-Phase 530
Principle of One 31
Private Cloud Option 67
Procurement → Einkauf
Procure-to-Pay → Kreditorenbuchhaltung
Product Availability Matrix (PAM) 52
Produkt 282
   Nummer 314
   Stammdaten 354
Produkt-Bild-Klassifizierung 497
Produkte pflegen, Lagerdaten 314
Produktentwicklung 42
Produktion 41, 44
Produktions- und Feinplanung 189
Produktionsplanung 161
Produkt-Text-Klassifizierung 498
Profitabilitätsberechnung 373
Programm
   FINS_MIG_PRECHECK 550
   RFAGL_SWAP_IMG_NEW 550
Programmiersprache
   Cascading Style Sheets 83
   JavaScript 83
   jQuery 83
Programmplanung 169
Projektbedarfsplanung 172
Projektblog 571
Projektmethodik, agile 527
Projektnutzen 573
Promoter 563, 570
Protokoll, Open Data Protocol 83
Prototyp
   High Fidelity 482
   Low Fidelity 482
Prototyping 482
Prozess, lagerinterner 326

Prozessablauf 248
Prozessauftrag 172
Prozessfertigung 194
Prozessinnovation 479
Prüfplan 164
Prüfvorgabe 165
Public Cloud Option 67
Punch-out-Katalog 151
Purchase Order & Invoice Automation 54
Push Notification 87

Q

QL 402
QSC Energy Management Cockpit 514
Qualitätsmanagement 326
Queries 391
Query Browser 391
Query Language → QL
queued Remote Function Call
 (qRFC) 316, 318
Quick Navigation → Schnellnavigation

R

R&D → Produktentwicklung
Radio Frequency Framework 318
Rapid Data Migration Content 549
Ratentabelle 361
Readiness Check for SAP
 S/4HANA 530–531, 551
Realisierung 483
Realize-Phase 533
Recast.AI 493
Rechercheberich → Klassische Berichte
Rechnungslegung, parallele 442
Rechnungslegungsvorschrift 459, 539
Rechnungsprüfung 253, 381
Rechnungswesen 436
 Beleg 447, 464
Registerkarte
 Detail Kopf 139
 Output Control 138
 Partner 138
 PDF-Dokument anzeigen 135
 Serviceauftrag 374
Regression 492
Reisemanagement 50
Reklamation 254
Releasezyklus 72

Remote Function Call 310
Report
 Arbeitsbereich 426
 Reportauswertung 424
 Report-Drill-down 425
 veröffentlichen 424
Report-Design-Modellierungs-Apps   399
Reporting 385, 439, 466
 operationales 385
 SAP BusinessObjects Suite 431
 strategisches 386
 Werkzeug 468
Request for Quotation 119
Responsive Design 103
Ressource 315
Restriktion 184
Retail Switch 270
Retoure 210, 255, 335
 Auftrag 256–257, 336
 Bestellung 335
 Quote 336
 Vereinnahmung 336
 Warenausgang 260
Retourenlieferung anlegen 259
Retrofitting 503
Risiko- und Compliance-
 Management 60
Roadmap 525
Roadmap Viewer 528
Rohdaten 395
Rolle 398–399, 454–455
 im Transport 344
Rückmeldung 200
 Rückmeldeart 202
 Status 202
 Voraussetzung 200
Rückstandsbearbeitung 208

S

S/4HANA Roadmap 523
S/4HANA-Prozessvereinfachungen ... 524
SaaS 46
Sachkonto 463
Sales & Operations Planning → Absatz-
 und Produktionsgrobplanung
Sales → Vertrieb
Sammelschein 156
Sammelverfügbarkeitsprüfung 196
SAP Activate 392, 527
 Framework 427

Index

SAP Activate (Forts.)
   Werkzeug 528
SAP Advanced Planning and Optimization (APO) 189, 192, 206
SAP Analytics Cloud 507–508
   Datenquellen 508
SAP API Business Hub 478, 496
SAP Ariba 52–53, 118
SAP Ariba Strategic Sourcing 52
SAP Bank Account Management 541
SAP Best Practices 527
SAP Brand Impact 496
SAP Build 482
SAP Business Client 74, 78, 102, 106
   Fiori-Integration 79
   Navigationsbereich 79
   SAP Business Client für Desktop 79
   SAP Business Client für HTML 79
SAP Business Warehouse 466
SAP BusinessObjects 470
SAP BusinessObjects Analysis for Microsoft Office 470
SAP BusinessObjects Design Studio → SAP Lumira
SAP BusinessObjects Suite 431
SAP BusinessObjects Web Intelligence 471
SAP BW Info Access 398
SAP BW → SAP Business Warehouse
SAP BW/4HANA 388
SAP C/4HANA 55
SAP Cash Application 495, 498
SAP Cloud Platform ... 21, 83, 87, 388, 476
   Integration 54, 60
SAP Code Inspector 545
SAP Commerce Cloud 56
SAP Concur 50
   Travel & Expense 50
SAP Conversational AI 494
SAP CoPilot 476, 493, 498
SAP Credit Management 452
SAP Crystal Reports 471
SAP Customer Data Cloud 57
SAP Customer Experience 55
SAP Customer Retention 496, 498
SAP Data Integrator 549
SAP Data Service 549
SAP EWM 305–306
   9.4 306
   Advanced 308
   Basic 307

SAP EWM (Forts.)
   dezentrales System 306
   Migration 309
   Rapid-Deployment Solution 309
   Reporting 338
   zentrales System 306
SAP Extended Warehouse Management → SAP EWM
SAP Fieldglass 58, 112
   External Talent Management 59
   Integration 60
   Service Procurement 59
   Vendor Management System (VMS) 60
   Worker Profile Management (WPM) 59
SAP Fiori 88–89, 103, 105–107, 521
   2.0 92
   App-Finder 93
   Erweiterung 92
   Kontrakt anlegen 129
   Overview Page 93
   Partnerlösung 94
   Voraussetzung 91
SAP Fiori Apps Reference Library 94
SAP Fiori Launchpad 92–94, 96, 100, 393
SAP Fiori Shell 393
SAP Gateway 83, 85, 91, 393
SAP Graphical User Interface → SAP GUI
SAP GUI 74, 102, 105, 107–108, 113, 135, 137, 560
   Bestandteile 74
   Dynpro-Bereich 75
   für HTML 74, 77–78, 102
   für Windows 750 77
   Navigation 75
   Personalisierung 77
   SAP Logon Pad 100
SAP HANA 109, 519
SAP HANA Enterprise Cloud 68
SAP HANA Info Access 398
SAP HANA Live 389
SAP HANA Smart Data Access 429
SAP Hybris 55
SAP Information Lifecycle Management (SAP ILM) 291
SAP Leonardo 21, 62, 473
   IoT 500
   IoT Bridge 505
   IoT Foundation 505
   Machine Learning Foundation 496
SAP Lumira 471

611

SAP Lumira Designer 392
SAP Marketing Cloud 56
SAP PI → SAP Process Integration
SAP Predictive Analytics 388
SAP Process Integration 49, 54, 60
SAP Qualified Partner-Packaged
    Solution 514
SAP S/4HANA
    Cloud-Lösung 526
    Hardwarevoraussetzungen 531
    Installation 520
    Testversion 527
    Vorstudie 524
    Zielarchitektur 525
SAP S/4HANA ABAP Application
    Server 394
SAP S/4HANA Enterprise Management
    Cloud 66
SAP S/4HANA Finance 60, 435
SAP S/4HANA Finance Cloud 66
SAP S/4HANA Migration Cockpit 542
SAP S/4HANA Professional Services
    Cloud 66
SAP Sales Cloud 56
SAP Screen Personas 94–96, 104
    Flavors 95
    Re-Design 97
SAP Service Cloud 56
SAP Service Ticket Intelligence ... 495, 498
SAP Smart Business 469
SAP SRM 142
SAP SuccessFactors 46
    Compensation 47
    Employee Central 47
    Employee Central Payroll 47
    Learning 47
    Performance & Goals 46
    Succession & Development 47
    Talent Management 46
    Workforce Analytics/Workforce
        Planning 47
SAP Transformation Navigator 554
SAP User Experience 78
SAP Web Dispatcher 394
SAP Web IDE 86
SAP-Best-Practices-Paket 392
SAP-Branchenlösungen 42, 526
SAP-BusinessObjects-BI-Tool
    SAP Analysis for MS Office 433
    SAP Lumira 433
    SAP Lumira Designer 432
SAP-Fiori-App
    Änderungen der
        Bestellanforderungsposition 122
    Anfragen auflisten 238
    Arten der Bestellanforderungs-
        position 123
    Ausschöpfung Mengenkontrakt 121
    Ausschöpfung Wertkontrakt 120
    Beschaffungsübersicht 125
    Bestellanforderung: Kein
        Bearbeitunsaufwand 123
    Bestellung verwalten 156
    Bewertung der Lieferanten-
        leistung 124
    Durchschnittliche Genehmigungs-
        zeit für Bestellanforderung 121
    Einstellungen für Web-Services 152
    Kapazitätsauslastung ermitteln 189
    Lieferantenangebote verwalten 119
    Mein Eingang 150
    Ungedeckte Bedarfe ermitteln 179
    Zykluszeit von Bestellanforderung
        zu Bestellung 123
SAP-Hinweis
    147519 77
    1623677 540
    1976487 545
    2216176 540
    2270359 467
    2313884 34
    974504 540
SAPUI5 .... 83, 103
Schicht, semantische 401
Schlüsselfeld 440
Schnellnavigation 79
Schulung 562
Schulungsplanung 569
Schulungszeitraum 569
SDA → Smart Data Access
SDK → Software Development Kit
Sekundärbedarf 178
Sekundärindizes 440, 521
Selektionsprofil 378
Self-Service 47, 57, 139
    Beschaffung 139
Seminarplanung 570
Sensorik 501–503
SI-Checks 532
Sicherheit 88, 502
Sicht, Einkauf 114
SIM-Karten-Management 504

Index

Simplification Item Catalog 531, 555
Simplification Item Checks 532, 555
Simplification Item Checks → SI-Checks
Simplification List 32, 34, 43, 45, 554
Simplifications 522
Simplifizierung 30
Simulation 167
Single Source of Truth 389
Smart Contract 488
Smart-Business-Anwendung 89
Smartphone 81, 83, 105, 560
Social Media 62
Software Development Kit 87
Software Update Manager 529, 532, 551, 553
Software-as-a-Service (SaaS) 46, 69
Sourcing → Einkauf
Spaltenorientierung 38
Sparte 274
Spediteur 345
Speditionsabrechnung 352
Speditionsangebot 362
Speditionsauftrag 362
Speditionsvereinbarung 359
Stakeholder-Analyse 565
Stammdaten 31, 112, 163, 454
   Konzept 539
Stammfolge 165
Standardbericht 467
Standardnetz 164
Standardtransaktion 76–77
Standardübersicht 186
Steuerkennzeichen 155
Steuerschlüssel 165
Streckenbestellung 294
Streckengeschäft 247
Strukturierte Artikel 287
   mit Vollgut 288
Stückliste 163
   Alternative 165
   Auflösung 165
Suchleiste 147
Summentabelle 464, 521
Supply Chain Management 45
Sync Engine 87
System
   agiles 474
   Bereinigung 521
   stabiles 474
System Conversion 529, 531
Systemlandschaft konsolidieren 535

Systemperformance 36
Szenen-Text-Erkennung 498

T

Tabelle
   /SCDL/DB_PROCI_I 321
   /SCDL/DB_PROCH_I 321
   ACDOCA 435, 439–440, 445, 460, 464, 544
   ANEA 460
   ANEK 460
   ANEP 460, 545
   BKPF 441, 460
   BSA* 545
   BSI* 545
   COBK 461
   COEP 461
   FAGLFLEXA 545
   FAGLFLEXT 439
   GLT0 .... 439, 467, 543
   MARA 313
   MARC 31, 313
   MARD 31, 313
   MATDOC 31
Tablet 81, 83, 105, 560
Technologien, intelligente 475
Teilrückmeldung 202
Terminauftrag 241
Terminierung 177
   Parameter 177
Testverfahren 484
Textklassifizierung, anpassbare 498
Themenerkennung 498
Thing 500–501
Total Workforce Management 61
Touch-ID 87
Touchpoint-Analyse 481
Training on the Job 572
Trainingsservice für anpassbare
   Objekterkennung 497
Transactional Apps 522
Transactional Data Integration 60
Transaktion
   ABST2 460
   BP 454, 539
   CO12 203
   C223 166
   CKUC 461
   CM01 186
   CM02 186

Transaktion (Forts.)
CM03	186
CM04	186
CM21	189
CM22	189
CM23	190
CM25	190
CM27	189
CM28	189
CM31	190
CM50	188
CM51	188
CM52	188
CM53	188
CM54	188
CM55	188
CMP9	188
CN50	188
CN50N	188
CO02	195–196
CO05N	197
CO11N	200
CO12	202
CO13	202
CO14	202
CO15	202
CO19	201
CO1F	201
CO24	196
CO27	198
CO40	194
CO41	194
CO48	194
COHV	204
COR2	196
COR5	197
COR6N	200
COR7	194
COR8	194
CORK	202
CORR	202
CORS	202
CORT	202
CORZ	201
CTE_SETUP	51
Erweiterung	77
FD01	539
FD03	539
FD0x	454
FK01	539
FK03	539

Transaktion (Forts.)
FK0x	454
FS00	461
KA01	461
KA06	461
KALC	461
KKC1	461
KKC5	461
KKE1	461
KKE3	461
LTMOM	548
MB31	203
MD01N	173, 180
MD03	180
MD04	181, 194, 196
MD05	194, 196
MD07	181
MD11	182
MD12	182
MD43	180
MDBT	180
ME51N	182
MF41	202
MF42N	202
MFBF	202
MIGO	198
MK0x	454
Modifikation	77
MS02	180
MS03	180
MS04	181
MS07	181
MS11	182
MS31	170
MSBT	180
OKB9	462
OPJ2	199
OPJ8	200
OPKP	195–196
OSPX	199
S_ALR_87012284	466
SE11	440
SE16	31
SE16N	31, 543
SPRO	51
VA01	209, 216
VA02	78, 216
VA03	216
VA41	214
VD01	539
VD03	539

Transaktion (Forts.)
  VDOx 454
  VF01 218
  VF02 218
  VF03 218
  VF04 218
  XDOx 454
  XKOx 454
Transformation, digitale 34
Transient Provider 398
Transparenz 487
Transport
  Abrechnung 346
  Cockpit 378
  Optimierung 375, 379
  professioneller 347
  Ressourcen 358
  Sicherheit 512
  Vorschlag 376
Transportauftrag 346
  Abwicklungsobjekt 370
  Kapazitätsobjekt 370
Transportbeziehung 356
Transporteinheit 358, 368
Transportkosten 372
Transportlogistik 343
Transportmanagement 343
  Einsatzoption 349
  funktionaler Überblick 349
  professionelles 347
  SAP Fiori Launchpad 353
  Stammdaten 354
Transportnetz 354
  Cockpit 357
Transportplanung 351, 375
Transportzone 356
trusted RFC 86

U

Übergabepunkt 325
Überprüfbarkeit 487
Übersicht
  analytische 354
  variable 186
Überwachtes Lernen 491
UI-Performance 398
Umladelokation 356
Umlagerungsbeziehung 175
Umsatz 230
Umsatzanalyse 230

Umwandlungsrate 212
Unicode 33
Universal Journal 435, 439, 544
Unterbeauftragung 351, 374, 379
Unternehmen, intelligen-
  tes 473–475, 489
Unüberwachtes Lernen 492
Upgrade von SAP S/4HANA 1511 523
Ursprungsbeleg 446
Usage Procedure Logging 556
User 391, 399
  Casual-User 73, 105
  End-User 400
  IT-User 399
  Key-User 399, 560, 569, 572
  Power-User 73, 105
User-Experience-Strategie →
  UX-Strategie
UX-Phase
  ENABLE 94
  NEW 83
  RENEW 88
UX-Strategie 73, 81, 83, 88, 94, 108
  Beispiel 97

V

Validierung 483
Value-added Service → VAS
VAS 308
VDM 389
Vektor, anpassbare Suche 498
Vendor Management System 58
Veränderungsprozess 559–560
Verbesserungsvorschlagswesen 573
Verbindlichkeit 437
Verbrauchsmaterial 154
Vereinbarung, interne 359
Verfahren
  mit optimierter Downtime 553
  performanceorientiertes 553
Verfügbarkeitsprüfung 195, 205–206,
                                        208, 226, 251, 267
  Sammelprüfung 196
  Status 196
Verfügungsberechtigter 314
Vergütungsprogramm 47
Verkauf ab Lager 236
Verkaufsangebot ... 116, 210–211, 214, 239
  ändern 212
  anlegen 212, 239

Verkaufsangebot (Forts.)
  anzeigen ... 212
  verwalten ... 211
Verkaufsauftrag ... 366
Verkaufskontrakt ... 214
Verkaufsorganisation ... 274
Verlader ... 344
Vermögensgegenstand, langlebiger 437
Verrechnungskonto, technisches ... 459
Verschlüsselung ... 487
Verteilungsmodell ... 310
Verteilzentrum ... 280
Vertrag ... 130
Vertragsmanagement ... 359
Vertragsnummer ... 130
Vertragsposition ... 360
Vertrieb ... 42, 44, 205, 437
Vertriebsbeleg ... 209
Vertriebsbereich ... 274
Vertriebslinie ... 274
View Extension ... 410
View-Browser ... 392
Von-Lagertyp ... 328
Vorgabewert ... 165
Vorgang ... 165
Vorgehensmodell ... 564
Vorlageartikel ... 290
Vorplanung ... 376

W

Währung ... 155
  parallele ... 459
Ware einlagern → Einlagerung
Warehouse Management ... 307
  SAP ERP ... 308
Warehouse Performance Dashboard 341
Warenausgang ... 260, 329
  buchen ... 198, 243

Warenbewegung ... 156
Wareneingang ... 144, 316, 318, 327
  Beleg ... 316, 318, 323
  buchen ... 156, 203, 323
  dezentrales System ... 316
  Embedded EWM ... 317
Wareneingangszone ... 324
Warengruppe ... 142, 285
Web Dynpro ... 105, 107
Web Intelligence ... 471
WebGUI → SAP GUI für HTML
Webinare ... 569
Webservices ... 49
Wertetabelle ... 38
Widerstand ... 561
Wiki ... 572
Win-Gain-Lose-Prinzip ... 208
Wissensdatenbank ... 572
WM → Warehouse Management
Workflow ... 59
Workshop ... 562, 569

X

Xcode-Entwicklungsumgebung ... 88

Z

Zahlprogramm ... 438
Zahlung ... 450
Zählung, Inventur ... 338
Zeilenorientierung ... 38
Zeitereignisrückmeldung ... 201
Zielmenge ... 137
Zielvereinbarung ... 46
Z-Programm ... 525
Zwischen-Lagertyp ... 328

- Ihr Begleiter für den erfolgreichen Einsatz von SAP S/4HANA Sales

- Funktionen und Prozesse im Detail erklärt

- Zusammenspiel mit Produktion, Materialwirtschaft und Finanzwesen

Alena Bauer, Fatjon Hoxha, Jochen Scheibler

Vertrieb mit SAP S/4HANA
Das Praxishandbuch

Lassen wir den Rummel mal beiseite: Sie suchen praxisnahes und wirklich konkretes Wissen zu SAP S/4HANA Sales? Dieses Buch taucht tief in Organisationsstrukturen, Stammdaten, Funktionen und Prozesse des Vertriebs ein. Von der Vorverkaufsphase bis zum Zahlungseingang: Lernen Sie anhand von Beispielen, mit SAP S/4HANA im Vertrieb zu arbeiten. Auch das Zusammenspiel mit Produktion, Materialwirtschaft, Finanzwesen wird fundiert erklärt. Und natürlich machen Sie sich mit SAP Fiori, dem neuen Geschäftspartnerkonzept, Embedded Analytics sowie der Migration auf SAP S/4HANA ausführlich vertraut. Projektleiter, Projektteammitglieder, (Junior-) Berater und Key-User finden in diesem Buch Antworten auf ihre Fragen.

752 Seiten, gebunden, 69,90 Euro
ISBN 978-3-8362-5968-2
erschienen Juli 2018
www.sap-press.de/4519

- Aktuelles Know-how für Anwender in der Finanzbuchhaltung

- Alle Aufgaben im Griff: von Anlagenbuchhaltung bis Zahlungsverkehr

- Neuerungen verständlich erklärt: SAP Fiori, Business Partner u.v.m.

Dr. Isabella Löw

Finanzwesen in SAP S/4HANA
Das Praxishandbuch

So meistern Sie die tägliche Arbeit im Rechnungswesen mit SAP. Sie lernen Schritt für Schritt, wie Sie Ihre buchhalterischen Geschäftsvorfälle verwalten und darstellen. Sie werden mit allen relevanten FI-Funktionen des SAP-Systems vertraut gemacht, sei es in Hauptbuchhaltung, Kreditoren- und Debitorenbuchhaltung, Anlagenbuchhaltung und Bankbuchhaltung oder bei den Abschlussarbeiten. Lesen Sie, welche Werteflüsse in anderen Unternehmensbereichen bestehen und welche neuen Möglichkeiten Sie für Ihr Reporting nutzen können. Aktuell zu SAP S/4HANA 1809.

550 Seiten, gebunden, 69,90 Euro
ISBN 978-3-8362-6675-8
erscheint Juli 2019
www.sap-press.de/4790

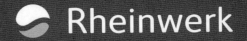

- Standalone und Embedded TM in SAP S/4HANA erfolgreich implementieren
- Auftragsmanagement, Transport-planung, Transportüberwachung, Frachtabrechnung u.v.m.
- Integration mit anderen SAP-Lösungen
- Inkl. Embedded TM in SAP

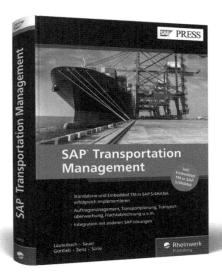

Bernd Lauterbach, Stefan Sauer, Jens Gottlieb, Ulrich Benz, Christopher Sürie

SAP Transportation Management
Prozesse, Funktionen, Customizing

Zu Lande, zu Wasser und in der Luft. Egal, wie Sie Güter transportieren, gilt es, eine schnelle, sichere und kosteneffektive Lieferung zu gewährleisten. Erfahren Sie in diesem Buch, wie Sie Transporte planen und dokumentieren, Transportdienstleister auswählen und Transportaufträge erstellen. Die Autoren geben Ihnen Best Practices aus verschiedenen Branchen an die Hand und zeigen Ihnen detailliert und verständlich, wie Sie das System konfigurieren und das Beste aus den TM-Funktionen herausholen. Das Buch ist sowohl für SAP Transportation Management (standalone) als auch für Embedded TM in SAP S/4HANA geeignet.

1.100 Seiten, gebunden, 89,90 Euro
ISBN 978-3-8362-6859-2
erscheint Oktober 2019
www.sap-press.de/4844

- SAP Ariba implementieren und einsetzen
- Alle Funktionen für die operative und strategische Beschaffung
- Inkl. Integration mit SAP ERP, SAP SRM und SAP S/4HANA

Marcus Mock, Susanne Wagner

Einkauf mit SAP Ariba

Dieses Buch zeigt Ihnen, wie Sie SAP Ariba implementieren und für die strategische und operative Beschaffung einsetzen. Ob Ausschreibungen, Lieferantenmanagement, Kontraktmanagement oder Katalogmanagement – die Autoren stellen Ihnen alle SAP-Ariba-Lösungen für Ihre Geschäftsprozesse im Detail vor. Auch die Integration mit SAP ERP, SAP SRM und SAP S/4HANA wird ausführlich erläutert.

365 Seiten, gebunden, 79,90 Euro
ISBN 978-3-8362-4575-3
erschienen September 2017
www.sap-press.de/4393

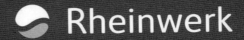